D1667402

Horst Grossmann

Wir wünschen eine anregende Lektüre!

Edition Digital Lifestyle
MANDL & SCHWARZ

Bitte beachten Sie auch unser aktuelles Angebot an eBooks auf unserer Website – zum direkten Download und Lesen!

FileMaker Pro 11 in der Praxis

– Datenbanken erfolgreich anwenden

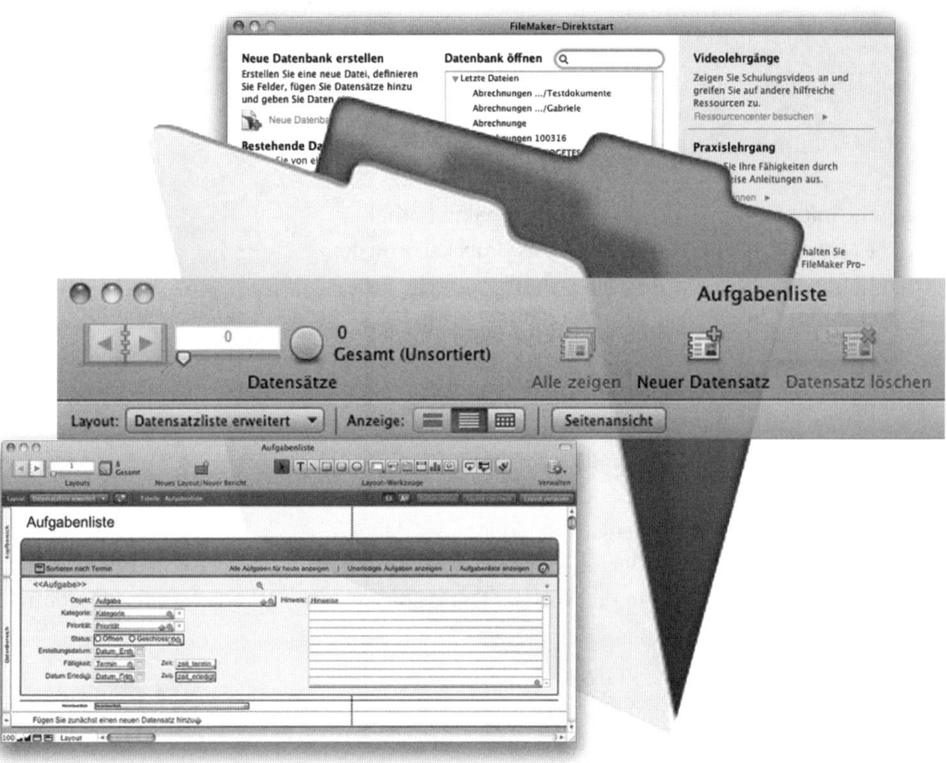

Impressum
FileMaker Pro 11 in der Praxis – Datenbanken erfolgreich anwenden
für Windows und Mac
ISBN 978-3-939685-23-4
1. Auflage 2010

MANDL & SCHWARZ

Mandl & Schwarz-Verlag
Edition Digital Lifestyle
Theodor-Storm-Straße 13
D-25813 Husum / Nordsee
Fax 04841 – 770 99 96
filemaker@mandl-schwarz.de

Bibliografische Information der Deutschen Nationalbibliothek
Die Deutsche Nationalbibliothek verzeichnet diese Publikation in der Deutschen Nationalbibliografie; detaillierte bibliografische Daten sind im Internet über die Webseite http://dnb.d-nb.de abrufbar.

Zu Ihrer ersten Übersicht

Herzlich willkommen

Der Mensch als Jäger und Sammler hat – zunächst wohl eher unbewusst – von Anfang seiner Entwicklungsgeschichte an auch Informationen gehortet. Als Speicher musste zunächst ausschließlich das Gedächtnis herhalten. Im Laufe der Entwicklung gesellten sich externe Informationsspeicher wie Steine, Papyrusblätter, Holztafeln, und schließlich Papier dazu. Dessen Erfindung erhöhte drastisch die Problematik des Wiederfindens. Informationsmanagement durch den Gebrauch von Ordnern, Karteikarten, Hängeregistraturen etc. war angesagt. Als Krönung ermöglichen Computer die Speicherung von Informationen in elektronischer Form.

Datenbanken sind keine Erfindung des IT-Zeitalters. Sie haben wahrscheinlich schon viel mit Datenbanken gearbeitet, ohne sich dessen bewusst gewesen zu sein. Telefonbücher, die Adressbereiche von Taschenkalendern, Einwohnermelderegister – all das sind Datenbanken. Auch die Aktenordner im Büro mit der darin abgehefteten Korrespondenz (Briefe, Faxe, Rechnungen etc.), alphabetisch oder nach Datum sortiert, stellen eine Datenbank dar. Geradezu als Inkarnation einer Datenbank ist der gute alte Karteikasten anzusehen. Hier sind alle benötigten Informationen zu einem Objekt (einer Person, einem Buch, einem Auto etc.) auf einer Karteikarte aufgeführt. Die Karteikarten wiederum sind, alphabetisch oder chronologisch sortiert, in einem oder mehreren Kästen untergebracht.

Das Auffinden von Informationen kann sich bei nicht-elektronischen Datenbanken recht mühsam gestalten. Stellen Sie sich vor, Sie finden in Ihrer Wohnung einen Zettel auf einem Tisch mit der Mitteilung »Bitte 12 34 56 78« anrufen. Ihnen sagt diese Nummer nichts, Sie wissen auch nicht, ob Sie oder ein Familienmitglied gemeint ist. Sie möchten aber wissen, wer sich hinter dieser Nummer verbirgt. Wenn Sie Glück haben, finden Sie die Nummer im überschaubaren Inhalt Ihres Taschenkalenders. Das Durchblättern eines Telefonbuchs werden Sie wahrscheinlich nicht angehen, da dieses Vorgehen wohl unter »Mission Impossible« einzuordnen wäre.

Wesentlich leichter lassen sich solche Suchen mit den relativ neuen elektronischen Ausprägungen von Datenbanken durchführen. Deren Entwicklung erfolgte Anfang der siebziger Jahre. Ihre Heimat war die Welt der Großrechner, PCs waren damals noch nicht erfunden. Ihre Bedienung erfolgte über Kommandozeilen-Befehle und erforderte Spezialkenntnisse. Solches Wissen benötigt man auch heute noch bei ihren »Nachkommen«, den wirklich »großen« Exemplaren wie *Oracle*, *Sybase*, *MS SQL*, und bei darauf aufbauenden Anwendungen wie *SAP*. Dies ist wohl einer der Gründe, weshalb viele Nutzer Datenbanken noch immer als komplexe, wenig überschaubare Anwendungen ansehen und auch bei größeren Datenmengen die Arbeit mit Tabellenkalkulationen vorziehen.

Dabei gilt für elektronische Datenbanken das gleiche wie für die nicht-elektronische Form: Viele Nutzer arbeiten mit ihnen, ohne sich dessen bewusst zu sein. Die Adressbücher von Mac OS X, Windows, oder von EMail-Programmen (*Outlook*, *Entourage*, *Thunderbird* etc.) sind Datenbanken. Sie werden zugestehen, besonderes Spezialwissen ist für deren Bedienung nicht erforderlich.

Diese Datenbanken sind auf einen ganz speziellen Anwendungsfall zugeschnitten. Für den Alltag benötigen Sie flexiblere Programme, die mehr Gestaltungsspielraum zulassen. Das Programm *FileMaker* bietet diese Flexibilität, verbunden mit einer einfachen Bedienung. Was aber bedeutet einfach? Dieses Prädikat schreiben Anwender auch der weit verbreiteten Datenbank *MySQL* zu. Es hängt, wie in vielen Fällen, vom Standpunkt ab. Die Administration von *MySQL* ist sicher deutlich einfacher als die von *Oracle*. Analog ist die Arbeit mit *FileMaker* für Einsteiger auf dem Gebiet Datenbanken wesentlich einfacher als die mit *MySQL*.

Ich möchte Ihnen mit diesem Buch zeigen, dass die Bedienung von *FileMaker* nicht schwieriger ist als die von *Excel* oder *OpenOffice Calc*. Die Nutzung von *FileMaker* macht allerdings nur Sinn, wenn Sie nicht-triviale Anwendungsfälle behandeln wollen. Wenn es lediglich darum geht, Ihre CD- oder DVD-Sammlung zu inventarisieren, Ihren Taschenkalender in eine elektronische Form zu überführen oder den Bestand Ihres Weinkellers abrufbereit auf einem Rechner zu haben, dann sind Sie vielleicht mit *Bento* vom gleichen Hersteller besser bedient. Wenn es aber im Falle des Weinkellers auch darum geht, Informationen zu Winzern, Hanglagen, Jahrgängen, Rebsorten etc. zu sammeln, ist *FileMaker* die bessere Wahl.

Ziel dieses Buches ist es, Ihnen die grundlegenden Funktionen von *FileMaker* nahezubringen und Ihnen zu zeigen, wie viel Arbeit Sie sich damit ersparen können. Sie sollen am Ende dieses Buches effiziente Datenbanken entwickeln können, ohne deshalb ein Datenbank-Profi zu sein.

Ich arbeite seit über zwanzig Jahren mit *FileMaker*, viele seiner Funktionen sind mir selbstverständlich geworden. Ich danke deshalb meiner Frau Gabriele, dass sie diesen Text unter dem Gesichtspunkt Verständlichkeit kritisch durchforstet hat. Weiterhin danke ich ihr für ihr Verständnis, da das Schreiben eines Buches meist doch mehr Zeit als ursprünglich vorgesehen erfordert. Frau Claudia Kunze und Herrn Florian Schafroth von *Essential Media* danke ich für ihre Unterstützung durch die Bereitstellung von Materialien. Ein besonderer Dank geht an Michael Valentin von *FileMaker Deutschland* für seine wertvollen Anregungen, Tipps und technischen Auskünfte. Frau Dr. Ute Schreiner und Frau Barbara Tollmann danke ich für Ihre Unterstützung auf einer nicht-technischen Ebene. Bei den Herren Daniel Mandl und Michael Schwarz vom Mandl & Schwarz-Verlag möchte ich mich für die stets sehr angenehme Zusammenarbeit und für ihre Geduld bei der Erstellung dieses Buches bedanken.

Ich wünsche Ihnen nun eine anregende Lektüre rund um *FileMaker Pro* in der Praxis.

Horst Grossmann
München, im Oktober 2010

PS: Bitte beachten Sie auch das kostenfreie Download-Kapitel zum Thema »FileMaker Go«, welches im Support-Bereich des Verlages zu finden ist. *FileMaker Go* ermöglicht es Ihnen, auch über das iPhone und iPad mit *FileMaker-Pro*-Datenbanken zu arbeiten.

`www.mandl-schwarz.com/11/filemaker` bzw.
`www.mandl-schwarz.com/support`

Zur besseren Orientierung

Damit Sie sich in diesem Buch schnell zurechtfinden, haben wir einige Symbole verwendet, die wir kurz erläutern:

Grundwissen

Dieses Symbol taucht immer dann auf, wenn es um die Bedienung im Allgemeinen geht. Hier vermitteln wir auch grundsätzliche Details, die den Umgang z. B. mit Ihrem Computer erleichtern.

Tipp

Ob hilfreiche Tastenkombinationen oder bislang noch unentdeckte Features – dieses Motiv weist Sie auf Zusatz-Informationen und allerlei Tipps & Tricks hin.

Achtung

Mit dem roten Ausrufezeichen warnen wir Sie gern und fürsorglich vor solchen Fehlern, die Sie – bei dieser schieren Fülle von Funktionen – hiermit geschickt vermeiden.

Einführung

Das Datenbank-System *FileMaker* vom gleichnamigen Hersteller gibt es mit nahezu identischer Funktionalität für Mac OS X und Windows. Zu dessen Stärken wird an vorderster Stelle immer wieder seine einfache Erlernbarkeit und Handhabung genannt. Auch ohne tiefere Beschäftigung mit dem Gebiet »Datenbanken« lassen sich leicht und schnell Resultate erzielen. Die Haupt-Klientel von *FileMaker* ist deshalb nicht der professionelle Datenbank-Entwickler, sondern der Endanwender, der Routineaufgaben im Bürobereich vereinfachen und der rasch und ohne größeren Aufwand Auswertungen erstellen möchte.

Dieses Buch möchte Sie mit der grundlegenden Arbeitsweise von *FileMaker* vertraut machen. Damit Sie möglichst schnell mit diesem Programm arbeiten können, fangen wir in Teil I mit der Nutzung und der Anpassung einer Starter-Lösung an. Dies sind kleine Datenbanken für spezielle Anwendungsfälle, die im Lieferumfang enthalten sind. Teil II des Buches behandelt die Grundprinzipien von *FileMaker* anhand von Beispielen. Drei dieser Beispiele werden in Teil III so vervollständigt, dass sie wiederum als anpassbare und erweiterbare Starter-Lösung dienen können.

Auch wenn die meisten der in diesem Buch enthaltenen Bildschirmfotos unter Mac OS X angefertigt wurden – dieses Buch kann von Macintosh- und Windows-Anwendern gleichermaßen genutzt werden. Bei Unterschieden in der Bedienung sind entsprechende Hinweise enthalten.

Sollten Sie noch nicht im Besitz einer *FileMaker*-CD sein oder noch unschlüssig hinsichtlich einer Anschaffung, so können Sie diese Software von der *FileMaker*-Webseite herunterladen und 30 Tage lang kostenlos testen.

Der Installationsprozess

Vor der Nutzung eines Programms ist natürlich dessen Installation angesagt. Prüfen Sie vorher (auf jeden Fall vor einem Kauf) nach, ob ihr Rechner die Vorrausetzungen für eine Installation erfüllt.

Für die Installation benötigen Sie Administratorrechte. Sollten Sie darüber nicht verfügen, wenden Sie sich an einen Administrator Ihres Vertrauens, der Ihnen diese Software installiert. Die Installation selbst gestaltet sich einfach und besteht im Wesentlichen aus »durchklicken«. Die größe Schwierigkeit dürfte in der Eingabe des 35-stelligen Lizenzschlüssels liegen, Vertipper sind hier quasi an der Tagesordnung.

Der Installationsprozess ist im Folgenden für beide Betriebssysteme ausführlich dargestellt. Von den Betriebssystemen verursachte Dialoge (z. B. Eingabe von Administrator-Konto und Passwort) sind dabei nicht berücksichtigt.

Die Installation unter Mac OS X

Die im Folgenden beschriebene Installation erfolgte unter Mac OS X 10.6. Nach Einlegen der *FileMaker*-CD erscheint ein neues Fenster im Finder.

Der Inhalt der FileMaker-Installations-CD.

Doppelklicken Sie auf *FileMaker Pro 11.mpkg*, es erscheint das Installations-Startfenster. Nach Betätigen der Schaltfläche *Fortfahren* werden Sie aufgefordert, die Installation zu personalisieren und einen Lizenzschlüssel einzugeben.

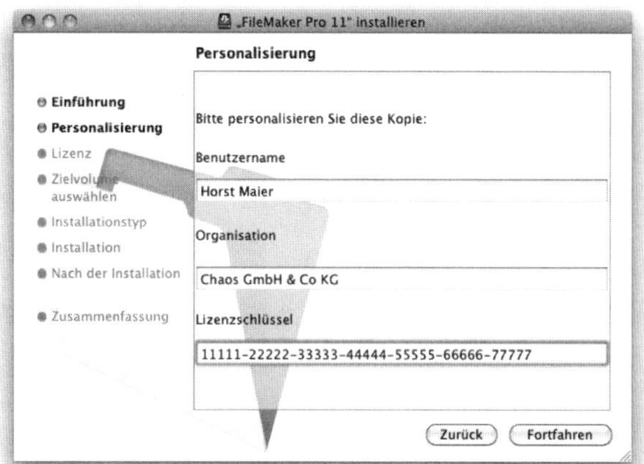

Die Personalisierung der Installation sowie Eingabe des Lizenzschlüssels

Nachfolgend eine Auswahl weiterer Installationsschritte:

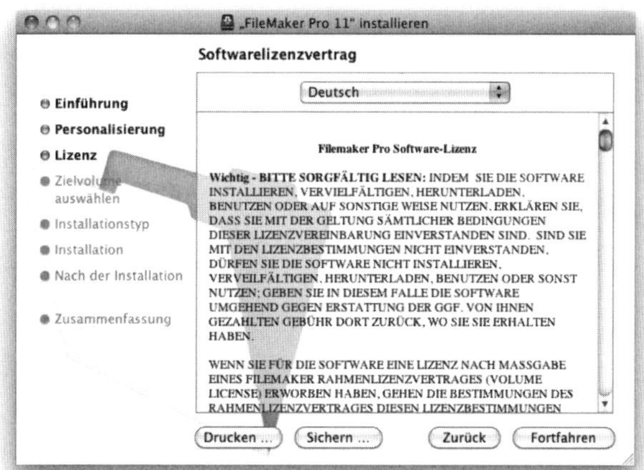

Die Darstellung des Softwarelizenzvertrags sowie das Akzeptieren des Softwarelizenzvertrags.

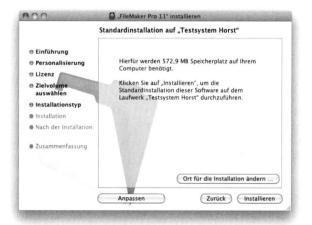

Die Aufforderung zur Installation.

„FileMaker Pro 11" installieren
Standardinstallation auf „Testsystem Horst"
Einführung
Personalisierung
Lizenz
Zielvolume auswählen
Installationstyp
Installation
Nach der Installation
Zusammenfassung
Hierfür werden 572,9 MB Speicherplatz auf Ihrem Computer benötigt.
Klicken Sie auf „Installieren", um die Standardinstallation dieser Software auf dem Laufwerk „Testsystem Horst" durchzuführen.
Ort für die Installation ändern ...
Anpassen
Zurück
Installieren

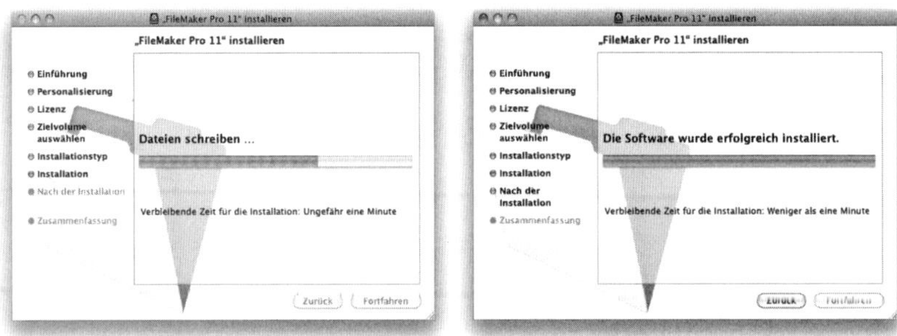

Die Darstellung des Installations-Fortschritts sowie die Installations-Erfolgsmeldung.

Die Installation unter Windows

Die Installation von *FileMaker* erfolgte unter Windows 7. Nach Einlegen der *FileMaker*-CD erscheint ein Startfenster.

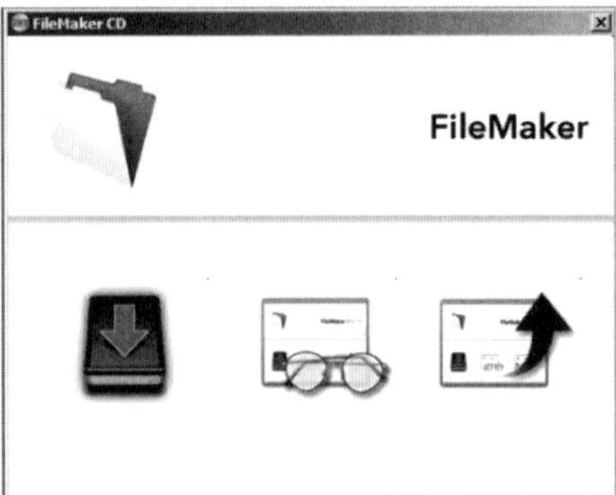

Das FileMaker-Startfenster »Installation«.

Klicken Sie auf die linke Schaltfläche. Im ersten Dialog wählen Sie die Sprache der Installation aus. In der Regel ist »Deutsch« voreingestellt, weshalb Sie lediglich auf *OK* zu klicken brauchen. Danach setzt Sie ein Informationsfenster in Kenntnis, dass die Installation vorbereitet wird.

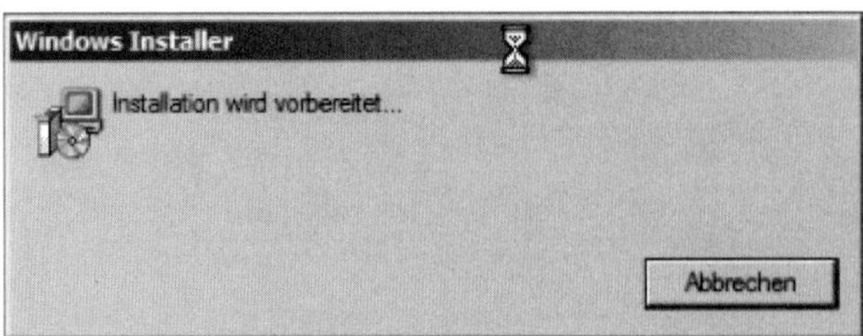

Der Hinweis »Installations-Vorbereitung«.

Es erscheint das Startfenster des Installations-Assistenten ...

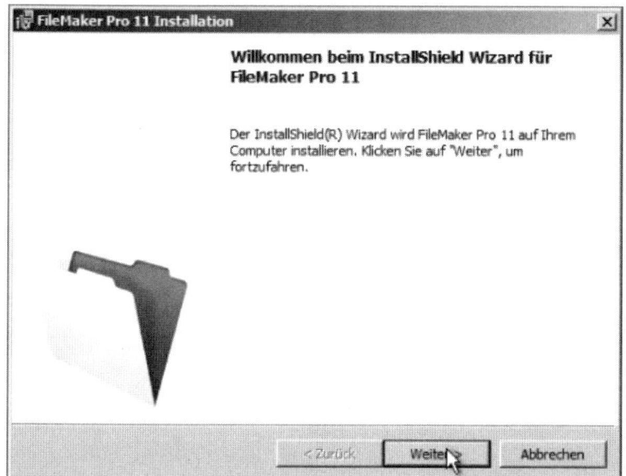

Das Startfenster des Installations-Assistenten.

Daraufhin folgen wieder diverse Fenster – eine Auswahl zeigen wir Ihnen in chronologischer Abfolge.

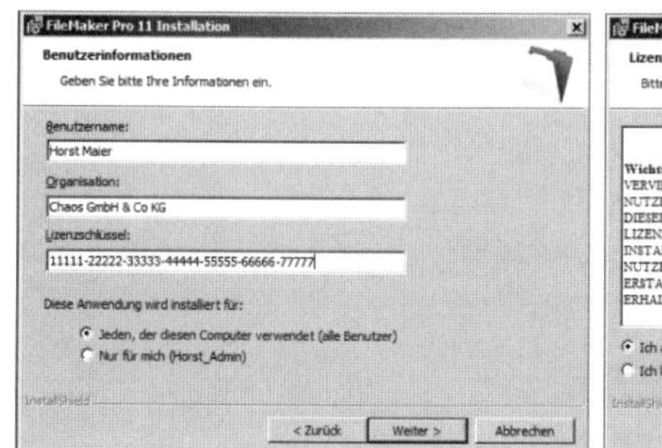

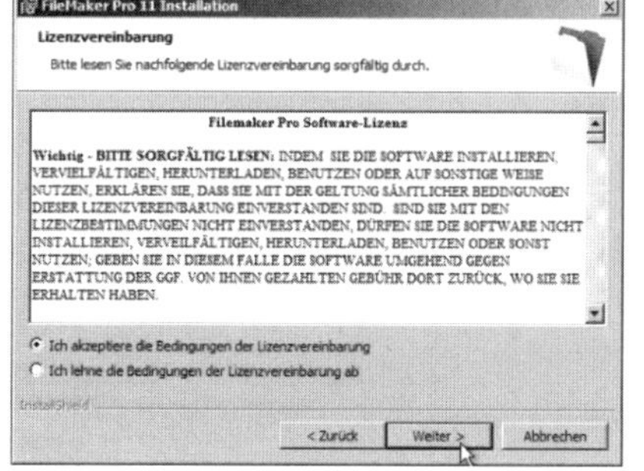

Eingabe von Benutzerinformation und Lizenzschlüssel sowie die Lizenzvereinbarung

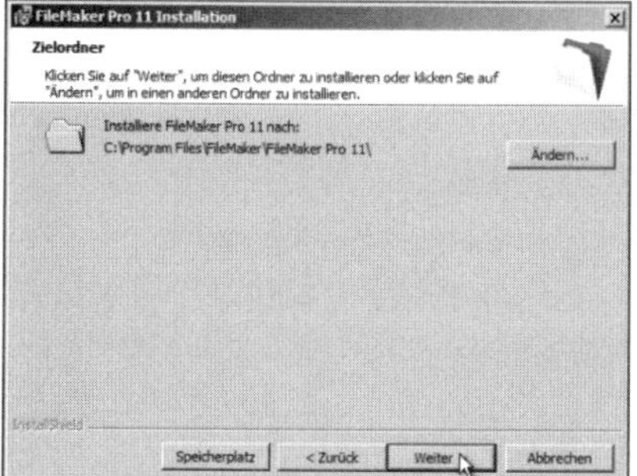

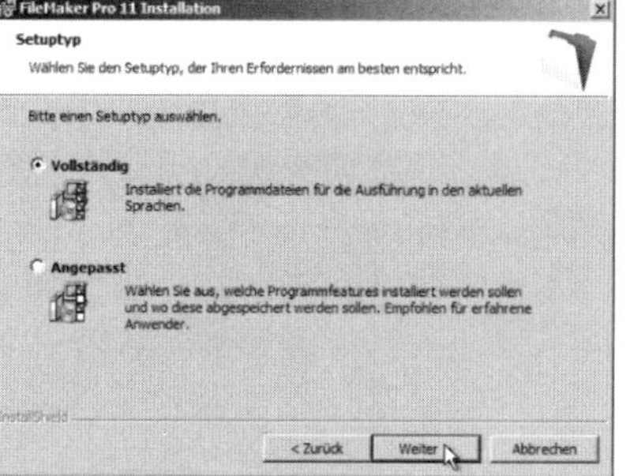

Die Auswahl des Zielordners und des Installations-Typs.

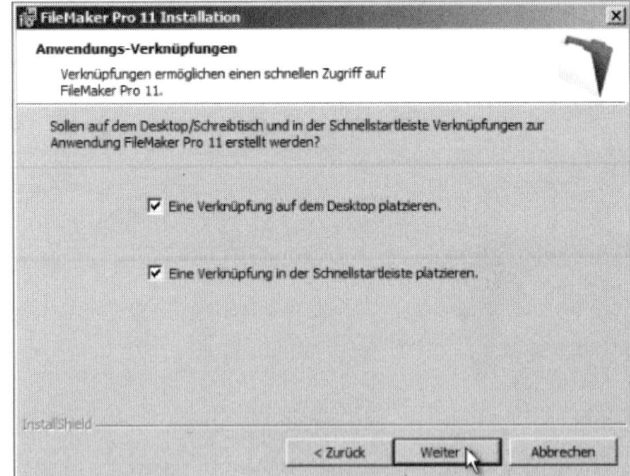

Die Anwendungs-Verknüpfungen.

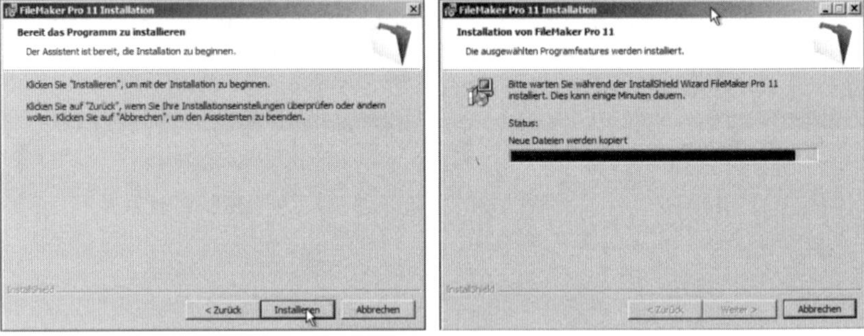

Die Aufforderung zur Installation sowie die Anzeige des Installations-Fortschritts.

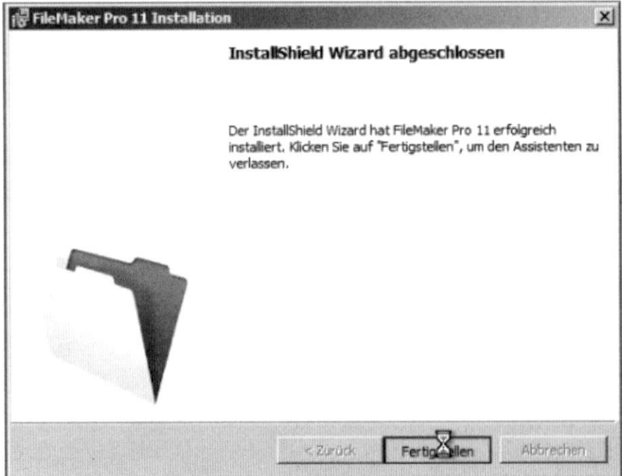

Der krönende Abschluss der Installation.

Nun taucht ein Unterschied zur Installation unter Mac OS X auf. *FileMaker* benötigt unter Windows eine Installation von *Bonjour*. Darüber informiert Sie das folgende Fenster.

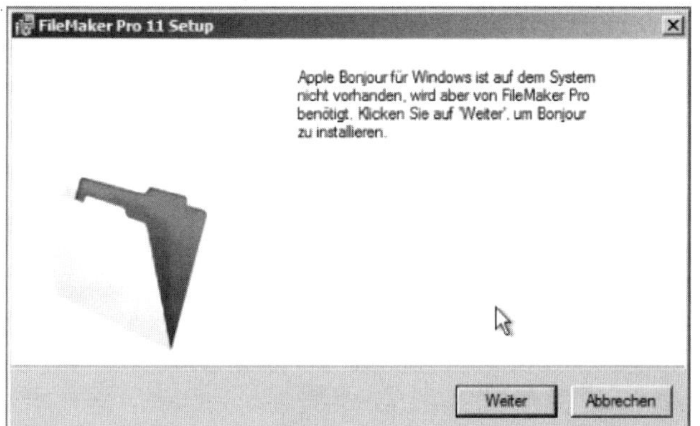

Hinweis zur Installation von Bonjour.

Im Folgenden sind wieder die einzelnen Installations-Dialoge in chronologischer Reihenfolge dargestellt.

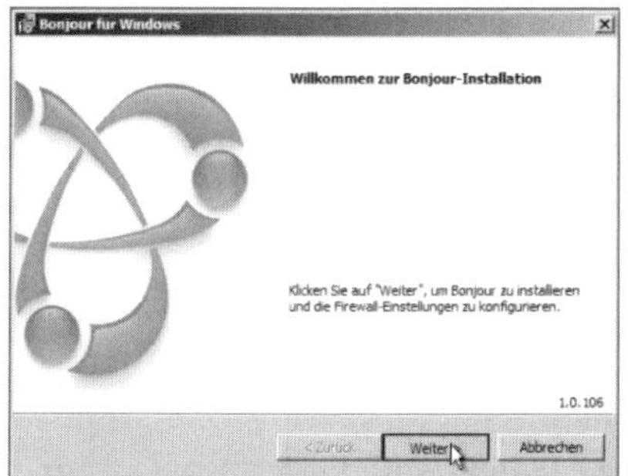

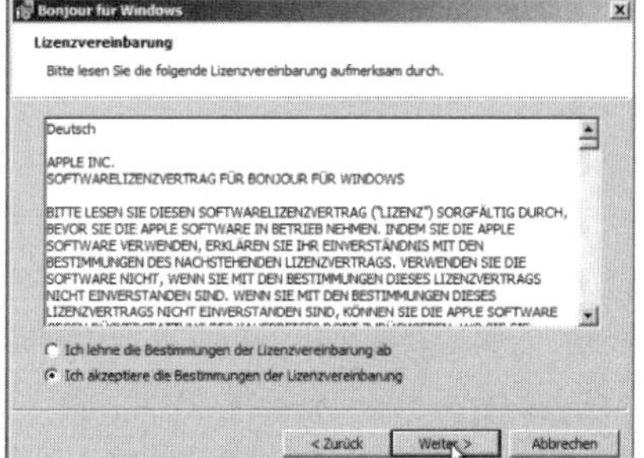

Das Bonjour-Installation-Willkommens-Fenster sowie die Lizenzvereinbarung.

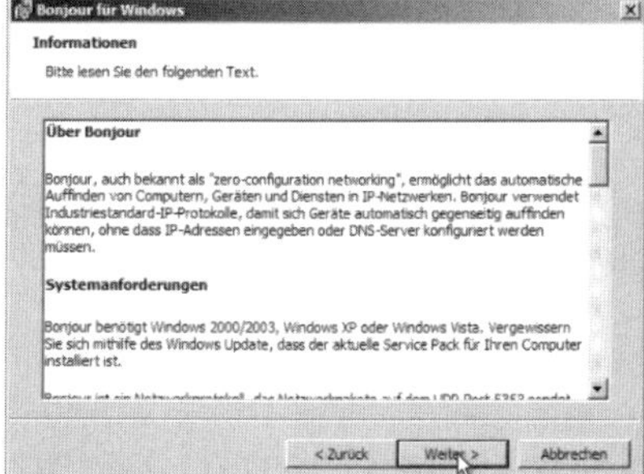

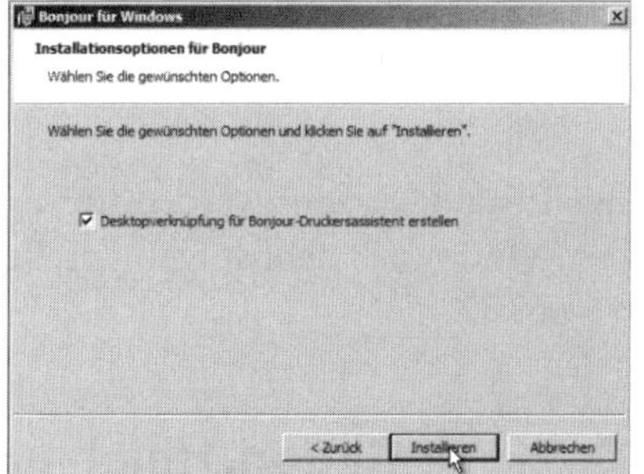

Informationen zu Bonjour und die Installations-Optionen.

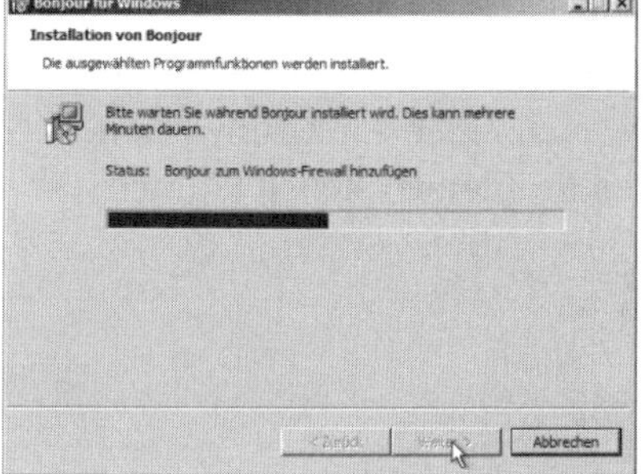

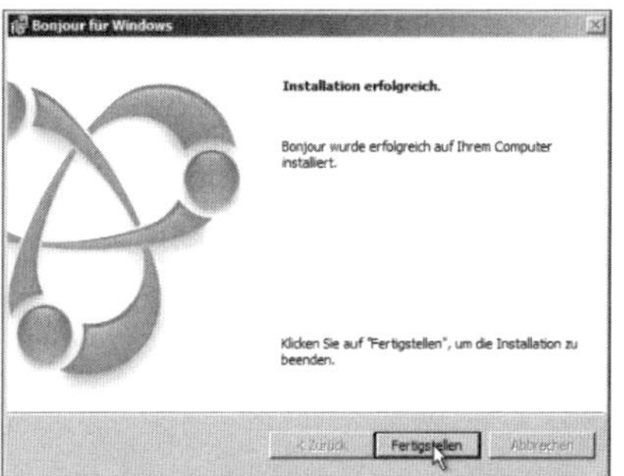

Der Installations-Fortschritt sowie der Abschluss der Installation von Bonjour.

Die Konventionen

Der Name *FileMaker* kennzeichnet eine ganze Produktfamilie. Wenn im Folgenden schlicht von *FileMaker* die Rede ist, so bezieht sich dies sowohl auf die *Pro-* als auch auf die *Pro Advanced*-Variante.

Menübefehle sowie die Namen von Tasten sind im Text kursiv dargestellt.

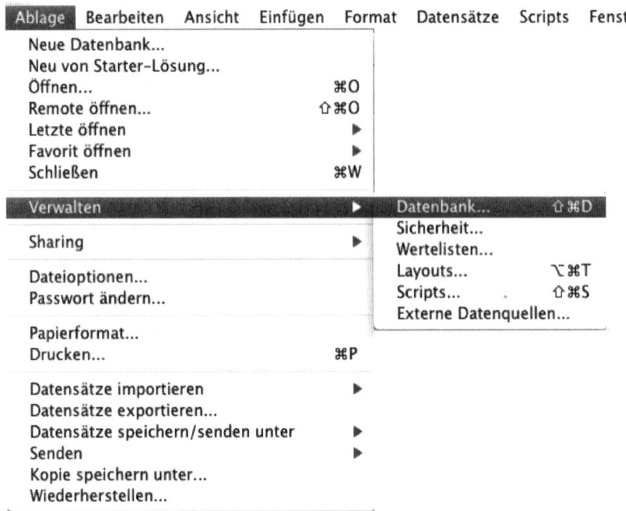

Ein typischer Menübefehl.

Im Text ist dies als *Ablage* | *Verwalten* | *Datenbank* dargestellt. Der analoge Menübefehl lautet unter Windows *Datei* | *Verwalten* | *Datenbank*. Die verkürzte Darstellung für beide Betriebssysteme ist *Ablage/Datei* | *Verwalten* | *Datenbank*.

Bei Tastaturkürzeln werden immer zuerst der Macintosh- und danach der Windows-Befehl aufgeführt, im oben genannten Falls also ⇧-⌘-D/⇧-ctrl-D.

Dokumentation, Hilfen und sonstige Unterstützung

Sollten Sie zu irgendeinem Thema weitergehende Informationen benötigen, so werfen Sie am besten einen Blick in die *FileMaker-Bildschirm-Hilfe*. In deren Startfenster finden Sie auch einen Link zum *FileMaker-Pro Forum*, in dem Sie Fragen zu Ihren Problemen stellen können.

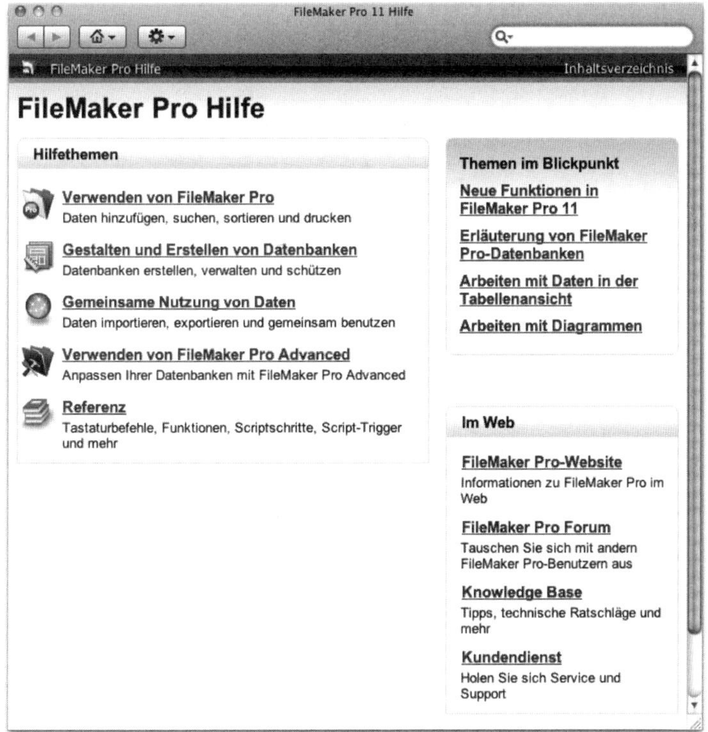

Das Startfenster der »FileMaker-Bildschirm-Hilfe«.

Das *Hilfe*-Menü bietet auch einen Zugriff auf die elektronische Dokumentation in Form von PDF-Handbüchern.

Über das »Hilfe«-Menü gelangen Sie schnell zu den Produktdokumentationen in Form von PDF-Handbüchern.

Den Link zum *FileMaker-Pro Forum* finden Sie auch im Direktstart. Hier führen weitere Links zu Videolehrgängen und einem Praxislehrgang.

Der FileMaker-Direktstart.

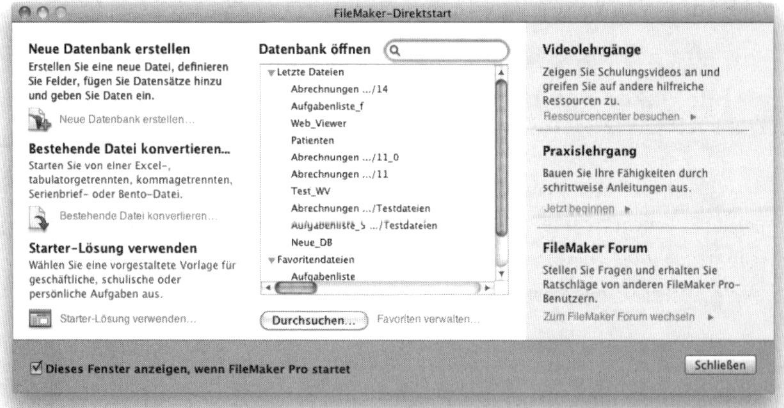

Häufig zu *FileMaker* gestellte Fragen finden Sie nebst Antworten auf der Webseite `www.fmfaq.de` des *FileMaker*-Entwicklers Dr. Jens Teich. Sehr rührig ist das Forum des *FileMaker*-Magazins. Hier sind sich auch bekannte *FileMaker*-Entwickler nicht zu schade, Hinweise und Tipps bei Anfängerfragen zu liefern:

`www.filemaker-magazin.de/forum`

Das *FileMaker*-Magazin selbst erscheint alle zwei Monate, sein Themenkreis reicht von Einführungen für Neulinge bis hin zu speziellen Problemen für Fortgeschrittene und Entwickler.

Als Letztes ist noch eine Webseite des Entwicklers Bernhard Schulz zu erwähnen, die ebenfalls ein Diskussionsforum bietet:

`www.filemakerprofis.de/`

Verwenden einer Starterlösung

Eine Aufgabenliste

Wir wollen uns im Folgenden anhand eines Beispiels mit der grundlegenden Arbeitsweise mit *FileMaker Pro* vertraut machen. Wenn Sie schon mit *FileMaker Pro* mehr oder weniger vertraut sind, können Sie dieses Kapitel überspringen.

Nehmen wir an, in Ihrem Unternehmen soll eine größere Anzahl von Rechnern ausgetauscht werden. Sie sind für die Planung dieses Projekts zuständig und müssen sich Gedanken machen, was dabei alles an Aufgaben anfällt. Nehmen wir weiterhin an, *FileMaker Pro* ist auf Ihrem Rechner bereits installiert und Sie möchten herausfinden, ob oder in welchem Umfang sich das Programm zur Bewältigung Ihrer Aufgabe eignet.

Sie starten also *FileMaker* und es erscheint das Startfenster.

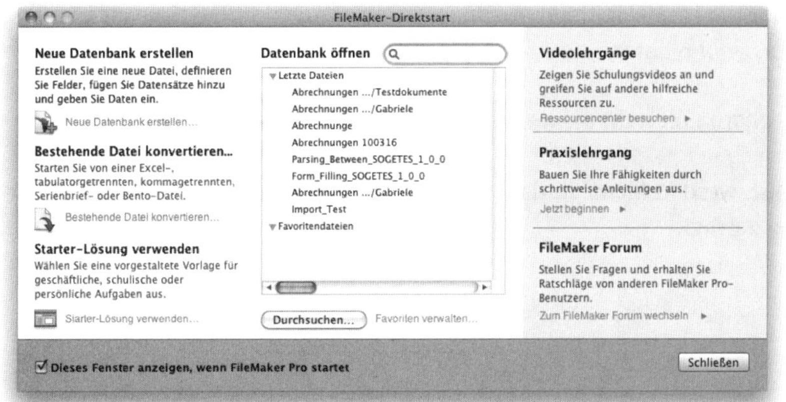

Das Startfenster von FileMaker Pro.

Links unten erkennen Sie *Starter-Lösung verwenden*. Dies sind vorgefertigte, im Lieferumfang enthaltene Datenbanken für verschiedene Aufgabenbereiche. Sie sind neugierig geworden und möchten nachprüfen, ob sich darunter eine Anwendung befindet, die Sie für Ihre Aufgabe einsetzen können. Klicken Sie also beherzt auf *Starter-Lösung verwenden* und es erscheint der nachfolgend abgebildete Dialog. Wie Sie sehen können, bietet *FileMaker Pro* eine Auswahl an Lösungen für häufig vorkommende Problemstellungen – und zwar sowohl für den geschäftlichen wie auch für den privaten Bereich. Schon in den ersten beiden

Zeilen des Fensters finden Sie zwei Datenbanken, die in Frage kommen könnten. *Aufgabenmanagement* beinhaltet das Wort Management – und das assoziiert Probleme und Komplikationen. Wir ziehen deshalb erst einmal die *Aufgabenliste* vor.

Der Dialog »Starterlösungen«.

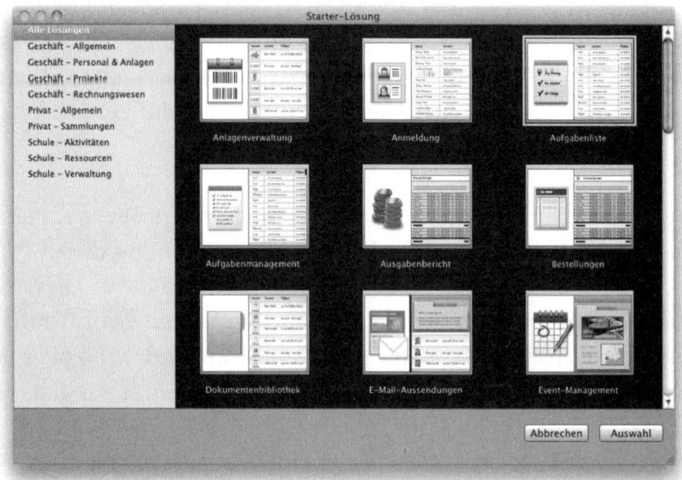

Markieren Sie folglich *Aufgabenliste.fp7* und klicken Sie auf die Taste *Auswahl* rechts unten.

Schneller geht es, wenn Sie auf *Aufgabenliste* doppelklicken.

Nun werden Sie nach dem Namen und dem Speicherort der neuen Datei gefragt.

Sichern der Datenbank »Aufgabenliste«.

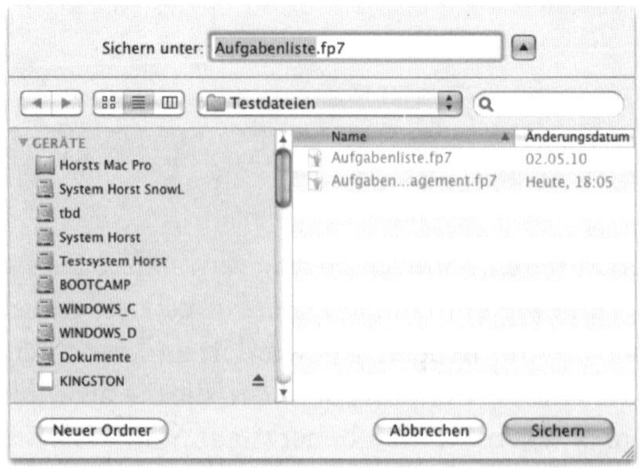

Wir belassen den Namen bei *Aufgabenliste*, hangeln uns zum gewünschten Verzeichnis und schließen den Vorgang durch Betätigen der *Sichern*-Taste ab. Auf dem Bildschirm erscheint danach das folgende Fenster.

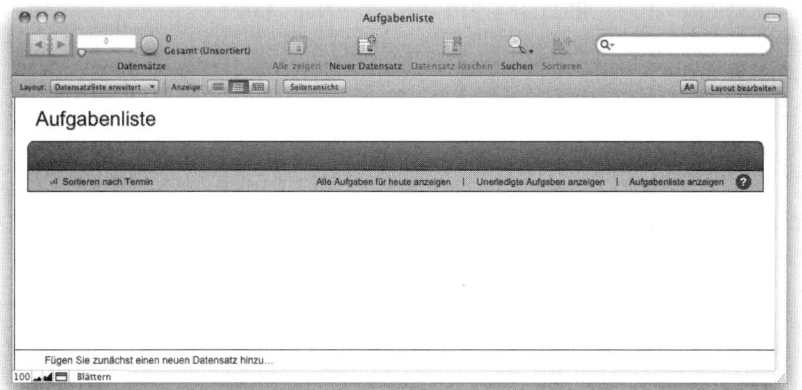

Die Nutzeroberfläche der »Leeren Datenbank«.

Bevor wir mit der Eingabe von Informationen beginnen, beschäftigen wir uns kurz mit der Arbeitsweise mit *FileMaker Pro.*

Die Arbeitsweise von FileMaker Pro

Die verschiedenen Betriebsarten

Sie möchten Informationen eingeben, verarbeiten, nach verschiedenen Kriterien sortieren, nach bestimmten Feldinhalten suchen und die Ergebnisse Ihrer Bemühungen in übersichtlicher Form ausgeben können. *FileMaker Pro* stellt alle dazu notwendigen Werkzeuge und Funktionen zur Verfügung. Er offeriert vier Betriebsarten, auch Nutzermodi, Anzeigemodi oder kurz Modi genannt. Jedem Modus ist ein bestimmtes Aufgabengebiet zugeordnet, was sich in unterschiedlichen Menü-, Funktions- oder Werkzeugleisten ausdrückt.

»Blättern«-Modus

In diesem Modus sind wir nach dem Sichern unserer Datenbank *Aufgabenliste* gelandet. In ihm werden Sie einen Großteil ihrer Zeit bei der Arbeit mit *FileMaker* verbringen. Er dient zum Eingeben, Anzeigen, Verändern und Löschen von Informationen. Hier können Sie Daten auch sortieren, im- und exportieren, drucken und sogar als E-Mail versenden.

»Suchen«-Modus

Hier forschen Sie nach Datensätzen, in denen der Inhalt ausgewählter Felder bestimmten, von Ihnen definierten Kriterien genügt. Nach dem Auffinden der gewünschten Datensätze wechselt *FileMaker Pro* automatisch wieder in den *Blättern*-Modus. Hier zeigt er jetzt die Ergebnismenge an – das ist die Menge all der Datensätze, bei denen die Suchkriterien zutrafen.

»Layout«-Modus

Dieser Modus dient zur Gestaltung des Erscheinungsbilds Ihrer Informationen. In ihm können Sie festlegen, welche Daten an welcher Position auf dem Bildschirm oder beim Drucken angeordnet sein sollen.

»Seitenansicht«-Modus

Wenn Sie wissen möchten, wie Ihre Daten in gedruckter Form auf dem Papier aussehen, wechseln Sie in diesen Modus. Hier können Sie unter anderem erkennen, ob Ihre Felder auf einer Seite so platziert sind, dass ihr Inhalt beim Drucken nicht abgeschnitten wird. Darüber hinaus sind verschiedene Gestaltungsmöglichkeiten erst in dieser Ansicht erkennbar.

Für den Wechsel zwischen den angebotenen Betriebsarten stehen Ihnen verschiedene Wege offen. Am linken unteren Fensterrand ist der Modus angezeigt, in dem Sie gerade arbeiten. Klicken Sie mit der Maus auf den Text, so erscheint ein Einblendmenü, in dem sämtliche Betriebsarten aufgeführt sind. Wählen Sie den gewünschten Modus aus, und schon ist der Wechsel vollzogen.

Der Moduswechsel: Alternativ zum linken unteren Fensterrand steht Ihnen auch das Menü »Ansicht« zur Verfügung, in dem Sie den Wechsel analog vornehmen können.

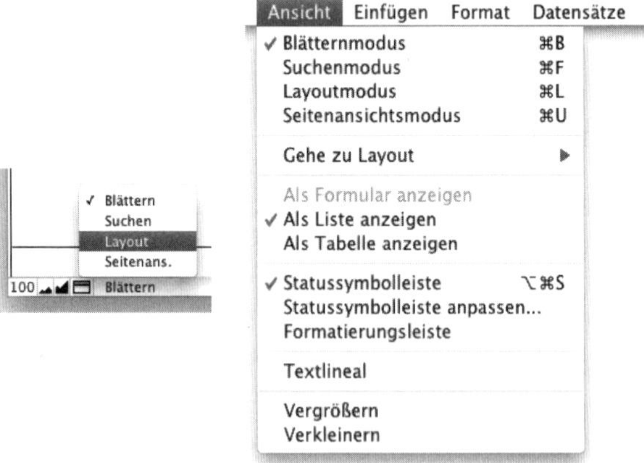

Ich rate, am Anfang Ihrer Arbeit mit *FileMaker Pro*, den Weg über das Menü *Ansicht* zu verwenden. Am einfachsten und vor allem am schnellsten vollziehen Sie einen Wechsel mit Hilfe von Tastaturkürzeln. Genau die finden Sie in diesem Menü neben den entsprechenden Befehlen angezeigt.

Mac OS X	Windows	Modus
⌘-B	ctrl-B	Blättern
⌘-L	ctrl-L	Layout
⌘-U	ctrl-U	Seitenansicht
⌘-F	ctrl-S	Suchen

Die Wege für einen Moduswechsel sind damit noch nicht erschöpft. In den verschiedenen Modi finden Sie in der Statussymbolleiste (siehe gleichlautenden Abschnitt weiter hinten) diverse Tasten, die einen Wechsel mittels Mausklick ermöglichen.

Die verschiedenen Layouts

Die Anzeige der in der *FileMaker*-Datenbank enthaltenen Informationen erfolgt in Layouts, welche die Nutzerschnittstelle zum Bearbeiten von Daten bilden und deren Erscheinungsbild bestimmen. Viele Datenbanksysteme unterscheiden zwischen *Eingabe-Masken* für die Bildschirm-Darstellung und *Ausgabe-Reports* für die gedruckte Form. *FileMaker Pro* macht hier keinen Unterschied. Für eine Datenbank können Sie beliebig viele Layouts für unterschiedliche Aufgabenbereiche (Dateneingabe, Auswertungen, grafische Darstellungen etc.) anlegen, die Sie sowohl für die Eingabe als auch zum Drucken nutzen können.

Ein Layout enthält diverse grafische Objekte wie Linien, Bilder oder Feldobjekte zur Anzeige von Feldinhalten. Die Gestaltung von Layouts ähnelt in *FileMaker Pro* der Arbeit mit einem Vektor-orientierten Zeichenprogramm.

Jedes Layout lässt sich in drei verschiedenen Ansichten darstellen: *Formular*, *Liste* und *Tabelle*. Die *Tabellenansicht* ähnelt einer Tabellenkalkulation, die Zeilen entsprechen den Datensätzen und die Spalten den Feldern. Die *Listenansicht* erscheint auf den ersten Blick wie die Tabellenansicht ohne Anzeige des Rasters, sie bietet aber deutlich mehr Gestaltungsmöglichkeiten. Die *Formularansicht* schließlich zeigt die Feldinhalte eines einzigen Datensatzes.

Die Statussymbolleiste

Zur Durchführung der meisten Aufgaben bietet *FileMaker Pro* wie jedes Programm mit grafischer Bedienoberfläche mehrere Alternativen zur Auswahl. Die Bedienung kann per Menübefehl, über Kontextmenü,

Statussymbolleiste (oben) und Layoutleiste (unten) im »Blättern«-Modus. Die Layoutleiste enthält neben dem »Layout«-Einblendmenü diverse Schaltflächen für die Arbeit mit Layouts.

durch Tastaturkürzel oder mittels Mausklick auf Schaltflächen erfolgen. Den oberen Bereich eines Dokumentfensters von *FileMaker Pro* nimmt eine Funktionsleiste ein: die anpassbare *Statussymbolleiste*. Ihr Aussehen hängt vom jeweils eingestellten Modus ab und ermöglicht über die in ihr enthaltenen Schaltflächen einen schnellen Zugriff auf häufig benötigte Menübefehle.

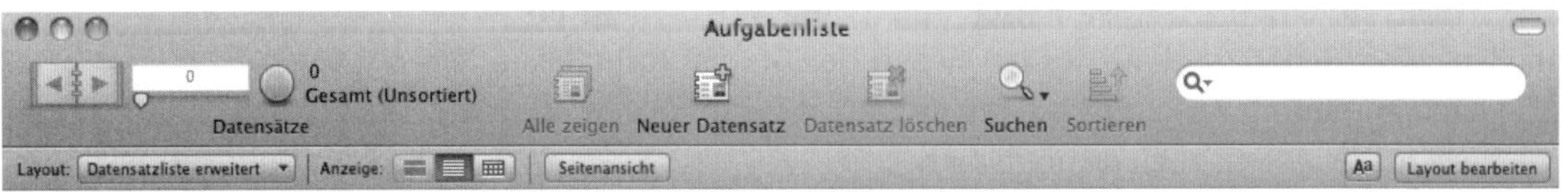

Die Eingabe von Informationen

Die Datenbank *Aufgabenliste* haben Sie bereits erzeugt, sie enthält aber noch keinerlei Informationen. Dies ist auch im linken oberen Abschnitt der *Statussymbolleiste* ersichtlich. Links und rechts vom grauen Kreis sehen Sie zwei Nullen. Dem linken Feld entnehmen Sie die Nummer des aktuell markierten Datensatzes, die Anzeige der Gesamtmenge erfolgt rechts.

Bereiche der Statussymbolleiste.

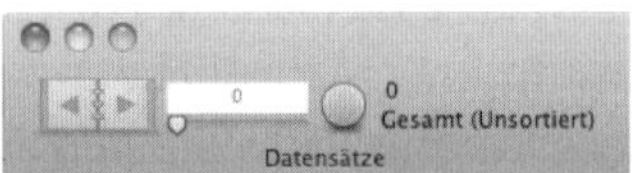

Um endlich Informationen eingeben zu können, klicken Sie auf die Schaltfläche *Neuer Datensatz.* Das Aussehen des Fensters ändert sich daraufhin dramatisch. Sie erkennen jetzt verschiedene Layoutelemente wie Beschriftungen von Feldern, daneben die zugehörigen Eingabebereiche mit weißem Hintergrund. Links oben, direkt unterhalb der Statussymbolleiste, sehen Sie den Namen der Datenbank. Unterhalb des blauen Rechtecks sind auf dunkelgrauem Untergrund diverse Schaltflächen untergebracht. Über diese Tasten können Sie verschiedene Aktionen auslösen. Sie können mit einem Mausklick Ihre (zur Zeit allerdings noch nicht vorhandenen) Aufgaben sortieren lassen oder die Anzeige auf bestimmte Aufgaben einschränken.

Den größten Teil des Layouts nehmen Feldbeschriftungen und Felder zur Eingabe von Informationen ein. Wie Sie sehen, sind einige Felder bereits ausgefüllt. Für die zugehörigen Feldobjekte sind Mechanismen definiert, die bei der Erzeugung eines neuen Datensatzes für eine automatische Eingabe von Informationen entsprechend definierter Vorgaben sorgen.

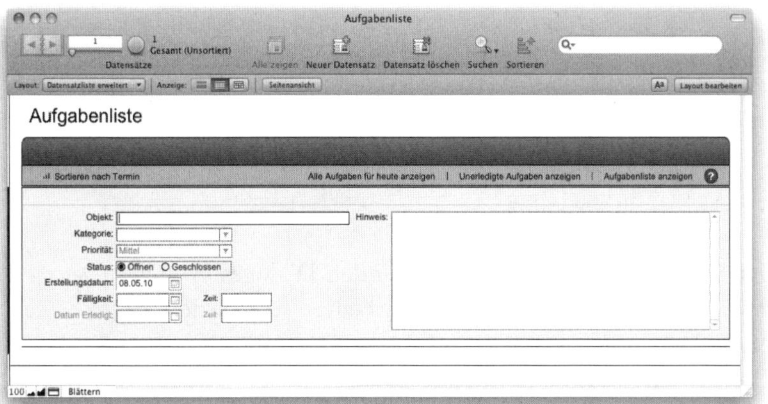

Die Aufgabenliste mit einem Datensatz.

Tragen Sie nun entsprechende Informationen ein und modifizieren im Bedarfsfall bereits bestehende Inhalte. Dabei stellen Sie fest, dass einige Felder mit Eingabehilfen ausgerüstet sind. Sie sehen rechts neben den Datums-Feldern jeweils ein kleines Kalender-Symbol. Wenn Sie darauf klicken, erscheint ein so genannter Einblendkalender.

Der Einblendkalender.

Ist ein Feld leer, so zeigt er standardmäßig das aktuelle Datum an. Die Auswahl von Monat und Jahr erfolgt mit Hilfe der Pfeilsymbole. Rechts- und Linkspfeil steuern die Monatsanzeige, Auf- bzw. Abwärtspfeil das Jahr. Die Eingabe erfolgt durch einfachen Mausklick auf den gewünschten Tag.

Neben den Feldern *Kategorie* und *Priorität* befinden sich ebenfalls kleine Pfeilsymbole. Dies bedeutet, die Feldobjekte sind mit einer Werteliste verknüpft. Solche Listen sind nützlich, wenn ein Feld in vielen Datensätzen nur wenige Werte annimmt oder annehmen darf. In letzterem Fall bewirkt dies neben einer beschleunigten auch eine genauere Dateneingabe. Wenn Sie auf den Pfeil beim Feld *Kategorie* klicken, erscheint ein Einblendmenü, dessen Inhalt allerdings nicht so ganz Ihren Bedürfnissen entsprechen dürfte. Um diesen zu modifizieren, wählen Sie den letzten Punkt *Bearbeiten* aus.

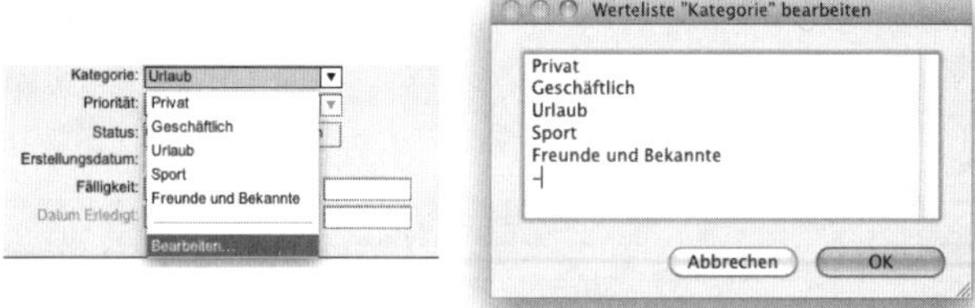

Die Werteliste »Kategorie«: links das Einblendmenü, rechts der Dialog.

Der Inhalt des daraufhin erscheinenden Dialoges *Werteliste bearbeiten* lässt sich wie »normaler« Text bearbeiten. Jede Zeile entspricht genau einem Menüpunkt, ein »-« erzeugt einen Trennstrich. Passen Sie die Liste Ihren Bedürfnissen an und klicken auf *OK*.

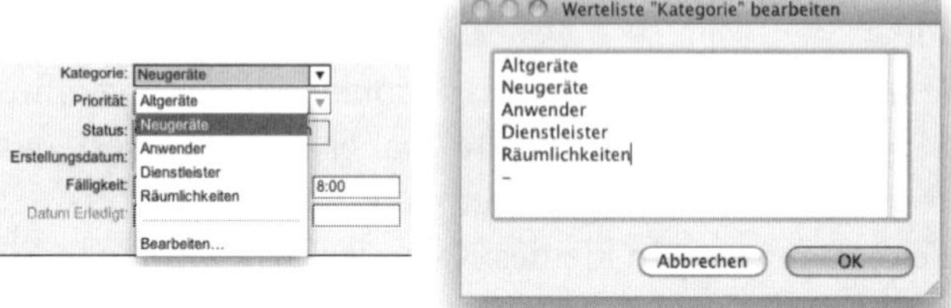

Die modifizierte Werteliste »Kategorie«.

Die erste eingegebene Aufgabe bezog sich auf die Bereitstellung eines Raumes für Altgeräte, das gleiche benötigen Sie natürlich auch für Neugeräte. Sie könnten nun die ganze Prozedur wiederholen, was jedoch dem obersten Grundsatz für die Arbeit mit dem Computer widerspräche. Diese besagt, so viel Arbeit wie möglich dem Rechner selbst zu überlassen. Auf diesen speziellen Fall angewendet bedeutet das, den Datensatz einfach zu duplizieren und danach lediglich die entsprechenden Feldinhalte zu modifizieren.

Da die Statussymbolleiste keine Schaltfläche zum Duplizieren von Datensätzen enthält, sehen Sie in der Menüleiste unter *Datensätze* nach – gleich der zweite Punkt ist hier anzuwenden.

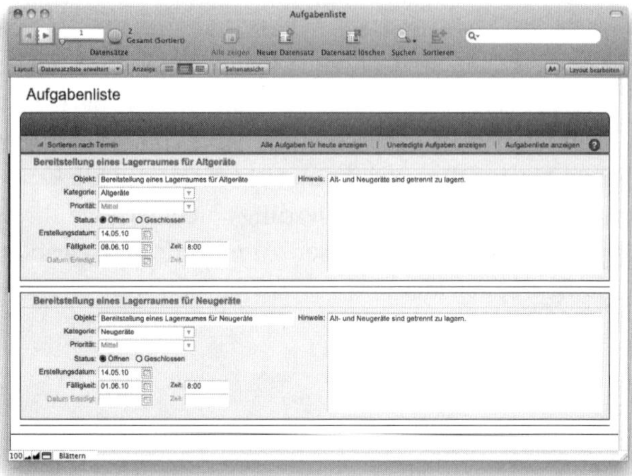

Die Aufgabenliste mit zwei Datensätzen.

So weit, so gut. Ganz entspricht die Datenbank aber noch immer nicht Ihren Vorstellungen. Sie möchten beispielsweise für jede Aufgabe einen Verantwortlichen eintragen. Dazu könnten Sie das Feld *Hinweise* nutzen, jedoch befriedigt dieser Lösungsansatz nicht wirklich. Möglicherweise ist ein solches Feld ja in einem anderen Layout untergebracht. Sie klicken also auf das *Layout*-Einblendmenü in der Layoutleiste.

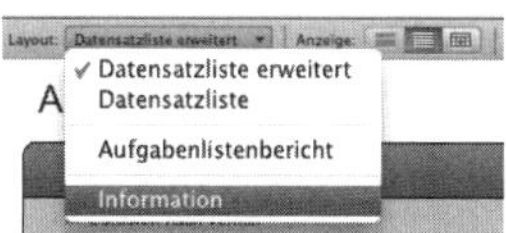

Das Layout-Einblendmenü.

Das Layout, in dem Sie gerade arbeiten, ist durch ein Häkchen links vom Namen – in diesem Falle also *Datensatzliste erweitert* – gekennzeichnet. Ganz unten in der Liste ist ein Layout namens *Informationen* aufgeführt. Dort könnte sich ja ein Hinweis befinden, wählen Sie es also aus.

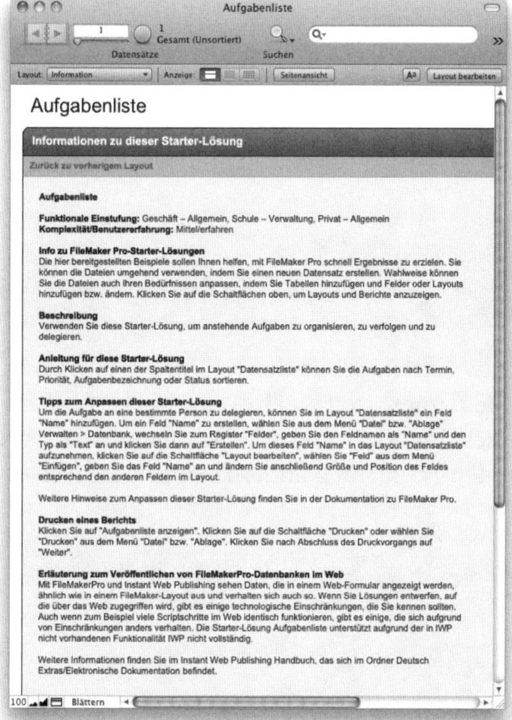

Das Layout »Information« bietet Hilfestellung an.

Unter »Tipps zum Anpassen dieser Starter-Lösung« finden Sie den gesuchten Hinweis. Wir wollen aber einen alternativen Weg beschreiten, den *FileMaker Pro* erst ab der aktuellen Version 11 bietet.

Modifizieren von Layouts

Hinzufügen von Feldern

Sie wechseln zurück in das Ausgangslayout *Datensatzliste erweitert*. Die *Layout*-Leiste enthält Schaltflächen zum Wechseln zwischen verschiedenen Ansichten. Klicken Sie mit der Maus auf die dritte Taste neben dem Schriftzug *Anzeige*.

Die Schaltfläche »Tabellenansicht« finden Sie ganz rechts.

Sie wechseln damit in die *Tabellenansicht*, deren Aussehen sehr stark an eine Tabellenkalkulation erinnert.

Die Tabellenansicht im »Blättern«-Modus.

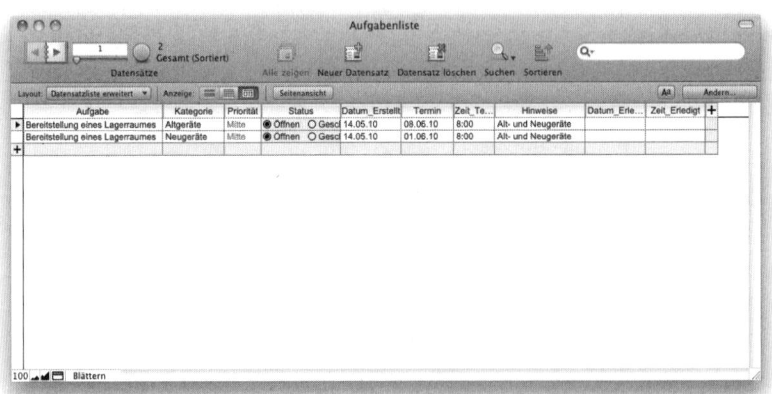

Rechts neben der letzten Spalte der Kopfzeile befindet sich ein großes »+«. Klicken Sie darauf, so dass eine zusätzliche Spalte mit der Überschrift *Feld* erscheint. Deren Kopfzeile ist automatisch markiert, Sie können sofort den Feldnamen ändern. Tippen Sie also einfach *Verantwortlich* ein.

Definition eines Feldes in der Tabellenansicht.

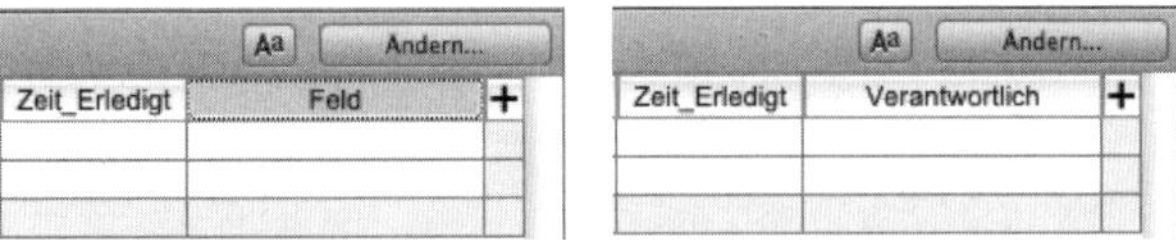

Sollte die Markierung der Kopfspalte aufgehoben sein, etwa weil Sie aus Versehen mit der Maus geklickt haben, so tätigen Sie einfach einen Doppelklick und alles ist wieder markiert.

Wechseln Sie zurück in die *Listenansicht* (die mittlere Schaltfläche). Sie sehen, hier hat sich bis jetzt nichts verändert. Es bleibt Ihnen also nichts anderes übrig, als Ihre Bemühungen im *Layout*-Modus fortzusetzen.

Hinzufügen und Verschieben von Feldobjekten

Das bestehende Layout sagt Ihnen durchaus zu. Es stellt sich jetzt die Frage, wohin mit dem neu definierten Feld. Um die Abmessungen nicht zu verändern, schieben wir das Feldobjekt *Kategorie* nach unten in die dritte Zeile. Um eine Überdeckung zu vermeiden, muss *Priorität* ausweichen, und zwar nach rechts. Für den Verantwortlichen steht dann genügend Platz in der zweiten Zeile unterhalb von *Objekt* zu Verfügung.

Wechseln Sie also mit ⌘-L/ctrl-L in den *Layout*-Modus, das geht am schnellsten. Alternativ können Sie auch auf die Taste *Layout bearbeiten* ganz rechts in der Layoutleiste klicken.

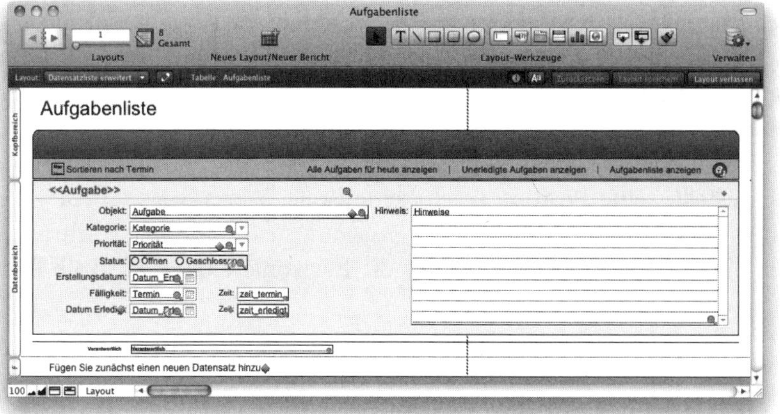

Layout »Datensatzliste erweitert« im Layout-Modus.

Das Aussehen der Statussymbolleiste hat sich durch den Wechsel stark verändert. Im rechten oberen Teil erkennen Sie diverse Schaltflächen mit grafischen Symbolen, ähnlich wie in einem Zeichenprogramm. Wenn Sie die Maus auf eines dieser Symbole bewegen, wird Ihnen darunter eine *QuickInfo* eingeblendet. Sie gibt Auskunft über die Verwendung des Werkzeugs.

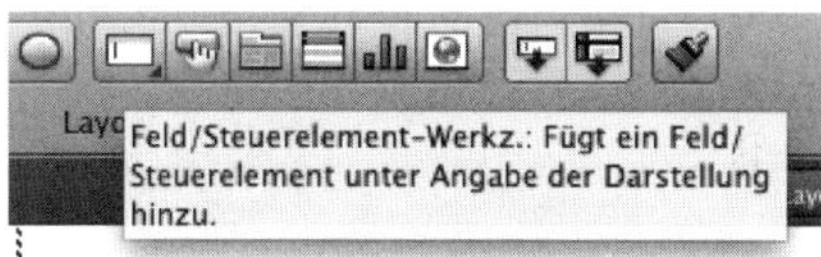

Werkzeugbereich mit eingeblendeter »QuickInfo«.

Die Feldobjekte zeigen im *Layout*-Modus keine Informationen an, sondern den zugehörigen Feldnamen. Auch sind alle Feldobjekte mit grünen Lupensymbolen versehen, auf deren Bedeutung wir in einem späteren Abschnitt noch kommen.

Zum Verschieben von Objekten in einem Layout benötigen wir das *Auswahl*-Werkzeug – das ist die Schaltfläche mit dem Pfeil ganz links im Werkzeugbereich. Ist sie nicht aktiviert, klicken Sie darauf mit der Maus, der Mauszeiger nimmt dann die Form eines Pfeils an.

Das Auswahl-Werkzeug.

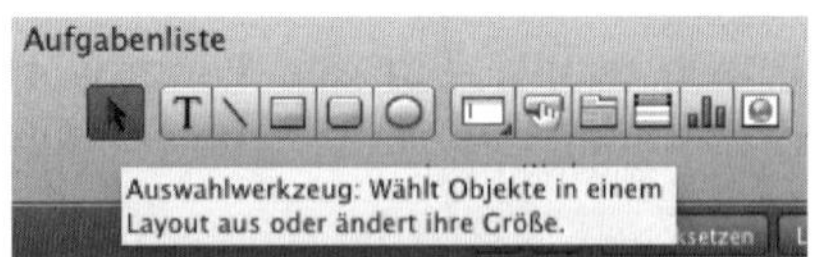

Um ein Objekt in einem Layout zu bearbeiten, müssen Sie es markieren. Als Erstes beschäftigen wir uns mit *Priorität*. Klicken Sie mit der Maus auf die zugehörige Feldbeschriftung. An deren Ecken sind jetzt kleine schwarze Quadrate zu erkennen, die so genannten *Aktivpunkte*. Positionieren Sie den Mauszeiger innerhalb der Objektfläche (nicht auf einem der Aktivpunkte!) und verschieben Sie den Text rechts neben das Feldobjekt. Beim Bewegen taucht ein blau umrandetes Rechteck auf, das die Zielposition kennzeichnet. Das zu verschiebende Objekt ist transparent dargestellt, seine Position spielt keine Rolle. Wenn Sie beim Bewegen eines oder mehrerer Objekte die *Umschalttaste* (⇧) drücken, schränken Sie deren Bewegungsrichtung auf die horizontale oder vertikale Richtung ein.

Schritt 1: Verschieben der Feldbeschriftung.

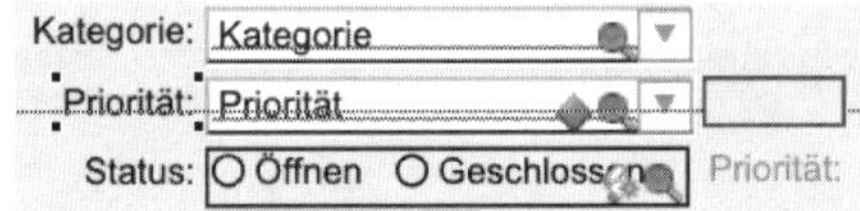

Jetzt markieren Sie das Feldobjekt *Priorität* und ziehen es so weit nach rechts, dass seine rechte Kante mit der von *Aufgabe* in etwa übereinstimmt. Es kommt dabei nicht auf Genauigkeit an, die Feinpositionierung erledigen wir später.

Schritt 2: Verschieben des Feldobjekts »Priorität«.

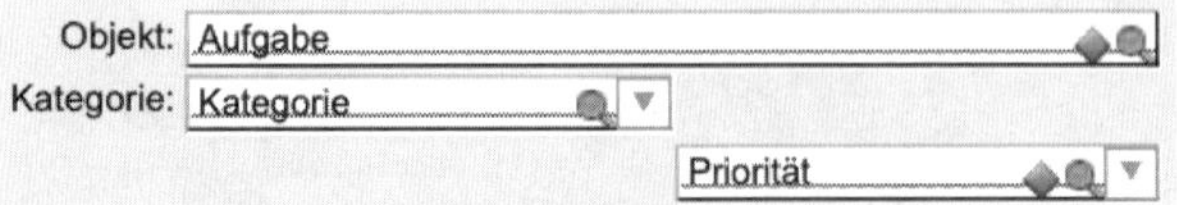

Das Feldobjekt *Priorität* überdeckt jetzt die Feldbeschriftung, Sie müssen es verkleinern. Markieren Sie es und ziehen Sie einen der beiden linken Aktivpunkte nach rechts. Seien Sie dabei großzügig, die Beschriftung ist in diesem Fall erst dann wieder zu erkennen, wenn Sie die Maustaste loslassen. Ist zu viel Platz zwischen Beschriftung und Objekt, vergrößern Sie das Feldobjekt einfach wieder durch Ziehen eines der rechten Aktivpunkte nach links. Die Beschriftung ist dabei voll und ganz zu sehen, Sie haben jetzt einen Anhaltspunkt.

Schritt 3: Anpassen der Größe des Feldobjekts »Priorität«.

Jetzt beschäftigen wir uns mit der *Kategorie*. Klicken Sie mit der Maus auf die Feldbeschriftung, drücken Sie dann die *Umschalttaste* (⇧) und klicken auf das Feldobjekt. Ziehen Sie die Auswahl nach unten. Halten Sie dabei die *Umschalttaste* gedrückt, das erleichtert die Positionierung. Lassen Sie die Maus los, wenn sich die Auswahl etwa auf gleicher Höhe mit *Priorität* befindet.

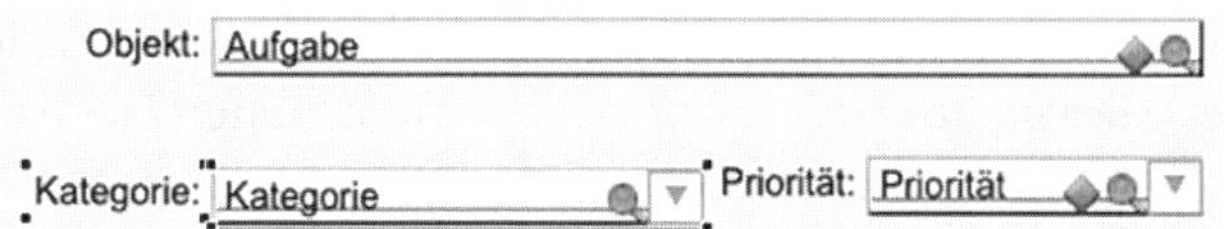

Schritt 4: Verschieben von Feldobjekt »Priorität« und Beschriftung.

Jetzt gilt es noch, *Verantwortlich* an die gewünschte Stelle zu bringen. Verschieben Sie es in die zweite Zeile.

Schritt 5: Verschieben von Feldobjekt »Verantwortlich« und Beschriftung.

Nun haben Sie alles da, wo Sie es hinhaben wollten. Doch das Prädikat »zufriendenstellend« verdient das Erscheinungsbild des Layouts damit noch lange nicht. *Kategorie* und *Priorität* stehen nicht richtig nebeneinander, *Verantwortlich* unterscheidet sich in Schriftstil und Größe von den anderen Objekten, und der Datenbereich hat jetzt an der Stelle unnützen Zwischenraum, wo die *Verantwortlich*-Objekte automatisch platziert wurden. Wie Sie dies beheben können, erfahren Sie im nächsten Abschnitt.

Ändern von Formatierungen

Für die Formatierung von Objekten in einem Layout stehen Ihnen diverse Möglichkeiten offen. Neben Menü und Kontextmenü bieten die Schaltflächen der Layoutleiste einen schnellen Zugriff auf *Formatierungs*-Werkzeuge. Wenn Sie auf das folgende Symbol in der Layoutleiste klicken, zeigt sich ein weiterer Bereich der Statussymbolleiste: die *Formatierungsleiste.*

Die Layoutleiste und Formatierungsleiste im »Layout«-Modus.

Schaltfläche zum Ein- und Ausblenden der Formatierungsleiste.

Aa

Markieren Sie ein Objekt, so dass seine Eigenschaften in der Formatierungsleiste eingeblendet sind. Es erscheint nun naheliegend, sich zunächst die Eigenschaften des Objektes anzeigen zu lassen, dessen Eigenschaften auch für andere anzuwenden sind. Die Feldbeschriftung *Objekt* von *Aufgabe* gefällt uns nicht, hier sollte ebenfalls *Aufgabe* stehen. Sie tätigen einen Doppelklick auf das Textobjekt und können dann die Änderung vornehmen. Dabei bemerken Sie, dass die Schrift »Arial 11« ist. Die Schrift des darunter befindlichen Textobjekts ist ebenfalls Arial, aber Größe 6 und fett. Stellen Sie also über das *Schriftgrößen*-Menü in der Formatierungsleiste »11« ein und klicken sie auf die Schaltfläche mit dem »B« (Bold = Fett). Jetzt sollten die Eigenschaften beider Schriftzüge übereinstimmen.

Das Ändern zweier Eigenschaften auf diese Weise ist noch akzeptabel. Wenn bei einem Feldobjekt aber noch weitere Eigenschaften wie Hintergrund, Randstärke etc. dazukommen, kann es leicht umständlich werden. *FileMaker Pro* beinhaltet ein Werkzeug zum Übertragen von Formatierungen, das eine einfache und schnelle Angleichung von Eigenschaften gestattet. Markieren Sie das Feldobjekt *Aufgabe* und klicken Sie auf die Schaltfläche mit dem Pinsel ganz rechts in der Statussymbolleiste. Der Mauszeiger sollte daraufhin die Form eines Pinsels annehmen. Klicken Sie damit auf das Feldobjekt *Verantwortlich.* Es sollte daraufhin über die gleichen Format-Eigenschaften verfügen wie *Aufgabe.* Ziehen Sie anschließend einen Aktivpunkt nach unten und das Objekt verfügt auch über die gewünschte Höhe.

Jetzt gilt es noch, die Positionen von *Kategorie* und *Priorität* anzugleichen. Beim Verschieben eines Objekts erscheint eine gepunktete Linie als Ausrichthilfe. Diese Linie möchten wir mit der ebenfalls gepunkteten Grundlinie des Feldobjekts *Priorität* in Übereinstimmung bringen.

Es kann sein, dass Ihnen dies nicht gelingt und die Ausrichthilfe sich nur oberhalb oder unterhalb der Grundlinie positionieren lässt. In diesem Fall markieren Sie einfach das Objekt und bewegen es durch Betätigen von Pfeiltasten. Diese ermöglichen eine pixelweise Verschiebung von Objekten. Es gibt natürlich elegantere Methoden, um die Position von Objekten anzupassen, aber dazu später mehr.

Als Letztes wollen wir noch den Bereich wieder verkleinern, der im Layout als *Datenbereich* gekennzeichnet ist. Bewegen Sie dazu den Mauszeiger auf die gepunktete Linie zwischen Datenbereich und Fußbereich (unterster Bereich). Drücken Sie die Maustaste, die Form des Zeigers ändert sich. Bewegen Sie den Zeiger bis kurz unter die duchgezogene Linie. Jetzt sollte das Aussehen des Layouts in etwa Ihren Vorstellungen entsprechen. Speichern Sie das Layout und wechseln Sie zurück in den *Blättern*-Modus.

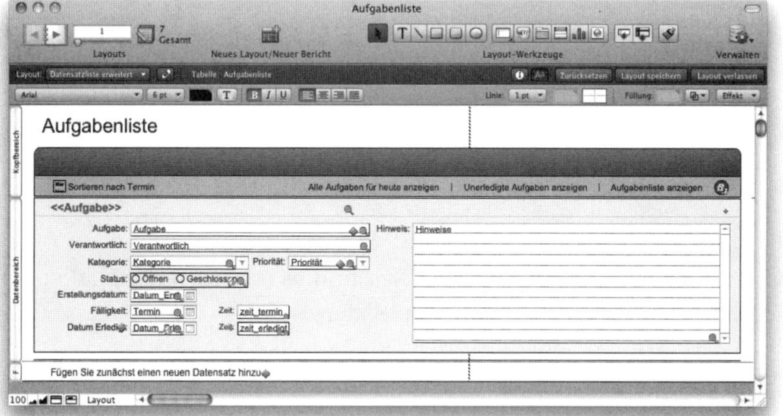

Das (vorläufig) finale Layout von Aufgabenliste.

Verwenden einer Werteliste

Bevor Sie jetzt Informationen in Ihre Datenbank eintragen, möchten Sie sich sicher die Arbeit noch etwas vereinfachen. Die Zahl der Verantwortlichen für eine Aufgabe ist ebenso überschaubar wie die von *Kategorie* oder *Priorität* – warum also nicht auch hierfür eine Werteliste nutzen? Klicken Sie dazu im *Layout*-Modus auf das *Verwalten*-Symbol am rechten oberen Fensterrand und wählen Sie im erscheinenden Einblendmenü den Punkt *Wertelisten*. Im Dialog *Wertelisten verwalten* erkennen Sie, dass bereits eine ganze Reihe solcher Listen existiert.

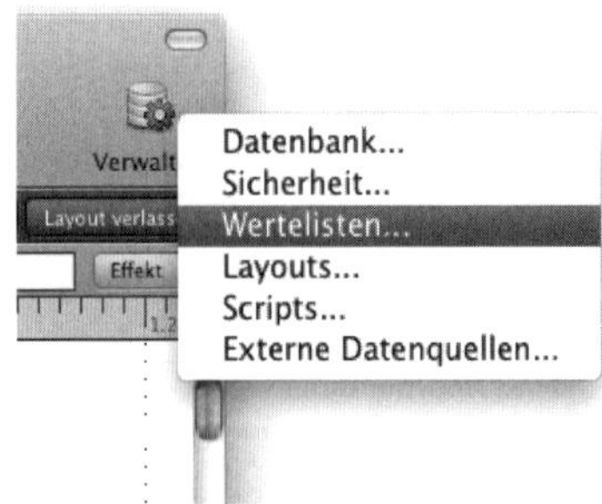

Das Erstellen einer Werteliste.

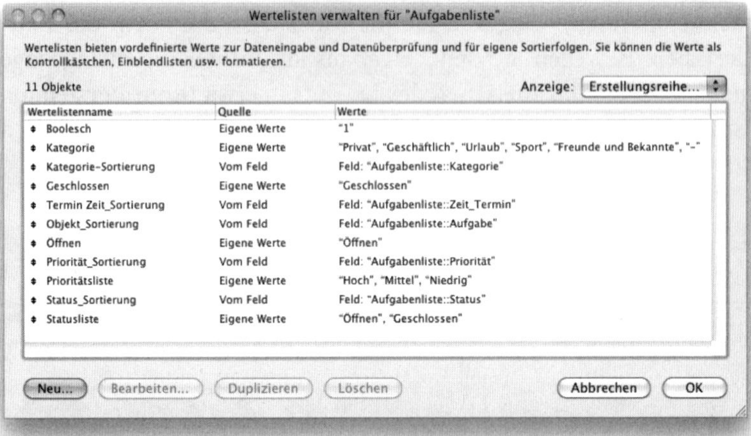

Dialog zur Verwaltung von Wertelisten.

Klicken Sie einfach auf die Taste *Neu* und es erscheint der Dialog zum Erzeugen und Bearbeiten von Wertelisten.

Dialog zum Erzeugen und Bearbeiten von Wertelisten.

Geben Sie Ihrer Liste einen Namen – beispielsweise *Verantwortliche* (tippen Sie am besten sofort los, denn der Standardname *Neue Werteliste* ist beim Erscheinen des Fensters markiert) – und tragen Sie die Titel in das Feld für Spezialwerte ein. Klicken Sie auf *OK* und dann nochmals auf *OK*, um beide offenen Fenster zu schließen.

Die fertige Werteliste »Verantwortliche«.

Jetzt müssen Sie nur noch dafür sorgen, dass die gerade erstellte Werteliste einem Feldobjekt zugewiesen wird. Genauer gesagt jenem Feldobjekt, das die Inhalte des Feldes *Verantwortlich* im *Blättern*-Modus anzeigt. Sollten Sie nicht die aktuelle Version 11 von *FileMaker* installiert haben, doppelklicken Sie auf das Feldobjekt *Verantwortlich.* Im rechten Teil sehen Sie eine Liste mit den Feldern dieser Datenbank – *Verantwortlich* ist bereits markiert. Ändern Sie den Stil (*Anzeigen als*) in *Einblendliste,* stellen Sie *Werte anzeigen von:* auf *Verantwortliche* und setzen Sie mittels Mausklick das Häkchen vor *Mit Pfeil, um Liste ein- bzw. auszublenden.* Betätigen Sie mit *OK.*

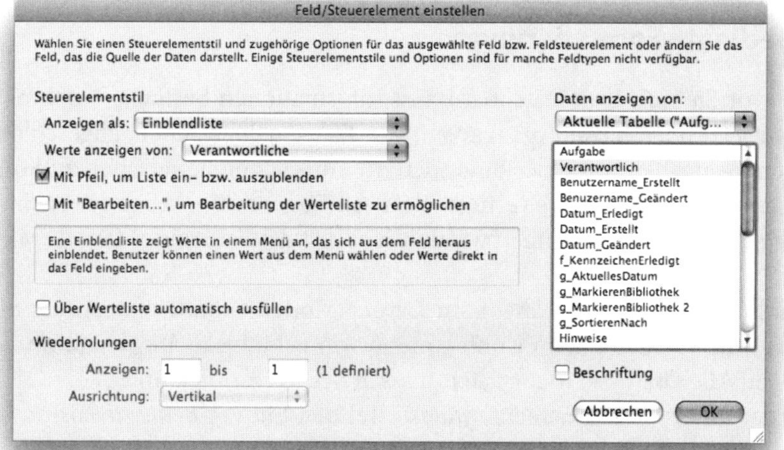

Der Dialog »Feld/Steuerelement einstellen«.

Wenn Sie bereits mit Version 11 arbeiten, markieren Sie das Feldobjekt »Verantwortlich« und klicken Sie auf das *Inspektor*-Symbol ( ) in der Layoutleiste. Wählen Sie anschließend in der auftauchenden Palette das Register *Daten*. Stellen Sie *Steuerelementstil* sowie *Werte von* entsprechend ein und setzen Sie das Häkchen vor *Mit Pfeil, um Liste ein- bzw. auszublenden*.

Die »Inspektor«-Palette.

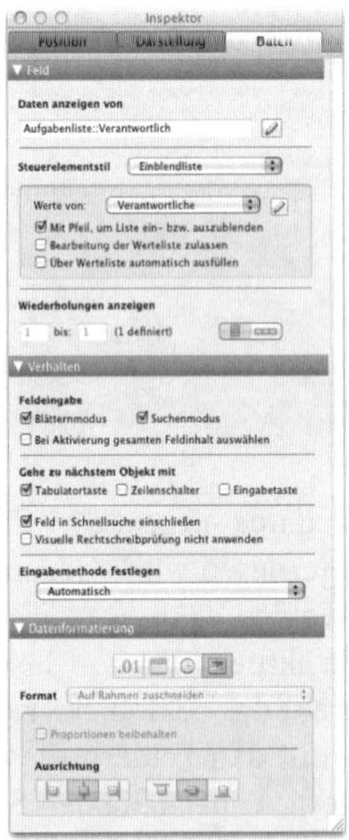

Diese Liste lässt sich jetzt im *Blättern*- und im *Suchen*-Modus nutzen. Sie erscheint, wenn Sie das Feld markieren.

Bedingte Formatierungen

Bevor Sie nun Ihre Datenbank mit Informationen bestücken, nehmen wir jetzt noch letzte Ergänzungen vor. Es wäre doch schön, abgeschlossene Aufgaben mit einer besonderen Kennzeichnung versehen zu können. Für solche Zwecke verfügt *FileMaker* über das Werkzeug der *Bedingten Formatierung*. Nehmen wir uns zunächst das Feldobjekt *Aufgabe* vor.

Sollten Sie sich nicht mehr im *Layout*-Modus befinden, wechseln Sie zu ihm. Wählen Sie im Kontextmenü von Feldobjekt *Aufgabe* (*ctrl* und Mausklick bzw. bei Mehrtastenmäusen der Rechtsklick unter Mac OS X oder unter Windows rechte Maustaste) den Eintrag *Bedingte Formatierung* aus.

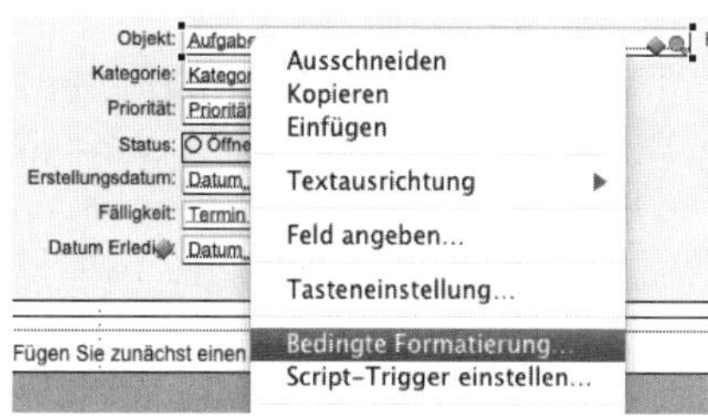

Der Befehl »Bedingte Formatierung« im Kontextmenü.

Das Dialog »Bedingte Formatierung«.

Sie sehen, für dieses Feldobjekt ist bereits eine Bedingung definiert, zu der eine Änderung einer Eigenschaft des Feldobjekts *Aufgabe* stattfinden soll. Allerdings ist die Bedingung nicht aktiviert, es fehlt das Häkchen neben der Bedingung.

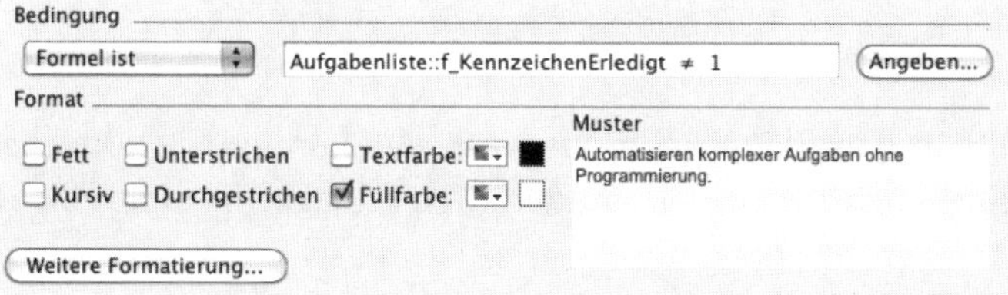

Vordefinierte bedingte Formatierung für das Layout-Objekt »Aufgabe«.

Der Hintergrund des Feldobjekts *Aufgabe* soll also gelb erscheinen, so lange die Aufgabe nicht erledigt ist. Diese Formatierung gefällt uns nicht so recht. Wir fänden es schöner, die Schriftfarbe würde bei erledigten Aufgaben in einen Grünton wechseln. Ersetzen Sie also im Eingabefeld für *Bedingung* das Zeichen »≠« durch »=«, entfernen Sie den Haken bei *Füllfarbe* (einfach darauf klicken) und ändern Sie die Textfarbe in grün. Vergessen Sie nicht, das Häkchen links neben der Bedingung zu setzen.

Geänderte Bedingung und Formatierung für das Layout-Objekt »Aufgabe«.

Bevor Sie auf *OK* klicken, kopieren Sie noch die Bedingung (⌘-C bei Mac, ctrl-C unter Windows). Jetzt öffnen Sie mittels Kontextmenü das Dialogfeld *Bedingte Formatierung* für das Feldobjekt *Termin*. Klicken Sie als Erstes auf *Hinzufügen*, stellen Sie das Einblendmenü unter *Bedingung* auf *Formel ist* und setzen Sie den gerade kopierten Text in das Formelfeld ein. Wählen Sie die gleiche Textfarbe wie beim Feldobjekt *Aufgabe* und schließen Sie die Aktion mit *OK* ab. Im Layout sehen Sie, dass das Feldobjekt *Termin* jetzt ebenfalls ein auf der Spitze stehendes, farbiges Quadrat enthält. Dieses kennzeichnet das Vorhandensein bedingter Formatierungen bei *Layout*-Objekten.

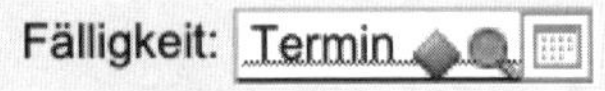

»Layout«-Objekt mit bedingten Formatierungen.

Wenn Sie in den *Blättern*-Modus wechseln, können Sie zunächst keine Änderungen erkennen. Dies ändert sich schlagartig, wenn Sie auf den Knopf *Geschlossen* klicken.

Aufgabe: Bereitstellung eines Lagerraumes für Altgeräte
Verantwortlich: Enstein, Frank
Kategorie: Altgeräte Priorität: Mittel
Status: Öffnen Geschlossen
Erstellungsdatum: 04.06.10
Fälligkeit: 03.09.10 Zeit: 8:00
Datum Erledigt: Zeit:

Erscheinungsbild bei nicht abgeschlossener Aufgabe.

Aufgabe: Bereitstellung eines Lagerraumes für Altgeräte
Verantwortlich: Enstein, Frank
Kategorie: Altgeräte Priorität: Mittel
Status: Öffnen Geschlossen
Erstellungsdatum: 04.06.10
Fälligkeit: 03.09.10 Zeit: 8:00
Datum Erledigt: 04.06.10 Zeit: 19:22

Erscheinungsbild bei abgeschlossener Aufgabe.

Es wäre jetzt noch schön, diejenigen Aufgaben mit einer weiteren Kennzeichnung versehen zu können, deren Fälligkeit sich nähert oder deren Termin gar überschritten ist. Dies verschieben wir aber auf ein späteres Kapitel. Vorher müssen wir uns dazu mit dem Gebiet »Formeln« beschäftigen, was wir auch ausführlich tun werden.

Darstellen von Informationen

Nachdem nun das Layout *Datensatzliste erweitert* so halbwegs an Ihre Vorstellungen angepasst ist, möchten Sie weitere Informationen eingeben und dann natürlich auch bestimmte Informationen suchen. Überlegen Sie sich also, welche Aufgaben Sie oder Kollegen von Ihnen erledigen müssen und geben Sie sie ein. Sie müssen dabei keineswegs Perfektion walten lassen, denn Formulierungen, Termine etc. können Sie nachträglich ändern. Modifizieren oder ergänzen Sie im Bedarfsfall die Listen für *Kategorie* oder *Priorität.*

Wenn Sie inzwischen eine ganze Anzahl von Aufgaben eingegeben haben, so wäre es nicht weiter verwunderlich, wenn Ihnen ein wenig der Überblick abhanden gekommen ist. Im *Layout*-Einblendmenü in der Layoutleiste sehen Sie, dass es anscheinend noch eine »normale« Datensatzliste gibt –wechseln Sie daher in dieses Layout.

Dieses Layout bietet nicht nur einen besseren Gesamtüberblick, Sie können Ihre Aufgaben auch sortieren. Dazu müssen Sie einfach auf die Überschrift der Spalte klicken, deren Inhalt Sie sortieren möchten. Ein Pfeil links neben dem Namen kennzeichnet die Spalte, nach deren Inhalt sortiert ist.

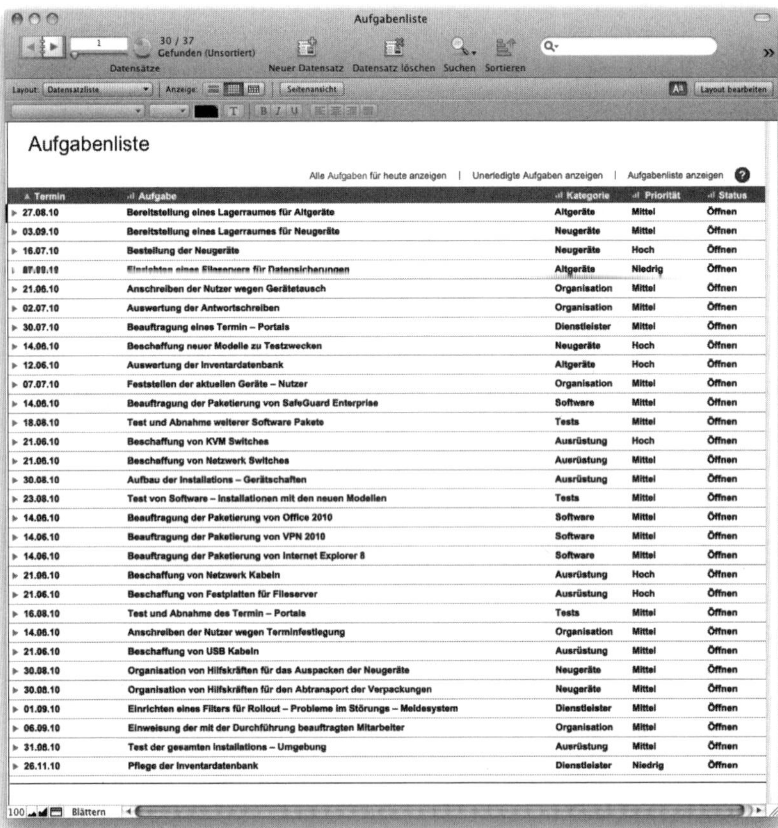

Termin	Aufgabe	Kategorie	Priorität	Status
27.08.10	Bereitstellung eines Lagerraumes für Altgeräte	Altgeräte	Mittel	Öffnen
03.09.10	Bereitstellung eines Lagerraumes für Neugeräte	Neugeräte	Mittel	Öffnen
16.07.10	Bestellung der Neugeräte	Neugeräte	Hoch	Öffnen
07.09.10	Einrichten eines Fileservers für Datensicherungen	Altgeräte	Niedrig	Öffnen
21.06.10	Anschreiben der Nutzer wegen Gerätetausch	Organisation	Mittel	Öffnen
02.07.10	Auswertung der Antwortschreiben	Organisation	Mittel	Öffnen
30.07.10	Beauftragung eines Termin – Portals	Dienstleister	Mittel	Öffnen
14.06.10	Beschaffung neuer Modelle zu Testzwecken	Neugeräte	Hoch	Öffnen
12.06.10	Auswertung der Inventardatenbank	Altgeräte	Hoch	Öffnen
07.07.10	Feststellen der aktuellen Geräte – Nutzer	Organisation	Mittel	Öffnen
14.06.10	Beauftragung der Paketierung von SafeGuard Enterprise	Software	Mittel	Öffnen
18.08.10	Test und Abnahme weiterer Software Pakete	Tests	Mittel	Öffnen
21.06.10	Beschaffung von KVM Switches	Ausrüstung	Hoch	Öffnen
21.06.10	Beschaffung von Netzwerk Switches	Ausrüstung	Mittel	Öffnen
30.08.10	Aufbau der Installations – Gerätschaften	Ausrüstung	Mittel	Öffnen
23.08.10	Test von Software – Installationen mit den neuen Modellen	Tests	Mittel	Öffnen
14.06.10	Beauftragung der Paketierung von Office 2010	Software	Mittel	Öffnen
14.06.10	Beauftragung der Paketierung von VPN 2010	Software	Mittel	Öffnen
14.06.10	Beauftragung der Paketierung von Internet Explorer 8	Software	Mittel	Öffnen
21.06.10	Beschaffung von Netzwerk Kabeln	Ausrüstung	Hoch	Öffnen
21.06.10	Beschaffung von Festplatten für Fileserver	Ausrüstung	Hoch	Öffnen
16.08.10	Test und Abnahme des Termin – Portals	Tests	Mittel	Öffnen
14.06.10	Anschreiben der Nutzer wegen Terminfestlegung	Organisation	Mittel	Öffnen
21.06.10	Beschaffung von USB Kabeln	Ausrüstung	Mittel	Öffnen
30.08.10	Organisation von Hilfskräften für das Auspacken der Neugeräte	Neugeräte	Mittel	Öffnen
30.08.10	Organisation von Hilfskräften für den Abtransport der Verpackungen	Neugeräte	Mittel	Öffnen
01.09.10	Einrichten eines Filters für Rollout – Probleme im Störungs – Meldesystem	Dienstleister	Mittel	Öffnen
06.09.10	Einweisung der mit der Durchführung beauftragten Mitarbeiter	Organisation	Mittel	Öffnen
31.08.10	Test der gesamten Installations – Umgebung	Ausrüstung	Mittel	Öffnen
26.11.10	Pflege der Inventardatenbank	Dienstleister	Niedrig	Öffnen

Das Layout »Datensatzliste«.

Tabelle, nach Aufgabe sortiert.

Termin	Aufgabe
21.06.10	Anschreiben der Nutzer wegen Gerätetausch
14.06.10	Anschreiben der Nutzer wegen Terminfestlegung
30.08.10	Aufbau der Installations – Gerätschaften
02.07.10	Auswertung der Antwortschreiben

Trotz besserer Übersicht und Sortiermöglichkeiten, so ganz zufrieden sind Sie nicht. Zum einen interessieren Sie sich zu diesem Zeitpunkt weder für den Status noch für die Zeit beim Termin. Dafür hätten Sie gerne den jeweiligen Verantwortlichen in der Tabelle angezeigt. Wechseln Sie deshalb zunächst in die Tabellenansicht.

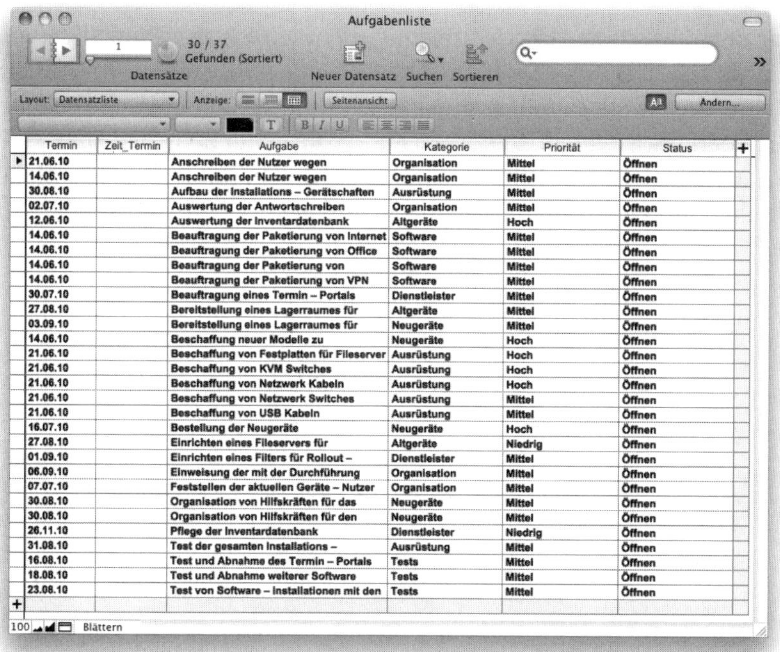

Termin	Zeit_Termin	Aufgabe	Kategorie	Priorität	Status
21.06.10		Anschreiben der Nutzer wegen	Organisation	Mittel	Öffnen
14.06.10		Anschreiben der Nutzer wegen	Organisation	Mittel	Öffnen
30.08.10		Aufbau der Installations – Gerätschaften	Ausrüstung	Mittel	Öffnen
02.07.10		Auswertung der Antwortschreiben	Organisation	Mittel	Öffnen
12.06.10		Auswertung der Inventardatenbank	Altgeräte	Hoch	Öffnen
14.06.10		Beauftragung der Paketierung von Internet	Software	Mittel	Öffnen
14.06.10		Beauftragung der Paketierung von Office	Software	Mittel	Öffnen
14.06.10		Beauftragung der Paketierung von	Software	Mittel	Öffnen
14.06.10		Beauftragung der Paketierung von VPN	Software	Mittel	Öffnen
30.07.10		Beauftragung eines Termin – Portals	Dienstleister	Mittel	Öffnen
27.08.10		Bereitstellung eines Lagerraumes für	Altgeräte	Mittel	Öffnen
03.09.10		Bereitstellung eines Lagerraumes für	Neugeräte	Mittel	Öffnen
14.06.10		Beschaffung neuer Modelle zu	Neugeräte	Hoch	Öffnen
21.06.10		Beschaffung von Festplatten für Fileserver	Ausrüstung	Hoch	Öffnen
21.06.10		Beschaffung von KVM Switches	Ausrüstung	Hoch	Öffnen
21.06.10		Beschaffung von Netzwerk Kabeln	Ausrüstung	Hoch	Öffnen
21.06.10		Beschaffung von Netzwerk Switches	Ausrüstung	Mittel	Öffnen
21.06.10		Beschaffung von USB Kabeln	Ausrüstung	Mittel	Öffnen
16.07.10		Bestellung der Neugeräte	Neugeräte	Hoch	Öffnen
27.08.10		Einrichten eines Fileservers für	Altgeräte	Niedrig	Öffnen
01.09.10		Einrichten eines Filters für Rollout –	Dienstleister	Mittel	Öffnen
06.09.10		Einweisung der mit der Durchführung	Organisation	Mittel	Öffnen
07.07.10		Feststellen der aktuellen Geräte – Nutzer	Organisation	Mittel	Öffnen
30.08.10		Organisation von Hilfskräften für das	Neugeräte	Mittel	Öffnen
30.08.10		Organisation von Hilfskräften für den	Neugeräte	Mittel	Öffnen
26.11.10		Pflege der Inventardatenbank	Dienstleister	Niedrig	Öffnen
31.08.10		Test der gesamten Installations –	Ausrüstung	Mittel	Öffnen
16.08.10		Test und Abnahme des Termin – Portals	Tests	Mittel	Öffnen
18.08.10		Test und Abnahme weiterer Software	Tests	Mittel	Öffnen
23.08.10		Test von Software – Installationen mit den	Tests	Mittel	Öffnen

Das Layout »Datensatzliste« in der Tabellenansicht.

Wenn Sie jetzt die Maus in den rechten Teil einer Spaltenüberschrift bewegen, so erscheint dort ein kleiner Pfeil. Er kennzeichnet, dass hier ein Einblendmenü untergebracht ist, das sich auf Mausklick öffnet. Sie müssen dabei auf den markierten Bereich um den Pfeil klicken, damit sich das Einblendmenü öffnet. Ein Klick zu weit links bewirkt ansonsten ein Sortieren nach dem Inhalt dieser Spalte.

Zeit_Termin

Pfeil in Spaltenüberschrift.

Zeit_Termin

Aufsteigend sortieren
Absteigend sortieren
Nach Werteliste sortieren
Feldtyp
Feldoptionen...
Vorangestellte Gruppe nach Zeit_Termin hinzufügen
Füllfarbe vorangestellte Gruppe
Vorangestellte Zwischensummen
Nachgestellte Gruppe nach Zeit_Termin hinzufügen
Füllfarbe nachgestellte Gruppe
Nachgestellte Zwischensummen
Spaltenbreite setzen...
Feld ausblenden
Feld löschen...
Tabellenansicht ändern...
Tabellenansicht zurücksetzen...

Beschaffung von Netzwerk Switches

Klappmenü in Spaltenüberschrift.

Im unteren Teil des Einblendmenüs erkennen Sie den Punkt *Feld ausblenden*. Da Sie diese Spalte nicht sehen möchten, wählen wir ihn aus. Keine Angst, Sie vernichten damit keine Informationen, Sie schalten bloß deren Anzeige ab. Verfahren Sie genau so mit dem Feld *Status*. Um ein nicht angezeigtes Feld wieder einzublenden, wählen Sie den Menüpunkt *Tabellenansicht ändern* (die Spalte spielt dabei keine Rolle).

Dialog »Tabellenansicht ändern«.

Der Dialog zeigt die in diesem Layout platzierten Felder, der fehlende Haken kennzeichnet die ausgeblendeten Felder. Klicken Sie auf das grüne Pluszeichen links unten im Fenster und wählen Sie im neu aufgetauchten Dialog *Verantwortlich* aus, was Sie am schnellsten mittels Doppelklick bewerkstelligen können.

Hinzufügen eines Feldes.

Ziehen Sie *Verantwortlich* mit der Maus noch hoch unter *Aufgabe*, dann findet die zugehörige Spalte ihren Platz in der Tabelle gleich rechts daneben.

Dialogfeld »Tabellenansicht ändern« mit Feld »Verantwortlich«.

Nun werden die Informationen wie von Ihnen gewünscht angezeigt. Jetzt wäre es noch schön, wenn die Zuordnung »Aufgabe / Verantwortlicher« deutlicher dargestellt werden könnte. Auch das geht mit Version 11 recht einfach. Bleiben Sie in der Tabellenansicht und öffnen Sie das Klappmenü der Spalte *Verantwortlich*. Wählen Sie den Punkt *Vorangestellte Gruppe nach Verantwortlich hinzufügen* und weiterhin in diesem Klappmenü *Vorangestellte Zwischensummen / Anzahl* und zuletzt *Aufsteigend sortieren*. Die so erzeugte Darstellung ist zwar noch nicht ganz perfekt, soll aber fürs Erste genügen.

Aufgabenliste

Termin	Aufgabe	Verantwortlich	Kategorie	Priorität
		Anzahl: 37		
		Anzahl: 6		
18.08.10	Test und Abnahme weiterer Software Pakete	Dolith, Theo	Tests	Mittel
23.08.10	Test von Software – Installationen mit den neuen	Dolith, Theo	Tests	Mittel
05.07.10	Test des Installations – Pakets von SafeGuard	Dolith, Theo	Tests	Mittel
05.07.10	Test des Installations – Pakets von von Internet	Dolith, Theo	Tests	Mittel
05.07.10	Test des Installations – Pakets von Office 2010	Dolith, Theo	Tests	Mittel
05.07.10	Test des Installations – Pakets von VPN 2010	Dolith, Theo	Tests	Mittel
		Anzahl: 10		
16.07.10	Bestellung der Neugeräte	Enstein, Frank	Neugeräte	Hoch
30.07.10	Beauftragung eines Termin – Portals	Enstein, Frank	Dienstleister	Mittel
14.06.10	Beauftragung der Paketierung von SafeGuard	Enstein, Frank	Software	Mittel
14.06.10	Beauftragung der Paketierung von Office 2010	Enstein, Frank	Software	Mittel
14.06.10	Beauftragung der Paketierung von VPN 2010	Enstein, Frank	Software	Mittel
14.06.10	Beauftragung der Paketierung von Internet	Enstein, Frank	Software	Mittel
16.08.10	Test und Abnahme des Termin – Portals	Enstein, Frank	Tests	Mittel
30.08.10	Organisation von Hilfskräften für den Abtransport	Enstein, Frank	Neugeräte	Mittel
01.09.10	Einrichten eines Filters für Rollout – Probleme im	Enstein, Frank	Dienstleister	Mittel
31.08.10	Test der gesamten Installations – Umgebung	Enstein, Frank	Ausrüstung	Mittel
		Anzahl: 9		
21.06.10	Anschreiben der Nutzer wegen Gerätetausch	Konda, Anna	Organisation	Mittel
02.07.10	Auswertung der Antwortschreiben	Konda, Anna	Organisation	Mittel
05.07.10	Nachtelefonieren der Antwort – Verweigerer	Konda, Anna	Organisation	Mittel
07.07.10	Feststellen der aktuellen Geräte – Nutzer	Konda, Anna	Organisation	Mittel
21.06.10	Beschaffung von Netzwerk Kabeln	Konda, Anna	Ausrüstung	Hoch
14.06.10	Anschreiben der Nutzer wegen Terminfestlegung	Konda, Anna	Organisation	Mittel
21.06.10	Beschaffung von USB Kabeln	Konda, Anna	Ausrüstung	Mittel
30.08.10	Organisation von Hilfskräften für das Auspacken	Konda, Anna	Neugeräte	Mittel
26.11.10	Pflege der Inventardatenbank	Konda, Anna	Dienstleister	Niedrig
		Anzahl: 6		
27.08.10	Bereitstellung eines Lagerraumes für Altgeräte	Tember, Sepp	Altgeräte	Mittel
03.09.10	Bereitstellung eines Lagerraumes für Neugeräte	Tember, Sepp	Neugeräte	Mittel
12.06.10	Auswertung der Inventardatenbank	Tember, Sepp	Altgeräte	Hoch
21.06.10	Beschaffung von KVM Switches	Tember, Sepp	Ausrüstung	Hoch
21.06.10	Beschaffung von Netzwerk Switches	Tember, Sepp	Ausrüstung	Mittel
30.08.10	Aufbau der Installations – Gerätschaften	Tember, Sepp	Ausrüstung	Mittel
		Anzahl: 6		
27.08.10	Einrichten eines Fileservers für Datensicherungen	Zufall, Reiner	Altgeräte	Niedrig
14.06.10	Beschaffung neuer Modelle zu Testzwecken	Zufall, Reiner	Neugeräte	Hoch
05.07.10	Beschaffung von Tischen für Installationsräume	Zufall, Reiner	Ausrüstung	Mittel
21.06.10	Beschaffung von Festplatten für Fileserver	Zufall, Reiner	Ausrüstung	Hoch
05.07.10	Beschaffung von Regalen für Installationsräume	Zufall, Reiner	Ausrüstung	Mittel
06.09.10	Einweisung der mit der Durchführung beauftragten	Zufall, Reiner	Organisation	Mittel

Tabellenansicht mit Gruppierung.

Sollten Sie feststellen, dass Sie eine Aufgabe doppelt oder in ähnlicher Form eingegeben haben, wählen Sie im Menü *Datensätze* die Zeile *Datensatz löschen* (⌘-E/ctrl-E). Vor dem Löschen werden Sie gefragt, ob Sie dies denn auch wirklich wollen. Erst nach Betätigung der *OK*-Taste erfolgt dann der Löschvorgang.

Auffinden von Informationen

In vielen Fällen interessieren Sie sich nicht für die Gesamtheit der von Ihnen eingegebenen Informationen, sondern lediglich für einen Teilbereich. So möchten Sie sich beispielsweise die an einem bestimmten Tag oder in einer Woche zu erledigenden Aufgaben anzeigen lassen. *FileMaker Pro* stellt für solche Anwendungsfälle verschiedene Suchfunktionen zu Verfügung.

Die *Spotlight* ähnliche Schnellsuche ist die einfachste Form, um alle Felder eines Layouts nach einem eingegebenen Kriterium zu durchforsten. Das Suchtextfeld zur Aufnahme des Suchkriteriums befindet sich im rechten Teil der Statussymbolleiste. Nehmen wir an, Sie haben die Listenansicht vom Layout *Datensatzliste* gewählt und möchten wissen, welche Aufgaben am 05.07.10 zu erledigen sind. Geben Sie einfach »5.7.10« in das Kriterienfeld ein und betätigen Sie die Eingabetaste.

Das Suchtextfeld in der Statussymbolleiste.

Die Zahl der angezeigten Datensätze verringert sich deutlich. Das Ergebnis des Suchvorgangs heisst *Ergebnismenge*. Mit ihr können Sie genauso arbeiten wie mit der Gesamtmenge der Datensätze in der Tabelle. Sie können beispielsweise Feldinhalte bearbeiten oder Sortierungen vornehmen.

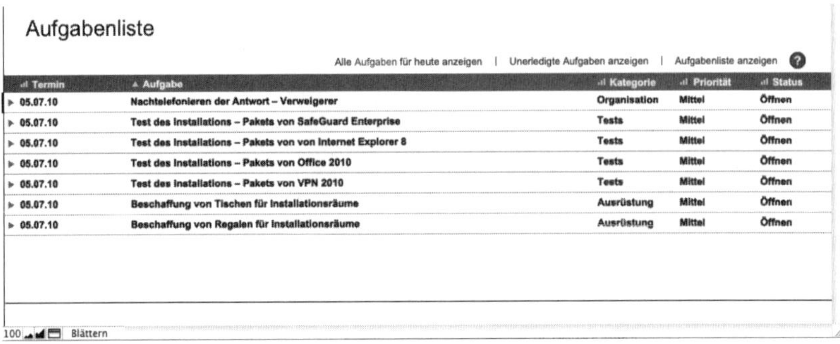

Aufgabenliste

Alle Aufgaben für heute anzeigen | Unerledigte Aufgaben anzeigen | Aufgabenliste anzeigen

Termin	Aufgabe	Kategorie	Priorität	Status
05.07.10	Nachtelefonieren der Antwort – Verweigerer	Organisation	Mittel	Öffnen
05.07.10	Test des Installations – Pakets von SafeGuard Enterprise	Tests	Mittel	Öffnen
05.07.10	Test des Installations – Pakets von von Internet Explorer 8	Tests	Mittel	Öffnen
05.07.10	Test des Installations – Pakets von Office 2010	Tests	Mittel	Öffnen
05.07.10	Test des Installations – Pakets von VPN 2010	Tests	Mittel	Öffnen
05.07.10	Beschaffung von Tischen für Installationsräume	Ausrüstung	Mittel	Öffnen
05.07.10	Beschaffung von Regalen für Installationsräume	Ausrüstung	Mittel	Öffnen

100 Blättern

Die Ergebnismenge einer Suche.

Die Anzahl der gefundenen Datensätze ist im Kreisdiagramm in der Statussymbolleiste angezeigt.

Ein Kreisdiagramm mit Anzeige von Gesamt- und Ergebnismenge.

Um wieder mit der Gesamtmenge der Datensätze arbeiten zu können, klicken Sie auf die Schaltfläche *Alle zeigen* oder verwenden Sie die Tastenkombination ⌘-J/ctrl-J.

Nehmen wir an, Sie möchten sich die Aufgaben Ihres Kollegen Zufall noch mal ansehen. Sie wechseln dazu in das Layout *Datensatzliste erweitert* und geben *Zufall* in das Suchtextfeld ein. Zu Ihrer Überraschung tauchen in der Ergebnismenge Aufgaben auf, für die andere Kollegen verantwortlich sind.

Das Ergebnis der Schnellsuche nach »Zufall« (Ausschnitt).

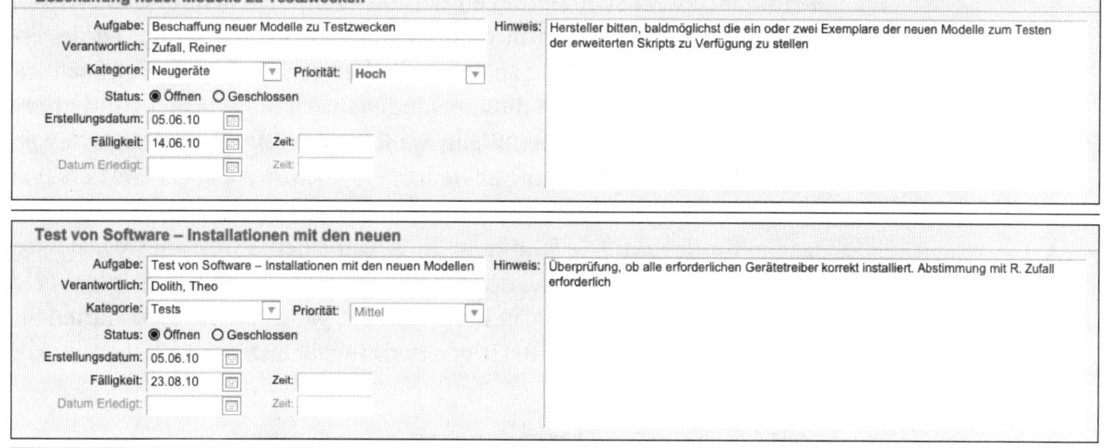

Betrachten Sie den Inhalt des Feldes *Hinweis*. Es enthält im unteren dargestellten Datensatz ebenfalls das Wort »Zufall«, die Schnellsuche hat also genau ihre Aufgabe erfüllt. Sie möchten sich aber nun wirklich nur die Datensätze anzeigen lassen, für die R. Zufall als Verantwortlicher eingetragen ist. Suchen Sie sich einen beliebigen Datensatz (für den dies zutrifft) aus und öffnen Sie dort das Kontextmenü von Feldobjekt *Verantwortlich* (ctrl-Mausklick/rechte Maustaste). Wählen Sie den Eintrag *Übereinstimmende Datensätze suchen*.

Die Suche nach identischen Werten.

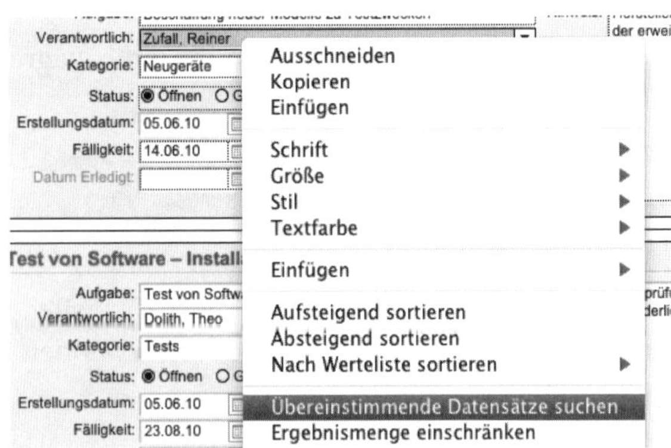

Sie stellen fest, die angezeigten Datensätze enthalten im Feldobjekt *Verantwortlich* jetzt nur noch den Namen des Kollegen Zufall.

Als Letztes möchten Sie nach allen Aufgaben suchen, die in einem bestimmten Zeitraum oder nach einem festgelegten Termin zu erledigen sind. Dazu wechseln Sie wegen der besseren Übersicht erst ins Layout *Datensatzliste* und dann in den Suchmodus (⌘-M/ctrl-M). Dieser erlaubt spezifischere Abfragen sowie die Verwendung mehrerer Suchkriterien. Das Layout ist in diesem Modus durch leere Felder mit Lupen-Symbolen gekennzeichnet. Wenn Sie sich alle Aufgaben anzeigen lassen möchten, deren Erledigung ab dem 01.08.10 ansteht, geben Sie den Text »> 31.7.10« oder kurz »> 31.7« in das Feld *Termin* ein. Bei Datumsangaben für das aktuelle Jahr kann die Angabe der Jahreszahl weggelassen werden. Wenn der Kalender erscheint, müssen Sie nochmals in das Feld klicken, denn erst dann können Sie die Eingabe vornehmen. Starten Sie den Suchvorgang durch Betätigen der Eingabetaste.

Eingabe eines Kriteriums im »Suchen«-Modus.

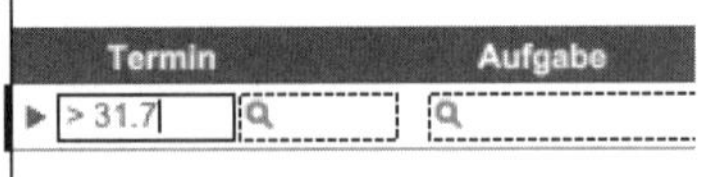

Zur Darstellung des Ergebnisses wechselt FileMaker automatisch wieder in den Blättern – Modus. Möchten Sie sich alle im August zu erledigenden Aufgaben anzeigen lassen, tragen Sie den Text »1.8 … 31.8« in das Feldobjekt »Termin« ein.

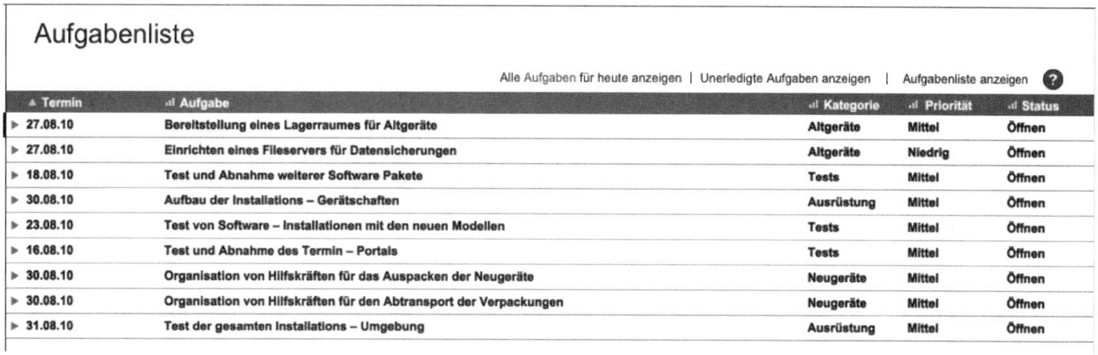

Aufgabenliste

Alle Aufgaben für heute anzeigen | Unerledigte Aufgaben anzeigen | Aufgabenliste anzeigen ?

Termin	Aufgabe	Kategorie	Priorität	Status
27.08.10	Bereitstellung eines Lagerraumes für Altgeräte	Altgeräte	Mittel	Öffnen
27.08.10	Einrichten eines Fileservers für Datensicherungen	Altgeräte	Niedrig	Öffnen
18.08.10	Test und Abnahme weiterer Software Pakete	Tests	Mittel	Öffnen
30.08.10	Aufbau der Installations – Gerätschaften	Ausrüstung	Mittel	Öffnen
23.08.10	Test von Software – Installationen mit den neuen Modellen	Tests	Mittel	Öffnen
16.08.10	Test und Abnahme des Termin – Portals	Tests	Mittel	Öffnen
30.08.10	Organisation von Hilfskräften für das Auspacken der Neugeräte	Neugeräte	Mittel	Öffnen
30.08.10	Organisation von Hilfskräften für den Abtransport der Verpackungen	Neugeräte	Mittel	Öffnen
31.08.10	Test der gesamten Installations – Umgebung	Ausrüstung	Mittel	Öffnen

Die Ergebnismenge für die Terminsuche »1.8 … 31.8«.

Obwohl in der Spaltenüberschrift von *Termin* der Sortierpfeil angezeigt wird, ist eine Sortierung offensichtlich nicht erfolgt, was der Statusbereich durch die Anzeige *unsortiert* bestätigt. Zweimal auf die Spaltenüberschrift *Termin* klicken und schon ist in aufsteigender Folge sortiert.

Zusammenarbeit mit anderen Nutzern

Sie können jetzt Informationen in eine *FileMaker Pro*-Datenbank eingeben, sie sortieren und nach Informationen suchen. Sie möchten bestimmte Informationen aber auch an Ihre Kollegen weitergeben. Die konservativste Lösung besteht im Ausdruck und der Weitergabe des gedruckten Papiers. Sie wechseln also wieder in das Layout *Datensatzliste* und wählen die Tabellenansicht. Falls die Tabelle nicht mehr nach *Verantwortlich* sortiert sein sollte, klicken Sie einmal auf die Spaltenüberschrift. Sollten Sie zufälligerweise den Pfeil getroffen haben, wählen Sie *Aufsteigend sortieren*, ansonsten war der Klick ausreichend für die Durchführung der Sortierung. Wählen Sie jetzt *Drucken* und *Vorschau*. Sollten Sie feststellen, dass nicht alle Spalten auf das Papier passen, so können Sie die Spaltenbreite entsprechend verkleinern. Bewegen Sie dazu den Cursor in die Kopfzeile der zu verändernden Spalte und dort auf die Trennlinie zur rechten Nachbarin. Wenn er seine Form ändert, bewegen Sie die Maus nach links, um die Breite der Spalte entsprechend anzupassen.

Nun ist bekanntermaßen die Weitergabe von Dokumenten in Papierform heutzutage nicht mehr der Weisheit allerletzter Schluss. Alternativ lässt sich von dem Dokument ein PDF anfertigen und als E-Mail-Anhang an Kollegen versenden. Für Macintosh-Nutzer ist diese Vorgehensweise ein alter Hut, schließlich beinhaltet Mac OS X von Anfang seiner Existenz an die erforderlichen Funktionen zur PDF-Generierung. Doch auch unter Windows verfügt *FileMaker* selbst über die erforderlichen Werkzeuge zum Erzeugen von PDF-Dokumenten. Wählen Sie also im Menü *Ablage* den Eintrag *Datensätze speichern/senden unter*.

Vorschau des Ausdrucks einer Listenansicht mit einer Gruppierung.

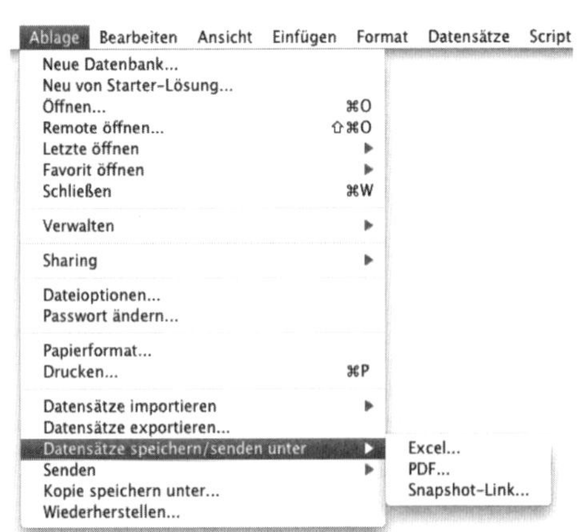

Erzeugen eines PDF Dokuments direkt aus FileMaker Pro.

Wählen Sie *PDF* – es erscheint der übliche *Speichern unter*-Dialog. Geben Sie dem Dokument einen Namen und wählen Sie ein geeignetes Verzeichnis auf Ihrer Festplatte. Danach können Sie das Dokument mit Ihrem Mail-Programm an Ihre Kollegen versenden. Wahrscheinlich haben Sie bemerkt, dass Sie sich alternativ auch ein entsprechendes *Excel*-Dokument anfertigen lassen können. Dies ist angebracht, wenn Ihre Kollegen Modifikationen (Termine, zusätzliche Aufgaben etc.) vorschlagen sollen.

Es geht aber mit noch mehr Komfort. Wiederholen Sie die gerade beschriebene Vorgehensweise, setzen Sie aber im Dialog die Häkchen bei *Datei automatisch öffnen* und *Erstellung einer E-Mail mit Datei als Anlage*. Nachdem Sie mit *OK* bestätigt haben, erscheint ein Fenster mit der Vorschau des PDF-Dokuments. Dieses können Sie gleich wieder schließen, wenn Sie an ihm nichts auszusetzen haben.

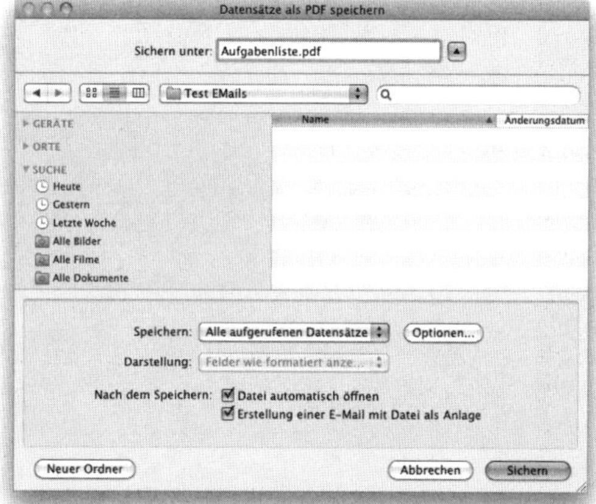

Erzeugen einer E-Mail mit angehängtem PDF-Dokument.

FileMaker Pro erzeugt eine neue E-Mail-Nachricht mit angehängtem Dokument in dem von Ihnen benutzten E-Mail-Programm. Sie können also Ihr Adressbuch wie gewohnt nutzen.

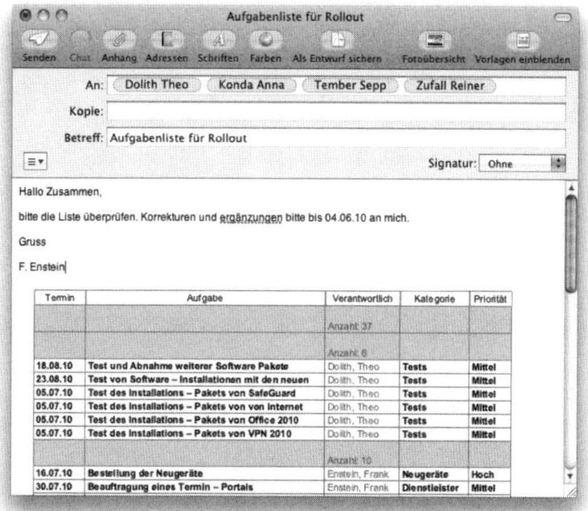

Der Dialog »E-Mail«.

Die Umsetzung bestehender Dokumente

Wir haben im letzten Kapitel gesehen, wie wir eine Starterlösung schnell an unsere Bedürfnisse anpassen und mit ihr arbeiten können. Nun kommt es im beruflichen Alltag sehr häufig vor, dass zumindest ein Teil der für eine Aufgabe benötigten Informationen bereits in »elektronischer Form« vorliegt. Nehmen wir für unser Beispiel also an, es existiert bereits eine entsprechende *Excel*-Tabelle. Vielleicht haben Sie mit der Planung begonnen, bevor *FileMaker Pro* auf Ihrem Rechner installiert war. Oder Sie haben die *Excel*-Tabelle von einem Kollegen bekommen, der für ein früheres Projekt zuständig war.

Import einer Excel-Tabelle

Wir benutzen weiter die Starter-Lösung *Aufgabenliste.* Wenn Sie den Import-Vorgang üben möchten, obwohl Sie die Datenbank – wie im letzten Kapitel beschrieben – modifiziert und mit Informationen gefüllt haben, gehen Sie wie folgt vor. Wählen Sie im Menü *Ablage* die Funktion *Kopie speichern unter*, geben Sie einen Namen ein und wählen Sie als Typ *Clone (ohne Datensätze).*

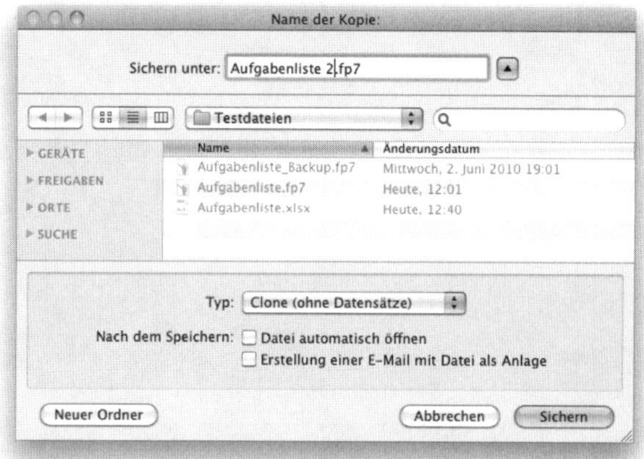

Erzeugen einer leeren Kopie der Datenbank.

Andernfalls gehen Sie wie im letzten Abschnitt gezeigt vor, ohne Informationen einzugeben. Vergessen Sie nicht, das Feld *Verantwortlich* zu definieren. In beiden Fällen starten wir jetzt den ersten Import-Versuch der *Excel*-Tabelle, und zwar in ihrer ursprünglichen Form. Wählen Sie dazu *Ablage/Datei | Datensätze importieren | Datei …*

Die unbearbeitete Excel-Tabelle mit Aufgaben.

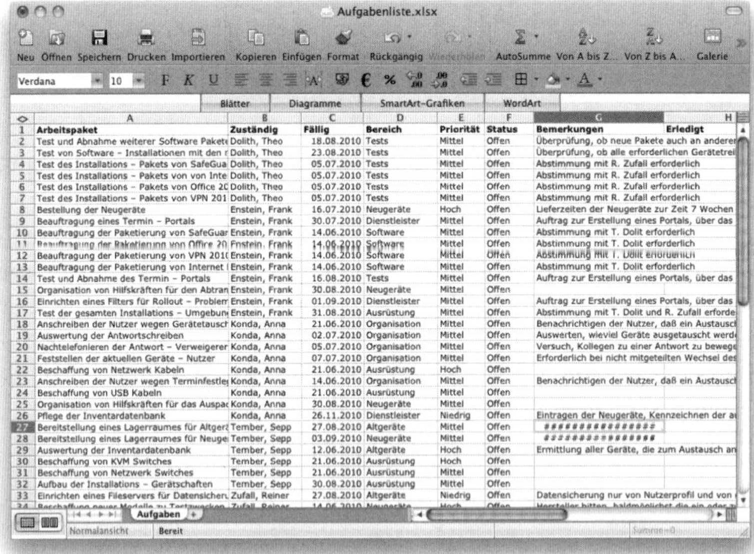

Wählen Sie im *Öffnen*-Dialog die *Excel*-Tabelle aus. Daraufhin erscheint der Importdialog von *FileMaker Pro*.

Der Importdialog von FileMaker Pro.

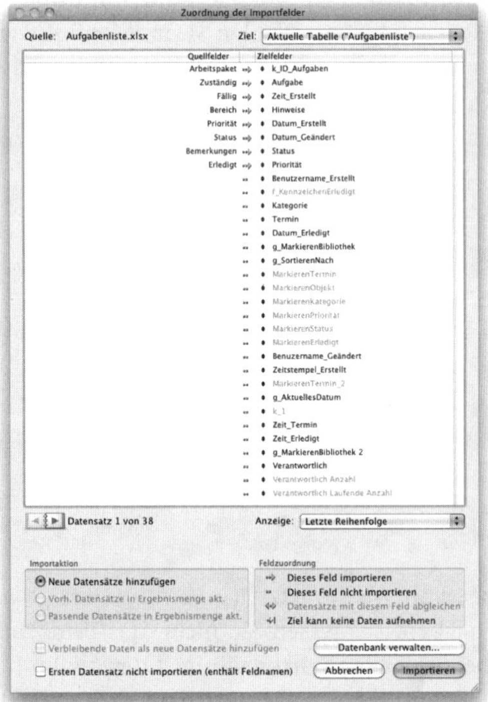

Im linken Teil des Fensters sehen Sie die Quellfelder. Dies sind die Inhalte einer Zeile der *Excel*-Tabelle. Rechts daneben erkennen Sie die Zielfelder. Das sind Felder der *FileMaker*-Tabelle, in die der Inhalt der *Excel*-Tabelle fließen soll. Nun enthält die *FileMaker*-Tabelle offensichtlich weit mehr Felder als die *Excel*-Tabelle Spalten.

Um den Import sinnvoll durchführen zu können, ist in dem Dialog festzulegen, welche Spalte der *Excel*-Liste in welches Feld importiert werden soll. Dabei kommt uns zugute, dass in der ersten Zeile unseres *Excel*-Dokuments die Spaltenüberschriften untergebracht sind. Wenn Sie sich bezüglich der Namen der *FileMaker*-Tabelle unsicher sind, klicken Sie auf *Abbrechen* und wechseln Sie in den *Layout*-Modus.

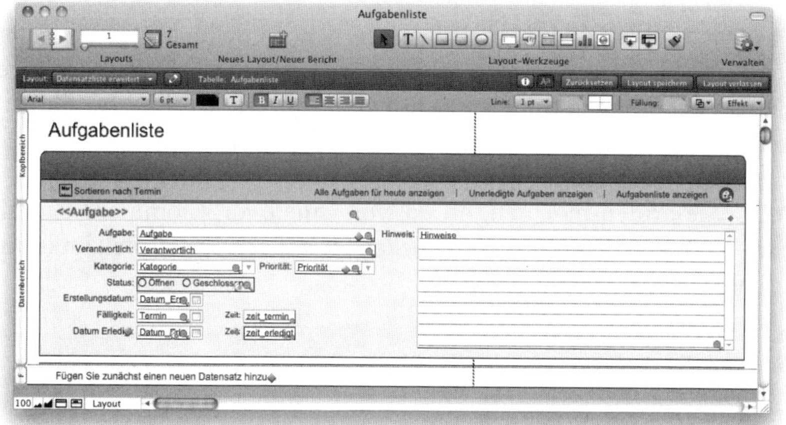

Die Feldnamen im Layout »Datensatzliste erweitert«.

Sie ahnen instinktiv, dass Quell- und Zielfelder so noch nicht zusammenpassen.

Quellfelder		Zielfelder
Arbeitspaket	→	k_ID_Aufgaben
Zuständig	→	Aufgabe
Fällig	→	Zeit_Erstellt
Bereich	→	Hinweise
Priorität	→	Datum_Erstellt
Status	→	Datum_Geändert
Bemerkungen	→	Status
Erledigt	→	Priorität

Ausgangssituation der Zuordnung der Quell- und Zielfelder.

Sie stellen fest, die Spalte *Arbeitspaket* enthält die Informationen für *Aufgabe*, *Bemerkungen* entspricht *Hinweise* und so weiter. Lediglich die Bezeichnungen *Status* und *Priorität* stimmen in beiden Dokumenten überein.

Markieren Sie die Zeile mit Zielfeld *Hinweise*, halten Sie die Maustaste gedrückt und ziehen Sie die Zeile nach unten, bis die Zeile mit dem Quellfeld *Bemerkungen* markiert ist. Lassen Sie jetzt die Maustaste los. Nun sollten sich *Bemerkungen* und *Hinweise* in einer Zeile befinden. Führen Sie diesen Arbeitsschritt für die restlichen Felder durch. Die Zuordnung sollte das in der nachfolgenden Abbildung gezeigte Aussehen besitzen.

Die endgültige Zuordnung der Quell- und Zielfelder.

Das Symbol in der Mitte zwischen den Namen definiert das Verhalten beim Import-Vorgang. Der Pfeil besagt, das Feld wird importiert. Zwei kleine Vierecke kennzeichnen nicht zu importierende Felder. Da alle Ihre Aufgaben noch offen sind, erübrigt sich der Import von *Erledigt*.

Wenn Sie prüfen möchten, ob die von Ihnen vorgenommene Zuordnung auch wirklich korrekt ist, klicken Sie auf den Rechtspfeil links unterhalb des Zuordnungsbereichs.

Die Anzeige von Feldinhalten einer Excel-Zeile.

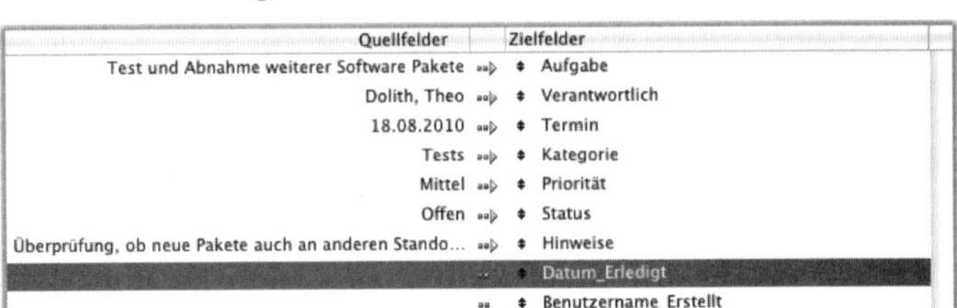

Mit beiden Pfeilen können Sie die gesamte *Excel*-Tabelle durchblättern. Der Text rechts neben den Pfeilen informiert Sie über die Anzahl der zu importierenden Datensätze sowie über die aktuell angezeigte Zeile. Klicken Sie jetzt auf *Importieren*.

Das Dialogfeld für die Importoptionen.

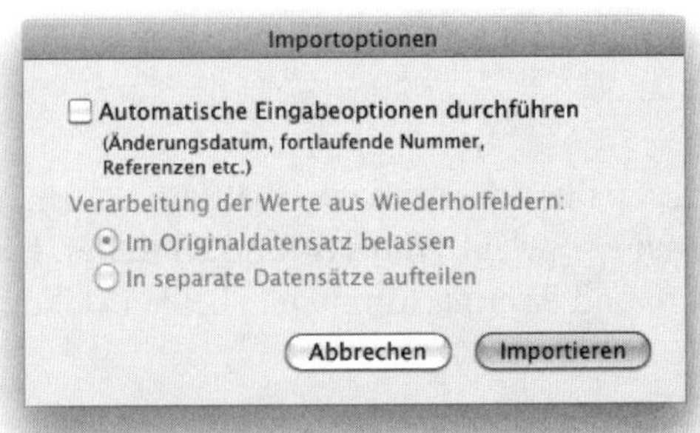

FileMaker bietet verschiedene Optionen für den Importvorgang an. Klicken Sie einfach auf *Importieren.*

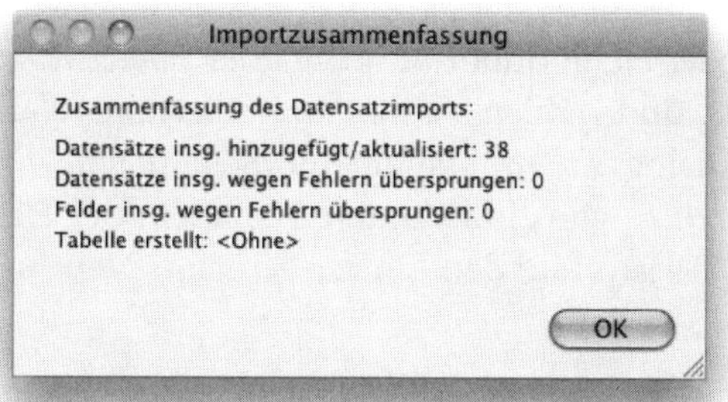

Am Ende gibt es noch eine abschließende »Importzusammenfassung«.

Zum erfolgreichen Abschluss präsentiert Ihnen ein Dialogfeld diverse Informationen zum Importvorgang. Klicken Sie auf *OK* und Ihre Aufgabenliste verfügt über 38 neue Datensätze. Betrachten Sie davon den Ersten.

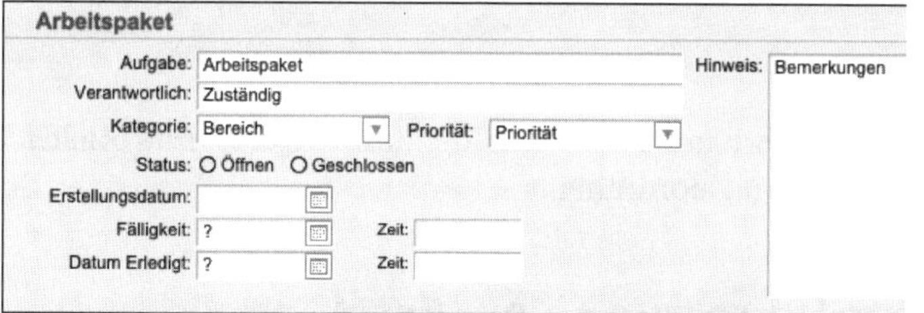

Erster Datensatz der importierten Tabelle.

Er enthält die Überschriften der *Excel*-Tabelle. Die Fragezeichen bei *Fälligkeit* und *Datum erledigt* kennzeichnen in diesem Fall ein unkorrektes Datum. Dies verwundert nicht weiter, denn die Feldinhalte sind die Bezeichnungen *Fällig* und *Erledigt*, also Text und keine Datumswerte. Löschen Sie also ganz einfach den ersten Datensatz.

Die gerade beschriebene Vorgehensweise geschah nach dem Motto »einfach mal darauf losimportieren«. *FileMaker Pro* bietet probate Hilfsmittel, die das ganze Geschehen deutlich weniger arbeitsintensiv gestalten. Öffnen Sie zunächst die *Excel*-Tabelle und ersetzen Sie die Überschriften in der ersten Zeile durch die entsprechenden Feldnamen der Aufgabenliste. Sichern Sie das modifizierte Dokument.

Wählen Sie im Menü *Datensätze* den Eintrag *Alle aufgerufenen Datensätze löschen …* und bestätigen Sie die Nachfrage mit *Alle löschen.*

Die Excel-Tabelle mit modifizierten Spaltenüberschriften.

◇	A	B	C	D	E	F	G	H
1	Aufgabe	Verantwortlich	Termin	Kategorie	Priorität	Status	Hinweise	Datum_Erledigt
2	Test und Abnal	Dolith, Theo	18.08.2010	Tests	Mittel	Offen	Überprüfung, ob neue Pakete auch an	
3	Test von Softw	Dolith, Theo	23.08.2010	Tests	Mittel	Offen	Überprüfung, ob alle erforderlichen Ger	
4	Test des Install	Dolith, Theo	05.07.2010	Tests	Mittel	Offen	Abstimmung mit R. Zufall erforderlich	
5	Test des Install	Dolith, Theo	05.07.2010	Tests	Mittel	Offen	Abstimmung mit R. Zufall erforderlich	
6	Test des Install	Dolith, Theo	05.07.2010	Tests	Mittel	Offen	Abstimmung mit R. Zufall erforderlich	

Starten Sie wieder einen Importvorgang über *Ablage | Datensätze importieren | Datei …* und wählen Sie die modifizierte *Excel*-Tabelle aus. Klicken Sie im Dialog *Zuordnung* auf die Schaltfläche *Ersten Datensatz nicht importieren …* ganz links unten. Nachdem der Haken gesetzt ist, ändern Sie bei *Anzeige:* auf den Eintrag *Passende Namen.*

Arbeitssparende Einstellungen für Importvorgänge.

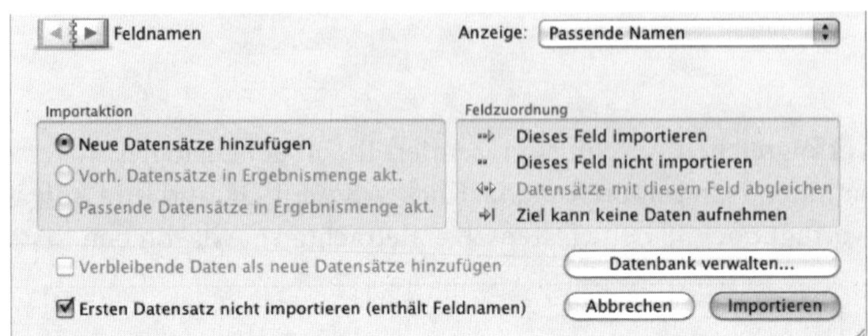

Wie von Zauberhand erscheinen daraufhin Quell- und Zielfelder mit der erwünschten Zuordnung.

Direkte Umsetzung einer Excel-Tabelle

Die Nutzung einer Starterlösung bietet insbesondere den Vorteil, mehr oder weniger sofort mit der Arbeit beginnen zu können. Auch kleinere Modifikationen der Datenbank sind schnell erledigt. Wenn Sie jedoch umfangreichere Änderungen vornehmen möchten, müssen Sie im ein oder anderen Fall wohl oder übel versuchen nachzuvollziehen, was die Entwickler im Sinn hatten.

Da kann es einfacher sein, gleich mit einer neuen Datenbank zu starten. Auch dies möchte ich am Beispiel der *Aufgabenliste* zeigen. Öffnen Sie nochmals die *Excel*-Tabelle und tragen Sie in der ersten Zeile entsprechende Namen ganz nach Ihrem Geschmack ein. Vermeiden Sie bei der Namensgebung allerdings Sonderzeichen (außer »_«) und Umlaute. Sichern Sie die Tabelle und wechseln Sie zu *FileMaker.* Wählen Sie Menü *Ablage | Öffnen…*, stellen Sie ggf. bei *Anzeigen:* auf *Alle Dateien* und wählen Sie das *Excel*-Dokument.

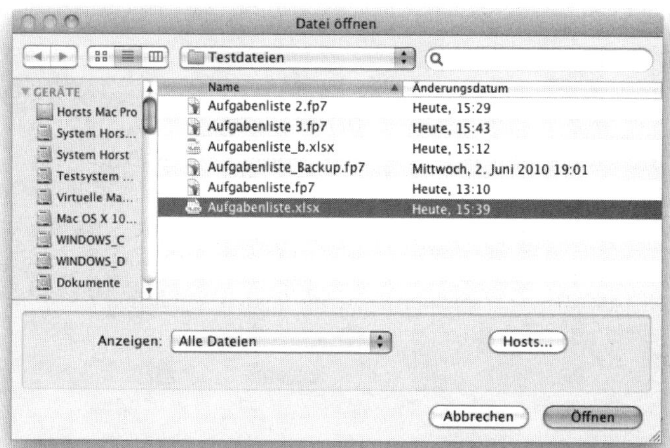

»Datei öffnen«-Dialog für eine Excel-Tabelle

Betätigen Sie die Schaltfläche *Öffnen*, so erscheint der Dialog *Option für erste Zeile.* Klicken Sie auf *OK* und geben Sie Ihrer neuen Datenbank einen Namen, beispielsweise *Aufgabenliste 3.*

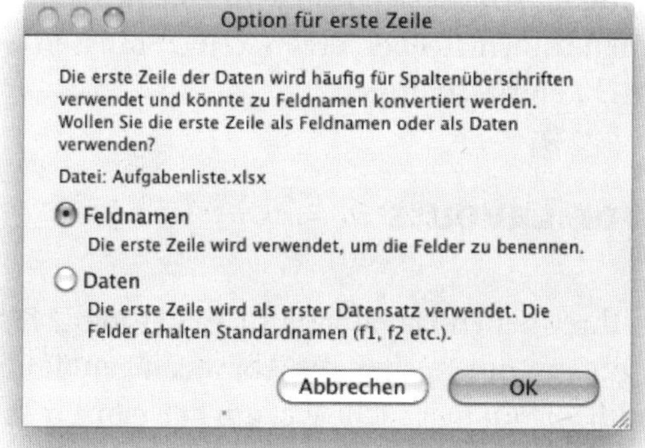

Dialog »Option für erste Zeile«.

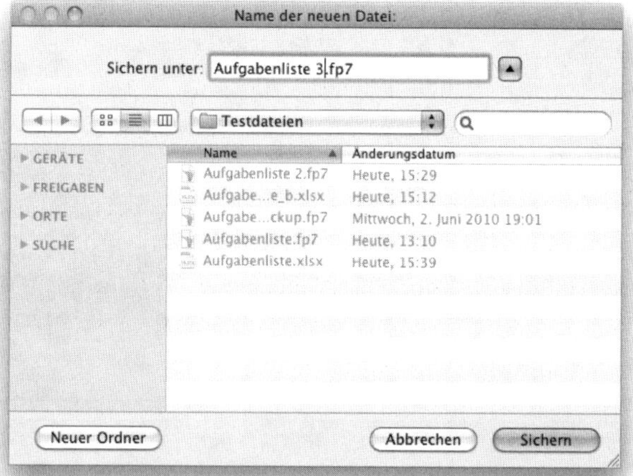

Im Dialog »Sichern« vergeben Sie einen aussagekräftigen Titel für die neue Datenbank.

Nach Betätigung der Taste »Sichern« erscheint die neue Datenbank in der Tabellenansicht.

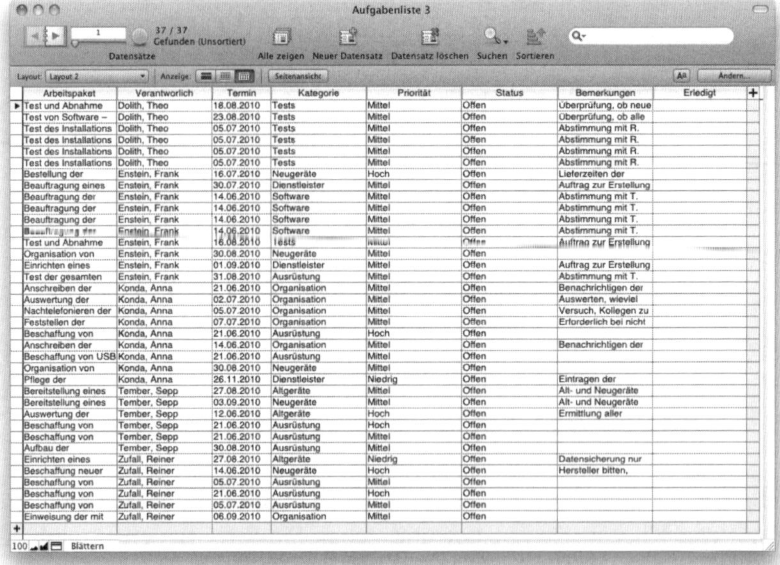

Zusammenfassend haben Sie sich sehr schnell eine neue Datenbank mit allen vorhandenen Informationen erzeugt. Jetzt müssen wir uns mit der Darstellung der Daten beschäftigen.

Gestalten von Layouts

Wechseln Sie in Ihrer neuen Datenbank als Erstes in die Listenansicht. Es sieht alles ganz gut aus, nur reichen die Abmessungen der Feldobjekte für *Arbeitspaket* und *Bemerkungen* nicht aus, um den ganzen Text anzuzeigen.

Die neue Datenbank »Aufgabenliste 3« in der Listenansicht.

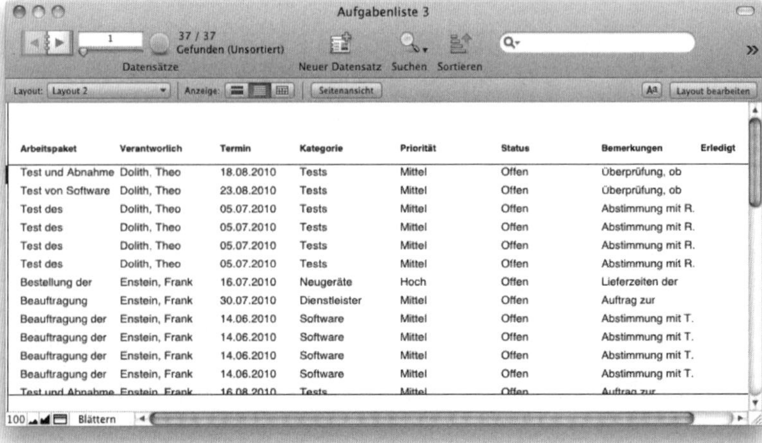

Bevor wir weitermachen, prüfen wir nach, ob noch weitere Layouts erzeugt wurden. Tatsächlich existiert neben dem angezeigten *Layout 2* noch ein *Layout 1*, und genau dahin wechseln wir.

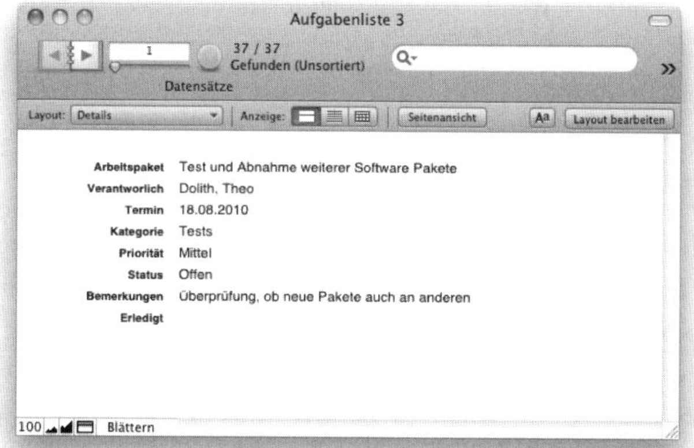

Die Detailansicht von »Aufgabenliste 3«.

Layout 1 ist offensichtlich ein Standardformular, in dem die Felder eines Datensatzes einer Tabelle angezeigt werden. Als Erstes wollen wir den Layouts aussagekräftigere Namen verpassen. Wechseln Sie in den *Layout*-Modus und wählen Sie *Layouts | Layouteinstellung*. Ändern Sie den Namen auf *Details* und betätigen Sie mit *OK*.

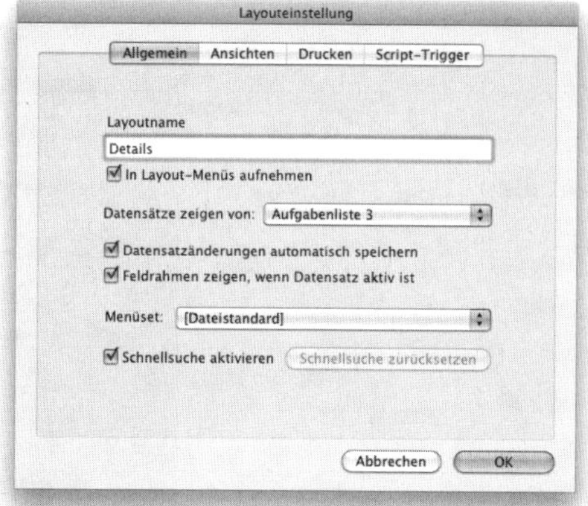

Dialog »Layouteinstellung«.

Wechseln Sie zu *Layout 2* und benennen Sie es analog in *Übersicht* um. Der Layoutwechsel gelingt Ihnen übrigens am Schnellsten mit der Tastenkombination ctrl-↓ (Mac und Win). Wenn Sie danach das Einblendmenü *Layouts* in der Layoutleiste öffnen, sehen Sie, dass sämtliche Einträge mit den neuen Namen angezeigt werden.

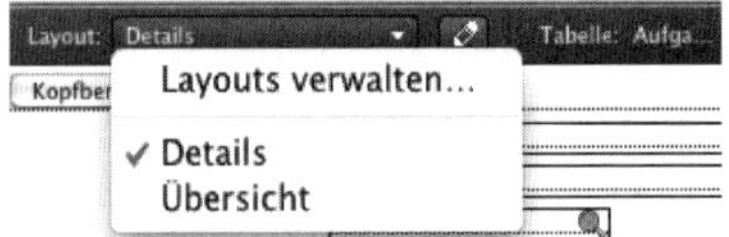

Das Einblendmenü »Layouts« mit den neuen Namen.

Als Erstes wollen wir das Layout *Details* nach unseren Vorstellungen anpassen. Dazu wird es höchste Zeit, dass wir uns etwas näher mit dem »Inspektor« befassen.

Die »Inspektor«-Palette

Ein sehr wichtiges Hilfsmittel für die Gestaltung von Layouts ist die ab Version 11 verfügbare *Inspektor*-Palette, welche die frühere *Objekt-Info*-Palette ablöst. Sie vereinigt fast alle Einstellmöglichkeiten unter ihrer Haube und unterstützt dadurch das Anordnen, Ausrichten und Formatieren aller Layout-Objekte. Das Anzeigen bzw. Ausblenden dieser Palette erfolgt durch das Betätigen der Schaltfläche mit dem Buchstaben »i« in der Layoutleiste oder über das Tastaturkürzel ⌘-I/ctrl-I.

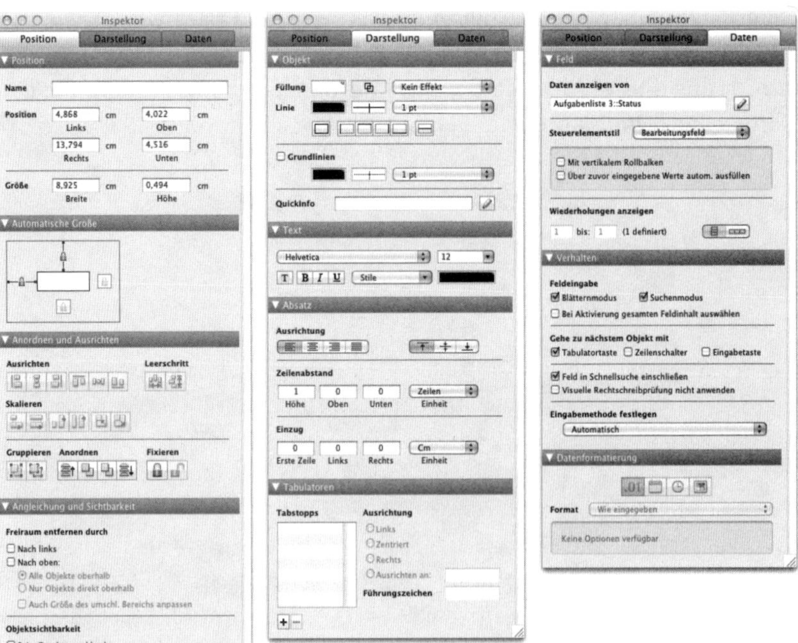

Die verschiedenen Reiter der »Inspektor«-Palette.

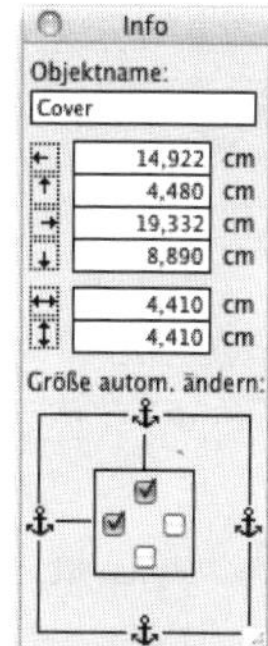

Zum Vergleich die »Objekt-Info«-Palette bis Version 10.

Als Erstes wollen wir den Hintergrund des Layouts *Details* dunkler oder farbiger gestalten. Wechseln Sie dazu in den *Layout*-Modus. Dieser ist in drei Bereiche unterteilt, deren Namen links unmittelbar oberhalb der jeweiligen Grenzlinie angezeigt werden. Markieren Sie das Rechteck mit dem Namen *Datenbereich* und öffnen Sie das Kontextmenü. Wählen Sie eine *Füllfarbe*. Führen Sie diese Aktion auch für den Kopf- und Fußbereich durch, jedoch wählen Sie zur besseren Unterscheidung einen etwas dunkleren Farbton.

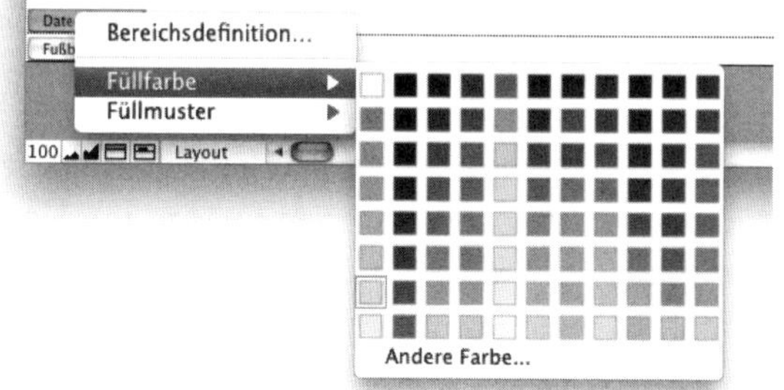

Das Kontextmenü für den Datenbereich.

Ziehen Sie jetzt ein Auswahl-Rechteck über sämtliche Feldobjekte rechts neben den Feldbeschriftungen. Eine Füllfarbe, am besten weiß, können Sie mittels Kontextmenü zuweisen. Alternativ kann jetzt endlich der *Inspektor* zum Einsatz kommen. Wählen Sie das Register *Darstellung* und darin die gewünschte Farbe sowie das Muster. Sollte sich nach Auswahl der Farbe im Layout keine Änderung ergeben, prüfen Sie nach, ob als Muster *transparent* (erste Zeile links) eingestellt ist. Ändern Sie dies dann entsprechend ab. Das Layout sollte jetzt das dargestellte Aussehen der unten stehenden Abbildung (»Das Layout *Details* mit ersten Änderungen«) aufweisen.

Einstellung der Füllfarbe mit dem Inspektor sowie das Layout »Details« mit ersten Änderungen.

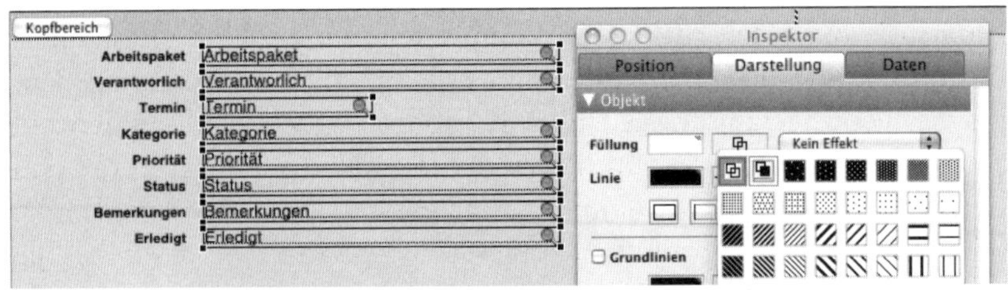

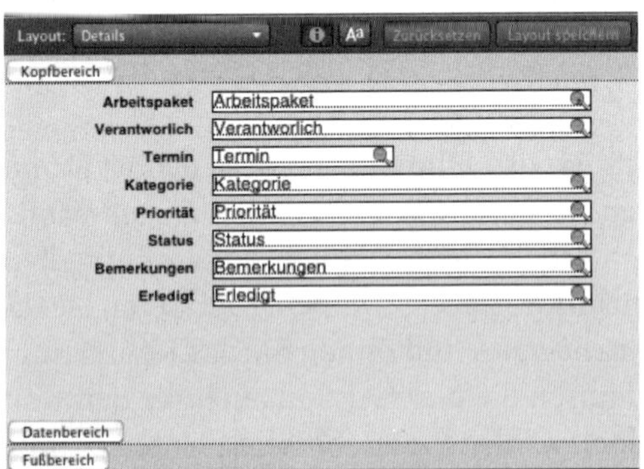

Modifizieren von Objekteigenschaften

Als Nächstes möchten Sie im Kopfbereich eine Überschrift unterbringen. Wählen Sie das *Textwerkzeug* (die Schaltfläche in der Statussymbolleiste mit dem »T«), klicken Sie irgendwo in den Kopfbereich und tippen Sie *Aufgaben Details* ein. Klicken Sie anschließend irgendwo außerhalb des Schriftzugs hin, damit sich der Mauszeiger vom Cursor wieder in den Auswahlpfeil verwandelt. Der Schriftzug ist Ihnen zu klein. Markieren Sie ihn (falls er es nicht noch ist), wählen Sie im *Inspektor* (Abschnitt »Text«) eine größere Schrift und klicken Sie auf die Schaltfläche »F« (=fett). Haben Sie beispielsweise Schriftgröße 18 gewählt, ragt der Schriftzug jetzt in den Datenbereich hinein. Bewegen Sie deshalb die Spitze des Mauszeigers genau auf die Grenzlinie zwischen Kopf- und Datenbereich. Wenn Sie dann die Maustaste drücken, sollte sich die Form des Mauszeigers ändern. Geschieht dies nicht, haben Sie wahrscheinlich nicht genau genug gezielt, also nächster Versuch. Hat der Mauszeiger schließlich eine andere Form angenommen, ziehen Sie die Grenzlinie so weit nach unten, bis sich der Schriftzug ausschließlich im Kopfbereich befindet.

Das Layout »Details« mit Überschrift.

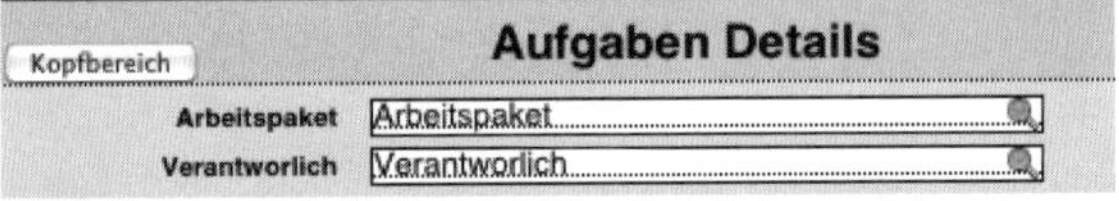

Danach kommt der Fußbereich dran. Hier möchten Sie das aktuelle Datum und die Seitenzahl unterbringen. Klicken Sie zunächst mit dem Mauszeiger ungefähr an die Stelle im Fußbereich, wo Sie die Seitenzahl platzieren möchten. Wählen Sie anschließend im Menü *Einfügen* den Eintrag *Symbol für Seitennummer*. Erschrecken Sie nicht über das Erscheinungsbild des eingefügten Symbols. Klicken Sie statt dessen an die gewünschte Stelle für das Datum und wiederholen Sie den Vorgang für *Symbol für Datum* und unmittelbar anschließend ohne jeglichen Zwischenklick für *Symbol für Zeit*. Der Mauszeiger sollte jetzt die Form des Textcursors haben und sich in einem Symbol rechts neben zwei Doppelpunkten befinden. Bewegen Sie ihn mit der Linkspfeil-Taste zwei Zeichen nach links, so dass er sich genau in der Mitte zwischen den Schrägstrichen und den Doppelpunkten befindet. Geben Sie ein oder zwei Leerzeichen ein und klicken Sie außerhalb des Schriftzugs. Der Fußbereich sollte jetzt das Aussehen entsprechend der folgenden Abbildung aufweisen.

Der Fußbereich von Layout »Details«.

Die Zeichen sind uns viel zu groß. Markieren Sie deshalb beide Symbole mit einem Auswahlrechteck und stellen Sie mit dem *Inspektor* Schriftgröße 9 ein. Wählen Sie ebenfalls im *Inspektor* für die Seitenzahl die *Ausrichtung rechts* und für *Datum und Zeit* die Einstellung *zentriert*. Sollte noch »fett« als Schriftstil eingestellt sein, einfach noch mal auf die Schaltfläche »F« klicken.

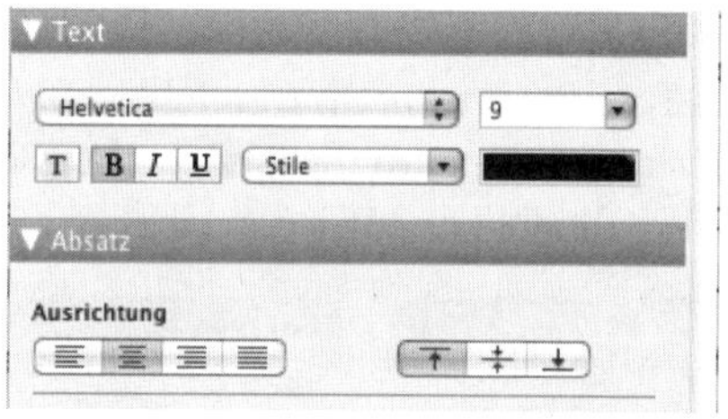

Die Einstellmöglichkeiten von »Text« und »Absatz« im »Inspektor«.

Jetzt interessiert Sie natürlich, wie das Ganze mit »richtigen« Werten aussieht. Wechseln sie also kurz in den *Blättern*-Modus.

Der Fußbereich von Layout »Details« im »Blättern«-Modus.

Das ist nicht unbedingt das erwünschte Erscheinungsbild. Das Feldobjekt für *Datum und Zeit* ist anscheinend zu klein. Wechseln Sie also schnell wieder in den *Layout*-Modus und markieren Sie das zugehörige Symbol. Vergrößern Sie das Objekt, indem Sie einen beliebigen Aktivpunkt nach links oder rechts ziehen. Verringern Sie die Höhe der beiden Objekte. Auch dies können Sie mit dem *Inspektor* erledigen. Markieren Sie dazu beide Fußbereich-Objekte und wechseln im *Inspektor* in das Register *Position.*

Das Modifizieren von Position und Abmessungen mit dem »Inspektor«.

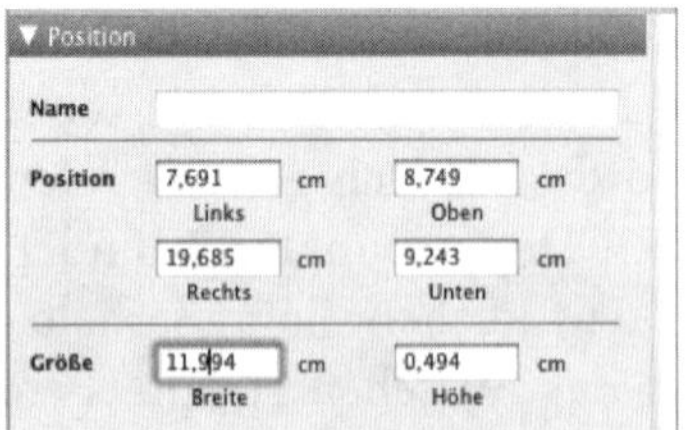

Geben Sie für Höhe den Wert 0,5 ein und klicken Sie in ein anderes Feld, damit die Änderungen vorgenommen werden. Positionieren Sie die beiden Layout-Objekte mit der Abwärts-Pfeiltaste so, dass Sie sich einschließlich der Aktivpunkte vollkommen im Fußbereich befinden. Wechseln Sie jetzt in den *Seitenansichts*-Modus. Nun sieht das Ganze schon besser aus. Jetzt möchten wir lediglich noch die Jahresangabe zweistellig und die aktuelle Zeit ohne Angabe von Sekunden haben.

Der Fußbereich von Layout »Details« im »Seitenansichts«-Modus.

Dazu bemühen wir wieder den *Inspektor*, diesmal das Register *Daten.* Markieren Sie im *Layout*-Modus das *Datum/Zeit*-Symbol. Klicken Sie im *Inspektor* auf das Symbol *Datum* im Bereich *Datenformatierung.* Stellen Sie die Formatierung ein wie im nachfolgenden Bild gezeigt, danach formatieren Sie analog die Darstellung der Uhrzeit.

Formatierung von Datum und Uhrzeit.

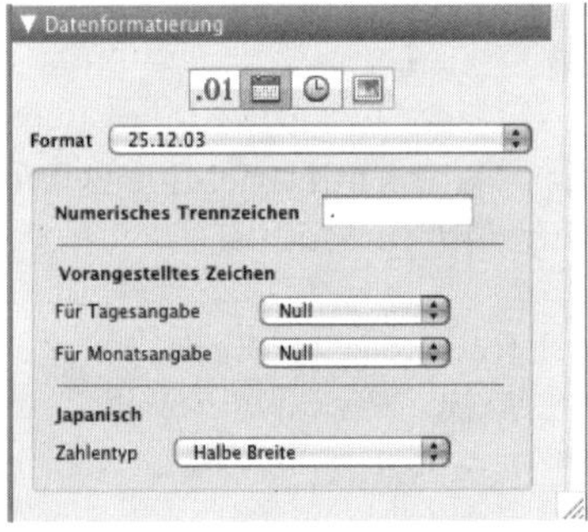

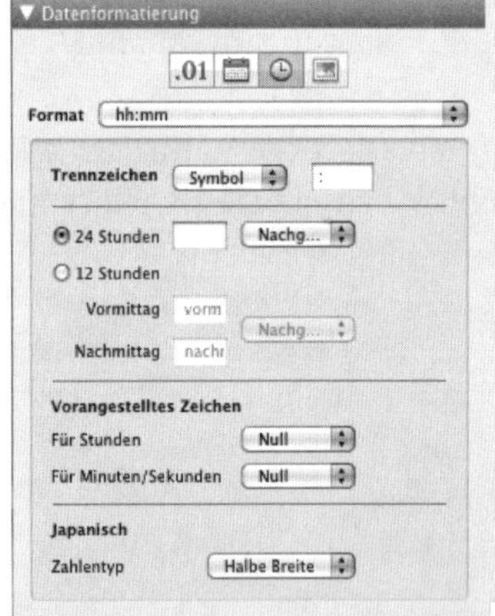

Unser Layout hat nun das folgende Aussehen angenommen:

Aufgaben Details

Arbeitspaket	Test des Installations – Pakets von SafeGuard
Verantwortlich	Dolith, Theo
Termin	05.07.2010
Kategorie	Tests
Priorität	Mittel
Status	Offen
Bemerkungen	Abstimmung mit R. Zufall erforderlich
Erledigt	

06.06.10 19:19 ?

Das Layout »Details« mit Kopf- und Fußbereich.

Ausrichten von Objekten

Nachdem wir Kopf- und Fußbereich unseres Layouts abgehandelt haben, möchten wir den Datenbereich übersichtlicher gestalten. Um den Namen der Arbeitspakete mehr hervorzuheben, verpassen wir dem Feldobjekt eine größere Schrift und weisen ihm den Stil »fett« zu. Sie wissen inzwischen, das geht alles ganz einfach mit Hilfe des *Inspektors*. Setzen Sie also die Schriftgröße von Feldobjekt *Arbeitspaket* auf 14 und den Stil auf »fett«. Um dem Inhalt mehr Raum zu verschaffen, setzen Sie die Breite auf 14.

Nun wirken die anderen Objekte darunter etwas gedrängt. Markieren Sie alle Objekte im Datenbereich – mit Ausnahme der ersten Zeile. Bewegen Sie den Mauszeiger auf ein beliebiges markiertes Objekt. Drücken Sie die Maustaste und bewegen Sie die Objekte ein wenig nach unten. Verschieben Sie *Termin* in die zweite Zeile und verringern Sie seine Breite. Letzteres können Sie durch Ziehen an den Aktivpunkten dieses Objekts oder durch Eingabe einer Breite im *Inspektor* bewerkstelligen. Verringern Sie ebenfalls die Breite von *Verantwortlich* und verschieben Sie die Beschriftung *Termin* links neben das zugehörige Feldobjekt. Verkleinern Sie die Feldobjekte *Kategorie, Priorität* und *Status.* Bewegen Sie *Priorität* und *Status* in die dritte Zeile des Layouts. Verkleinern Sie dann noch das Feldobjekt *Erledigt* und schieben Sie es samt Beschriftung nach oben über Bemerkungen in Zeile 4. Als Letztes vergrößern Sie das Feld *Bemerkungen.* Seien Sie beim Verschieben und Ändern nicht so genau, die Feinabstimmung nehmen wir später vor. Das Layout sollte jetzt in etwa ein Aussehen entsprechend der folgenden Abbildung angenommen haben.

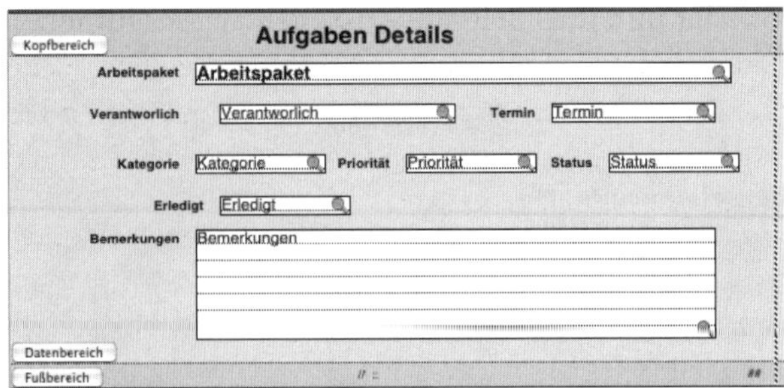

Die Rohform des Layouts »Details«.

Nunmehr wollen wir die Feldbeschriftungen links so anordnen, dass die Positionen ihrer rechten Kanten übereinstimmen. Markieren Sie also alle diese Feldbeschriftungen und klicken Sie im *Inspektor* (Register *Position*, Bereich *Anordnen und Ausrichten*) auf die Schaltfläche *Rechte Kanten* (dritte von links). Sollten die Feldbeschriftungen jetzt teilweise in die Feldobjekte hineinragen, klicken Sie auf ein Objekt und schieben Sie die immer noch markierten Elemente nach links, so dass keine Überschneidungen mehr stattfinden.

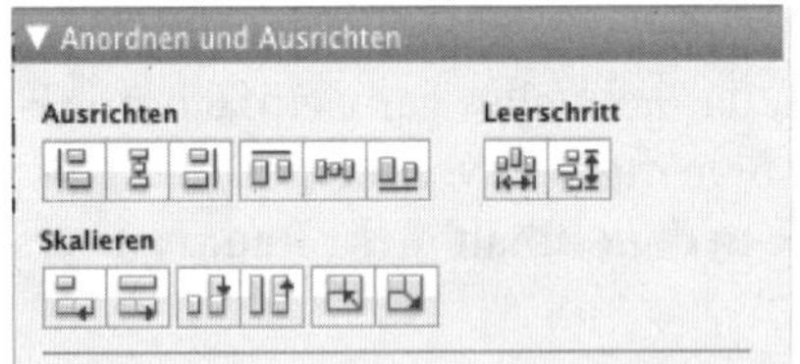

Das Ausrichten von Objekten.

Wiederholen Sie das Ganze für die zugehörigen Feldobjekte. Das Markieren dieser Elemente geht jetzt nicht mehr mit dem Auswahlrechteck. Markieren Sie als Erstes *Arbeitspaket*, drücken dann die *Umschalttaste* (⇧) und klicken auf die restlichen 4 Feldobjekte. Im *Inspektor* müssen Sie jetzt die Schaltfläche *Linke Kanten* (erstes Element in der Reihe) betätigen. Um die Breiten von *Arbeitspaket* und *Bemerkungen* anzugleichen, stellen Sie zunächst im *Inspektor* die Breite von Feldobjekt *Arbeitspaket* fest. Mit *Kopieren* und *Einsetzen* können Sie diese Breite auf *Bemerkungen* übertragen. Nun sind noch rechte Kanten anzugleichen. Anscheinend ist für diesen Angleichprozess das Objekt maßgebend, das sich am weitesten rechts befindet. Achten Sie deshalb darauf, dass die rechten Kanten von *Termin* und *Status* links von denen von *Arbeitspaket* oder *Bemerkungen* platziert sind. Falls nötig, nehmen Sie Verschiebungen vor. Sollten sich obere und untere Kanten von Feldobjekten einer Reihe nicht auf einer Höhe befinden, gehen Sie analog vor (Schaltflächen *Obere Kanten* bzw. *Untere Kanten*).

Als Letztes wollen wir das Feldobjekt *Bemerkungen* mit einem Rollbalken versehen und die Zeilenhöhe auf 1,5 stellen. Für die Zeilenhöhe im *Inspektor* (Register *Darstellung*, Bereich *Absatz*) bei Zeilenhöhe 1,5 eingeben. Für die Anzeige eines Rollbalkens im Register *Daten* den Haken bei *Mit vertikalem Rollbalken* setzen.

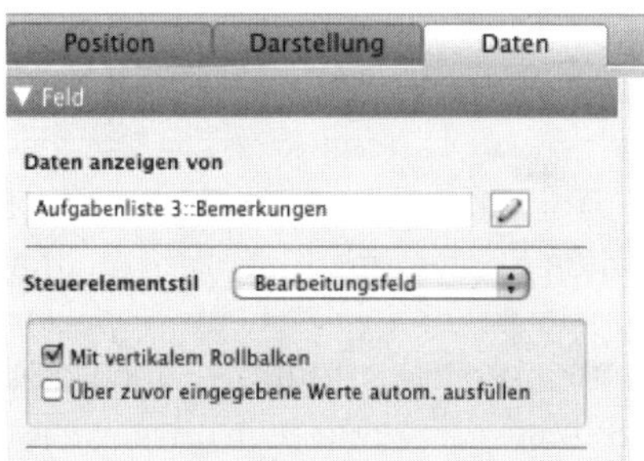

In diesem Dialogfeld können Sie Rollbalken für Feldobjekte anzeigen.

Das umgestaltete Layout sieht nun folgendermaßen aus:

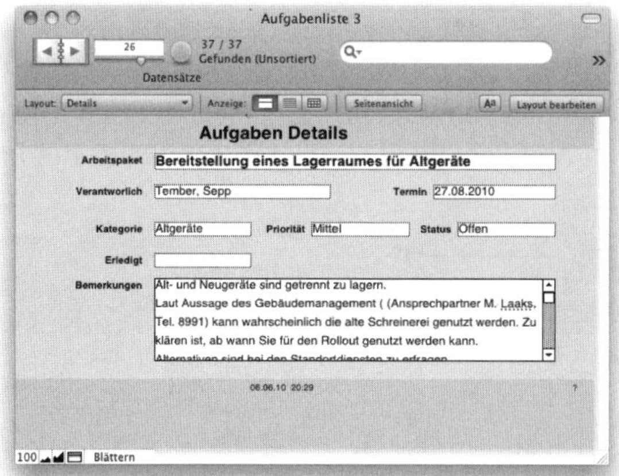

Das umgestaltete Layout.

Nutzung von Eingabehilfen

Nachdem wir unserem Layout *Details* ein übersichtlicheres Outfit verliehen haben, möchten wir als Letztes einige Eingabehilfen nutzen, um uns die Arbeit zu erleichtern. Das Erzeugen von Wertelisten wurde in Kapitel 2 behandelt. Zur Erinnerung: Wenn Sie sich im *Layout*-Modus befinden, klicken Sie auf das *Verwalten*-Symbol am rechten oberen Fensterrand und wählen im Einblendmenü *Wertelisten.* Im *Blättern*-Modus oder als Alternative im *Layout*-Modus wählen Sie Menü *Ablage* | *Verwal-*

ten | Wertelisten. Den Dialog *Wertelisten verwalten* kennen Sie bereits, in dieser Datenbank ist er leer. Gehen Sie wie in Kapitel 2 beschrieben vor und erzeugen Sie Wertelisten für *Kategorie*, *Priorität*, *Status* und *Verantwortlich*. Sie können die Werte für *Kategorie* und *Verantwortlich* auch aus unserer Ausgangs-Datenbank über *Kopieren* und *Einsetzen* in die neue übertragen.

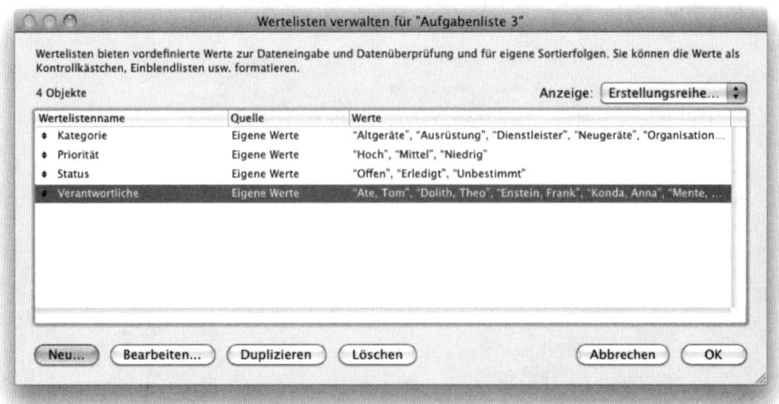

Die Wertelisten für unsere »Aufgabenliste 3«.

Auch die Zuordnung von Wertelisten zu Feldobjekten haben Sie bereits kennengelernt. Ab *FileMaker 11* erfolgt dies mit Hilfe des *Inspektors*.

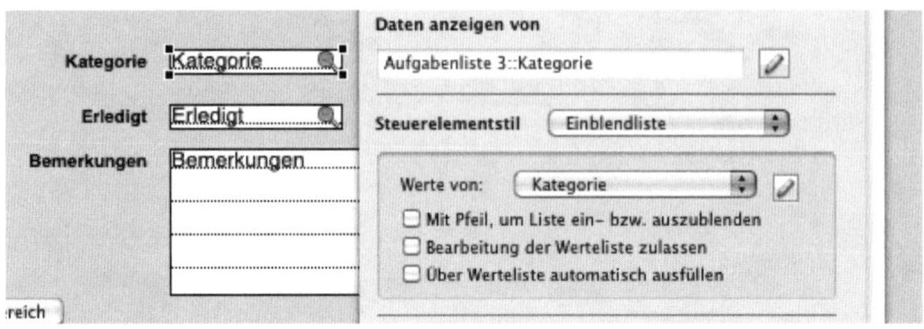

Das Verbinden von Wertelisten mit Feldobjekten.

Analog gehen wir bei *Termin* und *Erledigt* vor, nur wählen wir *Einblendkalender* als Steuerelementstil für diese Feldobjekte.

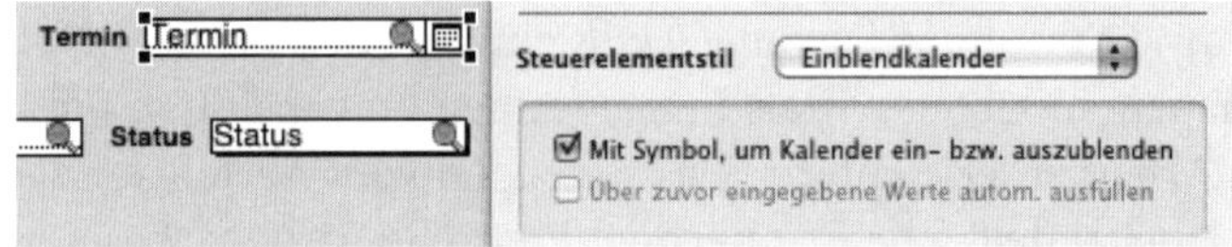

Das Zuweisen eines Einblendkalenders.

Sie kennen jetzt einige grundlegende Arbeitsweisen mit *FileMaker*. Sie wissen inzwischen, wie man

- Starter-Lösungen modifizieren und nutzen kann,
- Informationen eingibt und sich dabei durch die Nutzung verschiedener Eingabehilfen Arbeit erspart,
- Layouts umgestaltet.

Und Sie wissen vor allem, wie schnell es geht, ein *Excel*-Arbeitsblatt in eine *FileMaker*-Datenbank umzusetzen. Sie können also schon ganz gut mit *FileMaker* arbeiten. Jetzt wird es Zeit, sich genauer mit den Grundlagen zu befassen.

Das relationale Datenbankmodell

Im ersten Teil habe ich Ihnen gezeigt, wie Sie schnell mit der Arbeit mit *FileMaker* loslegen können. Die Verwendung der mitgelieferten Starter-Lösungen bietet den Vorteil, ohne umfangreiche Vorbereitungsmaßnahmen Informationen eingeben und verarbeiten zu können. Wenn Anpassungen an Ihren Verwendungszweck aber umfangreiche Modifikationen erfordern, werden Sie sich an verschiedenen Stellen wohl auch mit der Frage beschäftigen müssen, was könnten die Entwickler einer Datenbank hier im Sinn gehabt haben. Dies und erforderliche Anpassungs-Maßnahmen können weit mehr Zeit in Anspruch nehmen als die Datenbank von Grund auf neu zu entwickeln. Und darum geht es in diesem zweiten Teil.

Als Erstes aber wollen wir die Bedeutung einiger Begriffe klären. Dabei ist es nicht meine Absicht, Sie tief in die Theorien von Datenbanken und Datenmodellierung einzuführen. Es geht nur darum zu klären, was wir hier in diesem Buch unter einem bestimmten Begriff verstehen wollen.

Was ist eine Datenbank?

Definitionen

Ich habe im ersten Teil mit Worten wie *Datensatz*, *Feld*, *Feldobjekt* etc. hantiert. Bei diesen allgemein verwendeten Begriffen versteht jeder ungefähr, was damit gemeint ist oder gemeint sein könnte. Tatsächlich aber bestehen teilweise mehr oder weniger feine Unterschiede in der Interpretation dieser Begriffe.

Es beginnt schon mit dem Wort »Datenbank«. Einer einfachen Definition zufolge ist eine Datenbank (DB) eine strukturierte Sammlung logisch zusammengehörender Informationen. Neben den in ihr enthaltenen Informationen ist sie auch mit Werkzeugen zur Verwaltung dieser Informationen ausgestattet, die man unter dem Begriff »Datenbankmanagement-System« (DBMS) zusammenfasst. Im Falle nicht-elektronischer Formen muss der Mensch als DBMS herhalten. Informationen und DBMS bilden zusammen das Datenbank-System (DBS) – und dies bezeichnet man üblicherweise kurz als DB.

Das Datenbankmanagement-System organisiert die Daten, regelt den Zugriff darauf und bietet Funktionen zu deren Pflege (Hinzufügen, Ändern und Löschen). Es führt auch Buch über die Beschreibungen der Daten (Feldname, Feldtyp etc.), die als Metadaten bezeichnet werden. Größere Datenbank-Systeme beinhalten unter anderem auch Funktionalitäten zur Durchführung von Datensicherungen. Häufig verfügt das Datenbankmanagement-System auch über eine integrierte Abfragesprache mit Suchfunktionen zum schnellen Wiederfinden bestimmter Daten.

Die Modellierung von Informationen

Beim Erfassen von Informationen in einer Datenbank geht es im Wesentlichen darum, bestimmte Eigenschaften von Objekten zu sammeln und zu pflegen. Objekte sind beispielsweise Personen, bei denen Sie Nachname, Vorname, Adresse und Telefonnummern speichern möchten. Geburtstage sind nur dann erforderlich, wenn es sich um Personen handelt, denen Sie gratulieren möchten. Eigenschaften wie Schuhgröße, Kragenweite, Haarfarbe sind lediglich von Interesse, wenn Sie besagte Personen auch mit Geschenken beglücken möchten.

Es geht also insgesamt darum, Aspekte der realen Welt in ein Modell zu überführen. Dies bedeutet, aus der Vielzahl möglicher Eigenschaften diejenigen auszuwählen, die für den jeweiligen Anwendungsfall von Interesse sind. Dabei kann es Grenzfälle geben, beim Objekt »Person« beispielsweise Eigenschaften wie Geburtstag oder Schuhgröße.

Objekte bezeichnet man bei der Datenmodellierung als *Entitäten*, deren Eigenschaften als *Attribute*. Der erste Schritt des Entwurfsprozesses einer Datenbank besteht in der Festlegung von Entitäten und der Zuordnung von Attributen zu Entitäten. Bei selten benötigten Attributen macht es Sinn, die Einzelattribute einem allgemeinen Attribut zuzuordnen. Für unser Beispiel bietet es sich an, Geburtstag und Schuhgröße in einem Attribut *Bemerkungen* unterzubringen. Als *Instanz* oder *Tupel* einer Entität bezeichnet man ein konkretes Objekt, beispielsweise die Person Frank Enstein.

Der letzte Entwurfsschritt besteht schließlich in der Festlegung, wie die einzelnen Entitäten untereinander in Beziehung stehen sollen.

Im Falle einer Abbildung von Entitäten auf separate, zweidimensionale Tabellen spricht man von einem relationalen Modell. Bei einer Tabellenkalkulation erfolgt eine Überführung von Entitäten in Tabellenblätter, von

Attributen in Spalten und von Instanzen in Reihen. In einem relationalen Datenbank-System entsprechen Entitäten den Tabellen, Attribute den Feldern und Instanzen den Datensätzen (Records) abgebildet. Die Bezeichnung relationale Datenbank hat also nichts mit der Fähigkeit zu tun, Beziehungen zwischen Tabellen einrichten zu können. Es hängt vielmehr damit zusammen, dass der Begriff Relation hier als Synonym von Tabelle genutzt wird.

Ein Datensatz kennzeichnet demzufolge eine Informationseinheit. Genauer gesagt eine Sammlung von verknüpften Feldern, die Informationen über ein Objekt des täglichen Lebens (Personen, Gegenstand) enthält.

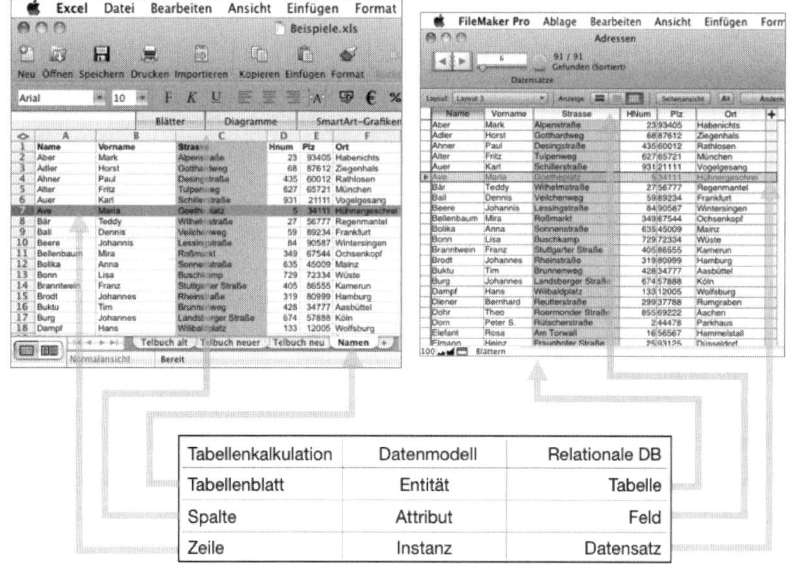

Tabellenkalkulation	Datenmodell	Relationale DB
Tabellenblatt	Entität	Tabelle
Spalte	Attribut	Feld
Zeile	Instanz	Datensatz

Datenmodell, Tabellenkalkulation und Datenbank.

Felder

Feldtypen

Wie Sie im letzten Abschnitt gesehen haben, enthalten Felder *Eigenschaften* oder *Attribute* von Objekten. Der *Typ* eines Feldes kennzeichnet die Art der darin enthaltenen Information und bestimmt, welche Operationen mit dem Feld ausgeführt werden können. Weiterhin legt der *Feldtyp* die bei Sortierungen anzuwendenden Regeln fest. Auch die Möglichkeiten zur Formatierung sind abhängig vom gewählten Typ, denn numerische Daten- und Zeitformate lassen sich einzig und allein mit dem zugehörigen Datentyp eines Feldes verknüpfen.

Text

Der Typ *Text* dient zur Aufnahme beliebiger Kombinationen von *Buchstaben*, *Zahlen* und *Sonderzeichen*. Der Inhalt eines solchen Feldes kann maximal 2 Gigabyte betragen, was etwa einer Milliarde Zeichen entspricht und für den täglichen Gebrauch ausreichen dürfte. Der Text kann auch Informationen zur Formatierung von Zeichen (Schrift, Größe, Farbe, Stil etc.) und Absätzen (Zeilenabstand, Tabulator-Stopps, Einzüge etc.) enthalten. Die Sortierung erfolgt in alphabetischer Reihenfolge, Zeichen für Zeichen von links nach rechts.

Zahl

Dieser Feldtyp dient zur Speicherung von Zahlen im Wertebereich von 10^{-400} bis 10^{400} und -10^{-400} bis -10^{400}. Die Sortierung erfolgt in numerischer Reihenfolge, also etwa 1, 2, 10, 20, 100, 200 – im Gegensatz zur Reihenfolge 1, 10, 100, 2, 20, 200 bei Textfeldern. Die Eingabe von Text oder Sonderzeichen hingegen ignoriert *FileMaker*.

Datum

Datumsfelder können Werte zwischen dem 01.01.0001 und dem 31.12.4000 annehmen und verfügen damit über ausreichend Spielraum für Planungen in die Zukunft. Üblicherweise übernimmt *FileMaker* bei der Erstellung einer neuen Datenbank das im Betriebssystem eingestellte regionale Datumsformat. Intern speichert *FileMaker* Datumswerte in Form von Zahlen ab, und zwar als Tage gerechnet vom 01.01.01. Es ist hilfreich, diese Eigenschaft für Berechnungen im Hinterkopf zu behalten. Um beispielsweise bei einem Termin den Tag der Vorwoche zu bestimmen, reicht es aus, vom gegebenen Datum einfach eine 7 abzuziehen.

Zeit

Zeitfelder enthalten Informationen über Stunden, Minuten und Sekunden. Ähnlich wie beim *Datum* speichert *FileMaker* Zeiten als Zahlen ab, beginnend ab Mitternacht. Eine 1 entspricht 0^{01} und 43 200 Mitternacht 24^{00}.

Zeitstempel

Der Datentyp *Zeitstempel* ist eine Kombination von Datum und Zeit. Beide Informationen sind durch ein Leerzeichen getrennt.

Medien

Medienfelder unterscheiden sich grundsätzlich von den bisher aufgeführten Typen. Sie können binäre Informationen aufnehmen – andere Datenbanksysteme verwenden dafür die Bezeichnung *Binary Large Object* (BLOB). In diesen Feldtyp lassen sich beispielsweise Grafiken,

Fotos, Audio-Dateien oder *QuickTime*-Dateien einfügen, ebenso auch Excel-Tabellen, PDF-Dokumente, unter Windows auch OLE-Objekte und vieles andere mehr. Insofern ist die deutsche Bezeichnung *Medienfeld* als Übersetzung für den englischen Begriff *Container* nicht ganz glücklich gewählt.

Sie können jedes beliebige Dokument bis zu einer Größe von 4 GB in einem *Medienfeld* ablegen. Bilder werden angezeigt, Audio- und *QuickTime*-Dokumente lassen sich abspielen. Beim Befüllen von Medienfeldern haben Sie die Wahl, entweder das Dokument selbst oder einen Verweis darauf zu speichern. Letzteres spart Platz und erlaubt darüber hinaus mit einem Doppelklick auf das Medienfeld das darin referenzierte Dokument wieder zu öffnen. Es birgt aber auch die Gefahr, dass der Verweis ungültig wird, wenn Sie das Dokument im *Finder* oder *Explorer* an eine andere Stelle bewegen.

Statistik

Statistikfelder erlauben die Berechnung von Maximal-, Mittel- oder Minimalwerten, Zwischen- oder Endsummen und anderes mehr über die Datensätze einer Ergebnismenge. Bei Änderungen, beispielsweise beim Ausschluss eines oder mehrerer Datensätze, ändert sich der Inhalt der benutzten Statistikfelder.

Formel

Formelfelder enthalten Werte, die sich aus Inhalten anderer Felder entsprechend einer zu definierenden Rechenvorschrift ergeben.

Definition und Namensgebung

Mit *FileMaker* 11 stehen Ihnen zwei Alternativen für die Definition von Feldern zu Verfügung. Eine haben Sie bereits kennen gelernt. Es ist die voreingestellte Methode in *FileMaker* für die Erstellung einer neuen Datenbank. So, wie Sie in einer Tabellenkalkulation Überschriften eintragen, definieren Sie in der Tabellenansicht *Felder*. Der Unterschied besteht darin, dass Sie alle Spalten selbst erzeugen und auch benennen müssen. Fangen wir also wieder ganz von vorne an und erzeugen über *Ablage | Neue Datenbank…* ein völlig leeres Exemplar, das wir einfach *Test* nennen.

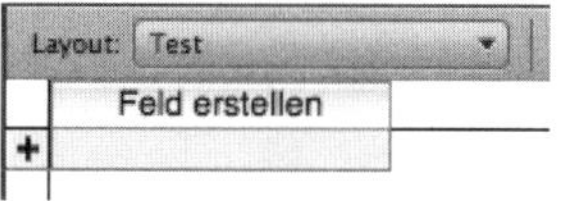

Die Tabellenansicht einer neuen Datenbank.

Die erste Spalte ist im Layout durch einen Platzhalter namens *Feld erstellen* repräsentiert. Sie erzeugen die erste Spalte, indem Sie einfach auf diese Zelle klicken. Sobald dieses Feld markiert ist, wechselt die Bezeichnung in *Feld*, und daneben wird ein Plus-Zeichen angezeigt. Jetzt müssen Sie nur noch einen Namen eingeben.

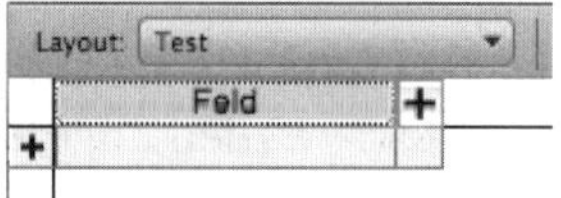

Die Benennun der ersten Spalte.

Geben Sie *Nummer* ein und bewegen Sie den Mauszeiger so weit in den rechten Teil des Spaltenkopfes, bis ein Pfeil erscheint. Wählen Sie dann *Feldtyp | Zahl*.

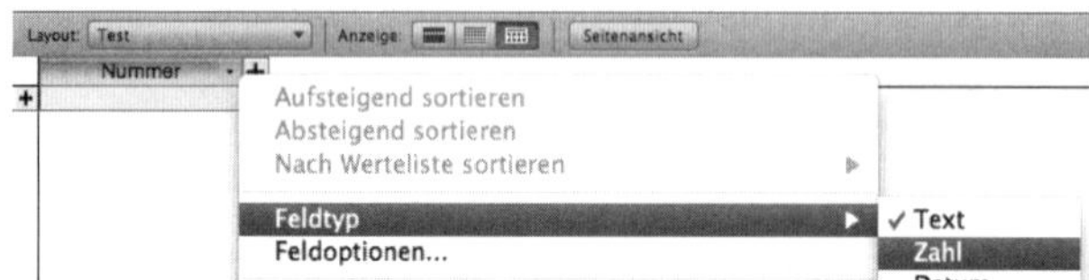

Die Definition des Feldtyps.

Wenn Sie jetzt auf das Plus-Zeichen klicken, erzeugt *FileMaker* ein neues Textfeld namens *Feld*. Dies können Sie analog mit einem aussagekräftigeren Namen versehen und ihm einen anderen *Feldtyp* zuweisen.

Was die Wahl von Feldnamen betrifft, so lässt Ihnen *FileMaker* reichlich Gestaltungsspielraum. Allerdings müssen die Namen, die bis zu 100 Zeichen enthalten können, eindeutig sein. Felder, die in Formeln benutzt werden, dürfen nicht mit einem Leerzeichen, einer Ziffer oder einem Punkt beginnen. Darüber hinaus gibt es Sonderzeichen, Funktionsnamen und Schlüsselwörter, die zwar nicht untersagt sind, von deren Verwendung aber abgeraten wird. In einem solchen Fall informiert Sie *FileMaker* über ein Dialogfenster. Sie haben dann die Wahl, den Namen so zu belassen oder sich einen anderen auszudenken.

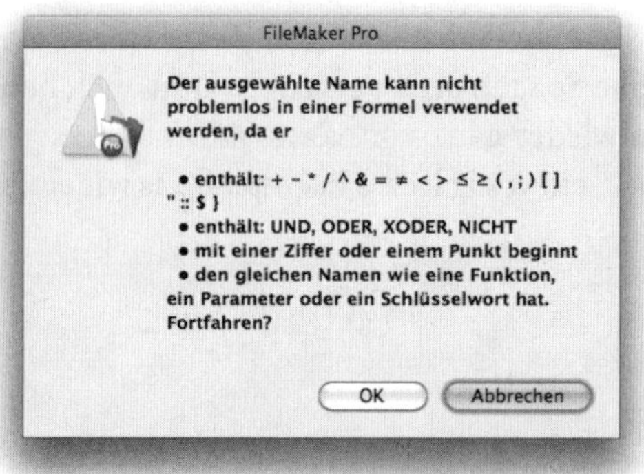

Das Dialogfenster im Falle einer nicht empfehlenswerten Namensgebung.

Es empfiehlt sich insgesamt, die Namensgebung deutlich restriktiver zu handhaben als *FileMaker* dies zulässt.

Sie sollten vor allem Sonderzeichen strikt vermeiden und nur alphanumerische Zeichen verwenden. Auch Leerzeichen sind Sonderzeichen und an ihrer Stelle ist die Verwendung von Unterstrichen (_) dringend angeraten. Ein Unterstrich (*Underscore*) ist das einzige Sonderzeichen, das Sie weitgehend problemlos verwenden können. Auch Umlaute und das »ß« sind Sonderzeichen. Insbesondere dann, wenn Sie *FileMaker*-Datenbanken sowohl unter Mac OS X als auch unter Windows benutzen, verwenden Sie lieber die Entsprechungen ae, oe, ue oder ss. Bedenken Sie auch, dass Sie Feldnamen auch in Formeln verwenden möchten oder müssen. Die Verwendung von Feldern mit sehr langen Namen ist der Lesbarkeit von Formeln nicht unbedingt förderlich.

Sie können Feldnamen im nachhinein beliebig ändern. *FileMaker* ändert dann automatisch die Namen in sämtlichen Layouts. Auch die entsprechenden Feldverweise in Formel- oder Statistikfeldern werden aktualisiert. Stimmt auch die Feldbeschriftung mit dem ursprünglichen Feldnamen überein, erfolgt auch hier eine Anpassung in den betroffenen Layouts.

Die zweite Möglichkeit zur Definition von Feldern ist ein Dialog, den Sie über *Ablage/Datei | Verwalten | Datenbank* oder deutlich kürzer mit der Tastenkombination ⌘-D/ctrl-D aufrufen. Bis *FileMaker* 10 war dies die einzige Stelle, an der Sie Felder definieren konnten. Diese Methode bietet vor allem Vorteile, wenn eine Datenbank mehrere Tabellen enthält und Änderungen nicht nur an einer Tabelle anstehen. Wenn Sie länger mit *FileMaker* gearbeitet haben, wird dies wahrscheinlich Ihre bevorzugte Methode sein, Felder zu definieren. Um bei der Erstellung neuer Datenbanken gleich in diesem Dialog zu landen, müssen Sie einfach in den *Einstellungen* den Haken bei *Erstellen von Dateien mit »Datenbank verwalten« ermöglichen* setzen.

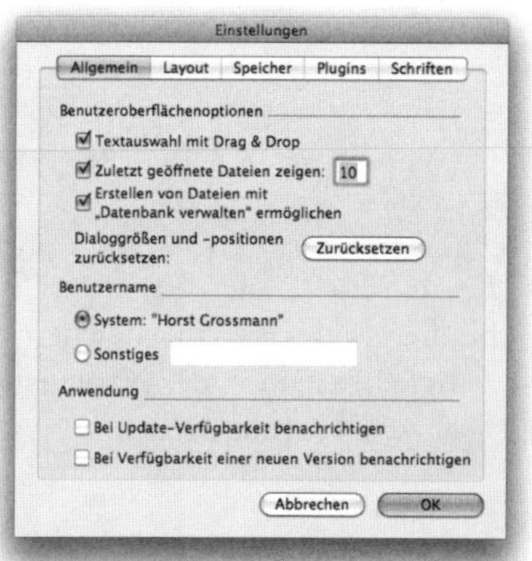

Der Dialog »Datenbank verwalten« als Standard für eine neue Datenbank einstellen.

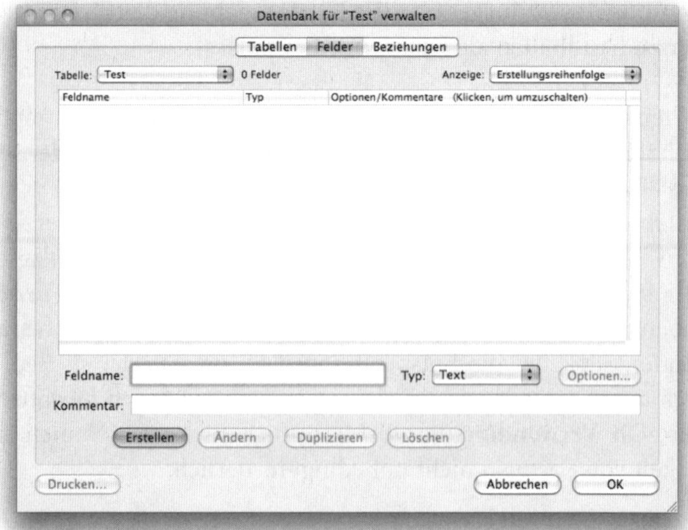

Das Register »Felder« von Dialog »Datenbank verwalten«.

Im Dialog ist zu erkennen, dass für die automatisch angelegte Tabelle kein einziges Feld definiert ist. Somit muss es sich bei der ersten Spalte in der Tabellenansicht um einen Platzhalter handeln.

Der Dialog »Datenbank mit zwei Feldern«.

Haben Sie dagegen für den Platzhalter der ersten Spalte einen Namen eingetippt und anschließend auf das Plus-Zeichen rechts daneben geklickt, so wird das erzeugte Textfeld in der Namensliste des Dialogfensters auch aufgeführt – es ist also real existent.

Ein weiterer Vorteil des *Verwalten*-Dialogs besteht darin, auch Kommentare zu Feldnamen eingeben zu können. Klicken Sie also auf *Nummer*, daraufhin erscheint der Name im Namensfeld im unteren Teil des Fensters. Geben Sie als Kommentar *Fortlaufende Aufgaben – Nummer«* ein. Bei der Eingabe des ersten Zeichens aktiviert sich bereits die *Ändern*-Taste. Diese betätigen Sie zum Abschluss Ihrer Eingabe.

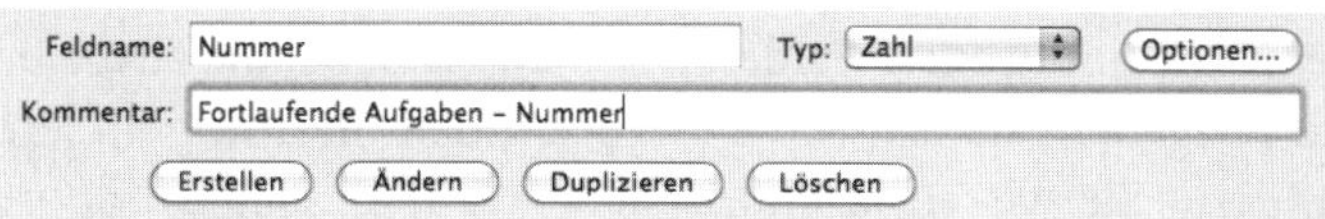

Das Ergänzen eines Kommentars.

Klicken Sie danach auf Feld *Feld*. Ändern Sie den Feldnamen in *Erzeugt_am* und wählen Sie im Einblendmenü als Typ *Zeitstempel*.

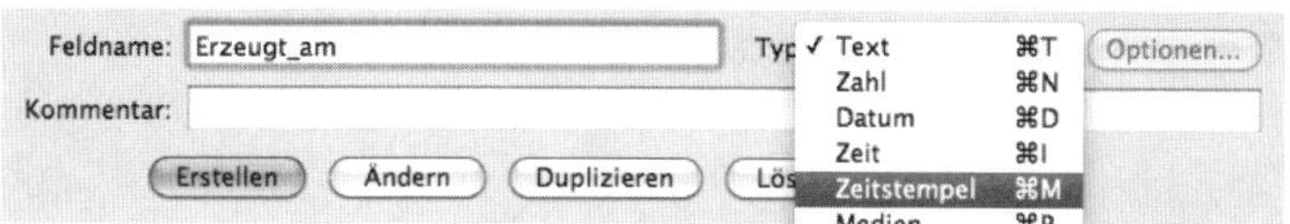

Das Ändern von Feldnamen und Typ.

Klicken Sie wieder auf *Ändern*. Bei Änderungen von Feldtypen zeigt *FileMaker* in der Regel einen Hinweis, welche Gefahren damit verbunden sind. Die Datenbank ist noch vollkommen leer, Schaden kann somit nicht entstehen. Klicken Sie also bedenkenlos auf *OK*.

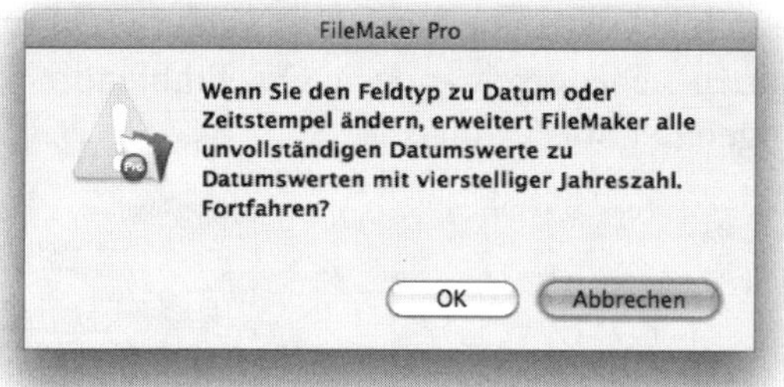

Der Hinweis bei Änderung des Feldtyps.

Der Name und – falls vorhanden – der Kommentar des zuletzt definierten oder geänderten Feldes bleiben angezeigt. Sie können für die Definition eines weiteren Feldes den Namen einfach überschreiben. Sie sollten allerdings darauf achten, die Taste *Erstellen* zu benutzen und nicht versehentlich *Ändern* zu betätigen.

Wenn Sie ähnliche Namen verwenden, klicken Sie einfach auf ein bereits definiertes Feld in der Namensliste, modifizieren Sie den Namen und betätigen Sie zum Abschluß *Erstellen*. Sie können auch mit der *Return*-

Taste arbeiten, das geht deutlich schneller. Achten Sie auch hier darauf, ob als Standard-Eingabetaste *Erstellen* oder *Ändern* markiert ist. Alternativ können Sie einfach mit Hilfe der Taste *Duplizieren* eine Kopie des Feldes anlegen. *FileMaker* fügt dem Namen des »Originals« einfach die Zeichenkette *Kopie* am Ende des Namens hinzu. Modifizieren Sie auch hier den Namen und betätigen Sie die *Ändern*-Taste.

Definieren Sie nun weitere Felder. Nehmen Sie dabei die zuvor im Buch erstellte Aufgabenliste als Vorlage. Verwenden Sie ruhig andere Feldnamen, denn Sie wissen ja inzwischen, wie man Daten-Importe sehr einfach gestalten kann. Die Einstellung des Feldtyps kann übrigens über Tastenkombinationen wesentlich schneller als mit dem Einblendmenü vorgenommen werden.

Der Wechsel des Feldtyps mittels Tastaturkürzel.

⌘ – T	Ctrl – T	Text
⌘ – N	Ctrl – N	Zahl
⌘ – D	Ctrl – D	Datum
⌘ – I	Ctrl – I	Zeit
⌘ – M	Ctrl – M	Zeitstempel
⌘ – R	Ctrl – R	Medien
⌘ – L	Ctrl – L	Formel
⌘ – S	Ctrl – S	Statistik

Kümmern Sie sich bei der Erstellung Ihrer Felder nicht um die Reihenfolge – Sie können sie jederzeit ändern. Das Einblendmenü *Anzeige* erlaubt Änderungen der Sortierfolge.

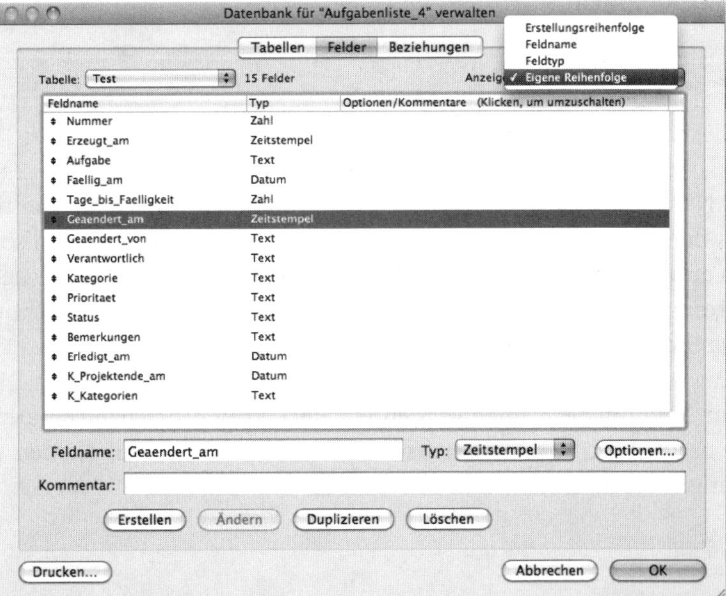

Die Feldefinitionen von Aufgabenliste.

Wenn Sie ein Feld an eine andere Stelle platzieren möchten, klicken Sie einfach mit der Maus auf die entsprechende Zeile und ziehen Sie das Feld an die gewünschte Stelle. Die Anzeige springt dann automatisch auf *Eigene Reihenfolge.*

Bezüglich der Namensgebung von Feldern existieren diverse Konventionen, die vor allem professionelle Datenbank-Entwickler anwenden. Einige dieser Regeln können sich durchaus auch bei der Entwicklung kleinerer Datenbanken als nützlich erweisen, deshalb seien sie hier kurz erwähnt.

Insbesondere bei einer größeren Anzahl von Feldern kann es sinnvoll sein, den Typ durch einen Zusatz im Namen zu kennzeichnen. So bezeichnet etwa

Nummer_n	ein Zahlenfeld
Bemerkungen_t	ein Textfeld
Tage_bis_faellig_c	eine Formel
Erledigt_am_d	ein Datum
Erstellt_am_ts	ein Zeitstempel

Weiterhin gibt es Felder, in denen lediglich Statusinformationen, Zwischenergebnisse oder ähnliches abgelegt sind. Diese Entwicklerfelder sollten mit dem Buchstaben »z« und einem Unterstrich beginnen, damit sie ganz unten in der Namensliste erscheinen.

Feldoptionen

Wie bereits erwähnt ist es oberstes Gebot, Arbeit so weit wie möglich vom Rechner erledigen zu lassen. Natürlich bleibt Ihnen nichts anderes übrig, als Ihre Informationen selbst in Ihre Datenbank einzugeben. *FileMaker* kann aber dabei helfen, zumindest einige Felder selbst mit Inhalten zu befüllen oder eingegebene Informationen zu überprüfen. Dies ist für alle Feldtypen außer Statistikfeldern möglich. Sie müssen solche Feldoptionen nicht unmittelbar bei der Definition von Feldern festlegen, sondern können sie nachträglich hinzufügen, ändern oder auch wieder entfernen. Allerdings aktualisiert *FileMaker* bei der Änderung einer oder mehrerer Optionen nachträglich keine vorhandenen Feldinhalte. Unter Umständen müssen Sie selbst entsprechende Datensätze suchen und die Daten, falls erforderlich, ändern.

Automatische Eingabe von Werten

Es ist nicht einzusehen, warum Sie bei der Aufgabenliste den Erstellungszeitpunk einer Aufgabe selbst eintragen sollten. Öffnen Sie deshalb das Dialogfenster *Datenbank verwalten*. Markieren Sie *Erzeugt_am* und klicken Sie auf die Taste *Optionen*.

Das auftauchende Dialogfenster haben Sie noch schneller auf dem Bildschirm, wenn Sie auf den Feldnamen doppelklicken.

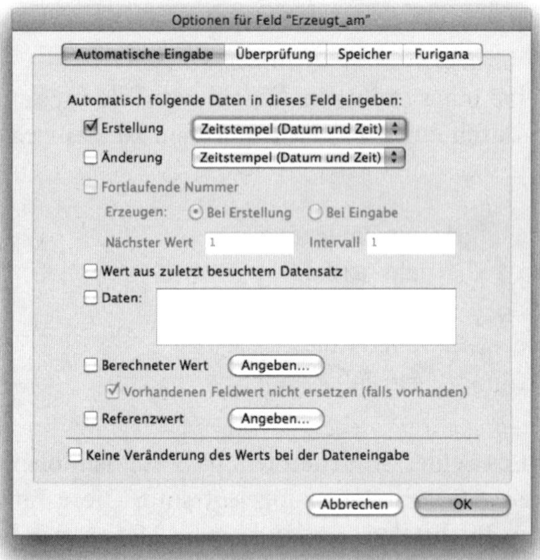

Das Dialogfenster für Feldoptionen.

Das Register *Automatische Eingabe* sollte aktiviert sein. Setzen Sie den Haken bei *Erstellung* und klicken Sie auf *OK*. Verfahren Sie analog mit dem Feld *Geändert am*, nur setzen Sie hier den Haken bei *Änderung*. Damit aktualisiert sich der Inhalt von *Geändert am*, wann immer eine Änderung in einem beliebigen Feld des zugehörigen Datensatzes vorgenommen wird.

Auch die Eingabe einer fortlaufenden Nummer lassen Sie sinnvollerweise von *FileMaker* erledigen. Das spart nicht nur Arbeit, er verzählt sich in der Regel auch deutlich seltener als Sie und ich zusammen. Gehen Sie also analog vor und kreuzen Sie hier *fortlaufende Nummer* an. Ansonsten lässt sich die Zahl für den nächsten Wert und das Werteintervall jederzeit ändern. Sie können also ohne weiteres eine Excel-Tabelle mit Aufgaben importieren und anschließend den nächsten Wert entsprechend der neuen Anzahl von Datensätzen aktualisieren.

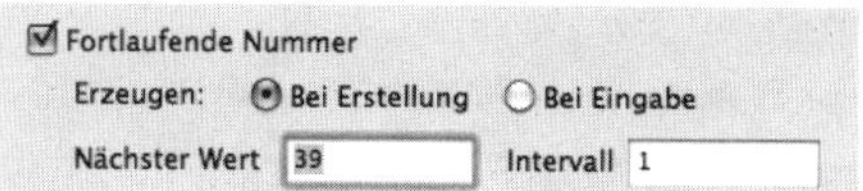

Die Definition einer fortlaufenden Zahlenfolge.

Für den Fall, dass nicht nur Sie mit der Aufgabenliste arbeiten, sondern auch Kollegen Datensätze ändern können, wäre es sinnvoll, das Feld *Geaendert_von* automatisch durch den jeweiligen Kontennamen des Kollegen auszufüllen. Dazu müssen aber erst Konten eingerichtet sein. Wie das geht, erfahren Sie in einem späteren Abschnitt.

Automatische Überprüfung von Eingabedaten

Für jede Aufgabe in Ihrer Liste ist ein Termin einzugeben. Grundsätzlich lässt sich kaum automatisch überprüfen, ob das eingegebene Datum Sinn macht oder nicht. Wenn das eingetragene Datum allerdings das Projektende überschreitet, ist davon auszugehen, dass hier wohl ein Irrtum oder ein Tippfehler vorliegt. Eine informelle Mitteilung über die Diskrepanz kann Irritationen frühzeitig vorbeugen.

Klicken Sie im Options-Dialog von *Faellig_am* auf Register *Überprüfung*. Entfernen Sie als Erstes den Haken bei *Benutzer darf Überprüfung bei der Dateneingabe umgehen*. Setzen Sie weiterhin den Haken bei *im Bereich von:* und tragen Sie Anfangs- und Enddatum des Projektes ein. Sie müssen beide Werte angeben, ansonsten »vergisst« *FileMaker* Ihre Angaben, und zwar ohne Sie zu warnen. Tragen Sie also beispielsweise das aktuelle Datum als Startwert ein, auch wenn es Ihnen ausschließlich auf die Überprüfung des Enddatums ankommt. Machen Sie es dann besser als *FileMaker* und spendieren Sie Ihren Kollegen eine aussagekräftige Mitteilung, wenn ein eingegebenes Datum hinter dem Projektende liegt.

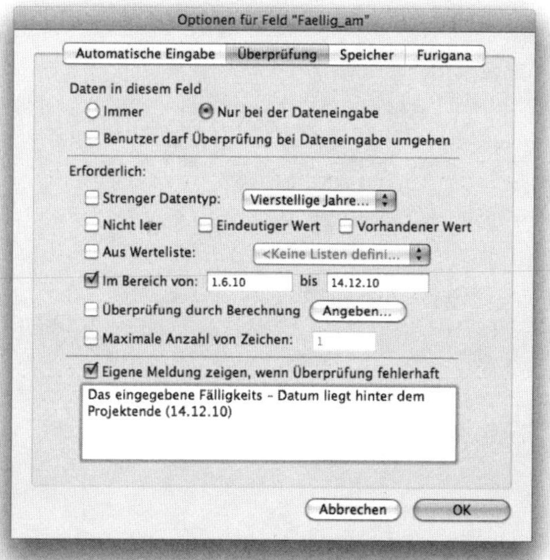

Die Überprüfung von Eingaben.

Die Meldung bei nicht sinnvollem Eingabewert.

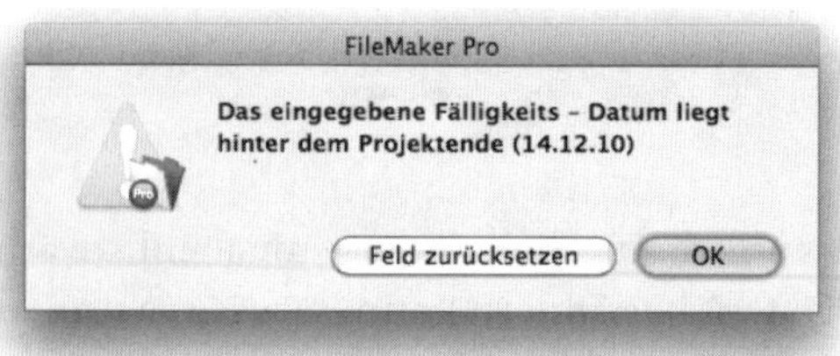

Speicheroptionen

Felder enthalten Eigenschaften von Objekten, wobei jedes Objekt durch einen Datensatz repräsentiert ist. Nun existieren in der realen Welt Eigenschaften, die durch einen einzigen Wert charakterisiert sind. Die Mehrwertsteuer beispielsweise ist – von mehr oder weniger häufigen Erhöhungen abgesehen – immer gleich. Auch das Datum für das Projektende in unserer Aufgabenliste ist unabhängig von einem spezifischen Datensatz.

Für solche Fälle bietet *FileMaker* die Möglichkeit der globalen Speicherung. Die Felder, für die diese Option aktiviert ist, bezeichnet man als *Variablenfelder*. Sie enthalten genau einen Wert, der allen Datensätze einer Tabelle gemeinsam ist.

Um diese Option für *K_Projektende* zu aktivieren, doppelklicken Sie auf die entsprechende Zeile in der Namensliste und wählen Sie das Register *Speicher*. Setzen Sie den Haken bei *Globale Speicherung verwenden.*

Die Aktivierung der globalen Speicherung.

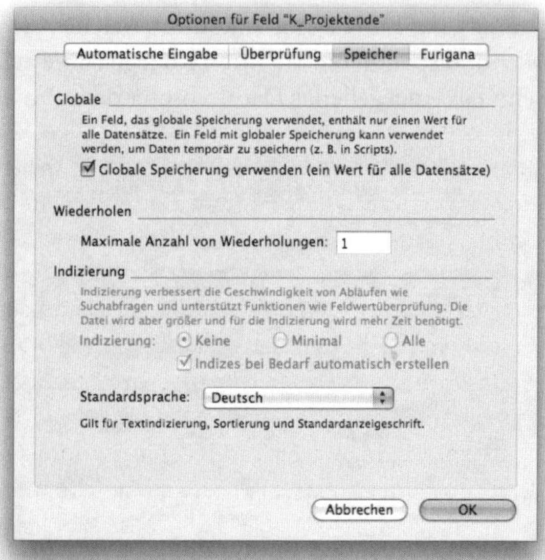

Auch hier erhalten Sie einen Hinweis auf mögliche Konsequenzen Ihres Handelns. Verfahren Sie analog für das Feld *Kategorien*.

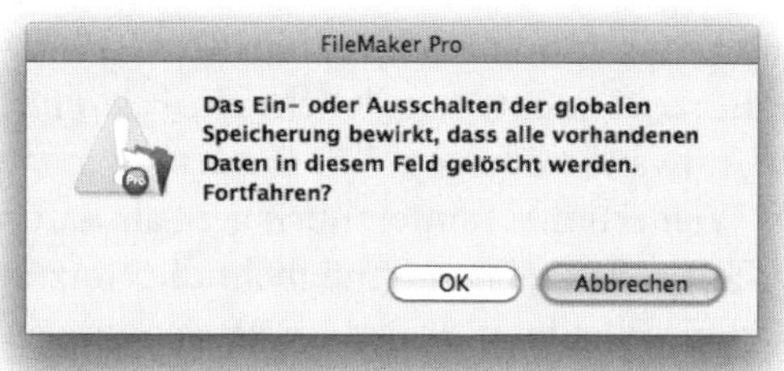

Der Warnhinweis beim Aktivieren der globalen Speicherung.

Wir kommen nun zu einem der delikatesten Themen in diesem Buch, nämlich zu den *Wiederholfeldern*. Sie können, abgesehen vom Feldtyp *Statistik*, jedes Feld und jede Variable als *Wiederholfeld* definieren. Dies ermöglicht die Speicherung mehrerer Werte des gleichen Typs in einem Feld. Die gewünschte Anzahl an Feldelementen legen Sie im Register *Speicher* von *Feldoptionen* fest.

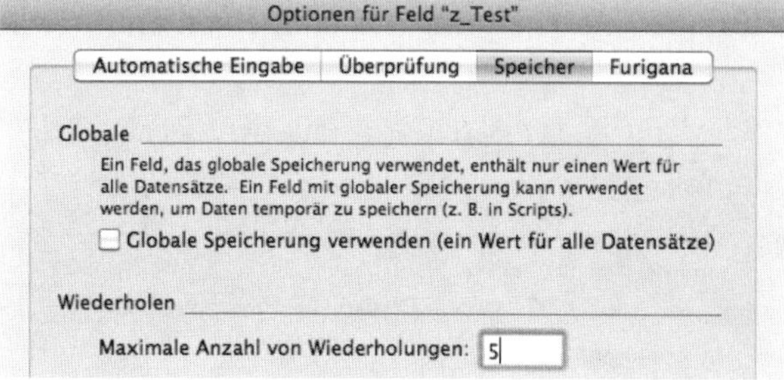

Die Definition von Wiederholfeldern.

Die Frage, ob man solche Felder überhaupt verwenden soll, hat nichts mit persönlichen Vorlieben oder Einstellungen zu tun. Sie ist von grundsätzlicher Art und annähernd vergleichbar mit dem Glaubenskrieg, ob nun Mac OS X oder Windows das bessere Betriebssystem ist.

Tatsache ist, *Wiederholfelder* gibt es in *FileMaker* schon sehr lange. Sie boten, bevor *FileMaker* zu Beziehungen fähig war (also bis Version 2), die einzige Möglichkeit, mehrere gleichartige Informationen zu einem Objekt in einem Datensatz unterzubringen. Sie dienten beispielsweise dazu, mehrere Ansprechpartner einer Firma zusammen mit ihren jeweiligen Telefonnummern einem Datensatz zuzuordnen.

Seit *FileMaker* 3 ermöglicht die Verwendung von Beziehungen eine wesentlich elegantere und effizientere Strukturierung eines solchen und ähnlicher Probleme. *Wiederholfelder* deswegen zu verdammen und von ihrer Verwendung grundsätzlich abzuraten, halte ich für überzogen. Sie sind auch im programmier-technischen Sinne *Felder* (*Arrays*). Den Zugriff auf die Einzelelemente ermöglicht ein *Feldindex*. Zudem kann es weit weniger Aufwand bedeuten, Konstanten oder Zwischenwerte in einem globalen Wiederholfeld unterzubringen, als dafür extra eine Beziehung einzurichten. Schließlich ermöglicht die Nutzung von Wiederholfeldern als Schlüsselfelder interessante Anwendungen.

Feldindizes (nicht zu verwechseln mit dem Index von Wiederholfeldern) sind geordnete, von *FileMaker* automatisch erzeugte und verwaltete Listen und enthalten alle in einem Feld vorkommenden Werte. Bei mehrfachem Auftreten eines Wertes erscheint dieser aber nur einmal im Index. Die Verwendung von Indizes kann Such- und Sortiervorgänge deutlich beschleunigen, erhöht aber auch die Dateigröße. Als Standard ist in *FileMaker* die Indizierung ausgeschaltet mit der Option, sie bei Bedarf automatisch zu erstellen (Register *Speicher* von *Feldoptionen*). Indizes lassen sich für alle Feldtypen mit Ausnahme von *Statistik* und *Medien* definieren.

Die Festlegung der Feldindizierung.

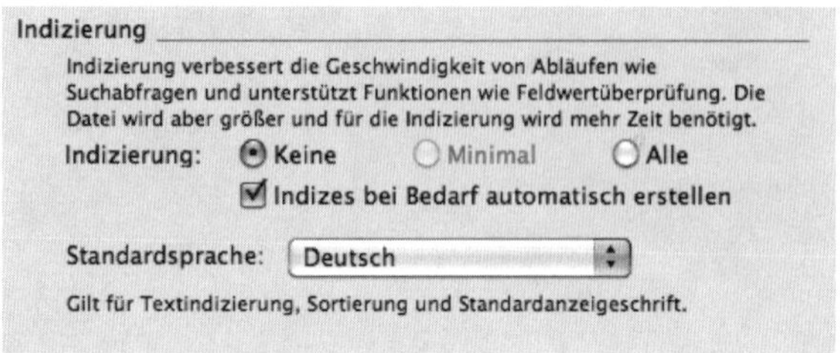

Für unsere kleine Aufgabenliste brauchen Sie sich über Indizierung keine Gedanken zu machen. Hier werden Sie kaum die Auswirkungen von ein- oder abgeschalteten Indizes merken. Interessant wird dies bei komplexeren Datenbanken mit umfangreichen Datenbeständen.

Formelfelder

Formeln nutzen Sie in *FileMaker* an vielen Stellen, um einen Wert entsprechend einer definierten Vorschrift aus anderen Werten zu ermitteln oder anhand anderer Informationen zu überprüfen. Es gibt mehrere Dialoge, in denen Sie solche Rechenvorschriften eingeben können. Sie haben dies bereits bei der automatische Eingabe und der Überprüfung von Feldwerten kennen gelernt, wir haben dabei lediglich noch keine Formeln, sondern nur statische Werte benutzt.

Am häufigsten erfolgt die Verwendung von Formeln bei der Definition von Feldern. Betrachten wir dies in unserer Aufgabenliste. Sie möchten zu jeder Aufgabe wissen, wie viele Tage bis zu ihrer geplanten Fertigstellung noch zu Verfügung stehen. Dazu müssen Sie lediglich die Differenz zwischen aktuellem Datum und dem eingegebenen Fertigstellungstermin bilden.

Öffnen Sie den Dialog *Datenbanken verwalten*. Definieren Sie ein neues Feld *Tage_bis_Faelligkeit* vom Typ *Formel*. Oder, falls dieses Feld bereits als Zahlenfeld existiert, ändern Sie seinen Typ in *Formel*. Nach Betätigung der Taste *Erstellen* bzw. *Ändern* (im letzteren Fall nach dem üblichen Warn-Hinweis) erscheint der Dialog *Formel angeben*. Wir bezeichnen diesen Dialog im Folgenden kurz als *Formeleditor*.

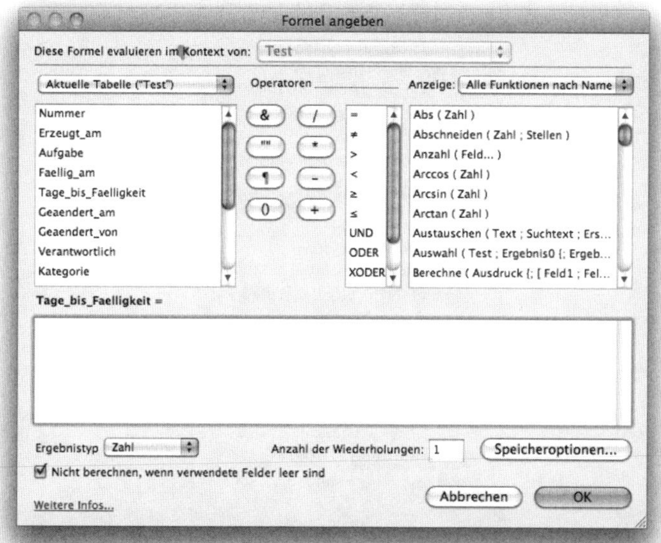

Der Dialog »Formel angeben« (Formeleditor).

Jede Rechenvorschrift besteht aus einer Kombination von Feldern, Funktionen, Operatoren oder Konstanten. Der *Formeleditor* bietet einfachen

Zugriff auf alle genannten Elemente. Im linken oberen Teil erkennen Sie die Namen der von Ihnen definierten Felder. In der Mitte finden Sie Symbole für diverse Operatoren. Der rechte obere Teil enthält eine Liste sämtlicher in *FileMaker* verfügbarer Funktionen. Das sind vordefinierte, benannte Formeln, die spezielle Berechnungen durchführen und ein Ergebnis zurückliefern. Die Gesamtheit aller Funktionen nennen wir *Funktionsbibliothek*. Sie lässt sich in verschiedene Funktionsklassen wie *Textfunktionen*, *logische Funktionen* oder *Statusfunktionen* untergliedern.

Das größere Feld in der Mitte des Dialogs – das *Formeleingabefeld* – dient zur Aufnahme der eigentlichen Rechenvorschrift. Im unteren Teil können Sie diverse Optionen wie beispielsweise den *Ergebnistyp* festlegen.

Für unser Beispiel müssen Sie wissen, wie sich das aktuelle Datum ermitteln lässt. Dies leistet eine *Bibliotheksfunktion*, genauer gesagt die Statusfunktion *Hole (SystemDatum)*. Diese finden Sie leichter, wenn Sie die Anzeige im Einblendmenü auf *Statusfunktionen* umstellen und damit die Zahl der angezeigten Funktionen deutlich reduzieren.

Die Funktionsklassen in »FileMaker«.

Die Anzeige einer Funktionsklasse.

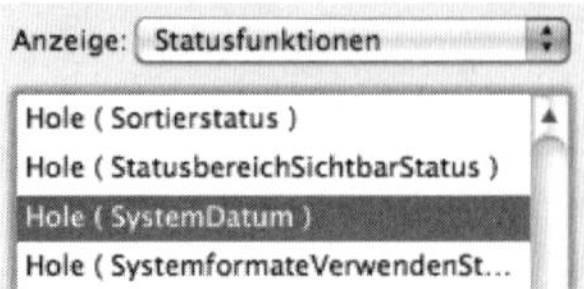

Ein Doppelklick auf den Funktionsnamen bewirkt, dass dieser als Text in das Formeleingabefeld eingefügt wird. Klicken Sie anschließend auf die Taste mit dem Minus-Zeichen und bringen Sie zum Schluss den Feldnamen *Faellig_am* mittels Doppelklick ebenfalls in das Formeleingabefeld.

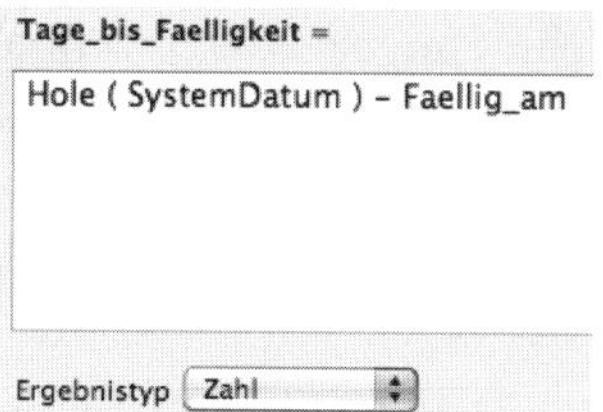

Rechenvorschrift für Formelfeld »Tage bis Fälligkeit«.

Wir erinnern uns: *FileMaker* speichert intern alle Datumswerte als Zahlen ab. Deshalb können wir die Tage bis zum Fälligkeitstermin durch eine einfache Subtraktion zweier Datumswerte ermitteln. Möchten Sie ganz korrekt sein, müssen Sie die Datumswerte zuerst in Zahlen umwandeln.

Nach erfolgter Definition eines oder mehrerer Formelfelder sollten Sie sich als allererstes die damit berechneten Werte ansehen. Falls Ihre Datenbank noch leer sein sollte, geben Sie einfach einige Datumswerte in die entsprechenden Felder ein. Sie werden feststellen, dass das Ergebnis immer negativ ist. Das ist eigentlich klar, denn das aktuelle Datum sollte doch wohl vor dem Fälligkeitsdatum liegen. Also ändern und ergänzen wir die eingegebene Formel. Wir rufen also wieder den *Formeleditor* auf.

Den Formeleditor rufen Sie am schnellsten über die Tastenkombination ⇧-⌘-D/⇧-ctrl-D auf.

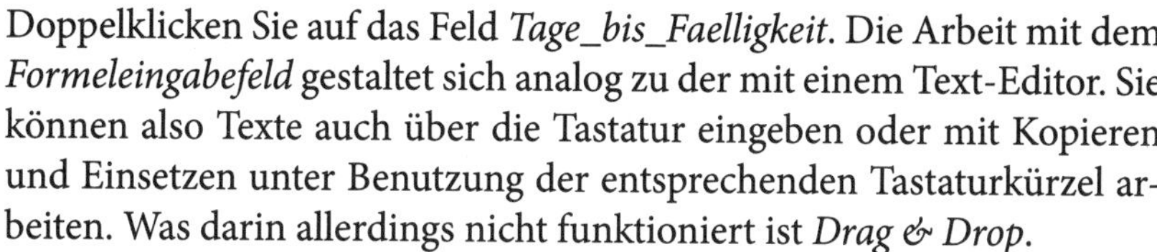

Doppelklicken Sie auf das Feld *Tage_bis_Faelligkeit*. Die Arbeit mit dem *Formeleingabefeld* gestaltet sich analog zu der mit einem Text-Editor. Sie können also Texte auch über die Tastatur eingeben oder mit Kopieren und Einsetzen unter Benutzung der entsprechenden Tastaturkürzel arbeiten. Was darin allerdings nicht funktioniert ist *Drag & Drop*.

Markieren Sie *Hole (SystemDatum)*, schneiden Sie es aus und löschen Sie das Minus-Zeichen und die beiden Leerzeichen. Fügen Sie *Hole (SystemDatum)* am Anfang wieder ein und tippen Sie zum Schluss das Minuszeichen – zur besseren Übersicht umrahmt von zwei Leerzeichen – wieder ein.

Jetzt wollen wir die Formel noch auf Korrektheit ergänzen, und dazu benötigen wir die Funktion *LiesAlsZahl*. Diese können Sie entweder manuell eingeben oder sich aus der Funktionsliste per Doppelklick einsetzen lassen. Die Anzeige der Funktionsliste steht bei jedem Aufruf des *Formeleditors* immer wieder auf *Alle Funktionen nach Name*.

Markieren Sie eine beliebige angezeigte Funktion und tippen Sie schnell einige Anfangsbuchstaben des gewünschten Funktionsnamens ein, in diesem Falle also beispielsweise »lie«. Die Anzeige springt daraufhin auf die erste Funktion, deren Namen mit den eingetippten Zeichen beginnt und damit in die Nähe der gesuchten Funktion.

Achten Sie darauf, dass der Cursor im Eingabefeld immer am Ende der Formel positioniert ist. Ist dies nicht der Fall, trägt der Formeleditor den Funktionsnamen nach dem Doppelklick mitten in den Formeltext ein.

Mit Kopieren, Ausschneiden, Einsetzen und mit der Eingabe schließender Klammern bringen Sie die Formel in ihre endgültige korrekte Form.

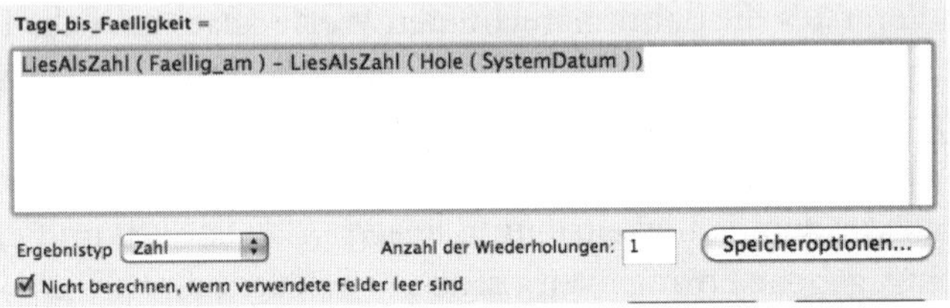

Die korrigierte Rechenvorschrift für das Formelfeld »Tage bis Fälligkeit«.

Sie können sich zu Testzwecken zwei neue Formelfelder vom Typ *Zahl* definieren und sich anzeigen lassen, mit denen Sie die beiden Datumsfelder in Zahlen umwandeln. Beachten Sie auch, dass die ermittelten Tage gemäß der Differenz der eingegebenen Formel nicht nur Arbeitstage, sondern auch Samstage, Sonntage und eventuell auch Feiertage beinhalten.

Denken Sie insbesondere daran, dass unmittelbar nach dem Aufruf des Formeleditors die gesamte Formel markiert ist. Im Falle zu großer Schnelligkeit beim anschließenden Eintippen kann es vorkommen, dass Sie den bestehenden Inhalt unbeabsichtigt löschen.

Sie können dies zwar mit ⌘-Z/ctrl-Z widerrufen oder über die Taste *Abbrechen* sämtliche Änderungen verwerfen. Wenn Sie aber auch mit dem Betätigen der *OK*-Taste zu schnell sind, müssen Sie versuchen, die Formel aus dem Gedächtnis zu rekonstruieren. Als nützlich kann sich in einem solchen Fall auch erweisen, wenn Sie ab und an eine Sicherungskopie Ihre Datenbank anfertigen.

Sie sehen, die Verwendung von Formelfeldern gestaltet sich in *FileMaker* im Prinzip recht einfach. Allerdings fehlt dem *Formeleditor* jegliche Möglichkeit, Ausdrücke mit Zwischenschritten zeilenorientiert definieren zu können. Komplexere Rechenvorschriften werden dadurch schnell unübersichtlich. Böse Zungen verleitet dies zur Behauptung, *Assembler* sei auch nicht viel schlechter les- und schreibbar.

Es liegt aber auch in Ihrer Hand, für ein gewisses Mindestmaß an Übersichtlichkeit selbst zu sorgen. Arbeiten Sie insbesondere mit Leerzeichen zwischen Feldnamen und Operatoren und platzieren Sie, wann immer möglich, logisch zusammengehörende Ausdrücke in eine Zeile. Nehmen wir als Beispiel die »Wenn«-Abfrage, die Sie sicher häufig nutzen müssen. Ihre allgemeine Form lautet:

```
Wenn(Bedingung; ErgebnisWennWahr; ErgebnisWennFalsch)
```

Sie geben also eine Bedingung und zwei mögliche Ausdrücke für das Ergebnis an. Trifft die Bedingung zu, erhalten Sie *ErgebnisWennWahr* als Rückgabewert, im anderen Falle *ErgebnisWennFalsch*. Bei längeren Bedingungen oder Ausdrücken verlieren Sie schnell die Übersicht, wenn Sie der Formel nicht mittels Zeilenschaltungen eine lesbarere Struktur geben.

```
Kal.Mittwoche.rechn =
Wenn(MonatZahl(Kal.Dat.Start + 2 + 7 * (Hole(DatensatzPositionInErgebnismenge) - 1) )
= Kal.aktMon;Kal.Dat.Start + 2 + 7 * (Hole(DatensatzPositionInErgebnismenge) - 1);"")
```

Eine nicht ganz übersichtliche Formel.

```
Wenn(
	MonatZahl(Kal.Dat.Start + 2 + 7 * (Hole(DatensatzPositionInErgebnismenge) - 1) ) = Kal.aktMon;
		Kal.Dat.Start + 2 + 7 * (Hole(DatensatzPositionInErgebnismenge) - 1);
		""
	)
```

Strukturierte Formel und damit deutlich übersichtlicher.

Das oben gezeigte Beispiel ist noch ein harmloser Fall. Als Ausdruck in der *Wenn-Funktion* kann wiederum eine weitere *Wenn-Funktion* Verwendung finden. Da kann es ganz schnell richtig unübersichtlich werden, wenn Sie die einzelnen Elemente nicht vernünftig strukturiert eingeben.

Kommentare sind der Übersichtlichkeit keineswegs abträglich.

Hier lehnt sich *FileMaker* an die Konvention der Programmiersprachen C und C++ an. Zwei Schrägstriche (//) kennzeichnen den Beginn eines Kommentars, er reicht bis zum Zeilenende. Alternativ können Sie einen Kommentar mit der Zeichenfolge »/*« starten – Sie müssen ihn dann mit »*/« beschließen.

Tabellen und Beziehungen

Wann immer Sie eine neue Datenbank anlegen, fragt Sie *FileMaker* als Allererstes nach dem Namen, unter dem er die Datei abspeichern soll. Danach erzeugt *FileMaker* automatisch eine Tabelle und ein Layout gleichen Namens.

Nehmen wir mal an, Sie haben inzwischen Gefallen an *FileMaker* gefunden. Während Sie sich damit beschäftigt haben, hat ein Kollege die Aufgabenliste für Sie erweitert. Sie enthält jetzt weitere Felder mit zusätzlichen Angaben zu den Verantwortlichen wie Nachname, Vorname oder Telefonnummer. Viel Arbeit war das nicht, einerseits ist die Zahl der Verantwortlichen noch überschaubar, und der größte Teil der Arbeit bestand in Kopieren und Einsetzen.

Sie nennen also die erzeugte und immer noch weitestgehend leere Datenbank *Test* (*Finder/Explorer*) in *Aufgabenliste_4* um und ergänzen die Text-Felder *Nachname, Vorname, Telefon, Fax, EMail, Gebaeude* und *Raum*. Anschließend löschen Sie eventuell vorhandene Datensätze, die Sie zu Testzwecken angelegt hatten. Danach importieren Sie die erweiterte Aufgabenliste, sinnvollerweise mit der Option *Passende Namen*.

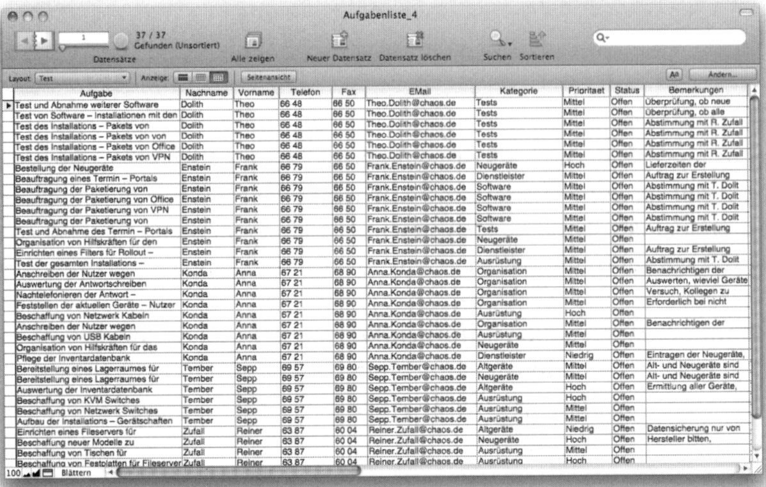

Die erweiterte Datenbank in der Tabellenansicht.

Auch ohne je etwas von Normalformen oder Normalisierungs-Prozessen gehört zu haben, wird Sie dieses Ergebnis nicht befriedigen. In der Detailansicht des von *FileMaker* erzeugten Layouts sehen Sie die am häufigsten benötigten Informationen zu den Verantwortlichen in jedem Datensatz. Sie müssen damit beispielsweise nicht mehr jedesmal in Ihr EMail-Programm wechseln, um an diese Informationen zu gelangen. Der Preis dafür ist allerdings, dass jetzt die gleiche Information mehrfach in Ihrer Tabelle vorkommt.

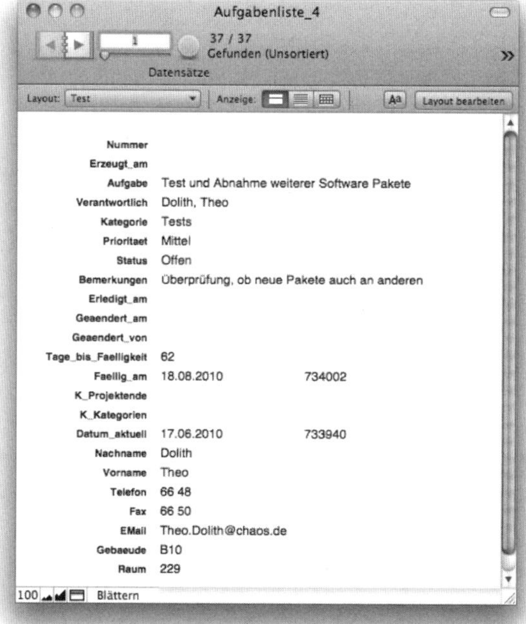

Die erweiterte Datenbank in der Detailansicht.

Herrscht in Ihrer Firma ein fröhliches Umzugs-Treiben, müssen Sie häufig Informationen wie Fax, Gebäude etc. ändern, und zwar in jedem Datensatz ihres Auftretens. Das ist nicht nur überflüssige Arbeit, zudem werden bei solchen Änderungen vermutlich einige Datensätze schlicht übersehen. Die Folge davon ist, dass Ihre Datenbank gleichzeitig sowohl aktuelle als auch veraltete Informationen enthält – dies bezeichnet man als *Dateninkonsistenz*. Bei den in der Aufgabenliste bisher angefallenen Informationsmengen mögen Sie damit leben können, bei umfangreichen Projekten mit einer Vielzahl von Mitarbeitern und Aufgaben kann dies jedoch zu Irritationen führen. Wir müssen also irgendwie erreichen, dass Informationen nur einmal in der Datenbank gespeichert sind, so dass Änderungen nur an einer einzigen Stelle erforderlich sind.

Aufteilung von Informationen auf Tabellen

Schon rein gefühlsmäßig möchten Sie die Informationen zu den Verantwortlichen in einer separaten Tabelle ablegen, weil diese einfach thematisch zusammengehören. Legen Sie als Erstes wieder eine Sicherungskopie Ihrer aktuellen Datenbank *Aufgabenliste_4* an. Wählen Sie *Ablage | Datensätze exportieren…* und geben Sie als Dateiname *Temp* ein. Stellen Sie als Typ *FileMaker Pro* ein und klicken Sie auf *Sichern*.

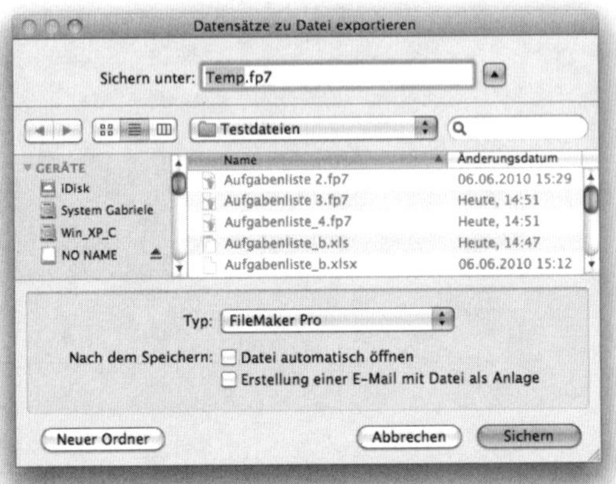

Sichern einer Export-Datei.

Im *Export*-Dialogfeld können Sie auswählen, welche Felder Sie exportieren möchten. Wie üblich lässt Ihnen *FileMaker* die Wahl zwischen einer langsamen und einer schnellen Methode. Bei der langsamen Methode markieren Sie nacheinander die zu exportierenden Felder und klicken auf die Taste *Kopieren*. Deutlich schneller vollzieht sich der ganze Prozess, wenn Sie einfach auf die zu exportierenden Felder doppelklicken. Am Ende sind alle Exportfelder im rechten Teil des Dialogs aufgelistet. Wenn Sie noch die Reihenfolge ändern möchten, klicken Sie einfach auf einen Feldnamen und ziehen ihn an die gewünschte Stelle.

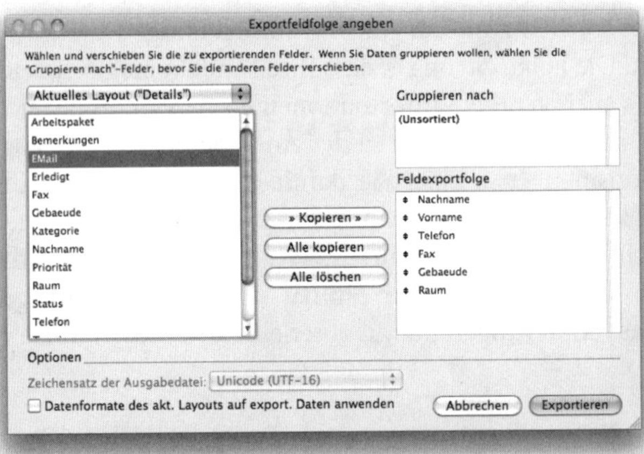

Der Export-Dialog.

Bevor wir die gerade exportierte Datei *Temp.fp7* wieder importieren, sehen wir in den Dialog *Verwalten | Datenbank* und hier in das Register *Tabellen*. Dort ist eine Tabelle mit dem Namen *Test* aufgeführt. Sie erinnern sich, genau unter diesem Namen hatten Sie diese Datenbank ursprünglich angelegt. Klicken Sie einfach auf *Abbrechen*.

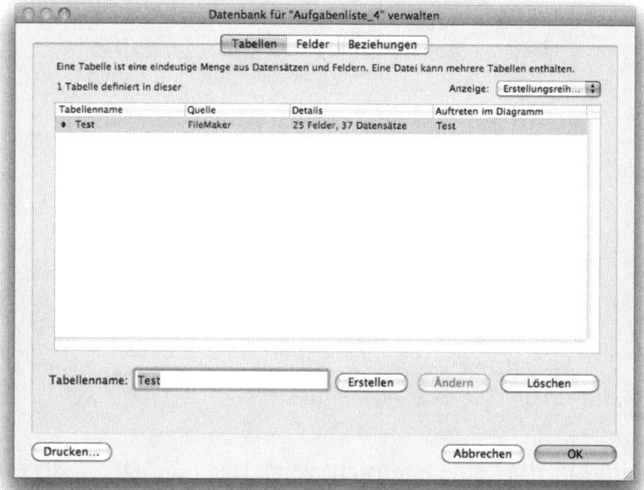

Die Liste der Tabellennamen vor dem Import.

Der Import-Vorgang ist Ihnen bereits vertraut. Wählen Sie im ersten Dialog für Anzeigen *FileMaker Pro-Dateien* und stellen Sie im nachfolgenden Dialog als Ziel *neue Tabelle* mit Namen *Temp* ein. Die Wahl von *Anzeige* spielt in diesem Fall keine Rolle.

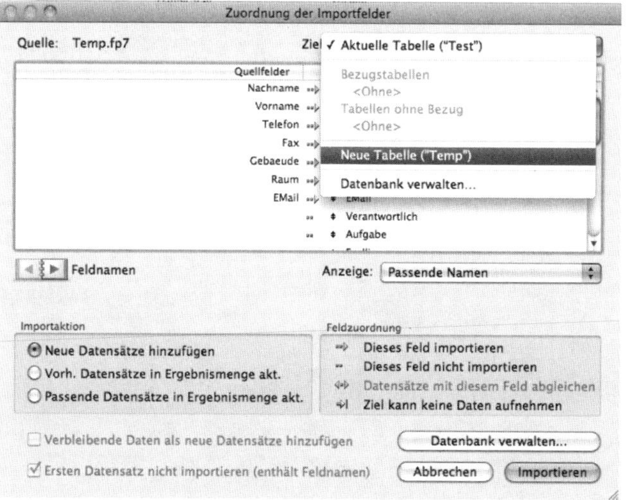

Der Import-Dialog.

Klicken Sie auf *Importieren* und bestätigen Sie danach die Importzusammenfassung. Danach wechselt *FileMaker* die Ansicht in ein neues Standard-Layout mit Namen *Temp*. Hier sehen Sie Detail-Informationen zu einem bestimmten Verantwortlichen.

Ein neues Standard-Layout nach dem Import.

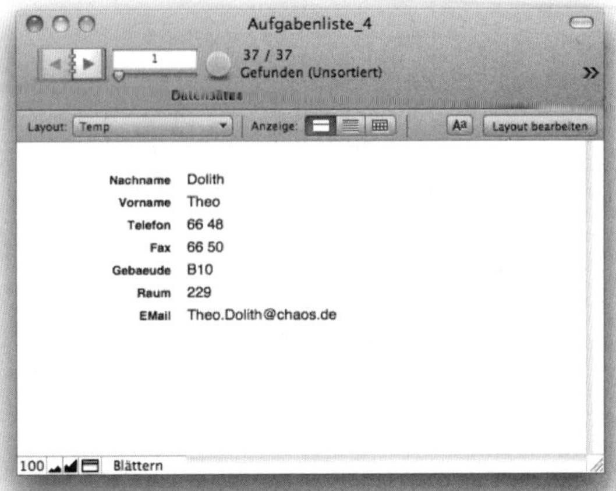

Der Wechsel in die Tabellenansicht zeigt, dass alle Datensätze mit den Informationen zu den Verantwortlichen importiert wurden, allerdings in mehrfacher Ausfertigung entsprechend ihrem Vorhandensein in der Ursprungstabelle.

Das neue Layout »Temp« in der Tabellenansicht.

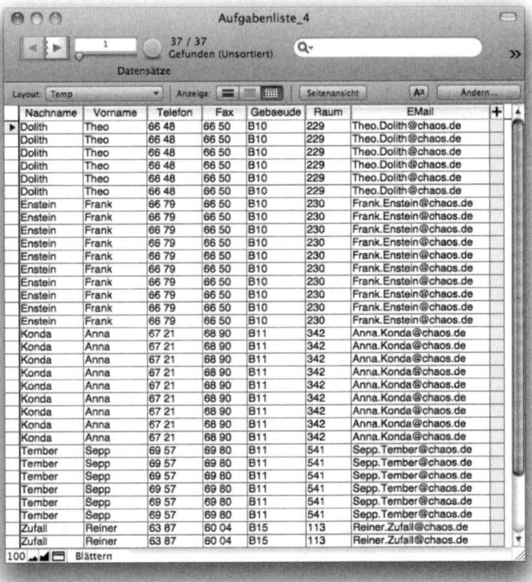

Nachname	Vorname	Telefon	Fax	Gebaeude	Raum	EMail
Dolith	Theo	66 48	66 50	B10	229	Theo.Dolith@chaos.de
Dolith	Theo	66 48	66 50	B10	229	Theo.Dolith@chaos.de
Dolith	Theo	66 48	66 50	B10	229	Theo.Dolith@chaos.de
Dolith	Theo	66 48	66 50	B10	229	Theo.Dolith@chaos.de
Dolith	Theo	66 48	66 50	B10	229	Theo.Dolith@chaos.de
Dolith	Theo	66 48	66 50	B10	229	Theo.Dolith@chaos.de
Enstein	Frank	66 79	66 50	B10	230	Frank.Enstein@chaos.de
Enstein	Frank	66 79	66 50	B10	230	Frank.Enstein@chaos.de
Enstein	Frank	66 79	66 50	B10	230	Frank.Enstein@chaos.de
Enstein	Frank	66 79	66 50	B10	230	Frank.Enstein@chaos.de
Enstein	Frank	66 79	66 50	B10	230	Frank.Enstein@chaos.de
Enstein	Frank	66 79	66 50	B10	230	Frank.Enstein@chaos.de
Enstein	Frank	66 79	66 50	B10	230	Frank.Enstein@chaos.de
Enstein	Frank	66 79	66 50	B10	230	Frank.Enstein@chaos.de
Enstein	Frank	66 79	66 50	B10	230	Frank.Enstein@chaos.de
Enstein	Frank	66 79	66 50	B10	230	Frank.Enstein@chaos.de
Konda	Anna	67 21	68 90	B11	342	Anna.Konda@chaos.de
Konda	Anna	67 21	68 90	B11	342	Anna.Konda@chaos.de
Konda	Anna	67 21	68 90	B11	342	Anna.Konda@chaos.de
Konda	Anna	67 21	68 90	B11	342	Anna.Konda@chaos.de
Konda	Anna	67 21	68 90	B11	342	Anna.Konda@chaos.de
Konda	Anna	67 21	68 90	B11	342	Anna.Konda@chaos.de
Konda	Anna	67 21	68 90	B11	342	Anna.Konda@chaos.de
Konda	Anna	67 21	68 90	B11	342	Anna.Konda@chaos.de
Konda	Anna	67 21	68 90	B11	342	Anna.Konda@chaos.de
Tember	Sepp	69 57	69 80	B11	541	Sepp.Tember@chaos.de
Tember	Sepp	69 57	69 80	B11	541	Sepp.Tember@chaos.de
Tember	Sepp	69 57	69 80	B11	541	Sepp.Tember@chaos.de
Tember	Sepp	69 57	69 80	B11	541	Sepp.Tember@chaos.de
Tember	Sepp	69 57	69 80	B11	541	Sepp.Tember@chaos.de
Tember	Sepp	69 57	69 80	B11	541	Sepp.Tember@chaos.de
Zufall	Reiner	63 87	60 04	B15	113	Reiner.Zufall@chaos.de
Zufall	Reiner	63 87	60 04	B15	113	Reiner.Zufall@chaos.de

Um zu sehen, was wir mit unseren Aktionen angerichtet haben, öffnen wir wieder den Dialog *Verwalten | Datenbank* | Register *Tabellen*. Sie sehen, in der Liste sind jetzt zwei Tabellen aufgeführt.

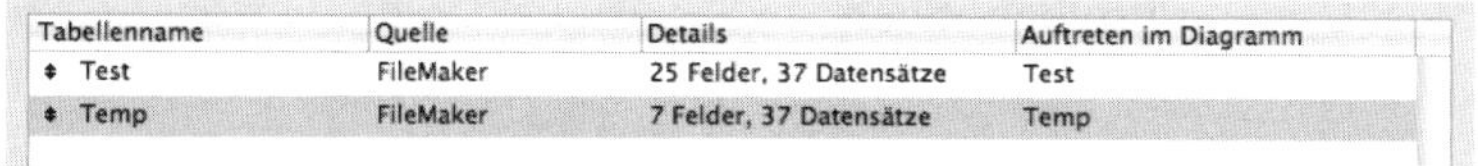

Tabellenname	Quelle	Details	Auftreten im Diagramm
Test	FileMaker	25 Felder, 37 Datensätze	Test
Temp	FileMaker	7 Felder, 37 Datensätze	Temp

Die Tabellen der Aufgabenliste nach dem Import.

Die Namen von Tabellen können Sie analog zu Namen von Feldern jederzeit problemlos ändern.

FileMaker aktualisiert automatisch deren Namen in allen Layouts oder Verweisen. Somit können Sie beruhigt beiden Tabellen aussagekräftigere Namen zuordnen. Nennen Sie also *Test* in *Aufgaben* und *Temp* in *Mitarbeiter* um. Klicken Sie auf einen Tabellennamen – er wird sofort im Namens-Eingabefeld unten links angezeigt. Wenn Sie anschließend die *Tabulator*-Taste betätigen, markieren Sie damit den gesamten Namen im Eingabefeld. Jetzt brauchen Sie ihn nur noch zu überschreiben und zum Abschluss dieser Aktion auf die *Ändern*-Taste zu klicken.

Betrachten wir wieder die Tabellenliste im Dialog *Datenbank | Verwalten*.

Tabellenname	Quelle	Details	Auftreten im Diagramm
Aufgaben	FileMaker	25 Felder, 37 Datensätze	Aufgaben
Mitarbeiter	FileMaker	7 Felder, 37 Datensätze	Mitarbeiter

Die Tabellen nach dem Import und der Umbenennung.

Die Tabellen haben jetzt aussagekräftige Namen und beide Tabellen haben die gleiche Anzahl von Datensätzen. Wenn Sie in das Register *Felder* wechseln, sehen Sie, dass alle benötigten Felder vorhanden sind.

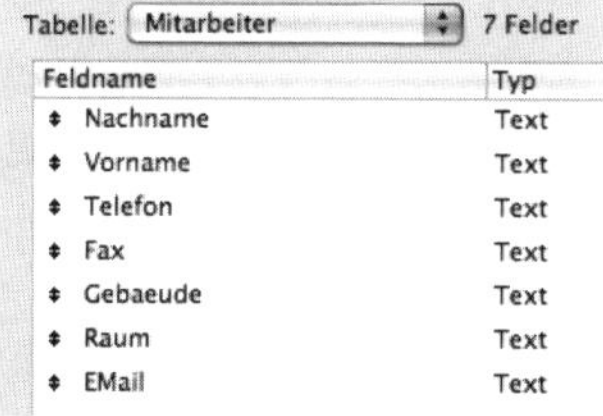

Tabelle: Mitarbeiter 7 Felder

Feldname	Typ
Nachname	Text
Vorname	Text
Telefon	Text
Fax	Text
Gebaeude	Text
Raum	Text
EMail	Text

Die Felder der Tabelle »Mitarbeiter«.

Wir haben nun die Informationen von der Aufgabenliste auf zwei Tabellen verteilt. Allerdings enthält die Tabelle *Aufgaben* nach wie vor redundante Mitarbeiter-Informationen und die Tabelle *Mitarbeiter* identische Datensätze. Bevor wir aber daran gehen, überflüssige Informationen zu löschen, wollen wir erst dafür sorgen, dass die benötigte Information von Mitarbeitern auch in der Aufgabentabelle angezeigt wird.

Definition von Beziehungen

Um in einem Layout auf Daten einer anderen als der zugeordneten Tabelle zugreifen zu können, müssen Sie zuvor *Beziehungen* einrichten. Und dazu wiederum benötigen Sie *Schlüsselfelder*, die wir jetzt einrichten. Definieren Sie in beiden Tabellen ein Zahlenfeld namens *ID_MA* und schieben Sie es in beiden Feldlisten auf die erste Position.

Ein Register im Dialog *Datenbank | Verwalten* haben wir noch nicht betrachtet: das Register *Beziehungen*. Wenn Sie auf dieses Register klicken, landen Sie im so genannten *Beziehungsdiagramm*. Hier sehen Sie die Tabellen als grau umrahmte Rechtecke repräsentiert, der Tabellenname ist im breiten oberen Rahmen eingetragen. Darunter sind die Namen sämtlicher definierter Felder aufgelistet. Klicken Sie zunächst einmal auf *OK*, um die Änderungen, also die Definition der zwei zusätzlichen Felder, abzuspeichern.

Das Beziehungsdiagramm.

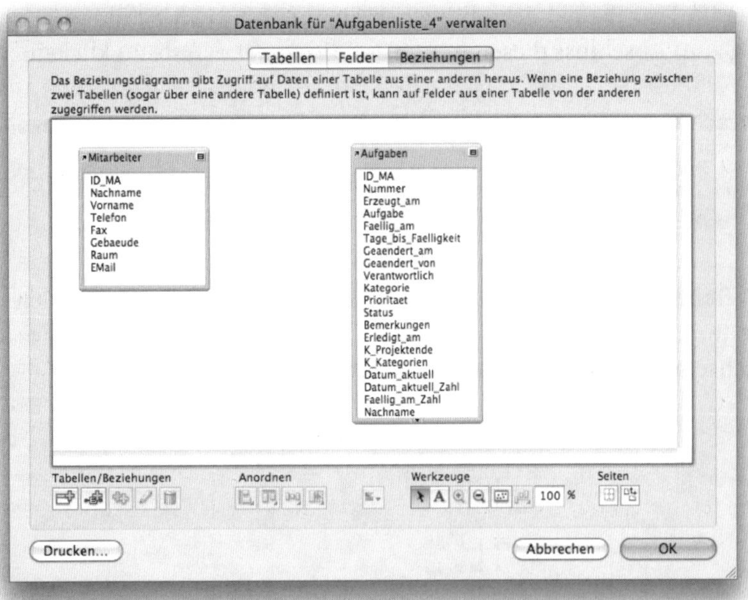

Wechsel Sie dann zum Layout *Aufgaben* und dort in den *Layout*-Modus. Markieren Sie das Feldobjekt *Nachname*, drücken Sie dann die *alt*-Taste/*ctrl*-Taste und ziehen Sie das Objekt rechts neben das Ausgangsobjekt. Hat das neue Objekt seine Zielposition erreicht, lassen Sie die Maustaste los.

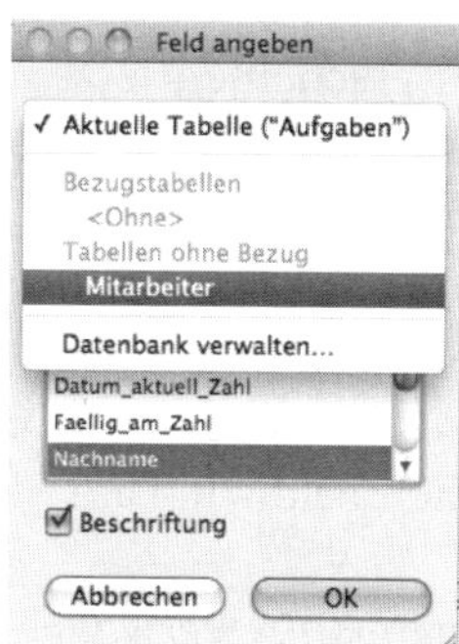

Der Dialog »Feld angeben«.

Der Dialog *Feld angeben* bietet Ihnen die Wahl zwischen Feldern der aktuellen Tabelle *Aufgaben* und denen von *Mitarbeitern*. Da zur Zeit die Felder aus *Mitarbeiter* von Interesse sind, wählen Sie diese Tabelle und dann das Feld *Nachname* aus. Halten Sie dabei im Hinterkopf, dass der Bereich *Bezugstabellen* im Klappmenü ausgegraut und als Eintrag *<Ohne>* aufgeführt ist.

Im Layout sind jetzt zwei Felder gleichen Namens nebeneinander platziert, in dem neu eingefügten Feldobjekt sind vor dem Namen zwei Doppelpunkte hinzugefügt. Dies kennzeichnet seine Herkunft aus einer anderen Tabelle.

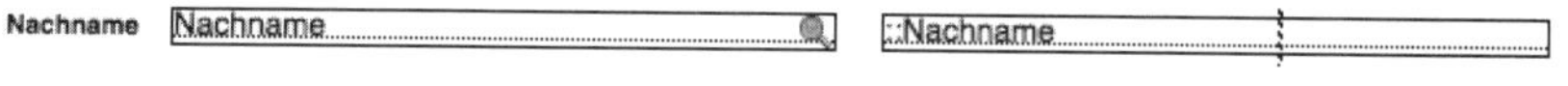

Die Felder aus zwei Tabellen in einem Layout.

Wenn Sie jetzt in den *Blättern*-Modus wechseln, sehen Sie, dass *FileMaker* mit dem eingefügten Feldobjekt überhaupt nichts anfangen kann, da das Feld leer ist. Gehen wir es also an, eine Verbindung zwischen beiden Tabellen zu schaffen. Öffnen Sie wieder den Beziehungsdialog. Klicken Sie auf den Namen *ID_MA* in *Aufgaben* und halten Sie die Maustaste gedrückt. Wenn Sie jetzt die Maus nach links in Richtung der Tabelle *Mitarbeiter* ziehen, erscheint eine Linie mit einem umrahmten Gleichheitszeichen in der Mitte. Ziehen Sie die Linie auf *ID_MA* von *Mitarbeiter* und lassen Sie die Maus los.

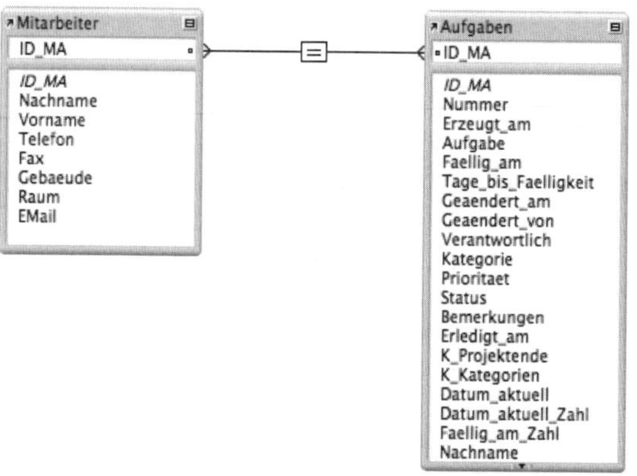

Das Beziehungsdiagramm mit der definierten Beziehung.

Die beiden Felder *ID_MA* erscheinen jetzt in beiden Tabellendarstellungen zweimal. Einmal direkt unter dem Tabellennamen und von den übrigen Feldern durch eine breite Trennlinie abgeteilt. Im unteren Teil erscheint ihr Name jetzt kursiv. Beides kennzeichnet ihre Verwendung als Abgleichfelder. Bei einem Doppelklick auf das Gleichheitszeichen in der Verbindungslinie öffnet sich der Dialog *Beziehung bearbeiten.*

Der Beziehungsdialog.

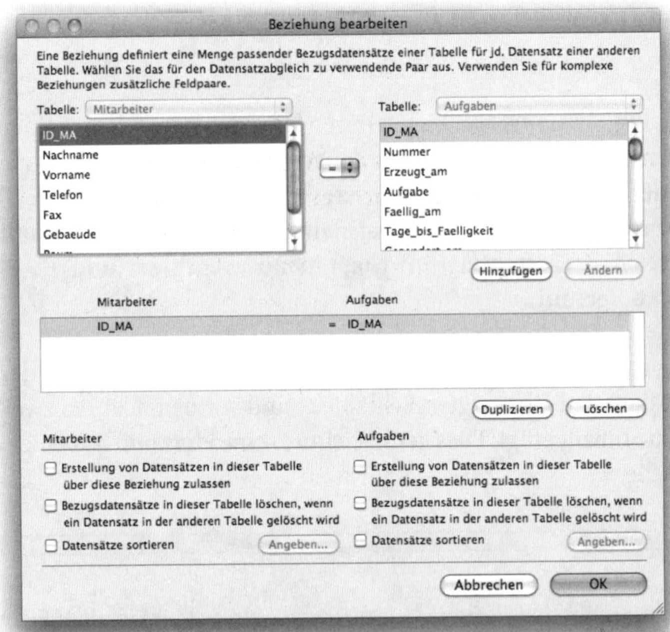

In diesem Beziehungsdialog könnten Sie jetzt noch Änderungen vornehmen und Optionen einrichten. Sie erkennen hier genau die Art der Beziehung. Sie basiert auf der Übereinstimmung von Inhalten der Felder *ID_MA* in beiden Tabellen. Klicken Sie auf *Abbrechen* und wechseln Sie in den *Layout*-Modus von *Aufgaben*. Wenn Sie für *::Nachname* den Dialog *Feld angeben* öffnen (Doppelklick), so sehen Sie im Einblendmenü, dass die *Mitarbeiter*-Tabelle jetzt in die Rubrik *Bezugstabellen* gewandert ist. Im *Blättern*-Modus bleibt Feld *::Nachname* weiterhin ohne Inhalt. Wir haben ja den Feldern *ID_MA* noch keinerlei Werte zugewiesen, insofern können auch noch keine übereinstimmenden Werte existieren.

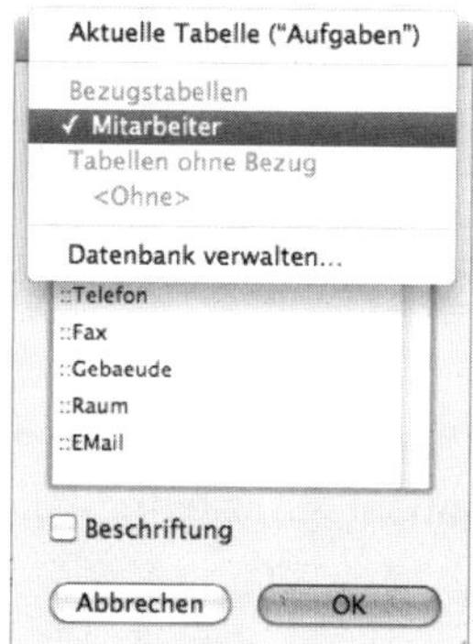

Die Anzeige nach der Definition einer Beziehung.

Fangen wir mit den Mitarbeitern an. Wechseln Sie also in dieses Layout und schalten Sie die Tabellenansicht ein. Verschieben Sie die Spalte *ID_MA* links neben *Nachname* und sortieren Sie nach diesem Feld. Ordnen sie jedem Mitarbeiter eine eindeutige Zahl zu. Am einfachsten beginnen Sie mit eins und fahren mit einer laufenden Nummerierung fort. Tragen Sie diese Zahlen aber in jeweils nur einem einzigen Datensatz eines Mitarbeiters ein.

ID_MA	Nachname	Vorname	Telefon
1	Dolith	Theo	66 48
	Dolith	Theo	66 48
	Dolith	Theo	66 48
	Dolith	Theo	66 48
	Dolith	Theo	66 48
	Dolith	Theo	66 48
2	Enstein	Frank	66 79
	Enstein	Frank	66 79
	Enstein	Frank	66 79
	Enstein	Frank	66 79
	Enstein	Frank	66 79
	Enstein	Frank	66 79
	Enstein	Frank	66 79
	Enstein	Frank	66 79
	Enstein	Frank	66 79
	Enstein	Frank	66 79
3	Konda	Anna	67 21
	Konda	Anna	67 21
	Konda	Anna	67 21

Die Zuordnung eines Schlüssels in der Mitarbeiter-Tabelle.

Wechseln Sie jetzt in das Layout *Aufgaben* und schalten Sie auch hier die Tabellenansicht ein. Sortieren Sie ebenfalls nach *Nachname* und bringen Sie die Spalte *ID_MA* neben *Nachname* zur Anzeige. Füllen Sie jetzt *ID_MA* mit den entsprechend zugeordneten Zahlen.

Aufgabe	ID_MA	Nachname	Vorname
Test und Abnahme weiterer Software	1	Dolith	Theo
Test von Software – Installationen mit den	1	Dolith	Theo
Test des Installations – Pakets von	1	Dolith	Theo
Test des Installations – Pakets von von	1	Dolith	Theo
Test des Installations – Pakets von Office	1	Dolith	Theo
Test des Installations – Pakets von VPN	1	Dolith	Theo
Bestellung der Neugeräte	2	Enstein	Frank
Beauftragung eines Termin – Portals	2	Enstein	Frank
Beauftragung der Paketierung von	2	Enstein	Frank

Die Zuordnung eines Schlüssels in der Aufgaben-Tabelle.

Wechseln Sie jetzt in die Detailansicht. Wenn Sie alles richtig gemacht haben, müsste im Layout jetzt zweimal der gleiche Nachname nebeneinander auftauchen.

Die Anzeige nach gefüllten Schlüsselfeldern.

Nachname Zufall Zufall

Blättern Sie alle Datensätze durch, um sicher zu sein, die richtigen Zuordnungen getroffen zu haben. Sie erkennen diese an identischen Nachnamen.

Jetzt können Sie noch ein wenig aufräumen. Sie benötigen ja nur noch die Datensätze von Mitarbeitern, für die in *ID_MA* eine Zahl eingetragen ist. Wechseln Sie also zurück in die Tabellenansicht vom Layout *Mitarbeiter* und dann in den *Such*-Modus. Geben Sie in *ID_MA* die Zeichen *>0* ein.

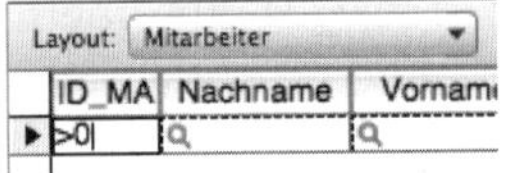

Die Suche nach Datensätzen mit nichtleerem Schlüsselfeld.

Die Datensätze, für die Sie in *ID_MA* eine Nummer eingetragen hatten, werden angezeigt.

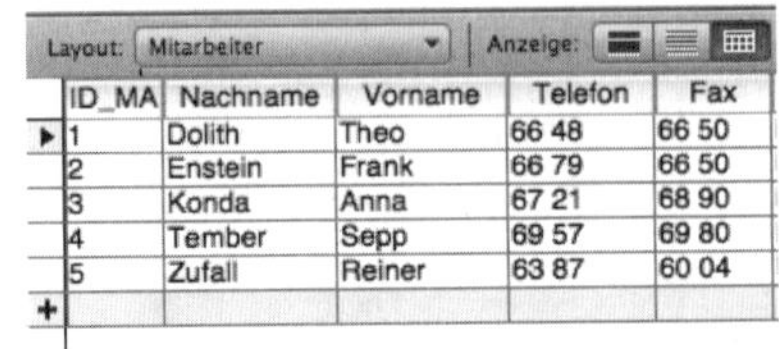

ID_MA	Nachname	Vorname	Telefon	Fax
1	Dolith	Theo	66 48	66 50
2	Enstein	Frank	66 79	66 50
3	Konda	Anna	67 21	68 90
4	Tember	Sepp	69 57	69 80
5	Zufall	Reiner	63 87	60 04

Das Suchergebnis.

Dies sind nun gerade diejenigen Datensätze, die Sie behalten möchten. Wählen Sie also *Datensätze | Ausschluss anzeigen* oder klicken Sie einfach auf den grünen Kreis links oben in der Statussymbolleiste. Daraufhin kommen all diejenigen Datensätze zur Anzeige, in denen das Feldobjekt *ID_MA* leer ist. Wir benötigen sie nun nicht mehr, deshalb löschen wir sie über *Datensätze | Alle aufgerufenen Datensätze löschen. FileMaker* erkundigt sich vorsichtshalber, ob Sie dies denn auch wirklich möchten. Klicken Sie auf *Alle löschen*, dann sind Sie die nicht mehr benötigte Redundanz los.

Es stünden jetzt noch Aufräumarbeiten in der Tabelle *Aufgaben* zur Erledigung an, doch dies verschieben wir auf das nächste Kapitel, in dem wir uns mit Layouts befassen.

Layouts

Layouts kommen als Nutzerschnittstellen in *FileMaker* eine zentrale Bedeutung zu. Mit ihnen legen Sie das Erscheinungsbild der von Ihnen eingegebenen Informationen fest. Hinsichtlich der Anzahl an Layouts in einer Datenbank existieren keinerlei Beschränkungen. Abhängig vom jeweiligen Verwendungszweck (Eingabe, Suche nach bestimmten Informationen etc.) können Sie für die gleiche Tabelle mehrere Layouts mit unterschiedlichen Objekten in verschiedenen Darstellungsarten oder Formen anlegen. Es steht Ihnen dabei völlig frei, an welcher Stelle Sie die einzelnen Elemente platzieren, wie Sie diese anordnen und sie formatieren. Sie können auch grafische Elemente und statische Texte benutzen, um bestimmte Daten hervorzuheben oder sie von anderen, logisch zusammengehörenden Informationen, abzugrenzen.

Beim Erstellen einer neuen Datenbank legt *FileMaker* automatisch ein Standard-Layout für die erste Tabelle an. Für jede hinzugefügte Tabelle erzeugt *FileMaker* ebenfalls ein Layout, sobald für diese Tabelle mindestens ein Feld definiert ist. Es lassen sich im Prinzip Datenbanken ohne jegliche Felder und Tabellen anlegen. Sie können auch alle Layouts bis auf eines löschen. Eine *FileMaker*-Datenbank besteht also in ihrer Minimalkonfiguration aus einem einzigen Layout.

Layouts lassen sich jeder Zeit erzeugen, sogar während des Zugriffs anderer Nutzer auf eine Datenbank. Die Gestaltung von Layouts ähnelt in *FileMaker* der Arbeit mit einem Vektor-orientierten Zeichenprogramm. Dies ist einer der Hauptgründe, weswegen sich die Bedienung von *FileMaker* relativ einfach gestaltet. Tabellen und Felder lassen sich auch in *MySQL* mit Hilfe entsprechender Prozeduren sehr schnell erzeugen. Der Aufwand zur Entwicklung grafischer Oberflächen liegt aber deutlich über dem der Layoutgestaltung bei *FileMaker*. Zwar gibt es für *MySQL* eine ganze Reihe vorgefertigter grafischer Nutzerschnittstellen – die Möglichkeiten zu Anpassungen an eigene Bedürfnisse sind allerdings, insbesondere was die Darstellung von Informationen betrifft, sehr begrenzt.

Das Erzeugen von Layouts

Nach der Erstellung einer neuen Datenbank ist es empfehlenswert, sich die von *FileMaker* erzeugten Layouts anzusehen. Sie werden feststellen, dass die Feldobjekte und Feldbeschriftungen beim Standard-Layout in Reih und Glied untereinander angeordnet sind. Sie können nun, wie weiter vorne im Buch gezeigt, solche Layouts mittels entsprechender Gestaltungsmaßnahmen in eine Ihnen genehmere Form bringen. Es macht durchaus Sinn, zu Beginn einer Entwicklung verschiedene Layouts zu erzeugen und diese dann als Ausgangspunkt für die Erstellung weiterer Layouts herzunehmen. Sie können Layouts ja auch duplizieren.

Das Erzeugen eines neuen Layouts erfordert, genau wie das Bearbeiten eines bestehenden, den Wechsel in den *Layout*-Modus (⌘-M/ctrl-M).

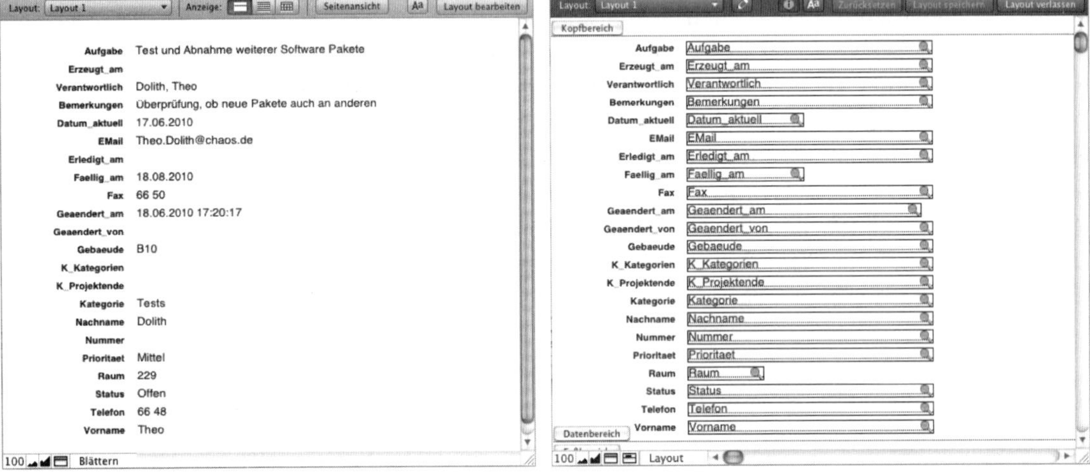

Ein von FileMaker automatisch erzeugtes Standard-Layout.

Bei Einrichtung neuer Layouts unterstützt ein *Assistent*, der Sie anhand einer Folge von Dialogfenstern schrittweise durch den Vorgang führt. Die Anzahl der Schritte ist abhängig von den jeweils ausgewählten Optionen, insbesondere vom gewünschten *Typ* des Layouts. Nachdem das Layout erstellt ist, können Sie es sofort verwenden oder mit Hilfe entsprechender Werkzeuge im *Layout*-Modus weitere Modifikationen vornehmen.

Betrachten wir den ganzen Vorgang für ein Layout vom Typ *Standard*. Da in *FileMaker* jedes Layout mit genau einer Tabelle verbunden ist, müssen Sie im ersten Schritt gleich den Namen derjenigen Tabelle angeben, deren Daten angezeigt werden sollen.

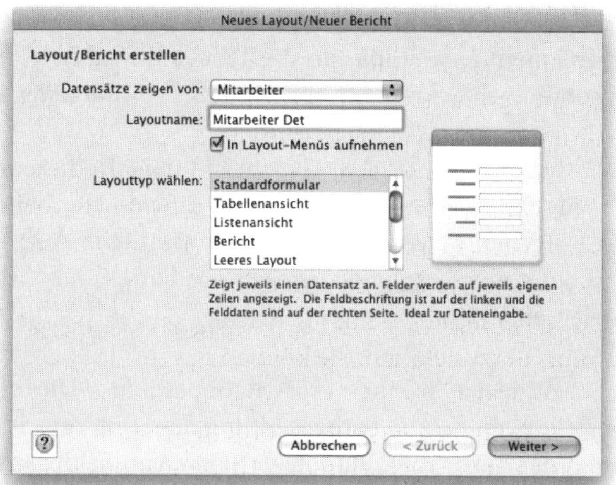

Der Layout-Assistent Schritt 1.

Geben Sie dem Layout einen aussagekräftigen Namen. Wie bei Felder- und Tabellennamen können Sie ihn ohne Probleme jederzeit ändern. *FileMaker* aktualisiert auch hier sämtliche Verweise. Wählen Sie den gewünschten Layout-Typ und klicken Sie auf *Weiter*.

Im nächsten Schritt können Sie auswählen, welche Felder Sie im neuen Layout anzeigen lassen möchten. Der Assistent zeigt Ihnen an, welche Felder Ihnen für das Layout zu Verfügung stehen. Wählen Sie ein beliebiges Feld, beispielsweise *Nachname*.

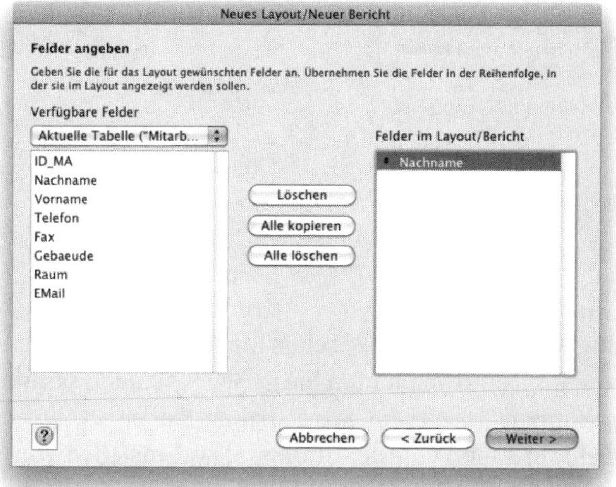

Der Layout-Assistent Schritt 2.

Neben Feldern aus der mit dem Layout verbundenen Tabelle können Sie auch Felder aus Bezugstabellen auswählen. Bei unserer Aufgabenliste hatten wir eine Beziehung zwischen den Tabellen *Mitarbeitern* und *Aufgaben* hergestellt. In einem Layout, das an die Tabelle *Aufgaben* gebunden ist, lassen sich somit auch Feldinhalte aus der Tabelle *Mitarbeiter* anzeigen.

Das gilt im Übrigen auch für die »Gegenrichtung«. In diesem Fall handelt es sich jedoch um eine *1 : n-Beziehung*. Einem Mitarbeiter können ja mehrere Aufgaben zugewiesen sein. Um sämtliche Aufgaben eines Mitarbeiters auf einem Layout anzuzeigen, bedarf es eines Hilfsmittels: das Layoutelement *Portal*.

Im letzten Schritt legen Sie einen Präsentationsstil fest. Dies sind vordefinierte Einstellungen für die Farbgestaltung des Hintergrundes, für die Eigenschaften der Texte von Feldobjekten bzw. von Feldbeschriftungen oder für den Darstellungs-Effekt von Feldobjekten. Die Namen der verfügbaren Stile finden Sie in der Liste im linken Teil des Dialogs. Wenn Sie einen Stil markieren, wird im Bereich rechts daneben die jeweilige Vorschau angezeigt. Sollte Ihnen keiner der vorhandenen Stile zusagen, lassen sich auch hier im Nachhinein jederzeit Änderungen vornehmen.

Der Layout-Assistent Schritt 3.

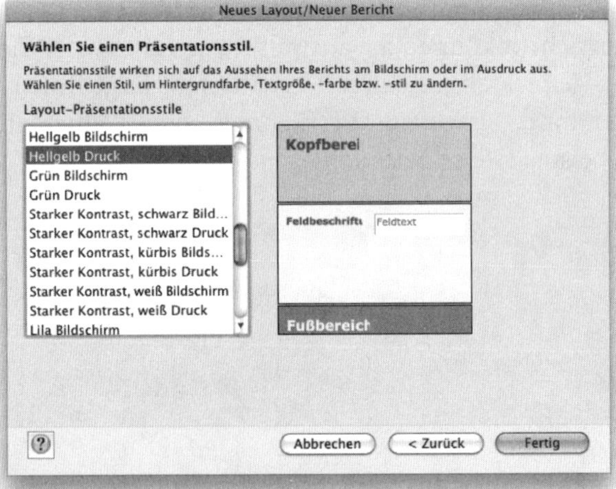

Nach Betätigung der Taste *Fertig* sehen Sie das gerade erstellte Layout in voller Schönheit. Natürlich hätten Sie in Schritt 2 auch sämtliche Felder auswählen können. In diesem Status haben Sie jedoch auf die Gestaltung von Feldobjekten keinerlei Einfluss. Das Einstellen von Schriftfarben oder Effekten erfordert weitere Handarbeit, nachdem der Assistent seine Arbeit vollbracht hat. Es bedeutet häufig einen geringeren Aufwand, neue Elemente auf Basis bestehender Objekte zu erzeugen.

Bevor wir das Layout in eine gefälligere Form bringen, wollen wir uns zuvor mit den verschiedenen Typen, Elementen und Hilfsmitteln zur Gestaltung von Layouts beschäftigen.

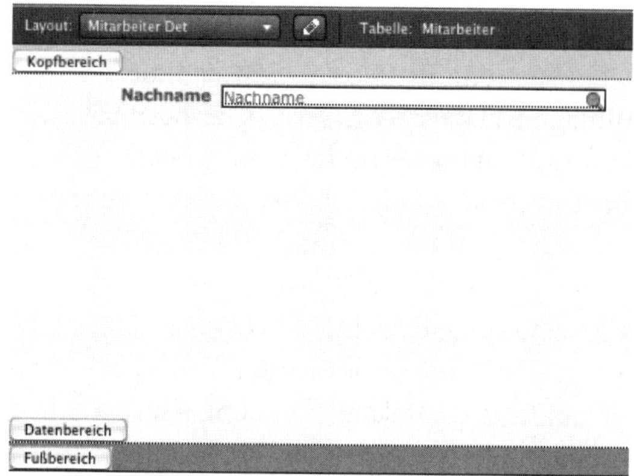

Ein erzeugtes Standard-Layout.

Layouttypen

Betrachten wir den ersten Schritt bei der Erstellung von Layouts:

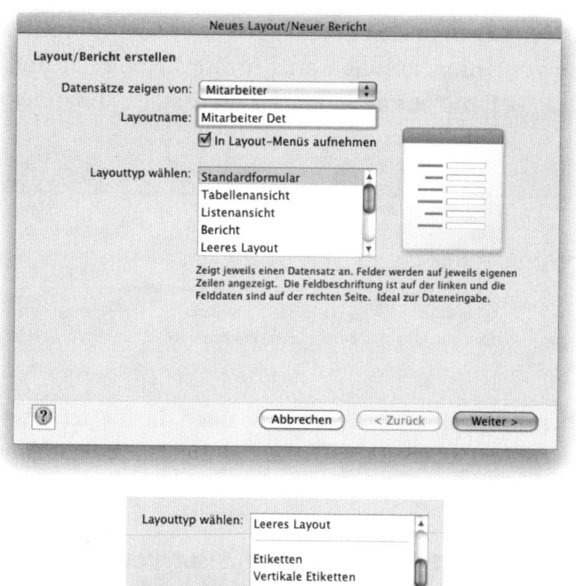

Die Festlegung des Layout-Typs.

Neben den Namen von *Tabelle* und *Layout* müssen Sie hier auch den gewünschten *Typ* des Layouts festlegen. Die wichtigsten Typen wurden bereits weiter vorne im Buch vorgestellt. Im Folgenden finden Sie einen Überblick über sämtliche in *FileMaker* verfügbaren *Layout*-Typen.

Standard

Das *Standard*-Layout zeigt im Modus *Blättern* die Inhalte ausgewählter Felder eines einzigen Datensatzes an. Diese Form eignet sich sehr gut zur Eingabe von Informationen oder zur Darstellung vieler Details am Bildschirm. Sie können die Feldobjekte, deren Beschriftungen und andere Elemente beliebig auf der Layoutfläche anordnen.

Liste

Beim *Listen*-Layout sind die Feldobjekte nebeneinander in einer Zeile angeordnet, die Feldnamen fungieren als Spaltentitel. Die Anzeige ist hier nicht auf einen einzigen Datensatz beschränkt. Dargestellt sind sämtliche Datensätze oder eine Ergebnismenge. Bei einer größeren Anzahl von Layoutobjekten lassen sich diese zur besseren Übersicht auf mehrere Reihen verteilen.

Dieser *Layout*-Typ eignet sich zur übersichtlichen Anzeige oder Ausgabe von Datensätzen in Zeilen. Er bietet aber auch Vorteile, wenn sich die Eingabe von Informationen auch mittels Kopieren und Einsetzen oder per Drag & Drop aus anderenen Datensätzen abhandeln lässt.

Das Listen-Layout mit mehreren Reihen pro Datensatzzeile.

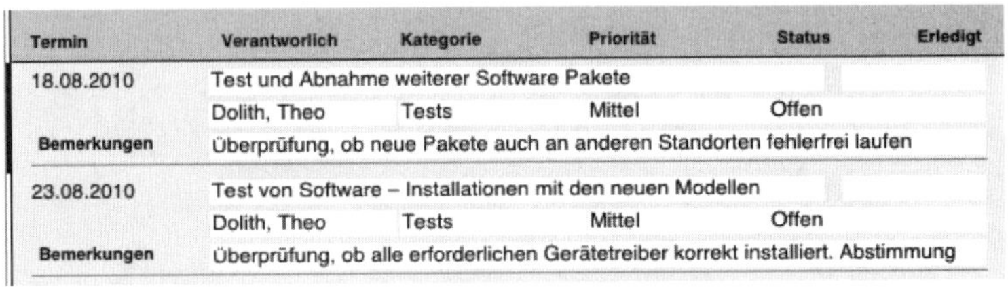

Termin	Verantwortlich	Kategorie	Priorität	Status	Erledigt
18.08.2010	Test und Abnahme weiterer Software Pakete				
	Dolith, Theo	Tests	Mittel	Offen	
Bemerkungen	Überprüfung, ob neue Pakete auch an anderen Standorten fehlerfrei laufen				
23.08.2010	Test von Software – Installationen mit den neuen Modellen				
	Dolith, Theo	Tests	Mittel	Offen	
Bemerkungen	Überprüfung, ob alle erforderlichen Gerätetreiber korrekt installiert. Abstimmung				

Im Folgenden sind beim Assistenten nur noch die für den jeweiligen Layout-Typ wesentlichen Schritte in Form der entsprechenden Dialogfenster angegeben.

Auf Wunsch kümmert sich der *Layout-Assistent* um eine automatische Platzierung der Feldobjekte.

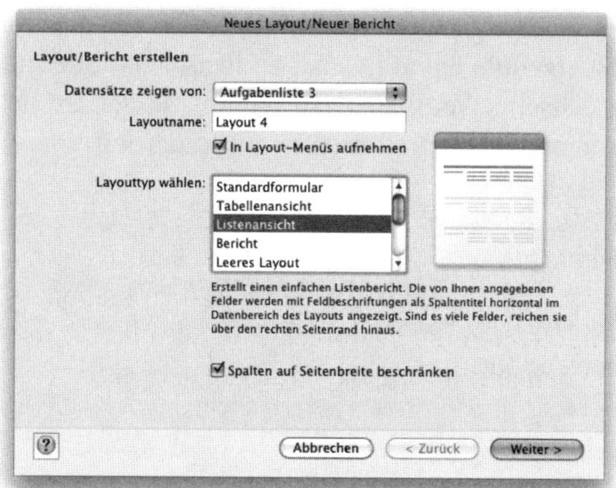

Der Assistent beim Listen-Layout mit Beschränkung der Seitenbreite.

Neues Layout/Neuer Bericht

Datensätze sortieren

Ihr Bericht wird zunächst nach bereits von Ihnen gewählten Kategorien sortiert. Geben Sie zusätzliche Felder an, die der Sortierfolge hinzugefügt werden sollen.

Berichtfelder: Arbeitspaket, Verantwortlich, Termin, Kategorie, Priorität, Status, Bemerkungen, Erledigt

Kopieren

Alle löschen

Sortierfolge: Termin, Arbeitspaket

Aufsteigend

Absteigend

Eigene Sortierfolge, basierend auf Werteliste

Neu ordnen, basierend auf Statistikfeld

Angeben...

Abbrechen < Zurück Weiter >

Die Auswahl einer Sortierfolge.

Neues Layout/Neuer Bericht

Kopf- und Fußbereichinformationen

Sie können die Seitenzahl, das aktuelle Datum, ein Logo, den Layoutnamen oder Spezialtext im Kopf- bzw. Fußbereich des Berichts anzeigen.

Kopfbereich

Wählen Sie die Informationen, die oben auf jeder Seite angezeigt werden sollen.

Keine – Oben | Layoutname – Oben | Keine – Oben

Fußbereich

Wählen Sie die Informationen, die unten auf jeder Seite angezeigt werden

Keine – Unten links | Datum – Unten Mitte | Seitennummer – Unten rechts

Abbrechen < Zurück Weiter >

Die Gestaltung von Kopf- und Fußzeile.

Am Ende des Vorgangs stellt Sie der Assistent vor die freie Entscheidung, das neu erzeugte Layout weiter zu bearbeiten oder in den Modus *Blättern* zu wechseln. Wenn Sie das Ergebnis zu Gesicht bekommen ist klar, der Automatismus befreit nicht von Handarbeit.

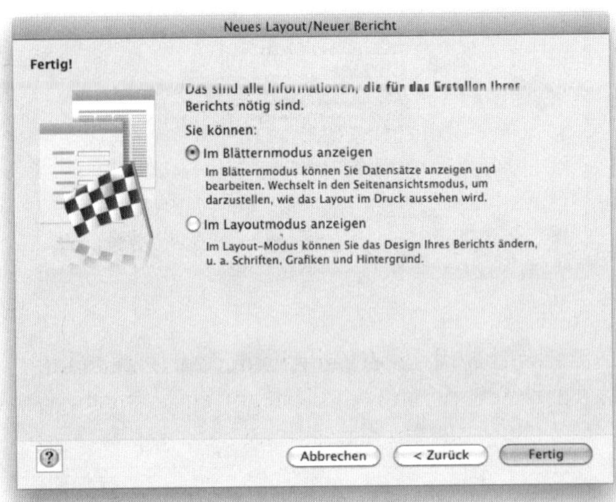

Auswahl des Modus nach Fertigstellung.

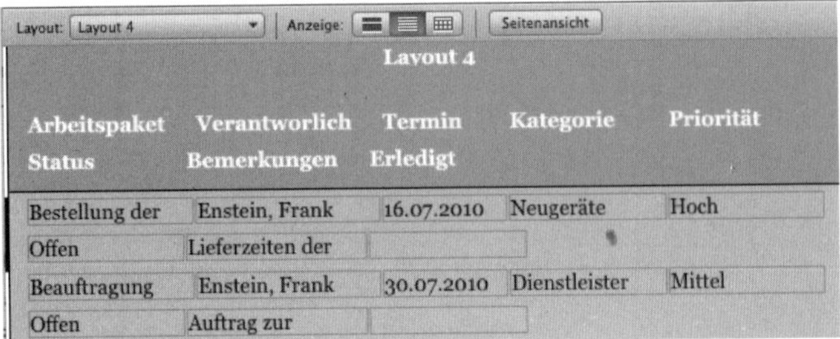

Das erstellte Listen-Layout.

Bericht

Der *Layout-Assistent* bietet bei diesem Layout-Typ reichlich Gestaltungsfreiheit. Er ermöglicht dadurch einfache Anordnungen mit Datenzeilen und Datenspalten bis hin zu komplexen Berichten, die diverse Teil- und Gesamtauswertungen enthalten können. Zusätzlich zum *Listen*-Layout ermöglicht der Assistent das Gruppieren von Datensätzen.

Dieser Layout-Typ eignet sich wie der Listen-Typ zur übersichtlichen Anzeige oder Ausgabe von Datensätzen in Zeilen.

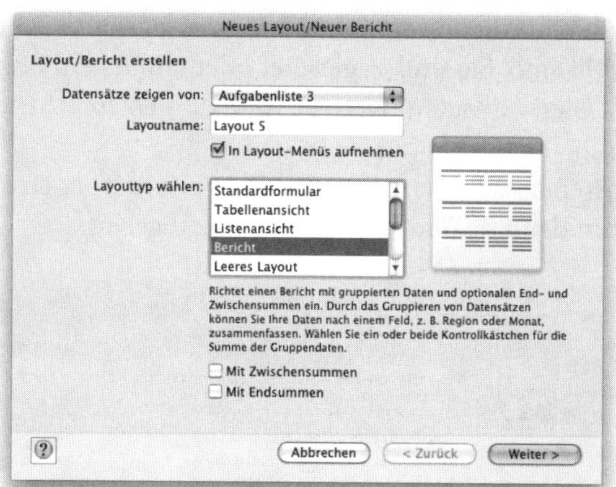

Der Assistent »Bericht«.

Im folgenden Schritt sind wieder alle Felder zur Darstellung im Layout ausgewählt. Anschließend sind die Kategorien anzugeben, nach denen die Datensätze für die Berichtsdarstellung zu gruppieren sind.

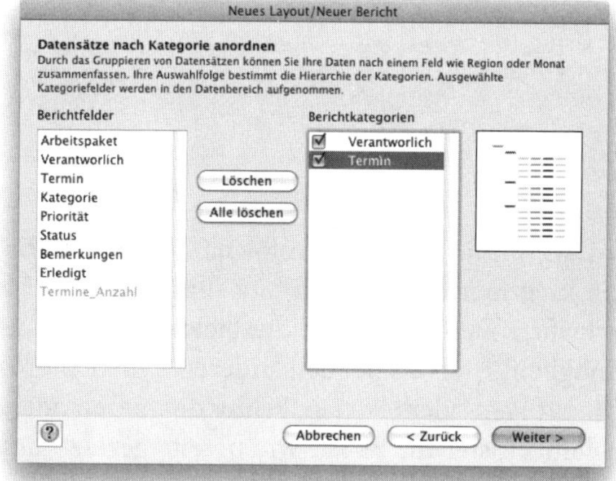

Das Festlegen der Kategorien.

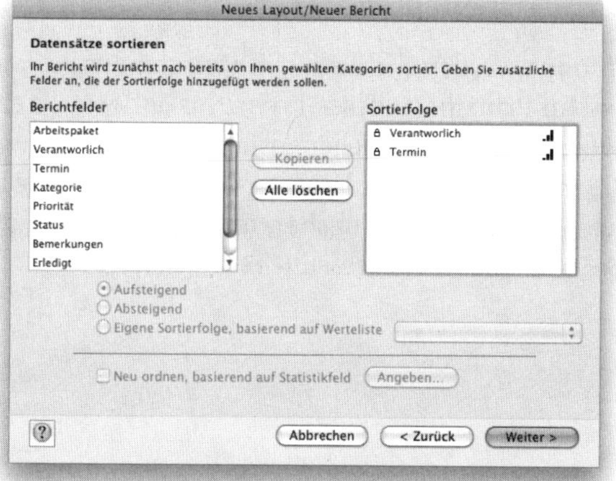

Die Auswahl der Sortierfolge – die Kategorienfelder sind bereits eingetragen.

Es gibt bei diesem Vorgang weitere Dialogfenster, die aber hier nicht explizit dargestellt sind. Sie sind in gleicher oder ähnlicher Form bei der Erstellung von Listen-Layouts aufgetreten und dort entsprechend gewürdigt.

Auch das Aussehen des so erstellten Berichts erfordert noch einige Handarbeit, um ihm den notwendigen Feinschliff zu geben.

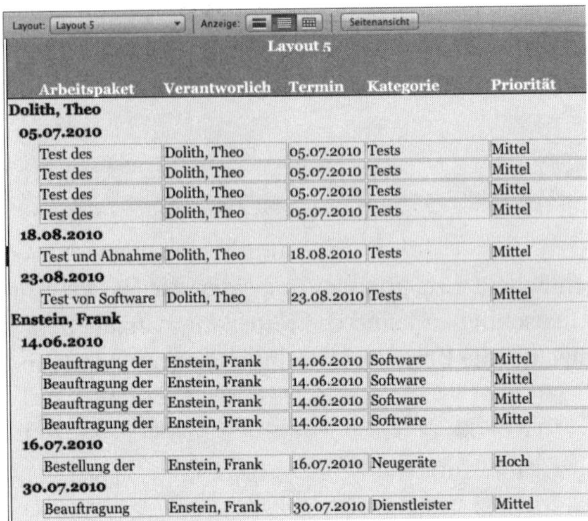

Der erstellte Bericht.

Tabelle

Das *Tabellen*-Layout präsentiert die Informationen ähnlich einer Tabellenkalkulation in einem Gitter. Auch hier fungieren die Feldnamen als Spaltenüberschriften. Der *Blättern*-Modus bietet Ihnen hier deutlich mehr Gestaltungsmöglichkeiten als bei den anderen Typen. Sie können rasch Datensätze hinzufügen oder löschen, Felder definieren oder die Reihenfolge der Spalten umstellen. Es ist, wie bereits gezeigt, auch möglich, Daten nach einer oder mehreren Spalten zu gruppieren und für jede Gruppe Zwischensummen oder Gesamtsummen anzeigen zu lassen.

Im *Layout*-Modus werden Sie keinen Unterschied zum *Standard*-Layout erkennen. Im Prinzip ist dieser Typ nichts anderes als ein *Standard*-Layout mit voreingestellter Tabellenansicht. Er eignet sich gut für Neueinsteiger, die mit Tabellenkalkulationen vertraut sind. Wie beim *Listen*-Layout bietet er Vorteile bei Eingaben mittels Kopieren und Einsetzen oder Drag & Drop über unterschiedliche Datensätze.

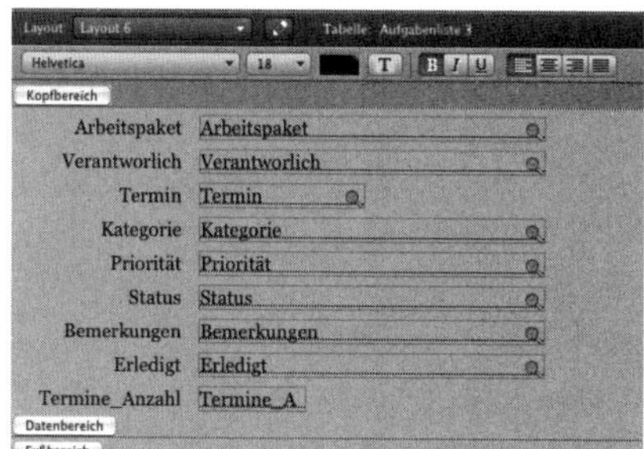

Layout: Layout 6 · Anzeige: · Seitenansicht

Arbeitspaket	Verantwortlich	Termin	Kategorie
Test des	Dolith, Theo	05.07.2010	Tests
Test des	Dolith, Theo	05.07.2010	Tests
Test des	Dolith, Theo	05.07.2010	Tests
Test des	Dolith, Theo	05.07.2010	Tests
Test und Abnahme	Dolith, Theo	18.08.2010	Tests
Test von Software	Dolith, Theo	23.08.2010	Tests
Beauftragung der	Enstein, Frank	14.06.2010	Software
Beauftragung der	Enstein, Frank	14.06.2010	Software
Beauftragung der	Enstein, Frank	14.06.2010	Software
Beauftragung der	Enstein, Frank	14.06.2010	Software
Bestellung der	Enstein, Frank	16.07.2010	Neugeräte
Beauftragung	Enstein, Frank	30.07.2010	Dienstleister
Test und Abnahme	Enstein, Frank	16.08.2010	Tests

Tabellen-Layout im Modus »Layout« (links) und »Blättern« (rechts).

Etiketten

Dieses Layout dient zur Anordnung von Feldobjekten für die Druckausgabe auf Etiketten. *FileMaker* stellt die Abmessungen einer Vielzahl an Etikettentypen von *Avery* und *Zweckform* zu Verfügung. Darüber hinaus ermöglicht *FileMaker* auch die Spezifikation eigener Formate.

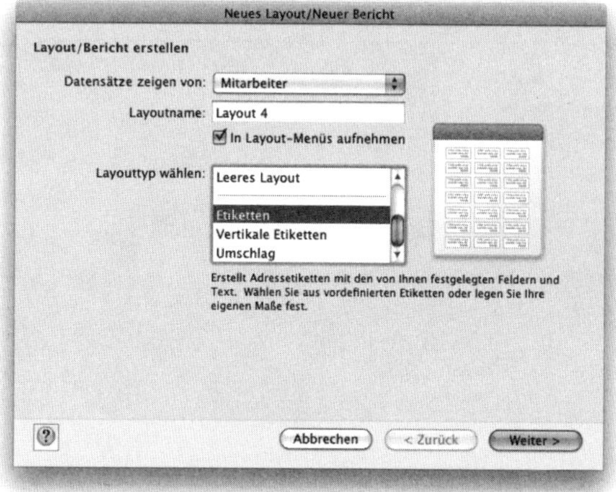

Der Assistent »Etiketten«.

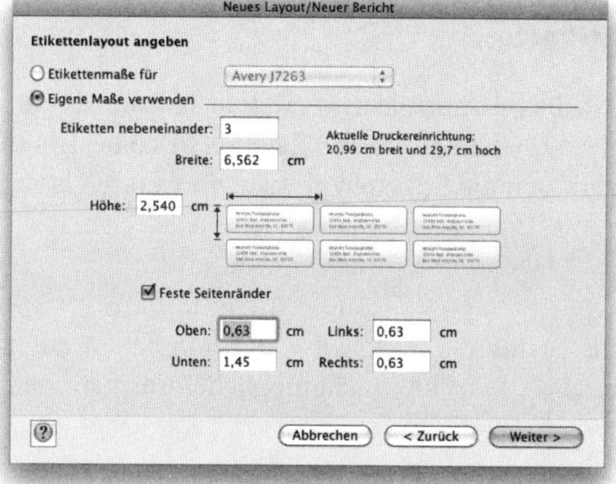

Die Definition von Abmessungen.

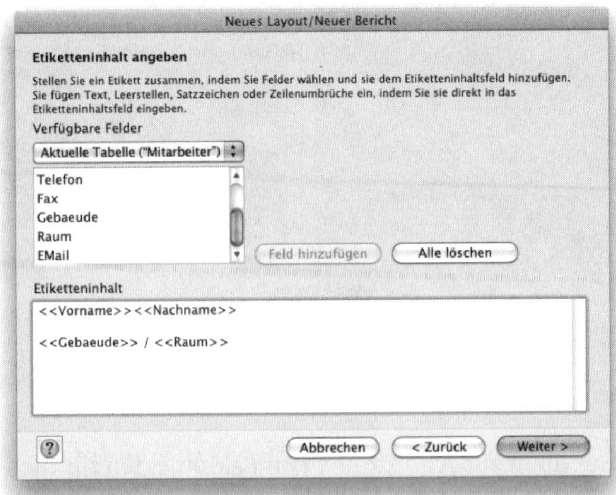

Die Auswahl der Feldobjekte.

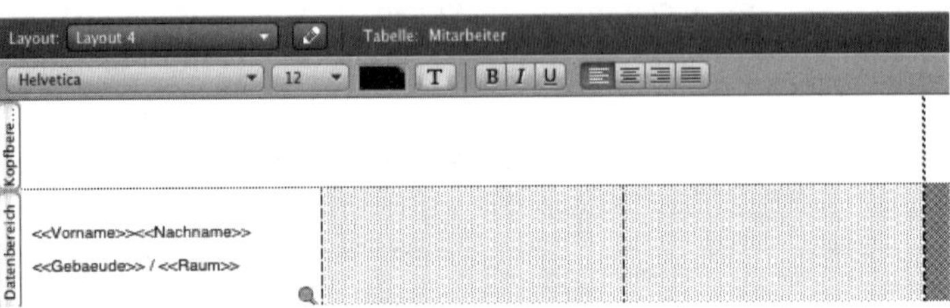

Etiketten im Modus »Layout«.

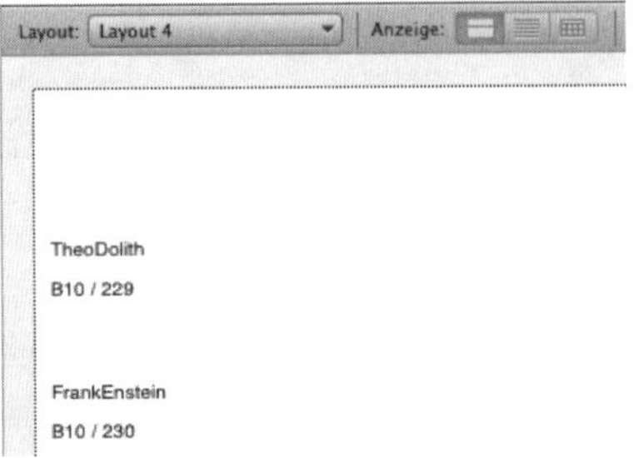

Die Etiketten in der Seitenansicht.

Vertikale Etiketten

Der Unterschied zum »normalen« *Etiketten*-Layout liegt in der Behandlung asiatischer Zeichen sowie der Zeichen in voller Breite. Diese sind so gedreht, dass sich die Etiketten vertikal verwenden lassen.

Umschlag

Dieses Layout ist für die Ausgabe von Feldinhalten auf Standardumschläge vorgesehen. Es ist hier nicht möglich, Informationen hinzufügen.

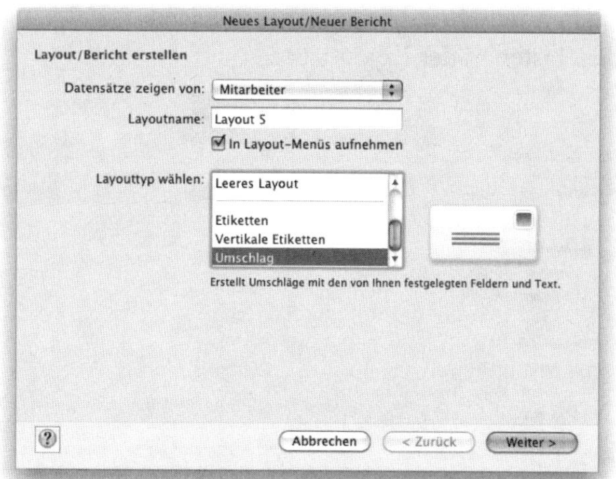

Der Assistent »Umschläge«.

Leeres Layout

Dieses Layout enthält keinerlei Feldobjekte. Die Platzierung auf dem Layout müssen Sie selbst in die Hand nehmen. Diesen Typ sollten Sie wählen, wenn Sie ein Layout von Grund auf selbst gestalten möchten.

Ansichten

Jedes Layout lässt sich auf drei unterschiedliche Arten darstellen. Jede dieser Ansichten verändert die Darstellungsform der Datensätze bei der Bildschirmanzeige oder beim Drucken.

Formularansicht

Die *Formularansicht* dient zur Anzeige eines einzigen Datensatzes.

Listenansicht

Die *Listenansicht* zeigt die ausgewählten Feldobjekte von allen Datensätzen oder einer aktuellen Ergebnismenge an.

Tabellenansicht

Die *Tabellenansicht* gleicht der *Listenansicht*, wegen des dargestellten Gitters vermittelt sie jedoch das »Feeling« einer Tabellenkalkulation.

Das Umschalten zwischen den einzelnen Ansichten erfolgt über die entsprechenden Tasten in der Layoutleiste.

Die Schaltflächen zur Auswahl der Darstellungsarten »Formular«, »Liste« und »Tabelle« (von links).

Anzeige:

Das Layout »Mitarbeiter« in der Formularansicht.

Layout: Mitarbeiter | Anzeige: | Seitenansicht | Aa | Layout bearbeiten

Nachname Tember
Vorname Sepp
Telefon 69 57
Fax 69 80
Gebaeude B11
Raum 541
EMail Sepp.Tember@chaos.de
ID_MA 4

100 Blättern

Das Layout »Mitarbeiter« in der Listenansicht.

Layout: Mitarbeiter | Anzeige: | Seitenansicht | Aa | Layout bearbeiten

Nachname Tember
Vorname Sepp
Telefon 69 57
Fax 69 80
Gebaeude B11
Raum 541
EMail Sepp.Tember@chaos.de
ID_MA 4

Nachname Zufall
Vorname Reiner
Telefon 63 87
Fax 60 04
Gebaeude B15
Raum 113
EMail Reiner.Zufall@chaos.de

Das Layout »Mitarbeiter« in der Tabellenansicht.

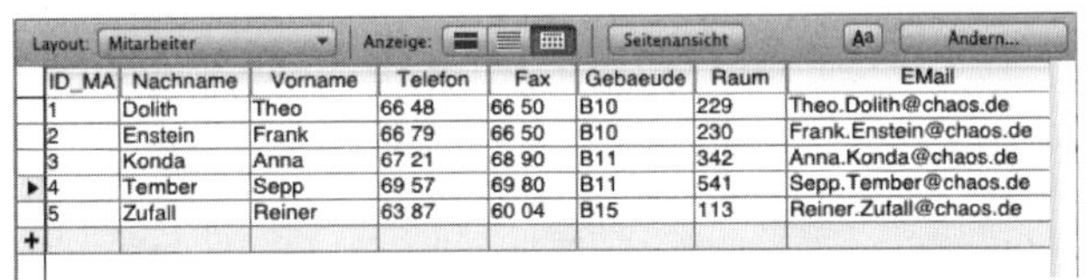

Layout: Mitarbeiter | Anzeige: | Seitenansicht | Aa | Ändern...

ID_MA	Nachname	Vorname	Telefon	Fax	Gebaeude	Raum	EMail
1	Dolith	Theo	66 48	66 50	B10	229	Theo.Dolith@chaos.de
2	Enstein	Frank	66 79	66 50	B10	230	Frank.Enstein@chaos.de
3	Konda	Anna	67 21	68 90	B11	342	Anna.Konda@chaos.de
4	Tember	Sepp	69 57	69 80	B11	541	Sepp.Tember@chaos.de
5	Zufall	Reiner	63 87	60 04	B15	113	Reiner.Zufall@chaos.de

Layoutbereiche

Sie haben es vielleicht schon bemerkt, ein Layout ist bei *FileMaker* in verschiedene Segmente untergliedert. Diese so genannten *Bereiche* steuern die Anzeige und die Druckausgabe von Daten, Texten und Grafiken. *Layout-Bereiche* können Feldobjekte, Tasten, Grafiken, statischen Text und andere Elemente enthalten. Gepunktete horizontale Linien repräsentieren die Grenzen zwischen den einzelnen Bereichen. Der Name eines

Bereichs ist im *Bereichsetikett* am linken unteren Rand des Bereichs direkt über der Trennlinie dargestellt. Jedes Layout muss mindestens einen Bereich enthalten.

Der Layout-Assistent erstellt, basierend auf in den Dialogen ausgewählten Optionen, automatisch die erforderlichen Bereiche. Hat der Assistent seine Arbeit beendet, können Sie Bereiche ändern, hinzufügen oder löschen.

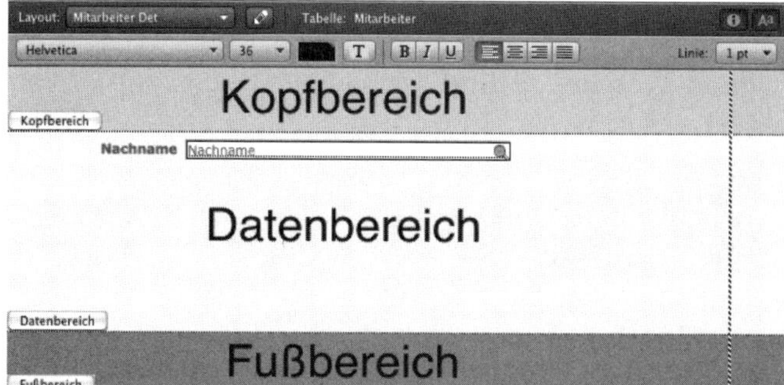

Einfaches Standardlayout mit Kopf-, Daten- und Fußbereich.

Einfache Layouts enthalten häufig einen Kopfteil, einen Datenteil und einen Fußteil. Der Kopfteil erscheint am Beginn jedes Fensters oder jeder Seite. Üblicherweise sind hier Spaltenüberschriften oder Titel wie beispielsweise der Layoutname oder Navigationstasten untergebracht.

Objekte, die Sie im Datenbereich anordnen, erscheinen einmal in jedem aufgerufenen Datensatz. Der Fußteil erscheint am unteren Rand von Fenstern oder Seiten. Er eignet sich zur Anzeige von Seitenzahlen, vom aktuellen Datum oder vom Namen der Datenbank.

Ein Layout kann nicht mehr als jeweils einen Kopfteil, einen Datenteil und einen Fußteil enthalten. Es gibt allerdings weitere Bereiche wie etwa der Kopfteil erste Seite oder Auswertungen und Teilauswertungen, mit denen wir uns jedoch später befassen.

Layoutobjekte

In jedem Layout ist eine Anzahl von Elementen wie Feldobjekten, Grafiken, statischer Text oder Tasten untergebracht. Alle diese Elemente bezeichnet man als *Layoutobjekte*. Sie sollen es Nutzern ermöglichen, Informationen strukturiert darzustellen und zu bearbeiten.

Die Gestaltung von Layouts ähnelt, wie bereits erwähnt, sehr stark der Arbeit mit einem vektororientierten Zeichenprogramm. Zum Bestücken des Layouts müssen Sie einfach das gewünschte Werkzeug auswählen. Der Mauszeiger nimmt daraufhin die Form des Kreuzzeigers an. Bewegen Sie ihn zur auserkorenen Stelle und drücken Sie die Maustaste. Verschieben Sie dann den Zeiger bei gedrückter Maustaste, bis das Objekt die gewünschte Größe erreicht hat. Danach können Sie die Taste loslassen. Seien Sie dabei nicht allzu pingelig, denn der Feinschliff kann auch später erfolgen.

Die einzelnen Werkzeuge sind als Tasten in der Statussymbolleiste repräsentiert.

Die Layoutwerkzeuge in der Statussymbolleiste.

- Auswahlwerkzeug
- Textwerkzeug
- Linienwerkzeug
- Rechteckwerkzeug
- Abgerundetes Rechteckwerkzeug
- Ellipsenwerkzeug
- Feld-/Steuerelement-Werkzeug
- Tastenwerkzeug
- Registersteuerelement-Werkzeug
- Ausschnittswerkzeug
- Diagrammwerkzeug
- Web Viewer-Werkzeug
- Feldwerkzeug
- Bereichswerkzeug
- Format übertragen-Werkzeug

Das *Feldwerkzeug* und das *Bereichswerkzeug* erfordern eine andere Vorgehensweise beim Platzieren auf einem Layout. Bei diesen beiden Elementen müssen Sie auf die Schaltfläche klicken, die Maustaste gedrückt halten, den Mauszeiger an die gewünschte Stelle im Layout ziehen und die Taste dort loslassen.

Ein Teil des Gestaltungsaufwands besteht schlicht und ergreifend darin, Objekte auf dem Layout einfach hin- und herzuschieben. Dabei kann durchaus einige Zeit vergehen, bis zum einen das ästhetische Empfinden befriedigt ist und zum anderen die gewählte Anordnung ein intuitives und zügiges Arbeiten ermöglicht.

Sie müssen ein Werkzeug nicht jedes Mal neu auswählen, um es anwenden zu können. Sie aktivieren es, indem Sie einmal darauf klicken. Das Symbol ist dann grau unterlegt. Möchten Sie es mehrmals verwenden, müssen Sie es mit einem Doppelklick aktivieren. Die Tastenfarbe wechselt daraufhin in einen dunkleren Grauton.

Auswahl von Werkzeugen für den einmaligen (links) und mehrmaligen Gebrauch (rechts).

Wenn Sie das jeweils ausgewählte Werkzeug fixiert lassen möchten, können Sie dies in den Voreinstellungen (*FileMaker Pro | Einstellungen* unter Mac OS X bzw. *Bearbeiten | Einstellungen* unter Windows) festlegen. Setzen Sie im Register *Layout* den Haken bei *Layoutwerkzeuge stets fixieren.*

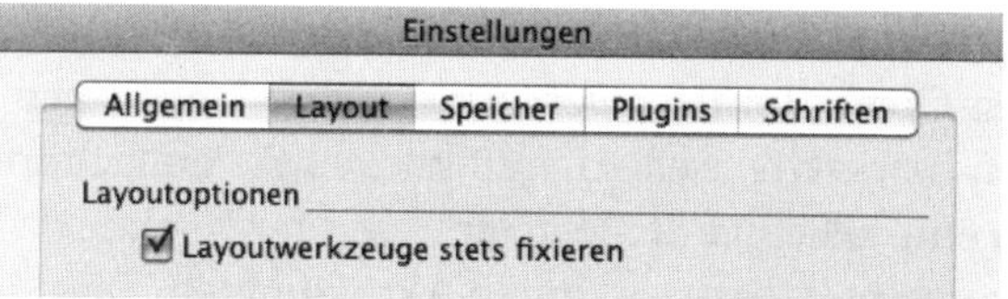

Permanentes Fixieren von Werkzeugen.

Zum Umschalten zwischen dem zuletzt verwendeten Werkzeug und dem Auswahlzeiger betätigen Sie einfach die *Eingabetaste*, unter Windows müssen Sie dabei zusätzlich die *strg*-Taste gedrückt halten.

Grafische Werkzeuge

Die grafischen Hilfsmittel befinden sich im linken Teil des Werkzeugbereichs in der Statussymbolleiste. Sie dienen nicht zur Anzeige von Feldinhalten, sondern erlauben Ihnen, Layouts übersichtlicher zu gestalten und damit eine intuitive Bedienung zu gewährleisten.

Layout mit grafischen Elementen zur Strukturierung von Informationen.

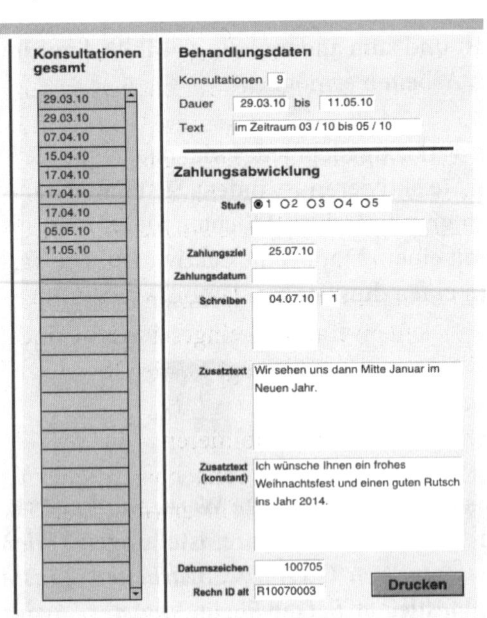

Der Auswahlpfeil

Bevor Sie ein Objekt im *Layout*-Modus bearbeiten können, müssen sie es auswählen bzw. aktivieren. Hierzu klicken Sie einfach mit dem Auswahlpfeil an eine beliebige Stelle im anvisierten Objekt. Die Aktivierung manifestiert sich in den so genannten Aktivpunkten. Dies sind vier kleine schwarze Vierecke an den Objektecken.

Ist ein Objekt transparent, können Sie es durch einen Klick auf seine Begrenzungslinie aktivieren.

Aktiviertes Objekt mit Aktivpunkten.

Sind die Aktivpunkte grau dargestellt, so ist das Objekt fixiert. Das Verschieben oder Löschen bzw. sonstige Veränderungen sind in diesem Fall nicht möglich.

Sämtliche Objekte lassen sich in einem Layout über *Bearbeiten | Alles Auswählen* oder kurz mit ⌘-A/ctrl-A aktivieren. Dies können Sie beispielsweise verwenden, wenn Sie alle oder einen Großteil der Layoutelemente verschieben möchten. Um die Auswahl aufzuheben, klicken Sie auf einen leeren Bereich oder auf ein beliebiges Werkzeug in der Statussymbolleiste.

Für die Auswahl mehrerer Elemente stehen Ihnen zwei Wege offen: Sie markieren das erste Objekt wie gewohnt und halten dann die *Umschalttaste* (⇧) gedrückt, während Sie auf weitere Objekte klicken. Besondere Achtsamkeit brauchen Sie nicht an den Tag legen, Sie können sich ruhig verklicken. Ein versehentlich ausgewähltes Objekt lässt sich einfach mit einem weiteren Klick bei gedrückter *Umschalttaste* wieder deaktivieren.

Alternativ ziehen Sie einen Auswahlrahmen auf. Er aktiviert sämtliche Elemente, die von seinem Rahmen eingeschlossen sind. Halten Sie dabei die ⌘-/ctrl-Taste gedrückt, genügt es, die Objekte zu berühren.

Beide Verfahren können Sie kombinieren. Mit dem Auswahlrahmen können Sie beispielsweise mehrere benachbarte Objekte aktivieren und mit *Umschalttaste-Mausklick* die nicht erwünschten Elemente wieder ausschließen.

Um alle Elemente vom gleichen Typ auszuwählen, klicken Sie auf das entsprechende Werkzeug in der Statussymbolleiste und wählen dann *Alles auswählen*. Oder Sie wählen ein Objekt aus, halten die Optionstaste (⌥) unter Mac OS X bzw. die Umschalttaste (⇧) unter Windows gedrückt und wählen wieder *Alles auswählen*. Besonders schnell sind Sie wie üblich mit den Tastaturkürzeln ⌘-⌥-A/ctrl-⇧-A. Diese Methode funktioniert nicht für Tastenelemente.

Das Textwerkzeug

Statischen Text können Sie in Layouts für Spaltenüberschriften, zum Kennzeichnen von Feldern, für Hinweise an die Nutzer hinsichtlich der Eingabe bestimmter Informationen sowie für vieles andere mehr verwenden.

Zum Einfügen von Text klicken Sie auf das *Textwerkzeug* oder wählen *Einfügen | Grafikobjekt | Text*. Der Cursor verwandelt sich in den I-förmigen Textzeiger. Klicken Sie an die Stelle, an der Sie den Text platzieren möchten. Geben Sie dann Ihren Text ein.

Sie können ein Objekt auswählen und sofort mit der Eingabe von Text beginnen, ohne das Textwerkzeug anzuklicken. Der Text wird vor dem Objekt platziert und nach dessen Breite ausgerichtet. Von nachträglichen Modifikationen des Objekts wird er nicht im geringsten beeinflusst.

Grafische Basisobjekte

Geraden, Rechtecke, abgerundete Rechtecke und Ellipsen zählen zu den grafischen Basisobjekten. Wählen Sie die gewünschte Objektform aus. Navigieren Sie den Kreuzzeiger an die vorgesehene Stelle im Layout. Drücken Sie die Maustaste und bewegen Sie den Zeiger an eine Stelle, bei der das Objekt die gewünschte Form und Größe erreicht hat. Lassen Sie die Maustaste los. *FileMaker* weist dem Objekte die aktuell eingestellten Attribute wie Linienstärke, Füllung, Schriftgröße etc. zu.

Wenn Sie beim Ziehen des Kreuzzeigers die *Optionstaste/strg*- Taste gedrückt halten, entsteht im Falle des *Linien-Werkzeugs* eine 45°-Diagonale. Beim *Ellipsenwerkzeug* erzielen Sie mit dieser Tastenkombination einen Kreis, bei den Rechteckwerkzeugen entsprechende Quadrate. Die *Umschalttaste* (⇧) beschränkt sämtliche Basisformen auf horizontale oder vertikale Geraden.

Feldobjekte

In diesem Buch tauchen sehr oft die Begriffe *Feld* und *Feldobjekt* auf. Dies sind keineswegs Synonyme, vielmehr kennzeichnet der Begriff *Feld* eine Eigenschaft (ein Attribut) eines Objektes. *Feldobjekte* dagegen sind grafische Elemente in Layouts, in denen der Inhalt von Feldern dargestellt ist. Wenn Sie ein Feldobjekt in einem Layout löschen, bedeutet dies lediglich, dass die Inhalte des damit verbundenen Felds an dieser Stelle nicht mehr angezeigt werden. Wenn Sie dagegen ein Feld löschen, sind damit sämtliche Inhalte zerstört. Im Falle eines Versehens können Sie nur noch darauf hoffen, eine möglichst zeitnahe Datensicherung in der Hinterhand zu haben.

Änderungen an einem Layout beeinflussen weder Feldinhalte noch andere Layouts. Änderungen an Feldinhalten wirken dagegen auf alle Layouts, in denen das zugehörige Feldobjekt präsent ist. Das Löschen eines Feldes führt zum Entfernen sämtlicher zugehöriger Feldobjekte.

Um ein Feldobjekt in ein Layout einzusetzen, klicken Sie auf das *Feldwerkzeug* und halten die Maustaste gedrückt. Ziehen Sie es an die gewünschte Stelle im Layout. Während des Bewegens werden Ihnen die Begrenzung und die Grundlinie angezeigt, was Ihnen die Positionierung im Hinblick auf andere Objekte erleichtert. Lassen Sie die Maustaste los, wenn das Feldobjekt sein Zielgebiet erreicht hat. Im Dialog *Feld angeben* müssen Sie den Namen des Feldes auswählen, das Sie platzieren wollen.

Der Dialog »Feld angeben« beim Platzieren von Feldobjekten.

Soll der Feldname ebenfalls im Layout auftauchen, setzen Sie den Haken bei *Beschriftung*.

Wenn Sie die Option *Beschriftung* gewählt haben und Sie das Feld später umbenennen, wird die Feldbeschriftung normalerweise in jedem Layout angepasst.

Sie können beim Hinzufügen eines Feldobjekts gleich dessen Ausmaße beeinflussen und die Eingabehilfen auswählen. Verwenden Sie dazu das Werkzeug *Feld | Steuerelement*. Die Vorgehensweise ist die gleiche, und das Feldobjekt zeichnen Sie wie ein Viereck. Den Typ der Eingabehilfe wählen Sie über das mit der Schaltfläche gekoppelte Klappmenü.

Eingabehilfen für Feldobjekte.

Die aktuell eingestellte Eingabehilfe ist in der Schaltfläche des Werkzeugs »Feld | Steuerelement« angezeigt.

Sind Felder zur Aufnahme längerer Texte vorgesehen, können Sie die zugehörigen Feldobjekte mit Rollbalken ausstatten. Sie finden diese Einstellung im *Inspektor* und im Register *Daten*.

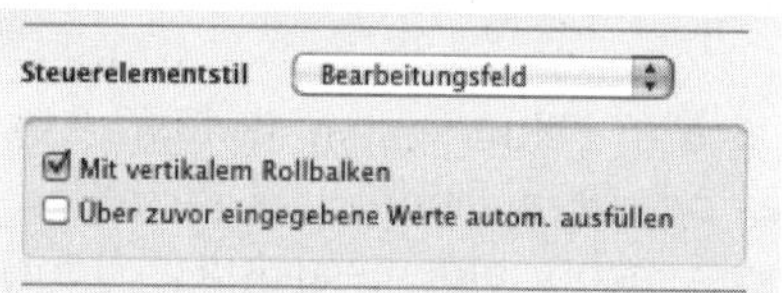

Die Feldobjekte mit Rollbalken ausstatten.

Sind nach Aktivierung des Rollbalkens im Feldobjekt weder die rechte Textbegrenzung noch Pfeile sichtbar, so liegt dies in der Regel an den voreingestellten Linien-Attributen. Ändern Sie die Linienfüllung von transparent auf schwarz, und schon erscheint alles, so wie es sein sollte.

Die Anzeige von Textbegrenzung und Pfeilen.

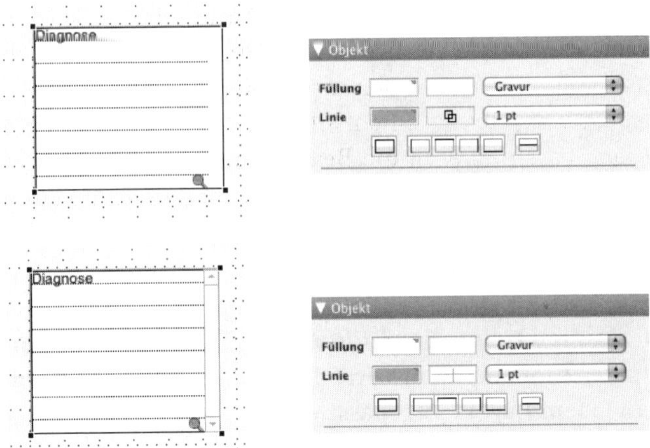

Wertelisten hatten wir schon im ersten Teil dieses Buches kennen gelernt. Sie ermöglichen die zügige und effiziente Eingabe vordefinierter Text-, Zahlen-, Datums- oder Zeitangaben. Ihre Anwendung macht bei den Feldern Sinn, deren Inhalt auf eine überschaubare Anzahl von Werten beschränkt ist. Darüber hinaus können Sie auf diese Weise eine akkurate Eingabe erzwingen. Nehmen wir an, Sie müssen für jeden Mitarbeiter Ihrer Firma auch dessen Bürogebäude erfassen. Sind mehrere Personen mit der Eingabe dieser Informationen betraut, können Sie sicher sein, deren Phantasie sind hinsichtlich Namensvarianten keinerlei Grenzen gesetzt. Da auch Vertippen nicht auszuschließen ist, sind bei einem Gebäude 50.0 die folgenden Varianten denkbar: 50.0, 50, Geb. 50, Geb 50, Geb 60, Geb50.0, G 50, Gen 50, G5o etc.

Auswertungen auf Basis dieser Informationen sind unbrauchbar, in ihnen tauchen weit mehr Gebäude auf, als tatsächlich existieren. Mit Hilfe von Wertelisten können Sie solche Inkonsistenzen von Anfang an vermeiden. Sie ersparen sich so zusätzlichen Aufwand, um Informationen in einen für Auswertungen brauchbaren Zustand zu bringen.

Wertelisten lassen sich in Feldobjekten als *Optionsfelder*, *Markierungsfelder*, *Einblendlisten* oder *Einblendmenüs* darstellen. Auch *Einblendkalender* sind im Prinzip nichts anderes als speziell formatierte Einblendmenüs bzw. Einblendlisten.

Ist die Anzahl an möglichen Feldinhalten nicht auf eine überschaubare Menge an Werten beschränkt, lassen sich Eingaben nur noch mit Hilfe der automatischen Vervollständigung beschleunigen.

Einblendlisten

Einblendlisten bieten Nutzern die Wahl, Werte selbst einzugeben oder sie aus einer Liste von Werten auszuwählen. Die Einstellung des Feldverhaltens erfolgt mit dem *Inspektor* im Register *Daten*. Hier müssen Sie *Einblendliste* als Steuerelementstil einstellen. Dort können Sie auch festlegen, ob Sie Anwendern die Bearbeitung der Werteliste gestatten. Diese Option steht allerdings nur für die bisher betrachteten, statischen Wertelisten zu Verfügung.

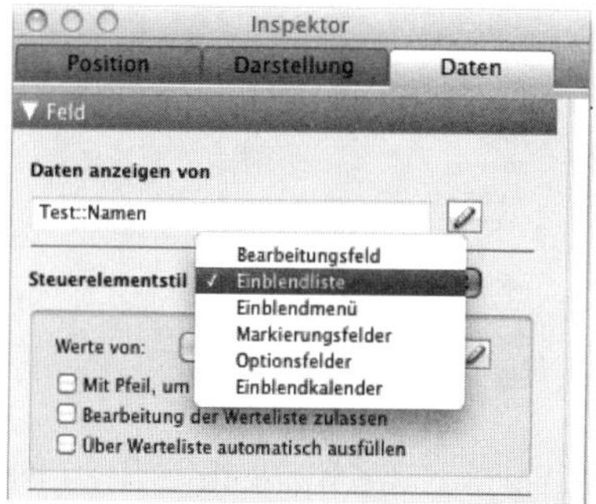

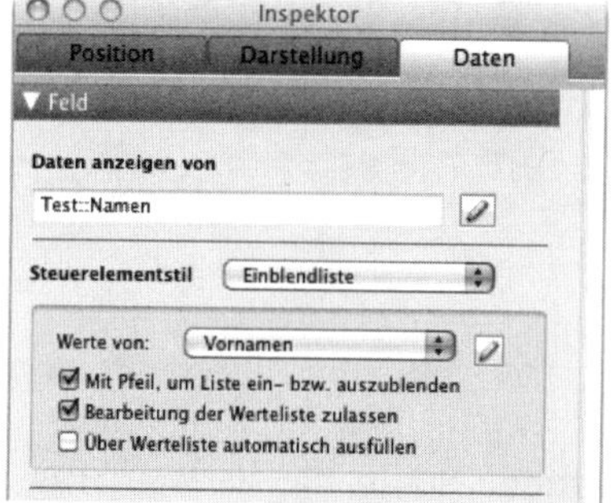

Die Konfiguration der Anzeige einer Werteliste als Einblendliste.

Weiterhin lässt sich festlegen, ob ein Pfeil zum Ein- oder Ausblenden der Liste angezeigt werden soll. Ist diese Option ausgewählt, klappt die Liste beim Betreten des Feldobjekts nicht mehr automatisch auf.

Bei längeren Listen können Sie sich durch Eingabe von einem oder mehreren Anfangsbuchstaben zum gewünschten Wertebereich vorhangeln. Auch Auf- und Abwärtspfeil lassen sich zur Navigation benutzen. Durch Betätigen von *Return* oder der *Eingabetaste* wird der ausgewählte Wert in das Feld übernommen.

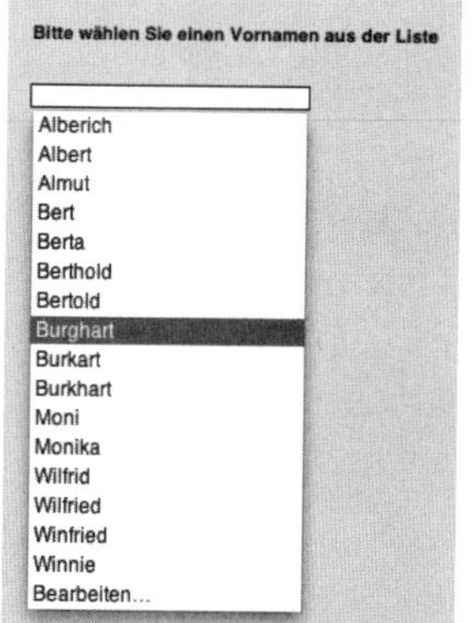

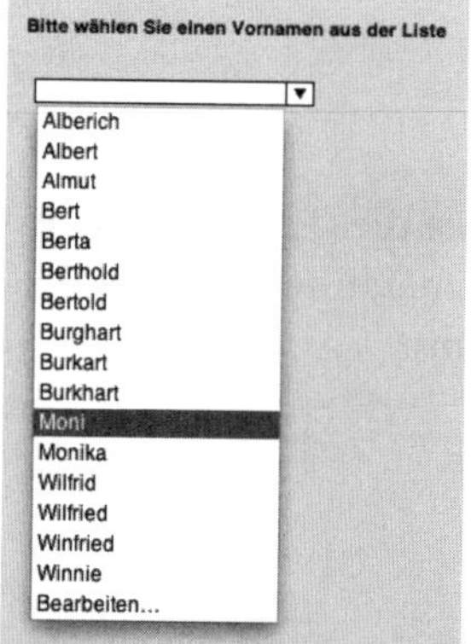

Anzeige einer Werteliste als Einblendliste ohne und mit Pfeil.

Einblendmenüs

Das Einsatzgebiet von *Einblendmenüs* ist das gleiche wie das von *Einblendlisten*. Die Auswahl eines Listenwertes ist hier aber zwingend erforderlich. Der auffälligste Unterschied zu Einblendlisten ist die Kennzeichnung des aktuell ausgewählten Wertes durch einen Haken. Auch hier können Sie Anwendern die Bearbeitung von statischen Wertelisten gestatten. Ebenso kann die Navigation im Menü durch Eingabe von Anfangsbuchstaben und mit Auf- und Abwärtspfeil erfolgen.

Die Konfiguration und Anzeige von Einblendmenüs.

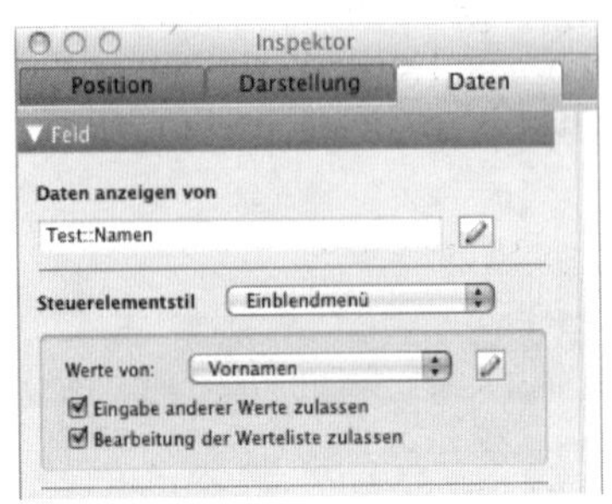

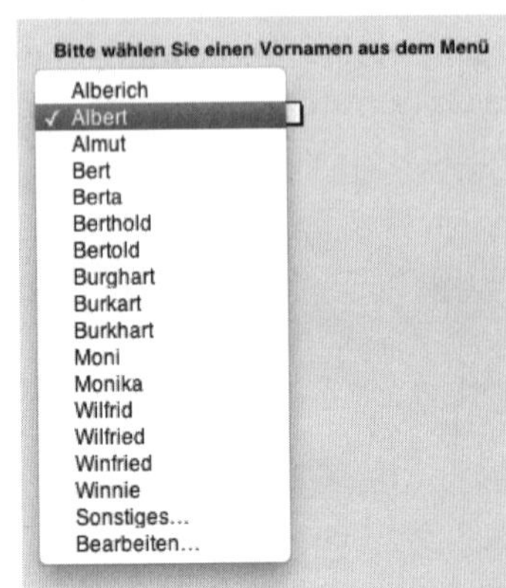

Optional kann die Verwendung von Werten, die nicht in einer Liste enthaltenen sind, zugelassen werden. Die Handhabung ist im Vergleich zu Einblendlisten deutlich restriktiver. Ist diese Option aktiviert, taucht in der Werteliste das Element *Sonstiges…* auf. Wenn Sie es auswählen, erscheint ein Dialogfenster, in das sich der nicht in der Liste enthaltene Wert eingeben lässt.

Die Eingabe von »Nicht-Listen«-Werten bei Einblendmenüs.

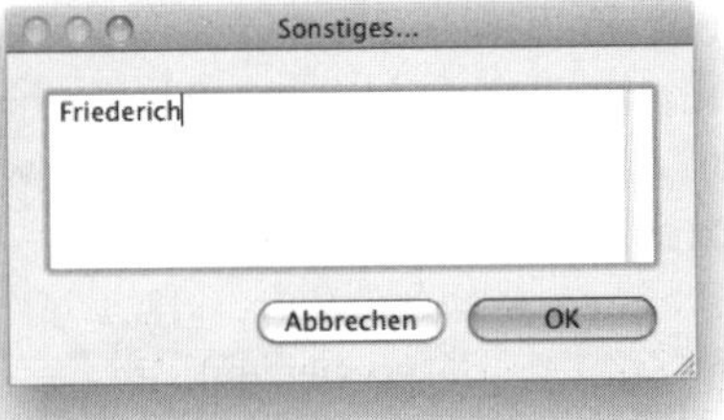

Wenn Sie die Option *Eingabe anderer Werte aktivieren*, sollten Sie zur Vermeidung von Konfusionen Listenwerte wie *Sonst*, *Sonstige* oder *Sonstiges* vermeiden.

Die Inhalte von Feldern, für deren Feldobjekte als Eingabemethode *Einblendmenüs* definiert sind, lassen sich mit der *Entfernen*- oder der *Lösch*-Taste leeren.

Markierungsfelder

Jedes Element einer Werteliste wird neben einem *Markierungsfeld* angezeigt. Nutzer können ein Element an- oder abschalten, der angeschaltete Zustand ist durch ein Kreuz gekennzeichnet. Die ausgewählten Elemente sind – durch Zeilenschaltungen getrennt – ebenfalls als Liste gespeichert. Die Anordnung ergibt sich aus der Reihenfolge, in der sie ausgewählt wurden.

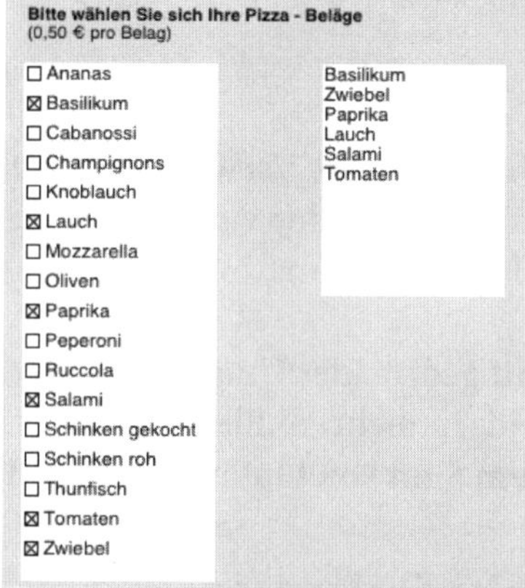

Konfiguration und Anzeige von Markierungsfeldern (rechts die zugehörige Speicherung).

Auch bei Markierungsfeldern ist die Verwendung von Werten, die nicht in einer Liste enthalten sind, optional möglich. Bei Aktivierung dieser Option taucht das von den Einblendmenüs bekannte Element *Sonstiges…* in der Liste auf. Beim Anschalten dieses Elements erscheint wieder ein Dialogfeld, in das Sie den gewünschten Wert eingeben können. Allerdings müssen Sie dabei den gesamten Inhalt der aktuellen Auswahl bearbeiten. Dies führt fast zwangsläufig zu Konfusionen. Zum einen können Sie nicht erkennen, welcher Wert oder welche Werte sich hinter *Sonstiges* verbergen. Zum Anderen besteht die Gefahr, dass bereits bestehende Inhalte unabsichtlich und unbemerkt verändert werden.

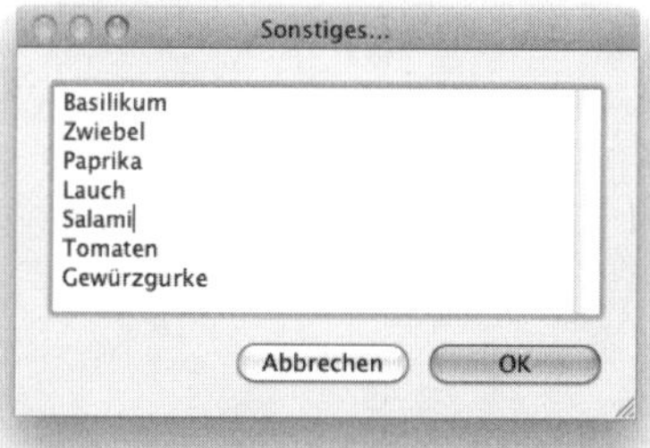

Die Eingabe von »Nicht-Listen«-Werten bei Markierungsfeldern.

Optionsfelder

Optionsfelder ähneln Markierungsfeldern, sind aber für die Auswahl eines Listenelements vorgesehen. Die Auswahl eines Wertes bewirkt die Deaktivierung des vorher eingestellten. Eine Auswahl können Sie löschen, wenn Sie bei gedrückter *Umschalttaste* (⇧) auf sie klicken.

Die Konfiguration und Anzeige von Optionsfeldern.

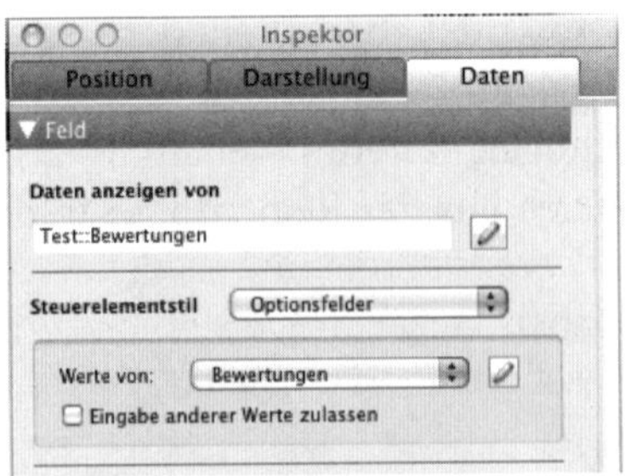

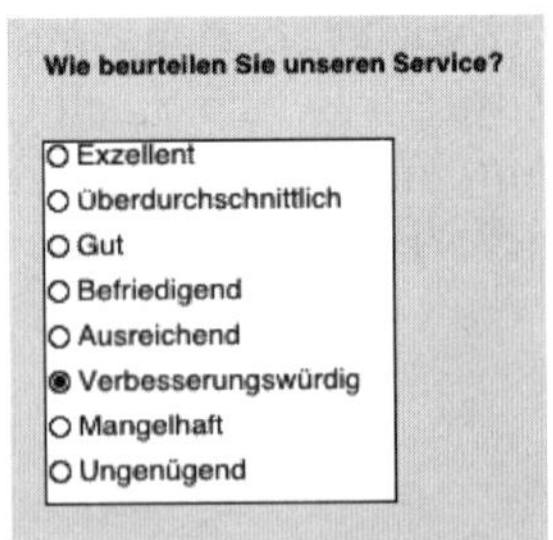

Auch hier ist die Verwendung anderer Werte möglich, deren Eingabe gestaltet sich analog zu Einblendmenüs. Aus den gleichen Gründen wie bei den Markierungsfeldern ist von ihrer Verwendung abzuraten.

Mit gedrückter Umschalttaste (⇧) können Sie auch bei Optionsfeldern mehrere Elemente auswählen. Dies entspricht aber nicht dem Sinn von Optionsfeldern, deshalb ist davon abzuraten.

Einblendkalender

Der *Einblendkalender* ermöglicht die schnelle Eingabe von Werten in Datumsfelder mittels Mausklick. Die Auswahl der Option *Mit Symbol …* verhindert das automatische Aufklappen des Kalenders beim Betreten des Feldes.

Die Konfiguration und Anzeige des Einblendkalenders.

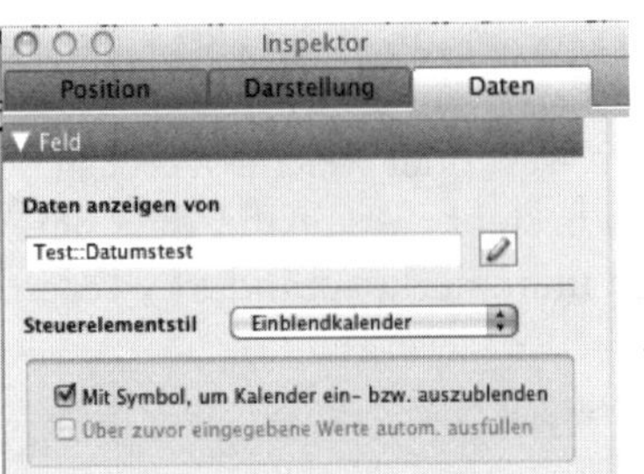

Beim Aufklappen des Einblendkalenders ist das aktuelle Datum markiert. Liegen die einzugebenden Datumswerte eine größere Zeitspanne davor oder dahinter, so gestaltet sich die Eingabe nicht notwendigerweise schneller als die direkte manuelle Eingabe. Sie bietet trotzdem Vorteile etwa bei unbestimmten Angaben wie »letzter Freitag im Juli«. Außerdem ist zu einem gegebenen Datum der Wochentag sofort ersichtlich.

Automatisches Vervollständigen

Sind die Werte für ein Feld nicht auf eine überschaubare Menge beschränkt, kann die manuelle Eingabe von Informationen bei Textfeldern noch mit Hilfe der *automatischen Vervollständigung* beschleunigt werden. Basierend auf bisherigen Eingaben stellt *FileMaker* Vorschläge in Form einer Werteliste zu Verfügung.

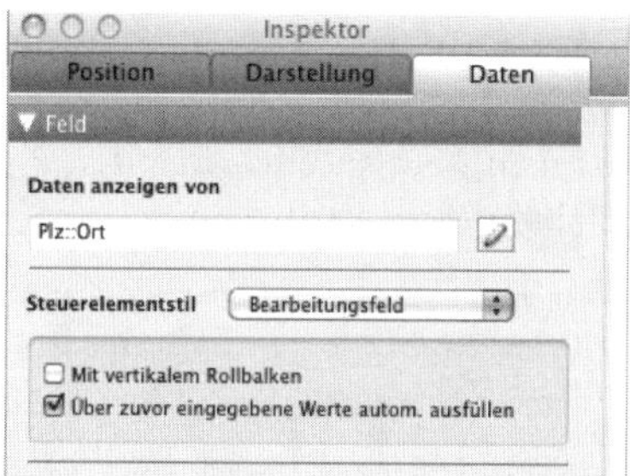

Die Konfiguration des »Automatischen Vervollständigens«.

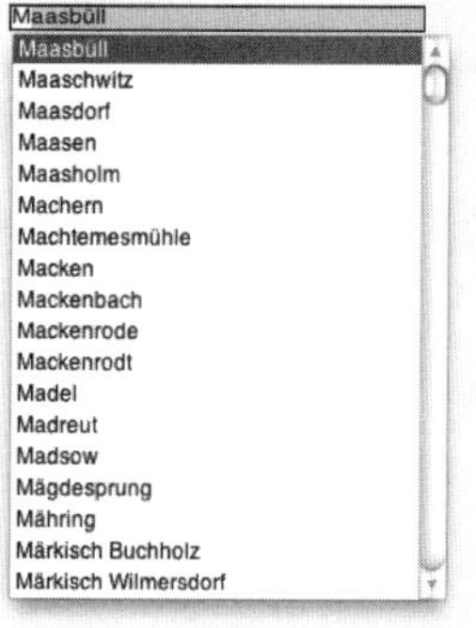

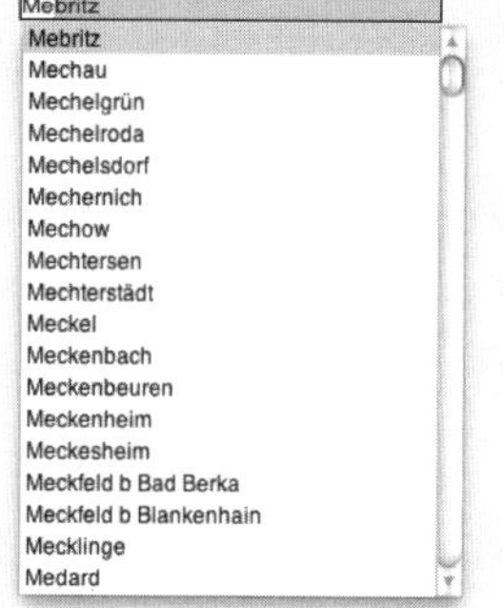

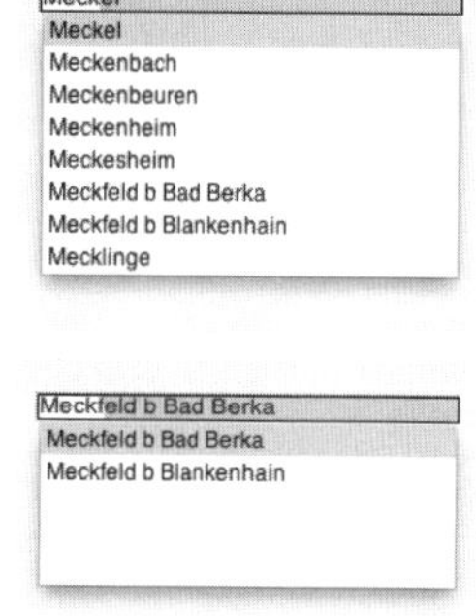

Der Prozess des automatischen Vervollständigens.

Eingabehilfen früherer FileMaker-Versionen

Die Konfiguration von Eingabehilfen wie Einblendlisten, Markierungsfeldern etc. haben wir mit Hilfe des Inspektors vorgenommen. Dieser ist ab Version 11 im Einsatz, die in den vergangenen Abschnitten vorgestellten Hilfen sind auch in früheren Versionen verfügbar.

Die Einstellung erfolgt über *Format* | *Feld/Steuerlement* | *Einstellung…*, über das Kontextmenü *Feld/Steuerlement* | *Einstellung…*, mit dem Tastaturkürzel alt-⌘-U oder einfach per Doppelklick auf das Feldobjekt.

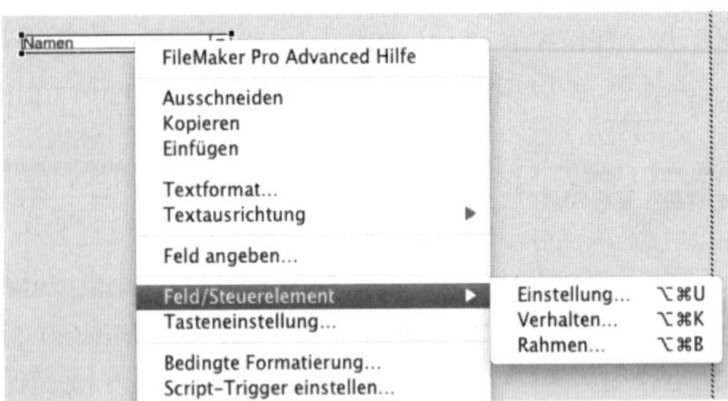

Einstellung der Eingabehilfe über Kontextmenü.

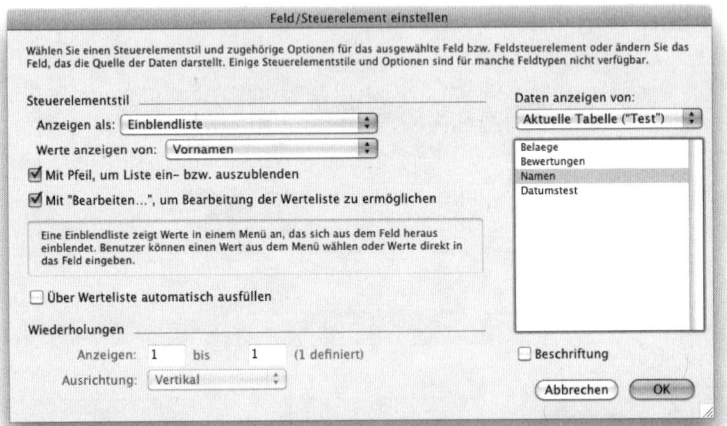

Dialogfenster Feld/Steuerelement einstellen.

Die Einstellungen im Dialogfenster erfolgen analog zu denen im Inspektor. Das automatische Vervollständigen lässt sich aktivieren, wenn der gewählte Steuerelementstil dies zulässt.

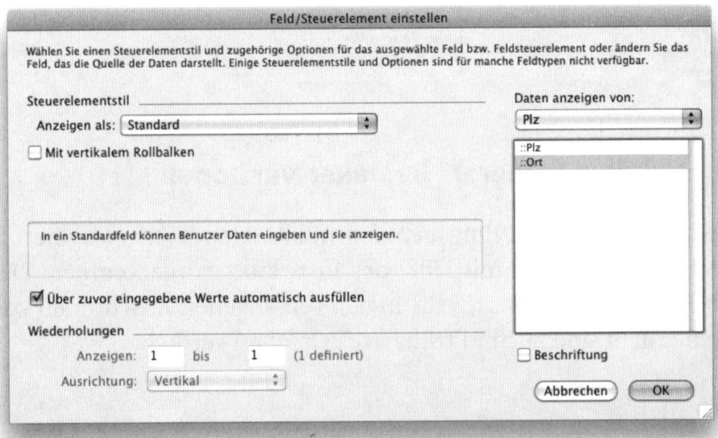

Aktivierung des automatischen Vervollständigens.

Tasten

Eine *Taste* ist ein Layoutobjekt, das die Ausführung eines Skripts per Mausklick gestattet. Mit Skripten befassen wir uns in einem der nächsten Abschnitte, sie ermöglichen den automatisierten Ablauf von Befehlsfolgen.

Um eine neue Taste zu erstellen, klicken Sie in der Statussymbolleiste auf das *Tastenwerkzeug*. Bewegen Sie den Kreuzzeiger zu dem auserkorenen Anfangspunkt. Drücken Sie die Maustaste und ziehen Sie diagonal ein Rechteck auf. Lassen Sie die Maustaste los, sobald die Taste die gewünschten Ausmaße angenommen hat. Daraufhin erscheint das Dialogfeld *Tasteneinstellung*, in dem Sie die auszuführende Aktion(en), den Tastenstil und die Zeigerform festlegen können. Befindet sich der Zeiger über einer Taste, kann er die Form einer Hand annehmen.

Wählen Sie einen Befehl aus der Liste und legen Sie, falls erforderlich, dafür Optionen fest. Soll die Taste ein vollständiges Skript ausführen, wählen Sie *Skript ausführen* und geben Sie den Namen des Skripts an. Einer Taste können Sie nur einen einzigen Befehl bzw. ein einziges Skript zuweisen. Klicken Sie auf *OK* und geben Sie anschließend die Beschriftung der Taste ein.

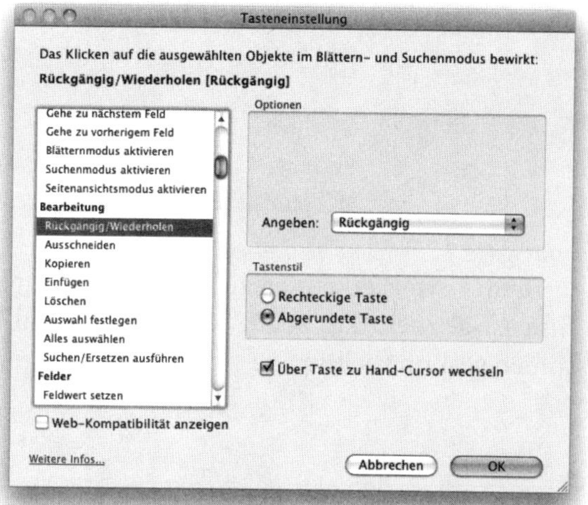

Der Dialog »Tasteneinstellung«.

Alternativ können Sie über *Einfügen* | *Taste* ein solches Objekt in ein Layout einfügen.

Die alternative Möglichkeit der Tasteneinstellung.

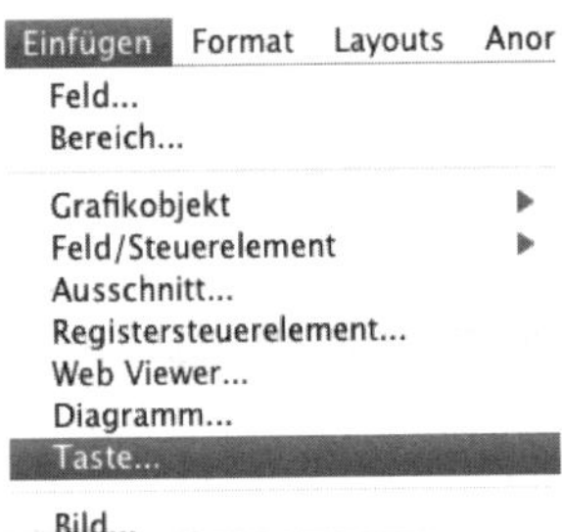

Die gerade erzeugte Taste leistet im *Blättern*-Modus nichts anderes, als die zuletzt durchgeführte Aktion zu widerrufen. Probieren Sie es aus!

Die erzeugte Taste im »Blättern«-Modus.

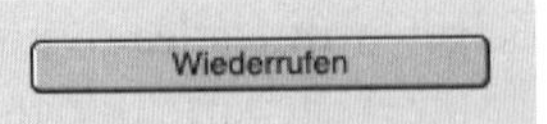

In früheren *FileMaker*-Versionen war das Auslösen von Skripten oder Skriptbefehlen ausschließlich mit Hilfe solcher Tasten möglich. Schon seit längerem kann fast jedem beliebigen Layoutobjekt eine Tastenfunktionalität zugeordnet werden. Am einfachsten erfolgt dies über das Kontextmenü *Tasteneinstellungen*. Alternativ bietet sich *Format* | *Tasteneinstellungen* an.

Die Zuweisung einer Tastenfunktionalität zu einem Layoutobjekt.

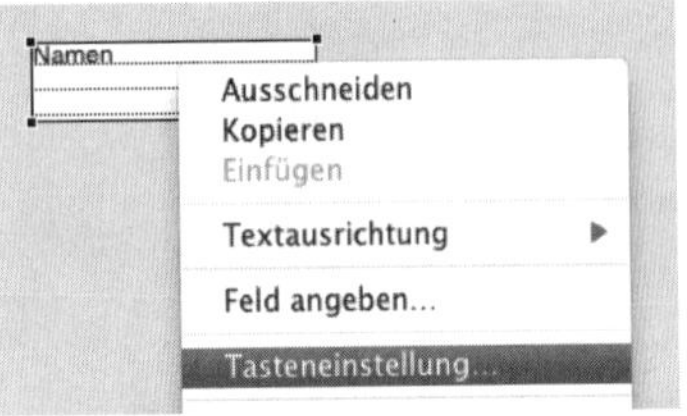

Um Tasten in Ihrem Layout erkennen zu können, wählen Sie *Ansicht* | *Einblenden* | *Tasten*. Nach der Aktivierung dieser Option sind Tasten durch graue Umrisslinien gekennzeichnet.

Tasten in Layoutansicht ohne (links) und mit (rechts) aktivierter Tasten-Einblend-Ansicht.

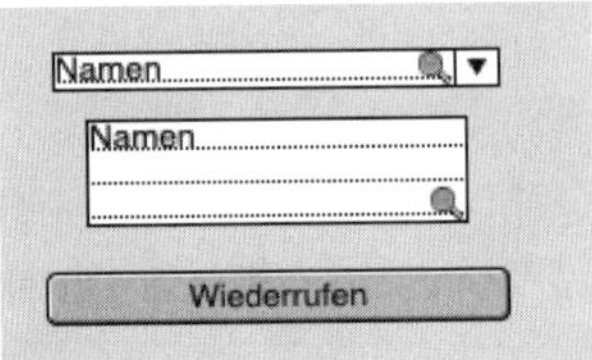

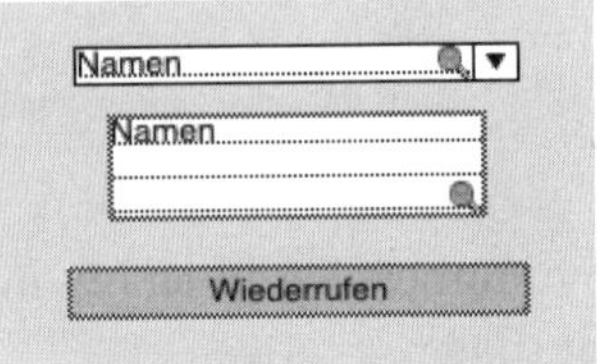

Registersteuerelement

Registersteuerelemente bestehen aus einem oder mehreren Registerfeldern. In jedem Registerfeld kann eine unterschiedliche Anzahl an Layoutobjekten untergebracht sein. Auf diese Weise lassen sich Teilbereiche eines Layouts zur Darstellung unterschiedlicher Objekte mehrfach ausnutzen.

So können Sie Adresseninformationen auf mehrere Registerfelder verteilen. Firmentelefon, Handy, Fax etc. beispielsweise im Registerfeld *Firma*, die entsprechenden privaten Informationen in *Privat*, und Bemerkungen im gleichnamigen dritten Registerfeld. Im Falle einer Heilpraxis können Sie Patientendaten, Angaben zum Rechnungsempfänger, die Liste mit Behandlungsterminen sowie Informationen zum Krankheitsverlauf auf vier verschiedenen Registerfelder anordnen.

Das Erstellen eines solchen Objekts erfolgt analog zu dem einer Taste. Wählen das Werkzeug *Registersteuerelemente* und ziehen Sie ein Rechteck auf. Sobald Sie die Maustaste loslassen, erscheint das Dialogfeld *Registersteuerelement-Einstellung*. Darin können Sie auch Ausrichtung, Darstellungsform und Registerbreite festlegen.

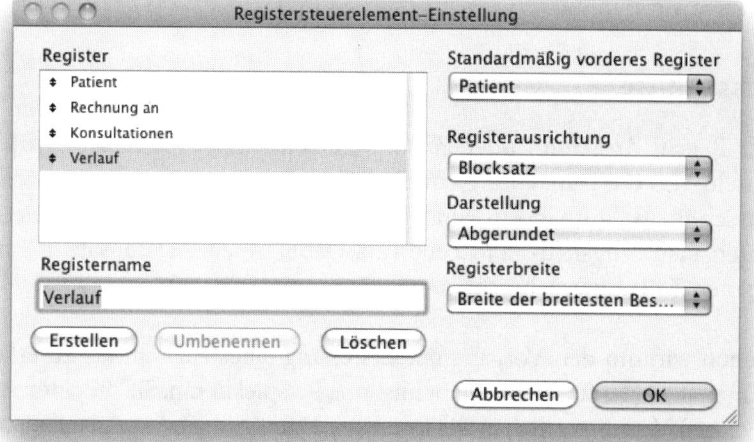

Erzeugung und Konfiguration eines Registersteuerelements.

Registerfelder im »Blättern«-Modus.

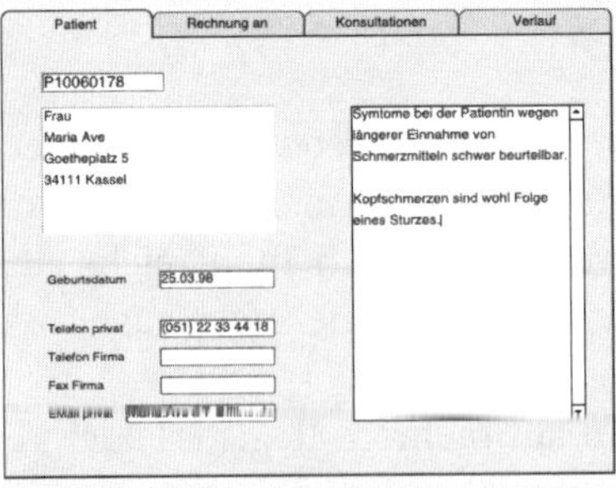

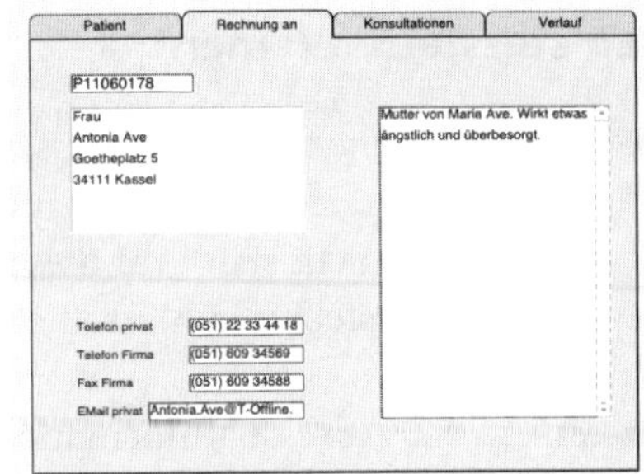

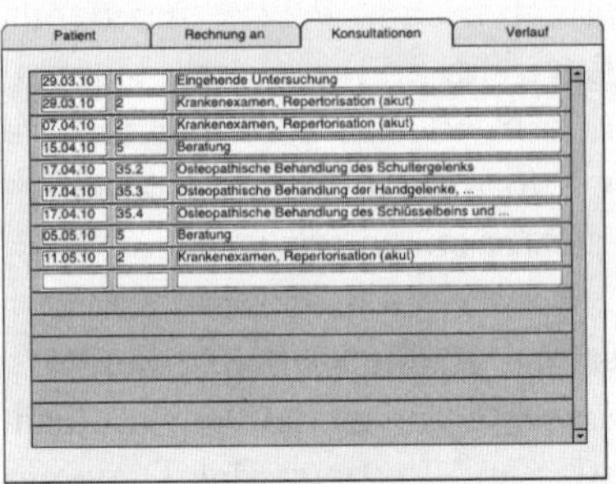

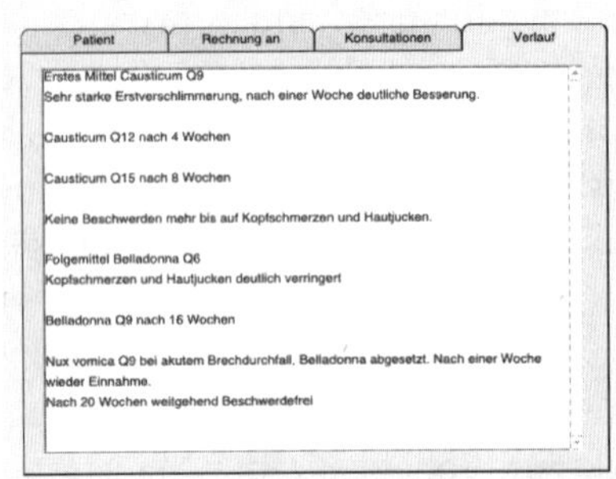

Die Nutzung von Registersteuerelementen bereitet in der Regel weit weniger Aufwand als die Nutzung mehrerer spezifischer Layouts an Stelle von Registerfeldern.

Ausschnitte

Der Begriff *Ausschnitt* oder *Portal* kennzeichnet in *FileMaker* ein Listenfeld, das die Darstellung von Referenz-Datensätzen ermöglicht. Ein Ausschnitt stellt quasi ein Fenster in eine andere Tabelle dar und zeigt Daten aus Bezugsfeldern in Zeilen an. Dabei ist jeder Datensatz in einer eigenen Zeile untergebracht.

Ziehen wir, um den Vorgang der Erstellung eines Ausschnitts zu erläutern, mal wieder unsere Aufgabenliste als Beispiel heran. Sie möchten sich zu jedem Verantwortlichen die ihm zugeteilten Aufgaben zeigen lassen.

Die Erzeugung eines Portals erfolgt gemäß dem inzwischen schon gewohnten Ablauf bei der Fabrikation von Layoutobjekten. Öffnen Sie, falls noch nicht geschehen, die Datei *Aufgabenliste_4.fp7*. Wechseln Sie zum Layout *Mitarbeiter* und dort in den *Layout*-Modus. Wählen Sie das *Ausschnittwerkzeug* und ziehen Sie damit ein Rechteck auf. Ist dies vollbracht, erscheint diesmal der Dialog *Ausschnitteinstellung*.

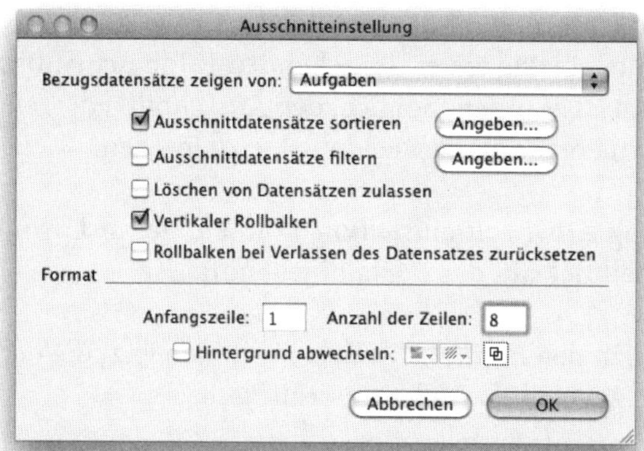

Der Dialog »Ausschnitteinstellung«.

Hier müssen Sie die gewünschte Bezugstabelle, in diesem Fall also *Aufgaben*, angeben. Wahlweise können Sie weitere Einstellungen vornehmen, unter anderem etwa die Angabe der im Ausschnitt darzustellenden Felder. Für den Anfang sollen *Fälligkeitsdatum* und *Aufgabenbeschreibung* genügen.

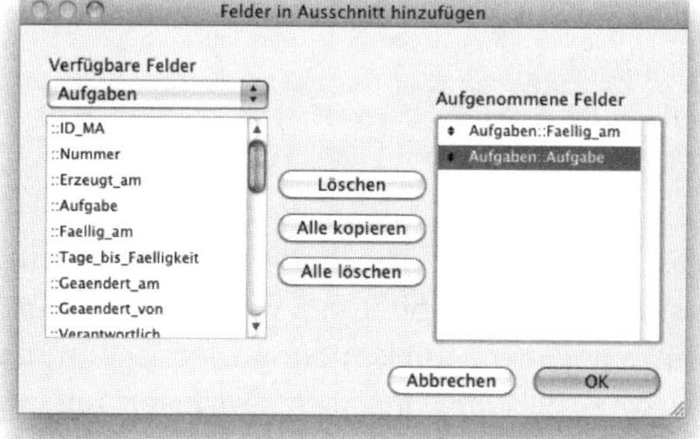

Die Auswahl der im Ausschnitt darzustellenden Felder.

Tabellennamen und Anzahl der anzuzeigenden Zeilen eines Ausschnittobjekts sind im *Layout*-Modus in der unteren linken Ecke dargestellt. Ein Pluszeichen (+) kennzeichnet die Aktivierung des vertikalen Abrollens.

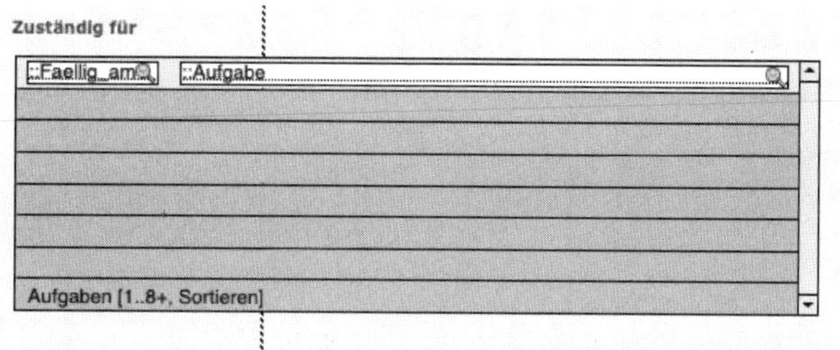

Ausschnitt im »Layout«-Modus.

Bei einer größeren Anzahl darzustellender Felder können Sie oberhalb des Ausschnittsobjekts die entsprechenden Feldbeschriftungen platzieren. Weiterhin ist es Ihnen möglich, den Ausschnitt jederzeit um weitere Feldobjekte zu ergänzen oder Feldobjekte zu löschen.

Den Dialog *Ausschnitteinstellung* können Sie im Layout-Modus mit Doppelklick auf das Portalobjekt aufrufen.

Wechseln Sie in den *Blättern*-Modus. Sie sollten jetzt die den jeweiligen Mitarbeitern zugeteilten Aufgaben erblicken.

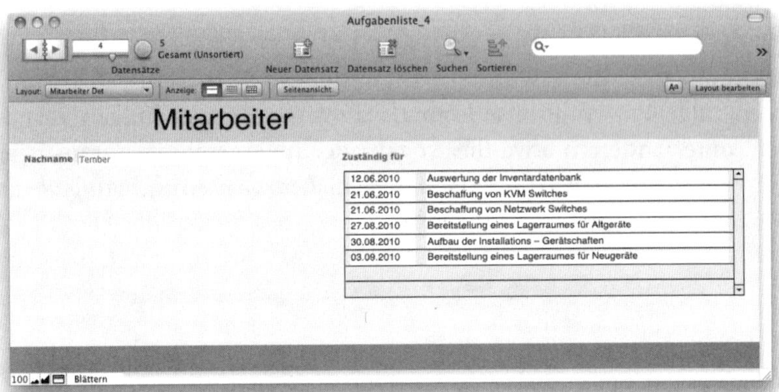

Ausschnitt im »Blättern«-Modus.

Wie Sie bemerkt haben, bietet der Dialog *Ausschnitteinstellung* diverse Konfigurationsmöglichkeiten. So können Sie eine Sortierung der Ausschnittsdatensätze angeben. Klicken Sie im Dialog auf die Taste *Angeben...* rechts neben *Ausschnittdatensätze sortieren* und wählen Sie im Dialog *Datensätze sortieren* die gewünschten Felder aus. In diesem Fall macht es Sinn, sich für die Felder *Faellig_am* und *Aufgabe* zu entscheiden. Auch die Sortierfolge (Aufsteigend, absteigend oder eigene Sortierfolge) können Sie mit diesem Dialog festlegen.

Zur besseren Übersicht sollten Sie die Option *Vertikaler Rollbalken* aktivieren. Sonst wird Ihnen eventuell der Blick auf einen Teil der Bezugsdatensätze verwehrt.

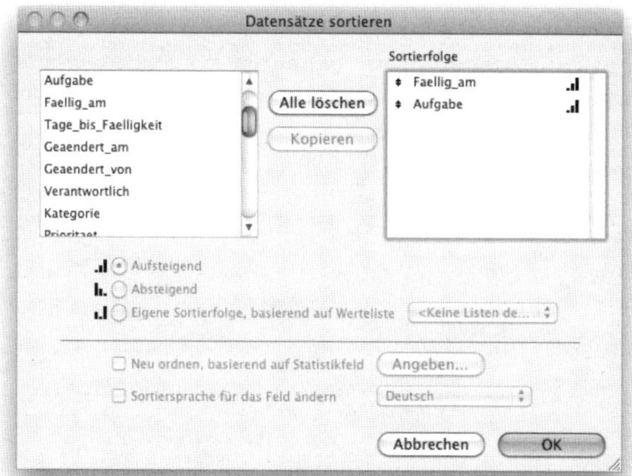

Festlegung einer Sortierfolge im Ausschnitt.

Es ist auch möglich, Bezugsdatensätze über Ausschnitte zu erzeugen. Diese Option müssen Sie im Beziehungsdiagramm erst aktivieren. Wählen Sie *Verwalten | Datenbank* oder drücken Sie ⌘-⇧-D/Strg-⇧-D und klicken Sie auf *Beziehungen*.

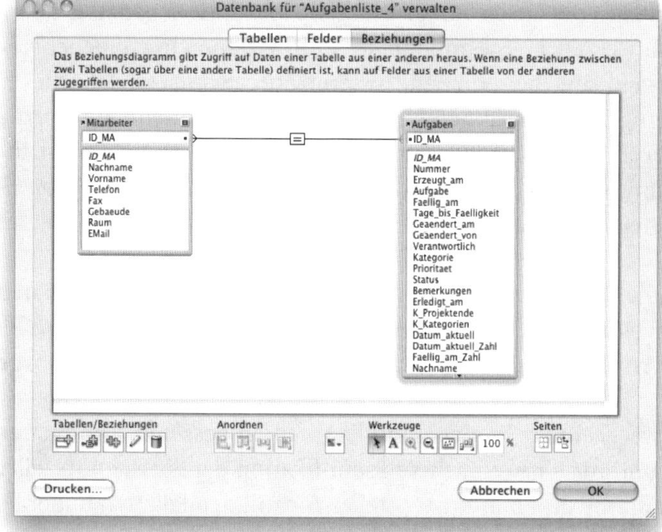

Das Beziehungsdiagramm für die Datei »Aufgabenliste_4«.

Ein Doppelklick auf das umrandete Gleichheitszeichen öffnet den Dialog *Beziehung bearbeiten*. Setzen Sie den Haken für die Option *Erstellung von Bezugsdatensätzen in dieser Tabelle über diese Beziehung zulassen* unter der Tabelle, in der Sie Datensätze über Ausschnitte erzeugen möchten. In diesem Fall also bei *Aufgaben*.

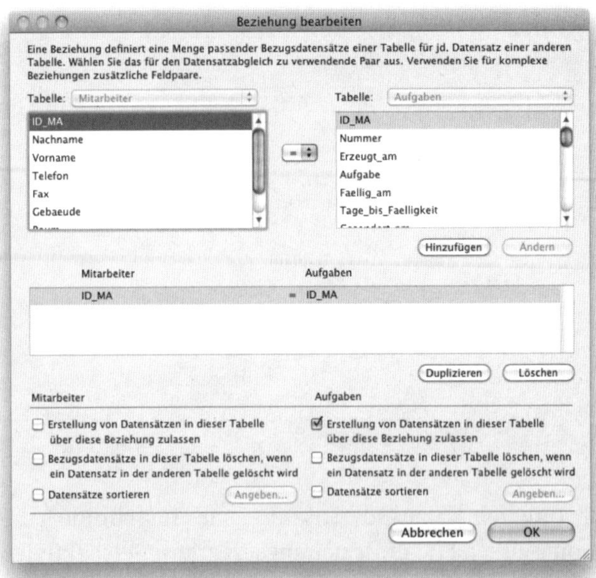

Die Erstellung von Datensätzen in Aufgaben zulassen.

Schließen Sie die beiden Dialoge, indem Sie auf *OK* klicken. Das Portal ist jetzt um eine zusätzliche leere Zeile am Ende ergänzt. Einen neuen Datensatz erzeugen Sie, indem Sie Informationen in ein beliebiges Ausschnittsfeld eingeben. Im Falle unserer Aufgabenliste macht dies eigentlich wenig Sinn, da zu den einzelnen Aufgaben doch eine ganze Reihe längerer Texte einzugeben sind. Dagegen kann diese Option in einer Rechnungsstellung ein gesondertes Layout für die Eingabe von Einzelpositionen erübrigen.

Bei nicht aktivierter Rollbalken-Option können Sie keine neuen Bezugsdatensätze eingeben, wenn Sie nicht für ausreichend Platz zur Anzeige sämtlicher Bezugsdatensätze im Ausschnitt sorgen.

Ein abwechselnder Hintergrund kann einen besseren Kontrast ermöglichen und für eine einfachere Identifikation der Ausschnittszeilen sorgen. Füllfarbe und Füllmuster stellen Sie mit den Paletten in der Formatierungsleiste oder über das Kontextmenü ein.

Wenn Sie die Option *Erstellung von Bezugsdatensätzen in dieser Tabelle über diese Beziehung zulassen* gesetzt haben, sollte zumindest ein Feldobjekt über eine Umrandung verfügen oder einen nicht transparenten Hintergrund aufweisen. Ansonsten ist die leere Zeile am Ende der Liste nicht erkennbar.

Konsultationen

Datum	Anzeige	Pos	Ziffer	Aufw	Leistung	Betrag
31.03.10	31.03.10		1	☐ *	Eingehende Untersuchung	20,50 €
31.03.10		2	2	☒ *	Krankenexamen, Repertorisation (akut)	82,00 €
07.04.10	07.04.10		2	☒ *	Krankenexamen, Repertorisation (akut)	41,00 €
15.04.10	15.04.10		5	☐ *	Beratung	15,00 €
26.04.10	26.04.10		35.2	☐ *	Osteopathische Behandlung des Schultergelenks	26,00 €
26.04.10		2	35.3	☐ *	Osteopathische Behandlung der Handgelenke, ...	26,00 €
26.04.10		3	35.4	☐ *	Osteopathische Behandlung des Schlüsselbeins und ...	15,50 €
28.05.10	28.05.10		2	☒ *	Krankenexamen, Repertorisation (akut)	25,00 €
28.05.10	28.05.10		5	☐ *	Beratung	15,00 €
				☐ *		

Ausschnitt mit wechselndem Hintergrund und der Möglichkeit zum Erzeugen neuer Datensätze.

Sie können im *Blättern*-Modus auch Bezugsdatensätze löschen. Diese Option müssen Sie ebenfalls explizit gestatten. Setzen Sie dazu im Dialog den Haken bei *Löschen von Bezugsdatensätzen zulassen.*

Die Größe einer Ausschnittszeile ändern Sie, indem Sie auf seine Begrenzung oder auf eine leere Stelle innerhalb des Ausschnitts klicken. Jede Ecke der ersten Zeile des Ausschnitts zeigt daraufhin Aktivpunkte an. Wenn Sie jetzt einen Aktivpunkt an eine andere Position ziehen, wird die Größe der ersten Zeile verändert. Die restlichen Zeilen passen sich der ersten Zeile automatisch an. Alternativ können Sie die Abmessungen des gesamten Objekts mit Hilfe des *Inspektors* ändern. Zum Schluss müssen Sie eventuell die Größe eines oder mehrerer Objekte im Ausschnitt anpassen.

In Ausschnitten lassen sich neben Feldobjekten auch andere Layoutobjekte platzieren. Sobald sich die linke obere Ecke eines Objekts im Ausschnitt befindet, wird es als Bestandteil des Ausschnitts angesehen. Befindet sich das Objekt in der erste Zeile des Ausschnitts, so erscheint es einmal für jeden Bezugsdatensatz.

Ein Ausschnitt kann keinen weiteren Ausschnitt enthalten. *Registersteuerelemente* oder *Web Viewer*-Objekte lassen sich ebenfalls nicht in Ausschnitten platzieren.

Diagramm

Ab Version 11 verfügt *FileMaker* über die Fähigkeit, Zahlenfriedhöfe in Form übersichtlicher Grafiken darstellen zu können. Zwar ist seine Ausstattung (noch?) recht spärlich, aber *FileMaker*-Anwender sind bekanntlich bescheiden. Die Ausstattung an Diagramm-Formen beschränkt sich auf einfache Grundtypen. Zur Auswahl stehen die folgenden Darstellungsformen:

- Balkendiagramm
- Flächendiagramm
- Liniendiagramm
- Säulendiagramm
- Tortendiagramm

Wir werden dem Thema »Grafik« ein eigenes Kapitel widmen. Deshalb sei an dieser Stelle das Prinzip der Erstellung einer Grafik nur kurz erläutert. Nehmen wir an, Sie möchten in der Aufgabenliste die jedem Mitarbeiter zugeteilte Anzahl von Aufgaben ermitteln und dies grafisch darstellen. Öffnen Sie in *Aufgabenliste_4* den Dialog *Datenbank verwalten*. Erstellen Sie für die Tabelle *Mitarbeiter* ein neues Feld vom Typ *Formel*. Nennen Sie es *Anz_Aufgaben*. Die Anzahl der mit einem Datensatz verbundenen Bezugsdatensätze ermitteln wir mit Hilfe der Funktion *Anzahl*. Welches Feld Sie in der Bezugstabelle für die Berechnung heranziehen, ist im Prinzip nicht relevant. Zum besseren (optischen) Verständnis bietet es sich aber an, das Feld *Aufgaben* zu wählen.

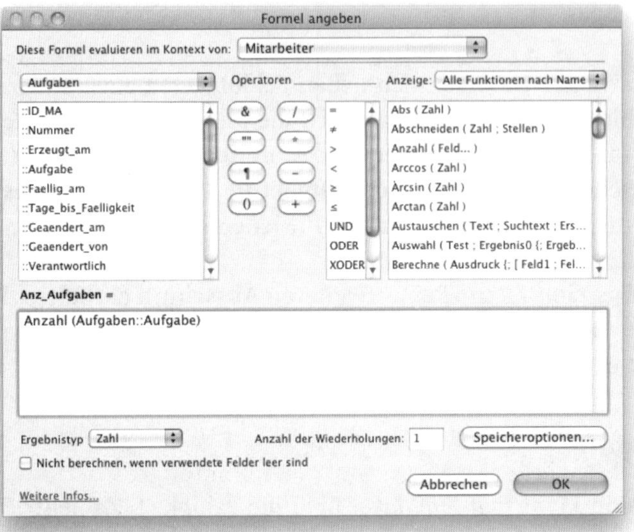

Die Bestimmung der Anzahl von Bezugsdatensätzen.

Entfernen Sie den Haken bei *Nicht berechnen, wenn verwendete Felder leer sind.* Damit erreichen Sie die Anzeige von »0«, wenn einem Mitarbeiter keine Aufgaben zugeteilt sind. Ansonsten bliebe das Feld leer. Ergänzen Sie jetzt noch das Layout um das Feldobjekt *Anz_Aufgaben* oberhalb des Ausschnitts. Im Modus *Blättern* sollte jetzt die Aufgabenzahl dargestellt sein.

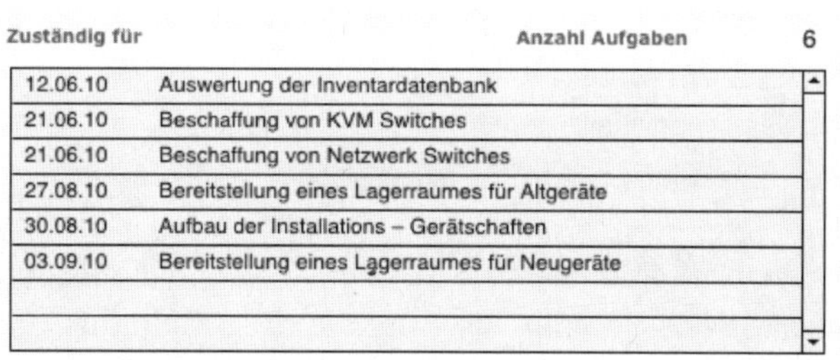

Die Darstellung der Anzahl an zugeteilten Aufgaben.

Markieren Sie im *Layout*-Modus das *Diagramm-Werkzeug*. Ziehen Sie ein Rechteck auf. Geben Sie im Dialog *Diagrammeinstellung* als Diagrammtitel *Aufgabenzahl pro Mitarbeiter* ein.

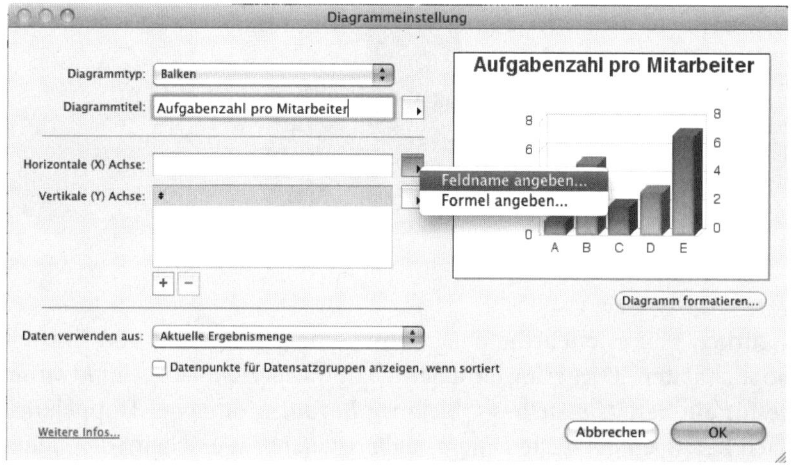

Diagramm-Konfiguration-Angabe eines Feldnamens für die horizontale Achse.

Wählen Sie für die horizontale Achse das Feld *Nachname* und für die vertikale Achse das Feld *Anz_Aufgaben*. Als Diagrammtyp belassen wir *Balken*.

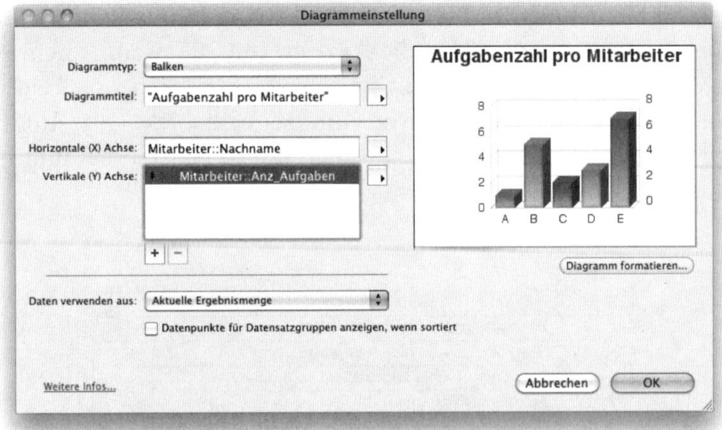

Die komplette Diagramm-Konfiguration.

Klicken Sie auf *OK* und wechseln Sie in den *Blättern*-Modus.

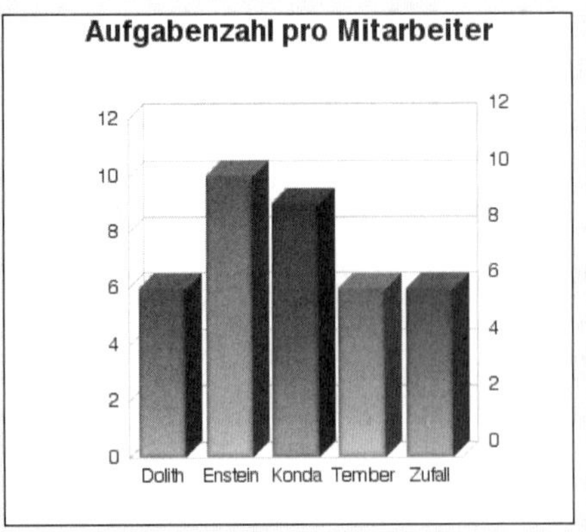

Das Balkendiagramm mit der Anzahl an zugeteilten Aufgaben pro Mitarbeiter.

Natürlich gibt es auch für Diagramme eine ganze Reihe von Einstellmöglichkeiten. Den erforderlichen Dialog *Diagrammeinstellung* öffnen Sie für ein bereits erstelltes Objekt im *Layout*-Modus per Doppelklick. Nach Betätigen der Taste *Diagramm formatieren…* erscheint der gleichnamige Dialog. Wählen Sie einen linearen Verlauf als Hintergrund, geben Sie zwei Farben an, tippen Sie als Achsentitel *Mitarbeiter*, geben Sie *Anzahl* als statischen Text ein und stellen Sie den Beschriftungswinkel in *Horizontale (X) Achse* auf 90°.

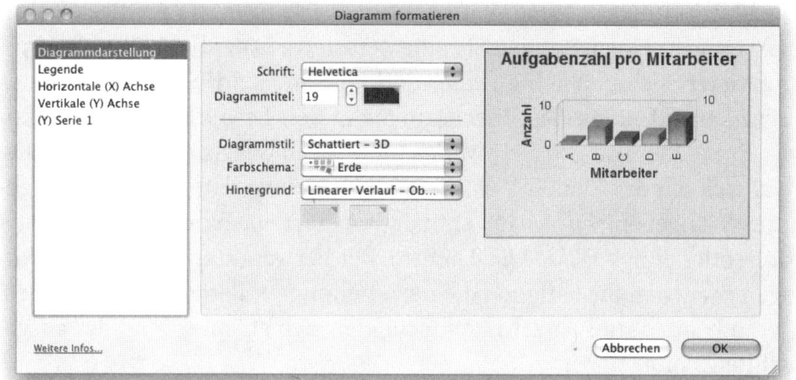

Der Dialog »Diagramm formatieren«.

Schließen Sie beide Fenster mit *OK* und wechseln Sie in den *Blättern*-Modus.

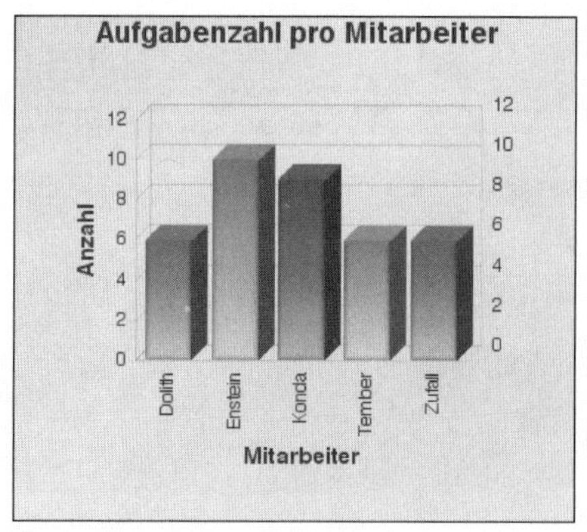

Das formatierte Balken-Diagramm.

Sie sehen, Sie können mit wenig Arbeitsaufwand durchaus beeindruckende Grafiken erzeugen.

Web Viewer

Web Viewer-Objekte ermöglichen die Darstellung von Webseiten in *FileMaker*-Layouts. Sie sind allerdings nicht als Ersatz von Web-Browsern vorgesehen. Ihnen fehlen diverse Funktionalitäten wie Lesezeichen, Adressleiste, Verlauf etc., die Kontextmenüs enthalten üblicherweise weniger Optionen als die von Browsern.

Die Platzierung von *Web Viewer*-Objekten erledigen wir auf die gewohnte Art und Weise. Erzeugen Sie eine neue leere Datenbank *Test_WV.fp7*. Definieren Sie noch keine Felder und klicken Sie im Dialog *Datenbank verwalten* auf *Abbrechen*. Wechseln Sie in den *Layout*-Modus und aktivieren Sie das *Web Viewer*-Werkzeug. Ziehen Sie ein genügend großes Rechteck auf. Im Dialog *Web Viewer-Einrichtung* müssen Sie eine Webadresse angeben. *FileMaker* enthält verschiedene Vorlagen für *Google Maps* oder einige *Wikipedia*-Dienste. Bei Verwendung einer dieser Vorlagen brauchen Sie lediglich die dazu benötigten Parameter anzugeben. Deren Namen und Anzahl unterscheiden sich entsprechend der ausgewählten Vorlage.

Nehmen wir beispielsweise *Google Maps*. Daraufhin erscheinen rechts neben der Liste die von dieser Vorlage benötigten Felder. Geben Sie einige Beispieldaten ein. Der aus Ihren Angaben konstruierte Link ist im Dialog links unten im Feld *Webadresse* angezeigt.

Der Dialog »Web Viewer-Einrichtung«.

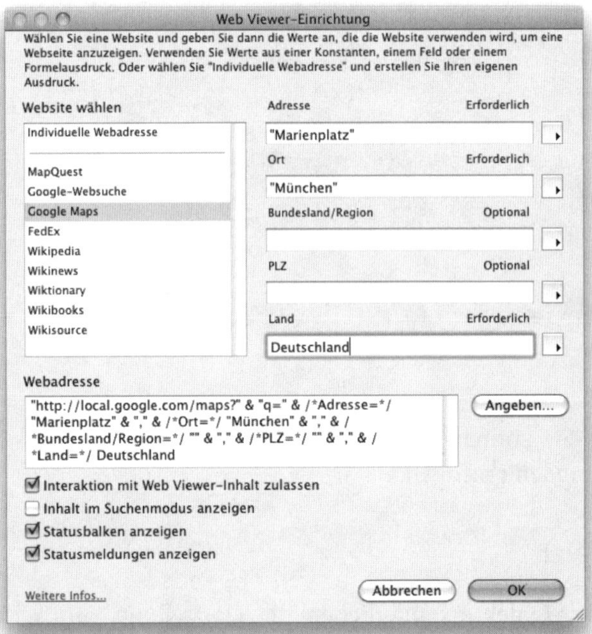

Web Viewer-Objekte ähneln im *Layout*-Modus den Medienfeldobjekten, in deren Mitte das Symbol einer Erdkugel dargestellt ist. Die Adresse der darzustellenden Internetseite ist im oberen Teil des Feldes angegeben.

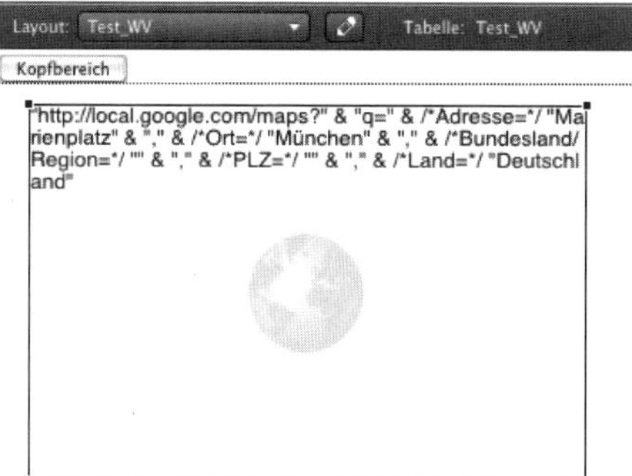

Web Viewer-Objekt (verkleinert) im Layout-Modus.

Wechseln Sie jetzt in den *Blättern*-Modus. Eine aktive Internet-Verbindung vorausgesetzt, sollte daraufhin unmittelbar der Aufbau der entsprechend Ihren Vorgaben gewählten Webseite erfolgen.

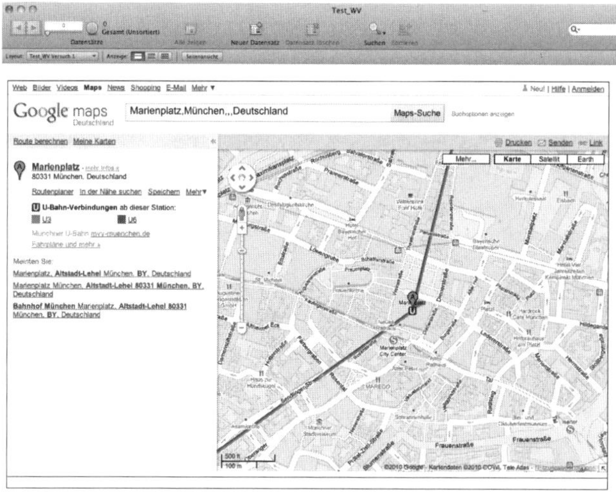

Die Darstellung einer Webseite im Blättern-Modus.

Zum Ändern der eingegebenen Parameterwerte müssen Sie bei dieser Vorgehensweise als Erstes wieder in den *Layout*-Modus wechseln. Der Aufruf des Dialogs erfordert dann einen Doppelklick auf das *Web Viewer*-Objekt. Darin sind die Parameterwerte zu ändern. Zum Schluss geht es dann zurück in den *Blättern*-Modus.

Dieser Aufwand kann die Nutzung des *Web Viewers* verleiden. Die Bedienung lässt sich aber deutlich vereinfachen. Wir müssen lediglich im Dialogfeld die Eingabe von statischem Text durch die Nutzung von Feldern oder Formeln ersetzen. Wir definieren zunächst drei Textfelder namens *GM_Stadt*, *GM_Land* und *GM_Adresse*.

Die Definition von Eingabefeldern für Google Maps.

Die zugehörigen Feldobjekte platzieren wir im *Layout*-Modus oberhalb des *Web Viewer*-Objekts.

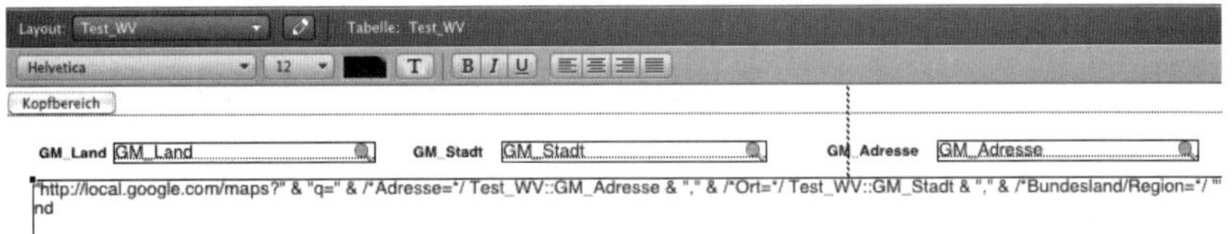

Der »Web Viewer« mit Eingabefeldern für Google Maps.

Nun müssen wir im Dialog *Web Viewer-Einrichtung* diese Felder den entsprechenden Parametern zuweisen.

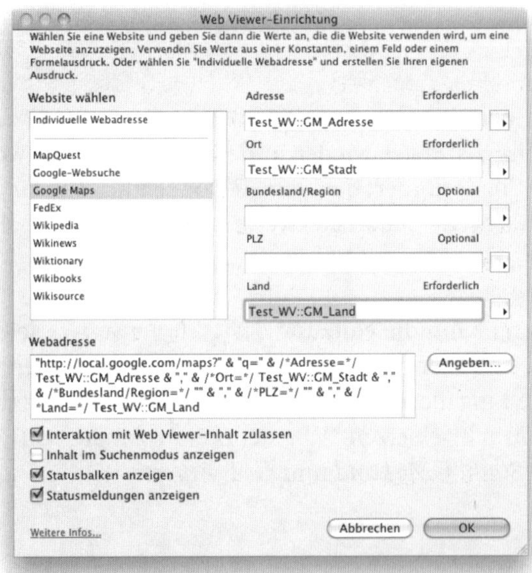

Verknüpfung von Eingabefeldern mit den Parametern für Google Maps.

Im *Blättern*-Modus müssen Sie als Erstes einen Datensatz (⌘-N/ctrl-N) erzeugen. Bei leeren Feldinhalten wird möglicherweise die Startseite von *Google Maps*, also Nordamerika, angezeigt. Geben Sie jetzt Informationen in die drei Felder ein und schon erfolgt die Anzeige des auserkorenen Fleckchens Erde. Sie können nun die Informationen beliebig ändern oder zusätzliche Orts-Informationen in weiteren Datensätzen ablegen.

Die Steuerung der Anzeige von Google Maps über Eingabefelder.

Der *Web Viewer* ist nun aber keineswegs auf die Verwendung vordefinierter Internetadressen beschränkt. Das Feld *Webadresse* im Dialog ermöglicht die Eingabe beliebiger URLs (*Uniform Resource Locater*, Synonym für Web- oder Internetadresse). Auch dabei ist die Arbeit mit Feldern und Formeln möglich. So lässt sich ganz einfach die Adresszeile eines Browsers simulieren.

Wir definieren ein weiteres Textfeld namens *Web_Adr*. Das bestehende Layout duplizieren wir (*Layouts | Layout duplizieren*) im *Layout*-Modus und nennen es *Viewer Persönlich*. Die Namensänderung nehmen wir über *Layouts | Layouteinstellung…* im Dialog *Layouteinstellung* vor.

Der Dialog »Layouteinstellung«.

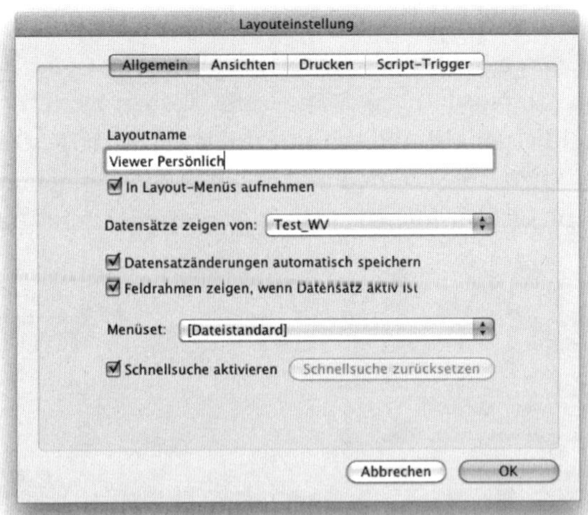

Im Dialog *Web Viewer-Einrichtung* geben wir für *Webadresse* das Feld *Web_Adr* an und beenden den Vorgang durch Drücken von *OK.*

Die Angabe eines Feldes für Webadresse.

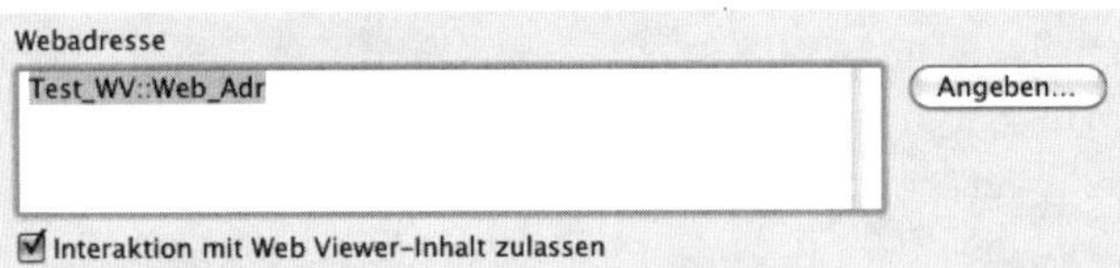

Im Layout löschen wir die Feldobjekte *GM_Stadt* und *GM_Adresse* inklusive deren Beschriftung. Dem verbliebenen Feldobjekt weisen wir Feld *Web_Adr* zu. Zum Schluss passen wir noch die Feldbeschriftung an.

Angepasstes Layout für die manuelle Eingabe von Internetadressen.

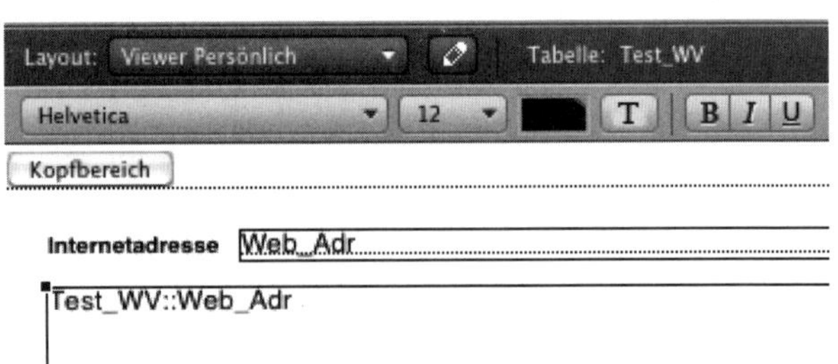

Im *Blättern*-Modus geben wir eine gültige Internetadresse in das Feld *Web_Adr* ein.

Web Viewer mit manueller Eingabemöglichkeit von Webadressen im Blättern-Modus.

Sie können im *Web Viewer* wie bei einem Web-Browser auf Links klicken, Text in Eingabefelder einfügen und dabei mit der Tabulatortaste springen, blättern oder das Kontextmenü verwenden. Dies setzt allerdings voraus, dass Sie die Option *Interaktion mit Web Viewer-Inhalt zulassen* nicht deaktiviert haben. Andernfalls erfolgt auch keine Anzeige von Rollbalken.

Der Statusbalken unter dem Inhaltsbereich zeigt an, wie viel von einer Webseite bereits geladen ist. Statusmeldungen sind Lademeldungen oder Fehlermeldungen. Sichere Webseiten (*https*-Protokoll) sind durch ein kleines Schlosssymbol gekennzeichnet.

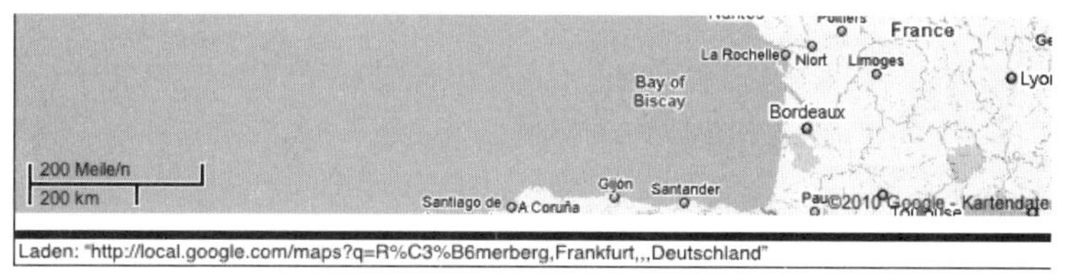

Web Viewer-Statusmeldungen im Blättern-Modus.

Der *Web Viewer* kennt keine Lesezeichen – eine solche Funktion lässt sich aber nachbilden Dazu definieren wir in *Test_WV* eine zweite Tabelle mit dem Namen *Internetadressen*. Darin erzeugen wir die Textfelder *Adressen*, *Kategorien* und *Lesezeichen*. Das Feld *Lesezeichen* erstellen wir auch für Tabelle. Zwischen beiden Tabellen richten wir im Register *Beziehungen* des Dialogs *Datenbank verwalten* eine Beziehung über die Felder *Lesezeichen* ein.

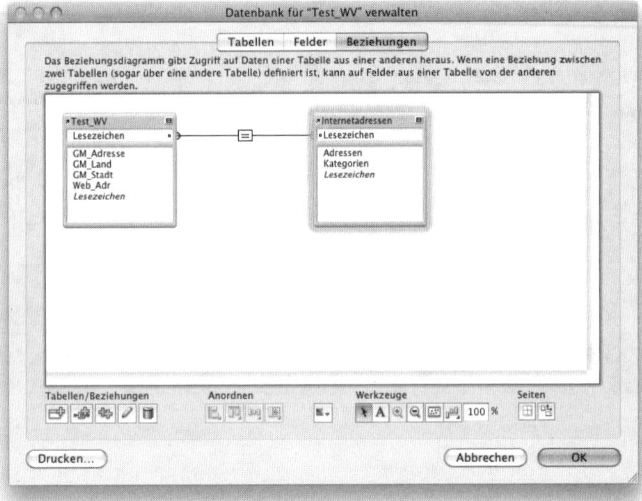

Die Datenbank mit Tabelle zur Speicherung von Internetadressen.

Erzeugen Sie sich für die Tabelle *Internetadressen* ein neues, gleichnamiges *Listen*-Layout. Im Modus *Blättern* können Sie schon mal Informationen eingeben.

Das Layout zur Eingabe von Lesezeichen, Kategorien und Internetadressen.

Nun benötigen wir noch ein Layout mit einem *Web Viewer*-Objekt. Dazu greifen wir auf *Test_WV* zurück, duplizieren es und nennen es *Lesezeichen_WV*. Es enthält bereits drei Feldobjekte oberhalb des *Web Viewers*, wir müssen also lediglich deren Feldzuweisung ändern. Dem linken Objekt weisen wir das Feld *Lesezeichen* von der Tabelle *Test_WV*, dem mittleren und dem rechten die Bezugsfelder *Kategorien* und *Adressen* zu. Die Feldbeschriftungen passen wir ebenfalls an.

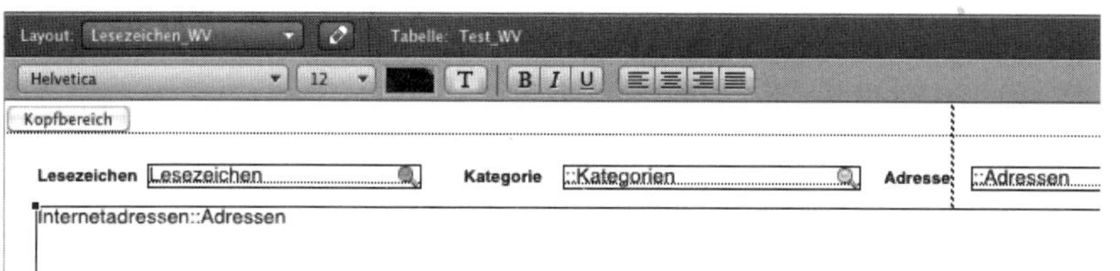

Das Layout für die Nachbildung von Lesezeichen.

Im *Web Viewer*-Dialog ändern wir für *Webadresse* das Feld *Adressen* von der Tabelle *Internetadressen*.

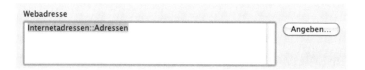

Die Angabe der Webadresse für die Nachbildung von Lesezeichen.

Nun vereinfachen wir noch die Eingabe von Lesezeichen mit Hilfe einer Werteliste. Bisher hatten wir nur die statische Variante benutzt, die einzelnen Werte also manuell in das dafür vorgesehene Feld eingetragen. Diese Vorgehensweise hätte zur Folge, jedes Mal die Liste ergänzen zu müssen, um eine weitere Internetadresse hinzuzufügen. Diesen Umstand vermeiden wir hier durch die Verwendung der dynamischen Form. Wir erstellen eine neue Werteliste namens *Lesezeichenliste*. Als Feld für *Werte verwenden* geben Sie *Lesezeichen* von der Tabelle *Internetadressen* an.

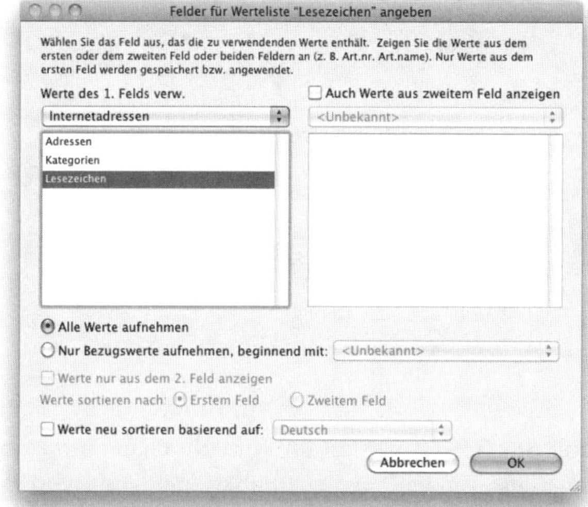

Erstellen einer dynamischen Werteliste für Lesezeichen.

Weisen Sie im *Inspektor* diese Weteliste dem Feldobjekt *Lesezeichen* (Tabelle *Test_WV*) zu und stellen Sie die Werteliste als Steuerelement ein.

Zuweisung der dynamischen Werteliste zum Feldobjekt »Lesezeichen«.

Wechseln Sie in den Modus *Blättern*. Sollte die Tabelle *Internetadressen* noch leer sein, geben Sie jetzt Informationen ein. Wechseln Sie dann ins Layout *Lesezeichen_WV* und wählen Sie ein Lesezeichen aus der Liste.

Layout mit Web Viewer und der Nachbildung von Lesezeichen.

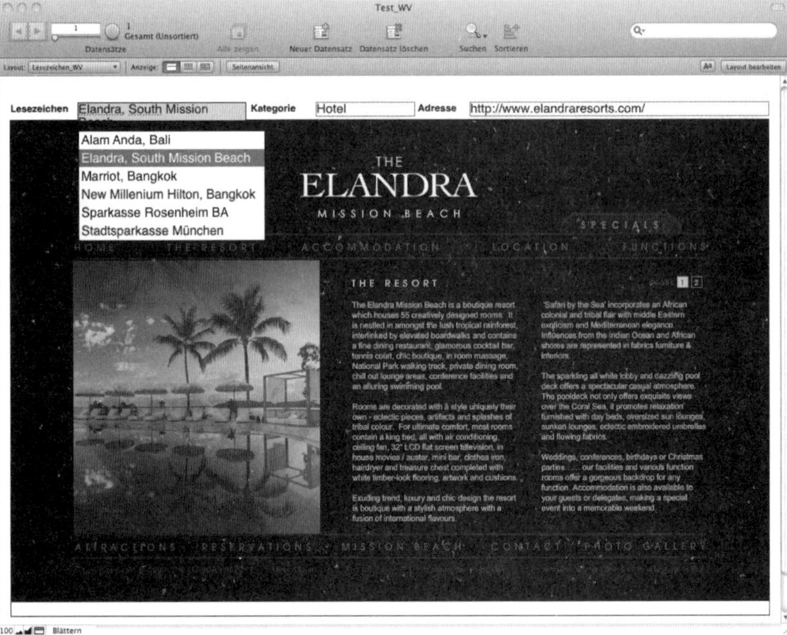

Eine weitere Steigerung des Bedienungskomforts ist durchaus möglich. Dazu wollen wir uns aber erst mit den Themen »Funktionen« und »Skriptierung« befassen.

Feldwerkzeug

Das *Feldwerkzeug* stellt im Prinzip einen Sonderfall des *Feld | Steuerelement-Werkzeugs* dar. Es fügt den Layouts ein Feldobjekt vom Typ *Standard* zu. Seine Handhabung unterscheidet sich von den bisher vorgestellten Werkzeugen. Hier ziehen Sie kein Rechteck auf, sondern klicken mit der Maus auf die Schaltfläche in der Statussymbolleiste. Halten Sie die Maustaste gedrückt und ziehen Sie das Feldobjekt, von dem Begrenzung und Grundlinie dargestellt sind, an die gewünschte Stelle im Layout. Wenn Sie die Maustaste loslassen, erscheint der Dialog *Feld angeben*. Wählen Sie darin das zu platzierende Feldobjekt aus.

Die Zuweisung von Feldern zu Feldobjekten im Dialog »Feld angeben«.

Sie können auch Bezugsfelder auswählen, indem Sie über die Tabellenliste oberhalb der Feldliste eine andere Tabelle auswählen.

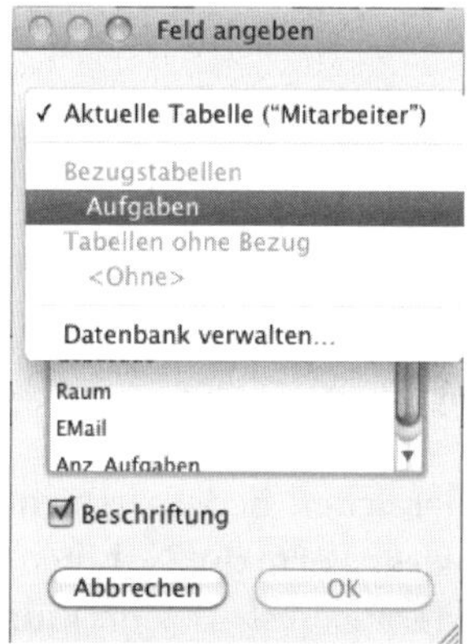

Die Zuweisung von Bezugsfeldern zu Feldobjekten im Dialog »Feld angeben«.

Setzen Sie den Haken bei Feldbeschriftung erstellen, wenn Sie auch die Feldbeschriftung als Text ins Layout aufnehmen möchten.

Mit Hilfe des Inspektors können Sie das so erzeugte Feldobjekt jederzeit mit einer Werteliste verknüpfen und als Einblendliste, Markierungsfelder etc. formatieren. Wenn Sie ein Feld durch ein anderes ersetzen möchten, doppelklicken Sie im Layout-Modus auf das Feldobjekt. Wählen Sie dann im Dialog *Feld angeben* einen anderen Feldnamen aus und klicken Sie auf.

Um die geeignete Größe für ein Feldobjekt zu ermitteln, können Sie sich anstelle des Feldnamens im Feldobjekt Beispieldaten aus dem aktuellen Datensatz anzeigen lassen. Wählen Sie dazu *Ansicht | Einblenden | Beispieldaten*. Dies kann die Festlegung der Abmessungen erleichtern.

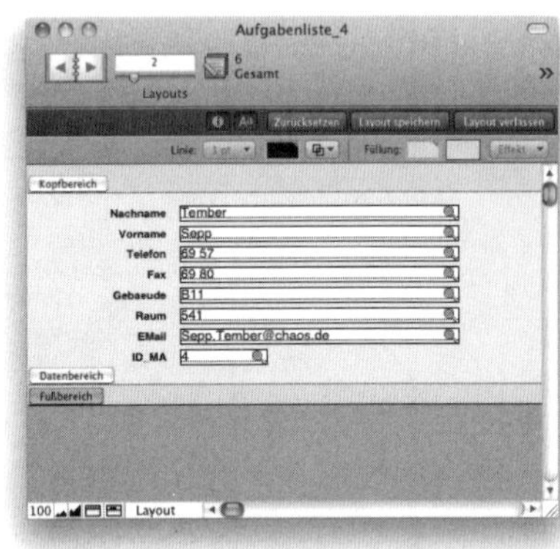

Die Anzeige von Beispieldaten.

Das Einbringen von Feldobjekten kann auch mit Hilfe von Kopiervorgängen aus anderen Layouts erfolgen.

Bereichswerkzeug

Layouts sind in *FileMaker* in Bereiche unterteilt, so dass ein Layout mindestens einen Bereich enthalten muss. Gepunktete horizontale Linien bilden im *Layout*-Modus die Trennlinien zwischen einzelnen Bereichen. Die Anzeige des Bereichsnamens erfolgt am linken Seitenrand.

Die Verwendung von Bereichen bedeutet nicht notwendigerweise die Anwendung hochkomplexer Formeln. Nehmen wir an, Sie möchten im Layout *Internetadressen* (Datei *Test_WV.fp7*) für eine bessere Übersicht sorgen und die Lesezeichen nach Kategorien ordnen. Öffnen Sie also, falls noch nicht erfolgt, diese Datei und navigieren Sie zu besagtem Layout und dort in den *Layout*-Modus.

Die Verwendung des *Bereichswerkzeugs* erfolgt analog zum *Feldwerkzeug*. Klicken Sie mit der Maus auf die Schaltfläche in der Statussymbolleiste. Halten Sie die Maustaste gedrückt und ziehen Sie die Linie mit dem Rechteck am linken Fensterrand an die gewünschte Stelle im Layout. In diesem Fall an die Trennlinie zwischen Kopf- und Datenbereich. Stellen Sie im Dialog *Bereichsdefinition* die gewünschten Optionen für den neuen Bereich ein. Dazu klicken Sie auf *Zwischenergebnis, wenn sortiert nach* und wählen in der Feldliste *Kategorien* aus. Beenden Sie den Dialog mit *OK*.

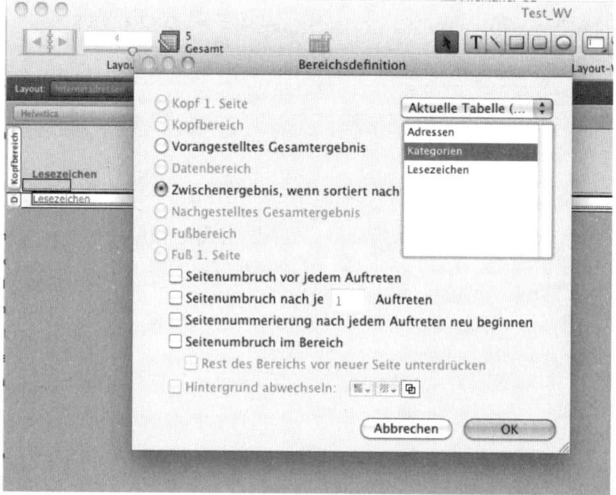

Der Dialog »Bereichsdefinition«.

Passen Sie gegebenenfalls die Größe des gerade erstellten Bereichs an die Größe des Feldobjekts *Kategorien* an. Die Anpassung können Sie vornehmen, indem Sie mit dem Mauszeiger auf eine Begrenzungslinie klicken. Halten Sie die Maustaste gedrückt, der Zeiger nimmt die Form eines doppelten »T«s an. Durch Bewegen des Mauszeigers noch oben oder unten verändern Sie die Abmessungen. Alternativ markieren Sie einen Bereich, indem Sie auf den Bereichsnamen klicken. Die Abmessungen, aber auch Hintergrundfarbe, Muster etc. stellen Sie im *Inspektor* ein.

Die Markierung eines Bereichs erkennen Sie am grauen Hintergrund des Bereichsnamens.

Ein markierter Datenbereich.

Bewegen Sie jetzt das Feldobjekt *Kategorien* nebst Beschriftung in den neuen Bereich. Verschieben Sie das Feldobjekt *Adressen*, ebenfalls mit Beschriftung, nach links neben *Lesezeichen*.

Das Layout mit Auswertebereich.

Jetzt können Sie in den *Blättern*-Modus wechseln. Seien Sie nicht erstaunt, wenn Sie hier zunächst keinerlei Veränderungen feststellen können.

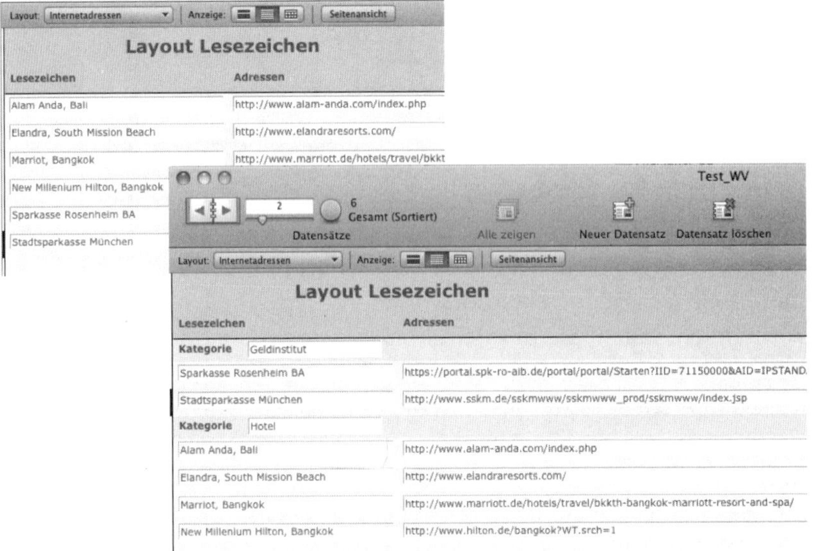

Das Layout mit Auswertebereich im Blättern-Modus vor (oben) und nach (unten) der Sortierung.

Den Dialog *Datensätze sortieren* rufen Sie über *Datensätze | Datensätze sortieren...* oder kurz mit *⌘-S/ctrl-S* auf.

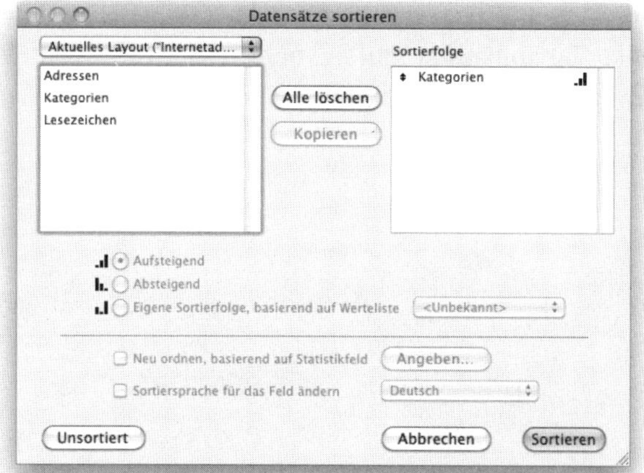

Der Dialog »Datensätze sortieren«.

Die Dialoge für die Bereichsdefinition und zum Einstellen von Hintergrundfarbe und Muster erreichen Sie schnell über das Kontext-Menü.

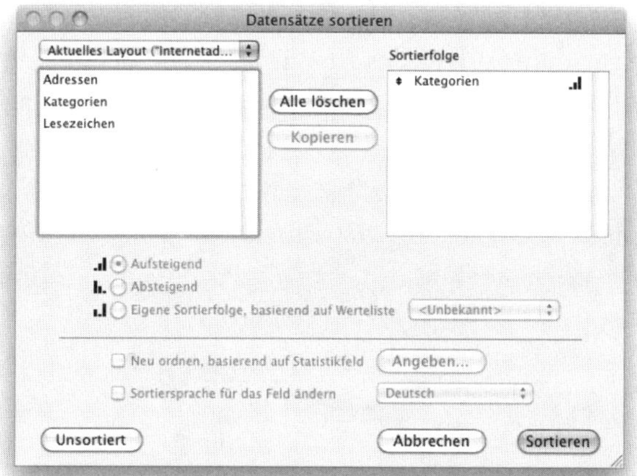

Das Kontextmenü »Bereich«.

Auf das Thema »Layoutbereiche« gehen wir im Kapitel »Berichtserstellung« noch ausführlich ein.

Platzhalter

Platzhalter (*Merge Fields*) ermöglichen die Kombination von statischem Text und variablen Feldinhalten in Layouts. Sie passen die jeweilige Textmenge eines Feldes für jeden Datensatz automatisch an und werden vor allem in Verbindung mit Serienbriefen eingesetzt. In den vordefinierten Layouts für Etiketten und Briefumschläge finden sie ebenfalls Anwendung.

Platzhalter verfügen über keine eigene Schaltfläche in der Statussymbolleiste. Ihre Platzierung auf einem Layout erfolgt im *Layout*-Modus über das Menü *Einfügen | Platzhalter* oder kurz mittels *alt-⌘-M/alt-ctrl-M*.

Das Menü »Einfügen | Platzhalter«.

Klicken Sie vor dem Aufruf des Menüs oder der Betätigung des Tastaturkürzels mit dem Auswahlpfeil zunächst an die Stelle im Layout, wo Sie das Objekt wünschen. Wählen Sie Im Dialog *Feld angeben* das gewünschte Feld per Doppelklick aus.

Der Dialog »Feld angeben«.

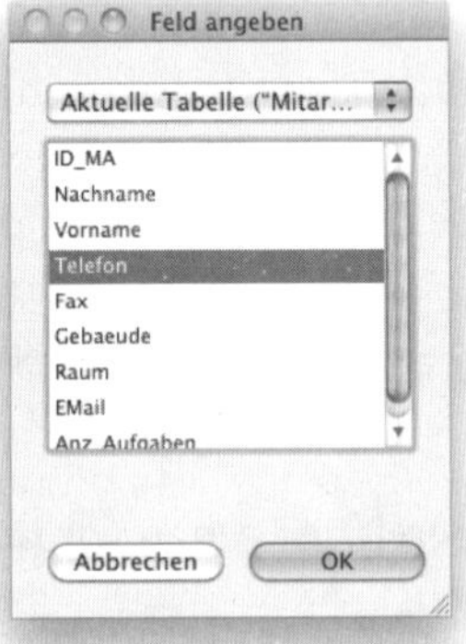

Der Platzhalter wird im Layout als ein von jeweils zwei öffnenden und schließenden spitzen Klammern umzingelter Textblock dargestellt.

Sie können auch mit dem Textwerkzeug einen statischen Text eingeben und dabei ggf. mehrmals mittels *Einfügen | Platzhalter* solche Objekte an der jeweils aktuellen Einfügemarke platzieren. Es lassen sich dabei Satzzeichen, Leerzeichen, Zeilenumbrüche oder beliebigen Text zwischen die Platzhalter setzen. Von der versehentlichen Verwendung zusätzlicher Zeichen innerhalb der Feldbegrenzer << und >> sollten Sie absehen.

Telefon <<Telefon>> / Fax <<Fax>> Telefon 69 57 / Fax 69 80

Darstellung von Platzhaltern in den Modi »Layout« (oben) und »Blättern« (unten).

Sie können Platzhalter auch manuell in einen Textblock einfügen. Setzen Sie dazu den korrekten Feldnamen und die spitze Klammern, also beispielsweise <<Telefon>>. Eventuell müssen Sie auch den Tabellennamen angeben, etwa <<Mitarbeiter::Telefon>>.

Sie können im Modus *Blättern* keine Informationen in Platzhalter eingeben oder bearbeiten.

Format übertragen

Das *Formatübertragungs-Werkzeug* ermöglicht Ihnen, die Attribute eines Objekts wie Schriftgröße, Linienfarbe etc. auf andere Objekte zu übertragen. Diese Übertragung kann auch zwischen Objekten in verschiedenen Layouts der gleichen Datei oder von anderen Dateien erfolgen.

Markieren Sie im *Layout*-Modus als Erstes das Objekt, dessen Eigenschaften Sie übernehmen möchten. Wählen Sie das *Formatübertragungs-Werkzeug* in der Statussymbolleiste. Alternativ können Sie *Format | Formatübertragung* auswählen. Im Mauszeiger ist daraufhin ein kleiner Pinsel dargestellt. Klicken Sie damit auf das Objekt, dessen Eigenschaften Sie verändern möchten. Bei mehreren Objekten können Sie alternativ ein Auswahlrechteck aufziehen. Bei größeren Abständen bietet es sich an, das Werkzeug durch Doppelklick zu fixieren.

Sie können den Prozess der Formatübertragung mit Hilfe der Esc-Taste abbrechen.

Modifizieren von Layoutobjekten

Der letzte Abschnitt handelte von Objekten, die Sie in einem *FileMaker*-Layout benutzen können. Dabei wurde gezeigt, wie Sie die verschiedenen Elemente erzeugen und wie Sie mit Ihnen arbeiten können. Nun haben solche Gebilde nach ihrer Erzeugung häufig weder die Größe noch die Position oder sonstige Eigenschaften, die Ihr künstlerisches Empfinden so richtig befriedigen. Sie möchten Objekte dann verschieben, aneinander ausrichten, ihre Abmessungen verändern, ihr Aussehen verbessern und anderes mehr. Um solche Operationen geht es in diesem Abschnitt.

Verschieben von Objekten

Objekte können Sie auf einem Layout wie in einem vektororientierten Zeichenprogramm mit der Maus hin- und herbewegen. Klicken Sie mit der Maus irgendwo in die Objektfläche und ziehen Sie das Element bei gedrückter Maustaste an eine andere Stelle. Bei solchen Verrichtungen kann die Anzeige von *Grafiklineal* und *Hilfslinien* die Positioniergenauigkeit erhöhen. Beides schalten Sie über *Ansicht* | *Grafiklineal* und *Ansicht* | *Hilfslinien* ein und aus.

Das Menü »Ansicht« zum Einblenden von Grafiklineal und Hilfslinien.

Zu einer Verbesserung der Zielgenauigkeit verhilft auch eine höhere Zoomstufe. Diese stellen Sie am besten mit Hilfe der Zoomsteuerungen links unten im Dokumentenfenster ein. Zwar stellt *FileMaker* auch entsprechende Menübefehle zu Verfügung, leider aber keine Tastaturkürzel. Der Zoombereich reicht von 25 % in unterschiedlichen Feinheitsstufen bis hin zu maximal 400 %.

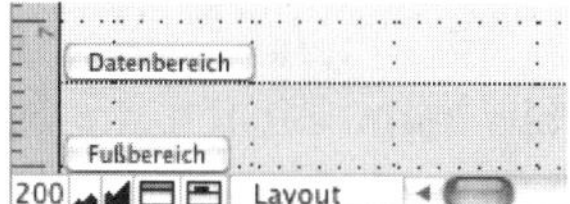

Das Layout mit eingeschalteten Hilfslinien und mit Grafiklineal.

Am schnellsten können Sie zwischen aktuell eingestellter Zoomstufe und 100 % wechseln, wenn Sie auf die Anzeige links neben den Zoomsteuerungen klicken.

Nehmen wir an, Sie möchten mit der Maus ein Feldobjekt so neben ein anderes verschieben, dass die oberen Kanten der beiden Elemente auf gleicher Höhe liegen. Verzweifeln Sie nicht, falls Sie mit diesem Vorhaben scheitern. Stellen Sie eine höhere Zoomstufe ein und verschieben Sie ein Objekt mit einer sehr geringen Verlagerungsgeschwindigkeit. Sie werden feststellen, dass sich das Element nicht gleichmäßig, sondern mit Sprüngen bewegt.

Die Ursache für ein solches Ungemach ist das standardmäßig eingeschaltete Objektraster. Dieses Gitter sorgt keineswegs dafür, dass alle Objekte an einem einheitlichen Raster automatisch einrasten. Es bewirkt lediglich, dass Sie Layoutelemente nur in Schritten von 6 Pixeln bewegen können. Insofern verfügt jedes Objekt über sein eigenes, spezifisches Raster.

Sie können im *Layout*-Modus die Feinheit des Objektrasters über *Layouts | Linealeinstellung…* ändern.

Der Dialog »Linealeinstellung«.

Üblicherweise nutzt *FileMaker* bei aktivem Gitter ein Hauptraster mit dem Ursprung in der linken oberen Ecke. Beim Erzeugen oder Verschieben von Elementen bei ausgeschaltetem Raster kann es vorkommen, dass die bewegten Objekte aus diesem Raster fallen. Dies kann auch geschehen, wenn Sie – wie im vorderen Teil des Buches gezeigt – Objekte mit Hilfe der Pfeiltasten bewegen. Bei dieser Verlagerungsart schlägt das Raster nicht zu, so dass Objekte auch dadurch dem Hauptraster entfliehen können.

Das Objektraster lässt sich beim Verschieben temporär außer Kraft setzen, wenn Sie beim Ziehen die ⌘-Taste/*Alt*-Taste gedrückt halten.

Pfeiltasten sorgen somit für pixelgenaue Positionierungen, damit Sie Elemente auf Linie bringen können. Allerdings ist nie zu erkennen, ob Objekte am Hauptraster ausgerichtet sind oder nicht. Um für ein Element eine solche Ausrichtung wiederherzustellen, müssen Sie es am linken oberen Rand positionieren. Besondere Zielgenauigkeit ist nicht erforderlich. Wichtig ist nur, dass im Register *Position* des Inspektors jeweils »0« bei *Position oben* und *unten* angezeigt ist. Wenn Sie das Objekt danach an eine andere Stelle im Layout verlagern, fühlt sich dafür wieder das Hauptraster verantwortlich.

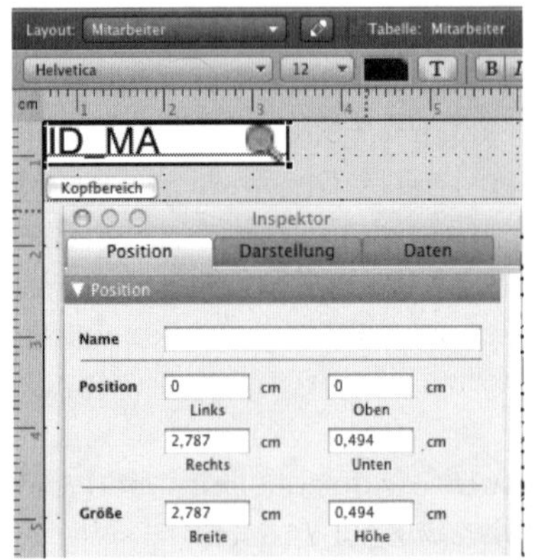

Die Zuweisung des Hauptrasters zum Objekt.

Sie müssen das Objekt explizit am linken oberen Rand ablegen. Wenn Sie es lediglich in einem Zug erst dorthin und dann an eine andere Stelle im Layout bewegen, zeigt dies keinerlei Wirkung.

Sie können die Richtung beim Bewegen von Objekten auf horizontal oder vertikal beschränken, indem Sie dabei die *Umschalttaste* (⇧) gedrückt halten. Eine Kombination mit ⌘-Taste/*Alt*-Taste ist möglich. In diesem Fall bewegen Sie Objekte horizontal oder vertikal bei temporär ausgeschaltetem Raster. Generell können Sie das Raster über *Anordnen | Objektraster* oder über ⌥-⌘-*Y*/*alt-ctrl-Y* ausschalten und auch wieder aktivieren.

Am genauesten lassen sich die Abmessungen und die Lage von Objekten mit Hilfe des Registers *Position* im *Inspektor* manuell festlegen. Bei älteren *FileMaker*-Versionen ist dafür die *Info-Palette* zuständig.

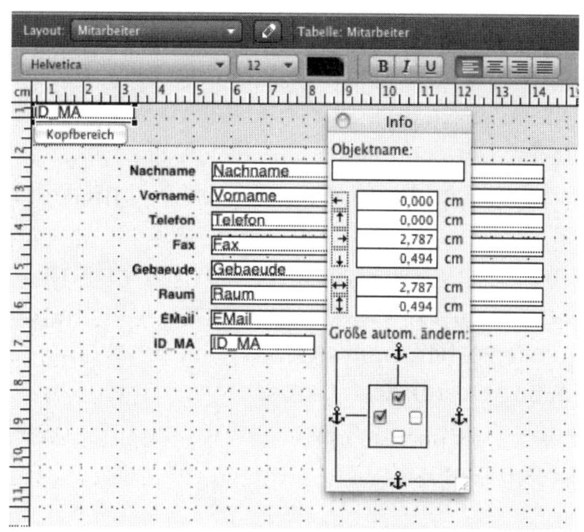

Die Positionierung über die Info-Palette (bis FileMaker 10).

Sie können die Abmessungen von Objekten auch mit der Maus ändern. Klicken Sie auf einen Aktivpunkt eines ausgewählten Objekts. Bewegen Sie den Mauszeiger in die Richtung, in die Sie das Objekt vergrößern oder verkleinern möchten. Sie können dabei auch mehrere Objekte gleichzeitig bearbeiten. Aktivieren Sie mehrere Elemente und ändern Sie die Ausdehnungen eines Objekts. Die Größenanpassungen bei den übrigen aktivierten Elementen erfolgen abhängig von deren Ausgangsgröße und den am bearbeiteten Objekt vorgenommenen Modifikationen.

Der Betätigung der *Umschalttaste* (⇧) beschränkt die Größenänderungen auf die horizontale bzw. vertikale Richtung. Der Einsatz der *Optionstaste* (⌥)/*ctrl*-Taste erzwingt gleiche Höhe und Breite. Mit der ⌘-Taste/*alt*-Taste deaktivieren Sie temporär das Objektraster.

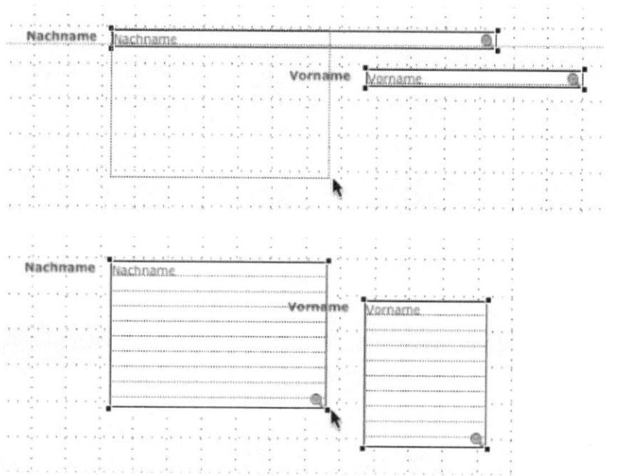

Die Größenänderung von Objekten mit der Maus.

Duplizieren von Objekten

Wenn Sie per Menübefehl oder mit Hilfe der *Layout-Werkzeuge* neue Elemente in einem Layout erzeugen, weist ihnen *FileMaker* automatisch die aktuell für das jeweilige Objekt eingestellten Eigenschaften wie Schriftgröße, Hintergrundfarbe, Linienstärke etc. zu. Überraschungen sind dabei allerdings nicht auszuschließen. Relativ harmlos ist der Fall, wenn Sie die Schriftgröße eines Feldobjekts ändern möchten und dabei vergessen, das Objekt vorher zu aktivieren. Dann haben Sie lediglich eine generelle Einstellung verändert. Gravierender ist jedoch der Effekt, dass *FileMaker* Format-Änderungen von gerade erstellten Objekten als Standard-Einstellungen übernimmt.

Es kostet deshalb häufig weniger Aufwand, neue Objekte auf Basis bestehender mit gleichen oder zumindest ähnlichen Eigenschaften zu erzeugen. Dies kann mittels Kopieren und Einsetzen (am schnellsten per Tastaturkürzel) erfolgen. Dieser Weg erlaubt auch die Einbeziehung von Objekten aus anderen Layouts und sogar aus anderen Datenbanken. Im gleichen Layout geht es schneller über *Bearbeiten | Duplizieren* (⌘-D/ctrl-D).

Am schnellsten duplizieren Sie ein Objekt durch Verschieben mit gedrückter *Optionstaste/ctrl-Taste.* Auch dabei können Sie die *Umschalttaste* (⇧) zur Beschränkung auf horizontale und vertikale Bewegungsrichtung einsetzen.

Es wird nun Zeit, unsere selbst erzeugte Aufgabenliste so langsam auf Vordermann zu bringen. Öffnen Sie also *Aufgabenliste_4.fp7*, wechseln Sie zum Layout *Mitarbeiter Det* und dort in den *Layout*-Modus. Schaffen Sie Platz auf der linken Seite. Erzeugen Sie nun diverse neue Feldobjekte, indem Sie das Feldobjekt *Nachname* als Ausgangspunkt nehmen. Ziehen Sie es mit gedrückter *Options-/ctrl-Taste* an eine beliebige Stelle im Layout. Lassen Sie die Maus los und wählen Sie im Dialog *Feld angeben* als Erstes *Fax* aus. Wiederholen Sie diesen Prozess für die Felder *EMail, Telefon, Gebaeude, Vorname* und *Raum*. Nehmen Sie immer *Nachname* als Ausgangsobjekt. Halten Sie die angegebene Reihenfolge beim Erzeugen der Feldobjekte nach Möglichkeit ein, auch wenn sie Ihnen chaotisch vorkommt. Sie ist es ja auch, wir benötigen es so aber noch zu Demonstrationszwecken.

Wenn Sie alle Feldobjekte erzeugt haben, sollte das Layout in etwa folgendes Aussehen aufweisen:

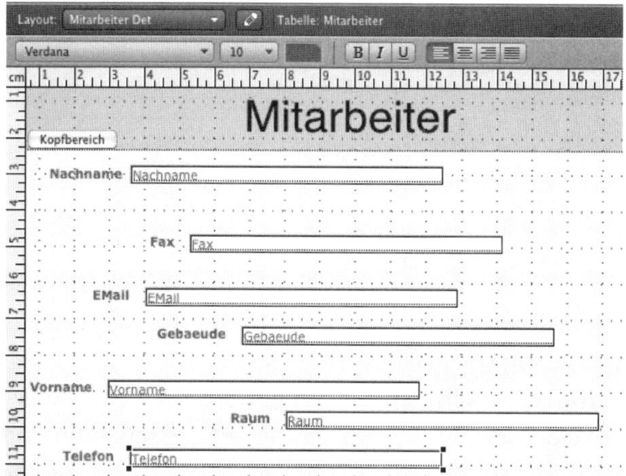

Mitarbeiter-Layout mit Elementen, die durch das Duplizieren erzeugt wurden.

Ausrichten von Objekten

Wir haben das Layout durch Anwendung von Duplizieren mit allen benötigten Feldobjekten bestückt. Nun bringen wir sie in eine Reihenfolge, die anderen Nutzern eine gewisse Übersicht bietet. Wir ordnen die Feldobjekte einschließlich Feldbeschriftungen so an, dass Nachname und Vorname, Gebaeude und Raum, Telefon und Fax sowie EMail jeweils in etwa auf gleicher Höhe zu liegen kommen. Genauigkeit ist hier nicht gefragt, das Layout sollte nach Abschluss der Verlagerungs-Operationen annähernd folgende Form aufweisen:

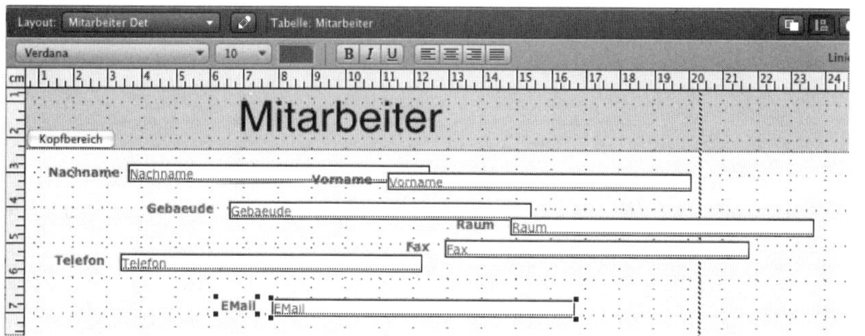

Das Layout »Mitarbeiter« – erste Bearbeitungsstufe.

Da die Ausdehnungen einiger Felder entschieden zu groß ausgefallen sind, reduzieren wir deren Abmessungen.

Das Layout »Mitarbeiter« – zweite Bearbeitungsstufe.

Jetzt kommt die Feinarbeit. Überprüfen Sie als Erstes, ob Ihnen die Schriftgrößen genehm sind. Nehmen Sie hier ggf. Änderungen vor. Verschieben Sie nun das Feldobjekt *Vorname* inklusive Feldbeschriftung nach rechts. Die Beschriftung sollte danach rechts neben *Nachname* positioniert sein. Markieren Sie jetzt alle Objekte der ersten Reihe, am besten mit dem Auswahlrechteck.

Die Vorbereitungen zum Ausrichten.

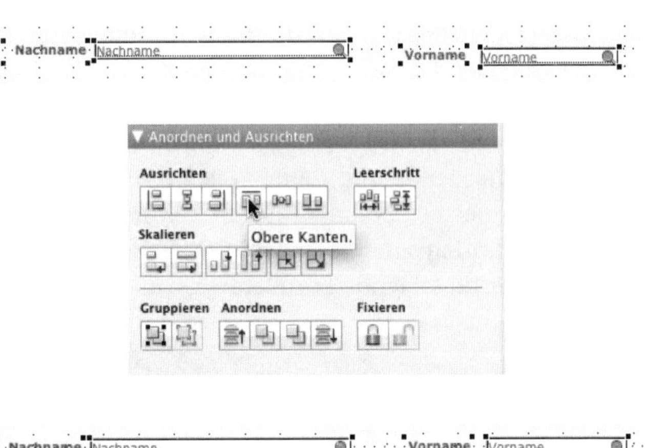

Die Werkzeuge zum Ausrichten und Anordnen im Register »Position« des Inspektors.

Die ausgerichteten Objekte.

Wiederholen Sie diesen Vorgang für die übrigen Zeilen. Anstelle des *Inspektors* können Sie mit Tastaturkürzeln arbeiten. Damit geht es, wie üblich, am schnellsten.

Das Layout mit horizontal ausgerichteten Elementen.

Als Letztes ist noch eine gewisse Ordnung einzubauen. Markieren Sie alle Feldbeschriftungen ganz links und wählen Sie im Inspektor *Rechte Kanten.*

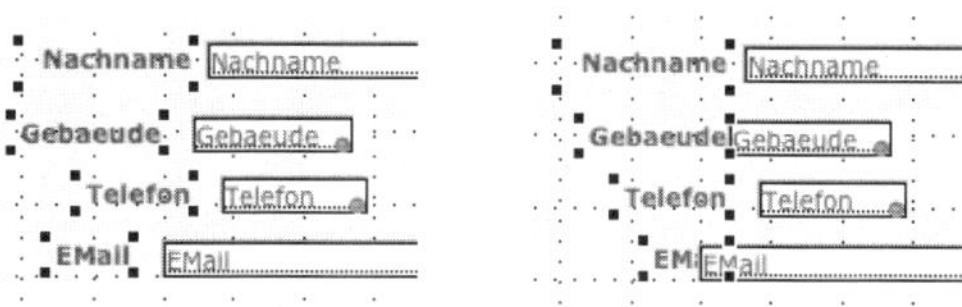

Ausrichtung rechte Kanten.

Aktivieren Sie die Feldobjekte rechts neben den Beschriftungen und richten Sie deren linke Kanten aus. Falls erforderlich, verschieben Sie die Feldobjekte ein wenig nach rechts. Bringen Sie danach die rechten Kanten der Feldobjekte *Nachname*, *Raum* und *Fax* auf gleiche Position. Falls sich Feldobjekte und Beschriftungen überlagern, bewegen Sie die Feldobjekte nach rechts. Verschieben Sie die Feldbeschriftung *Fax*, so dass sie links neben dem zugehörigen Feldobjekt zu liegen kommt. Bewegen Sie das *Portal* inklusive der darin befindlichen Feldobjekte unter die Mitarbeiter-Informationen und die Grafik rechts daneben. Experimentieren Sie ein wenig, verschieben Sie Objekte, richten Sie erneut aus, bis das Layout eine Ihnen genehme Form aufweist.

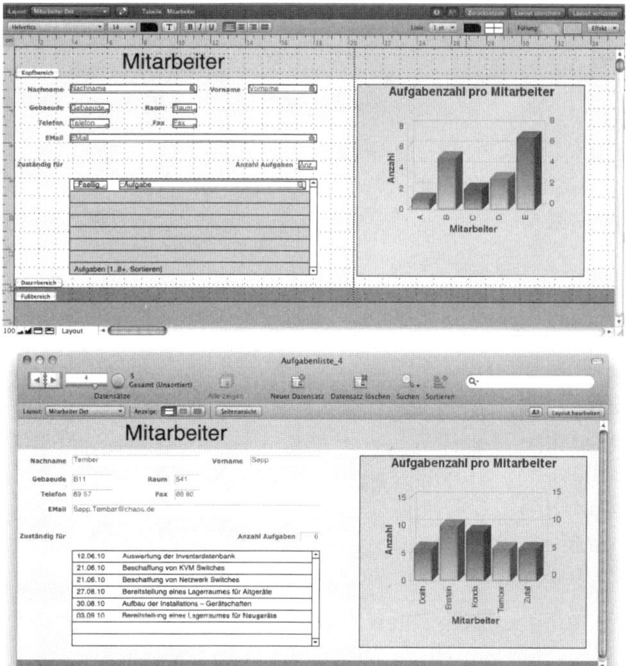

Das Layout in der (fast) endgültigen Form.

Zu erwähnen bleibt als Ausrichthilfe noch das *Fadenkreuz*. Dieses umfasst je eine bewegliche horizontale und vertikale Hilfslinie. Wenn Sie ein Objekt in die unmittelbare Nähe einer dieser Linien verschieben, rastet die entsprechende Kante an der Fadenkreuzlinie ein. Prinzipiell ist dieses Hilfsmittel wohl eine sehr, sehr ursprüngliche Implementierung magnetischer Hilfslinien. Sie schalten es über *Ansicht* | *Fadenkreuz* ein und aus.

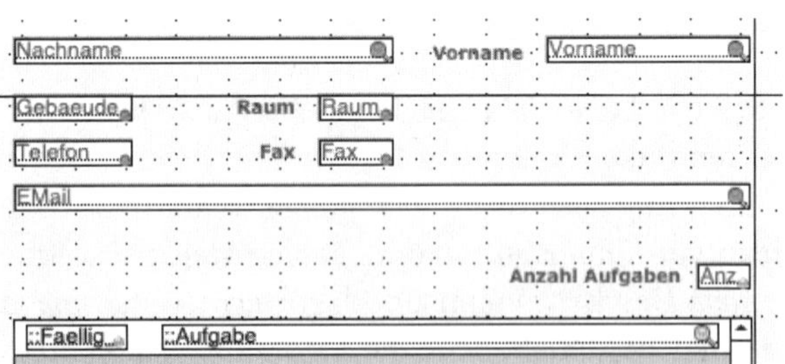

Das Ausrichtwerkzeug »Fadenkreuz«.

Die nachfolgende Tabelle bietet eine Übersicht über die fürs Ausrichten benötigten Schaltflächen des *Inspektors* und die entsprechenden Tastaturkürzel.

Operation	Inspektor	Mac OS X	Windows
Linke Kanten ausrichten		⌘-⌥-←	ctrl-alt-←
Rechte Kanten ausrichten		⌘-⌥-→	ctrl-alt-→
Obere Kanten ausrichten		⌘-⌥-↑	ctrl-alt-↑
Untere Kanten ausrichten		⌘-⌥-↓	ctrl-alt-↓
Horizontale Mittelpunkte ausrichten			
Vertikale Mittelpunkte ausrichten			
Objektraster aus- und einschalten		⌘-⌥-Y	ctrl-alt-Y
Fadenkreuz ein- und ausschalten		⌘-T	ctrl-T

Die Ausrichtung von Objekten richtet sich nach jenem Element, das am weitesten von der gemeinsamen Ausrichtung abweicht. Beim Ausrichten von Mittelpunkten ist eine vertikale oder horizontale Linie in der gemeinsamen Mitte der Objekte maßgebend.

Bei älteren *FileMaker*-Versionen können Sie zum Ausrichten von Elementen auf die *Anordnungspalette* zurückgreifen. Sie können Sie über *Ansicht | Anordnungspalette* oder über die Schaltfläche in der Layoutleiste ein- und ausblenden. Die verwendeten Symbole sind identisch zum *Inspektor*.

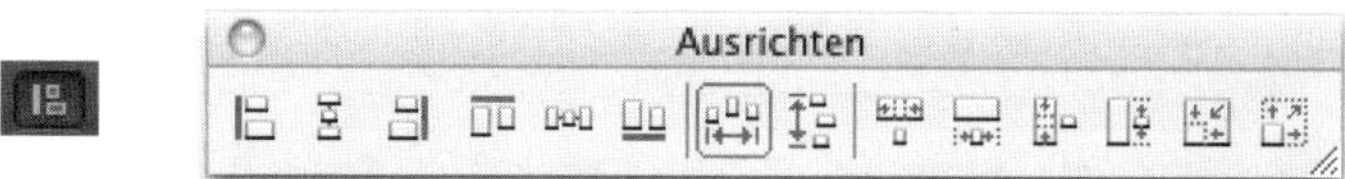

Ausrichtungspalette und Schaltfläche zum Ein- und Ausblenden (bis FileMaker 10).

Beim Verteilen von Objekten richtet sich *FileMaker* nach dem Abstand zwischen den am weitesten voneinander entfernten Elementen. Die Verteilung erfolgt gleichmäßig zwischen sämtlichen ausgewählten Objekten.

Ändern der Tabulatorfolge

Vom optischen Erscheinungsbild her betrachtet sind am *Mitarbeiter*-Layout bestenfalls noch Schönheitsmodifikationen erforderlich. Davor ist aber zu prüfen, ob es auch eine effiziente Arbeitsweise ermöglicht.

Um dies zu prüfen, erzeugen wir einen neuen Datensatz, positionieren den Mauszeiger im Feld *Nachname* und geben einen Text ein. Danach wollen wir zum Feld *Vorname* wechseln. Der Wechsel von einem Feld zum andern erfolgt in *FileMaker* am schnellsten (Sie ahnen es inzwischen) mit Hilfe der Tastatur. Dabei kommt die *Tabulator-Taste* (➜I) zu ihrem großen Auftritt. Seien Sie nicht allzu überrascht, wenn Sie nach Betätigen dieser Taste in irgendeinem Feld landen, nur nicht in *Vorname*.

Die Ursache dafür liegt in der so genannten Tabulatorfolge. *FileMaker* weist den meisten Layoutobjekten eine Rangfolge zu, normalerweise entsprechend der zeitlichen Reihenfolge ihres Entstehens auf dem Layout. Diese Rangfolge können Sie sich im *Layout*-Modus anzeigen lassen. Mit *Layouts | Tabulatorfolge* rufen Sie den Dialog *Tastaturfolge* auf. Daraufhin erscheinen neben jedem Feldobjekt, jedem Registersteuerelement und jeder Taste eines Layouts nummerierte Pfeile.

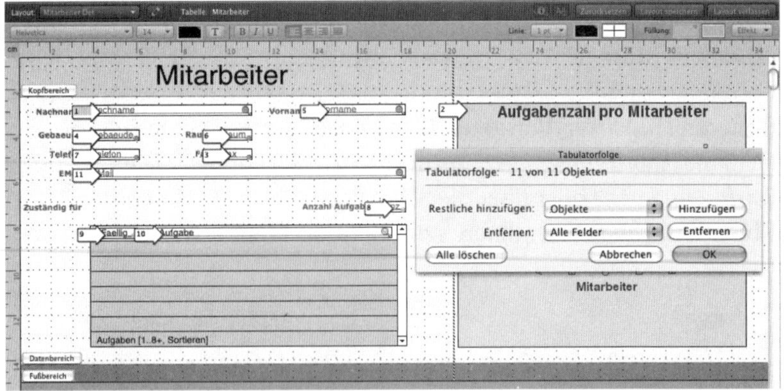

Der Dialog »Tabulatorfolge«.

Sie müssen nun einfach in einen Pfeil klicken und die darin befindliche Zahl abändern. Geben Sie in *Vorname* eine 2, in *Gebaeude* eine 3 usw. ein.

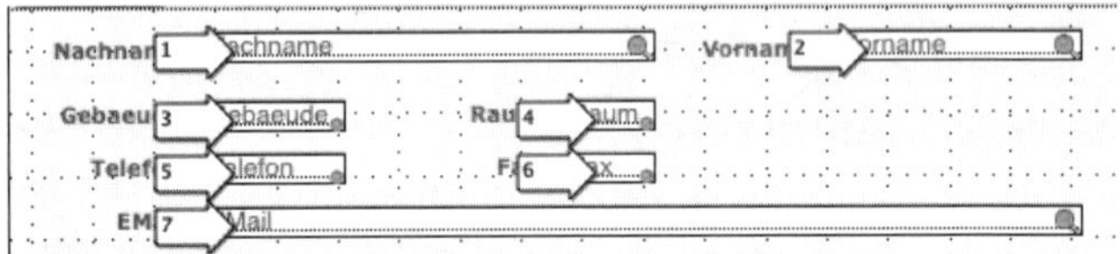

Die geänderte Tabulatorfolge.

Nun sollten Sie mit Hilfe der *Tabulatortaste* die Felder wie gewünscht von links nach rechts und von oben nach unten anspringen können.

Ändern der Stapelfolge

Im Rahmen unserer Gestaltungsaktivitäten kam es vor, dass sich Objekte auf einem Layout überlagerten. Ähnlich der *Tabulatorfolge* werden Layoutobjekte bei ihrer Erzeugung in eine *Stapelfolge* eingereiht. Auch diese können oder müssen Sie ändern.

Nehmen wir an, Sie möchten die Zusammengehörigkeit der Mitarbeiter-Daten dadurch kennzeichnen, dass Sie ein farbiges Rechteck hinter die entsprechenden Feldobjekte einfügen. Verschieben Sie zunächst sämtliche Objekte im Datenbereich von *Mitarbeiter Det* ein wenig nach rechts unten. Falls erforderlich, vergrößern Sie diesen Bereich. Aktivieren Sie das *Rechteck-Werkzeug* und ziehen Sie einen Rahmen so auf, dass sämtliche Feldobjekte mit Mitarbeiter-Informationen davon gut umschlossen sind.

Neues Rechteck im Layout »Mitarbeiter Det«.

Nachdem Sie die Maustaste losgelassen haben, sehen Sie, dass das Rechteck wie gewünscht alle Feldobjekte überdeckt (es sei denn, Sie hatten *transparente Füllung* eingestellt). Um dieses Rechteck nach hinten zu verlagern, müssen wir wieder den *Inspektor* bemühen. Auch hierbei zeichnet sich *Anordnen und Ausrichten* von Register *Position* zuständig. Die Schaltfläche für eine Verschiebung nach ganz hinten befindet sich unter *Anordnen* rechts.

Das Ändern einer Stapelfolge mit dem Inspektor.

Alternativ können Sie solche Operationen auch über das jeweilige Untermenü von *Anordnen*, per Kontextmenü, und natürlich mittels Tastaturkürzel auslösen. Suchen Sie, falls erforderlich, geschmackvollere Farben für die Umrandung und den Hintergrund des erzeugten Rechtecks aus. Duplizieren Sie das Rechteck, indem sie es mit gedrückter *Option-Umschalttaste/ctrl-Umschalttaste* nach unten ziehen. Verlagern Sie es nach hinten und passen Sie seine Abmessungen so an, dass es einen Hintergrund für den Portal-Bereich bildet. Wiederholen Sie diesen Vorgang entsprechend, indem Sie das Rechteck hinter der Grafik positionieren.

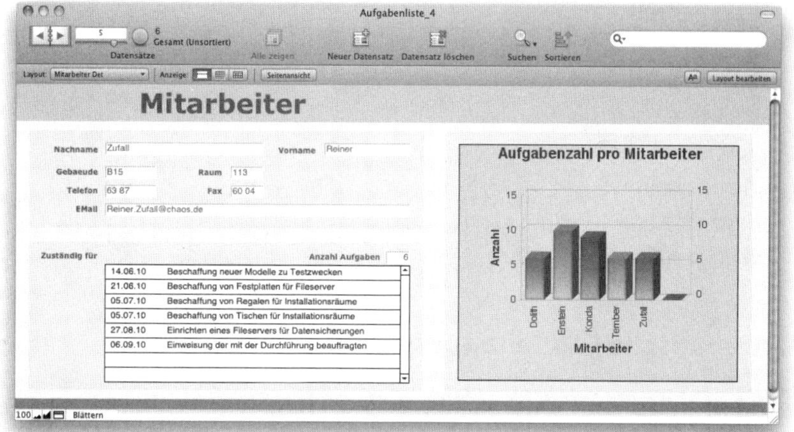

Das Layout in vorläufig finaler Form.

Die Rechtecke zum Hervorheben logisch zusammenhängender Informationen haben den Nachteil, anfällig für versehentliche Verschiebungen zu sein. Zwar lässt sich dies über Rückgängig widerrufen, doch wenn es zu lästig wird, können Sie dies durch Fixieren des Objekts vermeiden.

Eine Arbeitserleichterung kann auch das Gruppieren von Objekten bewirken. Sie können die Gruppe wie ein Einzelobjekt bearbeiten. Es ermöglicht Ihnen, ein Gruppenobjekt mit einem Einzelobjekt auszurichten. Oder Sie duplizieren gruppierte Objekte. Die Behandlung von Stapelfolgen gestaltet sich einfacher, da sich sämtliche Bestandteile der Gruppe auf gleicher Ebene befinden.

Fixieren und *Gruppieren* können Sie über Inspektor, Menü, Kontextmenü, und Tastaturkürzel einstellen. Bei früheren *FileMaker*-Versionen müssen Sie auf die *Anordnungspalette* in der Layoutleiste zurückgreifen. Diese bringen Sie über *Ansicht* | *Anordnungspalette* oder über die Schaltfläche in der Layoutleiste zur Ansicht oder blenden sie aus. Die verwendeten Symbole sind auch hier identisch zu denen des Inspektors.

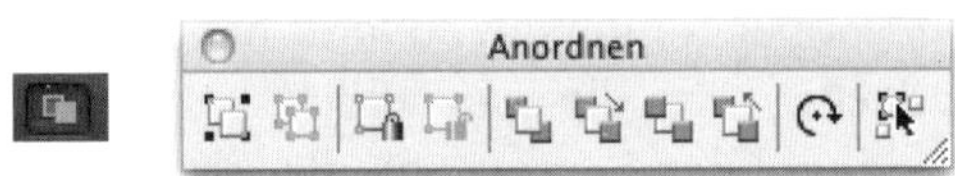

Anordnungspalette und Schaltfläche zum Ein- und Ausblenden (bis FileMaker 10).

Tastaturkürzel für Stapelung, Fixierung und Gruppieren.

Operation	Mac OS X	Windows
Linke Kanten ausrichten	⌘-⌥-←	ctrl-alt-←
Rechter Kanten ausrichten	⌘-⌥-→	ctrl-alt-→
Oberer Kanten ausrichten	⌘-⌥-↑	ctrl-alt-↑
Unterer Kanten ausrichten	⌘-⌥-↓	ctrl-alt-↓
Objektraster aus- und einschalten	⌘-⌥-Y	ctrl-alt-Y
Fadenkreuz ein- und ausschalten	⌘-T	ctrl-T

Automatische Größenanpassung

Eine sehr nützliche Funktionalität bei der Gestaltung von Layouts bietet die seit Version 9 verfügbare *automatische Größenanpassung* für Layoutelemente. Sie können einzelne Objekte so konfigurieren, dass sie ihre Abmessungen automatisch an Änderungen der Fenstergröße anpassen.

Das Verhalten der automatischen Größenanpassung stellen Sie im *Inspektor* oder, bei älteren *FileMaker*-Versionen, in der *Objektinfo*-Palette mit Hilfe von Ankern ein. Das Verankern eines Objekts hat zur Folge, dass der Abstand zwischen der Kante des Objekts und der Fensterecke konstant bleibt, wenn sich die Fenstergröße ändert. Als Ankerpunkte dienen die Ränder eines Layouts oder die Ränder eines umgebenden Objekts wie beispielsweise ein Portal.

Als Standard-Einstellung von Objekten sind die linke und die obere Kante verankert. Mit dieser Einstellung erreichen Sie, dass sich Objekte weder bewegen noch ihre Abmessungen ändern.

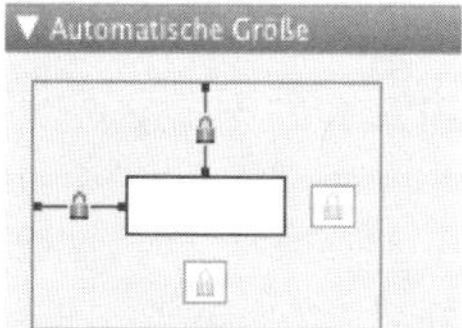

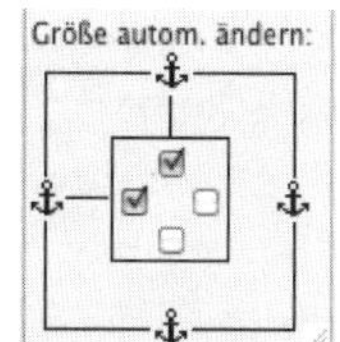

Anker-Einstellung für fixierte Objekte über Inspektor (links) oder Objektinfo (rechts).

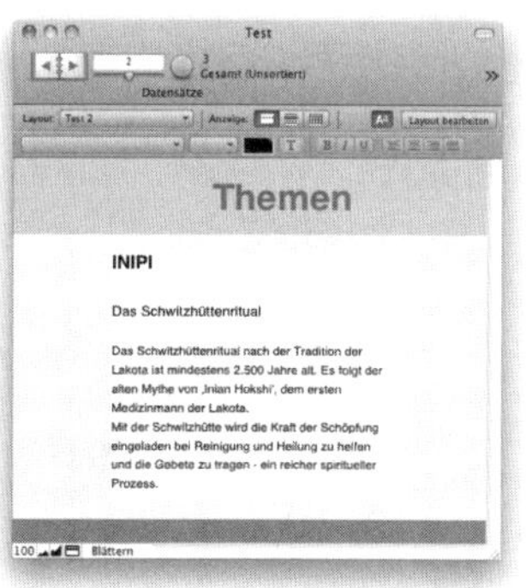

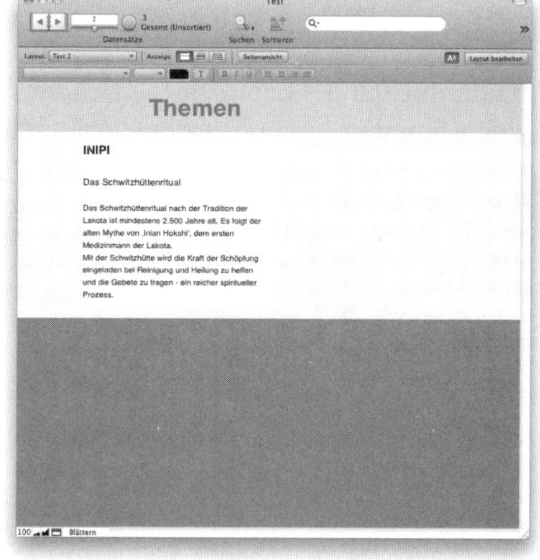

Das Verhalten von Objekten mit oberem und linkem Anker bei Änderungen der Fenstergröße.

Wenn Sie möchten, dass sich ein Objekt vertikal ausdehnt oder zusammenzieht, müssen Sie den oberen und den unteren Anker setzen.

Das Verhalten von Objekten mit linkem oberem und unterem Anker bei Änderung der Fenstergröße.

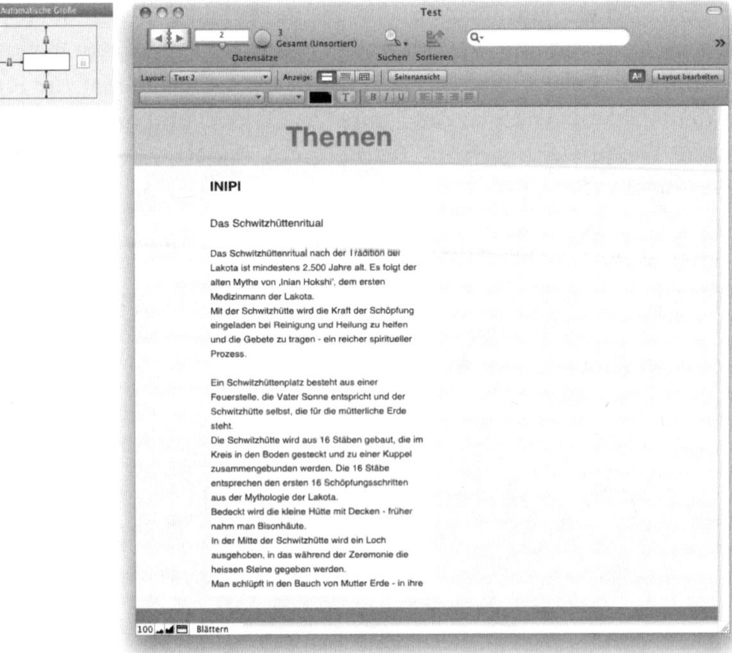

Analog müssen Sie den rechten und den linken Anker setzen, um variable Abmessungen in horizontaler Richtung zu erzielen.

Das Verhalten von Objekten mit oberem, unterem, rechtem und linkem Anker bei Änderung der Fenstergröße.

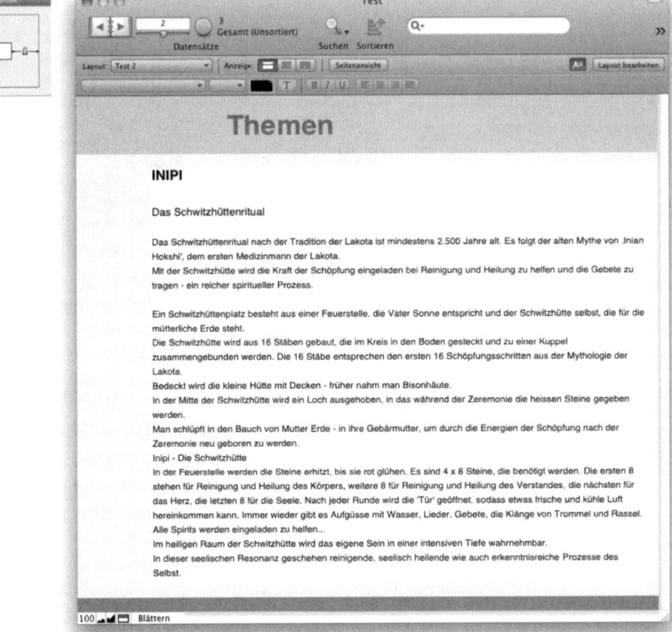

Besitzen Objekte einen rechten, aber keinen linken Anker, bewegen sie sich bei einer Vergrößerung des Fensters nach rechts. Sie halten einen konstanten Abstand zum rechten Fensterrand, ändern dabei aber nicht ihre Abmessungen. Analog halten Elemente ohne oberem, aber mit unterem Anker, konstanten Abstand zum unteren Fensterrand, ohne ihre Größe zu verändern.

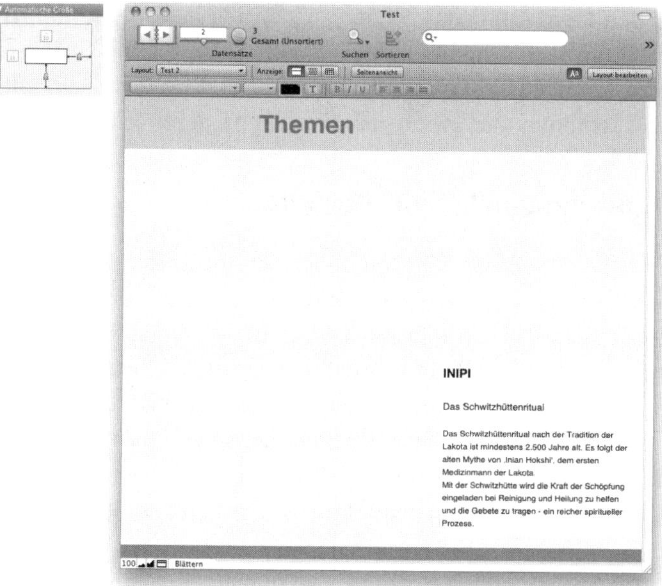

Das Verhalten von Objekten mit rechtem und unterem Anker bei Änderung der Fenstergröße.

Verfügt ein Objekt über keinerlei Anker, so bleibt es auf einer Position im Zentrum des Layouts.

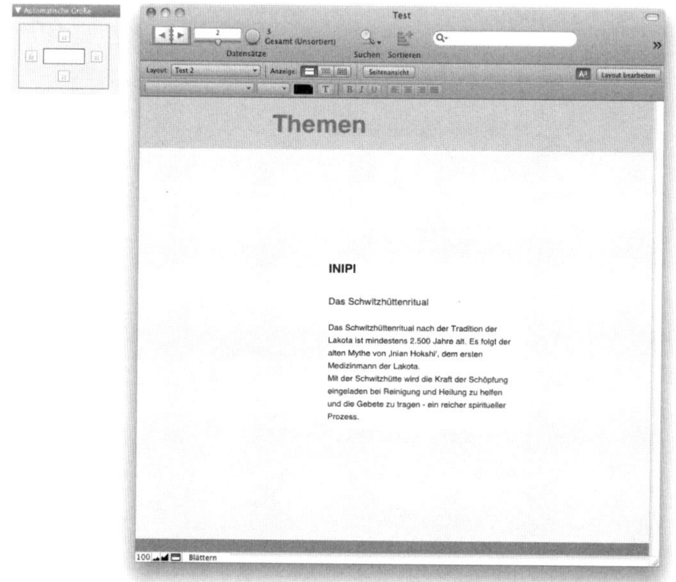

Das Verhalten von Objekten ohne Anker bei Änderung der Fenstergröße.

Sämtliche hier gezeigten Effekte beruhen ausschließlich auf unterschiedlich gesetzten Ankern und veränderter Fenstergröße. Die Abmessungen des Textfeldes blieben dabei unangetastet.

Für Layoutelemente in Containern, also in Portalen oder Registersteuerelementen, ist die Umrandung des Containers anstelle des Fensterrandes maßgebend. Dies verhindert, dass sich ein Objekt über den Containerrand hinaus ausdehnen kann. Sind die Anker eines Containerelements so eingestellt, dass es seine Größe nicht ändern kann, so erfolgt auch keine Anpassung der darin enthaltenen Elemente, und zwar unabhängig von deren Einstellungen.

Formatierung von Layoutelementen

In den vergangenen Abschnitten haben wir uns mit den geometrischen Eigenschaften von Layoutelementen wie Position, Abmessungen, Stapelfolge etc. beschäftigt. In diesem Kapitel beschäftigen wir uns mit Format-Eigenschaften wie Zeichenattributen, Farben, Hintergrundmustern, Rändern und anderen mehr. Wie nicht anders zu erwarten, stehen Ihnen verschiedene Wege offen, um Objekten gewünschte Attribute zuzuweisen. Sie können dazu Menüs, Kontextmenüs, Tastaturkürzel oder die Schaltflächen vom Inspektor und von der Formatierungsleiste benutzen.

Hinsichtlich Text können Sie seine Zeichenattribute wie Schrift, Schriftgröße, Schriftstil und Schriftfarbe festlegen, dazu Absatzausrichtung, Ränder, Zeilenabstand und Tabulatoreinstellungen. Dies bezieht sich sowohl auf statischen Text als auch auf Text innerhalb von Feldobjekten. Sie können die Eigenschaften von Text sowohl im *Blättern-* als auch im *Layout*-Modus festlegen.

Textformatierung über Menü.

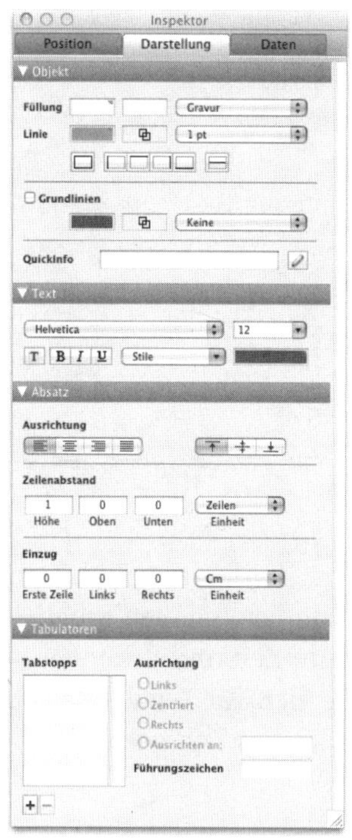

Textformatierung über das Register »Darstellung« des Inspektors.

Textformatierung mit der Formatierungsleiste.

Die Formatierung eines Feldobjekts im *Layout*-Modus beeinflusst lediglich das Erscheinungsbild dieses speziellen Feldobjekts. Dagegen erfolgt bei einer Formatierung von Text im Modus *Blättern* eine Speicherung der Formatinformation zusammen mit den Daten. Diese Formatierung sehen Sie in jedem Layout, das mit diesem Feld bestückt ist.

Formatierungen im Modus *Blättern* haben stets Vorrang vor denjenigen im *Layout*-Modus.

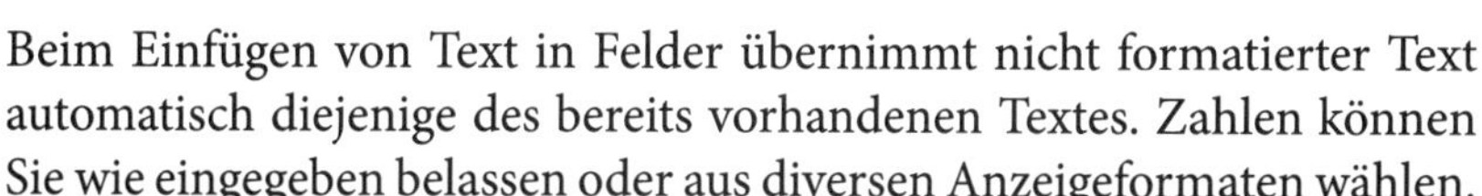

Beim Einfügen von Text in Felder übernimmt nicht formatierter Text automatisch diejenige des bereits vorhandenen Textes. Zahlen können Sie wie eingegeben belassen oder aus diversen Anzeigeformaten wählen.

Ist eine Zahl als »?« dargestellt, so reicht in der Regel der Platz zur Darstellung der Zahl im gewählten Format nicht aus. Vergrößern Sie im *Layout*-Modus die horizontale Abmessung des Feldobjekts, bis Sie den ganzen Wert sehen können.

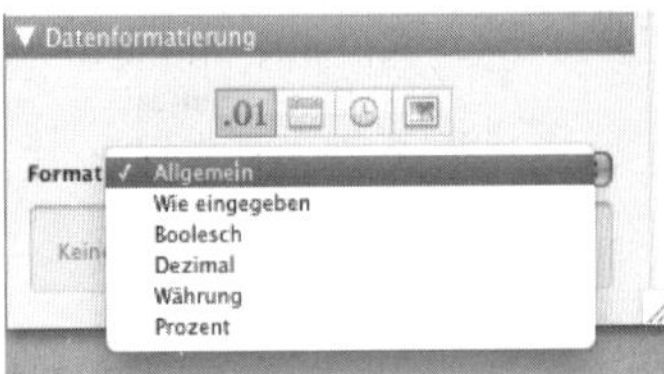

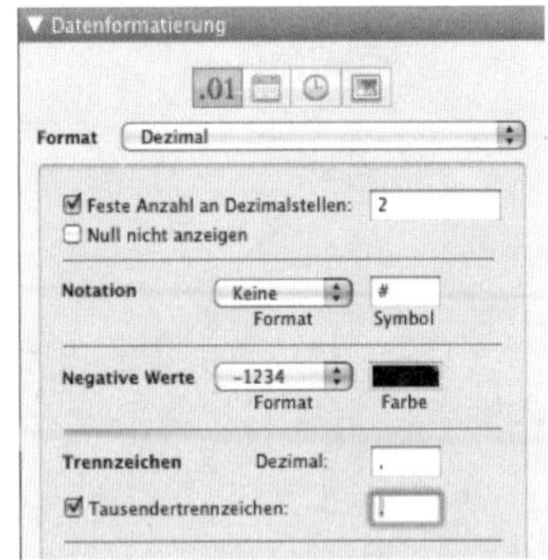

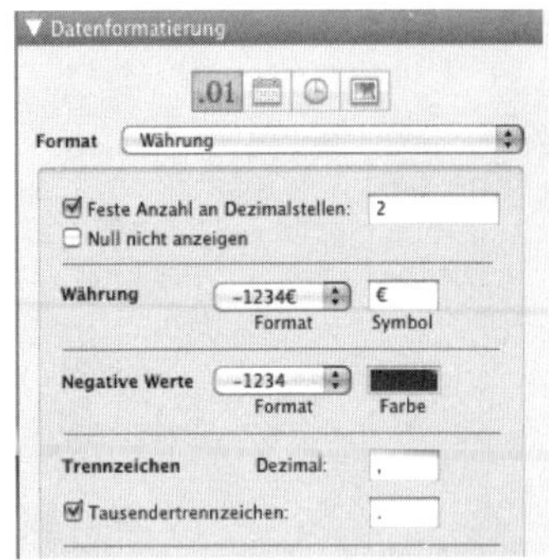

Eingabe **-23547,9** Dezimal **-23.547,90** Währung **-23.547,90€**

Zahlenformate.

Auch bei Datumsfeldern, Zeitfeldern und Zeitstempelfeldern ist eine Steuerung der Anzeige von Feldinhalten möglich. Bei *Zeitstempelfeldern* ist die Anzeige von Datum, Zeit und Sekunden separat einzustellen. Für *Datum* ist der Datums-Bereich, für *Zeit* der Zeitbereich, und für *Sekunden* inklusive deren Bruchteilen der Zahlenbereich des *Inspektors* zuständig.

Einstellen von Datums- und Zeitformaten.

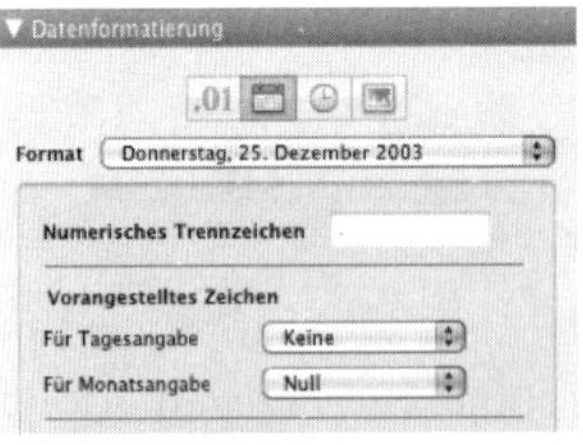

Sonntag, 8. August 2010

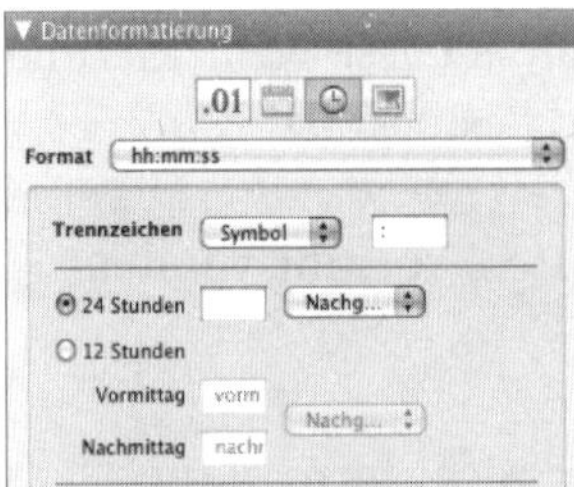

15:30:42

Bei Medienfeldern können Sie festlegen, wie Bilder oder Symbole in den zugehörigen Feldobjekten darzustellen sind. Um Bilder in ihrer Originalgröße anzuzeigen, ist als Format *Auf Rahmen zuschneiden* einzustellen. In diesem Fall schneidet *FileMaker* das Bild ab, wenn es zu groß für den vorgegebenen Rahmen ist.

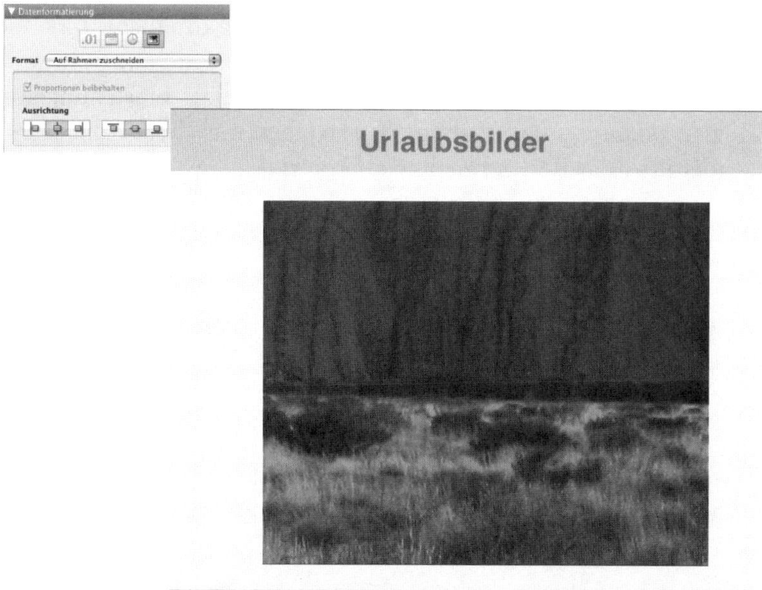

Die Formatierung von »Medienfeldern-Originalgröße« anzeigen.

In der Regel macht es mehr Sinn, ein Bild so anzupassen, dass es in den vorgegebenen Rahmen hineinpasst. Dies erreichen Sie über die Optionen *Bild passend verkleinern*, *Bild passend vergrößern*, oder *Bild passend verkleinern oder vergrößern*. Das Bild kann sich verzerren, wenn Sie nicht den Haken bei *Proportionen beibehalten* setzen.

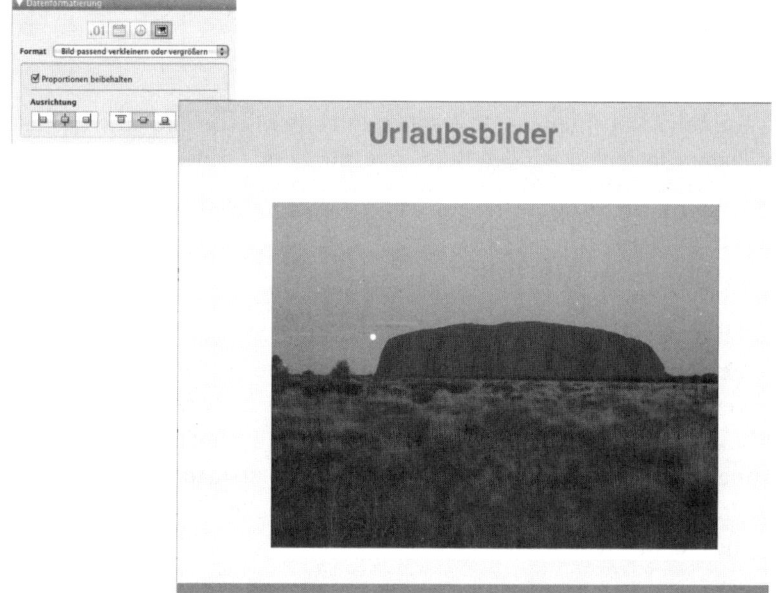

Die Formatierung von »Medienfeldern-Bild« proportional anpassen.

Schließlich ermöglicht Ihnen der Medien-Bereich des Inspektors noch die Festlegung von horizontaler und vertikaler Ausrichtung eines Bildes. In älteren *FileMaker*-Versionen können Sie diese Einstellungen im Dialog *Grafikformat* vornehmen. Sie erreichen ihn über *Format* | *Grafik...* oder über das Kontextmenü *Grafikformat...*

Der Dialog Grafikformat (bis FileMaker 10).

Das Erscheinungsbild von Layoutelementen verändern Sie am schnellsten mit Hilfe des Kontextmenüs. Markieren Sie ein oder mehrere Objekte und wählen Sie die gewünschte Darstellungsoption. Diese Arbeitsschritte können Sie auch mit den Linien- oder Füllpaletten im *Inspektor* oder in der *Formatierungsleiste* vornehmen. Das Aussehen von Feldobjekten lässt sich auch durch Hinzufügen von Feldrahmen verändern.

Sie können auch einen Layoutbereich mit einer Farbe und einem Muster versehen. Klicken Sie auf den Bereichsnamen und wählen Sie per Kontextmenü oder Formatierungsleiste eine Option für Füllfarbe und Füllmuster.

Bedingte Formatierung

Mit Hilfe der *Bedingten Formatierung* können Sie das Erscheinungsbild von Feldobjekten und deren Inhalt abhängig von bestimmten Bedingungen verändern. So können Sie beispielsweise Rechnungssummen in roter Farbe anzeigen lassen, wenn der Zahlungstermin eine gewisse Zeitspanne überschritten hat. Oder Sie können die Geburtstage in Ihrer Kontaktliste in unterschiedlichen Farben für den aktuellen Monat, die aktuelle Woche etc. darstellen.

Die *Bedingte Formatierung* verändert lediglich das Aussehen von Daten, nicht deren aktuelle Speicherung in der Datenbank. Sie können diese für folgende Layoutelemente verwenden: Text, Feldobjekte (einschließlich solcher aus externen Datenquellen), Platzhalter, Layoutsymbole (Datum, Zeit, Seitennummer, Datensatznummer usw.), Text -basierte Tasten und *Web Viewer*. Nicht verfügbar ist sie für Nicht-Text-Objekte wie etwa für Rechtecke. Sie kann auf einzelne, mehrere oder gruppierte Layoutobjekte angewendet werden. Die Anwendung dieses Werkzeuges können Sie anhand des im betreffenden Objekt eingeblendeten rot-blauen Quadrates erkennen.

Im Gegensatz zu den meisten Formatierungen ist es nicht möglich, die erforderlichen Einstellungen mit dem Inspektor vorzunehmen. Nach Auswahl des oder der vorgesehenen Elemente müssen Sie über *Format | Bedingt...* oder das Kontextmenü *Bedingte Formatierung* den gleichnamigen Dialog aufrufen. Über die Taste *Hinzufügen* können Sie eine oder mehrere Bedingungen nebst den zugehörigen Formatoptionen festlegen.

Betrachten wir ein einfaches Listen-Layout, in dem lediglich Vorname und Geburtsdatum von Verwandten und Bekannten aufgeführt ist.

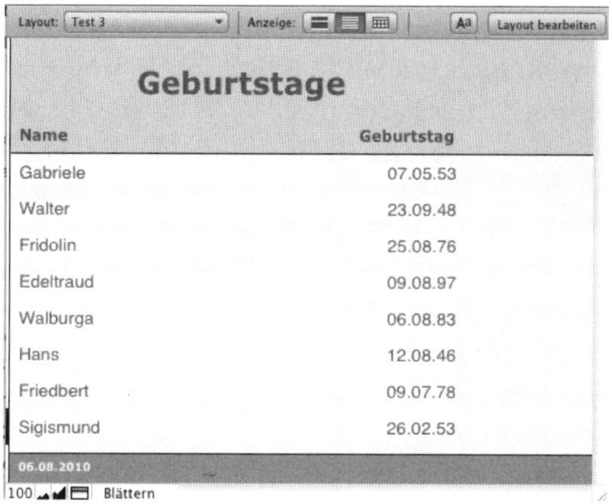

Einfaches Listen-Layout.

Als Erstes möchten Sie für das Feld *Geburtstag* deutlich erkennen, ob es leer ist. Rufen Sie im *Layout*-Modus den Dialog *Bedingte Formatierung* auf. Klicken Sie auf *Hinzufügen*, um eine neue Bedingung einzurichten. Stellen Sie die Einblendmenüs unter *Bedingung* auf *Wert* und *ist leer*. Wählen Sie als *Füllfarbe* eine möglichst geschmacklose Farbe (Sie möchten das Feld ja so schnell wie möglich mit Informationen füllen).

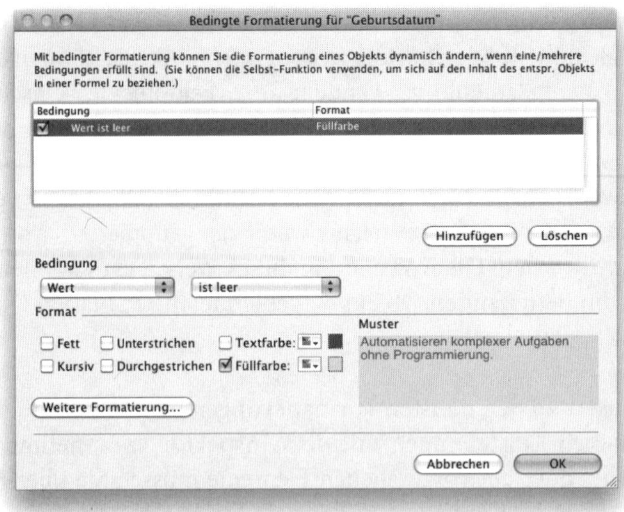

Der Dialog »Bedingte Formatierung« für das Feld »Geburtstag«.

Klicken Sie auf *OK*. Sie werden bemerken, dass im Feldobjekt *Geburtstag* jetzt ein blau-rotes Quadrat dargestellt ist.

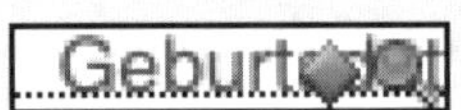

Die Kennzeichnung einer »Bedingten Formatierung« im Layout-Modus.

Wechseln Sie in den *Blättern*-Modus. Hier sollten jetzt alle Geburtstags-Felder ohne Eintrag in der Farbe Ihrer Wahl dargestellt sein.

Listen-Layout mit »Bedingter Formatierung« für das Feld »Geburtstag«.

Nun möchten wir die Felder der Namen farbig hinterlegen, bei denen sich der Geburtstag nähert. Wir rufen den Dialog für *Name* auf. Als Bedingung müssen wir jetzt eine Formel benutzen, da *Wert* nur die Eingabe statischer Informationen erlaubt. Damit greifen wir schon mal das Thema des nächsten Abschnitts auf. Stellen Sie also das Einblendmenü unter *Bedingung* auf *Formel ist* und klicken Sie auf die Taste *Angeben…* Nun müssen Sie im Dialog *Formel angeben* eben einen Ausdruck in das Eingabefeld unter den beiden Listen eingeben. Die Funktion *MonatZahl* gibt für ein bestimmtes Datum den Monat als Zahl zurück. Es ist also zu prüfen, ob der Monat des Geburtsdatums mit dem des aktuellen Datums übereinstimmt. Das aktuelle Datum wiederum erhalten wir über die Funktion *Hole(SystemDatum)*. Geben Sie also manuell folgenden Text ein:

```
MonatZahl(Test::Geburtsdatum) =
MonatZahl(Hole(SystemDatum))
```

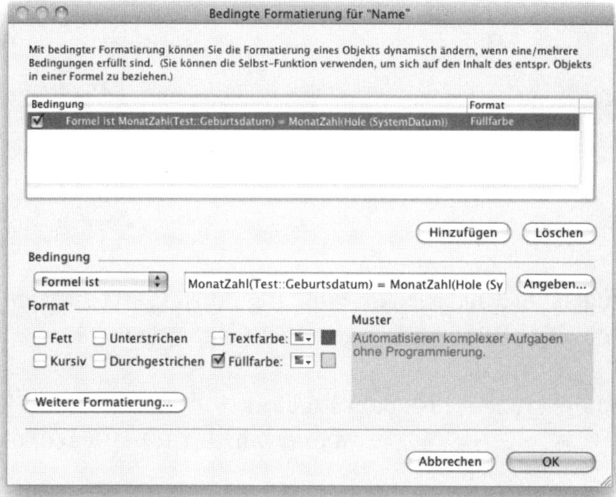

Der Dialog »Bedingte Formatierung« für Feld »Name-Versuch 1«.

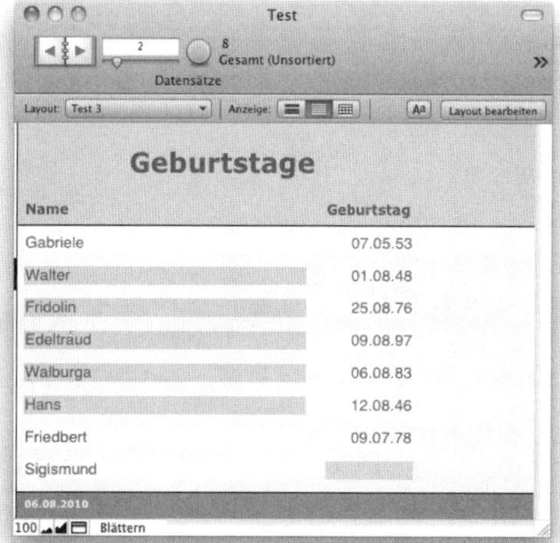

Listen-Layout mit »Bedingter Formatierung« für die Felder »Namen« und »Geburtstag-Versuch 1«.

Mit dem 05.08.10 als aktuellem Datum stellen wir fest, dass der Geburtstag von Walter markiert ist, obwohl er 4 Tage vorbei ist. Wir benötigen also eine Ergänzung. Sie soll gewährleisten, dass die Formatierung 3 Tage nach dem Geburtstag zurückgesetzt wird. Schließlich ist es menschlich, einen Geburtstag auch mal zu verschwitzen. Oder das Geburtstagskind war am Tag seines Wiegenfestes telefonisch nicht erreichbar. Insofern sollte die Formatierung auch noch einige Tage nach dem Geburtstag sichtbar sein. Auf jeden Fall müssen beide Bedingungen gleichzeitig erfüllt sein, es handelt sich also um eine logische Und-Verknüpfung. Wir ergänzen also die Formel entsprechend.

```
( MonatZahl(Test::Geburtsdatum) =
MonatZahl(Hole(SystemDatum)) ) UND
((TagDesJahres(Test::Geburtsdatum)-
            TagDesJahres(Hole(SystemDatum)) ) > - 4)
```

Die Formel mit erweiterter Bedingung.

(MonatZahl(Test::Geburtsdatum) = MonatZahl(Hole (SystemDatum))) UND
((TagDesJahres(Test::Geburtsdatum) – TagDesJahres(Hole (SystemDatum))) > – 4)

Ergebnistyp muss sein: Boolesch Werte ungleich Null sind wahr, Null und leere Werte falsch.

Danach fügen wir eine zweite Bedingung hinzu (Taste *Hinzufügen*), die den Namen einer Person am Tage seines Geburtstags rot hinterlegt.

```
TagDesJahres(Test::Geburtsdatum) =
                    TagDesJahres(Hole(SystemDatum))
```

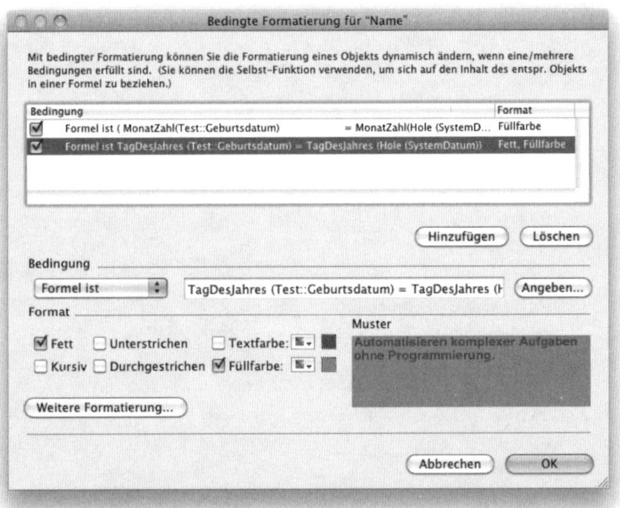

Der Dialog »Bedingte Formatierung« für das Feld »Name«.

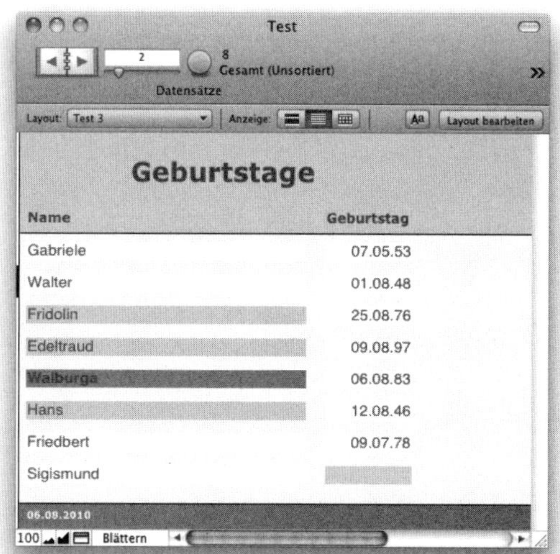

Fertiges Listenlayout mit »Bedingter Formatierung« für die Felder »Namen« und »Geburtstag«.

Bei mehreren Bedingungen erfolgt eine Auswertung sämtlicher Elemente der Liste von oben nach unten. Jede erfüllte Bedingung bewirkt die Anwendung der dabei festgelegten Einstellungen. Treten dabei Konflikte auf, wird die Formatierung der letzten wahren Bedingung benutzt. Wenn Sie beispielsweise eine Bedingung mit Schriftgröße 14 verbinden und eine spätere mit Größe 24, so wird der Text in Schriftgröße 24 dargestellt, wenn beide Bedingungen erfüllt sind.

Formeln und Funktionen

In den vorangegangenen Abschnitten hatten wir zunächst die Voraussetzungen dafür geschaffen, dass wir Informationen in einer Datenbank überhaupt abspeichern können. Dazu war es nötig, Tabellen und Felder anzulegen. Danach hatten wir uns mit dem Thema beschäftigt, Informationen mit möglichst wenig Aufwand einzugeben und in übersichtlicher Form darzustellen. Dafür hatten wir Layouts erzeugt und sie mit verschiedenen Elementen bestückt.

Nun möchten wir die eingegebenen Informationen auch verarbeiten. Dazu müssen wir uns mit Formeln befassen. Sie gehören zu den wichtigsten Werkzeugen bei der Arbeit mit *FileMaker*. Sie werten einen vorgegebenen Ausdruck aus und liefern ein Ergebnis. Ein solches Ergebnis kann eine Zahl, ein Text, ein Datum, eine Zeitangabe oder ein Verweis auf eine Datei sein, die in einem Medienfeld platziert werden soll.

Häufig wird das Ergebnis aus Inhalten anderer Datenfelder ermittelt. So können Sie beispielsweise aus der Angabe von Stückzahl und Einzelpreis den Gesamtpreis bestimmen. Bei mehreren Rechnungspositionen können Sie die Nettosumme aus den Einzelposten ermitteln, daraus wiederum die Mehrwertsteuer und letztendlich den Brutto-Rechnungsbetrag berechnen lassen.

In anderen Fällen dienen Formeln zur Überprüfung von Bedingungen, ob sie wahr (1) oder falsch (0) sind. In Abhängigkeit vom Ergebnis solcher Tests kann *FileMaker* unterschiedliche Resultate liefern oder unterschiedliche Aktionen ausführen.

Formeln können sich aus den im Folgenden aufgeführten Bestandteilen zusammensetzen.

- **Konstanten**
  Nicht veränderliche Text-, Zahlen, Datums- oder Zeitwerte

- **Feldverweise**
  Felder in der gleichen Tabelle oder einer Bezugstabelle

- **Funktionen**
  Vordefinierte, benannte Formeln zur Durchführung spezieller Berechnungen. Sie liefern ein bestimmtes Ergebnis, basierend auf verschiedenen Eingabewerten.

- **Operatoren**
  Symbole, über die festgelegt wird, wie zwei oder mehr Werte zu kombinieren oder zu vergleichen sind.

Wir wollen uns in diesem Abschnitt hauptsächlich mit Formelfeldern befassen. Es gibt aber noch weitere Anwendungsbereiche für die Verwendung von Formeln. Die wichtigsten Einsatzgebiete für Formeln sind nachfolgend kurz aufgelistet.

- Definition von Formelfeldern
- Automatische Eingabe von Feldinhalten
- Berechnungsvorschrift in verschiedenen Skript-Befehlen
- Automatische Überprüfung von Feldinhalten bei der Eingabe
- Bedingte Formatierung
- Erzeugung von QuickInfos
- Bereitstellung eines berechneten Wertes zum Ersetzen von Feldinhalten

Der Formeleditor

Wenn Sie ein Feld vom Typ *Formel* erzeugen, erscheint nach Betätigung der Taste *Erstellen* der Dialog *Formel angeben*. Wir hatten in einem der vorangegangenen Abschnitte vereinbart, diesen Dialog kurz als *Formeleditor* zu bezeichnen.

Der Formeleditor (Dialog »Formel angeben«).

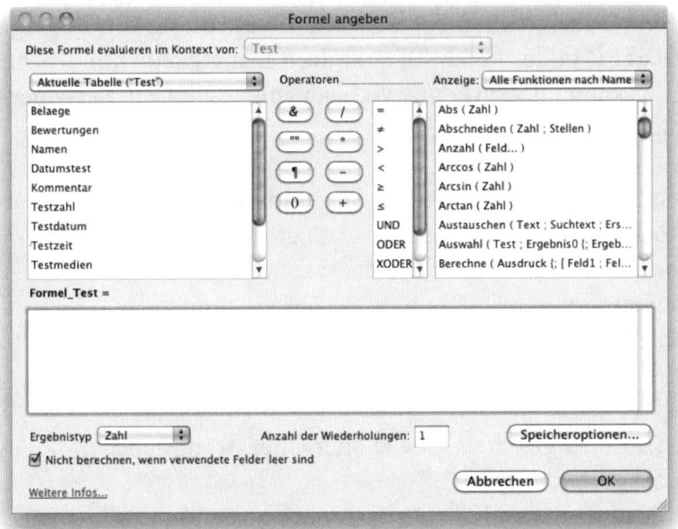

Der obere linke Bereich enthält eine Liste mit Feldnamen. Standardmäßig ist dabei die aktuell angezeigte Tabelle eingestellt. Über das Einblendmenü können Sie auf eine andere Tabelle umstellen. Ein Doppelklick auf einen Feldnamen bewirkt, dass dieser Name als Text in das darunter befindliche Formelfeld eingefügt wird – und zwar an der aktuellen Position des Textzeigers.

Sie können sich auch Felder aus *Tabellen ohne Bezug* anzeigen lassen. Daraus können Sie aber lediglich Felder mit globaler Speicherung nutzen.

Oben rechts ist die Funktionsliste untergebracht. Die Funktionsnamen erscheinen bei jedem Aufruf des Formeleditors immer wieder in alphabetischer Reihenfolge aufgelistet (das war schon immer so!). Über das Einblendmenü können Sie die Anzeige auf eine ausgewählte Funktionsgruppe beschränken oder sie auf eine gruppierte Anzeigeform umstellen.

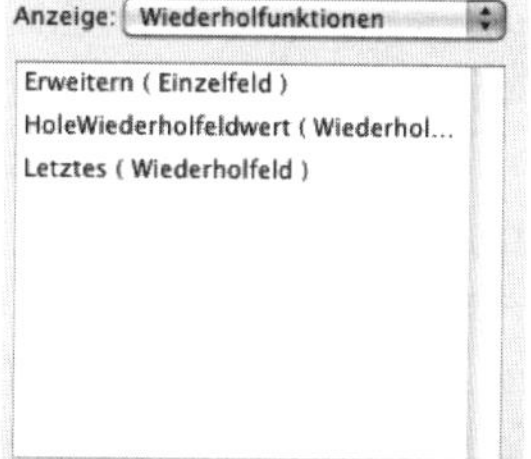

Die Anzeigearten der Funktionsliste.

Auch hier bewirkt ein Doppelklick die Übertragung des Funktionsnamens als Text in das Formelfeld an der aktuellen Position des Textzeigers. Die Namen der angezeigten Funktionsparameter werden als Text mit eingefügt.

Im Bereich zwischen Feldnamensliste und Funktionsliste sind die Operatoren untergebracht. Bei den als Schaltflächen realisierten Symbolen genügt ein einfacher Mausklick, um das Symbol als Text in das Formelfeld zu übertragen. Bei den logischen Operatoren in der Liste ist wiederum der Doppelklick gefordert.

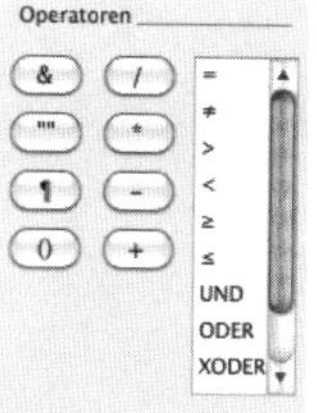

Der Operatorenbereich des Formeleditors.

Einige der Symbole sind keine Operatoren im eigentlichen Sinne. Das Abschnitts-Symbol (¶), die Anführungszeichen und die Klammern repräsentieren lediglich die entsprechenden Literale und vereinfachen deren Einfügen in einen Ausdruck.

Das große Feld im unteren Bereich des Formeleditors – das *Formelfeld* – dient zur Aufnahme von Ausdrücken. Im Prinzip können hier sämtliche Eingaben manuell erfolgen. Die Verwendung von Klicks und Doppelklicks zum Einfügen von Feldnamen und Funktionsnamen spart meistens nicht nur Zeit, sie ist auch weniger fehlerbehaftet. Ansonsten können Sie auch im Formelfeld das Kopieren und Einsetzen nutzen.

Zur besseren Übersicht sollten Sie mit der Verwendung von Leerzeichen und Zeilenschaltungen nicht sparsam sein. Sie haben keinerlei Einfluss auf das Ergebnis. Auch die Verwendung von Kommentaren dient zum besseren Verständnis und erhöht die Lesbarkeit. *FileMaker* offeriert zwei Formen. In der ersten Variante wird alles, was sich in einer Zeile hinter zwei Schrägstrichen (//) befindet, von der Auswertung ausgeschlossen. Um einen Kommentar auf mehrere aufeinanderfolgende Zeilen zu verteilen, müssen Sie den Kommentar-Text zwischen den Symbolfolgen /* und */ anordnen.

Am unteren Rand des Skripteditor-Fensters können Sie verschiedene Optionen festlegen. Die wichtigste davon ist die Angabe des Ergebnistyps. *Anzahl der Wiederholungen* ist nur bei Verwendung von Wiederholfeldern wichtig. Der Haken bei *Nicht berechnen, wenn verwendete Felder leer sind* ist normalerweise gesetzt. Dies bedeutet, die Formel liefert kein Ergebnis, solange die Inhalte der beteiligten Felder leer sind. Nehmen wir an, Sie testen ein Zahlenfeld, ob es größer als »0« ist.

```
Wenn (Testzahl_1 > 0; Testzahl_1 + Testzahl_2; 0)
```

Sind beide Eingabefelder leer, so bleibt auch das Ergebnisfeld leer, wenn der Haken gesetzt ist. Wenn nicht, erhalten Sie als Ergebnis eine »0«.

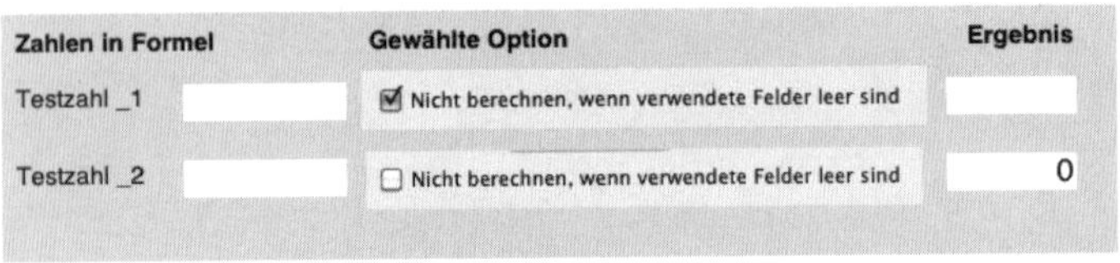

Wirkung der Option »Nicht berechnen, wenn verwendete Felder leer sind«.

Zahlen in Formel		Gewählte Option	Ergebnis
Testzahl _1		☑ Nicht berechnen, wenn verwendete Felder leer sind	
Testzahl _2		☐ Nicht berechnen, wenn verwendete Felder leer sind	0

Als Letztes können Sie über den Dialog *Speicheroptionen* festlegen, wie die Speicherung des Ergebnisses erfolgen soll.

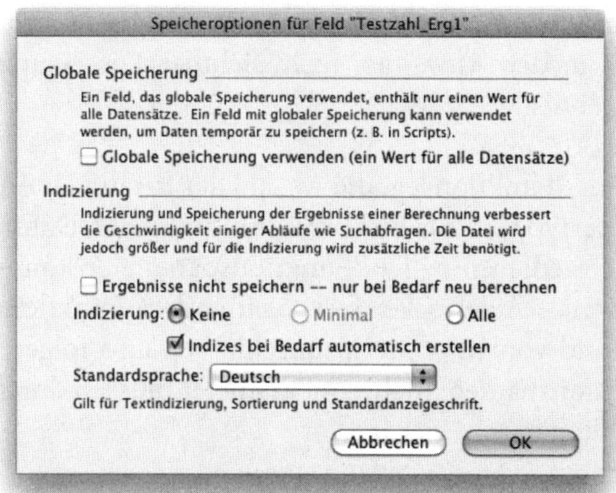

Der Dialog »Speicheroptionen«.

Wenn Sie *Globale Speicherung* aktivieren, können Sie in einer Datenbank von jedem Datensatz einer beliebigen Tabelle auf das Ergebnis zugreifen, ohne dafür eine Beziehung einrichten zu müssen. Die Auswertung der Formel erfolgt nur in den Fällen, in denen sich Werte von Feldern ändern, die in der Formel benutzt werden.

Hinsichtlich Indizierung sind voreingestellt: *Ergebnisse nicht speichern – nur bei Bedarf neu berechnen, Keine* für Indizierung und gesetzter Haken bei *Indizes bei Bedarf automatisch erstellen.*

Diese Einstellungen sind auf die überwiegende Zahl der Anwendungsfälle zugeschnitten. Bei der Verwendung bestimmter Stausfunktionen kann es aber sinnvoll sein, die Speicherung von Ergebnissen explizit auszuschalten. Typischerweise liefern Stausfunktionen zeitabhängige Informationen, und die sollten im Bedarfsfall immer aktuell ermittelt werden.

Sollten Sie *Alle* als Option für die Indizierung in Erwägung ziehen, bedenken Sie, dass dies die Größe einer *FileMaker*-Datenbank erheblich in die Höhe treiben kann.

Die FileMaker-Funktionsbibliothek

Funktionen führen auf der Basis von Eingabewerten – auch Parameter, Funktionsparameter oder Argumente genannt – bestimmte Berechnungen durch und liefern ein Ergebnis ab. Die zugrunde gelegte Rechenvorschrift ist für den Anwender nicht sichtbar. Die Hauptsache ist ein korrektes Ergebnis.

Die Syntax einer Funktion legt die Anzahl der Parameter und den jeweiligen Parametertyp fest. Als Ergebnis sind Text, Zahl, Datum, Zeit, Zeitstempel oder Medien möglich. Funktionsparameter können Konstanten, Feldverweise, Ausdrücke oder auch andere Funktionen sein. Die Argumente sind von Klammern umschlossen und folgen unmittelbar auf den Funktionsnamen. Mehrere Parameter müssen durch Semikolon (;) voneinander getrennt werden.

Im einfachsten Fall verfügt eine Funktion über einen einzigen Parameter. Beispielsweise berechnet `Abs(Zahl)` den Absolutwert einer Zahl. Die Funktion `Mod(Zahl; Divisor)` benötigt zwei Argumente und gibt den Rest zurück, der durch die Division von Zahl durch Divisor entsteht. Geschweifte Klammern in einer Funktionsbeschreibung kennzeichnen optionale Argumente. Drei Punkte … zeigen an, Sie können an der betreffenden Stelle weitere Parameter hinzufügen. Die Funktion

```
Austauschen(Text; Suchtext; Ersatztext)
```

ersetzt in einem Text eine Zeichenkette durch eine andere. Sie erlaubt auch die Angabe mehrerer Such- und Ersatztexte im Aufruf.

```
Austauschen(Text; [Suchtext_1; Ersatztext_1]
     {; [Suchtext_2; Ersatztext_2] … [Suchtext_n;
Ersatztext_n] } )
```

Diese Syntax besagt, Sie können beliebig viele Such- und Ersatztexte für diese Funktion angeben. Sie müssen jedes Paar mit eckigen Klammern umschließen und diese durch Semikolons trennen.

In den folgenden Abschnitten sind die wichtigsten Funktionen der *FileMaker-Funktionsbibliothek* beschrieben, geordnet nach Kategorien.

Bei den Beispielen sind, soweit möglich, aus Gründen der Einfachheit und der besseren Lesbarkeit meistens Konstanten als Argument angegeben. Anstelle von …

Aufruf	Ergebnis
Abs (`Zahlenfeld`) `Zahlenfeld` enthält den Wert `-5`	5

… finden Sie im folgenden die kürzere Form

Aufruf	Ergebnis
Abs (- 5)	5

Üblicherweise tummeln sich überwiegend Feldnamen im Bereich der Argumentenlisten.

Zahlenfunktionen

Zahlenfunktionen finden bei Berechnungen mit numerischen Feldwerten Verwendung. Viele benötigen lediglich ein oder zwei Argumente, die selbst wieder Zahlen sind. Das Ergebnis ist stets wieder ein Zahlenwert.

Abs (Zahl)

Gibt den Absolutwert von `Zahl` zurück. Der absolute Wert einer Zahl ist immer positiv. Enthält ein Feld einen negativen Wert, entfernt diese Funktion das Vorzeichen.

Ergebnistyp *Zahl*

Argumente

`Zahl`	Zahl

Beispiele

Aufruf	Ergebnis
Abs (- 5)	5
Abs (100)	100
Abs (Zahl1 – Zahl2)	Positiver Wert für die Differenz zwischen Zahl1 und Zahl2

Abschneiden (Zahl; Stellen)

Liefert als Ergebnis `Zahl` mit einer auf `Stellen` abgerundeten Anzahl an Dezimalstellen.

Ergebnistyp *Zahl*

Argumente

`Zahl`	Zahl
`Divisor`	Zahl

Beispiele

Aufruf	Ergebnis
Abschneiden (1264,38759; 2)	1264,38
Abschneiden (- 1264,38759; 2)	- 1264,38
Abschneiden (- 1264,38759; 16)	1264,38759
Abschneiden (1264,38759; - 2)	- 1200

Div (Zahl; Divisor)

Teilt `Zahl` durch `Divisor` und ermittelt von diesem Ergebnis den nächst niedrigeren Zahlenwert.

Ergebnistyp *Zahl*

Argumente

`Zahl`	Zahl
`Divisor`	Zahl

Beispiele

Aufruf	Ergebnis
Div (19; 7)	2
Div (- 19; 7)	- 3

ErweitereGenauigkeit (Ausdruck; AnzahlDezimalstellen)

Liefert als Ergebnis den Wert von Ausdruck mit der durch `AnzahlDezimalstellen` festgelegten, erweiterten Genauigkeit. Mit Ausnahme der trigonometrischen Funktionen unterstützen alle numerischen Funktionen die erweiterte Genauigkeit.

Ergebnistyp *Zahl*

Argumente

`Ausdruck`	Zahl
`AnzahlDezimalstellen`	Zahl im Bereich von 16 bis 400

Beispiele

Aufruf	Ergebnis
ErweitereGenauigkeit (20 / 6; 20)	3,33333333333333333333

Exp (Zahl)
Liefert als Ergebnis den Wert der Konstanten e hoch `Zahl`.

Ergebnistyp *Zahl*

Argumente

`Zahl`	Zahl

Beispiele

Aufruf	Ergebnis
Exp (1)	2,71828182
Exp (0)	1

Fakultät (Zahl {; AnzahlFaktoren})
Berechnet die Fakultät von `Zahl`. `AnzahlFaktoren` gibt optional vor, wie viele Faktoren in der Multiplikation anzuwenden sind, ausgehend von `Zahl`. Fakultät ist definiert als »n! = 1 * 2 * 3 * … n«.

Ergebnistyp *Zahl*

Argumente

`Zahl`	Ganze Zahl
`AnzahlFaktoren`	Ganze Zahl

Die Argumente `Zahl` und `AnzahlFaktoren` sind Zahlen.

Beispiele

Aufruf	Ergebnis
Fakultät (4)	24 (1 * 2 * 3 * 4)
Fakultät (4; 2)	12 (4 * 3)

Ganzzahl (Zahl)
Schneidet bei `Zahl` die Stellen rechts vom Dezimalkomma ab. Eine Rundung findet nicht statt.

Ergebnistyp *Zahl*

Argumente

`Zahl`	Zahl

Beispiele

Aufruf	Ergebnis
Ganzzahl (5,777)	5
Ganzzahl (- 5,777)	- 5

Lg (Zahl)
Liefert als Ergebnis den dualen Logarithmus (Basis 2) von `Zahl`.

Ergebnistyp *Zahl*

Argumente

`Zahl`	Zahl

Beispiele

Aufruf	Ergebnis
Lg (1)	0
Lg (128)	7

Ln (Zahl)
Liefert als Ergebnis den natürlichen Logarithmus (Basis e) von `Zahl`.

Ergebnistyp *Zahl*

Argumente

`Zahl`	Zahl

Beispiele

Aufruf	Ergebnis
Ln (2,7)	0,9932517730102834
Ln (Exp (1))	1

Log (Zahl)

Liefert als Ergebnis den dezimalen Logarithmus (Basis 10) von `Zahl`.

Ergebnistyp *Zahl*

Argumente

`Zahl`	Zahl

Beispiele

Aufruf	Ergebnis
Log (1)	0
Log (10000)	4

Mod (Zahl; Divisor)

Teilt `Zahl` durch `Divisor` und ermittelt den Ergebnisrest. Sie entspricht der Formel

```
Zahl – (Div(Zahl; Divisor) * Divisor)
```

Ergebnistyp *Zahl*

Argumente

`Zahl`	Zahl
`Divisor`	Zahl

Beispiele

Aufruf	Ergebnis
Mod (19; 7)	5
Mod (- 19; 7)	2 `(- 19 – (Div(- 19; 7) * 7) = - 19 – (- 3 * 7) )`
Mod (- 19; - 7)	- 5

NächsteGrößereGanzzahl (Zahl)

Gibt den auf die nächste Ganzzahl aufgerundeten Zahlenwert von `Zahl` zurück.

Ergebnistyp *Zahl*

Argumente

`Zahl`	Zahl

Beispiele

Aufruf	Ergebnis
NächsteGrößereGanzzahl (5,7)	6
NächsteGrößereGanzzahl (- 5,7)	- 5

NächsteKleinereGanzzahl (Zahl)

Gibt den auf die nächste Ganzzahl abgerundeten Zahlenwert von `Zahl` zurück.

Ergebnistyp *Zahl*

Argumente

`Zahl`	Zahl

Beispiele

Aufruf	Ergebnis
NächsteGrößereGanzzahl (5,7)	5
NächsteGrößereGanzzahl (- 5,7)	- 6

Runden (Zahl; Stellen)

Rundet `Zahl` auf die in `Stellen` angegebene Anzahl an Dezimalstellen auf. Die Aufrundung erfolgt immer bei 0,5. Ist die angegebene Anzahl an Dezimalstellen negativ, wird auf Zehnerpotenzen vor dem Dezimalkomma gerundet.

Ergebnistyp *Zahl*

Argumente

`Zahl`	Zahl
`Stellen`	Zahl

Beispiele

Aufruf	Ergebnis
Runden (147,517; 2)	147,52
Runden (238,73; 1)	238,7
Runden (5,799; 0)	6
Runden (23478,359; -4)	20 000

Signum (Zahl)

Liefert als Ergebnis einen Wert aus der Ergebnismenge {- 1, 0, 1}. Das Ergebnis ist -1, wenn `Zahl` negativ ist, 0 bei null, und 1 bei einem positiven Wert von `Zahl`.

Ergebnistyp *Zahl*

Argumente

`Zahl`	Zahl

Beispiele

Aufruf	Ergebnis
Signum (- 153,274)	- 1
Signum (0)	0
Signum (1 534 628 739)	1

Wurzel (Zahl)

Liefert als Ergebnis die Quadratwurzel von `Zahl`.

Ergebnistyp *Zahl*

Argumente

`Zahl`	Positive Zahl

Beispiele

Aufruf	Ergebnis
Wurzel (16)	4
Wurzel (153,69)	12,3971770980332454
Wurzel (- 4)	?

Zufall
Liefert als Ergebnis eine Pseudo-Zufallszahl zwischen 0 und 1, wobei 0 im Gegensatz zu 1 Bestandteil der Ergebnismenge ist.

FileMaker erzeugt eine neue Zufallszahl beim Erstellen einer Formel mit dieser Funktion. Er veranlasst eine Neuberechnung der Zufallszahl, wenn Sie Daten in beliebigen Feldern ändern, die ebenfalls Bestandteil der Formel sind. Oder beim Zugriff auf die Formel, wenn diese ein nicht gespeichertes Ergebnis hat.

Sie können beispielsweise eine Neuberechnung erzwingen, wenn Sie in einer Formel den Ausdruck

```
Zahlenwert + Zufall – Zahlenwert
```

benutzen, wobei Zahlenwert eine beliebige Zahl annehmen kann. Bei jeder Änderung von `Zahlenwert` erfolgt eine Neuberechnung der Zufallszahl.

Ergebnistyp *Zahl*

Argumente

`Zahl`	Zahl

Beispiele

Aufruf	Ergebnis
Zufall	0,028093156870454549789

Statistikfunktionen

Statistikfunktionen finden ihren Einsatz bei statistischen Analysen. Sie erfordern als Argument eine Zahlenmenge.

Anzahl (Feld {; Feld ...})
Liefert als Ergebnis die Anzahl der gültigen, nicht leeren Inhalte von `Feld`.

Ergebnistyp *Zahl*

Das Argument `Feld` kann sein ...

- Eine Liste von Werten
- Mehrere Felder eines Datensatzes
- Ein Bezugsfelder
- Ein Wiederholfeld

Beispiele

Aufruf	Ergebnis
Anzahl („Eins";„Zwei";„Drei")	3
Anzahl (Zahl_1; Zahl_2; Zahl_3; Zahl_4; Zahl_5) Zahl_1 bis Zahl_5 sind Felder aus dem gleichem Datensatz mit folgenden Inhalten Zahl_1 = 1, Zahl_2 = 4, Zahl_3 = 6, Zahl_4 leer, Zahl_5 = 5	4
Anzahl (WFeld_Zahl) WFeld_Zahl ist ein Wiederholfeld vom Typ *Zahl* mit folgender Besetzung Position 1 = 1, Position 2 = 3, Position 4 = 7, Position 1 und 3 sind nicht besetzt	3
Anzahl (BezTab::Zahl_BezFeld_1) BezTab::Zahl_BezFeld_1 ist ein Zahlenfeld aus einer Bezugstabelle mit den Werten 8, 9, 17, 20	4

Liste (Feld {; Feld ...})

Liefert als Ergebnis eine durch Zeilenumbrüche getrennte, konkatenierte Liste nicht leerer Werte `Feld`.

Ergebnistyp *Text*

Das Argument `Feld` kann sein ...

- Eine Liste von Werten
- Mehrere Felder eines Datensatzes
- Ein Bezugsfeld
- Ein Wiederholfeld

Beispiele

Aufruf	Ergebnis
Liste („Eins";„Zwei";„Drei")	Eins Zwei Drei

Liste (Zahl_1; Zahl_2; Zahl_3; Zahl_4; Zahl_5) Zahl_1 bis Zahl_5 sind Felder aus dem gleichem Datensatz mit folgenden Inhalten Zahl_1 = 1, Zahl_2 = 4, Zahl_3 = 6, Zahl_4 leer, Zahl_5 = 5	1 4 6 5
Liste (WFeld_Zahl) WFeld_Zahl ist ein Wiederholfeld vom Typ *Zahl* mit folgender Besetzung Position 1 = 1, Position 2 = 3, Position 4 = 7, Position 1 und 3 sind nicht besetzt	1 3 7
Liste (BezTab::Zahl_BezFeld_1) BezTab::Zahl_BezFeld_1 ist ein Zahlenfeld aus einer Bezugstabelle mit den Werten 8, 9, 17, 20	8 9 17 20

Max (Feld {; Feld …})

Liefert als Ergebnis den höchsten gültigen, nicht leeren Wert in `Feld`.

Ergebnistyp *Datum*, *Text*, *Uhrzeit*, *Zeitstempel*, *Zahl*

Das Argument `Feld` kann sein …

- Eine Liste von Werten
- Mehrere Felder eines Datensatzes
- Ein Bezugsfeld
- Ein Wiederholfeld

Beispiele

Aufruf	Ergebnis
Max („Eins“;„Zwei“;„Drei“)	Zwei
Max (Zahl_1; Zahl_2; Zahl_3; Zahl_4; Zahl_5) Zahl_1 bis Zahl_5 sind Felder aus dem gleichem Datensatz mit folgenden Inhalten Zahl_1 = 1, Zahl_2 = 4, Zahl_3 = 6, Zahl_4 leer, Zahl_5 = 5	6
Max (WFeld_Zahl) WFeld_Zahl ist ein Wiederholfeld vom Typ `Zahl` mit folgender Besetzung Position 1 = 1, Position 2 = 3, Position 4 = 7, Position 1 und 3 sind nicht besetzt	7
Max (BezTab::Zahl_BezFeld_1) BezTab::Zahl_BezFeld_1 ist ein Zahlenfeld aus einer Bezugstabelle mit den Werten 8, 9, 17, 20	20

Min (Feld {; Feld ...})

Liefert als Ergebnis den kleinsten gültigen, nicht leeren Wert in `Feld`.

Ergebnistyp *Datum, Text, Uhrzeit, Zeitstempel, Zahl*

Das Argument `Feld` kann sein ...

- Eine Liste von Werten
- Mehrere Felder eines Datensatzes
- Ein Bezugsfeld
- Ein Wiederholfeld

Beispiele

Aufruf	Ergebnis
Min („Eins";„Zwei";„Drei")	Drei
Min (Zahl_1; Zahl_2; Zahl_3; Zahl_4; Zahl_5) Zahl_1 bis Zahl_5 sind Felder aus dem gleichem Datensatz mit folgenden Inhalten Zahl_1 = 1, Zahl_2 = 4, Zahl_3 = 6, Zahl_4 leer, Zahl_5 = 5	1
Min (WFeld_Zahl) WFeld_Zahl ist ein Wiederholfeld vom Typ `Zahl` mit folgender Besetzung Position 1 = 1, Position 2 = 3, Position 4 = 7, Position 1 und 3 sind nicht besetzt	1
Min (BezTab::Zahl_BezFeld_1) BezTab::Zahl_BezFeld_1 ist ein Zahlenfeld aus einer Bezugstabelle mit den Werten 8, 9, 17, 20	8

Mittelwert (Feld {; Feld ...})

Liefert als Ergebnis den Mittelwert aller gültigen, nicht leeren Werte in `Feld`.

Ergebnistyp *Zahl*

Das Argument `Feld` kann sein ...

- Eine Liste von Werten
- Mehrere Felder eines Datensatzes
- Ein Bezugsfeld
- Ein Wiederholfeld

Beispiele

Aufruf	Ergebnis
Mittelwert (1; 2; 3)	2
Mittelwert (Zahl_1; Zahl_2; Zahl_3; Zahl_4; Zahl_5) Zahl_1 bis Zahl_5 sind Felder aus dem gleichem Datensatz mit folgenden Inhalten Zahl_1 = 1, Zahl_2 = 4, Zahl_3 = 6, Zahl_4 leer, Zahl_5 = 5	4
Mittelwert (WFeld_Zahl) WFeld_Zahl ist ein Wiederholfeld vom Typ *Zahl* mit folgender Besetzung Position 1 = 1, Position 2 = 3, Position 4 = 7, Position 1 und 3 sind nicht besetzt	3,66666667
Mittelwert (BezTab::Zahl_BezFeld_1) BezTab::Zahl_BezFeld_1 ist ein Zahlenfeld aus einer Bezugstabelle mit den Werten 8, 9, 17, 20	13,5

StAbw (Feld {; Feld ...})

Liefert als Ergebnis die Standardabweichung aller gültigen, nicht leeren Werte in `Feld`.

Ergebnistyp *Zahl*

Das Argument `Feld` kann sein ...

- Eine Liste von Werten
- Mehrere Felder eines Datensatzes
- Ein Bezugsfeld
- Ein Wiederholfeld

Beispiele

Aufruf	Ergebnis
StAbw (1; 2; 3)	1
StAbw (Zahl_1; Zahl_2; Zahl_3; Zahl_4; Zahl_5) Zahl_1 bis Zahl_5 sind Felder aus dem gleichem Datensatz mit folgenden Inhalten Zahl_1 = 1, Zahl_2 = 4, Zahl_3 = 6, Zahl_4 leer, Zahl_5 = 5	2,1602473
StAbw (WFeld_Zahl) WFeld_Zahl ist ein Wiederholfeld vom Typ *Zahl* mit folgender Besetzung Position 1 = 1, Position 2 = 3, Position 4 = 7, Position 1 und 3 sind nicht besetzt	3,05505

StAbw (BezTab::Zahl_BezFeld_1) BezTab::Zahl_BezFeld_1 ist ein Zahlenfeld aus einer Bezugstabelle mit den Werten 8, 9, 17, 20	5,91608

StAbwG (Feld {; Feld …})

Liefert als Ergebnis die Standardabweichung einer Population, repräsentiert durch eine Serie nicht leerer Werte in `Feld`.

Ergebnistyp *Zahl*

Das Argument `Feld` kann sein …

- Eine Liste von Werten
- Mehrere Felder eines Datensatzes
- Ein Bezugsfeld
- Ein Wiederholfeld

Beispiele

Aufruf	Ergebnis
StAbwG (1; 2; 3)	0,81649658
StAbwG (Zahl_1; Zahl_2; Zahl_3; Zahl_4; Zahl_5) Zahl_1 bis Zahl_5 sind Felder aus dem gleichem Datensatz mit folgenden Inhalten Zahl_1 = 1, Zahl_2 = 4, Zahl_3 = 6, Zahl_4 leer, Zahl_5 = 5	1,870829
StAbwG (WFeld_Zahl) WFeld_Zahl ist ein Wiederholfeld vom Typ *Zahl* mit folgender Besetzung Position 1 = 1, Position 2 = 3, Position 4 = 7, Position 1 und 3 sind nicht besetzt	2,4944382
StAbwG (BezTab::Zahl_BezFeld_1) BezTab::Zahl_BezFeld_1 ist ein Zahlenfeld aus einer Bezugstabelle mit den Werten 8, 9, 17, 20	5,1234754

Summe (Feld {; Feld …})

Liefert als Ergebnis die Summe aller gültigen, nicht leeren Werte in `Feld`.

Ergebnistyp *Zahl*

Das Argument `Feld` kann sein …

- Eine Liste von Werten
- Mehrere Felder eines Datensatzes

- Ein Bezugsfeld
- Ein Wiederholfeld

Beispiele

Aufruf	Ergebnis
Summe (1; 2; 3)	6
Summe (Zahl_1; Zahl_2; Zahl_3; Zahl_4; Zahl_5) Zahl_1 bis Zahl_5 sind Felder aus dem gleichem Datensatz mit folgenden Inhalten Zahl_1 = 1, Zahl_2 = 4, Zahl_3 = 6, Zahl_4 leer, Zahl_5 = 5	16
Summe (WFeld_Zahl) WFeld_Zahl ist ein Wiederholfeld vom Typ *Zahl* mit folgender Besetzung Position 1 = 1, Position 2 = 3, Position 4 = 7, Position 1 und 3 sind nicht besetzt	11
Summe (BezTab::Zahl_BezFeld_1) BezTab::Zahl_BezFeld_1 ist ein Zahlenfeld aus einer Bezugstabelle mit den Werten 8, 9, 17, 20	54

Varianz (Feld {; Feld …})

Liefert als Ergebnis die Varianz aller gültigen, nicht leeren Werte in `Feld`. Sie ist ein Maß für die Breite einer Verteilung.

Ergebnistyp *Zahl*

Das Argument `Feld` kann sein …

- Eine Liste von Werten
- Mehrere Felder eines Datensatzes
- Ein Bezugsfeld
- Ein Wiederholfeld

Beispiele

Aufruf	Ergebnis
Varianz (1; 2; 3)	1
Varianz (Zahl_1; Zahl_2; Zahl_3; Zahl_4; Zahl_5) Zahl_1 bis Zahl_5 sind Felder aus dem gleichem Datensatz mit folgenden Inhalten Zahl_1 = 1, Zahl_2 = 4, Zahl_3 = 6, Zahl_4 leer, Zahl_5 = 5	4,66666667

Varianz (WFeld_Zahl) WFeld_Zahl ist ein Wiederholfeld vom Typ *Zahl* mit folgender Besetzung Position 1 = 1, Position 2 = 3, Position 4 = 7, Position 1 und 3 sind nicht besetzt	9,33333333
Varianz (BezTab::Zahl_BezFeld_1) BezTab::Zahl_BezFeld_1 ist ein Zahlenfeld aus einer Bezugstabelle mit den Werten 8, 9, 17, 20	35

VarianzG (Feld {; Feld ...})

Liefert als Ergebnis die Varianz einer Population, repräsentiert durch eine Serie nicht leerer Werte in `Feld`.

Ergebnistyp *Zahl*

Das Argument `Feld` kann sein ...

- Eine Liste von Werten
- Mehrere Felder eines Datensatzes
- Ein Bezugsfeld
- Ein Wiederholfeld

Beispiele

Aufruf	**Ergebnis**
VarianzG (1; 2; 3)	0,6666667
VarianzG (Zahl_1; Zahl_2; Zahl_3; Zahl_4; Zahl_5) Zahl_1 bis Zahl_5 sind Felder aus dem gleichem Datensatz mit folgenden Inhalten Zahl_1 = 1, Zahl_2 = 4, Zahl_3 = 6, Zahl_4 leer, Zahl_5 = 5	3,5
VarianzG (WFeld_Zahl) WFeld_Zahl ist ein Wiederholfeld vom Typ *Zahl* mit folgender Besetzung Position 1 = 1, Position 2 = 3, Position 4 = 7, Position 1 und 3 sind nicht besetzt	6,22222222
VarianzG (BezTab::Zahl_BezFeld_1) BezTab::Zahl_BezFeld_1 ist ein Zahlenfeld aus einer Bezugstabelle mit den Werten 8, 9, 17, 20	26,25

Finanzfunktionen

Finanzfunktionen werden zur Berechnung von Finanzdaten eingesetzt.

BW (Zahlung; Zinssatz; Periodenanzahl)
Berechnet den Anfangswert (Barwert) einer Reihe von Zahlungen, die in gleicher Höhe in regelmäßigen Zeiträumen mit einem festen Zinssatz erfolgen. Mit ihm lässt sich die Rentabilität von Finanzanlagen feststellen.

Ergebnistyp *Zahl*

Argumente

`Zahlung`	Der pro Periode zu leistende Betrag. Negative Werte kennzeichnen Ausgaben, positive Einnahmen.
`Zinssatz`	Zinssatz pro Periode
`Periodenanzahl`	Anzahl Perioden

Beispiele

Aufruf	Ergebnis
BW (1000; 0,06; 5)	4329,47667
BW (1000; 0,1; 5)	3790,78677
BW (1000; 0,04; 5)	4451,82233

KR (Summe; Zinssatz; Laufzeit)
Berechnet die Höhe von Ratenzahlungen bei vorgegebenem Kreditrahmen, Zinssatz und Laufzeit. Diese Funktion wird benutzt, um die Rentabilität von Anlagen zu ermitteln.

Ergebnistyp *Zahl*

Argumente

`Summe`	Kreditrahmen
`Zinssatz`	Monatlicher Zinssatz
`Laufzeit`	Laufzeit in Monaten

Beispiele

Aufruf	Ergebnis
KR (10000; 0,06 / 12; 60)	193,32802
KR (10000; 0,1 / 12; 60)	212,47045
KR (10000; 0,04 / 12; 60)	184,16522

NBW (Zahlung; Zinssatz)

Berechnet den Nettobarwert einer Reihe von Zahlungen, die in ungleicher Höhe, aber in regelmäßigen Zeiträumen mit einem festen Zinssatz pro Zeitraum erfolgen.

Ergebnistyp *Zahl*

Argumente

`Zahlung`	Eine Liste mit Zahlungsbeträgen
`Zinssatz`	Zinssatz pro Periode

Beispiele

Diese Funktion wird benutzt, um die Rentabilität von Anlagen zu ermitteln.

Aufruf	Ergebnis
NBW (`Bezfeld`; 0,06) wobei `Bezfeld` ein Bezugsfeld mit den Inhalten {- 5000; 1800; 1400; 1600; 900; 700 }	493,83405

ZW (Zahlung; Zinssatz; Periodenanzahl)

Berechnet den Endwert einer Reihe von Zahlungen, die in gleicher Höhe in regelmäßigen Zeiträumen mit einem festen Zinssatz erfolgen. Mit ihr lässt sich die Rentabilität von Finanzanlagen feststellen.

Ergebnistyp *Zahl*

Argumente

`Zahlung`	Der pro Periode zu leistende Betrag
`Zinssatz`	Zinssatz pro Periode
`Periodenanzahl`	Anzahl Perioden

Beispiele

Aufruf	Ergebnis
ZW (100; 0,015 / 12; 60)	6226,69347
ZW (100; 0,02 / 12; 60)	6304,73559
ZW (100; 0,025 / 12; 60)	6384,05385

Trigonometrische Funktionen

Trigonometrische Funktionen werden zur Berechnung geometrischer Daten benutzt. Ihre Anwendung in *FileMaker* dürfte eher selten sein. Da aber auch sie im Prinzip eine Untergruppe der Zahlenfunktionen bilden, sollen sie hier mit abgehandelt werden.

Alle trigonometrischen Funktionen benötigen als Maßeinheit das Bogenmaß. Mithilfe der Funktion *Grad* können Sie Werte von Bogenmaß in Grad umwandeln.

Arccos (Zahl)

Liefert als Ergebnis den *Arcus Cosinus* von `Zahl`. Der zurückgegebene Wert liegt im Bereich von 0 bis Pi.

Ergebnistyp *Zahl*

Das Argument `Zahl` ist eine beliebige Zahl im Bereich von - 1 bis + 1.

Beispiele

Aufruf	Ergebnis
Arccos (1)	0
Arccos (- 0,75)	2,4188584057763776
Arccos (- 3.0)	?

Arcsin (Zahl)

Liefert als Ergebnis den *Arcus Sinus* von `Zahl`. Der zurückgegebene Wert liegt im Bereich von - Pi / 2 bis + Pi / 2.

Ergebnistyp *Zahl*

Das Argument `Zahl` ist eine beliebige Zahl im Bereich von - 1 bis + 1.

Beispiele

Aufruf	Ergebnis
Arcsin (1)	1,5707963267948966
Arcsin (- 0,75)	- 0,848062078981481
Arcsin (- 3.0)	?

Arctan (Zahl)

Liefert als Ergebnis den *Arcus Tangens* von `Zahl`.

Ergebnistyp *Zahl*

Das Argument `Zahl` ist eine beliebige Zahl.

Beispiele

Aufruf	Ergebnis
Arcsin (1)	0,7853981633974483
Arcsin (- 5,75)	- 1,3986055122719576
Arcsin (- 3.0)	-1,2490457723982544

Bogenmaß (Zahl)

Liefert als Ergebnis den in Bogenmaß konvertierten Wert von `Zahl`. Sie basiert auf der Formel `Pi * Zahl / 180`.

Ergebnistyp *Zahl*

Das Argument `Zahl` ist eine beliebige Zahl.

Beispiele

Aufruf	Ergebnis
Bogenmaß (0)	0
Bogenmaß (45)	0,7853981633974483
Bogenmaß (90)	1,5707963267948966
Bogenmaß (- 180)	-3,1415926535897932

Cos (Zahl)

Liefert als Ergebnis den Cosinus von `Zahl`.

Ergebnistyp *Zahl*

Das Argument `Zahl` ist eine beliebige Zahl.

Beispiele

Aufruf	Ergebnis
Cos (0)	1
Cos (1,5705)	0,0002963267905599
Cos (- 3.1415)	- 0,9999999957076562

Grad (Zahl)
Liefert als Ergebnis den in Grad konvertierten Wert von `Zahl`. Sie basiert auf der Formel `180 * Zahl / Pi`.

Ergebnistyp *Zahl*

Das Argument `Zahl` ist eine beliebige Zahl.

Beispiele

Aufruf	Ergebnis
Grad (0)	0
Cos (1,5705)	89,983021725295785
Cos (- 3.1415)	- 179,9946913403481111

Pi
Liefert als Ergebnis den Wert der Konstanten Pi.

Ergebnistyp *Zahl*

Beispiele

Aufruf	Ergebnis
Pi	3,1415926535897932

Sin (Zahl)
Liefert als Ergebnis den *Sinus* von `Zahl`.

Ergebnistyp *Zahl*

Das Argument `Zahl` ist eine beliebige Zahl.

Beispiele

Aufruf	Ergebnis
Sin (0)	0
Sin (1,5705)	0,9999999560952156
Sin (- 3.1415)	- 0,0000926535896605

Tan (Zahl)
Liefert als Ergebnis den *Tangens* von `Zahl`.

Ergebnistyp *Zahl*

Das Argument `Zahl` ist eine beliebige Zahl.

Beispiele

Aufruf	Ergebnis
Tan (0)	0
Tan (1,5705)	3374,6525388601507984
Tan (- 3.1415)	- 0,0000769485899453

Datumsfunktionen

Datumsfunktionen werden zur Berechnung und zur Manipulation von Datumsinformationen benutzt.

Einige Datumsfunktionen erlauben ohne Protest die Verwendung im Prinzip unsinniger Werte bei den Argumenten. So liefert etwa *Datum (34; 2 2011)* das durchaus sinnvolle Datum *06.03.10.*

Datum (Monat; Tag; Jahr)

Liefert als Ergebnis das Kalenderdatum für den angegebenen Tag, den Monat und das Jahr.

Ergebnistyp *Datum*

Argumente

`Monat`	Der Monat eines Jahres
`Tag`	Der Tag eines Monats
`Jahr`	Das Jahr im Wertebereich 1 bis 4000

Beispiele

Aufruf	Ergebnis
Datum (8; 8; 2010)	08.08.2010
Datum (8; 8; 10)	08.08.0010
Datum (8; 0; 2010)	31.07.2010
Datum (0; 0; 2010)	30.11.2009
Datum (- 1; 0; 2010)	31.10.2009

Zur Vermeidung von Fehlern im Zusammenhang mit Datumsangaben empfiehlt *FileMaker* dringend, immer vierstellige Jahreszahlen zu verwenden.

Jahreszahl (Datum)
Liefert als Ergebnis die Jahreszahl von `Datum`.

Ergebnistyp *Zahl*

Argumente

`Datum`	Beliebiges Kalenderdatum

Beispiele

Aufruf	Ergebnis
Jahreszahl („8.8.2010“)	2010
Jahreszahl („31.2.2010“)	?

KalenderTagZahl (Datum)
Liefert als Ergebnis die Tageszahl des Monats von `Datum`.

Ergebnistyp *Zahl*

Argumente

`Datum`	Beliebiges Kalenderdatum

Beispiele

Aufruf	Ergebnis
KalenderTagZahl („8.8.2010“)	8
KalenderTagZahl („31.2.2010“)	?

Kalenderwoche (Datum)
Liefert als Ergebnis die Anzahl der Wochen, die seit dem ersten Januar des in `Datum` angegebenen Jahres vergangen sind. Angefangene Wochen zu Jahresbeginn oder Jahresende zählen als volle Wochen.

Ergebnistyp *Zahl*

Argumente

`Datum`	Beliebiges Kalenderdatum

Beispiele

Aufruf	Ergebnis
Kalenderwoche („8.8.2010")	33
Kalenderwoche („31.2.2010")	?

MonatName (Datum)
Liefert als Ergebnis den vollen Monatsnamen von `Datum`.

Ergebnistyp *Zahl*

Argumente

`Datum`	Beliebiges Kalenderdatum

Beispiele

Aufruf	Ergebnis
MonatName („8.8.2010")	August
MonatName („31.2.2010")	?

MonatZahl (Datum)
Liefert als Ergebnis die Monatsnummer von `Datum`.

Ergebnistyp *Zahl*

Argumente

`Datum`	Beliebiges Kalenderdatum

Beispiele

Aufruf	Ergebnis
MonatZahl („8.8.2010")	8
MonatZahl („31.2.2010")	?

TagDesJahres (Datum)
Liefert als Ergebnis die Anzahl der Tage seit Beginn des Jahres von `Datum`.

Ergebnistyp *Zahl*

Argumente

`Datum`	Beliebiges Kalenderdatum

Beispiele

Aufruf	Ergebnis
TagDesJahres („8.8.2010")	220
TagDesJahres („31.2.2010")	?

WocheImFiskalJahr (Datum; Starttag)

Liefert als Ergebnis die Wochenzahl des Jahres in `Datum`, abhängig von `Starttag`. Als erste Woche eines Jahres wird diejenige erste Woche betrachtet, die vier oder mehr Tage enthält. Mithilfe dieser Funktion lassen sich Datumsangaben eines bestimmten Jahres der 53. Woche des Vorjahres zuordnen.

Ergebnistyp *Zahl*

Argumente

`Datum`	Beliebiges Kalenderdatum
`Starttag`	Wochentagzahl, beginnend mit Sonntag (1)

Beispiele

Aufruf	Ergebnis
WocheImFiskalJahr (Datum(1; 1; 2009); 5)	1
WocheImFiskalJahr („31.2.2010"; 9)	

WochenTagName (Datum)

Liefert als Ergebnis den vollen Namen des Wochentags von `Datum`.

Ergebnistyp *Text*

Argumente

`Datum`	Beliebiges Kalenderdatum

Beispiele

Aufruf	Ergebnis
WochenTagName („8.8.2010")	Sonntag
WochenTagName („31.2.2010")	?

WochenTagZahl (Datum)
Liefert als Ergebnis die Zahl des Wochentags von `Datum`. Die Woche beginnt mit Sonntag (1) und endet mit Samstag (7)

Ergebnistyp *Zahl*

Argumente

`Datum`	Beliebiges Kalenderdatum

Beispiele

Aufruf	Ergebnis
WochenTagZahl („8.8.2010")	1
WochenTagZahl („31.2.2010")	?

Zeitfunktionen

Zeitfunktionen werden zur Berechnung und zur Manipulation von Zeitinformationen benutzt.

Minuten (Zeit)
Liefert als Ergebnis die Anzahl der Minuten von `Zeit`.

Ergebnistyp *Zahl*

Argumente

`Zeit`	Beliebiger Zeitwert

Beispiele

Aufruf	Ergebnis
Minuten („21:50:45")	50
Minuten („21:63:45")	3
Minuten („25:63:45")	3
Minuten („25:63:60")	4

Sekunden (Zeit)
Liefert als Ergebnis die Anzahl der Sekunden von `Zeit`.

Ergebnistyp *Zahl*

Argumente

`Zeit`	Beliebiger Zeitwert

Beispiele

Aufruf	Ergebnis
Sekunden („21:50:45")	45
Sekunden („21:63:45")	45
Sekunden („21:63:75")	15
Sekunden („25:63:75")	15

Stunden (Zeit)
Liefert als Ergebnis die Anzahl der Stunden von `Zeit`.

Ergebnistyp *Zahl*

Argumente

`Zeit`	Beliebiger Zeitwert

Beispiele

Aufruf	Ergebnis
Stunden („21:50:45")	21
Stunden („21:63:45")	22
Stunden („21:63:75")	22
Stunden („25:63:75")	26

Zeit (Stunden; Minuten; Sekunden)
Liefert als Ergebnis die Anzahl der Stunden von `Zeit`.

Ergebnistyp *Zahl*

Argumente

`Minuten`	Minutenangabe
`Sekunden`	Sekundenangabe
`Stunden`	Stundenangabe

Beispiele

Aufruf	Ergebnis
Zeit (21; 50; 45)	21:50:45
Zeit (21; 63; 45)	22:03:45
Zeit (21; 63; 75)	22:04:15
Zeit (25; 63; 75)	26:04:15

Zeitstempelfunktionen

Zeitstempelfunktionen werden zur Berechnung und zur Manipulation von Datums- und Zeitinformationen benutzt.

Zeitstempel (Datum; Uhrzeit)
Liefert als Ergebnis die Anzahl der Stunden von `zeit`.

Ergebnistyp *Zahl*

Argumente

`Datum`	Beliebiges Kalenderdatum
`Uhrzeit`	Beliebiger Zeitwert

Beispiele

Aufruf	Ergebnis
Zeitstempel („8.8.2010";„21:50:45")	08.08.2010 21:50:45
Zeitstempel („31.2.2010";„21:50:45")	03.03.2010 21:50:45
Zeitstempel („31.2.2010";„21:50:75")	03.03.2010 21:51:15
Zeitstempel („31.2.2010";„21:63:75")	03.03.2010 22:04:15
Zeitstempel („31.2.2010";„25:63:75")	04.03.2010 02:04:15

Wiederholfunktionen

Wiederholfunktionen werden bei Berechnungen mit Wiederholfeldern benutzt.

Erweitern (Feld)
Durch die Anwendung von *Erweitern* kann `Feld` auf jedes Element eines Wiederholfelds angewendet werden. Ohne diese Funktion erfolgt die Anwendung einer Formel lediglich auf das erste Element eines Wiederholfelds.

Ergebnistyp *Datum, Medien, Text, Zahl, Zeit, Zeitstempel*

Argumente

`Feld`	Beliebiges einzelnes Feld (Wiederholungen 1)

Beispiele

Aufruf	Ergebnis
5 * WFeld WFeld Wiederholfeld mit den Elementen 5, 5, 7, 8, 9	25 0 0 0 0
Erweitern (5) * WFeld WFeld Wiederholfeld mit den Elementen 5, 5, 7, 8, 9	25 30 35 40 45

HoleWiederholfeldwert (Wiederholfeld; Zahl)
Liefert das durch `Zahl` spezifizierte Element von `Wiederholfeld`.

Ergebnistyp *Datum, Medien, Text, Zahl, Zeit, Zeitstempel*

Argumente

`Wiederholfeld`	Beliebiges Wiederholfeld
`Zahl`	Zahl

Beispiele

Aufruf	Ergebnis
HoleWiederholfeldwert (WFeld; 4) WFeld Wiederholfeld mit den Elementen Bier, Kaffe, Milch, Tee, Wein	Tee
HoleWiederholfeldwert (WFeld; 8) WFeld Wiederholfeld mit den Elementen Bier, Kaffe, Milch, Tee, Wein	

Der Zugriff auf ein Element eines Wiederholfelds kann auch mit Hilfe der Array-Operatoren »[]« erfolgen.

WFeld [2] = Kaffee, wenn WFeld die Inhalte Bier, Kaffe, Milch, Tee, Wein enthält.

Letztes (Wiederholfeld)
Ermittelt den letzten gültigen, nicht leeren Wert in `Wiederholfeld`.

Ergebnistyp *Datum, Medien, Text, Zahl, Zeit, Zeitstempel*

Argumente

`Wiederholfeld`	Beliebiges Wiederholfeld

Beispiele

Aufruf	Ergebnis
Letztes (WFeld) WFeld Wiederholfeld mit den Elementen Bier, Kaffe, Milch, Tee, Wein	Wein

Logikfunktionen

Logikfunktionen dienen eigentlich zur Überprüfung von Bedingungen, ob diese erfüllt oder nicht erfüllt sind. Die zurückgegebenen Werte sind 1 (wahr) oder 0 (falsch). Was nun Funktionen wie *Berechne* oder *HoleNtenDatensatz* in dieser Kategorie zu suchen haben, ist nicht ganz nachzuvollziehen.

Auswahl (Test; Ergebnis0 {; Ergebnis1; Ergebnis2} ...)
Ermittelt einen Ergebniswert entsprechend dem Wert von `Test`. Dieses Ergebnis wird als Index für die Auswahl aus der Ergebnisliste genutzt.

Ergebnistyp *Datum, Medien, Text, Zahl, Zeit, Zeitstempel*

Argumente

`Test`	Beliebige Ganzzahl. Sie muss in der nachfolgenden Liste als Indexwert vorhanden sein. Die Reihenfolge beginnt mit 0.
`Ergebnis`	Ein Ergebnis oder mehrere Ergebnisse

Beispiele

Aufruf	Ergebnis
Auswahl (0;„Bier",„Kaffe",„Milch",„Tee",„Wein")	Bier
Auswahl (3;„Bier",„Kaffe",„Milch",„Tee",„Wein")	Tee

Berechne (Ausdruck {; [Feld1; Feld2; ...] })

Wertet `Ausdruck` als Formel aus.

Ergebnistyp *Datum, Medien, Text, Zahl, Zeit, Zeitstempel*

Argumente

`Ausdruck`	Beliebiger Textausdruck
`Feld`	Eine optionale Liste von Feldern. Verändern sich deren Inhalte, wird auch das Ergebnis aktualisiert.

Beispiele

Aufruf	Ergebnis
Berechne („1 + 4")	5
Berechne („1 + Zahl_1") wenn Zahl_1 den Wert 7 enthält	8

BerechnungsFehler (Ausdruck)

Liefert im Fehlerfall den Fehlercode von `Ausdruck`. Eine Liste der Fehlercodes und Fehlermeldungen befindet sich in der Bildschirmhilfe unter dem Stichwort *FileMaker Pro-Fehlercodes.*

Ergebnistyp *Zahl*

Argumente

`Ausdruck`	Beliebiger Rechenausdruck

Beispiele

Aufruf	Ergebnis
BerechnungsFehler (F_Ausdruck) wenn F_Ausdruck ein nicht existierendes Feld enthält	102

Falls (Bedingung1; Ergebnis1 {; Bedingung2; Ergebnis2; ...; Standardergebnis)

Ermittelt eines von mehreren möglichen Ergebnissen in Abhängigkeit einer Reihe von `Bedingungen`. Dabei wird jede Bedingung der Reihe nach abgearbeitet. Ergibt eine Auswertung den logischen Wert *wahr*, wird das diesem Ausdruck zugeordnete Ergebnis als Ergebnis der Funktion *Falls* zurückgeliefert. Ist `Standardergebnis` angegeben, so wird dies zurückgeliefert, falls keine Bedingung zutrifft.

Ergebnistyp *Datum, Medien, Text, Zahl, Zeit, Zeitstempel*

Argumente

`Bedingung`	Beliebiger Text oder numerischer Ausdruck
`Ergebnis`	Ergebnis eines Ausdrucks

Beispiele

Aufruf	Ergebnis
Falls (Verzug > 14;„Erinnerung"; Verzug > 28;„Mahnung"; Verzug > 40;„Ultimative Aufforderung"; Verzug > 60;„Drohung") Verzug = 61	Erinnerung
Falls (Verzug >; 60;„Drohung"; Verzug > 40;„Ultimative Aufforderung"; Verzug > 28;„Mahnung"; Verzug > 14;„Erinnerung") Verzug = 61	Drohung

HoleFeldwert (Feld)

Ermittelt den Inhalt von `Feld`.

Ergebnistyp *Datum, Medien, Text, Zahl, Zeit, Zeitstempel*

Argumente

`Feld`	Beliebiger Text, das den Namen eines Feldes angibt

Beispiele

Aufruf	Ergebnis
HoleFeldwert („Zahl_1“) Zahl_1 enthält 25	25
HoleFeldwert (Feld_aktuell) Feld_aktuell enthält Zahl_1, Zahl_1 400	400

HoleFeldname (Feld)
Ermittelt den voll qualifizierten Namen von `Feld`.

Ergebnistyp *Text*

Argumente

`Feld`	Beliebiger Text, der den Namen eines Feldes angibt

Beispiele

Aufruf	Ergebnis
HoleFeldname (Zahl_1)	Test::Zahl_1

HoleNtenDatensatz (Feld; Datensatznummer)
Ermittelt den Inhalt von `Feld` aus der angegebenen Datensatznummer. Das Ergebnis ist abhängig von der Sortierung der Ergebnismenge.

Ergebnistyp *Datum, Medien, Text, Zahl, Zeit, Zeitstempel*

Argumente

`Feld`	Beliebiger Text, der den Namen eines Bezugsfeldes oder Wiederholfeldes angibt
`Datensatznummer`	Zahl

Beispiele

Aufruf	Ergebnis
HoleNtenDatensatz (Bez_Feld; Zahl_1) Wenn Bez_Feld die Werte 50, 18, 14, 16 und Zahl_1 3 enthält	14

IstGültig (Feld)

Liefert 1 (wahr) zurück, wenn die Daten in `Feld` gültig sind, und falsch, wenn sie ungültig sind. Ungültige Werte können durch nicht passende Datentypen entstehen, etwa Text in einem Zahlenfeld. Nicht auffindbare Bezugstabellen oder fehlende Bezugsfelder führen ebenfalls zu ungültigen Werten.

Ergebnistyp *Zahl*

Argumente

`Feld`	Beliebiger Text, der den Namen eines Feldes angibt

Beispiele

Aufruf	Ergebnis
IstGültig (End_Datum) wenn 25.cc.2010 durch Import in Enddatum geriet	0

IstGültigBerechnung (Feld)

Liefert 1 (wahr) zurück, wenn die Daten in `Feld` gültig sind, und falsch (0), wenn sie ungültig sind. Ungültige Werte können durch nicht passende Datentypen entstehen, etwa Text in einem Zahlenfeld. Nicht auffindbare Bezugstabellen oder fehlende Bezugsfelder führen ebenfalls zu ungültigen Werten.

Ergebnistyp *Zahl*

Argumente

`Feld`	Beliebiger Text, der den Namen eines Feldes angibt

Beispiele

Aufruf	Ergebnis
IstGültig (End_Datum) wenn 25.cc.2010 durch Import in Enddatum geriet	0
IstGültig (Formel_1) wenn Inhalt von Formel_1 Sin (x) + 2 Cos (x) (Multiplikator fehlt)	0

IstLeer (Feld)
Liefert 1 (wahr) zurück, wenn `Feld` leer ist und falsch, wenn es besetzt ist.

Ergebnistyp *Zahl*

Argumente

`Feld`	Beliebiger Text, der den Namen eines Feldes angibt

Beispiele

Aufruf	Ergebnis
IstLeer (Bez_Feld) Wenn Bez_Feld leer ist	1
IstLeer („1234567890“)	0

LiesAlsBoolean (Feld)
Liefert 0 (falsch) zurück, wenn `Feld` leer ist oder sein Inhalt einen numerischen Wert von 0 hat. Sie liefert 1 (wahr), wenn Feld numerische Zeichen enthält oder wenn `Feld` ein Medienfeld ist und Daten enthält.

Ergebnistyp *Zahl*

Argumente

`Feld`	Datum, Medien, Text, Zahl, Zeit, Zeitstempel

Beispiele

Aufruf	Ergebnis
LiesAlsBoolean („“)	0
LiesAlsBoolean („Sonst noch was?“)	0
LiesAlsBoolean („345“)	1
LiesAlsBoolean („34AA5“)	1
LiesAlsBoolean (14.3.2010)	1

LiesLayoutobjektAttribut (Objekt; Attribut {; Wiederholung; Ausschnittzeile})
Liefert die durch Attributname spezifizierten Eigenschaften des durch Objektname angegebenen Layoutobjekts.

Ergebnistyp *Text*

Argumente

`Objekt`	Name eines benannten Layoutobjekts im aktuellen Layout
`Attribut`	Name eines Attributs
`Wiederholung`	Nummer eines Elements eines Wiederholfelds
`Ausschnittzeile`	Zeilennummer in einem Ausschnitt

Sie können jedem Layoutobjekt mit dem *Inspektor* einen Namen zuweisen.

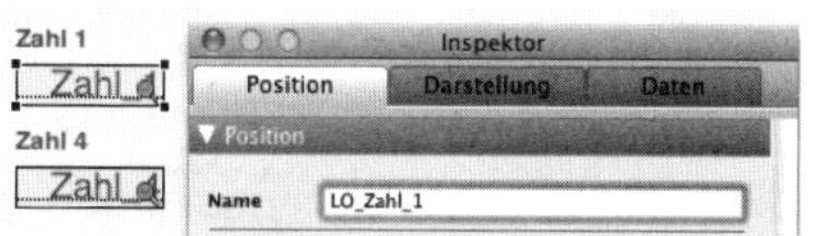

Das Zuweisen von Namen zu Layoutobjekten.

Eine Auswahl von Attributen

Bezeichnung	**Ergebnis**
Objekttyp	Typ eines Objekts als Textliteral in Englisch (field, button, oval etc.)
Grenzen	Durch Leerzeichen getrennte Liste mit Objektkoordinaten
Quelle	
Webviewer	Liefert aktuelle Webadresse
Ausschnitte	Liefert aktuellen Bezugstabellennamen
Inhalt	Liefert den aktuellen Inhalt des angegebenen Objekts
Webviewer	Liefert den aktuellen Inhalt (beispielsweise HTML Code)
Textfeldobjekt	Aktuellen Text

Beispiele

Aufruf	**Ergebnis**
LiesLayoutObjektAttribut („LO_Zahl_1";„Objekttyp")	field

SetzeVars ({ [} Var1 = Ausdruck1 {; Var2 = Ausdruck2 ...] }; Rechenanweisung)

Besetzt `Variable` mit dem Ergebnis von `Ausdruck`. Die Berechnung der Variablen erfolgt von links nach rechts. Optional ist die Angabe einer Wiederholnummer für eine Variable zulässig.

In Formeln lässt sich diese Funktion zur besseren Strukturierung von Ausdrücken verwenden. Ein »$« vor dem Namen symbolisiert eine lokale, »$$« eine globale Variable. Lokale Variablen, die durch diese Funktion definiert sind, stehen nur zu Verfügung, wenn keine Skripts ablaufen. Globale Variablen stehen so lange zu Verfügung, bis die Datei geschlossen wird.

Ergebnistyp *Datum, Medien, Text, Zahl, Zeit, Zeitstempel*

Argumente

`Var`	Beliebiger Variablenname
`Ausdruck`	Beliebiger Rechenausdruck
`Rechenanweisung`	Beliebiger Rechenausdruck

Beispiele

Aufruf	**Ergebnis**
SetzeVars („V1=3; V2=2*V1; V1+V2")	9

Selbst (Feld)

Liefert den Inhalt des Objekts, in dem die Formel definiert ist. Sie erlaubt es, ein Objekt in einer Formel zu referenzieren, ohne explizit seinen Namen angeben zu müssen. Sie eignet sich für den Einsatz in bedingten Formatierungen und bei der Erstellung von QuickInfos.

Ergebnistyp *Datum, Text, Zahl, Zeit, Zeitstempel*

Argumente

Keine

Beispiele

Aufruf	**Ergebnis**
Selbst > 15 Der Inhalt des zugehörigen Layoutobjekts sei größer als 15	Wahr

Wenn (Bedingung; ErgebnisWahr; ErgebnisFalsch)

Liefert `ErgebnisWahr`, wenn `Bedingung` erfüllt ist. Bei nicht erfüllter Bedingung gibt sie `ErgebnisFalsch` zurück

Ergebnistyp *Datum, Medien, Text, Zahl, Zeit, Zeitstempel*

Argumente

`Bedingung`	Logischer Ausdruck
`ErgebnisWahr`	Ausdruck
`ErgebnisFalsch`	Ausdruck

Beispiele

Aufruf	Ergebnis
Wenn (MwSt="Erm."; 0,07; 0,19) Feld MwSt enthält den Text „Erm."	0,07

Textfunktionen

Textfunktionen dienen zur Analyse und Manipulation von Zeichenfolgen. Sie ermöglichen das Umstellen, Extrahieren, Einfügen oder Löschen von Textbereichen. Spezielle Funktionen wie etwa Hiragana zum Konvertieren aus Katakan sind in der folgenden Auflistung nicht berücksichtigt.

Austauschen (Text; Suchtext; Ersatztext)

Ersetzt in `Text` jedes Auftreten von `Suchtext` durch `Ersatztext`. Eine Unterscheidung von Groß- und Kleinschreibung findet statt. Die Verwendung von eckigen Klammern erlaubt die Angabe mehrerer Paare von `Suchtext` und `Ersatztext`.

Ergebnistyp *Text*

Parameter

`Text`	Beliebiger Text
`Suchtext`	Beliebiger Text
`Ersatztext`	Beliebiger Text

Beispiele

Aufruf	Ergebnis
Austauschen („1234567890";„5";„A")	1234A67890
Austauschen („1234567890";„56;„ABCD")	1234ABCD7890
Austauschen („Ärger über Öde"; [„Ä";„Ae"]; [„Ö"; „Oe"]; [„Ü";„Ue"])	Aerger ueber Oede

Char (Zahl)

Ermittelt das Zeichen entsprechend Unicode-Codepunkt (fünfstellige Zahl). Liegt Zahl zwischen 1 und 99 999, liefert `Char` ein Zeichen. Umfasst die Zahl mehr als fünf Stellen, gib `Char` eine entsprechende Zeichenfolge zurück. Bei einem Wert von 0 gibt diese Funktion eine leere Zeichenkette zurück.

Ergebnistyp *Text*

Argumente

`Zahl`	Dezimalzahl

Beispiele

Aufruf	Ergebnis
Char (38)	&
Char (228)	ä
Char (252)	ü

Code (Text)

Ermittelt die entsprechenden Unicode-Codepunkte (fünfstellige Zahlen) aller Zeichen in `Text`. Im Falle einer leeren Zeichenkette liefert `Code` den Wert 0.

Ergebnistyp *Zahl*

Argumente

`Text`	Text

Beispiele

Aufruf	Ergebnis
Code („")	0
Code (Zeilenschaltung)	13
Code (Leertaste)	32
Code („d")	100
Code („e")	101
Code („ed")	10000101

ElementeAnzahl (Text)

Ermittelt die Anzahl der Elemente in einem Text. *Elemente* sind Zeichenfolgen, die durch eine Zeilenschaltung voneinander getrennt sind. Ein Element kann leer sein, ein einzelnes Zeichen, ein Wort, einen Satz oder einen Absatz umfassen. Jeder zurückgegebene Text ist mit einer Zeilenschaltung abgeschlossen.

Ergebnis *Text*

Parameter

`Text`	Beliebiger Text

Beispiele

Aufruf	Ergebnis
ElementeAnzahl („12¶34¶56¶78¶90“)	5

ElementeLinks (Text; Anzahl)

Liefert den auf `Anzahl` Elemente verkürzten Text zurück. Die Zählfolge der Elemente beginnt links. Elemente sind Zeichenfolgen, die durch eine Zeilenschaltung voneinander getrennt sind. Ein Element kann leer sein, ein einzelnes Zeichen, ein Wort, ein Satz oder einen Absatz umfassen. Jeder zurückgegebene Text ist mit einer Zeilenschaltung abgeschlossen.

Ergebnis *Text*

Parameter

`Text`	Beliebiger Text
`Anzahl`	Beliebige ganze Zahl

Beispiele

Aufruf	Ergebnis
ElementeLinks („12¶34¶56¶78¶90“; 3)	12 34 56

ElementeMitte (Text; Start; Anzahl)

Extrahiert `Anzahl` Elemente aus einem Text, beginnend bei Position `Start`. Elemente sind Zeichenfolgen, die durch eine Zeilenschaltung voneinander getrennt sind. Ein Element kann leer sein, ein einzelnes Zeichen, ein Wort, ein Satz oder einen Absatz umfassen. Jeder zurückgegebene Text ist mit einer Zeilenschaltung abgeschlossen.

Ergebnis *Text*

Parameter

`Text`	Beliebiger Text
`Anzahl`	Beliebige ganze Zahl
`Start`	Beliebige ganze Zahl

Beispiele

Aufruf	**Ergebnis**
ElementeMitte („12¶34¶56¶78¶90"; 2; 3)	34 56 78

ElementeRechts (Text; Anzahl)

Liefert den auf `Anzahl` Elemente verkürzten Text zurück. Die Zählfolge der Zeichen beginnt rechts. Elemente sind Zeichenfolgen, die durch eine Zeilenschaltung voneinander getrennt sind. Ein Element kann leer sein, ein einzelnes Zeichen, ein Wort, ein Satz oder einen Absatz umfassen. Jeder zurückgegebene Text ist mit einer Zeilenschaltung abgeschlossen.

Ergebnis *Text*

Parameter

`Text`	Beliebiger Text
`Anzahl`	Beliebige ganze Zahl

Beispiele

Aufruf	**Ergebnis**
ElementeRechts („12¶34¶56¶78¶90"; 2)	78 90

Ersetzen (Text; Start, Länge; Ersatztext)

Tauscht in `Text` – beginnend an der Position `Start` – eine durch `Länge` spezifizierte Anzahl von Zeichen gegen `Ersatztext` aus.

Ergebnis *Text*

Parameter

`Text`	Beliebiger Text
`Start`	Beliebige ganze Zahl
`Länge`	Beliebige ganze Zahl
`Ersatztext`	Beliebiger Text

Beispiele

Aufruf	**Ergebnis**
Ersetzen („1234567890"; 4; 1;„A")	123A567890
Ersetzen („1234567890"; 4; 1;„ABCD")	123ABCD567890
Ersetzen („1234567890"; 4; 3;„A")	123A7890

Exakt (Originaltext; Vergleichstext)

Vergleicht den Inhalt zweier beliebiger Felder. Bei Übereinstimmung liefert er *Wahr*, ansonsten *Falsch*. Der Vergleich berücksichtigt Groß- und Kleinschreibung. Im Falle von Medienfeldern muss deren Speicherung übereinstimmen (Einbettung oder Verweis). Textattribute wie Schrift, Stil und Farbe finden keine Berücksichtigung.

Ergebnistyp *Zahl*

Argumente

`Originaltext`	Beliebiger Text oder beliebiges Medienfeld
`Vergleichstext`	Beliebiger Text oder beliebiges Medienfeld

Beispiele

Aufruf	**Ergebnis**
Exakt („München";„München")	1 (Wahr)
Exakt („München";„münchen")	0 (Falsch)
Exakt („München";„Muenchen")	0 (Falsch)
Exakt („München";„München")	0 (Falsch)

FilterZeichen (Text; Filter)

Liefert von `Text` nur diejenigen Zeichen zurück, die in `Filter` aufgeführt sind. Die Reihenfolge der Zeichen wird dabei nicht verändert. Sind in `Filter` keinerlei Zeichen angegeben, ist das Ergebnis eine leere Zeichenfolge. `FilterZeichen` unterscheidet Groß- und Kleinschreibung.

Ergebnistyp *Text*

Argumente

`Text`	Beliebiger Text
`Filter`	Beliebiger Text

Beispiele

Aufruf	Ergebnis
FilterZeichen („(089) 12345 - 678";„0123456789")	089 12345 678
FilterZeichen („Stromweg 25 a";„0123456789")	25

FilterElemente (Text; Elemente)

Liefert von `Text` nur diejenigen Werte zurück, die in `Elemente` aufgeführt sind. Die Reihenfolge der Elemente wird dabei nicht verändert. Sind in `Elemente` keinerlei Zeichen angegeben, ist das Ergebnis eine leere Zeichenfolge. `FilterElemente` unterscheidet nicht zwischen Groß- und Kleinschreibung.

Textwerte sind Textelemente, die durch Absatzzeichen voneinander getrennt sind. Ein Textwert kann leer, ein einz Zeichen, ein Wort, ein Satz oder Absatz sein.

Ergebnistyp *Text*

Argumente

`Text`	Beliebiger Text
`ElementeListe`	Textwerte

Beispiele

Aufruf	Ergebnis
FilterElement („Bier¶Kafee¶Tee¶Wein";„Bier¶Obstler¶Wein")	Bier Wein

FortlNrInTextÄndern (Text; Schrittweite)

Liefert eine Kombination von Text und Zahlen. Die in `Text` enthaltene Zahl wird entsprechend der angegebenen Schrittweite hochgezählt. Im Falle einer negativen Schrittweite wird die Zahl in Text entsprechend verringert.

Ergebnistyp *Text*

Argumente

`Text`	Beliebiger Text mit einer Zahl
`Schrittweite`	Ganze Zahl

Beispiele

Aufruf	**Ergebnis**
FortlNrInTextÄndern („Rechn_005"; 5)	Rechn_010
FortlNrInTextÄndern („Rechn_005"; - 3)	Rechn_002

HoleWert (Liste; Zahl)

Liefert den durch `Zahl` definierten Wert von `Liste` zurück.

Textwerte sind Textelemente, die durch Absatzzeichen voneinander getrennt sind. Ein Textwert kann leer, ein einzelnes Zeichen, ein Wort, ein Satz oder Absatz sein.

Ergebnistyp *Text*

Argumente

`Liste`	Liste mit Textwerten
`Zahl`	Position des zurückzuliefernden Wertes

Beispiele

Aufruf	**Ergebnis**
HoleWert („Erstens¶Zweitens¶Drittens¶Viertens"; 3)	Drittens

Großbuchstaben (Text)

Wandelt alle Buchstaben eines Textes in Großbuchstaben um.

Ergebnistyp *Text*

Parameter

`Text`	Beliebiger Text

Beispiele

Aufruf	Ergebnis
Großbuchstaben („Was solls")	WAS SOLLS

GroßKleinbuchstaben (Text)

Wandelt den ersten Buchstaben jedes Wortes eines Textes in einen Großbuchstaben um. Die restlichen Zeichen werden in Kleinbuchstaben umgesetzt.

Ergebnistyp *Text*

Parameter

`Text`	Beliebiger Text

Beispiele

Aufruf	Ergebnis
GroßKleinbuchstaben („Was solls")	Wa Solls

Kleinbuchstaben (Text)

Wandelt alle Buchstaben eines Textes in Kleinbuchstaben um.

Ergebnistyp *Text*

Parameter

`Text`	Beliebiger Text

Beispiele

Aufruf	Ergebnis
Großbuchstaben („WAS SOLLS")	was solls

Länge (Text)

Ermittelt die Anzahl der in `Text` enthaltenen Zeichen. Im Falle eines Medienfeldes liefert `Länge` den Speicherbedarf eines Objektes in Byte.

Ergebnistyp *Zahl*

Argumente

`Text`	Beliebiger Text

Beispiele

Aufruf	Ergebnis
Länge („1234567“)	7

LiesAlsCSS (Text)
Liefert den in das CSS-Format konvertierten `Text` zurück.

Textwerte sind Textelemente, die durch Absatzzeichen voneinander getrennt sind. Ein Textwert kann leer, ein einziges Zeichen, ein Wort, ein Satz oder Absatz sein.

Ergebnistyp *Text*

Argumente

`Text`	Beliebiger Text

Beispiele

Aufruf	Ergebnis
LiesAlsCSS (Text)	<SPAN STYLE = »font-family:‚Helvetica‘;font-size: 14px;color: #FF0000;font-weight: bold;text-align: right;«>Gabriele</SPAN>

LiesAlsDatum (Text)
Konvertiert `Text` in Datumswerte. Bei Angabe einer Zahl als Argument muss diese zwischen 1 (01.01.0001) und 1460970 (31.12.400) liegen.

Ergebnistyp *Datum*

Argumente

`Text`	Text in einem Datumsformat des Betriebssystems oder eine Zahl im Wertebereich 1 bis 1460970.

Beispiele

Aufruf	Ergebnis
LiesAlsDatum („07.05.1953“)	07.05.53
LiesAlsDatum (733326)	11.10.2009

LiesAlsSVG (Text)

Liefert den in das *SVG*-Format (*Scalable Vector Graphics*) konvertierten `Text` zurück.

Ergebnistyp *Text*

Argumente

`Text`	Beliebiger Text

Beispiele

Aufruf	Ergebnis
LiesAlsSVG (Text)	<StyleList> <Style#0>«font-family:‚Helvetica‘;font-size: 14px;color: #FF0000;font-weight: bold;text-align: right;«, Begin: 1, End: 5</Style> </StyleList> <Daten> <Span style=«0«>Gabriele</Span> </Data>

LiesAlsText (Daten)

Wandelt Datums-, Zahlen- und Zeitangaben in Text um. Bei Anwendung auf ein Medienfeld gibt `LiesAlsText` Pfadinformationen oder, falls darin enthalten, Text zurück.

Ergebnistyp *Text*

Argumente

`Daten`	Datum, Medien, Zahlen, Zeit, Zeitstempel

Beispiele

Aufruf	Ergebnis
LiesAlsText (53)	53 (als Text)

LiesAlsURLVerschlüsselt (Text)

Setzt `Text` in eine Form um, die seine Verwendung als Webadresse (URL) ermöglicht. Sie entfernt dazu alle Schriftstile. Zeichen werden ins *UTF-8*-Format konvertiert. Bei Sonderzeichen oder Zeichen im oberen ASCII-Bereich erfolgt eine Umsetzung ins %HH-Format.

Ergebnistyp *Text*

Argumente

`Daten`	Text

Beispiele

Aufruf	Ergebnis
LiesAlsURLVerschlüsselt („Bad Dürkheim")	Bad%20D%C3%BCrkheim

LiesAlsZahl (Text)

Wandelt `Text` in Zahlen um. Außerdem gestattet sie die Konvertierung eines Datums in eine Tageszahl.

Ergebnistyp *Text*

Argumente

`Text`	Beliebiger Text

Beispiele

Aufruf	Ergebnis
LiesAlsZahl („53")	53
LiesAlsZahl („Alter 62")	62
LiesAlsZahl („5.2.1878")	521 878

LiesAlsZeit (Text)

Wandelt Zeiten und Zeitstempel, die als Text vorliegen, in Zeitangaben um.

Ergebnistyp *Zeit*

Argumente

`Text`	Text mit Zeit- oder Zeitstempel-Angaben

Beispiele

Aufruf	Ergebnis
LiesAlsZeit („17:53:45")	17:53:45
LiesAlsZeit („11.08.2010 17:53:45")	17:53:45
LiesAlsZeit („Uhrzeit: 17:53:45")	?
LiesAlsZeit („")	

LiesAlsZeitstempel (Text)
Wandelt Zeiten und Zeitstempel, die als Text vorliegen, in Zeitangaben um.

Ergebnistyp *Zeitstempel*

Argumente

`Text`	Text mit Zeit- oder Zeitstempel-Angaben

Beispiele

Aufruf	Ergebnis
LiesAlsZeitstempel („11.08.2010 17:53:45")	11.08.2010 17:53:45
LiesAlsZeitstempel („11.08.2010")	11.08.2010 00:00
LiesAlsZeitstempel („17:53:45 ")	01.01.0001 17:53:45
LiesAlsZeitstempel („ZP 11.08.2010 17:53:45")	?
LiesAlsZeitstempel („ 11.08.2010 17:53:45 ")	11.08.2010 17:53:45
LiesAlsZeitstempel („")	

MusterAnzahl (Text; Suchtext)
Ermittelt die Häufigkeit des Auftretens von `Suchtext` in `Text`.

Ergebnistyp *Zahl*

Argumente

`Text`	Beliebiger Text
`Suchtext`	Beliebiger Text

Beispiele

Aufruf	Ergebnis
MusterAnzahl („Geb. 21 / Stock 2 / Raum 234";„/")	2

Position (Text; Suchtext; Start; Auftreten)
Ermittelt die Position des Auftretens von `Suchtext` innerhalb von `Text`. `Start` bestimmt die Stelle im Text, an der die Suche beginnt. `Auftreten` gibt an, das wievielte Vorkommen von `Suchtext` behandelt werden soll. Ein negativer Wert bewirkt eine Suche von `Start` aus in die entgegengesetzte Richtung.

Eine Unterscheidung in Groß- und Kleinschreibung erfolgt nicht. Ist `Suchtext` nicht in `Text` enthalten, liefert `Position` den Wert 0.

Ergebnistyp *Zahl*

Argumente

`Text`	Beliebiger Text
`Suchtext`	Beliebiger Text
`Start`	Zahl
`Auftreten`	Zahl

Beispiele

Aufruf	**Ergebnis**
Position („Geb. 21 / Stock 2 / Raum 234";„/"; 1; 1)	9
Position („Geb. 21 / Stock 2 / Raum 234";„/"; 10; 1)	19
Position („Geb. 21 / Stock 2 / Raum 234";„/"; 1; 2)	19

Trimme (Text)
Entfernt alle führenden und abschließenden Leerzeichen aus einem Text. Dient in vielen Fällen zur Bereinigung von importiertem Text oder von Fehleingaben.

Ergebnistyp *Text*

Parameter

`Text`	Beliebiger Text

Beispiele

Aufruf	**Ergebnis**
Trimme („ 12345678 ")	12345678
Trimme („ 12 345 678 ")	12 345 678

WörterAnzahl (Text)
Ermittelt die Anzahl der Wörter in einem Text.

Ergebnistyp *Text*

Parameter

`Text`	Beliebiger Text

Beispiele

Aufruf	Ergebnis
WörterAnzahl („12 345 678")	3

WörterLinks (Text; Anzahl)
Liefert den auf `Anzahl` Wörter verkürzten Text zurück. Die Zählfolge der Elemente beginnt links.

Ergebnistyp *Text*

Parameter

`Text`	Beliebiger Text
`Anzahl`	Beliebige ganze Zahl

Beispiele

Aufruf	Ergebnis
WörterLinks („12 34 56 78 90"; 3)	12 34 56

WörterMitte (Text; Start; Anzahl)
Extrahiert `Anzahl` Wörter aus einem Text, beginnend bei Position `Start`.

Ergebnistyp *Text*

Parameter

`Text`	Beliebiger Text
`Anzahl`	Beliebige ganze Zahl
`Start`	Beliebige ganze Zahl

Beispiele

Aufruf	Ergebnis
WörterMitte („12 34 56 78 90“; 2; 3)	34 56 78

WörterRechts (Text; Anzahl)

Liefert den auf `Anzahl` Wörter verkürzten Text zurück. Die Zählfolge der Zeichen beginnt rechts.

Ergebnistyp *Text*

Parameter

`Text`	Beliebiger Text
`Anzahl`	Beliebige ganze Zahl

Beispiele

Aufruf	Ergebnis
WörterRechts („12 34 56 78 90“; 4)	12 34 56 78

ZeichenLinks (Text; Anzahl)

Liefert den auf `Anzahl` Zeichen verkürzten Text zurück. Die Zählfolge der Zeichen beginnt links.

Ergebnistyp *Text*

Parameter

`Text`	Beliebiger Text
`Anzahl`	Beliebige ganze Zahl

Beispiele

Aufruf	Ergebnis
ZeichenLinks („1234567890“; 5)	12345

ZeichenMitte (Text; Start; Anzahl)

Extrahiert `Anzahl` Zeichen aus einem Text, beginnend bei Position `Start`.

Ergebnistyp *Text*

Parameter

`Text`	Beliebiger Text
`Anzahl`	Beliebige ganze Zahl
`Start`	Beliebige ganze Zahl

Beispiele

Aufruf	Ergebnis
ZeichenMitte („1234567890"; 5; 3)	567

ZeichenRechts (Text; Anzahl)

Liefert den auf `Anzahl` Zeichen verkürzten Text zurück. Die Zählfolge der Zeichen beginnt rechts.

Ergebnistyp *Text*

Parameter

`Text`	Beliebiger Text
`Anzahl`	Beliebige ganze Zahl

Beispiele

Aufruf	Ergebnis
ZeichenRechts („1234567890"; 5)	67890

Zitat (Text)

Liefert einen von doppelten Hochkommas eingeschlossenen Text zurück. Sie verhindert darüber hinaus, dass Text von der Funktion `Berechne` ausgewertet wird.

Ergebnistyp *Text*

Parameter

`Text`	Beliebiger Text

Beispiele

Aufruf	Ergebnis
Zitat („Ja mei")	» Ja mei«
Berechne (Zitat („2 + 3"))	»2 + 3«

Textformatfunktionen

Textformatfunktionen dienen zur Beeinflussung der Eigenschaften von Text.

RGB (Rot; Grün; Blau)

Ermittelt eine ganze Zahl im Bereich von 0 bis 16 777 215. Diese Zahl ergibt sich aus Kombinationen der Werte von Rot; Grün und Blau entsprechend der Formel

(256 * 256) * `Rot` + 256 * `Grün` + `Blau`

Die von dieser Funktion berechneten Werte lassen sich als Argument für die Funktionen *TextFarbe* oder *TextfarbeEntfernen* nutzen.

Ergebnistyp *Zahl*

Parameter

`Rot`	Zahl zwischen 0 und 255
`Grün`	Zahl zwischen 0 und 255
`Blau`	Zahl zwischen 0 und 255

Beispiele

Aufruf	Ergebnis
RGB (0; 0; 0)	0 (Schwarz)
RGB (255; 0; 0)	16 711 680 (Rot)
RGB (0; 255; 0)	65 280 (Grün)
RGB (0; 0; 255)	255 (Blau)
RGB (255; 255; 255)	16 777 215 (Weiß)

TextFarbe (Text; Farbwert)

Verändert die Farbe eines Textes entsprechend dem angegebenen Farbwert. Damit lässt sich die Farbe eines Textes auf die Farbe zurücksetzen, die im *Layout*-Modus für ein Feldobjekt eingestellt war.

Ergebnistyp *Text*

Parameter

`Text`	Beliebiger Text
`Farbwert`	Zahl zwischen 0 und 16 777 215

Beispiele

Aufruf	Ergebnis
TextFarbe („Altbier"; 255)	Altbier
TextFarbe („Altbier"; 65280)	Altbier
TextFarbe („Altbier"; 16 711 680)	Altbier

TextFarbeEntfernen (Text {; Farbwert})

Entfernt die durch `Farbwert` angegebene Farbe eines Textes.

Ergebnistyp *Text*

Parameter

`Text`	Beliebiger Text
`Farbwert`	Zahl zwischen 0 und 16 777 215

Beispiele

Aufruf	Ergebnis
TextFarbeEntfernen („Altbier")	Altbier
TextFarbeEntfernen („Altbier und Weißbier"; 65280)	Altbier und Weißbier

TextFont (Text; Schrift; { Schriftsystem})

Verändert die Schrift eines Textes entsprechend dem angegebenen Wert von `Schrift`. Damit lässt sich der Zeichensatz eines Textes auf die angegebene Schriftart einstellen.

Ergebnistyp *Text*

Parameter

`Text`	Beliebiger Text
`Schrift`	Zeichensatz
`Schrifttyp`	Schriftsystem (Griechisch, Kyrillisch etc.)

Beispiele

Aufruf	Ergebnis
TextFont („Altbier";„Courier")	`Altbier`
TextFont („Weißbier";„Comic Sans MS")	Altbier

TextFontEntfernen (Text; Schrift; { Schriftsystem})
Entfernt den angegebenen Zeichensatz eines Textes entsprechend dem angegebenen Wert von `Schrift`. Damit lässt sich der Zeichensatz eines Textes auf die im *Layout*-Modus festgelegte Schriftart zurücksetzen. Enthält ein Text unterschiedliche Zeichensätze, wird bei Angabe des Arguments `Schrift` nur der entsprechende Zeichensatz entfernt.

Ergebnistyp *Text*

Parameter

`Text`	Beliebiger Text
`Schrift`	Zeichensatz
`Schrifttyp`	Schriftsystem (Griechisch, Kyrillisch etc.)

Beispiele

Aufruf	Ergebnis
TextFontEntfernen („`Altbier`")	Altbier
TextFont („**Altbier** und `Weißbier`";„Courier")	**Altbier** und Weißbier

TextFormatEntfernen (Text)
Entfernt die gesamte Formatierung eines Textes in einem Vorgang. Damit lassen sich sämtliche Attribute eines Textes auf die im *Layout*-Modus festgelegten Einstellungen zurücksetzen.

Ergebnistyp *Text*

Parameter

`Text`	Beliebiger Text

Beispiele

Aufruf	Ergebnis
TextFormatEntfernen („*Altbier* und **Weißbier**")	Altbier und Weißbier

TextGröße (Text; Größe)
Verändert die Schriftgröße eines Textes entsprechend dem angegebenen Wert von `Größe`.

Ergebnistyp *Text Zahl*

Parameter

`Text`	Beliebiger Text
`Größe`	Zeichensatzgröße (Ganzzahl) in Punkt

Beispiele

Aufruf	Ergebnis
TextFont („Altbier"; 9)	Altbier
TextFont („Weißbier"; 18)	Weißbier

TextGrößeEntfernen (Text; Größe)

Setzt die Schriftgröße eines Textes auf die im *Layout*-Modus festgelegte Größe zurück. Bei Angabe des Arguments `Größe` werden nur die Textteile mit der spezifizierten Größe entfernt.

Ergebnistyp *Text*

Parameter

`Text`	Beliebiger Text
`Größe`	Zeichensatzgröße (Ganzzahl) in Punkt

Beispiele

Aufruf	Ergebnis
TextFontEntfernen („Altbier")	Altbier
TextFontEntfernen („Altbier und Weißbier"; 14)	Altbier und Weißbier

TextStilZufügen (Text; Stile)

Verändert den Stil eines Textes entsprechend den im Argument `Stile` angegebenen Schriftstilen. Die Angabe mehrerer Stile ist unter Verwendung des Operators + möglich. Die Angabe von `Standard` entfernt sämtliche Stile.

Ergebnistyp *Text*

Parameter

`Text`	Beliebiger Text
`Stile`	Ein oder mehrere benannte Schriftstile. Mögliche Angaben sind `Standard, Fett, Kursiv, Unterstrichen, Komprimiert, Gesperrt, Kapitälchen, Hochgestellt, Tiefgestellt, Großbuchstaben, Großklein, DoppeltUnterstrichen`

Beispiele

Aufruf	Ergebnis
TextStilHinzufügen („Altbier"; Fett)	**Altbier**
TextStilHinzufügen („Weißbier"; Fett+Kursiv)	***Weißbier***

TextStilEntfernen (Text; Stile)

Entfernt den Stil eines Textes. Bei Angabe des Arguments `Stile` werden nur die Textteile mit den spezifizierten Stilen zurückgesetzt. Die Angabe mehrerer Stile ist unter Verwendung des Operators + möglich. Die Verwendung von `AlleStile` entfernt sämtliche Stile aus einem Text.

Ergebnistyp *Text*

Parameter

`Text`	Beliebiger Text
`Stile`	Ein oder mehrere benannte Schriftstile. Mögliche Angaben sind `Fett, Kursiv, Unterstrichen, Komprimiert, Gesperrt, Kapitälchen, Hochgestellt, Tiefgestellt, Großbuchstaben, Großklein, DoppeltUnterstrichen, AlleStile`

Beispiele

Aufruf	Ergebnis
TextStilEntfernen („**Altbier**")	Altbier
TextStilEntfernen („**Altbier** und *Weißbier*"; Kursiv)	**Altbier** und **Weißbier**
TextStilEntfernen („**Altbier** und ***Weißbier***"; AlleStile)	Altbier und Weißbier

Statusfunktionen

Statusfunktionen ermitteln aktuelle Zustände in einer Datenbank. Diese Informationen sind mehr oder weniger regelmäßigen Änderungen unterworfen. Ihr Anwendungsgebiet liegt deshalb hauptsächlich im Bereich von Skripten. Deshalb beschäftigen wir uns im nächsten Abschnitt mit diesem Thema.

Designfunktionen

Designfunktionen ermitteln Informationen bezüglich der Struktur von Datenbanken. So lassen sich beispielsweise die Namen sämtlicher Layouts einer Datenbankdatei und zu jedem Layout die Namen sämtlicher darauf befindlicher Layoutobjekte ermitteln.

Externe Funktionen

Externe Funktionen ermöglichen den Zugriff auf so genannte Plugins. Dies sind Produkte, die den Funktionsumfang von *FileMaker* erweitern. Sie müssen installiert und aktiviert sein, um sie verwenden zu können.

Operatoren

Operatoren sind Symbole zur Manipulation von Ausdrücken. *FileMaker* unterscheidet vier verschiedene Arten von Operatoren.

	Mathematische Operatoren
+	Addition zweier Ausdrücke
-	Subtraktion zweier Ausdrücke
*	Multiplikation zweier Ausdrücke
/	Division zweier Ausdrücke
^	Potenzierung
()	Klammern können die Auswertungsfolge von Ausdrücken verändern

	Vergleichsoperatoren
=	Test auf Gleichheit
≠, <>	Test auf Ungleichheit
>	Test auf größer
<	Test auf kleiner
≥, >=	Test auf größer oder gleich
≤, <=	Test auf kleiner oder gleich

	Logische Operatoren
UND	Beide Bedingungen müssen erfüllt sein
ODER	Eine Bedingung muss erfüllt sein
XODER	Eine Bedingung muss erfüllt sein, nicht beide
NICHT	Umkehr der Bedingung

	Textoperatoren
&	Verkettung (verbindet zwei Zeichenfolgen)
» »	Textkonstante (Anfang und Ende)
\	Umgekehrter Schrägstrich (deaktiviert unmittelbar folgenden Operator)
¶	Umkehr der Bedingung

Automatisieren von Abläufen

7

Sie sollten jetzt in der Lage sein, mit *FileMaker*-Datenbanken arbeiten zu können. Sie haben erfahren, wie Tabellen und Felder anzulegen sind, um Informationen zu speichern. Sie wissen, Layouts werden zum Eingeben und Darstellen von Informationen benötigt. Formeln und Funktionen ermöglichen die Analyse und Verarbeitung eingegebener Informationen.

Bei Ihrer Arbeit werden Sie feststellen, dass es eine Reihe von Tätigkeiten gibt, die immer und immer wieder einem gleichen Ablauf folgen. Solche Arbeitssequenzen können Sie mit *FileMaker* automatisieren und sich damit Zeit sparen. Dabei muss es sich keineswegs um komplexe Abläufe handeln. Schon der Wechsel in ein anderes Layout per Mausklick anstelle des Einblendmenüs kann einen Ablauf beschleunigen. Oder Sie möchten einen aktuellen Zeitstempel per Mausklick in ein Feld eintragen.

In der Regel umfassen automatisierte Abläufe eine Anzahl von Einzelaktionen. Ziehen wir als Beispiel mal wieder unsere Arbeitsliste heran. Nehmen wir an, Sie möchten die für eine Woche anfallenden Aufgaben ermitteln und in einer übersichtlichen Form ausgeben. Als Erstes werden Sie eine Suche zur Ermittlung der aktuellen Aufgaben starten. Danach wechseln Sie in ein Ausgabe-Layout, sortieren die Datensätze der Ergebnismenge nach den Namen der Mitarbeiter. Zum Schluss drucken Sie die Liste. Alternativ können Sie ein PDF-Dokument erzeugen und es an die entsprechenden Mitarbeiter per EMail verteilen.

Alle diese Tätigkeiten können Sie mit Hilfe von Skripten automatisieren.

Der Skripteditor

Um in *FileMaker* ein Skript zu erstellen, wählen Sie *Scripts | Scripts verwalten*. Oder Sie drücken ganz einfach die Tastenkombination ⇧-⌘-S/⇧-ctrl-S. Damit öffnen Sie den Dialog *Scripts verwalten*. Sein Aufruf kann in jedem Modus erfolgen.

Der Dialog »Scripts verwalten«.

Unten links befindet sich eine Schaltfläche mit einem grünen Plus-Zeichen und der Bezeichnung *Neu*. Klicken Sie mit der Maus auf diese Taste. Ein weiterer Dialog namens *Script bearbeiten* erscheint. Diesen Dialog bezeichnen wir als *Skripteditor*. In seinem linken Teil befindet sich eine Liste mit den verfügbaren Skriptschritten. Dies sind im Wesentlichen nachgebildete Menüfunktionen, ergänzt um diverse Kontrollstrukturen zum Steuern von Abläufen. Bei jedem Aufruf des *Skripteditors* ist die Liste immer wieder nach Kategorie geordnet (auch das war schon immer so!). Über das Klappmenü oberhalb der Liste ist eine Umstellung auf alphabetische Reihenfolge oder die Beschränkung auf eine bestimmte Kategorie möglich.

Der Skripteditor (Dialog »Script bearbeiten«).

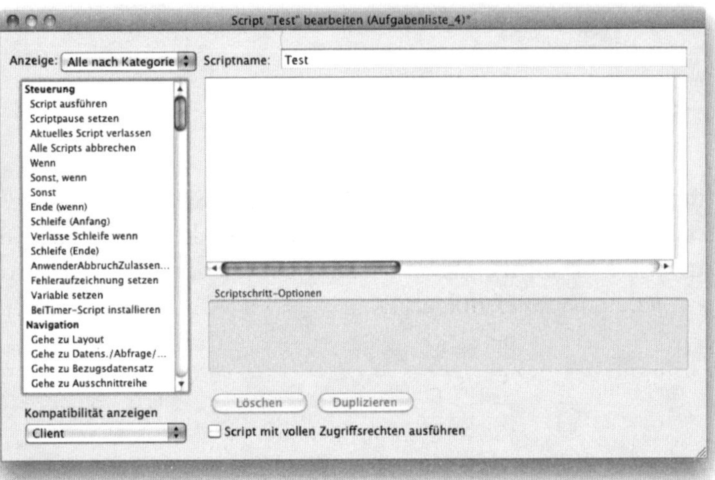

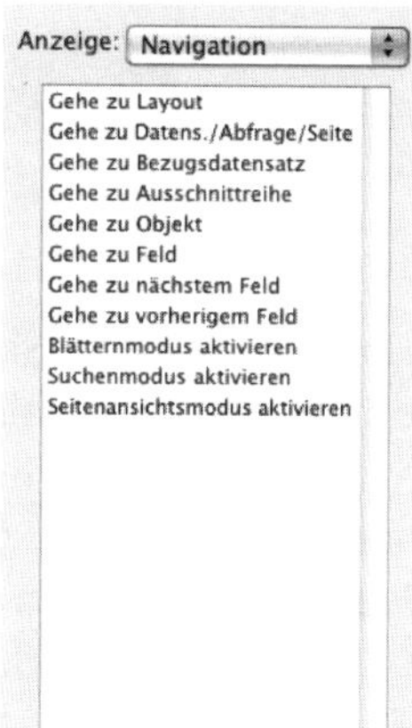

Die Anzeige von Skriptschritten für die Navigation.

Den Namen eines Skriptes definieren Sie im Namensfeld rechts neben dem Klappmenü zur Steuerung der Anzeige. Jedes neue Skript bekommt standardmäßig den Namen *Neues Script* zugeteilt. Ihn sollten Sie durch einen aussagekräftigeren Namen ersetzen.

Die Festlegung des Skriptnamens.

Der Bereich rechts neben der Liste mit den Skriptschritten – der Skriptbereich – dient zur Aufnahme der für das Skript benötigten Befehle. Um einen Befehl in diesen Bereich zu bringen, können Sie den Befehl in der Liste links markieren, den Mauszeiger nach unten zur Taste *Kopieren* bewegen, auf diese klicken, und sich dann der nächsten benötigten Anweisung zuwenden. Deutlich schneller erreichen Sie das Gleiche, wenn Sie mit der Maus auf den auserkorenen Befehl doppelklicken.

Tasten bei markierten Skriptbefehlen der Befehlsliste.

Jeder Skriptbefehl ist eine individuelle Anweisung, eine bestimmte Aktion auszuführen. Das Verhalten vieler Befehle ist über deren Optionen beeinflussbar. So kann beispielsweise eine Sortierung mit oder ohne Dialogfeld erfolgen. Ist ein Befehl markiert, was auch unmittelbar nach seinem Transfer in den Skriptbereich der Fall ist, sind seine Optionen unterhalb des Skriptbereichs angezeigt.

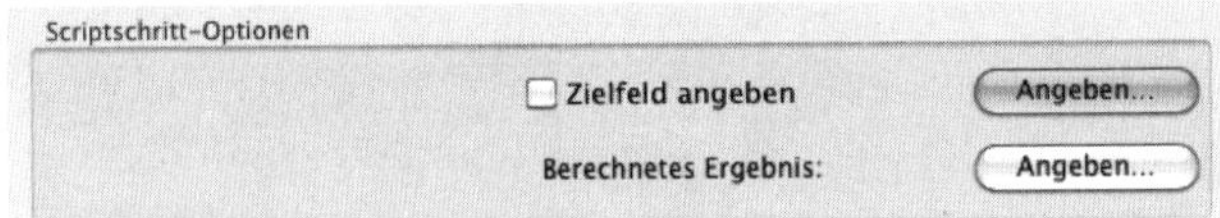

Der Optionsbereich des Skripteditors.

Die Markierung einer Skriptanweisung im Skriptbereich verändert die beiden Schaltflächen unterhalb des Optionsbereiches. Die linke Taste (*Löschen*) dient zum Entfernen von Skriptschritten. Den gleichen Effekt, aber deutlich schneller, erzielen Sie durch ←/⌦. Die Taste *Duplizieren* rechts daneben erlaubt, wie aus ihrem Namen unschwer hervorgeht, das Duplizieren von im Skriptbereich bereits vorhandenen Anweisungen.

Tasten bei markierten Skriptbefehlen im Skriptbereich.

Das Einblendmenü *Kompatibilität anzeigen* ganz links unten erleichtert das Auffinden von Befehlen für bestimmte Einsatzbereiche. *Alle* und *Client* zeigen sämtliche verfügbaren Anweisungen an. *Server* graut diejenigen Schritte aus, die von *FileMaker-Server-Zeitplänen* nicht unterstützt werden. *Web Publishing* graut diejenigen aus, die eine Verwendung mit Internet-Browsern nicht unterstützen.

Die Kompatibilität von Skriptschritten

Wenn Sie den Haken von *Script mit vollen Zugriffsrechten ausführen* setzen, erlauben Sie Nutzern mit eingeschränkten Berechtigungen die Ausführung privilegierter Aufgaben. Diese Option können nur Nutzer mit vollen Zugriffsrechten ändern. Eine Übertragung auf ein nachfolgendes Teilskript erfolgt nicht.

Die Ausführung mit vollen Zugriffsrechten.

Beginnen wir mit einem ganz einfachen Skript. Es soll lediglich einen Wechsel zwischen Layouts in unserer Aufgabenliste per Mausklick ermöglichen.

Navigation zwischen Layouts

Von unserer Aufgabenliste haben wir bis jetzt lediglich das Layout *Mitarbeiter Det* in eine vorzeigbare Form gebracht. Es wir Zeit, so langsam auch alle anderen Layouts auf Vordermann zu bringen. Zunächst legen wir ein *Listen*-Layout an, das eine Übersicht über sämtliche Mitarbeiter ermöglicht. Wir hatten gesagt, das Layout *Mitarbeiter Det* wäre in seiner endgültigen Form. Dies erhebt natürlich die Frage, was im Leben ist schon endgültig. Zur Vermeidung von Diskussionen darüber kopieren wir Version 4 einfach auf Version 5 (also Datei *Mitarbeiter.fp5*) und arbeiten damit weiter.

Das neue Layout *Mitarbeiter Ueb* sollte in etwa folgendes Aussehen haben:

Das Layout »Mitarbeiter Ueb«.

Wir möchten nun zwischen der Detailansicht und der Übersicht hin- und herwechseln können. Wir öffnen also den Dialog *Scripts verwalten* und erzeugen ein neues Skript. Wir nennen es *Layout_Nav*. Als Skriptschritt benötigen wir die Anweisung *Gehe zu Layout*. Ein Doppelklick bringt ihn in den Skriptbereich.

Als Erstes möchten wir von der Detailansicht in die Übersicht navigieren. Dazu müssen wir in den Optionen das Ziellayout einstellen. Standardmäßig ist *Originallayout* eingestellt. Das ist das Layout, in dem das Skript gestartet wurde.

Hierüber gelangen Sie zum Bestimmen des Ziel-Layouts.

Ein Mausklick auf den Pfeil und die Wahl von *Layout…* öffnet den Dialog *Layout angeben*.

Das Klappmenü zum Einstellen des Ziel-Layouts.

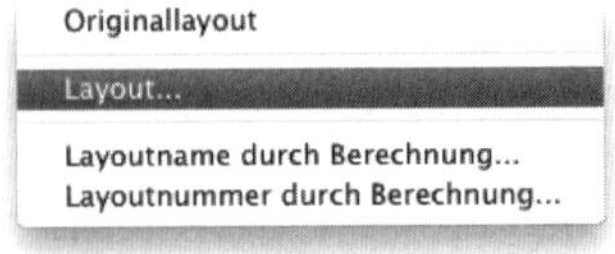

Der Dialog »Layout angeben«.

Wir wählen *Mitarbeiter Ueb* durch Doppelklick. Damit sind wir mit der Erstellung unseres Skripts bereits fertig.

Das Skript »Layout_Nav« zum Layoutwechsel.

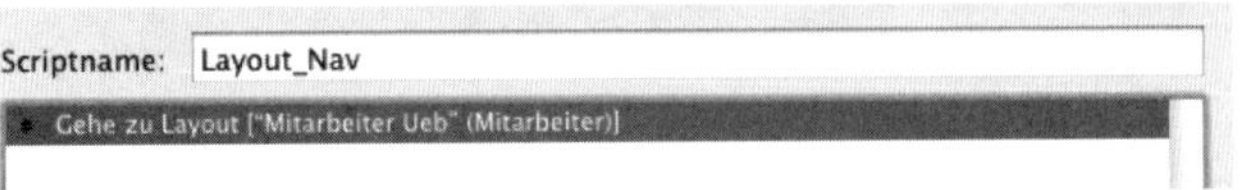

Um das Skript nutzen zu können, müssen wir erst einmal sichern. Dies erreichen wir über *Scripts | Scripts speichern* oder einfach über ⌘-S/ctrl-S.

Das Speichern von Skripts.

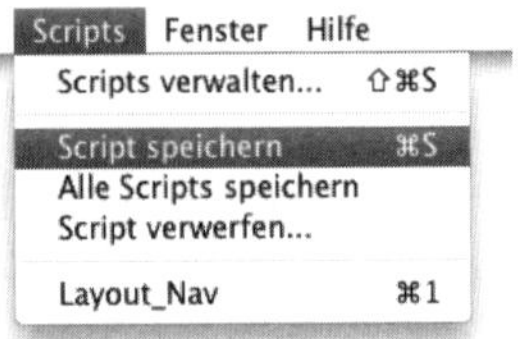

Jetzt gilt es noch, einen geeigneten Weg zu finden, um es zu starten. Eine Möglichkeit bietet der Dialog *Scripts verwalten*. Wenn Sie das Skript markieren, können Sie es über die Schaltfläche ganz rechts mit dem grünen Rechtspfeil starten.

Das Starten von Skripts über »Skripts verwalten« (ganz rechts).

So richtig prickelnd ist diese Lösung eher nicht. Der Start eines Skriptes würde es dann erfordern, den Dialog *Skripts verwalten* jedes Mal zu öffnen oder ihn permanent geöffnet zu halten. Als richtige Arbeitserleichterung ist dies wohl nicht einzustufen.

Wenn Sie sich entschließen, den Haken neben dem Skriptnamen im den Dialog *Skripts verwalten* zu setzen, so erfolgt ein Eintrag des Skriptnamens in das Skriptmenü. So können Sie es über das Menü oder das entsprechende Tastaturkürzel starten.

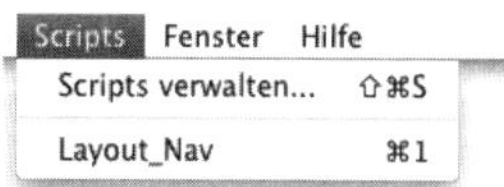

Der Menüeintrag von Skripts und Tastaturkürzel.

Der Weisheit letzter Schluss ist diese Lösung wohl auch nicht, da sich das Tastaturkürzel mit der Erzeugung weiterer Skripts ändern kann. Weiterhin sollte die Möglichkeit eines Wechsels aus dem Layout ersichtlich sein. Erinnern wir uns an die Layoutobjekte. Darunter befinden sich Tasten, die sich mit Skripts verbinden lassen. Wechseln wir also in den *Layout*-Modus von *Mitarbeiter Det* und aktivieren hier das *Tastenwerkzeug*. Ziehen Sie im Kopfbereich eine Taste auf. *FileMaker* fragt Sie, was diese Taste denn bewerkstelligen soll.

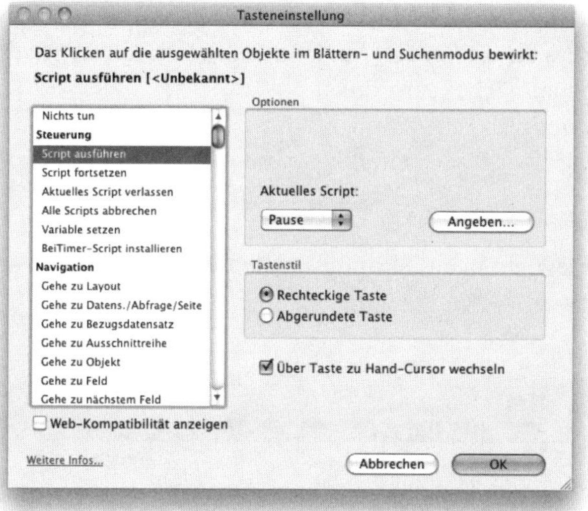

Der Dialog »Tasteneinstellung«.

Wählen Sie *Script ausführen*, klicken Sie auf *Angeben…* und wählen Sie im Dialog *Script angeben* das bis jetzt einzig verfügbare Skript *Layout_Nav* aus.

Die Zuordnung von Skript zu Taste.

Jetzt wünscht sich *FileMaker* noch einen Namen für die Taste – geben Sie einfach *MA Übersicht* über die Tastatur ein.

Die Taste zum Starten des Skripts »Layout_Nav« im Modus »Layout«.

Wechseln Sie in den *Blättern*-Modus. Wenn Sie alles richtig eingestellt haben, landen Sie beim Klick auf die Taste *MA Übersicht* im Menü *Mitarbeiter Ueb*. Von dort aus möchten Sie natürlich auf die gleiche Art zurück zu *Details* wechseln können. Markieren Sie im Dialog *Scripts verwalten* das Skript *Layout_Nav* und duplizieren Sie es mit der entsprechenden Schaltfläche (ganz links).

Die Schaltfläche »Duplizieren« (ganz links).

FileMaker legt ein neues Skript gleichen Namens – ergänzt um den Zusatz *Kopie* – an.

Das Duplikat eines Skripts.

Doppelklicken Sie auf *Layout_Nav Kopie*. Ändern Sie seinen Namen um in *Layout_Nav_MA_Det*. Stellen Sie als Layout *Mitarbeiter Det* ein.

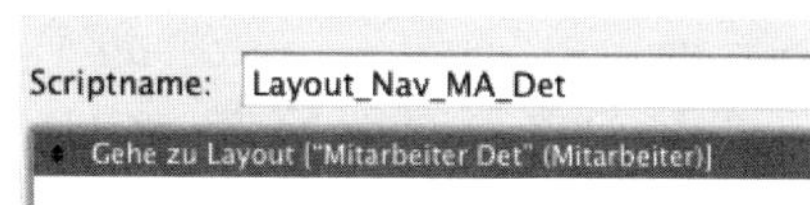

Das Skript »Lay_Nav_MA_Det«.

Kopieren Sie im *Layout*-Modus die Taste *MA Übersicht*, wechseln Sie zu Layout *Mitarbeiter Ueb* und setzen Sie die Taste hier ein. Ändern Sie mit Hilfe des *Textwerkzeugs* den Namen der Taste in *MA Details*.

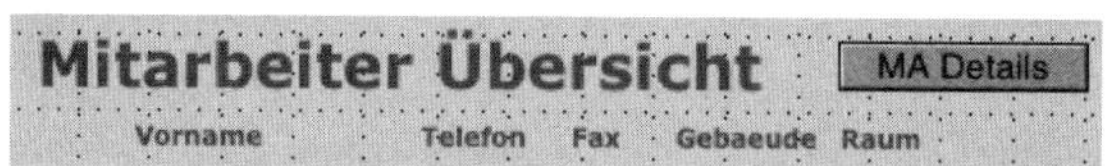

Die Taste »MA Details«.

Stellen Sie, falls noch nicht automatisch erfolgt, das *Auswahlwerkzeug* ein und doppelklicken Sie auf die Taste. Klicken Sie dann im Dialog *Tasteneinstellung* auf *Angeben…* und wählen Sie *Layout_Nav_MA_Det*.

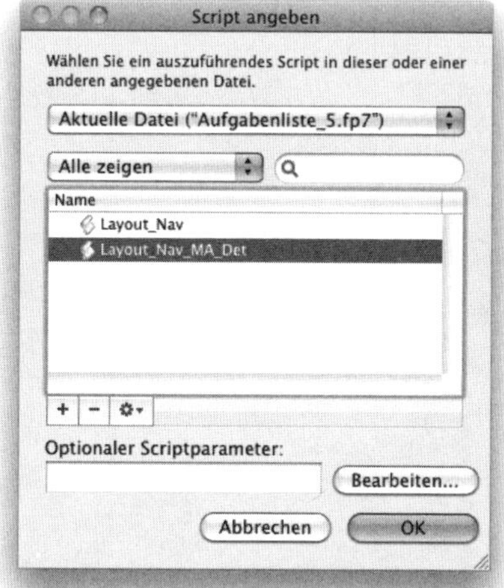

Das Ändern der Skriptzuweisung.

Beenden Sie die beiden offenen Dialoge mit *OK* und wechseln Sie in den *Blättern*-Modus. Testen Sie es aus, Sie müssten jetzt einfach per Mausklick zwischen den beiden Layouts hin- und herspringen können.

Skriptparameter

Wir haben ganz schnell zwei Skripte erzeugt, die einen schnellen Wechsel zwischen zwei verschiedenen Layouts mittels Mausklick gestatten. Wir haben aber noch weitere Layouts in unserer Datenbank, und für jeden Wechsel können wir ein eigenes Skript erzeugen. Wir haben im letzten Abschnitt gesehen, dies geht ohne großen Aufwand. Wir müssen bloß *Skript* und *Taste* duplizieren und anpassen.

Auch wenn es in unserer überschaubaren Aufgabenliste nicht ins Gewicht fällt, so richtig effizient ist die Lösung von Duplizieren und Anpassen nicht. Zwar ist die Anzahl der Skripts überschaubar, jedoch haben alle die gleiche Funktion: nämlich einen Layoutwechsel durchzuführen. Da ist es doch viel effizienter, ein variables anstelle eines festen Ziels vorzugeben. Das variable Ziel wird als Parameter an das Skript übergeben. Wechseln wir zu *Layout Details* in den *Layout*-Modus. Doppelklicken Sie auf Taste *MA Übersicht* und klicken Sie auf *Angeben…* im Dialog *Tasteneinstellung*.

Der Dialog »Tasteneinstellung«.

Im linken unteren Bereich sehen Sie ein Eingabefeld unter *Optionaler Scriptparameter*. Tragen Sie hier *Mitarbeiter Ueb* ein. Jetzt ist nur noch die Frage, wie wir diese Information im Skript verarbeiten können. Wir benötigen dazu die Statusfunktion *Hole Scriptparameter*. Anstelle eines festen Layouts als Ziel stellen wir den Skriptschritt *Gehe zu Layout* in Layout_Nav auf *Layoutname durch Berechnung…* um. Als Formel geben wir *Hole Scriptparameter* an.

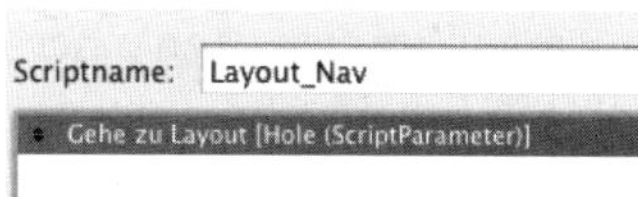

Das Skript mit Parameter.

Beenden Sie die Dialoge, sichern Sie das Skript und testen Sie es im *Blättern*-Modus. Es sollte funktionieren wie bisher. Im Layout *Mitarbeiter Ueb* passen wir die Taste *MA Details* entsprechend an. Wir weisen ihr ebenfalls das Skript *Layout_Nav* zu und tragen als Parameter *Mitarbeiter Det* ein.

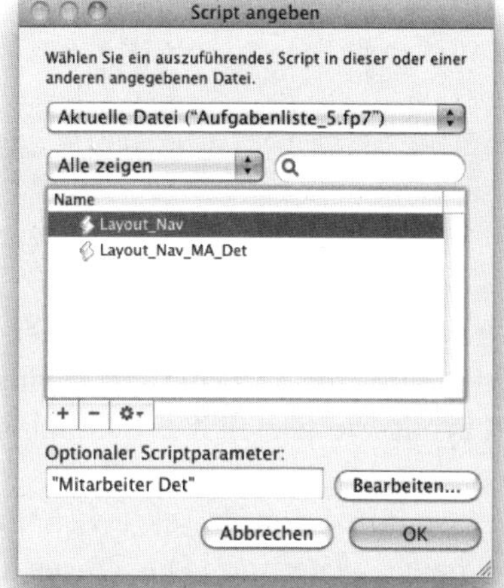

Erneutes Zuweisen von Parameter an ein Skript.

Damit verfügen wir über die gleiche Funktionalität wie zuvor, jetzt allerdings erreichen wir sie mit einem einzigen, Parameter-gesteuerten Skript. Das Skript *Layout_Nav_MA_Det* können wir somit löschen.

Bleibt noch die Frage, wie wir in jenen Fällen vorgehen, die mehrere Werte zur Übergabe als Parameter erfordern. Betrachten wir als Beispiel eine Tabelle mit Patienten-Informationen. Die Daten eines Patienten sind bereits erfasst. Nun kommen die Daten eines Familienmitglieds dazu. Für die Eingabe steht lediglich ein einziges Feld zu Verfügung. Ein möglicher Lösungsweg besteht darin, die verschiedenen Werte so in das Feld zu packen, dass ein Zugriff auf die Einzelteile hinterher leicht möglich ist.

Nehmen wir an, Sie möchten auf Basis eines bestehenden Datensatzes einen neuen erzeugen und dabei einige Werte aus dem bestehenden Datensatz in den neuen übertragen. Als Erstes erzeugen wir ein neues Skript mit dem Namen *Patient_verwandt*. Sichern Sie es, auch wenn es noch leer ist, damit dann eine Zuweisung zu einer Taste möglich ist. Diese erzeugen wir im nächsten Schritt und weisen ihr das gerade erzeugte Skript zu. Zur Festlegung des Parameters klicken wir im Dialog *Script angeben* auf *Bearbeiten…* – dies öffnet den *Skripteditor*. Wir verknüpfen mit der Formel sämtliche Felder, deren Inhalte wir übernehmen wollen. Dazu benötigen wir den Operator »&«, der zwei Zeichenketten zu einer einzigen zusammenfügt. Die Einzelteile trennen wir durch eine Zeilenschaltung, die wir ebenfalls mit dem Operator »&« hinter jeden Einzelwert anfügen.

Die Festlegung des Scriptparameters durch eine Formel.

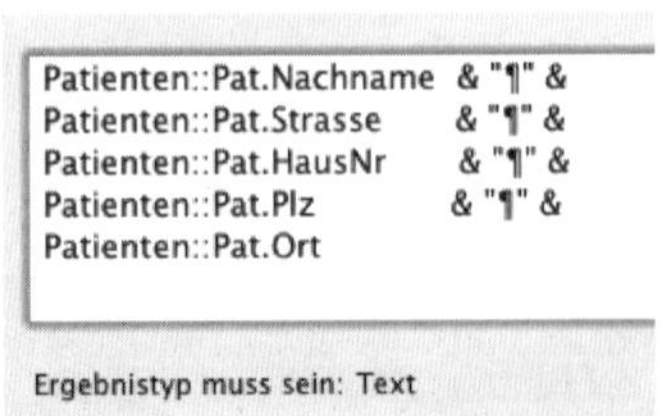

Jetzt benötigen wir das Skript, das die als Parameter übergebenen Werte in bestimmte Felder eines neuen Datensatzes einträgt. Im Vergleich zum Skript für den Layout-Wechsel fällt es deutlich länger aus.

Wir springen als Erstes zum Ende der aktuellen Ergebnismenge und erzeugen dort einen neuen Datensatz. Die Zuweisung von Werten zu Feldern kann mit dem Skriptbefehl

```
Feldwert setzen [<Feld>; <Wert>]
```

vorgenommen werden. Doppelklicken Sie also in der Kategorie *Felder* auf *Feldwert setzen*. Ein Doppelklick auf diese Befehlszeile im Skriptbereich öffnet den Dialog *Feld angeben*. Das erste Eingabeeld ist in unseren Fall *Pat.Nachname* der Tabelle *Patienten*, also wählen wir es aus. Die Zuweisung des Wertes erfolgt über eine Formel. Wenn Sie bei markiertem Befehl auf *Angeben…* neben *Berechnetes Ergebnis:* klicken, öffnet sich der *Skripteditor*, in den Sie die Formel eingeben können.

Wie so oft gibt es auch hier einen langen und einen kurzen Weg zum Ziel: Wenn Sie bei gedrückter *Optionstaste/alt*-Taste auf diesen Skriptbefehl im Skriptbereich doppelklicken, landen Sie direkt im Skripteditor.

Auf den Skriptparameter können wir mit der Statusfunktion *Hole (Scriptparameter)* zugreifen, das wissen wir bereits. Die Extraktion der Einzelteile erledigen wir mit den Funktionen *ElementeLinks* und *Elemente-Mitte*. Ein Element ist in diesem Fall, vereinfacht gesagt, eine Zeile in einer Zeichenkette.

```
ElementeLinks (Hole (ScriptParameter); 1)
```

Diese Funktion extrahiert die erste Zeile einer Zeichenkette, allerdings inklusive der Zeilenschaltung. Diese entfernen wir mit der Funktion *Austauschen (Text; Suchtext; Ersatztext)*. Als Suchtext geben wir die Zeilenschaltung an, als Ersatztext die leere Zeichenkette. Analog verfahren wir so mit den übrigen Parametern, sie extrahieren wir mit

```
ElementeMitte (Hole (ScriptParameter); n; 1)
```

»n« ist der n-te Parameter. Die »1« gibt an, es soll genau ein Element, also eine Zeile ab dem n-ten Element extrahiert werden.

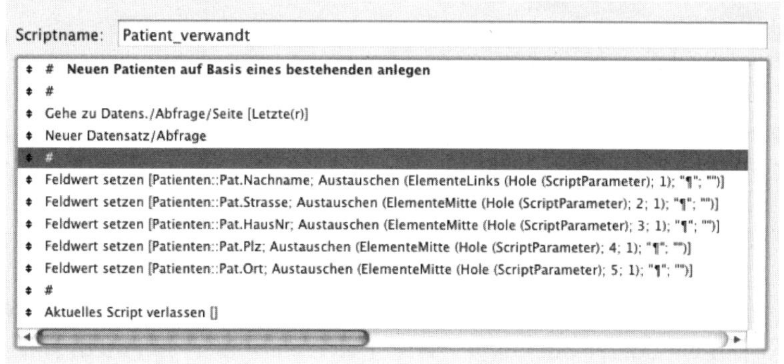

Das Skript mit einem aus mehreren Elementen zusammengesetzten Skriptparameter.

Dieses Skript liefert das gewünschte Ergebnis. Wir kommen auf dieses Beispiel noch im Abschnitt Fehlersuche zurück.

Kontrollstrukturen

Mit Hilfe von Skripts können wir per Mausklick zwischen verschiedenen Layouts hin- und herwechseln. Jetzt wollen wir entsprechend auch zwischen Datensätzen navigieren können. Wir möchten mit einem Mausklick zum nächsten, zum vorherigen, zum ersten und zum letzten Datensatz einer Ergebnismenge wechseln können. Das alles soll von einem einzigen Skript erledigt werden.

Wir benötigen dazu vier Tasten. Dazu können wir auf die *FileMaker-Standard-Taste* zurückgreifen und sie entsprechend beschriften. Oder wir schauen uns im Internet nach Navigationstasten um.

Navigationssymbole

Die Werte, die der Parameter für unser Skript annehmen soll, legen wir entsprechend der folgenden Tabelle fest.

Bild	Parameter	Datensatz
	- 10	Erster
	- 1	Vorheriger
	1	Nächster
	10	Letzter

Die Ermittlung der durchzuführenden Aktion bestimmen wir mit Hilfe der `Wenn`-Abfrage. Die Navigation erledigen wir mit dem Befehl `Gehe zu Datens./Abfrage/Seite`, wir benötigen ihn insgesamt vier mal.

Nun kann es vorkommen, dass Sie oder ein Nutzer sich, ohne es zu merken, zum ersten Datensatz hingeangelt haben, und klicken wie wild auf die Taste *Erster* oder *Vorheriger*. *FileMaker* liefert in einem solchen Fall weder einen Hinweis noch eine Fehlermeldung. Analoges gilt für den letzten Datensatz. Es stellt sich die Frage: Lassen wir klicken, bis die Situation erkannt ist, oder bauen wir eine Überprüfung ein? Aus humanitären und didaktischen Gründen entscheiden wir uns für Letzteres.

Die Nummer des aktiven Datensatzes bestimmen wir mit der Statusfunktion *Hole (DatensatzPositionInErgebnismenge)*, die Anzahl der Datensätze in der aktuellen Ergebnismenge mit *Hole (AnzahlGefundeneDatensätze)*. Um die Funktion *Hole (ScriptParameter)* nicht mehrfach aufrufen zu müssen, legen wir deren Ergebnis in einer lokalen Variablen ab.

Den Hinweis bauen wir mit dem Skriptbefehl `Eigenes Dialogfeld anzeigen` (Kategorie *Verschiedenes*) ein.

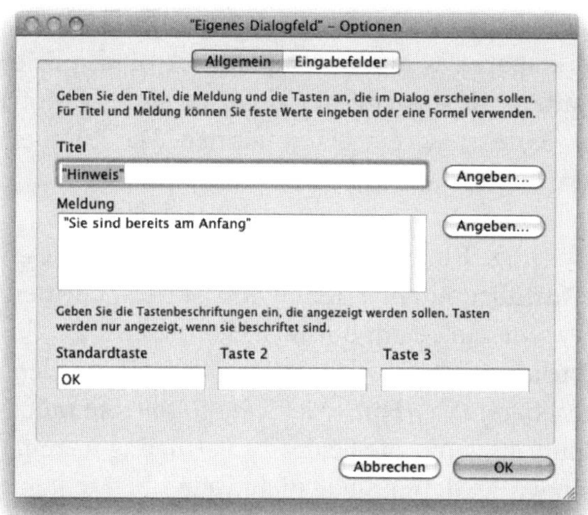

Der Skriptschritt »Eigenes Dialogfeld anzeigen«.

Standardmäßig ist *Taste 2* auf *Abbrechen* gesetzt. Löschen Sie diesen Text, dann taucht im Dialog nur noch die *OK*-Taste auf, und mehr brauchen wir auch nicht.

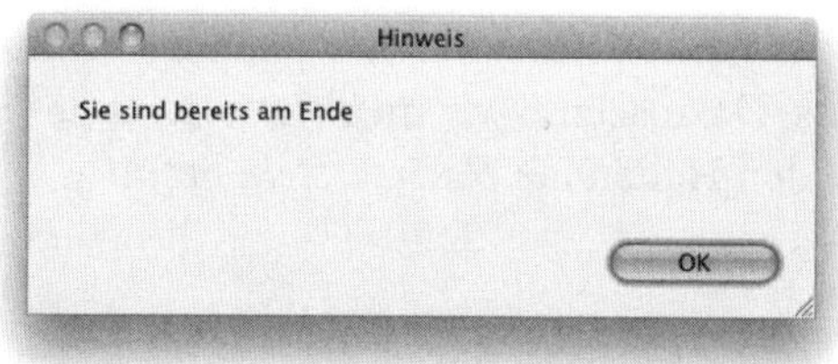

Der Dialog sagt alles …

```
Scriptname: Nav_Datensaetze

# Datensatz – Navigation
Variable setzen [$SParam; Wert:Hole (ScriptParameter)]
#
Wenn [($SParam < 0)  UND (Hole (DatensatzPositionInErgebnismenge) = 1)]
  Eigenes Dialogfeld anzeigen ["Hinweis"; "Sie sind bereits am Anfang"]
  Aktuelles Script verlassen []
Ende (wenn)
#
Wenn [($SParam > 0)  UND  (Hole (DatensatzPositionInErgebnismenge) = Hole (AnzahlGefundeneDatensätze) )]
  Eigenes Dialogfeld anzeigen ["Hinweis"; "Sie sind bereits am Ende"]
  Aktuelles Script verlassen []
Ende (wenn)
#
# Ein DS weiter
Wenn [$Sparam = 1]
  Gehe zu Datens./Abfrage/Seite [Nächste(r)]
  Aktuelles Script verlassen []
Ende (wenn)
# Ein DS zurück
Wenn [$Sparam = - 1]
  Gehe zu Datens./Abfrage/Seite [Vorherige(r)]
  Aktuelles Script verlassen []
Ende (wenn)
# Zum Anfang
Wenn [$Sparam = - 10]
  Gehe zu Datens./Abfrage/Seite [Erste(r)]
  Aktuelles Script verlassen []
Ende (wenn)
# Zum Ende
Wenn [$Sparam = 10]
  Gehe zu Datens./Abfrage/Seite [Letzte(r)]
  Aktuelles Script verlassen []
Ende (wenn)
```

Das Skript zur Navigation zwischen Datensätzen.

Es ist offensichtlich, dass Sie sich einiges an Aufwand bei der Erstellung dieses Skripts ersparen können, wenn Sie viel mit duplizieren arbeiten. Ansonsten hätten wir anstelle der diversen `wenn`-Abfragen auch die `Sonst, wenn`-Konstrukte einsetzen können. Das ist aber letztendlich Geschmackssache.

Eine weitere wichtige Kontrollstruktur ist die *Schleife*. Sie ermöglicht die wiederholte Ausführung einer Reihe von Skript-Schritten. Betrachten wir auch dies wieder an einem Beispiel. Nehmen wir an, Ihnen liegt eine Mitarbeiterliste als *Excel*-Tabelle vor. Das Büro eines jeden Mitarbeiters ist darin angegeben in der Form *Gebäude/Raum*. Sie möchten aber *Gebäude* und *Raum* als getrennte Felder zu Verfügung haben. Den Import-Prozess wollen wir an dieser Stelle nicht weiter betrachten.

Wir müssen also zunächst zum ersten Datensatz springen und die Felder *Gebäude* und *Raum* aus dem Feld *Buero* bestimmen. Vorsichtshalber prüfen wir nach, ob der Schrägstrich auch wirklich gesetzt ist. Falls nicht, weisen wir dem Feld *Gebäude* den Inhalt von Feld *Buero* zu und lassen Feld *Raum* leer. Hier ist im Bedarfsfall manuelle Nacharbeit angesagt. Danach nehmen wir uns den nächsten Datensatz vor, nach dem letzten ist Schluss. Dazu setzen wir im Skriptschritt `Gehe zu Datens./Abfrage/Seite` den Haken bei *Nach letztem beenden*.

Skript mit Schleife zur Bearbeitung sämtlicher Datensätze einer Ergebnismenge.

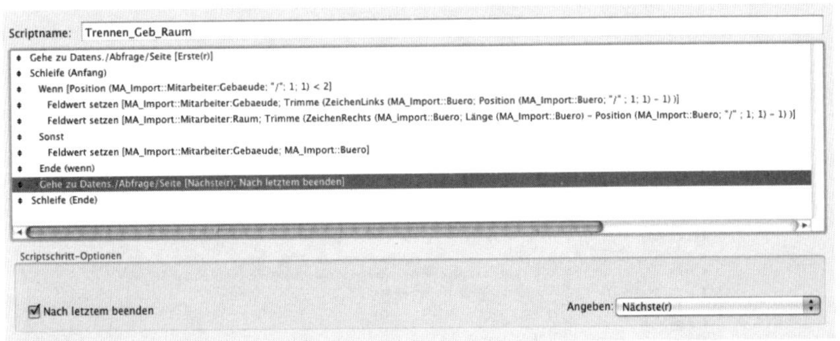

Die Formel zur Ermittlung des Raumes lässt sich noch mit Hilfe der Funktion `SetzeVars` in eine übersichtlichere Form bringen.

Mehr Übersichtlichkeit mit der Funktion »SetzeVars«.

```
Trimme (SetzeVars ( [Pos_SStr = Position (MA_Import::Buero; "/" ; 1; 1);
                     Laenge_ges = Länge (MA_Import::Buero);
                     Laenge_TStr = Laenge_ges - Pos_SStr - 1 ];
                     ZeichenRechts (MA_Import::Buero; Laenge_TStr) ) )
```

Ergebnistyp muss sein: Text

Skript Trigger

Skript Trigger stoßen beim Eintreten definierter Randbedingungen oder Ereignisse die Ausführung von Skripts an. Ihre Anwendung erfordert eine gewisse Sorgfalt. Unsaubere Implementierungen können unerwartete und vor allem unerwünschte Nebeneffekte zur Folge haben.

Es ist dabei wichtig zu wissen, dass *Skript Trigger* immer mit Elementen der Nutzeroberfläche gekoppelt sind, und nicht mit Tabellen oder Feldern. Betrachten wir dies an einem kleinen Beispiel: Nehmen oder definieren Sie in einer beliebigen Datenbank ein Zahlenfeld. Ordnen Sie in einem Layout zwei Feldobjekte nebeneinander an, die beide den Inhalt des Zahlenfeldes anzeigen.

Zwei Feldobjekte in einem Layout zur Anzeige des gleichen Feldinhalts.

Nun erzeugen Sie ein Skript namens *Test_Trigger*, das lediglich aus einem einzigen Schritt besteht und nichts weiter leistet als ein Dialogfeld mit statischem Text anzuzeigen.

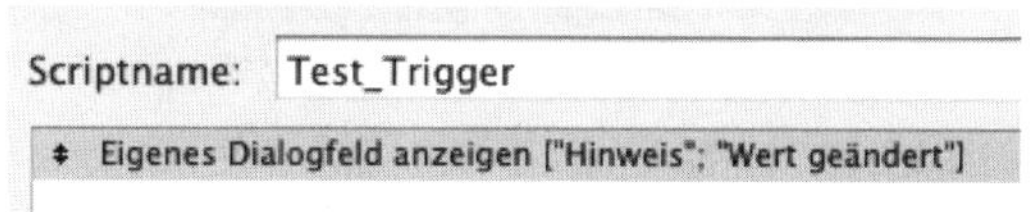

Ein einfaches Skript zum Testen eines Triggers.

Markieren Sie jetzt das linke Feldobjekt (Sie sollten sich nach wie vor im *Layout*-Modus befinden) und wählen Sie *Format | Script-Trigger einstellen…*

Das Menü »Script-Trigger einstellen…«.

Es erscheint der gleichnamige Dialog:

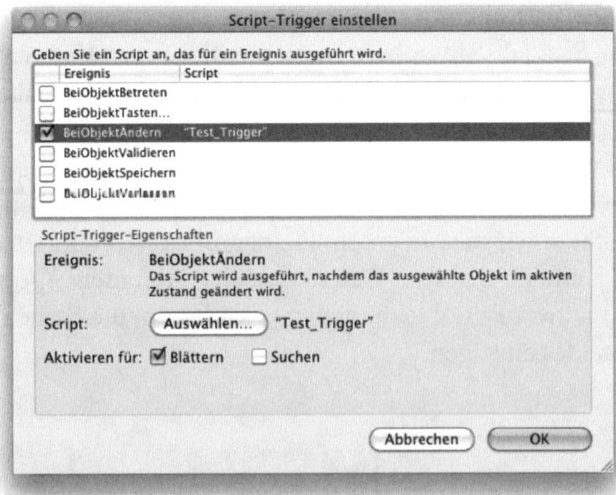

Der Dialog »Script-Trigger einstellen...«.

Wählen Sie *OnObjectModify* durch Setzen des Hakens links neben dem Namen. Daraufhin öffnet sich der Dialog *Script angeben.*

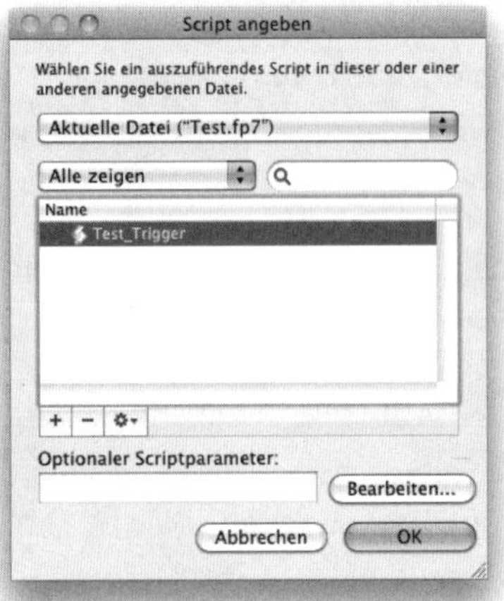

Der Dialog »Script angeben«.

Wählen Sie das Skript *Test_Trigger* und beenden Sie die Dialoge mit *OK*. Das linke Feldobjekt ist jetzt im *Layout*-Modus mit einem speziellen Kennzeichen versehen, das die Zuordnung eines *Skript Triggers* anzeigt.

Kennzeichnung eines Feldobjekts, dem ein »Skript Trigger« zugeordnet ist.

Wechseln Sie jetzt in den *Blättern*-Modus. Geben Sie in das rechte Feldobjekt eine beliebige Zahl ein und betätigen Sie die *Eingabe-Taste*. Da beide Feldobjekte den Inhalt des gleichen Feldes anzeigen sollen, verwundert es nicht, dass beide Inhalte auch nach der Eingabe in einem Feldobjekt gleich sind. Ansonsten war keine weitere Reaktion festzustellen. Geben Sie jetzt einen Wert in das linke Feldobjekt ein. Bereits nach dem Eintippen der ersten Ziffer erscheint der in unserem Skript spezifizierte Dialog. Dieser Dialog erscheint jedes Mal bei einer Tastatureingabe in dieses Feldobjekt.

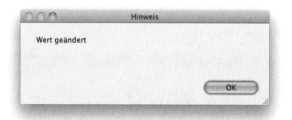

Der Skript-Dialog.

Sie sehen, es kommt bei diesem *Trigger* nicht auf den Feldinhalt an, sondern auf Änderungen in dem Feldobjekt, dem der *Trigger* zugewiesen ist.

Insgesamt verfügt *FileMaker* in Version 11 über 17 *Skript Trigger*. Diese sind mit Layoutobjekten, Layouts und Dateioptionen verknüpft.

Dialoge

Den Skript-Befehl `Eigenes Dialogfeld anzeigen` hatten wir schon öfters benutzt. Er bietet die Möglichkeit, Skripts abhängig von Nutzereingaben zu steuern. Weiterhin ermöglicht dieser Befehl die Übernahme von Eingaben in maximal drei Feldern einer Datenbank.

Die Festlegung eines Fenstertitels und einer Meldung wird im Register *Allgemein* vorgenommen. Die Meldung kann aus statischem Text bestehen oder über eine Formel festgelegt werden. Der Dialog kann bis zu drei Schaltflächen mit individueller Beschriftung aufnehmen. Ist für eine solche Schaltfläche kein Name angegeben, wird sie nicht im Dialog angezeigt.

Register »Allgemein« des Dialogs »Eigenes Dialogfeld anzeigen«.

Das Register *Eingabefelder* erlaubt die Auswahl von Datenbankfeldern für die Eingabe von Werten. Ist *Passwortsymbol verwenden* aktiviert, wird der Text bei der Eingabe durch Sternchen dargestellt.

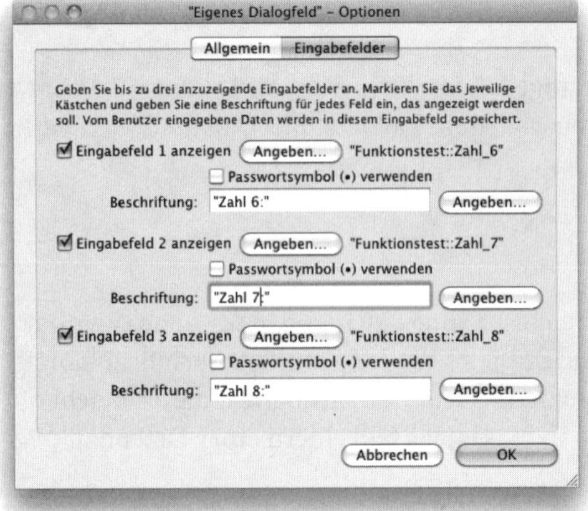

Das Register »Eingabefelder« des Dialogs »Eigenes Dialogfeld anzeigen«.

Die Anwendung des Skriptschrittes ist mit einigen Holprigkeiten verbunden. Relativ harmlos ist die Tatsache, dass die Schaltflächen im eigentlichen Dialog in umgekehrter Reihenfolge zum Dialog *Eigenes Dialogfeld* erscheinen.

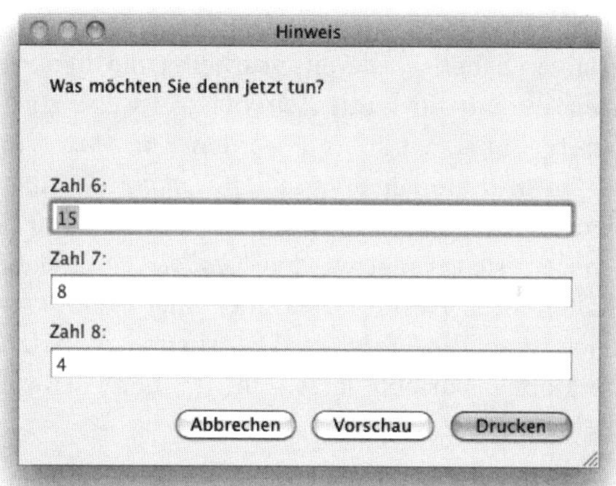

Der erzeugte Dialog.

Gravierender wirkt sich aus, dass Informationen lediglich übernommen werden, wenn die Standard-Schaltfläche (das ist die am weitesten rechts platzierte Taste) betätigt wurde. Ob Eingaben vom Dialog in Datenbank-Felder übernommen wurden oder nicht, darüber liefert der Dialog keinerlei Informationen.

Die Auswertung, welche Taste denn betätigt wurde, lässt sich mithilfe der Funktion `Hole (LetzteMeldungswahl)` bestimmen. Diese Funktion liefert eine 1, wenn die am weitesten rechts liegende Schaltfläche betätigt wurde. Für die mittlere Taste liefert sie eine 2, und für die am weitesten links liegende Taste eine 3.

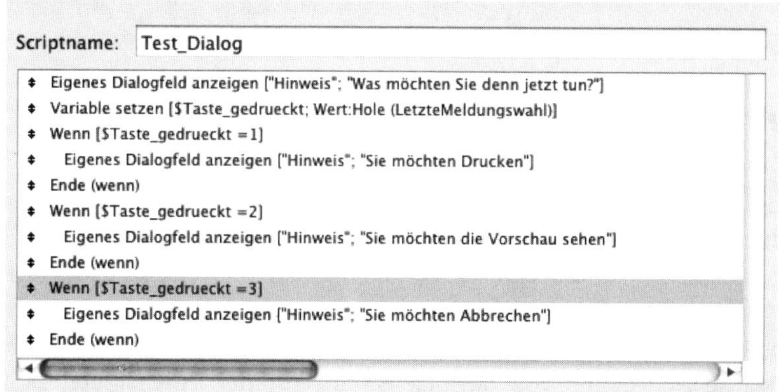

Das Skript mit Abfragen bezüglich der betätigten Schaltfläche.

Variablen

Auch mit Variablen haben wir bereits gearbeitet. Sie dienen zur Aufnahme von Werten, die nur für kurze Zeit, beispielsweise zur Speicherung von Zwischenergebnissen, benötigt werden. *FileMaker* unterscheidet zwischen lokalen und globalen Variablen. *Lokale Variable* sind durch ein »$« vor dem Namen gekennzeichnet. Sie existieren nur für die Dauer des Skripts, in dem sie erzeugt werden. *Globale Variable* beginnen mit »$$« und behalten ihren Wert für die Dauer einer *FileMaker*-Sitzung. Ihr Geltungsbereich ist auf die *FileMaker*-Datei begrenzt, in der sie definiert wurden. Eine globale Variable lässt sich in einer Formel oder einem Skript an beliebiger Stelle nutzen.

Die Namen von Variablen unterliegen den gleichen Beschränkungen wie die von Feldnamen. Lokale und globale Variable können den gleichen Namen tragen, können aber unterschiedliche Werte aufnehmen und werden als unterschiedliche Variablen behandelt. Die Definition beider Variablentypen erfolgt mit dem Skriptschritt *Variable setzen.*

Der Dialog »Variable einstellen«.

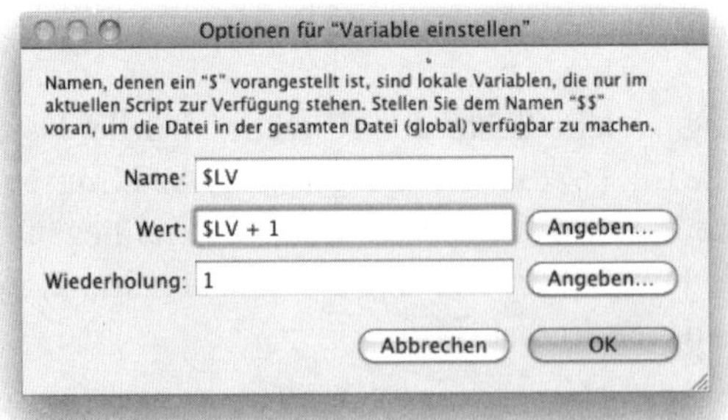

Fehlersuche

Was die Ausrüstung von *FileMaker Pro* mit speziellen Werkzeugen zur Fehlersuche betrifft: die sind definitiv nicht vorhanden. Wer sich intensiv mit der Erstellung von Skripts beschäftigt, wird auf kurz oder lang die Anschaffung der *Advanced Variante* von *FileMaker Pro* in Erwägung ziehen müssen. Diese verfügt über einen *Script Debugger*, der das zeilenweise Abarbeiten von Skriptschritten gestattet. Auch bietet er die Möglichkeit zum Setzen von Haltepunkten, an denen die Ausführung des Skriptes unterbrochen wird. Der *Data Viewer* ermöglicht die Beobachtung des Inhalts ausgewählter Felder, Ausdrücken und Variablen.

Dem Besitzer von *FileMaker Pro* bleibt nichts anderes übrig als zu versuchen, die Funktionalitäten von *Script Debugger* und *Data Viewer* teilweise nachzubilden. Das Setzen von Haltepunkten erledigen wir durch den Einsatz des Befehls `Scriptpause setzen`. Den *Data Viewer* bilden wir durch Ausgaben in Felder oder durch Anwendung des Befehls `Eigenes Dialogfeld anzeigen`. Vom Komfort eines *Script Debuggers* und *Data Viewers* sind wir damit meilenweit entfernt, aber dies ist immerhin besser als gar nichts.

Betrachten wir wieder unser Beispiel zur Erzeugung eines neuen Datensatzes mit Übernahme einiger Werte aus dem bestehenden Datensatz. Nehmen wir an, die Übertragung der Werte ist fehlerhaft und wir suchen nach dem Grund.

Wir bauen diverse Pause-Befehle in das Skript ein und geben insbesondere die Skriptparameter in ein Feld aus. Sie können sich dazu ein Textfeld definieren, das Sie nach erfolgreicher Fehlersuche wieder löschen. In diesem Fall bietet es sich an, das Feld *Bemerkungen* zur Aufnahme von Zwischenergebnissen oder Kontrollausgaben zu nutzen.

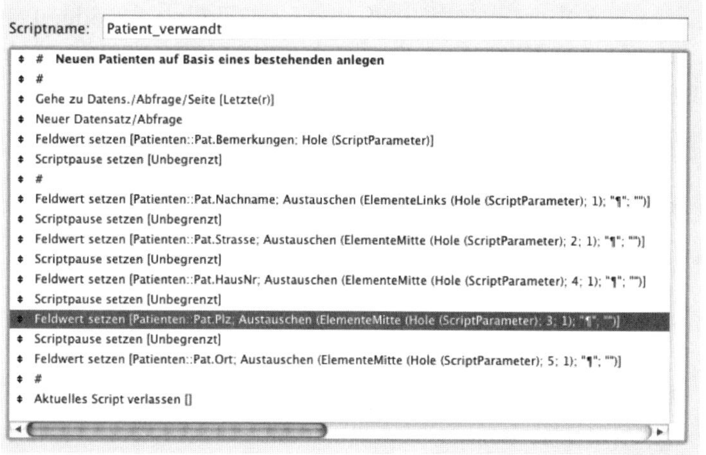

Das Skript mit Pausen und Ausgaben zur Fehlersuche.

Die erste Skriptpause ist nach der Ausgabe des Skriptparameters gesetzt. Da scheint noch alles in Ordnung.

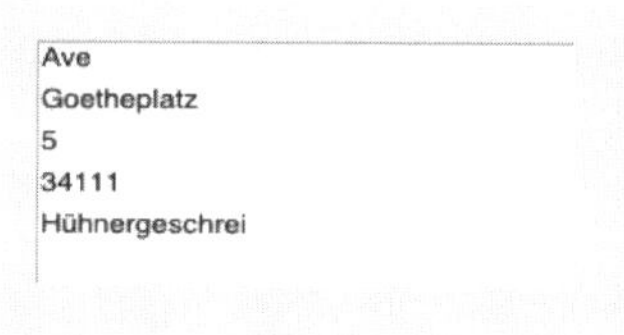

Die Ausgabe des Skriptparameters.

Nach der vierten Pause bemerken Sie, dass die *Postleitzahl* in das Feld *Hausnummer* und im folgenden Schritt die *Hausnummer* in *Postleitzahl* eingetragen wird.

Der Skriptstatus nach der fünften Pause.

Es ist offensichtlich, dass hier die Reihenfolge beim Einsetzen der Skriptparameter 3 und 4 vertauscht ist. Nach der Korrektur liefert das Skript dann das gewünschte Ergebnis.

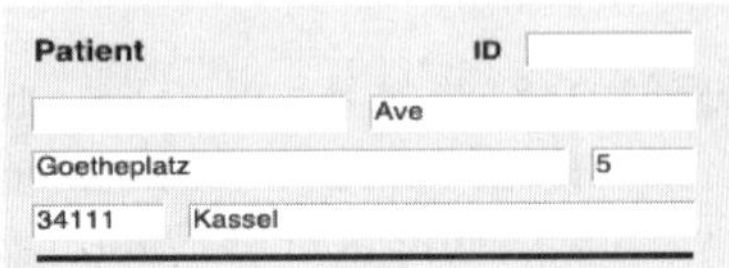

Ergebnis nach korrigierter Reihenfolge beim Einsetzen der Skriptparameter.

Probleme kann auch die Existenz nicht sichtbarer Symbole insbesondere am Anfang oder Ende einer Zeichenkette bereiten. Dabei kann es sich im einfachsten Fall um Zeilenschaltungen, Tabulatoren oder Leerzeichen handeln. Mit Hilfe spezieller Zeichen vor und nach einer obskuren Zeichenfolge kann man dem Phänomen auf die Spur kommen.

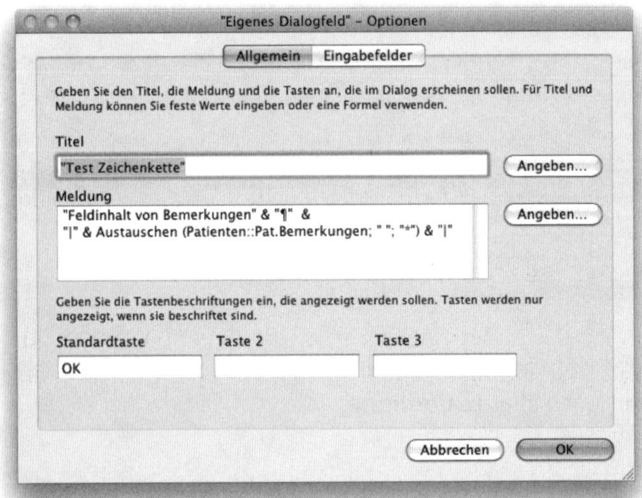

Die Konfiguration eines Dialogs zur Ermittlung unsichtbarer Zeichen in einer Zeichenfolge.

Leerzeichen werden durch sichtbare Zeichen ersetzt.

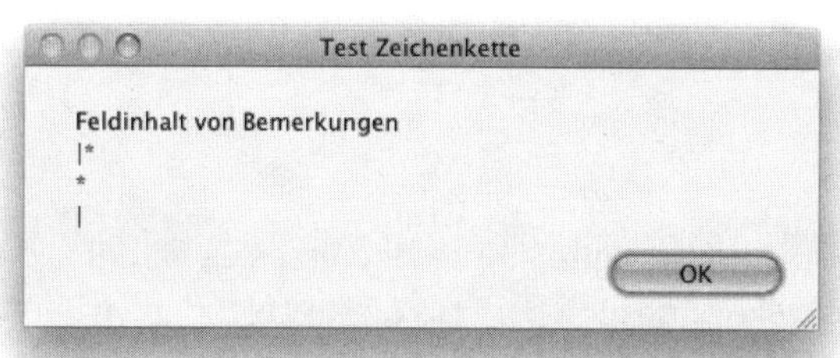

Dialog zur Ermittlung unsichtbarer Zeichen in einer Zeichenfolge.

Es ist offensichtlich: Ein scheinbar leerer Feldinhalt enthält diverse Leerzeichen nebst einigen Zeilenschaltungen.

Skriptschritte im Überblick

Im Folgenden finden Sie die in *FileMaker* zu Verfügung stehenden Skriptbefehle. Die Anwendung einiger Befehle ergibt nur im Zusammenspiel mit anderen Skriptschritten einen Sinn. Die jeweiligen Skriptschritt-Optionen legen Sie über Eingabefelder, Einblendmenüs, Auswahlfelder etc. fest. Diese Optionen sind im Skriptbefehl innerhalb der eckigen Klammern angezeigt. Sie werden mit dem individuellen Skriptschritt gespeichert. Setzt sich ein Aufruf sowohl aus festem Text als auch aus spezifischen Festlegungen zusammen, sind diese zur Verdeutlichung in spitze Klammern gesetzt. So erfolgt im Aufruf

```
Script ausführen [<Skriptname>; Parameter: <Parameter>]
```

stets die Anzeige des statischen Textes `Parameter:`, während `<Skriptname>` und `<Parameter>` befehlsspezifische Werte annehmen können.

Skriptschritte für die Ablaufsteuerung

Die Skriptschritte dieser Kategorie steuern den Ablauf von Skripts. Sie führen Aktionen in Abhängigkeit von definierten Randbedingungen aus.

Aktuelles Script verlassen

Diese Anweisung erzwingt den Abbruch eines Teilskripts oder eines externen Skripts und die Rückkehr zum Hauptskript.

Aufruf

```
Aktuelles Script verlassen [Ergebnis]
```

Optionen

`Ergebnis`	Angabe eines Skriptergebnisses. Es wird im rufenden Skript gespeichert, bis dieses beendet ist. Bei Aufruf eines weiteren Teilskripts wird das Ergebnis überschrieben, wenn dieses ebenfalls einen Wert liefert. Eine Speicherung kann in einer lokalen oder globalen Variablen (siehe Skriptschritt *Variable Setzen*) erfolgen.

Beispiel

```
Wenn (Hole (AnzahlGefundeneDatensätze) < 1)
   Aktuelles Script verlassen [Ergebnis: 0]
Ende (Wenn)
```

Alle Scripts abbrechen

Diese Anweisung erzwingt den Abbruch sämtlicher Skripts, Teilskripts oder externer Skripts. Die Anwendung dieses Skriptbefehls macht insbesondere Sinn in Verbindung mit dem Skriptbefehl `Eigenes Dialogfeld anzeigen`.

Aufruf

```
Alle Scripts abbrechen
```

Optionen

Keine.

AnwenderAbbruchZulassen

Standardmäßig können Anwender Skripte durch Drücken von *esc* beenden. Die Anwendung dieses Befehls verhindert einen solchen Abbruch, dazu ist die Option *Aus* zu setzen. Ist das Skript beendet, setzt *FileMaker* diese Option automatisch auf *Ein* zurück.

Aufruf

```
AnwenderAbbruchZulassen setzen [Auswahl]
```

Optionen

`Auswahl`	Kann die Werte `Ein` oder `Aus` annehmen. `Ein` gestattet den Abbruch des Skripts durch Drücken von *esc*, `Aus` verhindert den Abbruch des Skripts durch Drücken von *esc*.

Beispiel

```
Wenn (Hole (AnzahlGefundeneDatensätze) < 1)
    AnwenderAbbruchZulassen [Ein]
Ende (Wenn)
```

BeiTimer-Script installieren

Führt das durch `Skriptname` festgelegte Skript im angegebenen `Intervall` aus. Der Vorgang wiederholt sich bis zum Schließen des Fensters oder bis zur Änderung einer Option. Pro Fenster ist maximal ein solcher *Timer* möglich. Ein Aufruf dieses Skriptschritts ohne Angabe eines Skriptnamens beendet für ein Fenster ein vorher auf diesem Weg gestartetes Skript.

Aufruf

```
BeiTimer-Script installieren [Skriptname; Intervall]
```

Optionen

`Skriptname`	Name des auszuführenden Skripts.
`Intervall`	Wartezeit des Timers in Sekunden bis zur Ausführung des Skripts (Standard: 0).

Beispiel

Der folgende Skriptschritt bewirkt die Ausführung des Skripts Meldung im zwei Minuten-Takt.

```
BeiTimer-Script installieren [„Meldung“; 120]
```

Der folgende Skriptschritt beendet die Ausführung eines für das gleiche Fenster gestartete Skript.

```
BeiTimer-Script installieren []
```

Fehleraufzeichnung setzen

Aktiviert oder unterdrückt die Ausgabe von Fehler- oder Warnmeldungen während eines laufenden Skripts. Sind die Warnmeldungen unterdrückt, wird ein Skript auch im Fehlerfalle fortgesetzt.

Aufruf

```
Fehleraufzeichnung setzen [Auswahl]
```

Optionen

`Auswahl`	Kann die Werte `Ein` oder `Aus` annehmen. `Ein` unterdrückt Fehler- oder Warnmeldungen und Dialoge, `Aus` aktiviert Fehler- oder Warnmeldungen und Dialoge.

Beispiel

```
Fehleraufzeichnung setzen [Ein]
Datensätze importieren [Ohne Dialogfeld; „Mitarbeiter.xls"]
Fehleraufzeichnung setzen [Aus]
Wenn (Hole (AnzahlGefundeneDatensätze) < 1)
   Aktuelles Script verlassen [Ergebnis: 0]
Ende (Wenn)
```

Schleife (Anfang)
Schleife (Schluss)

Die Anweisung `Schleife (Anfang)` und `Schleife (Schluss)` kennzeichnen Beginn und Ende einer Folge von Schritten, die mehrmals durchlaufen werden.

Jede Anweisung `Schleife (Anfang)` muss durch ein `Schleife (Schluss)` auf gleicher Einrückungsebene abgeschlossen sein. Das Einfügen von `Schleife (Anfang)` bewirkt das automatische Einsetzen der zugehörigen Anweisung `Schleife (Schluss)`.

Aufruf

```
Schleife (Anfang)
Schleife (Schluss)
```

Optionen

Keine

Beispiel: Die folgende Schleife wird zehnmal durchlaufen.

```
Variable setzen [$LV; Wert:0]
Schleife (Anfang)
   Variable setzen [$LV; Wert:$LV + 1]
   Verlasse Schleife wenn [$LV > 10]
Schleife (Schluss)
```

Verlasse Schleife wenn

Beendet eine Schleife, wenn der Test von `Bedingung` den Wert `Wahr` liefert

Aufruf

```
Verlasse Schleife wenn [Bedingung]
```

Optionen

`Bedingung`	Logischer Ausdruck, der als Ergebnis `Wahr` oder `Falsch` liefern muss.

Beispiel

```
Verlasse Schleife wenn [Feld_3 > 100]
```

Script ausführen

Bewirkt die Ausführung eines Skripts, das in der aktuellen oder einer anderen *FileMaker*-Datei erstellt ist.

Aufruf

```
Script ausführen [<Skriptname>; Parameter: <Parameter>]
```

Optionen

`<Skriptname>`	Name des auszuführenden Skripts
`<Parameter>`	Text

Beispiel

```
Gehe zu Layout [„Quartalsergebnis"]
Script ausführen [„Aufbereiten"]
```

Scriptpause setzen

Bewirkt eine unbegrenzte oder zeitlich befristete Unterbrechung eines Skripts. Diese Anweisung lässt sich beispielsweise zur Eingabe von Daten oder zum Überprüfen des Ablaufs eines Skripts nutzen.

Aufruf

```
Scriptpause setzen [Dauer]
```

Optionen

`Dauer`	Unterbrechungsdauer in Sekunden

Der Start eines angehaltenen Skripts erfolgt durch die Taste *Fortsetzen.*

Beispiel

```
Scriptpause setzen [Dauer(Sekunden): 5]
```

Variable setzen

Erzeugt eine lokale oder globale Variable mit dem angegebenen Wert. Lokale Variablen existieren nur während der Ausführungszeit eines Skripts. Eine globale Variable wird erst mit dem Beenden von *FileMaker* gelöscht.

Aufruf

```
Variable setzen [<Variable> {[<Wiederholung>]; Wert:
<Wert>]] }
```

Optionen

`<Variable>`	Variablenname. Unterliegt den gleichen Einschränkungen wie ein Feldname. Ein »$$« vor dem Namen kennzeichnet globale, »$« lokale Variablen. Beim Fehlen eines solchen Präfixes wird automatisch ein »$« am Beginn eingefügt.

<Wiederholung>	Index bei Wiederholungen. Bei fehlender Angabe gilt »1« als Standard.
<Wert>	Inhalt der Variablen

Beispiele

```
Variable setzen [$Temp; Wert: 5]
Variable setzen [$$Import_Dat; Wert: „Testimport.csv“]
```

Wenn
Ende (wenn)

Wertet eine Bedingung aus. Liefert diese den Wert `Wahr`, erfolgt die Ausführung der nachfolgenden Skriptschritte bis zu `Ende Wenn`. Jede Anweisung `wenn` muss durch ein `Ende (wenn)` auf gleicher Einrückungsebene abgeschlossen sein. Das Einfügen von `Wenn` bewirkt das automatische Einsetzten der zugehörigen Anweisung `Ende (wenn)`.

Aufruf

```
Wenn [Bedingung]
Ende (wenn)
```

Optionen `Wenn`

Bedingung	Logischer Ausdruck, der als Ergebnis `Wahr` oder `Falsch` liefern muss.

Optionen `Ende (wenn)`

Keine

Beispiel

```
Wenn [$Tage > 25]
   Script ausführen [„Mahnung“]
Ende (wenn)
```

Sonst, wenn

Wertet eine weitere Bedingung aus, wenn die vorhergehende den Wert *Falsch* liefert. Im Falle des Ergebnisses `Wahr` erfolgt die Ausführung der nachfolgenden Skriptschritte bis zum nächsten `Sonst, wenn, Sonst` oder `Ende Wenn`.

Aufruf

```
Sonst, wenn [Bedingung]
```

Optionen

`Bedingung`	Logischer Ausdruck, der als Ergebnis `Wahr` oder `Falsch` liefern muss.

Beispiel

```
Wenn [$Tage > 25]
   Script ausführen [„Mahnung"]
Sonst, wenn [$Tage > 35]
   Script ausführen [„Aufforderung"]
Ende (wenn)
```

Sonst

Ist in einer `Wenn`-Abfrage keine Bedingung erfüllt, werden die Skriptschritte von `Sonst` bis `Ende (wenn)` ausgeführt.

Aufruf

```
Sonst
```

Optionen

Keine

Beispiel

```
Wenn [$Tage > 25]
   Script ausführen [„Mahnung"]
Sonst, wenn [$Tage > 35]
   Script ausführen [„Aufforderung"]
Sonst
   Gehe zu Layout [„Rechtsabteilung"]
Ende (wenn)
```

Skriptschritte für die Navigation

Die Skriptschritte dieser Kategorie ermöglichen den Wechsel zwischen verschiedenen Bereichen (Layouts, Modi etc.) einer Datenbank.

Blätternmodus aktivieren

Wechselt in den Modus *Blättern*.

Aufruf

```
Blätternmodus aktivieren [Pause]
```

Optionen

Pause	Hält das Skript vorübergehend an.

Beispiel

```
Blätternmodus aktivieren []
```

Gehe zu Ausschnittreihe

Wechselt zwischen Reihen eines Ausschnitts. Ist kein Ausschnitt aktiv, verwendet das Skript den ersten Ausschnitt in der Stapelfolge eines Layouts.

Aufruf

```
Gehe zu Ausschnittreihe [Auswahl]
```

Optionen

Auswahl	**Kann folgende Werte annehmen**	
	Erste	Wechselt zur ersten Ausschnittsreihe.
	Letzte	Wechselt zur letzten Ausschnittsreihe.
	Nach Formel	Wechselt zur Ausschnittsreihe, die entsprechend der angegebenen Formel ermittelt wird.
	Nächste	Wechselt zur nächsten Ausschnittsreihe.
	Vorherige	Wechselt zur vorherigen Ausschnittsreihe.

Beispiel

```
Gehe zu Ausschnittreihe [Auswahl, Erste]
```

Gehe zu Bezugsdatensatz

Wechselt zu aktuellen Bezugsdatensätzen einer Bezugstabelle.

Aufruf

```
Gehe zu Bezugsdatensatz [Aus Tabelle: <Tabelle>; Mit
Layout <Layout>]
```

Optionen

`Bezugsdatensatz beziehen von:`	**Legt die Bezugstabelle fest**
`Datensatz zeigen mit Layout`	Auswahl des Layouts zur Anzeige der Bezugsdatensätze.
`Layouts der externen Tabelle verwenden`	Öffnet die Datei mit der angegebenen Tabelle zur Festlegung des Layouts.
`In neuem Fenster anzeigen`	Öffnet ein neues Fenster zur Anzeige der Bezugsdatensätze.
`Nur aktuellen Datensatz abgleichen`	Erzeugt eine neue Ergebnismenge in der Bezugstabelle. Deren Datensätze entsprechen dem aktuellen Datensatz.
`Alle Datensätze in der aktuellen Ergebnismenge abgleichen`	Erzeugt eine neue Ergebnismenge in der Bezugstabelle. Deren Datensätze entsprechen der aktuellen Ergebnismenge.

Beispiel

Der folgende Skriptschritt wechselt zu einem Bezugsdatensatz in der Tabelle *Aufgaben*.

```
Gehe zu Bezugsdatensatz [Aus Tabelle, „Aufgaben"]
```

Gehe zu Datens./Abfrage/Seite

Wechselt zu einem Datensatz der aktuellen Ergebnismenge (Modus *Blättern*), zu einer Berichtsseite (Modus *Seitenansicht*) oder zu einer Suchabfrage (*Suchen*-Modus).

Aufruf

```
Gehe zu Datens./Abfrage/Seite [Auswahl]
```

Optionen

Auswahl	Kann folgende Werte annehmen	
	Erster	Wechselt zum ersten Datensatz.
	Letzter	Wechselt zum letzten Datensatz.
	Nach Formel	Wechselt zum Datensatz, der entsprechend der angegebenen Formel ermittelt wird.
	Nächster	Wechselt zum nächsten Datensatz.
	Vorheriger	Wechselt zum vorherigen Datensatz.

Beispiel

```
Gehe zu Datens./Abfrage/Seite [Erste(r)]
```

Gehe zu Feld

Wechselt zu dem durch `Name` spezifizierten Feld im aktuellen Layout.

Aufruf

```
Gehe zu Feld [Auswählen/Ausführen; <Name>]
```

Optionen

`Auswählen/Ausführen`	Führt eine Aktion an einem Feldinhalt durch. Bei Textfeldern bewirkt diese Option die Auswahl des gesamten Textes. Bei Medienfeldern veranlasst sie das Abspielen einer Audiodatei oder eines Filmes. Im Falle von *OLE*-Objekten (Windows) öffnet diese Option das Programm, mit dem das Objekt erzeugt wurde und führt dessen Primärbefehl aus.
`Name`	Name des Zielfeldes

Beispiel

```
Gehe zu Feld [Aufgabenliste::Aufgabe]
```

Gehe zu Layout

Wechselt zu dem durch `Name` spezifizierten Layout in der gleichen Datei. Die Auswahl erfolgt über ein Einblendmenü im Optionsbereich.

Aufruf

```
Gehe zu Layout [Auswahl]
```

Optionen

Auswahl	Folgende Einstellungen sind möglich	
	Originallayout	Layout
	Layoutname	Auswahl eines Namens im Einblendmenü.
	Layoutname durch Berechnung	Berechnung des Layoutnamens über eine Formel.
	Layoutnummer durch Berechnung	Berechnung der Layoutnummer über eine Formel.

Liefert eine Formel einen nicht existierenden Layoutnamen oder eine nicht existierende Layoutnummer, so erfolgt kein Layoutwechsel.

Beispiel

```
Gehe zu Layout [„Datensatzliste erweitert“ (Aufgaben-
liste)]
```

Gehe zu nächstem Feld

Wechselt zum nächsten Feld entsprechend der Tabulatorfolge des aktuellen Layouts. Ist kein Feld ausgewählt, erfolgt die Aktivierung des ersten Feldes in der Tabulatorfolge.

Aufruf

```
Gehe zu nächstem Feld
```

Optionen

Keine

Gehe zu Objekt

Wechselt zu dem durch `Objektname` spezifizierten Objekt im aktuellen Layout. Der angegebene Name muss eindeutig sein.

Aufruf

```
Gehe zu Objekt [Objektname: <Objektname>; Wiederho-
lung: <Nummer>]
```

Optionen

`Objektname`	Benanntes Layoutobjekt. Die Zuweisung des Objektnamens erfolgt über den *Inspektor* bzw. die *Objektinfo*-Palette (vor *FileMaker 11*).
`Nummer`	Angabe des Feldindex bei Wiederholfeldern.

Beispiel

```
Gehe zu Objekt [Objektname: „Nachname")]
```

Gehe zu vorherigem Feld

Wechselt zum vorherigen Feld entsprechend der Tabulatorfolge des aktuellen Layouts. Ist kein Feld ausgewählt, erfolgt die Aktivierung des letzten Feldes in der Tabulatorfolge.

Aufruf

```
Gehe zu vorherigem Feld
```

Optionen

Keine

Suchenmodus aktivieren

Wechselt in den Modus *Suchen*.

Aufruf

```
Suchenmodus aktivieren [Wiederherstellen; Pause]
```

Optionen

`Pause`	Unterbricht die Durchführung des Skripts zur Eingabe einer Suchabfrage.
`Suchabfragen angeben`	Erlaubt die Zuweisung spezifischer Abfragen zu diesem Skriptschritt. Der Text `Wiederherstellen` im Aufruf kennzeichnet das Vorhandensein von Suchkriterien.

Seitenansichtsmodus aktivieren

Wechselt in den Modus *Seitenansicht.*

Aufruf

```
Seitenansichtmodus aktivieren [Pause]
```

Optionen

`Pause`	Unterbricht die Durchführung des Skripts.

Skriptschritte für die Bearbeitung

Die Skriptschritte dieser Kategorie ermöglichen die Bearbeitung von Feldinhalten.

Alles auswählen

Wählt den Inhalt des aktuellen Felds aus.

Aufruf

```
Alles auswählen
```

Optionen

Keine

Ausschneiden

Kopiert den Inhalt des angegebenen Feldes in die Zwischenablage und löscht ihn anschließend.

Aufruf

```
Ausschneiden [Auswahl: <Tabelle::Feld>]
```

Optionen

`Gehe zu Zielfeld`	Name des Zielfeldes, dessen Inhalt ausgeschnitten werden soll.
`Gesamten Inhalt auswählen`	Markiert den gesamten Inhalt zum Ausschneiden. Ist diese Option nicht aktiviert, wird nur der aktuell ausgewählte Inhalt ausgeschnitten.

Beispiel

```
Ausschneiden [Auswahl: Aufgabenliste::Ausfuehrend]
```

Auswahl festlegen

Erlaubt die Festlegung von Start- und Endposition einer Auswahl in einem Feld. Start- und Endwert lassen sich direkt eingeben oder über eine Formel berechnen. Ist kein Zielfeld angegeben, wird das aktuelle Feld verwendet. Die Angabe von ungültiger Start- und Endposition bewegt die Einfügemarke an das Ende des Feldinhalts. Ist nur die Endposition gültig, wird die Einfügemarke an diese Stelle gesetzt, ohne eine Auswahl vorzunehmen. Bei gültiger Startposition und ungültiger Endposition erfolgt eine Auswahl ab Startposition bis zum Ende des Feldes.

Aufruf

```
Auswahl festlegen [<Feld>; Startposition: <n>; Endpo-
sition: <n>]
```

Optionen

`Feld`	Name des Zielfeldes, in dem eine Auswahl angegeben werden soll.
`Angeben`	Angabe von Start- und Endposition einer Auswahl.

Beispiel

```
Auswahl festlegen [Aufgabenliste::Bemerkungen; Start-
position: 3; Endposition: 20]
```

Einfügen

Fügt den Inhalt der Zwischenablage in das angegebene Feld im aktuellen Datensatz ein.

Aufruf

```
Einfügen [Auswahl; Ohne Stil; <Tabelle::Feld>]
```

Optionen

`Auswahl`	Die Option `Gesamten Inhalt auswählen` ersetzt den gesamten Feldinhalt. Ist diese Option nicht aktiviert, wird nur der aktuell ausgewählte Inhalt ersetzt.

`Feld`	Name des Zielfeldes, in den der Inhalt der Zwischenablage eingefügt werden soll.
`Ohne Stil`	Das Einsetzen erfolgt ohne Berücksichtigung von Textstilen.
`Verknüpfen, falls verfügbar`	Bevorzugt Verknüpfungen vorrangig vor anderen Formaten (Windows).

Beispiel

```
Einfügen [Auswahl; Ohne Stil;
Aufgabenliste::Ausfuehrend]
```

Kopieren

Kopiert den Inhalt des angegebenen Feldes im aktuellen Datensatz in die Zwischenablage. Ist weder ein Feldname angegeben noch eine Auswahl getroffen, kopiert *FileMaker* die Inhalte aus sämtlichen Felders des aktuellen Datensatzes in die Zwischenablage.

Aufruf

```
Einfügen [Auswahl; <Tabelle::Feld>]
```

Optionen

`Auswahl`	Die Option `Gesamten Inhalt auswählen` ersetzt den gesamten Feldinhalt. Ist diese Option nicht aktiviert, wird nur der aktuell ausgewählte Inhalt kopiert.
`Feld`	Name des Feldes, dessen Inhalt in Zwischenablage kopiert werden soll.

Beispiel

```
Kopieren [Auswahl; Aufgabenliste::Bemerkungen]
```

Löschen

Löscht den Inhalt des angegebenen Feldes im aktuellen Datensatz. Eine Übernahme des Feldinhalts in die Zwischenablage findet nicht statt.

Aufruf

```
Löschen [Auswahl; <Tabelle::Feld>]
```

Optionen

`Auswahl`	Die Option `Gesamten Inhalt auswählen` löscht den gesamten Feldinhalt. Ist diese Option nicht aktiviert, wird nur der aktuell ausgewählte Inhalt gelöscht.
`Feld`	Name des Felds, dessen Inhalt gelöscht werden soll.

Beispiel

```
Löschen [Auswahl; Aufgabenliste::Bemerkungen]
```

Rückgängig/Wiederholen

Wiederruft in der aktuellen Datei ausgeführte Aktionen. In Verbindung mit der Option `Rückgängig` lassen sich mehrere Aktionen widerrufen. Deren Anzahl ist nur durch den verfügbaren Speicher begrenzt.

Aufruf

```
Rückgängig/Wiederholen [Aktion]
```

Optionen

`Aktion`	Folgende Werte sind möglich	
	`Rückgängig`	Widerruft die vorangegangene Aktion.
	`Umschalten`	Wechselt zwischen den zwei zuletzt ausgeführten Aktionen.
	`Wiederholen`	Stellt die vorangegangene Aktion wieder her.

Beispiel

```
Rückgängig/Wiederholen [Erneut]
Rückgängig/Wiederholen [Umschalten]
Rückgängig/Wiederholen [Wiederholen]
```

Suchen/Ersetzen ausführen

Ersetzt Feldinhalte gemäß den im Dialog `Optionen für Suchen/Ersetzen angeben` spezifizierten Optionen.

Aufruf

```
Suchen/Ersetzen ausführen [Ohne Dialogfeld; Suchoptionen]
```

Optionen

`Ohne Dialogfeld`	Unterdrückt den Dialog `Suchen/Ersetzen-Statistik` am Ende des Vorgangs. Darüber hinaus verhindert sie die Anzeige des Bestätigungsvorgangs bei der Ausführung von `Alles ersetzen`.
`Suchoptionen`	Angaben für die Durchführung eines `Suchen/Ersetzen`-Vorgangs

Festlegung von Suchoptionen.

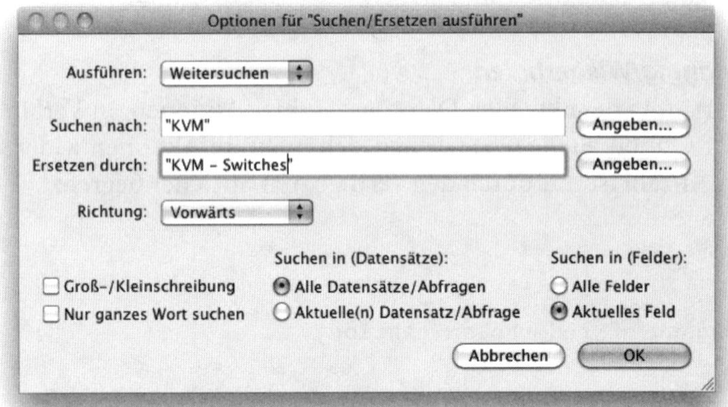

Beispiel

```
Suchen/Ersetzen ausführen [;]
```

Skriptschritte für Felder

Die Skriptschritte dieser Kategorie ermöglichen die Zuweisung von Informationen zu Feldern.

Aus Index einfügen

Fügt im Modus *Blättern* oder *Suchen* einen Wert aus dem Index in ein Feld ein. *FileMaker* öffnet den Dialog *Index* zur Auswahl des Eintrags durch einen Benutzer. Befindet sich das angegebene Feld nicht im aktuellen Layout oder ist seine Indizierung deaktiviert, liefert *FileMaker* einen Fehler.

Aufruf

```
Aus Index einfügen [Auswahl; <Tabelle::Feld>]
```

Optionen

`Gehe zu Zielfeld`	Name des Zielfeldes, in das der Indexwert eingefügt werden soll.
`Gesamten Inhalt auswählen`	Ersetzt den gesamten Inhalt eines Felds. Ist diese Option nicht aktiviert, erfolgt die Eingabe des Ergebnisses hinter der aktuellen Einfügemarke oder am Ende des Feldinhalts.

Beispiel

```
Aus Index einfügen [Auswahl; Aufgabenliste::Ausfuehrend]
```

Der Dialog »Index«.

Aus zuletzt geöffnetem Satz einfügen

Fügt im Modus *Blättern* oder *Suchen* Daten einem Feld des vorherigen aktiven Datensatzes in das angegebene Feld des aktuellen Datensatzes bzw. der aktuellen Suchabfrage ein. Befindet sich das angegebene Feld nicht im aktuellen Layout, liefert *FileMaker* einen Fehler.

Aufruf

```
Aus zuletzt geöffnetem Satz einfügen [Auswahl;
<Tabelle::Feld>]
```

Optionen

`Gehe zu Zielfeld`	Name des Zielfeldes, in das Inhalte aus dem vorigen aktiven Datensatz eingefügt werden soll.

`Gesamten Inhalt auswählen`	Ersetzt den gesamten Inhalt eines Felds. Ist diese Option nicht aktiviert, erfolgt die Eingabe des Ergebnisses hinter der aktuellen Einfügemarke oder am Ende des Feldinhalts.

Beispiel

```
Aus zuletzt geöffnetem Satz einfügen
[Aufgabenliste::Ausfuehrend]
```

Benutzernamen einfügen

Fügt den aktuellen Benutzernamen in das angegebene Feld ein. Befindet sich das angegebene Feld nicht im aktuellen Layout, liefert *FileMaker* einen Fehler.

Aufruf

```
Aus zuletzt geöffnetem Satz einfügen [Auswahl;
<Tabelle::Feld>]
```

Optionen

`Gehe zu Zielfeld`	Name des Zielfeldes, in das der Benutzername eingefügt werden soll.
`Gesamten Inhalt auswählen`	Ersetzt den gesamten Inhalt eines Felds durch den Benutzernamen. Ist diese Option nicht aktiviert, erfolgt die Eingabe am Ende des Feldinhalts.

Beispiel

```
Benutzernamen einfügen [Auswahl; Aufgabenliste::Ausfuehrend]
```

Berechneten Wert einfügen

Fügt das Ergebnis einer Formel in das angegebene Feld ein. Befindet sich das angegebene Feld nicht im aktuellen Layout, liefert *FileMaker* einen Fehler. Ist kein Feld aktiv, zeigt der Schritt keine Wirkung.

Aufruf

```
Berechneten Wert einfügen [Auswahl; <Tabelle::Feld>; <Formel>]
```

Optionen

`Gehe zu Zielfeld`	Name des Zielfeldes, in das der Benutzername eingefügt werden soll.
`Gesamten Inhalt auswählen`	Ersetzt den gesamten Inhalt eines Feldes durch den Benutzernamen. Ist diese Option nicht aktiviert, erfolgt die Eingabe am Ende des Feldinhalts.
`Berechnetes Ergebnis`	Formel, deren Ergebnis in das angegebene Feld eingefügt wird.

Beispiel

```
Berechneten Wert einfügen [Auswahl;
Aufgabenliste::Datum_Erstellt; Hole (SystemZeitstempel)]
```

Bild einfügen

Fügt eine Grafik aus einer Datei in ein Medienfeld ein. Das Medienfeld muss aktiviert sein, beispielsweise durch den Skriptschritt `Gehe zu Feld`. Ist kein Dateiname angegeben, öffnet *FileMaker* einen Dialog zur Auswahl der Datei. Befindet sich das angegebene Feld nicht im aktuellen Layout, liefert *FileMaker* einen Fehler. Ist kein Medienfeld aktiv, liefert *FileMaker* einen Fehler.

Aufruf

```
Bild einfügen [Nur Verweis; <Dateiname>]
```

Optionen

`Nur Verweis speichern`	Speichert lediglich eine Verknüpfung zur Grafikdatei.
`Dateiname`	Name der Datei, in der die Grafik enthalten ist.

Beispiel

```
Gehe zu Feld [Urlaubsfotos::Einzelbild]
Bild einfügen [Nur Verweis; „DSC06802.jpg"]
```

Datei einfügen

Fügt eine Datei oder einen Verweis in ein Medienfeld ein. Ist kein Dateiname angegeben, öffnet *FileMaker* einen Dialog zur Auswahl der Datei. Befindet sich das angegebene Feld nicht im aktuellen Layout, liefert *FileMaker* einen Fehler. Ist kein Medienfeld angegeben oder aktiv, liefert *FileMaker* ebenso einen Fehler.

Aufruf

```
Datei einfügen [Nur Verweis; <Tabelle::Feld>; <Dateiname>]
```

Optionen

`Nur Verweis speichern`	Speichert lediglich eine Verknüpfung zur Grafikdatei.
`Gehe zu Zielfeld`	Name des Zielfeldes, in das die Datei eingefügt werden soll.
`Dateiname`	Name der einzufügenden Datei.

Beispiel

```
Datei einfügen [Nur Verweis; Schriftverkehr::Dokument;
„100819_Krankenkasse.doc"]
```

Ersetze alle Feldwerte

Ändert den Inhalt eines Feldes in allen Datensätzen einer Ergebnismenge, basierend auf dem Wert des Feldes im aktuellen Datensatz oder auf einer Formel.

Aufruf

```
Ersetze alle Feldwerte [Ohne Dialogfeld;
<Tabelle::Feld>; Ersatzoptionen]
```

Optionen

`Ohne Dialogfeld`	Unterdrückt den Dialog *Ersetze alle Feldwerte* bei der Ausführung des Skriptschrittes.
`Gehe zu Zielfeld`	Name des Feldes, dessen Inhalt ersetzt werden soll.
`Ersatzoptionen`	Gewünschte Vorgaben für die Durchführung des Skriptschrittes. Die Einstellungen erfolgen im Dialog *Feldinhalt ersetzen.*

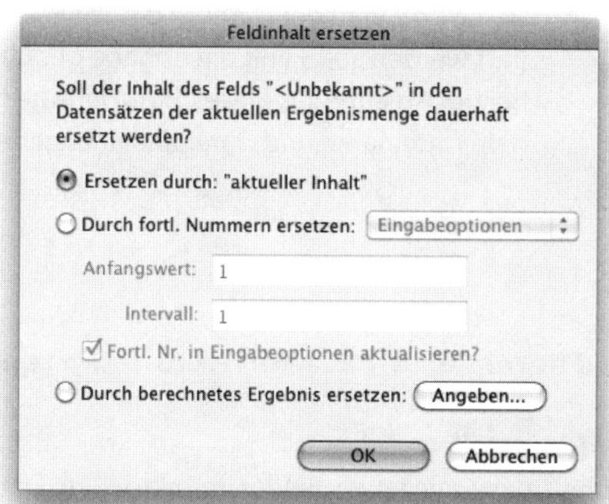

Der Dialog »Feldinhalt ersetzen«.

Ersatzoptionen

`Ersetzen durch aktuellen Inhalt`	Ersetzt in der aktuellen Ergebnismenge die Inhalte des angegebenen Feldes durch den Inhalt dieses Feldes im aktuellen Datensatz.
`Durch fortlaufende Nummern ersetzen`	Weist dem angegebenen Feld in der aktuellen Ergebnismenge eine fortlaufende Nummer zu.
`Durch berechnetes Ergebnis ersetzen`	Ersatz des Feldinhaltes durch eine im Skripteditor angegebene Formel.

Beispiel

```
Ersetze alle Feldwerte [Rechnungen::Nummer; Fortlau-
fende Nummern]
```

Exportiere alle Feldwerte

Exportiert den Inhalt eines Feldes im aktuellen Datensatz in eine Datei.

Aufruf

```
Exportiere alle Feldwerte [<Tabelle::Feld>; <Datei>]
```

Optionen

`Zielfeld angeben`	Name des Feldes, dessen Inhalt exportiert werden soll. Fehlt die Angabe des Zielfeldes, wählt *FileMaker* das aktuelle Feld.

`Ausgabedatei angeben`	Name und Pfad der Datei, in die der Feldinhalt exportiert werden soll. Fehlt die Angabe der Datei, erscheint bei der Ausführung dieses Skriptschrittes ein Dialog, in dem Dateiname und Dateipfad anzugeben sind.

Beispiel

```
Exportiere alle Feldwerte [Urlaube::Photos; „Ayers_Rock.jpg"]
```

Feld nach Name einstellen

Ersetzt den Inhalt des angegeben Feldes im aktuellen Datensatz durch das Ergebnis einer Formel. Das angegebene Feld muss vom Typ *Text* sein, sich aber nicht im aktuellen Layout befinden.

Aufruf

```
Feld nach Name einstellen [<Feld>; <Wert>]
```

Optionen

`Feld`	Name des Feldes, dessen Inhalt ersetzt werden soll. Der Name kann über eine Formel festgelegt werden.
`Wert`	Ergebnis einer Formel, die im Formeleditor anzugeben ist.

Beispiel

```
Feld nach Name einstellen [„Rechnungen::Mahndatum";
Datum(8;20;2010)]
```

Feldwert setzen

Ersetzt den Inhalt des angegeben Feldes im aktuellen Datensatz durch das Ergebnis einer Formel. Das angegebene Feld muss sich nicht im aktuellen Layout befinden und vom Typ *Text* sein. Das Ergebnis der Formel muss dem Feldtyp entsprechen. Ist dies nicht der Fall und ist die Überprüfungsoption des Feldes auf *Immer* eingestellt, liefert *FileMaker* einen Fehler.

Aufruf

```
Feldwert setzen [<Feld>; <Wert>]
```

Optionen

`Feld`	Name des Feldes, dessen Inhalt ersetzt werden soll. Der Name ist im Dialog festzulegen. Fehlt diese Angabe, nimmt *FileMaker* das aktuell aktive Feld.
`Wert`	Ergebnis einer Formel, die im Formeleditor anzugeben ist.

Beispiel

```
Feldwert setzen [Rechnungen::Mahndatum; Datum(8;20;2010)]
```

Nächste fortlaufende Nummer setzen

Legt für das angegebene Feld den nächsten Wert für eine fortlaufende Nummerierung bei automatischer Eingabe fest. Die Anwendung dieses Skriptschrittes kann nach einem Import von Datensätzen oder nach dem Löschen mehrerer Datensätze mit fortlaufender Nummer angesagt sein.

Aufruf

```
Nächste fortlaufende Nummer setzen [<Feld>; <Wert>]
```

Optionen

`Feld`	Name des Feldes, für das eine fortlaufende Nummerierung festgelegt ist.
`Wert`	Zahl oder Ergebnis einer Formel, die im Formeleditor anzugeben ist.

Beispiel

```
Nächste fortlaufende Nummer setzen [Rechnungen::R_Num; 215]
```

Objekt einfügen

Bettet ein *OLE-Objekt* in ein Medienfeld ein oder verknüpft es. Dieser Skriptschritt ist nur unter Windows verfügbar. Befindet sich das angegebene Objekt nicht auf dem Computer, auf dem das Skript ausgeführt wird, oder erfolgt die Ausführung des Skripts unter Mac OS X, liefert *FileMaker* einen Fehler.

Aufruf

```
Objekt einfügen [<Einstellungen>]
```

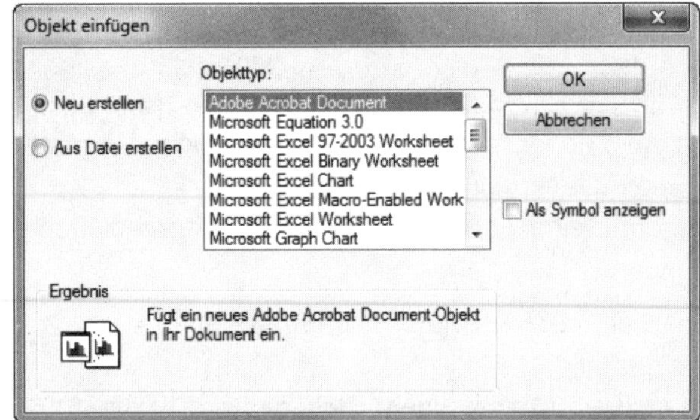

Der Dialog »Objekt einfügen«.

Optionen

`Objekttyp`	**Typ des einzubettenden oder zu verknüpfenden Objekts.**
`Neu erstellen`	Ermöglicht die Einbettung eines leeren Objekts des angegebenen Objekttyps.
`Aus Datei erstellen`	Ermöglicht die Einbettung oder Verknüpfung einer bestehenden Datei als Objekt. Die Angabe der Datei kann über den Dialog *Durchsuchen* erfolgen.

Beispiel

```
Gehe zu Feld [Dokumente::Dok_Obj]
Objekt einfügen [„100820_Versicherung.pdf“]
```

QuickTime einfügen

Importiert einen Film oder eine Audiodatei im *QuickTime*-Format in das aktuelle Medienfeld. Unter Windows muss zur Ausführung dieses Skriptschrittes die *QuickTime*-Erweiterung installiert sein. Befindet sich kein aktives Medienfeld im Layout, liefert *FileMaker* einen Fehler.

Aufruf

```
QuickTime einfügen [<Datei>]
```

`Datei`	Name der *QuickTime*-Datei. Ist kein Name angegeben, öffnet *FileMaker* einen Dialog zur Auswahl der Datei.

Beispiel

```
Gehe zu Feld [Tutorien::Aufzeichnung]
Objekt einfügen [„Vorfuehrung.mov“]
```

Referenzwerte holen

Kopiert den Inhalt aus dem Referenzquellfeld in sämtliche Datensätze der aktuellen Ergebnismenge. Befindet sich kein aktives Medienfeld im Layout, liefert *FileMaker* einen Fehler.

Aufruf

```
Referenzwerte holen [Ohne Dialogfeld; <Tabelle::Feld>]
```

`Gehe zu Zielfeld`	Name des Zielfeldes, in welches die Referenzwerte eingetragen werden sollen.
`Ohne Dialogfeld`	Verhindert die Anzeige des Dialogs zur Bestätigung der Feldinformationen.

Beispiel

```
Referenzwerte holen [Ohne Dialogfeld; Kunden::Kunden_ID]
```

Systemdatum einfügen

Fügt das aktuelle Systemdatum in das angegebene Feld ein. Befindet sich das angegebene Feld nicht in dem Layout, in dem das Skript ausgeführt wird, liefert *FileMaker* einen Fehler.

Aufruf

```
Systemdatum einfügen [Auswahl; <Tabelle::Feld>]
```

Optionen

`Gehe zu Zielfeld`	Name des Zielfeldes, in welches das Systemdatum eingefügt werden soll.
`Gesamten Inhalt auswählen`	Ersetzt den gesamten Inhalt eines Feldes durch das aktuelle Datum. Ist diese Option nicht aktiviert, erfolgt die Eingabe am Ende des bestehenden Feldinhalts.

Beispiel

```
Systemdatum einfügen [Auswahl; Rechnungen::R_Datum]
```

Systemuhrzeit einfügen

Fügt die aktuelle Systemuhrzeit in das angegebene Feld ein. Befindet sich das angegebene Feld nicht in dem Layout, in dem das Skript ausgeführt wird, liefert *FileMaker* einen Fehler.

Aufruf

```
Systemuhrzeit einfügen [Auswahl; <Tabelle::Feld>]
```

Optionen

`Gehe zu Zielfeld`	Name des Zielfeldes, in das die aktuelle Systemuhrzeit eingefügt werden soll.
`Gesamten Inhalt auswählen`	Ersetzt den gesamten Inhalt eines Felds durch das aktuelle Datum. Ist diese Option nicht aktiviert, erfolgt die Eingabe am Ende des bestehenden Feldinhalts.

Beispiel

```
Systemuhrzeit einfügen [Auswahl; Anrufe::Uhrzeit]
```

Text einfügen

Fügt einen Text in das angegebene Feld ein. Befindet sich das angegebene Feld nicht in dem Layout, in dem das Skript ausgeführt wird, oder ist kein Feld aktiviert, zeigt dieser Skriptschritt keine Wirkung.

Aufruf

```
Text einfügen [Auswahl; <Tabelle::Feld>; <Text>]
```

Optionen

`Gehe zu Zielfeld`	Name des Zielfeldes, in das der Text eingefügt werden soll. Ist kein Name angegeben, erfolgt die Platzierung des Textes hinter der aktuellen Einfügemarke.
`Gesamten Inhalt auswählen`	Ersetzt den gesamten Inhalt eines Felds durch das aktuelle Datum. Ist diese Option nicht aktiviert, erfolgt die Eingabe am Ende des bestehenden Feldinhalts.
`Angeben`	Ermöglicht die Angabe des einzufügenden Textes über den Dialog *Angeben*.

Beispiel

```
Text einfügen [Auswahl; Protokolle::Bemerkungen; „Das
war nix“]
```

Verknüpfung aktualisieren

Aktualisiert eine *OLE-Verknüpfung* im angegebenen Medienfeld ein. Enthält das angegebene Feld keine *OLE-Verknüpfung*, liefert *FileMaker* einen Fehler. Dieser Skriptschritt ist nur unter Windows verfügbar.

Aufruf

```
Verknüpfung aktualisieren [<Tabelle::Feld>]
```

Optionen

Gehe zu Zielfeld	Name des Medienfeldes, dessen Inhalt aktualisiert werden soll.

Beispiel

```
Verknüpfung aktualisieren [Protokolle::Dokumente]
```

Skriptschritte für Datensätze

Die Skriptschritte dieser Kategorie ermöglichen die Manipulation von Datensätzen und Suchabfragen.

Alle Datensätze löschen

Löscht sämtliche Datensätze der aktuellen Ergebnismenge.

Aufruf

```
Alle Datensätze löschen [Ohne Dialogfeld]
```

Optionen

Ohne Dialogfeld	Verhindert die Anzeige des Dialogs, mit dem das Löschen der Datensätze bestätigt werden kann.

Alle Datens./Abfragen kopieren

Kopiert im Modus *Blättern* die Werte sämtlicher Datensätze und im Modus *Suchen* sämtliche Abfragen in die Zwischenablage. Textfelder werden, entsprechend ihrer Reihenfolge im Layout und durch Tabulatoren voneinander getrennt, in die Zwischenablage kopiert. Befindet sich Text in Medienfeldern, wird er ebenfalls kopiert.

Aufruf

```
Alle Datensätze kopieren [Ohne Dialogfeld]
```

Optionen

keine

Ausschnittsreihe löschen

Löscht die angegebene Ausschnittsreihe.

Aufruf

```
Ausschnittsreihe löschen [Ohne Dialogfeld]
```

Optionen

`Ohne Dialogfeld`	Verhindert die Anzeige des Dialogs, mit dem das Löschen der Ausschnittsreihe bestätigt werden kann.

Datensatz/Abfrage duplizieren

Fertigt im Modus *Blättern* eine Kopie des aktuellen Datensatzes an. Im Modus *Suchen* dupliziert sie die aktuelle Suchabfrage. Ist im Datensatz für ein Feld eine automatische Werteeingabe festgelegt, erzeugt *FileMaker* auch bei diesem Schritt einen neuen Wert und fügt ihn in das betreffende Feld ein.

Aufruf

```
Datensatz/Abfragen duplizieren
```

Optionen

keine

Datensatz/Abfrage kopieren

Kopiert die Feldinhalte des aktuellen Datensatzes oder der aktuellen Suchabfrage in die Zwischenablage. Textfelder werden, entsprechend ihrer Reihenfolge im Layout und durch Tabulatoren voneinander getrennt, in die Zwischenablage kopiert. Befindet sich Text in Medienfeldern, wird er ebenfalls kopiert.

Aufruf

```
Datensatz/Abfragen kopieren
```

Optionen

keine

Datensatz/Abfrage löschen

Löscht im Modus *Blättern* den aktuellen Datensatz und im Modus *Suchen* die aktuelle Suchabfrage. Textfelder werden, entsprechend ihrer Reihenfolge im Layout und durch Tabulatoren voneinander getrennt, in die Zwischenablage kopiert. Befindet sich Text in Medienfeldern, wird er ebenfalls kopiert.

Aufruf

```
Datensatz/Abfragen löschen [Ohne Dialogfeld]
```

Optionen

`Ohne Dialogfeld`	Verhindert die Anzeige des Dialogs, mit dem das Löschen bestätigt werden kann.

Datensatz/Abfrage öffnen

Öffnet im Modus *Blättern* einen bestehenden Datensatz und im Modus *Suchen* eine bestehende Suchabfrage zur weiteren Bearbeitung.

Aufruf

```
Datensatz/Abfrage öffnen
```

Optionen

Keine

Datensätze exportieren

Exportiert sämtliche Datensätze der aktuellen Ergebnismenge in die angegebene Datei.

Aufruf

```
Datensätze exportieren [Ohne Dialogfeld; <Datei>; <Exportkriterien>]
```

Die Dialoge bei »Datensätze exportieren«.

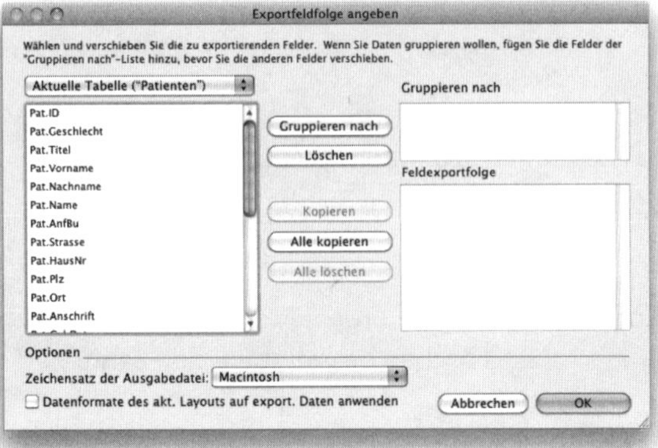

Optionen

`Ohne Dialogfeld`	Verhindert die Anzeige von Dialogen zur Festlegung der Exportkriterien.
`Ausgabedatei angeben`	Angabe von Dateiname, Typ und Dateipfad für den Export.

Beispiel

```
Datensätze exportieren [Ohne Dialogfeld; „Rechner.xls"]
```

Datensätze als Excel speichern

Speichert sämtliche Datensätze der aktuellen Ergebnismenge in die angegebene Excel- oder Excel 2007/2008-Datei.

Aufruf

```
Datensätze als Excel speichern [Ohne Dialogfeld; <Datei>;
<Exceloptionen>]
```

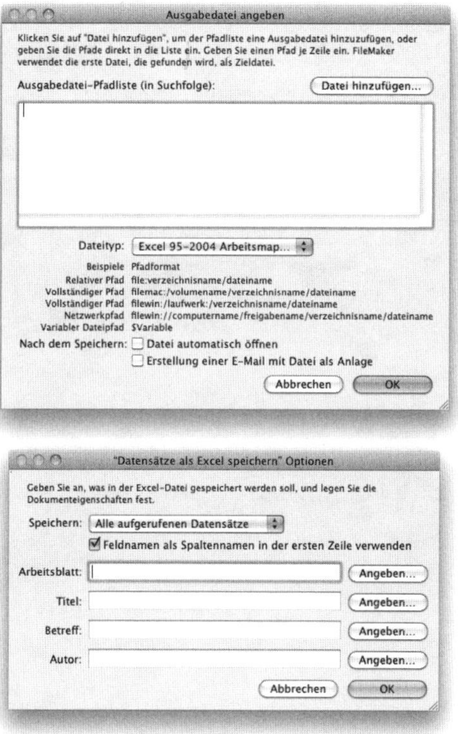

Die Dialoge für »Datensätze als Excel speichern«.

Optionen

`Ohne Dialogfeld`	Verhindert die Anzeige von Dialogen zur Festlegung von Excel- Optionen.
`Ausgabedatei angeben`	Angabe von Dateiname und Dateipfad.
`Optionen angeben`	Einstellung der Optionen für die Speicherung als Excel-Datei.

Beispiel

```
Datensätze als Excel speichern [Ohne Dialogfeld;
„Rechner.xls“]
```

Datensätze als PDF speichern

Speichert sämtliche Datensätze der aktuellen Ergebnismenge in die angegebene PDF-Datei.

Aufruf

```
Datensätze als PDF speichern [Ohne Dialogfeld; <Da-
tei>; <PDFoptionen>]
```

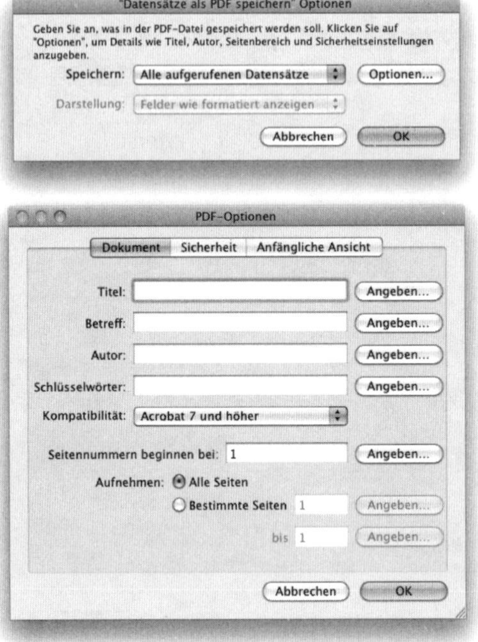

Die Dialoge für »Datensätze als PDF speichern«.

Optionen

`Ohne Dialogfeld`	Verhindert die Anzeige von Dialogen zur Festlegung von PDF-Optionen.
`Ausgabedatei angeben`	Angabe von Dateiname und Dateipfad.
`Optionen angeben`	Einstellung der Optionen für die Speicherung als PDF-Dokument.
`An vorhandenes PDF anhängen`	Die aktuelle Ergebnismenge wird hinter die letzte Seite eines bestehenden PDF-Dokumentes angefügt.

Beispiel

```
Datensätze als Excel speichern [Ohne Dialogfeld; „Rechner.xls“]
```

Datensätze als Snapshot-Link speichern

Speichert eine Ergebnismenge in eine *FileMaker Pro-Snapshot-Link-*Datei *(FPSL)*.

Aufruf

```
Datensätze als Snapshot-Link speichern [<Datei>; Alle
aufgerufenen Datensätze]
```

Optionen

`Ausgabedatei angeben`	Angabe von Dateiname und Dateipfad.
`Angeben`	Auswahl zwischen Ergebnismenge und aktuellem Datensatz.
`E-Mail erstellen`	Erstellung einer EMail mit dem Snapshot-Link als Anlage.

Beispiel

```
Datensätze als Snapshot-Link speichern [„Aufgabenliste.
fpsl"; Alle aufgerufenen Datensätze]
```

Neuer Datensatz/Abfrage

Erstellt im Modus *Blättern* einen neuen Datensatz und im Modus *Suchen* eine neue Suchabfrage.

Aufruf

```
Neuer Datensatz/Abfrage
```

Optionen

Keine

Schreibe Änderung Datens./Abfrage

Schreibt einen Datensatz durch Aktualisierung der Feldinhalte fest.

Aufruf

```
Schreibe Änderung Datens./Abfrage [Ohne Dialogfeld]
```

Optionen

`Ohne Dialogfeld`	Verhindert die Anzeige eines Dialogs zur Bestätigung des Vorgangs.
`Dateneingabeüberprüfung unterdrücken`	Überspringt die Überprüfung von Feldern, für die als Eingabeoption `Nur bei der Dateneingabe` festgelegt ist. Felder mit der Option *Immer überprüfen* werden nach wie vor überprüft.

Verwerfe Änderung Datens./Abfrage

Setzt die Feldinhalte des aktuellen Datensatzes oder der aktuellen Suchabfrage auf ihren Ausgangszustand vor dem Bearbeiten zurück.

Aufruf

```
Verwerfe Änderung Datens./Abfrage [Ohne Dialogfeld]
```

Optionen

`Ohne Dialogfeld`	Verhindert die Anzeige eines Dialogs zur Bestätigung des Vorgangs.

Skriptschritte für Ergebnismengen

Die Skriptschritte dieser Kategorie ermöglichen die Manipulation von Ergebnismengen und Suchabfragen.

Alle Datensätze anzeigen

Zeigt sämtliche in einer Tabelle vorhandenen Datensätze an. Der aktuelle Datensatz bleibt dabei aktiviert.

Aufruf

```
Alle Datensätze anzeigen
```

Optionen

Keine

Aktuellen Datens. ausschließen

Entfernt den aktuellen Datensatz aus der Ergebnismenge und aktiviert den folgenden Datensatz in der Tabelle. Der Datensatz wird dabei nicht gelöscht.

Aufruf

```
Aktuellen Datens. ausschließen
```

Optionen

Keine

Datensätze sortieren

Sortiert die Datensätze der aktuellen Ergebnismenge entsprechend den vorgegebenen Kriterien.

Aufruf

```
Sortieren [Wiederherstellen; Ohne Dialogfeld]
```

Optionen

`Ohne Dialogfeld`	Unterdrückt die Anzeige des Dialogs zur Festlegung der Sortierkriterien.
`Sortierfolge angeben`	Angabe einer diesem Skriptschritt zuzuweisenden Sortierfolge. Bei fehlender Angabe greift *FileMaker* auf die zuletzt ausgeführten Sortieranweisungen zurück

Ergebnismenge suchen

Aktiviert den Modus *Suchen* und ermittelt Datensätze, die einem oder mehreren Suchkriterien genügen. Die Kriterien sind mit dem Skriptschritt abgespeichert. Sind keine Kriterien angegeben, führt *FileMaker* die zuletzt durchgeführte Suchabfrage aus.

Aufruf

```
Ergebnismenge suchen [Wiederherstellen]
```

Der Dialog »Suchabfrage angeben«.

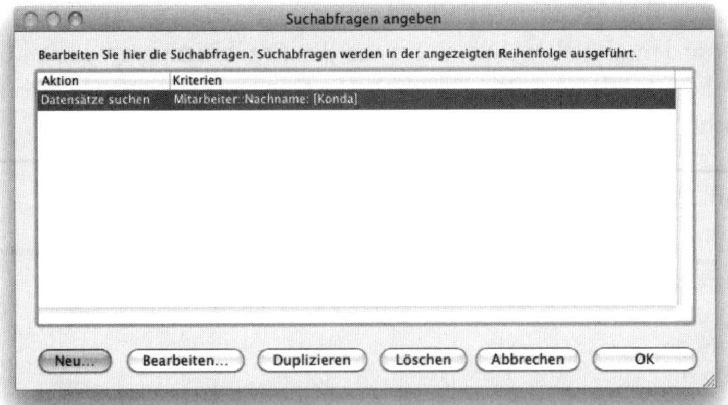

Der Dialog »Suchabfrage bearbeiten«.

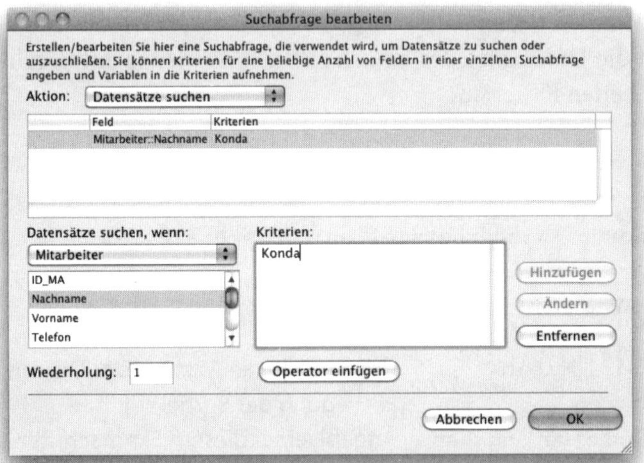

Optionen

`Angeben`	Erstellung, Verwaltung oder Modifikation von Suchabfragen.	
	Bearbeiten	Öffnet den Dialog *Suchabfrage bearbeiten* zum Bearbeiten einer bestehenden Suchabfrage.
	Duplizieren	Dupliziert eine oder mehrere ausgewählte Suchabfragen.
	Löschen	Löscht eine oder mehrere ausgewählte Suchabfragen.
	Neu	Öffnet den Dialog *Suchabfrage bearbeiten* zum Erstellen einer neuen Suchabfrage.
`Aktion`	Legt fest, ob Datensätze der Ergebnismenge hinzugefügt oder von ihr ausgeschlossen werden sollen.	

`Kriterien`	Eingabe von Suchkriterien. Die Festlegung beginnt mit der Auswahl eines Feldes aus der Liste der Feldnamen. Ein Operator kann aus dem bei Mausklick auf *Operator einfügen* erscheinenden Einblendmenü ausgewählt oder manuell eingegeben werden. Die Eingabe eines Wertes schließt die Definition des Kriteriums ab.

Beispiel

```
Ergebnismenge suchen [Wiederherstellen]
Wenn [Hole (AnzahlGefundeneDatensätze) < 1]
   Eigenes Dialogfeld anzeigen [„Hinweis“; „Nichts ge-
funden“]
   Alle Datensätze anzeigen
Ende (Wenn)
```

Ergebnismenge einschränken

Schränkt eine Ergebnismenge entsprechend den angegebenen Kriterien ein.

Aufruf

```
Ergebnismenge einschränken [Wiederherstellen]
```

Optionen

`Angeben`	Erstellung, Verwaltung oder Modifikation von Suchabfragen.	
	Bearbeiten	Öffnet den Dialog *Suchabfrage bearbeiten* zum Bearbeiten einer bestehenden Suchabfrage.
	Duplizieren	Dupliziert eine oder mehrere ausgewählte Suchabfragen.
	Löschen	Löscht eine oder mehrere ausgewählte Suchabfragen.
	Neu	Öffnet den Dialog *Suchabfrage bearbeiten* zum Erstellen einer neuen Suchabfrage.
`Aktion`	Legt fest, ob Datensätze der Ergebnismenge hinzugefügt oder von ihr ausgeschlossen werden sollen.	
`Kriterien`	Eingabe von Suchkriterien. Die Festlegung beginnt mit der Auswahl eines Feldes aus der Liste der Feldnamen. Ein Operator kann aus dem bei Mausklick auf *Operator einfügen* erscheinenden Einblendmenü ausgewählt oder manuell eingegeben werden. Die Eingabe eines Wertes schließt die Definition des Kriteriums ab.	

Beispiel

```
Ergebnismenge suchen [Wiederherstellen]
Ergebnismenge einschränken [Wiederherstellen]
Wenn [Hole (AnzahlGefundeneDatensätze) < 1]
   Eigenes Dialogfeld anzeigen [„Hinweis“; „Nichts ge-
funden“]
   Alle Datensätze anzeigen
Ende (Wenn)
```

Ergebnismenge erweitern

Erweitert eine Ergebnismenge entsprechend den angegebenen Kriterien.

Aufruf

```
Ergebnismenge erweitern [Wiederherstellen]
```

Optionen

`Angeben`	Erstellung, Verwaltung oder Modifikation von Suchabfragen.	
	Bearbeiten	Öffnet den Dialog *Suchabfrage bearbeiten* zum Bearbeiten einer bestehenden Suchabfrage.
	Duplizieren	Dupliziert eine oder mehrere ausgewählte Suchabfragen.
	Löschen	Löscht eine oder mehrere ausgewählte Suchabfragen.
	Neu	Öffnet den Dialog *Suchabfrage bearbeiten* zum Erstellen einer neuen Suchabfrage.
`Aktion`	Legt fest, ob Datensätze der Ergebnismenge hinzugefügt oder von ihr ausgeschlossen werden sollen.	
`Kriterien`	Eingabe von Suchkriterien. Die Festlegung beginnt mit der Auswahl eines Feldes aus der Liste der Feldnamen. Ein Operator kann aus dem bei Mausklick auf *Operator einfügen* erscheinenden Einblendmenü ausgewählt oder manuell eingegeben werden. Die Eingabe eines Wertes schließt die Definition des Kriteriums ab.	

Die mehrfache Anwendung dieses Skriptschritts entspricht einer ODER-Suche.

Beispiel

```
Ergebnismenge suchen [Wiederherstellen]
Ergebnismenge erweitern [Wiederherstellen]
Ergebnismenge erweitern [Wiederherstellen]
Ergebnismenge erweitern [Wiederherstellen]
Wenn [Hole (AnzahlGefundeneDatensätze) < 1]
   Eigenes Dialogfeld anzeigen [„Hinweis"; „Nichts ge-
funden"]
   Alle Datensätze anzeigen
Ende (Wenn)
```

Letzte Suchabfrage bearbeiten

Wechselt in den Modus *Suchen* zur Modifikation der zuletzt benutzten Suchabfrage.

Aufruf

```
Letzte Suchabfrage bearbeiten
```

Optionen

Keine

Mehrere ausschließen

Entfernt, beginnend mit dem aktuellen Datensatz, die angegebene Anzahl von Datensätzen aus der Ergebnismenge.

Aufruf

```
Mehrere ausschließen [Ohne Dialogfeld; <Anzahl>]
```

Optionen

`Ohne Dialogfeld`	Unterdrückt die Anzeige des Dialogs zur Festlegung der Anzahl der auszuschließenden Datensätze.
`Angeben`	Anzahl der auszuschließenden Datensätze.

Beispiel

```
Ergebnismenge suchen [Wiederherstellen]
Mehrere ausschließen [Ohne Dialogfeld; 10]
```

Nur Ausgeschlossene anzeigen
Zeigt die nicht in der aktuellen Ergebnismenge enthaltenen Datensätze an.

Aufruf

```
Nur Ausgeschlossene anzeigen
```

Optionen

Keine

Schnellsuche durchführen
Sucht mittels einer Schnellsuche Datensätze, bei denen Feldinhalte einem oder mehreren Suchbegriffen auf Textbasis entsprechen.

Aufruf

```
Schnellsuche durchführen
```

Optionen

`Angeben`	Statischer oder durch eine Formel berechneter Text.

Beispiel

```
Schnellsuche durchführen [„Zufall“]
```

Sortierung aufheben
Zeigt die Datensätze der aktuellen Ergebnismenge in ihrer ursprünglichen Reihenfolge an. Dies ist die Reihenfolge, in der die Datensätze erzeugt wurden.

Aufruf

```
Sortierung aufheben
```

Optionen

Keine

Skriptschritte für Fenster

Die Skriptschritte dieser Kategorie ermöglichen die Manipulation von Bildschirmelementen und Fenstern.

Alle Fenster anordnen

Passt Größe und Position aller geöffneten Fenster an.

Aufruf

```
Alle Fenster anordnen [Ausrichtung]
```

Optionen

`Horizontal nebeneinander`	Positioniert alle geöffneten Fenster nebeneinander (von links nach rechts). Zur Vermeidung von Überdeckungen erfolgt eine Anpassung der Fenstergröße.
`Vertikal nebeneinander`	Positioniert alle geöffneten Fenster untereinander (von oben nach unten). Zur Vermeidung von Überdeckungen erfolgt eine Anpassung der Fenstergröße.
`Fenster überlappen`	Positioniert alle geöffneten Fenster so von links oben nach rechts unten, dass sie sich versetzt überlagern. Die Fenstergrößen werden so eingestellt, dass der Bildschirm ausgefüllt ist.
`Alle nach vorn`	Bringt alle geöffneten Fenster in den Vordergrund, ohne ihre Größe zu ändern. Diese Option ist nur für Mac OS X verfügbar.

Beispiel

```
Alle Fenster anordnen [Horizontal nebeneinander]
```

Datensätze zeigen als

Zeigt die Datensätze der aktuellen Ergebnismenge im eingestellten Anzeigeformat an.

Aufruf

```
Datensätze zeigen als [Anzeigeformat]
```

Optionen

`Als Formular anzeigen`	Zeigt die Datensätze in der Formularansicht.
`Als Liste anzeigen`	Zeigt die Datensätze in der Listenansicht.
`Als Tabelle anzeigen`	Zeigt die Datensätze in der Tabellenansicht.
`Durchwechseln`	Schaltet von der aktuell eingestellten Ansicht zur nächsten um.

Beispiel

```
Datensätze zeigen als [Als Liste anzeigen]
```

Fenster aktivieren

Legt das durch seinen Namen spezifizierte Fenster als Vordergrundfenster fest.

Aufruf

```
Fenster aktivieren [Aktuelles Fenster]
Fenster aktivieren [Name:<Name>; Aktuelle Datei]
```

Optionen

`Aktuelles Fenster`	Bringt das aktive Fenster in den Vordergrund.
`Angeben`	Name des Fensters, das in den Vordergrund gebracht werden soll.
`Nur aktuelle Datei`	Schränkt die Auswahl auf die aktuelle Datei ein

Beispiel

```
Fenster aktivieren [Name:"Aufgabenliste"]
```

Fenster aktualisieren

Aktualisiert den gesamten Inhalt eines *FileMaker*-Dokumentenfensters.

Aufruf

```
Fenster aktualsieren]
```

Optionen

`Join-Ergebnisse im Cache löschen`	Löscht die Ergebnisse von Abfragen nach Bezugsdatensätzen. Bewirkt eine Aktualisierung der Ergebnisse.
`Flush-gecashte SQL-Daten`	Löscht die Ergebnisse von Abfragen nach Bezugsdatensätzen. Bewirkt eine Aktualisierung der Ergebnisse. Wird nur bei ODBC-Zugriffen benötigt.

Beispiel

```
Fenster aktualisieren []
```

Fenster anpassen

Ändert die Größe eines *FileMaker*-Dokumentenfensters oder blendet es aus.

Aufruf

```
Fenster anpassen [Anpassoptionen]
```

Optionen

`Alles Anzeigen`	Einstellung einer Mindestgröße, bei der alle Layoutobjekte sichtbar sind.
`Ausblenden`	Blendet das aktuelle Fenster aus.
`Maximieren`	Stellt das Fenster auf Bildschirmgröße ein.
`Minimieren`	Reduziert das Fenster auf ein Symbol im Dock / in der Taskleiste.
`Wiederherstellen`	Stellt die vorher eingestellte Fenstergröße wieder her.

Beispiel

```
Fenster aktualisieren [Minimieren]
```

Fenster fixieren

Beendet die Aktualisierung eines *FileMaker*-Dokumentenfensters. Dies ermöglicht das Ausblenden von Aktionen eines laufenden Skripts. Am Ende von Skripts erfolgt eine automatische Aktualisierung von Fenstern.

Aufruf

```
Fenster fixieren
```

Optionen

Keine

Fenster rollen

Bewegt den Inhalt eines Fensters entsprechend der eingestellten Rolloption.

Aufruf

```
Fenster rollen [Rolloption]
```

Optionen

`Anfang`	Rollt das Fenster an seinen Beginn.
`Ende`	Rollt das Fenster an sein Ende.
`Bild auf`	Rollt das Fenster eine Seite nach oben.
`Bild ab`	Rollt das Fenster eine Seite nach unten.
`Zur Auswahl`	Bringt das aktive Feld zur Ansicht.

```
Fenster rollen [Ende]
```

Fenster schließen

Schließt das aktive Fenster oder ein Fenster mit dem angegebenen Namen. Beim Schließen des letzten Fensters einer Datei wird die Datei selbst geschlossen. Die Ausführung des aktuellen Skripts wird beendet.

Aufruf

```
Fenster schließen [Aktuelles Fenster]
Fenster schließen [Name:<Name>; Aktuelle Datei]
```

Optionen

`Aktuelles Fenster`	Schließt das aktive Fenster.
`Angeben`	Name des Fensters, das geschlossen werden soll.
`Nur aktuelle Datei`	Schränkt die Auswahl auf die aktuelle Datei ein

Beispiel

```
Fenster schließen [Name:"Aufgabenliste"]
```

Fensterposition/-größe ändern

Stellt Größe und Position des angegebenen Fensters auf die getroffenen Festlegungen ein. Ist für eine Option kein Wert angegeben, verwendet *FileMaker* den aktuell eingestellten Wert. Durch die Angabe negativer Werte für den oberen oder linken Abstand lassen sich Fenster außerhalb des Bildschirms verschieben.

Aufruf

```
Fensterposition/-größe ändern [Aktuelles Fenster;
Höhe: <h>; Breite: <b>; Abstand von oben: <Ao>; Ab-
stand von links: <Al>]

Fensterposition/-größe ändern [Name:<Name>; Aktuelle
Datei; Höhe: <h>; Breite: <b>; Abstand von oben: <Ao>;
Abstand von links: <Al>]
```

Optionen

`Aktuelles Fenster`	Auswahl des aktiven Fensters.
`Angeben`	Name des Fensters, dessen Eigenschaften verändert werden sollen.
`Nur aktuelle Datei`	Schränkt die Auswahl auf die aktuelle Datei ein.
`Abstand von links`	Abstand des Fensters vom linken Bildschirmrand (Mac OS) / dem linken Rand des *FileMaker*-Fensters (Windows).
`Abstand von oben`	Abstand des Fensters vom oberen Bildschirmrand (Mac OS) / dem oberen Rand des *FileMaker*-Fensters (Windows).
`Breite`	Breite des Fensters in Pixel.
`Höhe`	Höhe des Fensters in Pixel.

Beispiel

```
Fensterposition/-größe ändern [Name:"Aufgabenliste";
Höhe: 600; Breite:800]
```

Fenstertitel setzen

Ändert den Titel eines Fensters.

Aufruf

```
Fenstertitel setzen [Aktuelles Fenster; Neuer Titel:
<Titel>]

Fenstertitel setzen [Von Fenster:<Name>; Aktuelle Da-
tei; Neuer Titel: <Titel>]
```

Optionen

`Aktuelles Fenster`	Auswahl des aktiven Fensters.
`Umzubenennendes Fenster`	Name des Fensters, das umbenannt werden sollen.
`Nur aktuelle Datei`	Schränkt die Auswahl auf die aktuelle Datei ein.
`Fenster umzubenennen`	Neuer Fenstername.

Beispiel

```
Fenstertitel setzen [Von Fenster:"Aufgabenliste"; Neu-
er Titel: „Aufgabenliste neu"]
```

Neues Fenster

Erzeugt ein neues Fenster auf Basis des Vordergrundfensters. Ist für eine Option kein Wert angegeben, verwendet *FileMaker* einen Standardwert. Durch die Angabe negativer Werte für den oberen oder linken Abstand lassen sich Fenster außerhalb des Bildschirms erzeugen. Mindesthöhe und Mindestbreite eines Fensters hängen vom Betriebssystem ab.

Aufruf

```
Neues Fenster [Name:<Name>; Höhe: <h>; Breite: <b>;
Abstand von oben: <Ao>; Abstand von links: <Al>]
```

Optionen

`Fenstername`	Eindeutiger Name des neuen Fensters.
`Abstand von links`	Abstand des Fensters vom linken Bildschirmrand (Mac OS) / dem linken Rand des *FileMaker*-Fensters (Windows)

`Abstand von oben`	Abstand des Fensters vom oberen Bildschirmrand (Mac OS) / dem oberen Rand des *FileMaker*-Fensters (Windows)
`Breite`	Breite des Fensters in Pixel
`Höhe`	Höhe des Fensters in Pixel

Beispiel

```
Neues Fenster [Name:"Test"; Höhe: 500; Breite:900;
Oben: 10; Links:20]
```

Statusbereich ein-/ausblenden

Blendet den Statusbereich ein und aus.

Aufruf

```
Statusbereich ein-/ausblenden [Fixieren; Bereichsoption]
```

Optionen

`Fixieren`	Verhindert.
`Einblenden`	
`Ausblenden`	
`Umschalten`	

Beispiel

```
Statusbereich ein-/ausblenden [Fixieren; Einblenden]
```

Textlineal ein-/ausblenden

Blendet das Textlineal ein und aus.

Aufruf

```
Textlineal ein-/ausblenden [Fixieren; Bereichsoption]
```

Optionen

`Einblenden`	Blendet das Textlineal ein
`Ausblenden`	Blendet das Textlineal aus
`Umschalten`	Wechselt zwischen Ein- und Ausblenden des Textlineals

Beispiel

```
Textlineal ein-/ausblenden [Ausblenden]
```

Zoomstufe setzen

Setzt die Zoomstufe entsprechend den Einstellungen.

Aufruf

```
Zoomstufe setzen [Fixieren; Zoomoption]
```

Optionen

`Fixieren`	Verhindert Änderungen der Zoomstufe durch den Benutzer.
`Angeben`	Auswahl der Zoomstufe zwischen 25 % und 400 %. Vergrößern und Verkleinern erfolgen in jeweils einer Stufe.

Beispiel

```
Zoomstufe setzen [Verkleinern]
```

Skriptschritte für Dateien

Die Skriptschritte dieser Kategorie ermöglichen die Manipulation von Dateien.

Datei konvertieren

Konvertiert eine Datei in eine *FileMaker*-Datei. Dieser Befehl unterstützt auch Importe von *XML*-Dateien und Importe aus externen *SQL*-Datenquellen über *ODBC*.

Aufruf

```
Datei konvertieren [Ohne Dialogfeld; <Datei>]
```

Optionen

`Ohne Dialogfeld`	Unterdrückt die Anzeige verschiedener Dialoge.
`Datenquelle angeben`	Name der Datei, die umgesetzt werden soll. Ist keine Quelle angegeben, zeigt *FileMaker* einen Dialog zur Festlegung der Import-Datei an.

Beispiel

```
Datei konvertieren [„Mitarbeiter.xls"]
```

Datei öffnen

Öffnet eine *FileMaker*-Datei oder eine *ODBC*-Datenquelle. Für *ODBC*-Datenquellen etabliert dieser Skriptschritt eine Verknüpfung zur angegebenen *ODBC*-Datenquelle.

Aufruf

```
Datei öffnen [Ausgeblendet öffnen; <Datei>]
```

Optionen

`Ausgeblendet öffnen`	Öffnet die angegebene Datenbank ausgeblendet.
`Angeben`	Name einer *FileMaker*-Datei oder einer *ODBC*-Datenquelle. Ist keine Quelle angegeben, zeigt *FileMaker* einen Dialog zur Auswahl der zu öffnenden Datei an.

Beispiel

```
Datei öffnen [„Mitarbeiter"]
```

Datei schließen

Schließt die angegebene *FileMaker*-Datei oder trennt eine *ODBC*-Datenquelle.

Aufruf

```
Datei schließen [Aktuelle Datei]
Datei schließen [<Datei>]
```

Optionen

`Angeben`	Schließt die angegebene *FileMaker*-Datei oder trennt die angegebene ODBC-Datenquelle. Ist keine Datei angegeben, beendet *FileMaker* das laufende Skript und schließt die Datenbank, in der das Skript gestartet wurde.

Beispiel

```
Datei schließen [„Aufgabenliste"]
```

Datei wiederherstellen

Repariert eine beschädigte *FileMaker*-Datei. *FileMaker* legt für die Wiederherstellung eine neue Datei an, ohne die bestehende (beschädigte) zu löschen.

Für die Wiederherstellung muss ausreichend Speicherplatz zu Verfügung stehen. Ist dies nicht der Fall, ist die reparierte Datei nicht brauchbar.

Aufruf

```
Datei wiederherstellen [Ohne Dialogfeld; <Datei>]
```

Optionen

`Ohne Dialogfeld`	Unterdrückt die Anzeige eines Dialogs zur Darstellung der Resultate der Standard-Wiederherstellungsvorgänge.
`Angeben`	Name der wiederherzustellenden *FileMaker*-Datei oder der *ODBC*-Datenquelle. Ist keine Datei angegeben, zeigt *FileMaker* einen Dialog zur Auswahl der Datei an.

Beispiel

```
Datei wiederherstellen [„Aufgabenliste"]
```

Drucken

Druckt Informationen einer *FileMaker*-Datei.

Aufruf

```
Drucken [Wiederherstellen; Ohne Dialogfeld]
```

Optionen

`Ohne Dialogfeld`	Unterdrückt die Anzeige des Dialogs *Drucken*.

`Angeben`	Angabe des Ausgabeziels. Unter Mac OS X lässt sich alternativ auch PDF einstellen. Fehlt die Angabe des Ausgabeziels oder wird der angegebene Drucker nicht gefunden, erfolgt die Ausgabe auf dem eingestellten Standard-Drucker

Beispiel

```
Drucken []
```

Drucker einrichten

Legt Ausgabeoptionen (Ausrichtung, Papierformat etc.) fest.

Aufruf

```
Drucker einrichten [Wiederherstellen; Ohne Dialogfeld]
```

Optionen

`Ohne Dialogfeld`	Unterdrückt die Anzeige des Dialogs *Drucker einrichten.*
`Angeben`	Angabe der Drucker-Einstellungen. Diese werden mit dem Skriptschritt gespeichert.

Kopie speichern unter

Speichert eine Kopie der aktuellen Datenbank.

Aufruf

```
Kopie speichern unter [<Datei>; Speicheroptionen]
```

Optionen

`Ausgabedatei angeben`	Name und Dateipfad der Datenbank-Kopie.
`Angeben`	Auswahl des Dateiformats (Kopie, komprimierte Kopie oder Kopie ohne Datensätze).

Beispiel

```
Kopie speichern unter [„Sicherung"]
```

Netzwerkzugriff einstellen

Regelt den Zugriff auf eine gemeinsam benutzte Datenbank über ein Netzwerk.

Aufruf

```
Netzwerkzugriff einstellen [Zugriffsoptionen]
```

Optionen

`Ein`	Erlaubt den Zugriff über ein Netzwerk.
`Ein (Ausgeblendet)`	Erlaubt den Zugriff über ein Netzwerk. Der Name der Datenbank ist allerdings in der Liste des Dialogs *Remote-Datei öffnen* aufgeführt.
`Aus`	Verhindert den Zugriff über ein Netzwerk. Ist kein Name angegeben, zeigt *FileMaker* einen Dialog zur Auswahl der zu speichernden Datei an.

Beispiel

```
Netzwerkzugriff einstellen [Ein]
```

Neue Datei

Erstellt eine neue Datenbankdatei.

Aufruf

```
Neue Datei
```

Optionen

Keine

SystemformateVerwenden setzen

Einstellung der zu benutzenden Systemformate. Bei der Erstellung einer Datenbank speichert *FileMaker* die auf dem Computer eingestellten Formate für Datum, Uhrzeit und Zahlen ab. Dieser Skriptschritt bietet die Auswahl zwischen diesen ursprünglichen und den auf dem aktuellen Computer eingestellten Formaten.

Aufruf

```
SystemformateVerwenden setzen [Formatoptionen]
```

Optionen

`Ein`	Verwendung der aktuellen Systemformate.
`Aus`	Verwendung der in der Datei gespeicherten Formate.

Beispiel

```
SystemformateVerwenden setzen [Aus]
```

Skriptschritte für Konten

Die Skriptschritte dieser Kategorie ermöglichen die Manipulation von Konten.

Erneut anmelden

Ermöglicht Anmeldungen unter einem anderen Konto und Passwort, ohne die Datenbank zu schließen und wieder zu öffnen. Für die Eingabe von Konto und Passwort sind maximal fünf Versuche, bei gesetzter Fehleraufzeichnung maximal ein Versuch möglich.

Aufruf

```
Erneut anmelden [Kontoname: <Konto>; Passwort: <Pass-
wort>; Ohne Dialogfeld]
```

Optionen

`Kontoname`	Name des Kontos, das authentifiziert werden soll.
`Passwort`	Name für das Konto, das authentifiziert werden soll.
`Ohne Dialogfeld`	Unterdrückt die Anzeige des Dialogs *Datei öffnen*. *FileMaker* benutzt die zu diesem Skriptschritt gespeicherte Konto- und Passwortinformation.

Beispiel

```
Erneut anmelden [Kontoname: „Hans“; Passwort: „123456“]
```

Konto aktivieren

Aktiviert oder deaktiviert das angegebene Konto. Das Konto muss angelegt sein. Die Ausführung dieses Skriptschritts erfordert die Berechtigung *Voller Zugriff*.

Aufruf

```
Konto aktivieren [Kontoname: <Konto>; Kontooption]
```

Optionen

`Kontoname`	Name des Kontos, das aktiviert oder deaktiviert werden soll.
`Konto aktivieren`	Aktiviert das angegebene Konto.
`Konto deaktivieren`	Deaktiviert das angegebene Konto.

Beispiel

```
Konto aktivieren [Kontoname: „Hans“; Aktivieren]
```

Konto hinzufügen

Fügt ein neues Konto einschließlich Passwort und Berechtigung hinzu. Der Name des Kontos muss eindeutig sein. Die Ausführung dieses Skriptschritts erfordert die Berechtigung *Voller Zugriff*.

Aufruf

```
Konto hinzufügen [Kontoname: <Konto>; Passwort: <Pass-
wort>; Berechtigung: <Berechtigung>; Passwort ändern]
```

Optionen

`Kontoname`	Name des neuen Kontos.
`Passwort`	Passwort für das neue Konto.
`Berechtigung`	Zuweisung einer vor- oder neu definierten Berechtigung.
`Benutzer muss Passwort bei nächster Anmeldung ändern`	Erzwingt Passwort-Änderung des Benutzers bei der nächsten Anmeldung an die Datenbank.

Beispiel

```
Konto hinzufügen [Kontoname: „Helmut“; Passwort: „654123“;
Berechtigung: „[Nur Dateneingabe]“; Passwort ändern]
```

Konto löschen

Löscht das angegebene Konto. Die Angabe eines bestehenden Kontos ist zwingend erforderlich. Die Ausführung dieses Skriptschritts erfordert die Berechtigung *Voller Zugriff*. Das Löschen eines Kontos mit vollen Zugriffsrechten ist nicht möglich. Das Löschen erfolgt ohne Anzeige eines Dialogs.

Aufruf

```
Konto löschen [Kontoname: <Konto>]
```

Optionen

`Angeben`	Name des zu löschenden Kontos.

Beispiel

```
Konto löschen [Kontoname: „Heinrich"]
```

Kontopasswort zurücksetzen

Setzt das Passwort für das angegebene Konto zurück. Die Ausführung dieses Skriptschritts erfordert die Berechtigung *Voller Zugriff*. Das Zurücksetzen des Passworts erfolgt ohne Anzeige eines Dialogs.

Aufruf

```
Kontopasswort zurücksetzen [Kontoname: <Konto>]
```

Optionen

`Kontoname`	Name eines vorhandenen Kontos.
`Neues Passwort`	Neues Passwort für das Konto.
`Benutzer muss Passwort bei nächster Anmeldung ändern`	Erzwingt Passwort-Änderung des Benutzers bei der nächsten Anmeldung an die Datenbank.

Beispiel

```
Konto löschen [Kontoname: „Heinrich" ; Neues Passwort:
„753024"; Passwort ändern]
```

Passwort ändern

Ändert das aktuelle Passwort für das aktuelle Konto. Die Ausführung dieses Skriptschritts erfordert die Berechtigung zum Ändern von Passwörtern. Für die Eingabe der Passwörter sind maximal fünf Versuche, bei gesetzter Fehleraufzeichnung maximal ein Versuch möglich.

Aufruf

```
Passwort ändern [Altes Passwort: <Altes Passwort>;
Neues Passwort: <Neues Passwort>; Ohne Dialogfeld]
```

Optionen

`Altes Passwort`	Altes Passwort des aktuellen Kontos.
`Neues Passwort`	Neues Passwort für das aktuelle Konto.
`Ohne Dialogfeld`	Unterdrückt die Anzeige des Dialogs *Passwort ändern. FileMaker* verwendet die Passwortinformation, die zu diesem Skriptschritt gespeichert ist.

Beispiel

```
Konto ändern [Altes Passwort: „123456“; Neues Pass-
wort: „ABCD01“]
```

Skriptschritte für Rechtschreibung

Die Skriptschritte dieser Kategorie ermöglichen die Einstellung von Optionen für die Rechtschreibung.

Aktuellen Datensatz prüfen

Anwendung der Rechtschreibprüfung auf den Inhalt jedes Feldes im aktuellen Datensatz.

Aufruf

```
Aktuellen Datensatz prüfen
```

Optionen

Keine

Anwenderwörterbuch bearbeiten
Öffnet den Dialog *Anwenderwörterbuch bearbeiten.*

Aufruf

```
Anwenderwörterbuch bearbeiten
```

Optionen

Keine

Dateioptionen – Rechtschreibung
Öffnet im Dialog *Dateioptionen* das Register *Rechtschreibung.*

Aufruf

```
Dateioptionen - Rechtschreibung
```

Optionen

Keine

Ganze Ergebnismenge prüfen
Anwendung der Rechtschreibprüfung auf den Inhalt jedes Feldes in jedem Datensatz der aktuellen Ergebnismenge.

Aufruf

```
Ganze Ergebnismenge prüfen
```

Optionen

Keine

Nur Auswahl prüfen
Anwendung der Rechtschreibprüfung auf den ausgewählten Inhalt eines Feldes im aktuellen Datensatz.

Aufruf

```
Nur Auswahl prüfen [Auswahl; Feldname]
```

Optionen

`Gehe zu Zielfeld`	Name des Feldes, dessen Inhalt geprüft werden soll.
`Gesamten Inhalt auswählen`	Prüfung des gesamten Textes in einem Feld.

Beispiel

```
Nur Auswahl prüfen [Auswahl: Aufgaben::Bemerkungen]
```

Wörterbücher wählen
Öffnet den Dialog *Wörterbücher wählen.*

Aufruf

```
Wörterbücher wählen
```

Optionen

Keine

Wort korrigieren
Öffnet den Dialog *Rechtschreibung.* Ermöglicht die Korrektur eines von *FileMaker* als fehlerhaft identifizierten Wortes. Die Option *Rechtschreibprüfung während der Dateneingabe* muss aktiviert sein.

Aufruf

```
Wort korrigieren
```

Optionen

Keine

Skriptschritte für das Öffnen von Menüeinträgen

Die Skriptschritte dieser Kategorie öffnen *FileMaker*-Dialoge.

Dateioptionen
Öffnet den Dialog *Dateioptionen* im Bereich *Allgemein.*

Aufruf

```
Dateioptionen
```

Optionen

Keine

Datenbank verwalten

Öffnet den Dialog *Datenbank verwalten,* in dem Tabellen, Felder und Beziehungen angelegt, bearbeitet oder gelöscht werden können. Die Ausführung dieses Skriptschritts erfordert die Berechtigung *Voller Zugriff.*

Aufruf

```
Datenbank verwalten
```

Optionen

Keine

Datenquellen verwalten

Öffnet den Dialog *Externe Datenquellen verwalten,* in dem externe *FileMaker-* oder ODBC-Datenquellen angelegt, bearbeitet oder gelöscht werden können. Die Ausführung dieses Skriptschritts erfordert die Berechtigung *Voller Zugriff.*

Aufruf

```
Datenquellen verwalten
```

Optionen

Keine

Einstellungen

Öffnet den Dialog *Einstellungen* im Bereich *Allgemein.*

Aufruf

```
Einstellungen
```

Optionen

Keine

Gespeicherte Suchen bearbeiten

Öffnet den Dialog *Gespeicherte Suchen bearbeiten.*

Aufruf

```
Gespeicherte Suchen bearbeiten
```

Optionen

Keine

Hilfe

Öffnet die *FileMaker-Hilfe* mit Inhaltsverzeichnis.

Aufruf

```
Hilfe
```

Optionen

Keine

Remote öffnen

Öffnet den Dialog *Remote öffnen.*

Aufruf

```
Remote öffnen
```

Optionen

Keine

Scripts verwalten

Öffnet den Dialog *Scripts verwalten.* Bei Ausführung dieses Skriptschritts unterbricht *FileMaker* das aktuelle Skript.

Aufruf

```
Scripts verwalten
```

Optionen

Keine

Sharing – FileMaker Netzwerk

Öffnet den Dialog *FileMaker Netzwerkeinstellungen*. Das aktuelle Nutzerkonto muss zur Ausführung dieses Skriptschritts über Berechtigungen zum Ändern von Sharing-Einstellungen verfügen.

Aufruf

```
Sharing – FileMaker Netzwerk
```

Optionen

Keine

Suchen/Ersetzen

Öffnet den Dialog *Suchen/Ersetzen.*

Aufruf

```
Suchen/Ersetzen
```

Optionen

Keine

Wertelisten verwalten

Öffnet den Dialog *Wertelisten verwalten*. Die Ausführung dieses Skriptschritts erfordert die Berechtigung *Voller Zugriff*.

Aufruf

```
Wertelisten verwalten
```

Optionen

Keine

Skriptschritte für Verschiedenes

Die Skriptschritte dieser Kategorie gestatten die Ausführung verschiedener Aktionen.

AppleScript ausführen

Sendet *AppleScript*-Befehle an ein anderes Programm. Dieser Skriptschritt ist nur für Mac OS X verfügbar. Die Befehle berechneter und in Feldern gespeicherter Skripts werden bei jeder Ausführung des Skripts kompiliert.

Aufruf

```
AppleScript ausführen [<AppleScript>]
```

Optionen

`Berechnetes AppleScript`	Die Erstellung des AppleScripts erfolgt über eine Formel.
`Natives AppleScript`	Manuelle Eingabe des AppleScripts.

Cache auf Platte ablegen

Leert den internen *FileMaker*-Plattencache und legt dessen Inhalt auf der Festplatte ab.

Aufruf

```
Cache auf Platte ablegen
```

Optionen

Keine

DDE Execute senden

Sendet einen *DDE (Dynamic Data Exchange)*-Befehl an ein anderes Programm, um eine Serie von diesem Programm zur Verfügung stehenden Befehlen auszuführen. *FileMaker* kann nur *DDE*-Befehle senden, aber nicht empfangen. Dieser Skriptschritt ist nur für Windows verfügbar und wird unter Mac OS X ignoriert.

Aufruf

```
DDE Execute senden [<Thementext>; <Servicename>]
DDE Execute senden [<Dateiname>; <Servicename>]
```

Der Dialog »DDE Execute senden«.

Optionen

`Servicename`	Name des Programms, das die Befehle ausführen soll.
`Thema`	Dateiname oder Text. Beschreibt das Thema, an dem das Programm die Befehle ausführt.
`Befehle`	Angabe der vom Programm auszuführenden Aktionen.

Eigenes Dialogfeld anzeigen

Zeigt einen konfigurierbaren Dialog an. Damit lassen sich bis zu drei Schaltflächen konfigurieren und maximal drei Datenbankfelder anzeigen und Daten darin übernehmen.

Daten werden nur bei Betätigung der am weitesten rechts platzierten Taste in die Datenbank übernommen.

Aufruf

```
Eigenes Dialogfeld anzeigen [<Titel>; <Text>; <Eingabefelder>]
```

Optionen

`Titel`	Name des Dialog-Fensters.
`Meldung`	Meldungstext.
`Schaltflächen`	Namen der maximal drei Schaltflächen. Bei fehlendem Namen erfolgt keine Anzeige der Taste.
`Eingabefeld`	Aktivierung von bis zu drei Eingabefeldern.
`Beschriftung`	Texte vor den Eingabefeldern.
`Passwortsymbol verwenden`	Stellt Text bei der Eingabe durch Sternchen dar.

Beispiel

```
Wenn [Hole (AnzahlGefundeneDatensätze) < 1]
   Eigenes Dialogfeld anzeigen [Hinweis; Es wurden
keine Datensätze gefunden]
 Aktuelles Script verlassen
Ende (wenn)
```

EMail senden

Ermöglicht das Senden von EMails an einen oder mehrere Empfänger. Der Versand erfordert ein installiertes EMail-Programm oder den Versand über eine *SMTP-Server*.

Aufruf

```
EMail senden [Ohne Dialogfeld ; An: <An>; Kopie: <cc>;
Blindkopie: <bcc>; Betreff: <Betreff>; Mitteilung: <
Mitteilung >; <Anlage>]
```

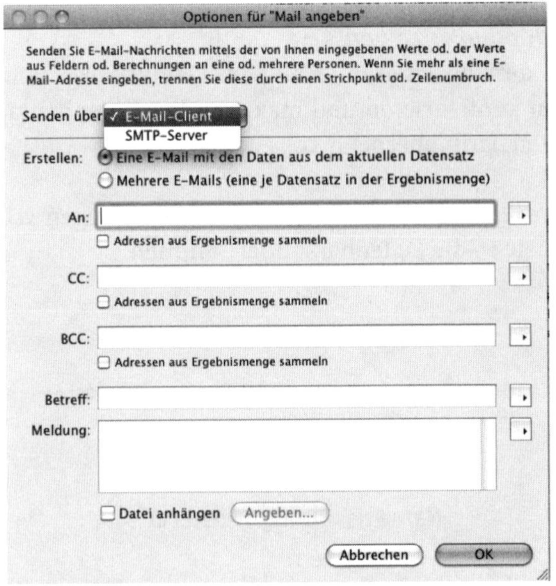

Der Dialog »Mail angeben«.

Optionen

`Ohne Dialogfeld`	Platziert die EMail im Postausgang des EMail-Programms. Ist diese Option nicht gesetzt, bleibt die EMail zur Bearbeitung im EMail-Programm geöffnet.
`Versandoptionen`	Auswahl der Versandmethode für EMail-Programm oder SMTP-Server.

`An`	Empfängeradresse
`Kopie`	Adresse eines Empfängers, der die EMail in Kopie erhalten soll.
`Blindkopie`	Adresse eines Empfängers, der die EMail in Blindkopie erhalten soll.
`Betreff`	Titel der EMail.
`Mitteilung`	Text der EMail.
`Datei anhängen`	Auswahl einer Datei als Anlage zur EMail.

Beispiel

```
EMail senden [; An: „“; Betreff: „Meeting“; Mitteilung:
„Montag 09:00 Uhr“]
```

Event senden

Sendet unter Mac OS X einen *AppleScript*-Befehl an ein anderes Programm.

Aufruf

```
Event senden [<Ziel>; <Klasse>; <Typ>; <Auswahl>]
```

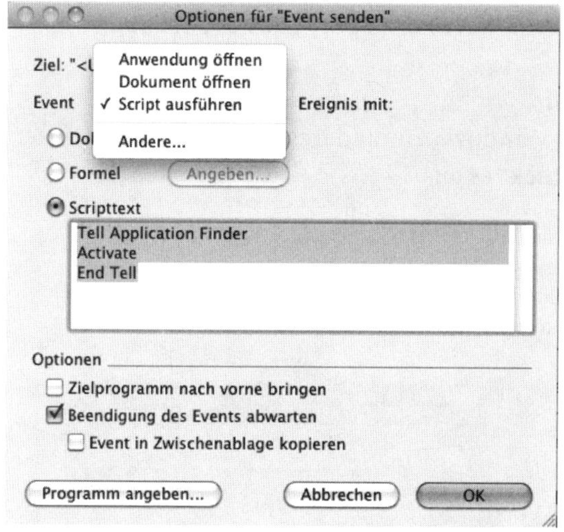

Ein Event senden Mac OS X.

Optionen

`Event`	Bietet die Auswahl zwischen folgenden Festlegungen	
	Anwendung öffnen	Startet das angegebene Programm.
	Dokument öffnen	Öffnet das angegebene Dokument im Zielprogramm.

	Script ausführen	Ausführung eines Skriptes in der Sprache des Zielprogramms.
`Dokument`	Auswahl eines Dokuments.	
`Formel`	Ermittelt einen Wert, der mit dem Event gesendet wird.	
`Scripttext`	Statischer Skripttext.	
`Zielprogramm nach vorne bringen`	Aktiviert das Zielprogramm und zeigt es am Bildschirm an.	
`Beendigung des Events abwarten`	*FileMaker* arbeitet das Skript erst nach Beendigung des Events weiter ab.	
`Event in die Zwischenablage kopieren`	Kopieren der resultierenden Event-Daten in die Zwischenablage.	
`Programm angeben...`	Auswahl des Zielprogramms.	

Beispiel

```
Event senden [„TextEdit“; „aevt“; „oapp“]
```

Event senden

Startet unter Windows ein anderes Programm, öffnet darin ein Dokument oder druckt es aus.

Aufruf

```
Event senden [<aevt>; <Eventname>; <Datei>]
```

Ein Event senden unter Windows.

Optionen

`Dokument/Programm öffnen`	Öffnet ein Programm oder ein Dokument. Dokumente werden mit dem – entsprechend ihrem Dateityp – verknüpften Programm geöffnet.
`Dokument drucken`	Druckt ein Dokument mit einem anderen Programm.
`Datei`	Auswahl eines Programms oder Dokuments.
`Formel`	Erzeugt eine Meldung aus einer Formel.
`Text`	Statischer Text für das zu sendende Event.
`Zielprogramm nach vorne bringen`	Aktiviert das Zielprogramm

Beispiel

```
Event senden [„aevt“; „odoc“; „cimg5930“]
```

Fehlerton

Spielt einen System-Fehlerton ab.

Aufruf

```
Fehlerton
```

Optionen

Keine

Kommentar

Fügt einen Kommentar in das Skript ein.

Aufruf

```
#<Text>
```

Optionen

`Text`	Statischer Text für den Kommentar

Beispiel

```
#  Erzeugen einer neuen Aufgabe
Neuer Datensatz/Abfrage
```

Menüset installieren
Ändert das eingestellte Menüset.

Aufruf

```
Menüset installieren [Name]
```

Optionen

`Name`	Name des Menüsets
`Als Dateistandard verwenden`	Ersetzt das Standard-Menüset durch das angegebene Menüset. Beim Schließen der Datenbank wird wieder die Standard-Einstellung benutzt.

Beispiel

```
Menüset installieren [„Spezial“]
```

Programm beenden
Schließt alle offenen Dateien und beendet *FileMaker*.

Aufruf

```
Programm beenden
```

Optionen

Keine

Sprechen
Setzt einen Text in Sprache um. Dieser Skriptschritt ist nur für Mac OS X verfügbar.

Aufruf

```
Sprechen [<Text>]
```

Optionen

`Text`	Text, der gesprochen werden soll.
`Stimme`	Auswahl einer auf dem Computer verfügbaren Stimme.

`Sprachausgabe beenden vor Fortsetzung`	Der nächste Skriptschritt wird ausgeführt, sobald die Sprachausgabe abgeschlossen ist.

SQL Query ausführen
Führt eine *SQL*-Anweisung aus. Dies erlaubt die Manipulation von Daten einer fremden Datenquelle über die ODBC-Schnittstelle.

Aufruf

```
SQL Query ausführen [Ohne Dialogfeld; ODBC: <Quelle>;
<SQL Befehle>]
```

Optionen

`Ohne Dialogfeld`	Unterdrückt die Dialoge *SQL angeben*, *ODBC-Datenquelle auswählen* und *Passwort*.
`Angeben`	Auswahl einer *ODBC*-Datenquelle.
`Berechneter SQL-Text`	Zusammenstellung der *SQL*-Anweisungen durch eine Formel.
`SQL-Text`	Manuelle Eingabe der *SQL*-Anweisungen als statischer Text.

Telefonnummer wählen
Wählt eine Telefonnummer.

Aufruf

```
Telefonnummer wählen [Ohne Dialogfeld; <Nummer>]
```

Optionen

`Ohne Dialogfeld`	Unterdrückt den Dialog *Telefonnummer wählen*.
`Telefonnummer`	Eingabe der Telefonnummer als statischer Text.
`Angeben`	Ermittlung der Telefonnummer durch eine Formel.
`Telefon-Voreinstellungen verwenden`	Verwendung der aktuellen Voreinstellungen abhängig vom Standort.

URL öffnen

Öffnet eine URL. Dieser Skriptschritt unterstützt *http*, *ftp*, *Datei* und *mailto*.

Aufruf

```
URL öffnen [Ohne Dialogfeld; <URL>]
```

Optionen

`Ohne Dialogfeld`	Unterdrückt den Dialog *URL öffnen*.
`Optionen`	Auswahl von Optionen im Dialog Optionen für *URL öffnen*

Web-Viewer festlegen

Steuert den angegebenen *Web Viewer*. Dieser Schritt funktioniert nur für benannte *Web Viewer*-Objekte.

Aufruf

```
Web-Viewer festlegen [Objektname: <Name>; Aktion: <Aktion>]
```

Optionen

`Objektname`	Name des *Web Viewers*.
`Aktualisieren`	Lädt die aktuelle Webseite neu.
`Gehe zu URL`	Angabe einer Webadresse.
`Vorwärts`	Geht eine Seite vor.
`Zurück`	Geht eine Seite zurück.
`Zurücksetzen`	Setzt den *Web Viewer* auf seine ursprünglich angegebene Webadresse zurück.

Werkzeugleisten zulassen

Blendet die Formatierungsleiste ein und aus.

Aufruf

```
Werkzeugleisten zulassen [<Zustand>]
```

Optionen

`Ein`	Blendet die Leiste ein.
`Aus`	Blendet die Leiste aus.

Statusfunktionen

Statusfunktionen dienen während der Ausführung von Skripts zur Ermittlung von Informationen über den Status einer Datenbankdatei einschließlich der darin befindlichen Elemente und der darin ausgeführten Aktionen.

Hole (AbfrageAusschlussStatus)

Liefert den Status der Option *Ohne* im Suchenmodus. Dieser Boolsche Wert ist »1«, wenn die Option *Ohne* eingestellt ist.

Ergebnistyp *Zahl*

Hole (AktivesFeldInhalt)

Liefert den Inhalt des aktuell aktiven Felds.

Ergebnistyp *Datum, Medien, Text, Zahl, Zeit, Zeitstempel*

Hole (AktivesFeldName)

Liefert den Namen des aktuell aktiven Feld.

Ergebnistyp *Text*

Hole (AktivesFeldTabellenName)

Liefert den Name der Tabelle, die das aktuell aktive Feld enthält. Ist kein Feld aktiv, gibt diese Funktion eine leere Zeichenfolge zurück.

Ergebnistyp *Text*

Hole (AktivesFeldWiederholungNr)

Liefert den Feldindex der aktiven Wiederholung eines Wiederholfelds.

Ergebnistyp *Zahl*

Hole (AktivesLayoutobjektName)

Liefert den Namen des aktiven Layoutobjekts im aktiven Fenster. Ist kein Objekt aktiv, gibt diese Funktion eine leere Zeichenfolge zurück.

Ergebnistyp *Text*

Hole (AktiveTextAuswahlGröße)

Liefert die Anzahl der in einem Text ausgewählten Zeichen.

Ergebnistyp *Zahl*

Hole (AktiveTextAuswahlStart)

Liefert die Position des Anfangszeichens im ausgewählten Text. Fehlt eine Auswahl, gibt diese Funktion die aktuelle Position der Einfügemarke zurück.

Ergebnistyp *Zahl*

Hole (AngepasstenMenüsetName)

Liefert den Namen des aktiven angepassten Menüsets. Ist das Standard-Menüset eingestellt, liefert diese Funktion eine leere Zeichenkette.

Ergebnistyp *Text*

Hole (AnwenderAbbruchZulassenStatus)

Liefert den aktuellen Status des Skriptschritts `AnwenderAbbruchZulassen setzen`.

Ergebnistyp *Zahl*

Hole (AnzahlAbfrageEinträge)

Liefert die Gesamtanzahl der Suchabfragen, die für die aktuelle Tabelle definiert sind.

Ergebnistyp *Zahl*

Hole (AnzahlAktiveBenutzer)

Liefert die Anzahl der derzeit auf die Datei zugreifenden Benutzer. Ist das *FileMaker-Netzwerk-Sharing* ausgeschaltet, gibt diese Funktion eine »1« zurück. Im eingeschalteten Fall liefert sie »1« plus die Anzahl der Nutzer. Zugriffe mittels *ODBC* oder *JDBC* werden nicht gezählt.

Ergebnistyp *Zahl*

Hole (AnzahlDatensätzeGesamt)

Liefert die Gesamtanzahl der Datensätze in der aktuellen Tabelle.

Ergebnistyp *Zahl*

Hole (AnzahlGefundeneDatensätze)

Liefert die Anzahl der Datensätze in der aktuellen Ergebnismenge.

Ergebnistyp *Zahl*

Hole (AusschnittZeileNr)
Liefert die Nummer der aktiven Ausschnittszeile. Ist keine Ausschnittszeile aktiv, liefert diese Funktion eine »0«.

Ergebnistyp *Zahl*

Hole (Bildschirmbreite)
Liefert die Anzahl der Pixel, die horizontal am Bildschirm angezeigt werden.

Ergebnistyp *Zahl*

Hole (Bildschirmhöhe)
Liefert die Anzahl der Pixel, die vertikal am Bildschirm angezeigt werden.

Ergebnistyp *Zahl*

Hole (Bildschirmtiefe)
Liefert die Anzahl der Bits, die zur Darstellung der Farbe oder Graustufe eines Pixels am Hauptbildschirm erforderlich sind.

Ergebnistyp *Zahl*

Hole (DateiBerechtigungen)
Liefert den Namen der Berechtigungen des aktuellen Benutzerkontos.

Ergebnistyp *Text*

Hole (DateiBerechtigungenErweitert)
Liefert eine Liste sämtlicher Schlüsselwörter für die aktivierten erweiterten Zugriffsrechte. Die einzelnen Wörter sind durch Absatzende-Zeichen voneinander getrennt. Sie identifiziert die erweiterten Zugriffsrechte, die dem Konto des aktuellen Benutzers zu Verfügung stehen. Sind einem Benutzer keine erweiterten Zugriffsrechte zugewiesen, gibt diese Funktion eine leere Zeichenfolge zurück.

Ergebnistyp *Text*

Hole (DateiGrößeBytes)
Liefert die Größe der aktuellen Datenbankdatei in Byte.

Ergebnistyp *Zahl*

Hole (DateiLayoutanzahl)
Liefert die Gesamtanzahl an Layouts in der aktuellen Datenbankdatei.

Ergebnistyp *Zahl*

Hole (DateiMehrbenutzerstatus)
Liefert den aktuellen Mehrbenutzerstatus der Datenbankdatei. Das Ergebnis ist »0«, wenn *Netzwerk-Sharing* ausgeschaltet ist.

Ergebnistyp *Zahl*

Hole (DateiName)
Liefert den Namen der aktuellen Datenbankdatei ohne Dateinamenerweiterung.

Ergebnistyp *Text*

Hole (DateiPfad)
Liefert den vollständigen Pfad zum Speicherort der Datei.

Ergebnistyp *Text*

Hole (DatensatzÄnderungenAnzahl)
Liefert die Gesamthäufigkeit der Änderungen, die am aktuellen Datensatz geschrieben wurden.

Ergebnistyp *Zahl*

Hole (DatensatzBerechtigungen)
Liefert die Zugriffsrechte des aktuellen Datensatzes. Diese Funktion eine gibt »0« zurück, wenn die Berechtigungen für den aktuellen Datensatz weder für *Anzeigen* noch für *Bearbeiten* auf *Ja* gesetzt sind. Ist *Anzeigen* auf *Ja* oder auf *Eingeschränkt* gesetzt, gibt sie eine »1« zurück. Ist *Bearbeiten* auf *Ja* oder auf *Eingeschränkt* gesetzt, gibt sie eine »2« zurück.

Ergebnistyp *Zahl*

Hole (DatensatzIDNr)
Liefert die eindeutige ID des aktuellen Datensatzes. Diese Ganzzahl ändert sich nie, *FileMaker* erzeugt sie bei der Erstellung eines Datensatzes.

Ergebnistyp *Zahl*

Hole (DatensatzOffenAnzahl)

Liefert die Zahl der Datensätze in der aktuellen Ergebnismenge, die noch nicht gespeichert wurden.

Ergebnistyp *Zahl*

Hole (DatensatzOffenStatus)

Liefert eine Zahl, die den Status des aktuellen Datensatzes repräsentiert. Diese Funktion gibt eine »0« für einen gespeicherten Datensatz zurück. Im Falle eines neuen, nicht gespeicherten Datensatzes gibt sie eine »1« zurück. Bei einem modifizierten, nicht gespeicherten Datensatz gibt sie eine »2« zurück

Ergebnistyp *Zahl*

Hole (DatensatzPositionInErgebnismenge)

Liefert die relative Position des aktuellen Datensatzes in der aktuellen Ergebnismenge. Diese Position kann sich, abhängig von Suchkriterien und Sortierfolgen, ändern.

Ergebnistyp *Zahl*

Hole (DesktopPfad)

Liefert den Pfad zum *Desktop*-Ordner des aktuellen Benutzers.

Ergebnistyp *Text*

Hole (DokumentenPfad)

Liefert den Pfad zum *Dokumente*-Ordner des aktuellen Benutzers.

Ergebnistyp *Text*

Hole (DokumentePfadListe)

Liefert eine Liste mit sämtlichen Dateien und Ordnern im *Dokumente*-Ordner. Die einzelnen Elemente in der Liste sind durch Zeilenschaltungen voneinander getrennt. Dateien und Ordner werden entsprechend der *FileMaker*-Namenskonventionen benannt.

Ergebnistyp *Text*

Hole (Druckername)
Liefert den Namen des Standarddruckers als Zeichenfolge.

Ergebnistyp *Text*

Hole (EinstellungenPfad)
Liefert den Pfad zum Ordner *Einstellungen* (*Preferences*) des aktuellen Benutzers.

Ergebnistyp *Text*

Hole (FehleraufzeichnungAktivStatus)
Liefert einen Booleschen Wert, der den Status des Scriptschritts `Fehleraufzeichnung setzen` kennzeichnet. Ist die Fehleraufzeichnung auf *Ein* gesetzt, gibt diese Funktion eine »1« zurück.

Ergebnistyp *Zahl*

Hole (Fensterbreite)
Liefert die aktuelle Fensterbreite der Datei in Pixel.

Ergebnistyp *Zahl*

Hole (Fensterhöhe)
Liefert die aktuelle Fensterhöhe in Pixel.

Ergebnistyp *Zahl*

Hole (FensterInhaltBreite)
Liefert die Breite des Inhaltsbereichs in Pixel. Der Inhaltsbereich umfasst weder die Titelleiste noch Rollbalken, Zoomsteuerungen und Seitenränder.

Ergebnistyp *Zahl*

Hole (FensterInhaltHöhe)
Liefert die Höhe des Inhaltsbereichs in Pixel. Der Inhaltsbereich umfasst weder die Titelleiste noch Rollbalken, Zoomsteuerungen und Seitenränder.

Ergebnistyp *Zahl*

Hole (FensterLinks)
Liefert den horizontalen Abstand in Pixel von der Außenkante des aktuellen Fensters bis zur linken Bildschirmkante.

Ergebnistyp *Zahl*

Hole (Fenstermodus)
Liefert den aktuellen *FileMaker*-Modus (0 – *Blättern*, 1 – *Suchen*, 2 – *Seitenansicht*, 3 – *aktueller Druckvorgang*).

Ergebnistyp *Zahl*

Hole (Fenstername)
Liefert den Namen des aktuellen Fensters.

Ergebnistyp *Text*

Hole (FensterOben)
Liefert den vertikalen Abstand in Pixel von der Außenkante des aktuellen Fensters bis zur unteren Kante der Menüleiste.

Ergebnistyp *Zahl*

Hole (FensterSchreibtischBreite)
Liefert die Breite des Desktopbereichs in Pixel.

Ergebnistyp *Zahl*

Hole (FensterSchreibtischHöhe)
Liefert die Höhe des Desktopbereichs in Pixel.

Ergebnistyp *Zahl*

Hole (FensterSichtbar)
Liefert einen Booleschen Wert, der die Sichtbarkeit des aktuellen Fensters repräsentiert.

Ergebnistyp *Zahl*

Hole (FensterZoomStufe)
Liefert die Zoomstufe des aktuellen Fensters.

Ergebnistyp *Zahl*

Hole (FileMakerPfad)
Liefert den Pfad zum Ordner mit dem aktuell ausgeführten *FileMaker*-Programm.

Ergebnistyp *Text*

Hole (FormelWiederholungNr)
Liefert eine Zahl, die den Feldindex des aktuell berechneten Formelfelds angibt. Ist das aktuelle Feld kein Wiederholfeld, gibt diese Funktion eine »1« zurück.

Ergebnistyp *Zahl*

Hole (HoherKontrastFarbe)
Liefert den Namen des eingestellten Standard-Farbschemas, wenn *Kontrast aktivieren* im Dialog *Eingabehilfen* von Windows aktiviert ist.

Ergebnistyp *Text*

Hole (HoherKontrastStatus)
Liefert einen Booleschen Wert, der den Zustand des Kontrollkästchens *Kontrast aktivieren* im Dialog *Eingabehilfen* repräsentiert. Ist *Kontrast aktivieren* eingestellt, gibt diese Funktion eine »1« zurück.

Ergebnistyp *Zahl*

Hole (HostAnwendungVersion)
Liefert die Version von *FileMaker Pro* oder *FileMaker Server*, die auf dem Rechner läuft, der die aktuelle Datenbank bereitstellt.

Ergebnistyp *Text*

Hole (HostIPAdresse)
Liefert die *IP*-Adresse des Host-Rechners für die aktuelle Datenbank.

Ergebnistyp *Text*

Hole (HostName)
Liefert den registrierten Name des Rechners, der die Datenbankdatei bereitstellt

Ergebnistyp *Text*

Hole (HostZeitstempel)

Liefert das aktuelle Datum und die sekundengenaue aktuelle Uhrzeit entsprechend der Systemuhr des Hosts.

Ergebnistyp *Zeitstempel*

Hole (Kontoname)

Liefert den authentifizierten Namen des aktuellen Benutzerkontos.

Ergebnistyp *Text*

Hole (LayoutAnzeigeAlsStatus)

Liefert die Nummer der Ansicht der aktuellen Datenbankdatei. Für die Formularansicht gibt diese Funktion eine »0«, für die Listenansicht eine »1« und für die Tabellenansicht eine »2« zurück.

Ergebnistyp *Zahl*

Hole (LayoutBerechtigungen)

Liefert eine Zahl entsprechend der im Dialog *Konten und Zugriffsrechte verwalten* festgelegten Layout-Zugriffsrechte. Diese Funktion gibt für die Berechtigung *Datensätze über dieses Layout* eine »0« bei *Keinen Zugriff* zurück. Bei *Nur Anzeige* gibt sie »1« und bei *veränderbaren Zugriff* eine »2« zurück.

Ergebnistyp *Zahl*

Hole (LayoutName)

Liefert den Namen des aktuellen Layouts.

Ergebnistyp *Text*

Hole (LayoutNummer)

Liefert die Nummer des aktuellen Layouts.

Ergebnistyp *Zahl*

Hole (LayoutTabellenname)

Liefert den Name der Tabelle, deren Datensätze das aktuelle Layout anzeigt.

Ergebnistyp *Text*

Hole (LetzteFehlerNr)

Liefert bei der Ausführung des letzten Scriptschritts im Fehlerfall den entsprechenden Fehlercode. Bei erfolgreicher Ausführung des letzten Scriptschritts gibt diese Funktion eine »0« zurück.

Ergebnistyp *Zahl*

Hole (LetzteMeldungswahl)

Liefert die Nummer der im Skriptschritt `Eigenes Dialogfeld anzeigen` betätigten Schaltfläche. Diese Funktion gibt eine »1« für die erste (rechte), eine »2« für die zweite (Mitte) und eine »3« für die dritte (linke) Schaltfläche zurück.

Ergebnistyp *Zahl*

Hole (LetztenODBCFehler)

Liefert eine Zeichenfolge, die den *ODBC*-Fehlerstatus repräsentiert.

Ergebnistyp *Text*

Hole (Netzwerkprotokoll)

Liefert den Namen des Netzwerkprotokolls, das *FileMaker* auf diesem Rechner verwendet.

Ergebnistyp *Text*

Hole (ProgrammBenutzername)

Liefert den Namen des *FileMaker*-Benutzers, der im Register *Allgemein* des Dialogs *Einstellungen* angegeben ist.

Ergebnistyp *Text*

Hole (ProgrammSprache)

Liefert einen Text mit Angabe der aktuellen Programmsprache.

Ergebnistyp *Text*

Hole (ProgrammVersion)

Liefert einen Text mit Angabe der aktuellen *FileMaker*-Programmversion.

Ergebnistyp *Text*

Hole (SchnellsucheText)
Liefert den in das Feld *Schnellsuche* eingegebenen Text.

Ergebnistyp *Text*

Hole (ScriptErgebnis)
Liefert das Skriptergebnis eines ausgeführten Teilskripts.

Ergebnistyp *Text*

Hole (ScriptName)
Liefert den Name des gerade ausgeführten oder unterbrochenen Scripts.

Ergebnistyp *Text*

Hole (ScriptParameter)
Liefert den an das aktuelle Script übergebenen Skriptparameter.

Ergebnistyp *Text*

Hole (Seitennummer)
Liefert die Nummer der aktuellen Seite, die gerade gedruckt wird oder in der Seitenansicht angezeigt ist.

Ergebnistyp *Zahl*

Hole (SonderTastenGedrückt)
Liefert eine Zahl zur Identifizierung aktuell gedrückter Sondertasten.

Ergebnistyp *Zahl*

Wert	Taste Mac OS X	Taste Windows
1	Umschalt	Umschalt
2	Feststell	Feststell
4	ctrl	strg
8	Options	alt
16	Befehl	

Hole (Sortierstatus)
Liefert den aktuellen Sortierstatus der Ergebnismenge. Diese Funktion eine gibt »0« zurück, wenn die Datensätze der aktuellen Tabelle nicht

sortiert sind. Sind sie sortiert, gibt diese Funktion eine »1« zurück. Im Falle einer Teilsortierung gibt sie eine »2« zurück.

Ergebnistyp *Zahl*

Hole (StatusbereichSichtbarStatus)
Liefert den Status der Statussymbolleiste (0 – ausgeblendet, 1 – sichtbar, 2 – sichtbar und fixiert, 3 – ausgeblendet und fixiert).

Ergebnistyp *Zahl*

Hole (SystemDatum)
Liefert das aktuelle Datum entsprechend des Systemkalenders.

Ergebnistyp *Datum*

Hole (SystemformateVerwendenStatus)
Liefert einen Booleschen Wert, der den Status des Menübefehls *Systemformate verwenden* repräsentiert. Diese Funktion eine gibt »1« zurück, wenn *Systemformate verwenden* ausgewählt ist.

Ergebnistyp *Zahl*

Hole (SystemIPAdresse)
Liefert die *IP*-Adressen aller mit dem Rechner verbundenen *NIC* (*Network Interface Controller*)-Karten.

Ergebnistyp *Text*

Hole (SystemLaufwerk)
Liefert den Laufwerksbuchstaben (Windows) oder Volumenamen (Mac OS), auf dem sich das aktuell ausgeführte Betriebssystem befindet.

Ergebnistyp *Text*

Hole (SystemNICAdresse)
Liefert eine Liste mit den *Hardware*-Adressen sämtlicher *NIC*-Karten, die mit dem Rechner verbunden sind.

Ergebnistyp *Text*

Hole (SystemPlattform)
Liefert eine die aktuelle Plattform repräsentierende Zahl (-1 – PowerPC basierte Macintosh-Systeme, 1 – Intel basierte Macintosh-Systeme, 2 – Windows basierte Systeme).

Ergebnistyp *Zahl*

Hole (SystemSprache)
Liefert die auf dem aktuellen Betriebssystem eingestellte Sprache.

Ergebnistyp *Text*

Hole (SystemUhrzeit)
Liefert die sekundengenaue, aktuelle Uhrzeit entsprechend der Systemuhr.

Ergebnistyp *Zeit*

Hole (SystemVersion)
Liefert die Version des aktuellen Betriebssystems.

Ergebnistyp *Text*

Hole (SystemZeitstempel)
Liefert das aktuelle Datum und die sekundengenaue, aktuelle Uhrzeit entsprechend der Systemuhr.

Ergebnistyp *Zeitstempel*

Hole (TemporärerPfad)
Liefert den Pfad zum temporären Ordner des aktuellen Benutzers.

Ergebnistyp *Text*

Hole (TextlinealSichtbar)
Liefert einen Booleschen Wert, der die Sichtbarkeit des Textlineals repräsentiert (1 – Anzeige, 0 – keine Anzeige des Textlineals).

Ergebnistyp *Zahl*

Hole (TriggerKurztasten)
Liefert den Status der Änderungstasten auf der Tastatur bei Aktivierung des *Script-Triggers*.

Ergebnistyp *Zahl*

Hole (TriggerTastendruck)
Liefert eine Zeichenkette, bestehend aus den Zeichen, die einen *Script-Trigger* `BeiObjektTastendruck` oder `BeiLayoutTastendruck` ausgelöst haben.

Ergebnistyp *Text*

Hole (WerkzeugleistenZulassenStatus)
Liefert einen Booleschen Wert, der die Zulässigkeit der Anzeige von Werkzeugleisten repräsentiert. Sind Symbolleisten zugelassen, gibt diese Funktion eine »1« zurück.

Ergebnistyp *Zahl*

Sortieren und Suchen

8

Sortieren

Datensätze speichert *FileMaker* in der zeitlichen Reihenfolge ihrer Eingabe in die Datenbank. Dies ist nun in den seltensten Fällen die Anordnung, die eine gute Übersicht bietet. Für unsere Aufgabenliste benötigen wir stattdessen – abhängig von der jeweiligen Aufgabenstellung – eine nach Fälligkeit, nach verantwortlichem Mitarbeiter oder nach Priorität geordnete Ergebnismenge.

Datensätze | Datensätze sortieren… (⌘-S/ctrl-S) ermöglicht es, Datensätze vorübergehend neu anzuordnen. Diese so erzeugte Reihenfolge wird bis zu einer neuen Suche oder einem erneuten Sortierbefehl beibehalten. Der Aufruf des Dialogs *Datensätze sortieren* bedeutet nun keinen großen Aufwand. Bei immer wieder benötigten Sortierungen ist es aber wünschenswert, diese per Mausklick herzustellen. Dies leistet der Skriptbefehl `Sortieren`.

In der Aufgabenliste, inzwischen in Version 5, hatten wir die Layouts für die Mitarbeiter auf Vordermann gebracht. Das müssen wir noch für die Aufgaben nachholen. Öffnen Sie also, falls noch nicht geschehen, die Datei *Aufgabenliste_5.fp7* und wechseln Sie in den *Layout*-Modus. Löschen Sie zunächst, um einen besseren Überblick zu schaffen, sämtliche Layouts außer *Mitarbeiter Ueb* und *Mitarbeiter Det*. Dies gelingt Ihnen mit *Layouts | Layout löschen…* (⌘-E/ctrl-E). Duplizieren Sie anschließend das Layout *Mitarbeiter Ueb* mittels *Layouts | Layout duplizieren*. Öffnen Sie den Dialog *Layouteinstellung* über *Layouts | Layouteinstellung…*, Register *Allgemein*. Benennen Sie das Layout um in *Aufgaben Ueb* und stellen Sie *Datensätze zeigen von*: auf *Aufgaben*.

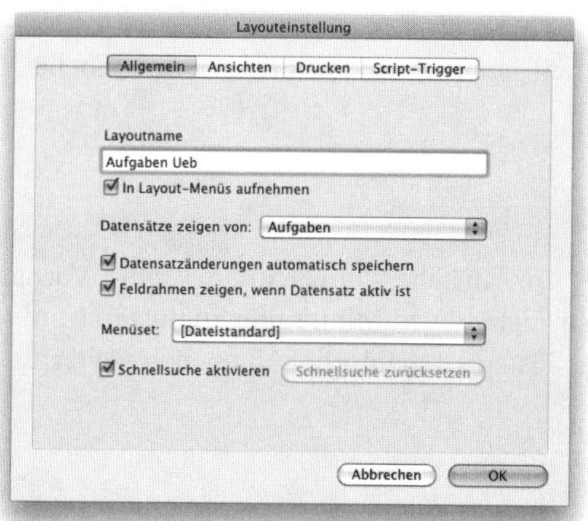

Die Einstellungen für das Layout »Aufgaben Ueb«.

Da wir gerade dabei sind, duplizieren Sie auch das Layout *Mitarbeiter Det*. Benennen Sie es ebenfalls um in *Aufgaben Det* und stellen Sie im Dialog *Layouteinstellung Datensätze zeigen von*: auf *Aufgaben*.

Nun passen wir das Layout *Aufgaben Ueb* entsprechend an. Wir ändern zunächst den Titel im Kopfbereich in *Aufgaben Übersicht*. Die im Layout vorhandenen Feldobjekte ändern wir mit Hilfe des Dialogs *Feld angeben* dahingehend, dass sie Informationen aus der Tabelle *Aufgaben* anzeigen. Den Dialog, Sie erinnern sich, öffnen wir mit einem Doppelklick auf das jeweilige Feldobjekt. Nicht benötigte Feldobjekte löschen wir. Nun ergänzen wir das Layout um Tasten für den Layout-Wechsel. Dazu vergrößern wir den Kopf-Bereich, indem wir die Trennungslinie zwischen Kopf-und Datenbereich nach unten ziehen, und zwar so weit, dass die Tasten zwischen Layout-Beschriftung und Feldüberschriften Platz finden.

Die Vergrößerung des Kopfbereichs.

Verschieben Sie die Taste *MA Details* in den Zwischenraum von Layout-Beschriftung und Feldüberschriften. Duplizieren Sie diese Taste insgesamt drei Mal. Benennen Sie die drei neu erzeugten Tasten mit dem *Textwerkzeug* um zur Kennzeichnung der Ziel-Layouts. Ändern Sie auch die Skriptparameter entsprechend. Das Skript *Layout_Nav* bedarf keiner Ergänzung. Wählen Sie zu guter Letzt noch eine andere Farbe für die Taste *Aufgaben Üb*. Dies soll verdeutlichen, dass dies das aktuelle Layout ist.

Das Layout »Aufgaben Ueb«.

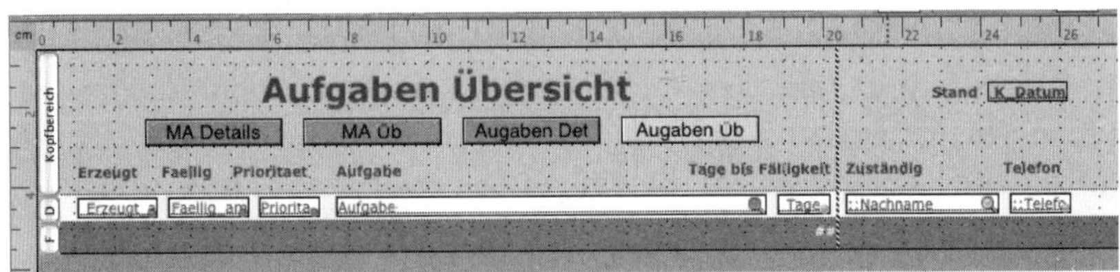

Nun erzeugen wir noch ein weiteres Feld in der Tabelle *Mitarbeiter*.

Das neue Feld in der Tabelle »Mitarbeiter«.

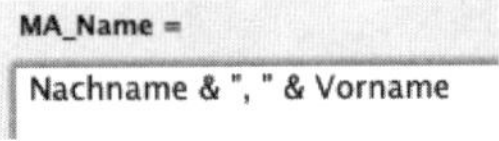

Dies erlaubt es uns, anstelle von Nachnamen und Vornamen ein einziges Feld für den zuständigen Mitarbeiter zu nutzen (und spart gleichzeitig Platz in der Listendarstellung). Sollten sich weiterhin in der Aufgabentabelle noch Felder zur Aufnahme von Informationen zu Mitarbeitern befinden, löschen Sie alle mit Ausnahme von *MA_ID*. Dies wird als Schlüsselfeld nach wie vor benötigt.

Damit haben wir die Umgestaltungs-Maßnahmen abgeschlossen. Wir kommen nun zum eigentlichen Zweck unserer Aktivitäten, nämlich Sortierungen per Mausklick auslösen zu können. Es macht Sinn, die jeweiligen Feldbeschriftungen im Kopfbereich als Tasten zu verwenden und ihnen die entsprechende Sortieranweisung zuzuordnen. Am einfachsten geht dies über das Kontext-Menü.

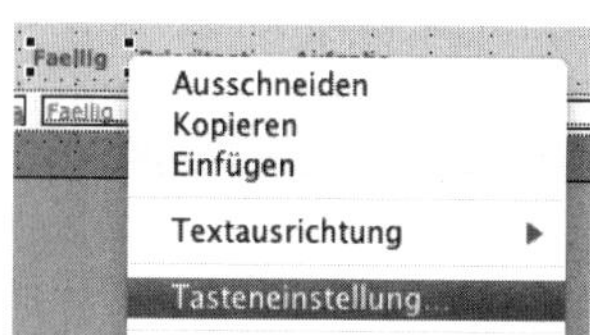

Verwendung einer Feldbeschriftung als Taste.

Wir können den Sortierbefehl direkt der Taste zuordnen.

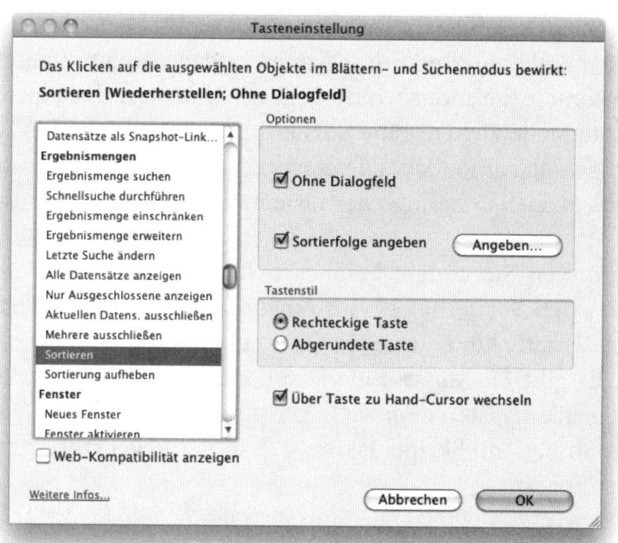

Der Dialog »Tasteneinstellung«.

Die angegebene Sortierfolge wird diesem Skriptschritt zugeordnet und mit ihm gespeichert. Das Dialogfeld benötigen wir höchstens am Anfang zur Kontrolle. Wenn alles so funktioniert wie gewünscht, können wir jederzeit den Haken bei *Ohne Dialogfeld* setzen. Geben Sie die Felder an, nach denen sortiert werden soll. *FileMaker* sortiert nach dem ersten angegebenen Sortierfeld. Weisen mehrere Felder im zweiten Sortierfeld den gleichen Wert auf, erfolgt eine weitere Sortierung nach diesem Feld. Analog gilt das auch für weitere angegebene Felder.

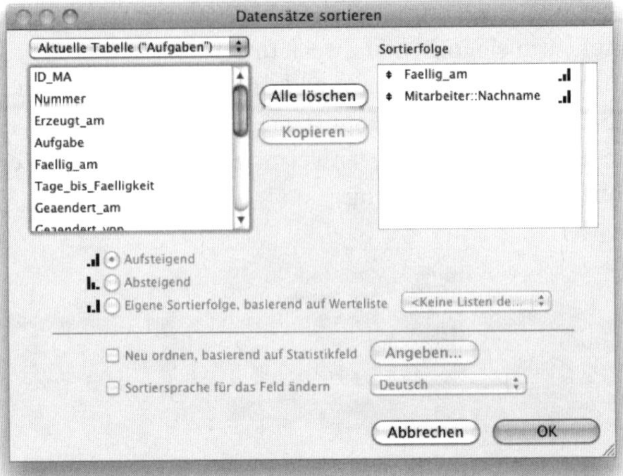

Die Angabe einer Sortierfolge im Skriptschritt.

Die Sortierfelder wählen Sie im Dialog *Datensätze sortieren* durch Doppelklick auf einen oder mehrere Namen in der Liste links aus. Die Reihenfolge können Sie ändern, indem Sie die Namen rechts einfach an die gewünschte Stelle ziehen. Eine Sortierung nach Feldern aus Bezugstabellen ist ebenfalls möglich. Die entsprechende Tabelle können Sie mit dem Einblendmenü oberhalb der Liste mit den Feldnamen auswählen.

Analog können Sie andere Feldbeschriftungen als Tasten definieren und ihnen den Sortierbefehl mit einer individuellen Sortierfolge zuweisen. Alternativ können Sie ein Skript erstellen, das alle Sortierfolgen abdeckt. Es gibt *FileMaker*-Entwickler, die grundsätzlich oder nur in Ausnahmefällen Tasten dedizierte Skriptbefehle zuordnen. Dies macht durchaus Sinn, denn Skripte lassen sich in der Regel einfacher modifizieren oder ergänzen.

Öffnen Sie also den Dialog *Skripts verwalten* und erzeugen Sie ein neues Skript. Nennen Sie es `Sort_Aufgaben`. Als Parameter übergeben wir ein Zeichen, das die erwünschte Sortierfolge repräsentiert. Diesen Parameter legen wir als Erstes in einer lokalen Variablen ab. Den Rest erledigen wir, wie schon vom Navigations-Skript her bekannt, durch *Wenn*-Abfragen. Da können wir wieder viel mit Kopieren und Einsetzen arbeiten. An das Ende des Skriptes platzieren wir vorsichtshalber noch einen

Dialog. Eigentlich sollte dieser Schritt nie erreicht werden. Falls doch, haben Sie an einer Stelle einen nicht durch das Skript abgedeckten Parameter angegeben.

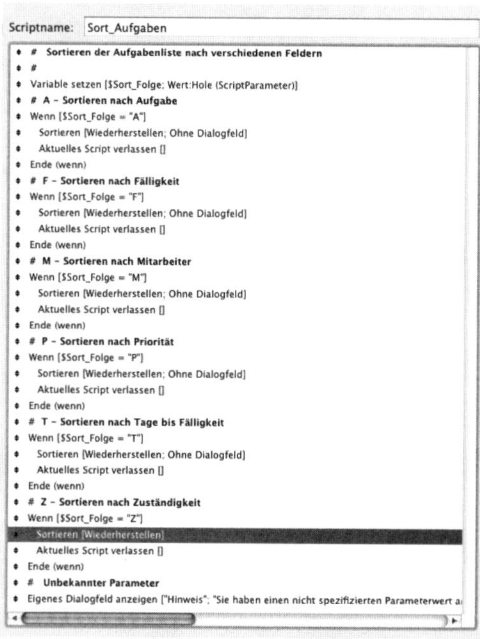

Das Skript für diverse Sortierfolgen.

Weisen Sie jetzt den entsprechenden Feldbeschriftungen dieses Skript zu und spezifizieren Sie den jeweiligen Parameter.

Die Zuweisung von Skript zu Taste.

Im Dialogfeld *Datensätze sortieren* können Sie zum Ausführungszeitpunkt des Skriptschrittes die Sortierfolge noch im Dialog modifizieren.

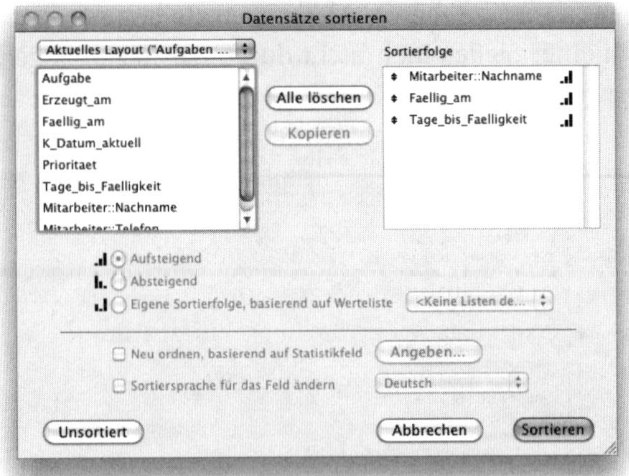

Der Dialog des Skriptschritts »Sortieren«.

Testen Sie die neu erzeugten Tasten aus. Überprüfen Sie auch die erweiterte Layout-Navigation.

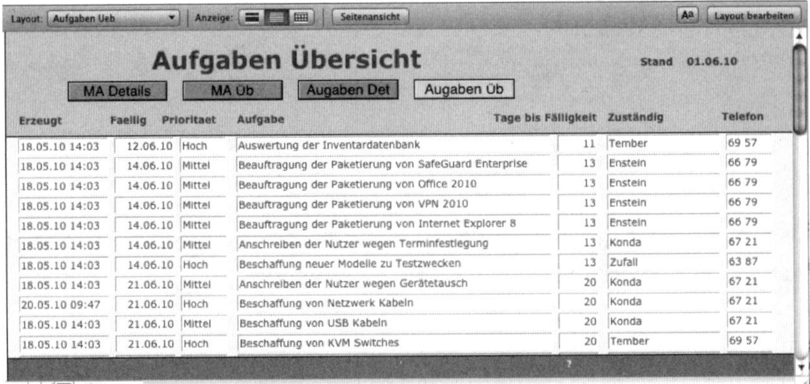

Erzeugt	Faellig	Prioritaet	Aufgabe	Tage bis Fälligkeit	Zuständig	Telefon
18.05.10 14:03	12.06.10	Hoch	Auswertung der Inventardatenbank	11	Tember	69 57
18.05.10 14:03	14.06.10	Mittel	Beauftragung der Paketierung von SafeGuard Enterprise	13	Enstein	66 79
18.05.10 14:03	14.06.10	Mittel	Beauftragung der Paketierung von Office 2010	13	Enstein	66 79
18.05.10 14:03	14.06.10	Mittel	Beauftragung der Paketierung von VPN 2010	13	Enstein	66 79
18.05.10 14:03	14.06.10	Mittel	Beauftragung der Paketierung von Internet Explorer 8	13	Enstein	66 79
18.05.10 14:03	14.06.10	Mittel	Anschreiben der Nutzer wegen Terminfestlegung	13	Konda	67 21
18.05.10 14:03	14.06.10	Hoch	Beschaffung neuer Modelle zu Testzwecken	13	Zufall	63 87
18.05.10 14:03	21.06.10	Mittel	Anschreiben der Nutzer wegen Gerätetausch	20	Konda	67 21
20.05.10 09:47	21.06.10	Hoch	Beschaffung von Netzwerk Kabeln	20	Konda	67 21
18.05.10 14:03	21.06.10	Mittel	Beschaffung von USB Kabeln	20	Konda	67 21
18.05.10 14:03	21.06.10	Hoch	Beschaffung von KVM Switches	20	Tember	69 57

Aufgabenliste – nach Fälligkeit sortiert.

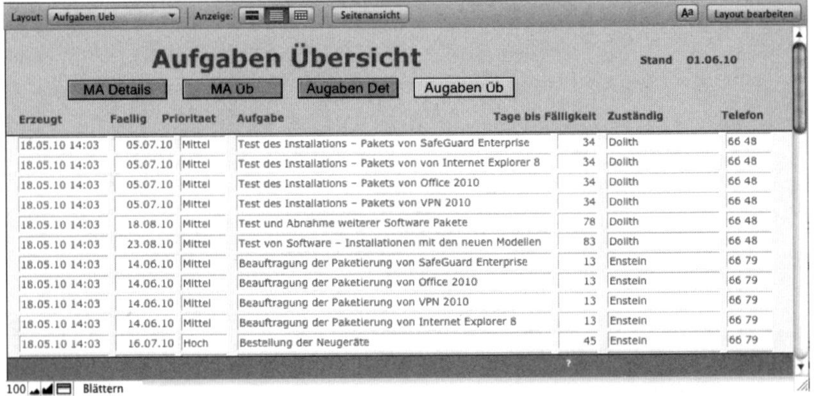

Erzeugt	Faellig	Prioritaet	Aufgabe	Tage bis Fälligkeit	Zuständig	Telefon
18.05.10 14:03	05.07.10	Mittel	Test des Installations - Pakets von SafeGuard Enterprise	34	Dolith	66 48
18.05.10 14:03	05.07.10	Mittel	Test des Installations - Pakets von von Internet Explorer 8	34	Dolith	66 48
18.05.10 14:03	05.07.10	Mittel	Test des Installations - Pakets von Office 2010	34	Dolith	66 48
18.05.10 14:03	05.07.10	Mittel	Test des Installations - Pakets von VPN 2010	34	Dolith	66 48
18.05.10 14:03	18.08.10	Mittel	Test und Abnahme weiterer Software Pakete	78	Dolith	66 48
18.05.10 14:03	23.08.10	Mittel	Test von Software - Installationen mit den neuen Modellen	83	Dolith	66 48
18.05.10 14:03	14.06.10	Mittel	Beauftragung der Paketierung von SafeGuard Enterprise	13	Enstein	66 79
18.05.10 14:03	14.06.10	Mittel	Beauftragung der Paketierung von Office 2010	13	Enstein	66 79
18.05.10 14:03	14.06.10	Mittel	Beauftragung der Paketierung von VPN 2010	13	Enstein	66 79
18.05.10 14:03	14.06.10	Mittel	Beauftragung der Paketierung von Internet Explorer 8	13	Enstein	66 79
18.05.10 14:03	16.07.10	Hoch	Bestellung der Neugeräte	45	Enstein	66 79

Aufgabenliste – nach Verantwortlichem sortiert.

Suchen von Informationen

Die Suche nach Informationen zählt mit zu den häufigsten in einer Datenbank durchgeführten Tätigkeiten. Ein Suchvorgang schränkt die Zahl der verfügbaren Datensätze für eine gewisse Zeit ein. Er ermittelt diejenigen Datensätze, bei denen ausgewählte Feldinhalte bestimmten Kriterien genügen. Die Gesamtheit dieser Datensätze ist die Ergebnismenge. Die Anzahl der in einer Ergebnismenge enthaltenen Datensätze ist im linken Teil der Statussymbolleiste zusammen mit der Gesamtzahl der Datensätze angezeigt. Das hellgrüne Segment des grünen Kreises repräsentiert den Anteil der gefundenen Datensätze.

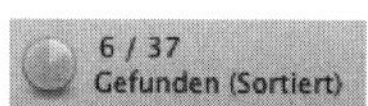

Die Anzeige der Anzahl von Datensätzen (Ergebnismenge / Gesamt) und des Sortierstatus.

Die einfachste Suche ist die ab *FileMaker 11* verfügbare, Spotlight-ähnliche Schnellsuche, die sämtliche Felder eines Layouts nach einem Suchbegriff durchforstet. Sind mehrere Wörter in das Suchfeld eingegeben, ermittelt *FileMaker* die Datensätze, die sämtliche Wörter enthalten. Im *Layout*-Modus kennzeichnet ein Lupensymbol im Feldobjekt, dass das zugehörige Feld in der Schnellsuche berücksichtigt ist. Ein grünes Symbol charakterisiert Felder aus der zugehörigen Tabelle. Gelb zeigt an, dass die Suche länger dauern kann, beispielsweise bei Bezugsfeldern oder nicht indizierbaren Feldern.

Die Kennzeichnung von Feldobjekten für die Schnellsuche.

Standardmäßig sind alle Layouts für die Schnellsuche aktiviert. Zudem sind alle Felder für die Schnellsuche berücksichtigt. Sind die Schnellsuchesymbole, also die Lupen, in einem Layout nicht angezeigt, lässt sich dies über *Ansicht | Einblenden | Schnellsuche* einstellen. Das Deaktivieren der Schnellsuche für ein ganzes Layout kann im Dialog *Layouteinstellung* erfolgen.

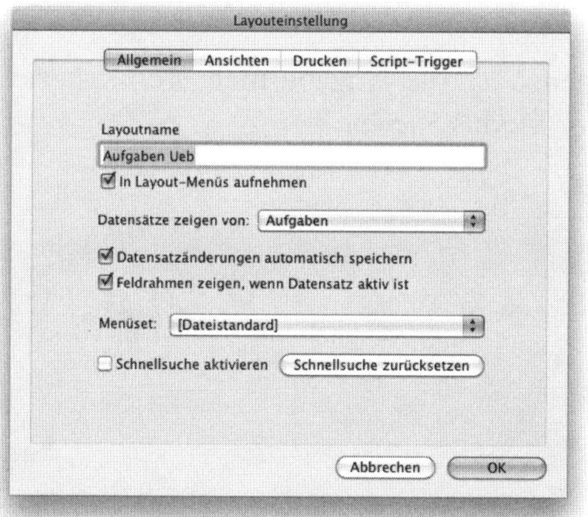

Das Aktivieren der Schnellsuche erfolgt im Dialog »Layouteinstellung«.

Um ein Feld für die Schnellsuche zu deaktivieren, aktivieren Sie das zugehörige Feldobjekt und wählen Sie im *Inspektor* das Register *Daten*. Entfernen Sie im Bereich *Verhalten* den Haken bei *Feld in Schnellsuche einschließen*.

Ausschluss eines Feldes aus der Schnellsuche.

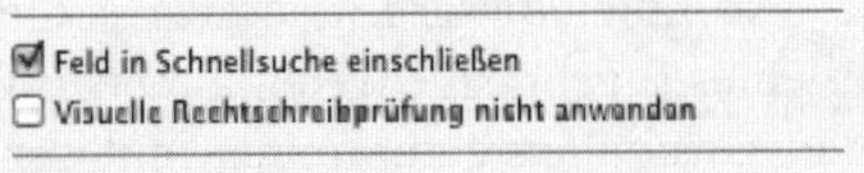

Eine zweite einfache Suchmethode ist die Suche nach übereinstimmenden Datensätzen.

Die Suche nach übereinstimmenden Datensätzen.

Klicken Sie im *Blättern*-Modus einfach in ein Feld, das den gesuchten Text enthält. Rufen Sie mit ctrl-Mausklick/rechter Maustaste das Kontextmenü auf und wählen Sie *Übereinstimmende Datensätze suchen*. Die Ergebnismenge besteht dann nur noch aus Datensätzen, die den angegebenen Text im gewählten Feld enthalten. Ist nur ein Teil des Textes für die Suche von Interesse, markieren Sie diesen Teil und gehen Sie analog vor.

Genauere Suchen oder die Angabe mehrerer Kriterien erfordern die Verwendung des Modus *Suchen*.

Einfache Suchen

Den Wechsel in den Modus *Suchen* erledigen Sie am schnellsten mit ⌘-F/ctrl-F. Sie können jedes Layout zum Suchen verwenden. Von der Ansicht her unterscheidet sich der Modus *Suchen* nicht sehr vom *Blättern*, die leeren Felder sind hier mit einem grauen Lupensymbol versehen. So wie Sie im *Blättern*-Modus Informationen in die Felder eingeben, fügen Sie hier Suchkriterien in ausgewählte Felder ein. Diese Suchkriterien stellen Anweisungen dar, Datensätze mit bestimmten Feldinhalten aufzufinden.

Betrachten wir wieder unsere Aufgabenliste. Sie möchten sich von einem bestimmten Mitarbeiter sämtliche ihm zugeteilten Aufgaben mit der Priorität *Mittel* anzeigen lassen. Wechseln Sie im Layout *Aufgaben Ueb* in den *Suchen*-Modus. Geben Sie bei Priorität *Mittel* und bei zuständig *Konda* ein.

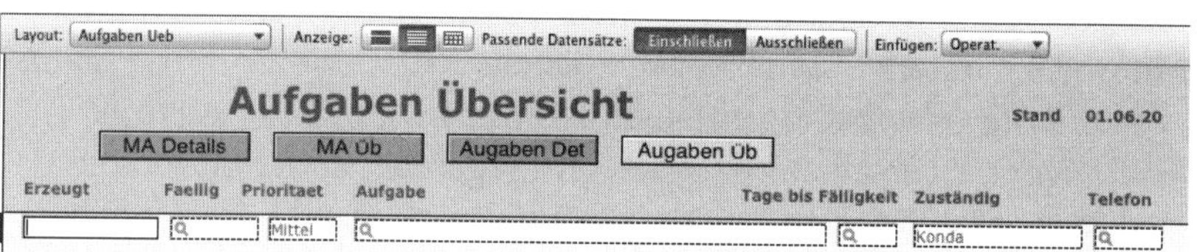

Eine einfache Suchabfrage.

Klicken Sie auf *Ergebnismenge suchen* in der Statussymbolleiste oder betätigen Sie die Eingabetaste. Nach Abschluss des Suchvorgangs kehrt *FileMaker* unmittelbar in den *Blättern*-Modus zurück und zeigt die gefundenen Datensätze an.

Ein Doppelklick auf das Kreisdiagramm in der Statussymbolleiste wechselt die Anzeige zwischen aktueller Ergebnismenge und ausgeschlossenen Datensätzen.

Layout: Aufgaben Ueb | Anzeige: | Seitenansicht

Aufgaben Übersicht — Stand 01.06.10

MA Details | MA Üb | Augaben Det | Augaben Üb

Erzeugt	Faellig	Prioritaet	Aufgabe	Tage bis Fälligkeit	Zuständig	Telefon
18.05.10 14:03	21.06.10	Mittel	Anschreiben der Nutzer wegen Gerätetausch	20	Konda	67 21
18.05.10 14:03	02.07.10	Mittel	Auswertung der Antwortschreiben	31	Konda	67 21
18.05.10 14:03	05.07.10	Mittel	Nachtelefonieren der Antwort - Verweigerer	34	Konda	67 21
18.05.10 14:03	07.07.10	Mittel	Feststellen der aktuellen Geräte - Nutzer	36	Konda	67 21
18.05.10 14:03	14.06.10	Mittel	Anschreiben der Nutzer wegen Terminfestlegung	13	Konda	67 21
18.05.10 14:03	21.06.10	Mittel	Beschaffung von USB Kabeln	20	Konda	67 21
25.05.10 11:23	30.08.10	Mittel	Organisation von Hilfskräften für das Auspacken der	90	Konda	67 21

Die Ergebnismenge der Suchabfrage.

Die gerade durchgeführte Suche war eine so genannte UND-Suche. Wir hatten zwei Kriterien definiert, die beide erfüllt sein sollten. Gesucht waren alle Aufgaben der Priorität *Mittel* UND die von der Mitarbeiterin *Konda* zu erledigen sind. Möchten Sie sich das Gleiche für einen anderen Mitarbeiter anzeigen lassen, können Sie eine neue Suchabfrage starten. Einfacher ist es in diesem Fall, sich die letzte Suche erneut anzeigen zu lassen. Dazu müssen sie im *Blättern*-Modus *Datensätze | Letzte Suche ändern* aufrufen oder einfach ⌘-R/ctrl-R betätigen. Ersetzen Sie dann einfach den Namen des Mitarbeiters.

Wenn Sie sich die Aufgaben mehrerer Mitarbeiter anzeigen lassen möchten, ist dies eine ODER-Abfrage. Sie suchen in diesem Fall nach Datensätzen, die beispielsweise von den Mitarbeitern *Enstein* und *Zufall* zu erledigen sind. Sie wechseln also wieder in den *Suchen*-Modus und geben für *Zuständig* den Namen *Enstein* ein. Wo jetzt den zweiten Mitarbeiter unterbringen? Klicken Sie auf *Neue Abfrage* in der Statussymbolleiste oder betätigen Sie ⌘-N/ctrl-N (*Abfragen | Neue Abfrage hinzufügen*). Es erscheint eine neue Abfragezeile, in der Sie jetzt in das Feld *Zuständig* auch den Mitarbeiter *Zufall* eintragen können. Betätigen Sie die Eingabetaste, die Ergebnismenge enthält jetzt nur Aufgaben der Mitarbeiter *Enstein* und *Zufall*.

UND- sowie ODER-Suche lassen sich ohne weiteres miteinander kombinieren. Rufen Sie mittels ⌘-R/ctrl-R die letzte Suchabfrage auf. Tragen Sie für *Priorität* in beiden Abfragen *Hoch* ein und betätigen Sie die Eingabetaste.

Kombinierte UND/ ODER-Suchabfragen.

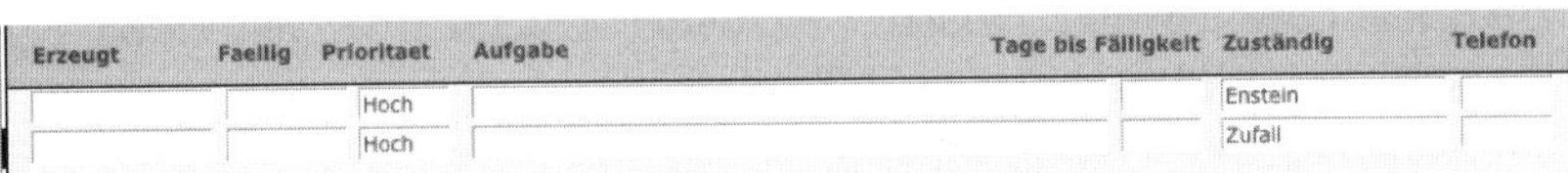

Jetzt werden für die beiden Mitarbeiter nur noch Aufgaben der Priorität *Hoch* angezeigt.

Die Ergebnismenge der kombinierten UND/ ODER-Suchabfragen.

Erzeugt	Faellig	Prioritaet	Aufgabe	Tage bis Fälligkeit	Zuständig	Telefon
18.05.10 14:03	16.07.10	Hoch	Bestellung der Neugeräte	45	Enstein	66 79
18.05.10 14:03	14.06.10	Hoch	Beschaffung neuer Modelle zu Testzwecken	13	Zufall	63 87
18.05.10 14:03	21.06.10	Hoch	Beschaffung von Festplatten für Fileserver	20	Zufall	63 87

Bei *FileMaker* führen in der Regel mehrere Wege zum Ziel. In diesem Fall können Sie auch als Erstes nach dem Mitarbeiter *Enstein* suchen. Danach starten Sie eine erneute Suche nach Mitarbeiter *Zufall*. Drücken

Sie jetzt auf keinen Fall die Eingabetaste, sondern wählen Sie *Abfragen | Ergebnismenge erweitern.*

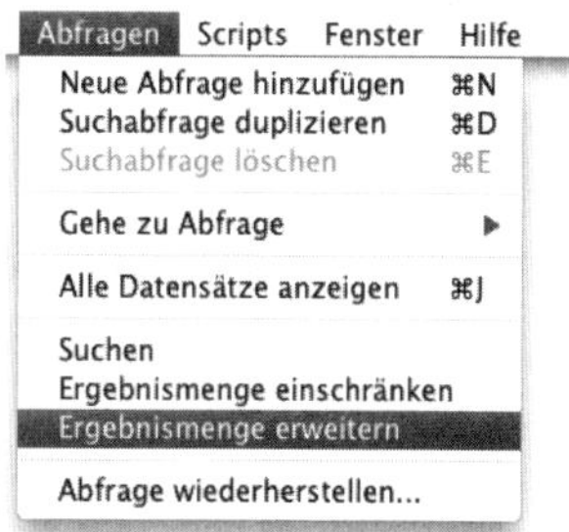

Das Erweitern einer Ergebnismenge.

Nun ist noch eine dritte Runde erforderlich. Starten Sie eine Suche nach der Priorität *Hoch* und wählen Sie dazu *Abfragen | Ergebnismenge einschränken.* Das Ergebnis sollte mit dem des ersten Weges übereinstimmen.

Sie können bei einer Suchabfrage auch Daten ausschließen. Klicken Sie dazu einfach auf die Schaltfläche *Ausschließen* in der Layoutleiste.

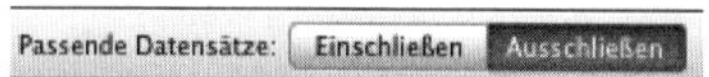

Das Ausschließen von Datensätzen.

Sie haben sofort wieder alle Datensätze zu Verfügung, wenn Sie auf die Schaltfläche *Alle zeigen* klicken, *Datensätze | Alle Datensätze anzeigen* wählen oder einfach ⌘-J/ctrl-J betätigen.

Konstruktion von Suchabfragen

Bisher hatten wir ausschließlich in Textfeldern nach einem Text gesucht und dabei immer die gewünschte Übereinstimmung gefunden. Die von *FileMaker* standardmäßig durchgeführte Suche ist eine Volltextsuche mit dem Kriterium *Beginnt mit.* Enthält ein Feld mehrere Wörter, so überprüft *FileMaker* sämtliche Wörter des Feldes, ob sie mit einem der angegebenen Suchbegriffe beginnen. Nehmen wir an, es gäbe in unserer Aufgabenliste noch weitere Prioritäten wie etwa *Besonders hoch* und *Ganz besonders hoch.* Eine Suche nach *Hoch* findet dann auch *Besonders hoch* und *Ganz besonders hoch.* Analog findet eine Suche nach *besonders hoch* auch Feldinhalte mit *Ganz besonders hoch.* Das gleiche Resultat liefert die Suche nach *hoch bes.*

Das Auffinden ausschließlich jener Aufgaben, denen die Priorität *Hoch* zugeordnet ist, erfordert den Einsatz des Operators ==. Wenn Sie also für Priorität ==*Hoch* eingeben, besteht die Ergebnismenge nur aus Datensätzen mit Priorität *Hoch*.

Im Folgenden sind verschiedene Möglichkeiten für Suchen nach *Text, Zeichen, Zahlen Datum, Wertebereichen* etc. angegeben.

Suche nach Text und Zeichen

Suche nach	Eingabe
einer Wort- oder Zeichenkombinationen	Wort- oder Zeichenkombinationen in Anführungszeichen

Beispiel

Hans Maier findet Hans Maier, Hans Maier AG, Hans Maierhofer und Maier Hans GmbH & Co KG. „Hans Maier" findet dagegen Hans Maier, Hans Maier AG und Hans Maierhofer.

Suche nach	Eingabe
Zeichenkombinationen mit einem unbekannten Zeichen	Verwendung des Jokerzeichens »@« anstelle des unbekannten Zeichens

Beispiele

Ma@er findet Maier und Mayer. M@@er findet Maier, Mayer, Meier und Meyer.

Suche nach	Eingabe
Zeichenkombinationen mit mehreren unbekannten, aufeinander folgenden Zeichen	Verwendung des Jokerzeichens »*« anstelle der unbekannten Zeichen

Beispiel

M*r findet Maier, Mair, Mayer, Mayr, Meier und Meyer.

Suche nach	Eingabe
Symbolen oder Sonderzeichen	Text einschließlich Symbolen oder Sonderzeichen in Anführungszeichen

Beispiel

„@“ findet Gebhard.Urrumpel@bmx.com.

Suche nach	Eingabe
Zeichen mit besonderer Bedeutung	Verwendung des Backslash vor dem Sonderzeichen

Beispiel

\“Friedrich\@alles.net\“ findet “Friedrich@alles.net“.

Suche nach	Eingabe
Teil einer Wort- oder Zeichenfolge	Verwendung des Jokerzeichens »*« anstelle der unbekannten Zeichen, Wort- oder Zeichenfolge in Anführungszeichen

Beispiel

*“er GmbH & Co KG“ findet Huber GmbH & Co KG und Raitter GmbH & Co KG.

Suche nach	Eingabe
exakter Übereinstimmung mit angegebenem Text	Verwendung von ==

Beispiel

==Hoch findet Hoch, aber nicht besonders hoch und ganz besonders hoch.

Suche nach	Eingabe
exakter Übereinstimmung mit angegebenen ganzen Wörtern	Verwendung von =

Beispiel

=Maier findet Maier und Franz Maier, aber nicht Maierhofer.

Suche nach	Eingabe
Ziffern in einem Textfeld	Verwendung von »#« für jede Ziffer

Beispiel

Maier # findet Maier 1, aber nicht Maier 15. Maier ## findet Maier 15, aber nicht Maier 1.

Suchvorgänge unterscheiden normalerweise nicht zwischen Groß- und Kleinschreibung.

Suche nach Zahlen, Datum, Uhrzeit und Zeitstempel

Suche nach	Eingabe
einer Zahl	der Zahl

Beispiel

0,5 findet 0,5.

Suche nach	Eingabe
einer oder mehreren Ziffern in einem Zahlenfeld	Verwendung von »#« für jede Ziffer

Beispiel

findet 439 oder/und 500.

Suche nach	Eingabe
ungültigen Zahlen	Verwendung von »?«

Beispiel

? findet eins und hundert.

Suche nach	Eingabe
einem Datum in einem Datumsfeld	Datumswert

Beispiel

1.1.10 findet 01.01.2010.

Suche nach	Eingabe
aktuellem Datum	//

Beispiel

// findet 28.08.2010, wenn dies das aktuelle Datum ist.

Suche nach	Eingabe
Wochentagen	Name des Wochentags

Beispiel

Samstag oder Sa. findet 14.08.2010, 21.08.2010 und 28.08.2010.

Suche nach	Eingabe
einer Uhrzeit in einem Zeitfeld	Uhrzeit

Beispiel

12:53 findet 12:53 und 12:53:09. 12:53:00 findet 12:53

Suche nach	Eingabe
einem Zeitstempel in einem Zeitstempelfeld	Zeitstempel

Beispiel

28.08.2010 12:53:09 findet 28.08.2010 12:53:09.

Suche nach	Eingabe
ungültigen Datumsangaben, Uhrzeiten oder Zeitstempel	Verwendung von »?«

Beispiel

? findet 30.02.2010 oder Mittag.

Suche nach	Eingabe
gültigen Datumsangaben, Uhrzeiten oder Zeitstempel mit unbekanntem Element	Verwendung von »*«

Beispiel

*.8.10 findet 21.08.10, 28.08.10 und 30.08.10.

Suche nach Wertebereichen

Die Suche nach Wertebereichen findet Datensätze, bei denen ein Feldinhalt größer oder kleiner ist als der eingegebene Suchwert oder zwischen zwei eingegebenen Werten liegt.

Suchkriterium	Benötigter Operator
Kleiner als der eingegebene Wert	<

Beispiele

< 0, < 9.2.48, < Ab

Suchkriterium	Benötigter Operator
Kleiner oder gleich dem eingegebenen Wert	<= oder ≤

Beispiele

≤ 0, ≤ 9.2.48, ≤ Ab

Suchkriterium	Benötigter Operator
Größer als der eingegebene Wert	>

Beispiele

> 0, > 9.2.48, > Ab

Suchkriterium	Benötigter Operator
Größer oder gleich dem eingegebenen Wert	>= oder ≥

Beispiel

≥ 0, ≥ 9.2.48, ≥ Ab

Suchkriterium	Benötigter Operator
Innerhalb eines angegebenen Bereichs	.. oder …

Beispiele

1.2.10 … 28.2.10, A … D, 12:00 … 24:00

Suchkriterium	**Benötigter Operator**
Innerhalb eines angegebenen Unterbereichs	{..} oder {…}

Beispiele

{1 … 28}.2.10, 12:{00 … 30}

Suche nach nicht leeren und leeren Feldern

FileMaker gestattet ebenfalls die Suche nach Feldern, die keine oder beliebige Informationen enthalten.

Suche nach	Benötigter Operator
Felder, die Daten enthalten	*
Leere Felder	=

Suche nach doppelten Werten

FileMaker erlaubt auch die Suche nach Feldern, die doppelte Informationen enthalten.

Suche nach	Benötigter Operator
Allen doppelten Werten	!
Doppelten Werten eines bestimmten Typs	!Zeichen

Beispiele

! findet je zweimal Hans Maier und Robert Mair. !Hans findet zweimal Hans Maier.

Gespeicherte Suchen

Die letzten Suchabfragen speichert *FileMaker* in einer Liste, auf die Sie über *Datensätze | Gespeicherte Suchen* zugreifen können.

Das Menü »Gespeicherte Suchabfragen«.

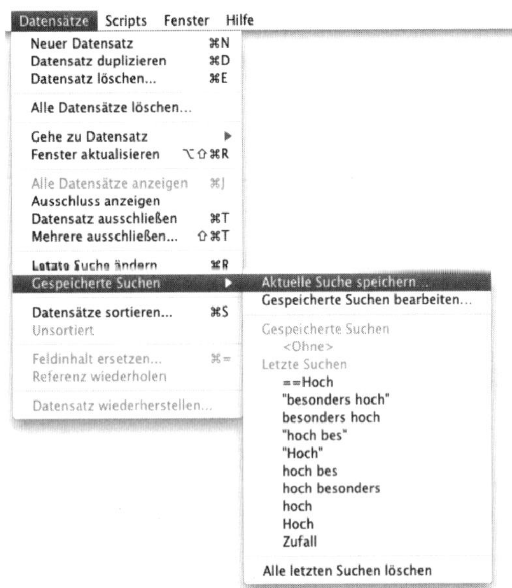

Bei häufiger Verwendung einer Suchabfrage bietet es sich an, diese zu benennen. Bei einer späteren Wiederverwendung ist dann ein Zugriff auf diese Abfrage über ihren Namen möglich. In unserer Aufgabenliste suchen wir alle Aufgaben des Mitarbeiters *Zufall*. Nach erfolgreicher Suche wählen Sie *Datensätze | Gespeicherte Suchen | Aktuelle Suche speichern*. Im Dialog *Optionen für die gespeicherte Suche angeben* wählen Sie mit *Aufgaben_Zufall* einen aussagekräftigen Namen für diese Suche.

Der Dialog »Optionen für die gespeicherte Suche angeben«.

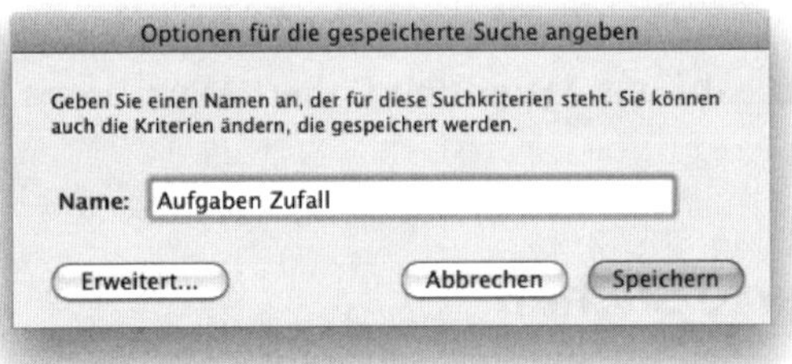

Danach ist das Menü um den Namen dieser Suche ergänzt.

Das Menü ergänzt um die gespeicherte Abfrage.

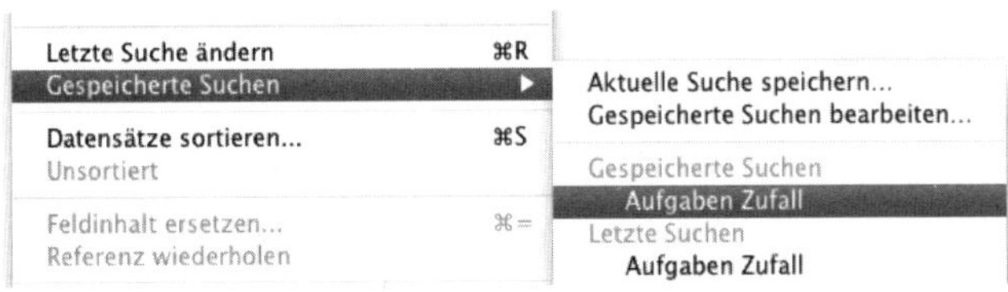

Die eigentliche Abfrage können Sie jederzeit modifizieren. Über *Datensätze | Gespeicherte Suchen | Gespeicherte Suchen bearbeiten...* rufen Sie den Dialog *Gespeicherte Suchen bearbeiten* auf.

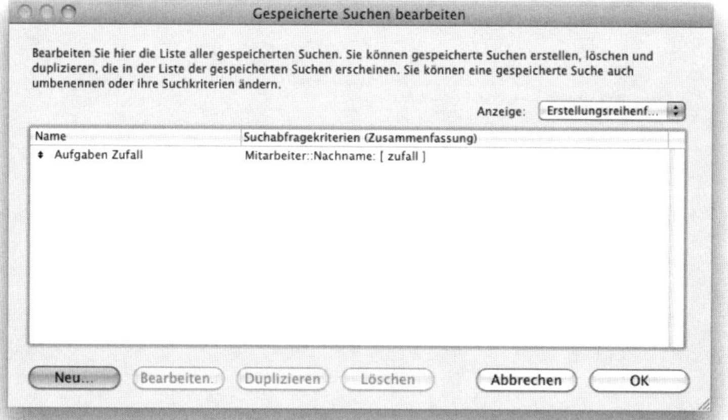

Der Dialog »Gespeicherte Suchen bearbeiten«.

Nun gestaltet *FileMaker* den Prozess ein wenig umständlich. Wenn Sie auf *Bearbeiten...* klicken, erscheint zunächst wieder der Dialog *Optionen für die gespeicherte Suche angeben*. Jetzt müssen Sie auf *Erweitert...* klicken, um im Dialog *Suchabfragen angeben* zu landen.

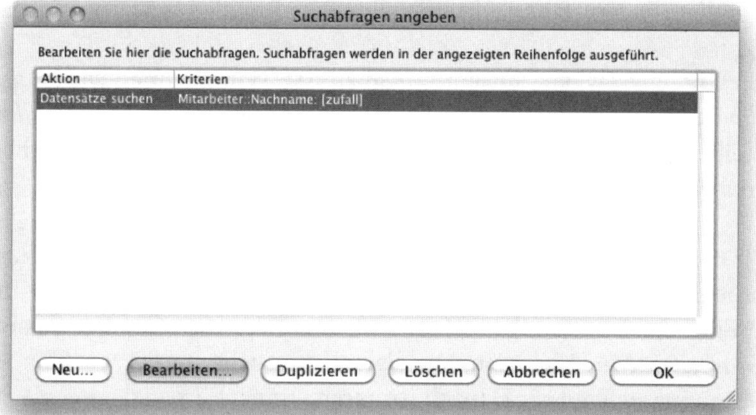

Der Dialog »Suchabfragen angeben«.

Markieren Sie die einzig vorhandene Abfrage und klicken Sie auf *Bearbeiten*. Der neue Dialog heisst *Suchabfragen bearbeiten*. Hier könnten Sie jetzt endlich die Abfrage modifizieren oder ergänzen.

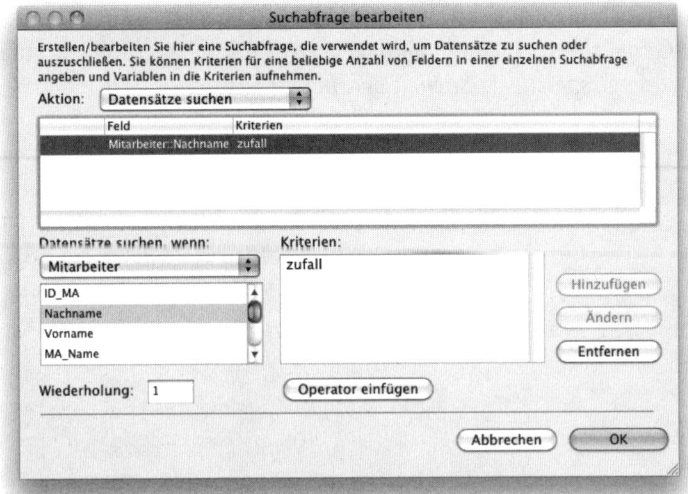

Der Dialog »Suchabfragen bearbeiten«.

Suchen von Informationen mit Hilfe von Skripten

Bis jetzt hatten wir alle Suchvorgänge im Handbetrieb durchgeführt, und zwar sowohl die Wechsel in den *Suchen*-Modus als auch die Eingabe von Kriterien. All dies lässt sich auch mit Hilfe von Skripten erledigen. Andere Aktionen wie beispielsweise Sortiervorgänge lassen sich anschließen, dies ermöglicht eine schnellere Erledigung vieler Aktionen.

Betrachten wir wieder unsere Aufgabenliste. Wir beginnen wieder ganz einfach und suchen nach den Aufgaben, die dem Mitarbeiter *Zufall* zugeteilt sind. Die gefundenen Aufgaben sollen dann noch entsprechend ihrer Fälligkeit sortiert werden.

Wir öffnen den Dialog *Skripts verwalten* und erzeugen ein neues Skript namens `Aufgaben_Zufall`. Zunächst aktivieren wir den *Suchen*-Modus. Mit der Anweisung `Feldwert setzen` tragen wir *Zufall* in das Feld *Mitarbeiter::MA_Name* ein. Die eigentliche Suche starten wir über `Ergebnismenge suchen`. Danach sortieren wir nach *Faellig_am*.

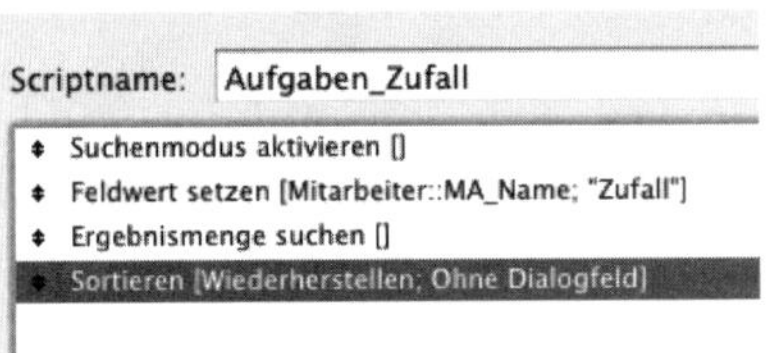

Skript für eine einfache Suchabfrage mit anschließender Sortierung.

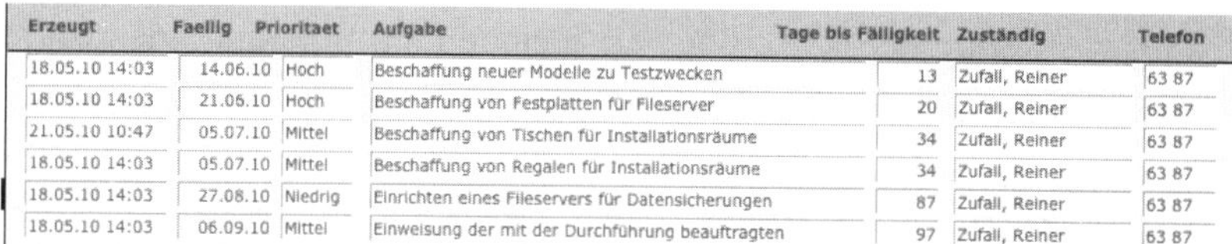

Erzeugt	Faellig	Prioritaet	Aufgabe	Tage bis Fälligkeit	Zuständig	Telefon
18.05.10 14:03	14.06.10	Hoch	Beschaffung neuer Modelle zu Testzwecken	13	Zufall, Reiner	63 87
18.05.10 14:03	21.06.10	Hoch	Beschaffung von Festplatten für Fileserver	20	Zufall, Reiner	63 87
21.05.10 10:47	05.07.10	Mittel	Beschaffung von Tischen für Installationsräume	34	Zufall, Reiner	63 87
18.05.10 14:03	05.07.10	Mittel	Beschaffung von Regalen für Installationsräume	34	Zufall, Reiner	63 87
18.05.10 14:03	27.08.10	Niedrig	Einrichten eines Fileservers für Datensicherungen	87	Zufall, Reiner	63 87
18.05.10 14:03	06.09.10	Mittel	Einweisung der mit der Durchführung beauftragten	97	Zufall, Reiner	63 87

Das Skriptergebnis.

Wahlweise können Sie nach dem Schritt `Feldwert setzen` eine Pause setzen, um manuell zusätzliche Kriterien wie beispielsweise Priorität *Mittel* eingeben zu können. In diesem Fall müssen Sie das Skript nach der Eingabe der zusätzlichen Kriterien durch einen Mausklick auf die Schaltfläche *Fortsetzen* in der Layoutleiste zum Weiterarbeiten bewegen.

Alternativ können Sie auf die Schritte vor `Ergebnismenge Suchen` verzichten.

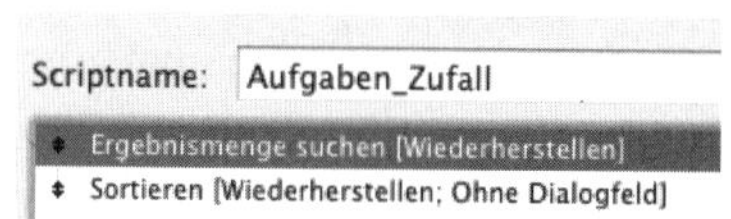

Modifiziertes und vereinfachtes Skript.

Löschen Sie also diese Schritte und markieren Sie `Ergebnismenge Suchen`. Klicken Sie auf die Taste *Angeben* und Sie landen im schon bekannten Dialog *Suchabfragen angeben*. Falls darin bereits definierte Abfragen aufgelistet sind, überprüfen Sie, ob *Mitarbeiter::MA_Name* mit Kriterium *Zufall* spezifiziert ist. Falls nicht, klicken Sie auf *Neu…*, um dieses Kriterium hinzuzufügen.

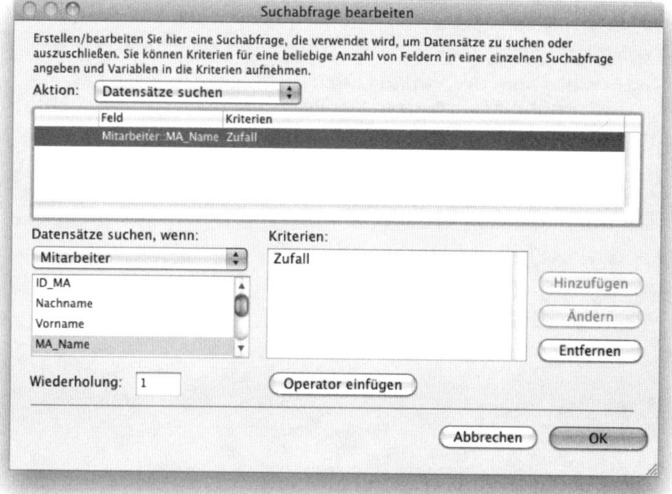

Angabe des Suchkriterium für den Skriptschritt »Ergebnismenge suchen«.

Damit verfügt dieses Skript über die gleiche Funktionalität wie unsere erste Version.

Bis jetzt hatten wir für unsere Suchabfragen immer explizite Wertangaben genutzt. Wir haben beispielsweise nach den Aufgaben des Mitarbeiters *Zufall* mit der Priorität *Mittel* gesucht. Bei diesen statischen Suchkriterien konnten wir die Abfrage mit den Skriptschritten `Ergebnismenge Suchen`, `Ergebnismenge Erweitern`, `Ergebnismenge Einschränken` abwickeln. Alternativ stand uns der Weg über `Suchenmodus aktivieren`, Eingabe von Kriterien und `Ergebnismenge Suchen` ohne Angabe von Kriterien offen.

Im Falle dynamischer Abfragen ist uns der erste Weg versperrt, da der Dialog *Suchabfrage bearbeiten* hinsichtlich Kriterien keinerlei Nutzung von Feldnamen gestattet. Wenn Sie also wissen möchten, welche Aufgaben in der aktuellen Woche oder im aktuellen Monat zur Erledigung anstehen, müssen Sie den Weg über den *Suchen*-Modus beschreiten. Dazu brauchen wir nur das bestehende Skript zu modifizieren. Duplizieren Sie es und nennen Sie es *Aufgaben_Monat*. Den aktuellen Monat und das aktuelle Jahr ermitteln wir mit Hilfe von Statusfunktionen. Aus diesen Informationen erzeugen wir eine Zeichenfolge im Format *Monat.Jahr*, aktuell beispielsweise 8.2010. Mit dieser Zeichenfolge besetzen wir Feld *Faellig_am*. Zur Kontrolle des eingesetzten Wertes setzen wir vor Ausführung der Suche eine Pause. Wenn alles funktioniert, können wir diesen Schritt wieder löschen. Speichern Sie das Skript und starten Sie die Suche.

Das Skript zur Ermittlung der im aktuellen Monat anfallenden Aufgaben.

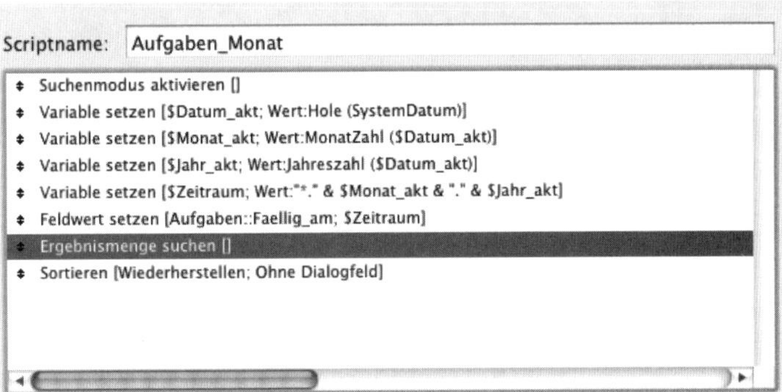

Erzeugt	Faellig	Prioritaet	Aufgabe	Tage bis Fälligkeit	Zuständig	Telefon
18.05.10 14:03	16.08.10	Mittel	Test und Abnahme des Termin - Portals	76	Enstein, Frank	66 79
18.05.10 14:03	18.08.10	Mittel	Test und Abnahme weiterer Software Pakete	78	Dolith, Theo	66 48
18.05.10 14:03	23.08.10	Mittel	Test von Software - Installationen mit den neuen Modellen	83	Dolith, Theo	66 48
18.05.10 14:03	27.08.10	Mittel	Bereitstellung eines Lagerraumes für Altgeräte	87	Tember, Sepp	69 57
18.05.10 14:03	27.08.10	Niedrig	Einrichten eines Fileservers für Datensicherungen	87	Zufall, Reiner	63 87
25.05.10 11:19	30.08.10	Mittel	Organisation von Hilfskräften für den Abtransport der	90	Enstein, Frank	66 79
25.05.10 11:23	30.08.10	Mittel	Organisation von Hilfskräften für das Auspacken der	90	Konda, Anna	67 21
18.05.10 14:03	30.08.10	Mittel	Aufbau der Installations - Gerätschaften	90	Tember, Sepp	69 57
18.05.10 14:03	31.08.10	Mittel	Test der gesamten Installations - Umgebung	91	Enstein, Frank	66 79

Die Aufgabenliste für den aktuellen Monat.

Analog können wir die in der aktuellen Woche anfallenden Aufgaben bestimmen. Wir duplizieren das Skript *Aufgaben_Monat* und nennen es *Aufgaben_Woche*. Das Anfangsdatum berechnen wir aus dem aktuellen Wochentag. Diesen wiederum ermitteln wir aus dem aktuellen Datum mit der Funktion *Wochentagzahl*. Sie ermittelt den Tag in der Woche als Zahl, wobei die »1« den Sonntag repräsentiert und die »7« den Samstag. Das Anfangsdatum ergibt sich aus dem aktuellen Datum, abzüglich des um »1« verminderten Wochentags. Das Enddatum ist das um »4« erhöhte Anfangsdatum. Da nur die Tage von Montag bis Freitag von Interesse sind, prüfen wir nach, ob das Anfangsdatum auf einen Montag und das Enddatum auf einen Freitag fällt. Falls nicht, korrigieren wir entsprechend.

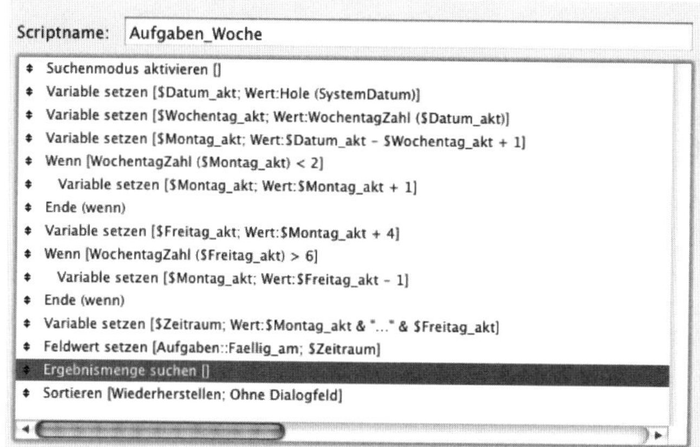

Das Skript zur Ermittlung der in der aktuellen Woche anfallenden Aufgaben.

Erzeugt	Faellig	Prioritaet	Aufgabe	Tage bis Fälligkeit	Zuständig	Telefon
25.05.10 11:19	30.08.10	Mittel	Organisation von Hilfskräften für den Abtransport der	90	Enstein, Frank	66 79
25.05.10 11:23	30.08.10	Mittel	Organisation von Hilfskräften für das Auspacken der	90	Konda, Anna	67 21
18.05.10 14:03	30.08.10	Mittel	Aufbau der Installations - Gerätschaften	90	Tember, Sepp	69 57
18.05.10 14:03	31.08.10	Mittel	Test der gesamten Installations - Umgebung	91	Enstein, Frank	66 79
18.05.10 14:03	01.09.10	Mittel	Einrichten eines Filters für Rollout - Probleme im Störungs -	92	Enstein, Frank	66 79
18.05.10 14:03	03.09.10	Mittel	Bereitstellung eines Lagerraumes für Neugeräte	94	Tember, Sepp	69 57

Die Aufgabenliste für die aktuelle Woche.

Alternativ können wir in der Aufgabenliste ein neues Formelfeld namens *Faellig_KW* definieren und in das Layout aufnehmen. Mit Hilfe der Funktion `WocheImFiskaljahr` bestimmen wir die aktuelle Wochenzahl (das ist eine Zahl zwischen 1 und 53) für das angegebene Fälligkeitsdatum. Im Skript bestimmen wir diese Wochenzahl für das aktuelle Datum und tragen es in *Faellig_KW* ein. Bei Projekten, die länger als ein Jahr dauern, empfiehlt es sich in dieser Variante, auch die Jahreszahl in die Abfragen einzubeziehen.

Gestaltung komplexer Layouts

Wie bereits erwähnt verwendet *FileMaker* Layouts sowohl für die Eingabe als auch für die Ausgabe von Informationen. Im Zusammenhang mit Ausgaben taucht aber auch der Begriff »Bericht« auf. Darunter wollen wir im Folgenden solche Layouts verstehen, die einige der nachstehend aufgeführten charakteristischen Merkmale aufweisen.

- ❖ Berichte (Reports) sind vorwiegend zur Darstellung von Informationen gedacht und weniger für die Eingabe oder für das Modifizieren von Informationen.
- ❖ Berichte stellen üblicherweise eine Anzahl von Datensätzen mit Feldern aus einer oder mehreren Tabellen dar. Sie enthalten auch gruppierte Daten und Auswertungen mit Gesamt- oder Zwischenergebnissen wie Gesamtsummen, Teilsummen, Mittelwerten etc.
- ❖ Berichte werden oft in Form von Ausdrucken oder als elektronisches Dokument, nicht selten auch als Anhang einer EMail verteilt.

Gestaltung von Berichten

Häufig setzen sich Layouts aus Kopf-, Daten- und Fußteil zusammen. Für eine bessere Übersicht sorgen in vielen Fällen zusätzliche Bereiche zur Anzeige von Informationen, die sich auf eine geordnete Teilmenge der aktuellen Ergebnismenge beziehen. Für unsere Aufgabenliste bietet es sich an, die Darstellung nach Mitarbeiter, Fälligkeitsmonat oder Fälligkeitswoche zu strukturieren.

Öffnen Sie also *Aufgabenliste_5.fp7* und wechseln Sie in das Layout *Aufgaben Ueb*. Duplizieren Sie im *Layout*-Modus das Layout und nennen Sie es *Aufgaben Ber*. Ersetzen Sie im Kopfbereich das Wort *Übersicht* durch *Bericht*. Erzeugen Sie einen neuen Bereich, indem Sie das *Bereichswerkzeug* an eine beliebige Stelle im Datenteil ziehen. Wählen Sie im daraufhin erscheinenden Dialog *Bereichsdefinition* den Punkt *Zwischenergebnis, wenn sortiert nach* und stellen Sie dafür das Feld *Nachname* aus der Tabelle *Mitarbeiter* ein.

Der Dialog »Bereichseinstellung«.

Das Einfügen eines neuen Bereichs bringt bei dieser Methode die Abmessungen der übrigen Bereiche etwas durcheinander. Passen Sie die Bereichshöhen an und verschieben Sie die Feldobjekte *MA_Name*, *Anz_Aufgaben* und *Telefon* in den neuen Zwischenergebnis-Bereich. Weisen Sie Ihm zur besseren besseren Unterscheidung eine kräftigere Farbe zu. Das Layout sollte am Ende in etwa das folgende Aussehen aufweisen.

Das Layout mit Zwischenergebnis-Bereich im »Layout«-Modus.

Sie können die Begrenzung eines Bereichs über ein Objekt schieben, wenn Sie dabei die Options-/alt-Taste gedrückt halten. In diesem Fall wird auch die Gesamthöhe eines Layouts nicht verändert.

Wechseln Sie in den *Blättern*-Modus. Wenn Sie hier keine Veränderung zur bisherigen Anzeige feststellen, sortieren Sie nach *Mitarbeiter::Nachname*. Daraufhin sollten die Bereiche mit den Zwischenergebnissen sichtbar sein.

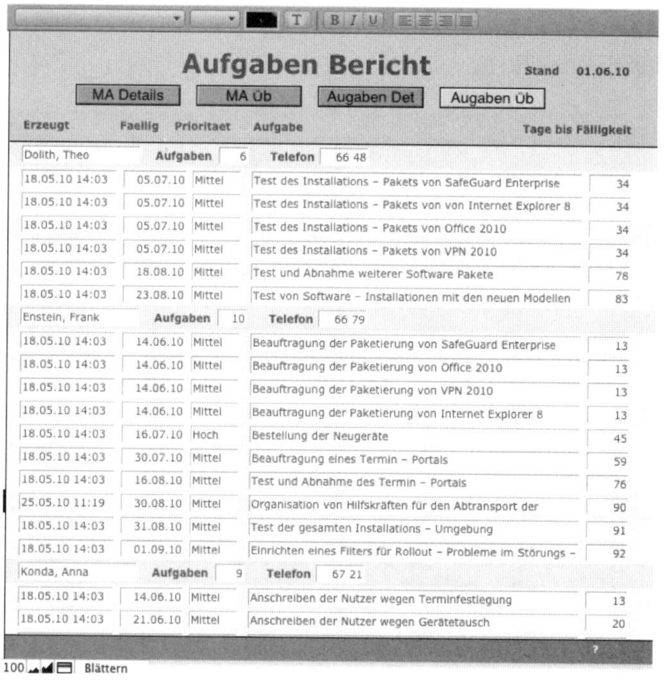

Aufgaben Bericht Stand 01.06.10

MA Details | MA Üb | Augaben Det | Augaben Üb

Erzeugt	Faellig	Prioritaet	Aufgabe	Tage bis Fälligkeit
Dolith, Theo	Aufgaben 6		Telefon 66 48	
18.05.10 14:03	05.07.10	Mittel	Test des Installations - Pakets von SafeGuard Enterprise	34
18.05.10 14:03	05.07.10	Mittel	Test des Installations - Pakets von von Internet Explorer 8	34
18.05.10 14:03	05.07.10	Mittel	Test des Installations - Pakets von Office 2010	34
18.05.10 14:03	05.07.10	Mittel	Test des Installations - Pakets von VPN 2010	34
18.05.10 14:03	18.08.10	Mittel	Test und Abnahme weiterer Software Pakete	78
18.05.10 14:03	23.08.10	Mittel	Test von Software - Installationen mit den neuen Modellen	83
Enstein, Frank	Aufgaben 10		Telefon 66 79	
18.05.10 14:03	14.06.10	Mittel	Beauftragung der Paketierung von SafeGuard Enterprise	13
18.05.10 14:03	14.06.10	Mittel	Beauftragung der Paketierung von Office 2010	13
18.05.10 14:03	14.06.10	Mittel	Beauftragung der Paketierung von VPN 2010	13
18.05.10 14:03	14.06.10	Mittel	Beauftragung der Paketierung von Internet Explorer 8	13
18.05.10 14:03	16.07.10	Hoch	Bestellung der Neugeräte	45
18.05.10 14:03	30.07.10	Mittel	Beauftragung eines Termin - Portals	59
18.05.10 14:03	16.08.10	Mittel	Test und Abnahme des Termin - Portals	76
25.05.10 11:19	30.08.10	Mittel	Organisation von Hilfskräften für den Abtransport der	90
18.05.10 14:03	31.08.10	Mittel	Test der gesamten Installations - Umgebung	91
18.05.10 14:03	01.09.10	Mittel	Einrichten eines Filters für Rollout - Probleme im Störungs -	92
Konda, Anna	Aufgaben 9		Telefon 67 21	
18.05.10 14:03	14.06.10	Mittel	Anschreiben der Nutzer wegen Terminfestlegung	13
18.05.10 14:03	21.06.10	Mittel	Anschreiben der Nutzer wegen Gerätetausch	20

100 Blättern

Das Layout mit Zwischenergebnissen im »Blättern«-Modus.

Nun wollen wir die Aufgaben nach Fälligkeitsmonat ordnen. Im ersten Impuls könnten Sie auf die Idee kommen, das gerade erzeugte Layout wieder zu duplizieren und den Bereich für die Zwischenergebnisse entsprechend zu modifizieren. Dies ist sicher sehr aufwandsarm gedacht, wir können diese Aufgabe aber mit einem einzigen Layout erledigen.

Zunächst definieren wir in der Aufgabentabelle zwei neue Formelfelder. Mit dem ersten extrahieren wir den Monat aus dem Fälligkeitsdatum, mit dem zweiten setzen wir daraus das Datum des Monatsanfangs zusammen. Dieses Feld benötigen wir lediglich für die Anzeige.

Faellig_Monat	Formel	= MonatZahl (Faellig_am)
Faellig_Tag	Formel	= Datum (Faellig_Monat; 1; Jahreszahl (Faellig_am))

Zusätzlich benötigte Felder in der Tabelle »Aufgaben«.

Nun wechseln wir wieder in den *Layout*-Modus und erzeugen dort einen weiteren Bereich. Ziehen Sie das *Bereichswerkzeug* diesmal an eine beliebige Stelle des bereits bestehenden Bereichs, in dem die Mitarbeiter-Informationen untergebracht sind. Wählen Sie im Dialog *Bereichsdefinition* wieder *Zwischenergebnis, wenn sortiert nach*, geben Sie als Feld jetzt *Faellig_Monat* aus Tabelle *Aufgaben* an. Passen Sie, falls erforderlich, wieder die Abmessungen der Bereiche an. Bringen Sie ein Feldobjekt für *Faellig_Tag* in den neuen Bereich, dem Sie ebenfalls eine kräftige Farbe zuweisen sollten.

Das Layout mit zwei Zwischenergebnis-Bereichen im »Layout«-Modus.

Sortieren Sie nach dem Wechsel in den *Blättern*-Modus nach dem Feld *Faellig_Monat*.

Das Layout mit zwei Zwischenergebnis-Bereichen im »Blättern«-Modus nach der Sortierung.

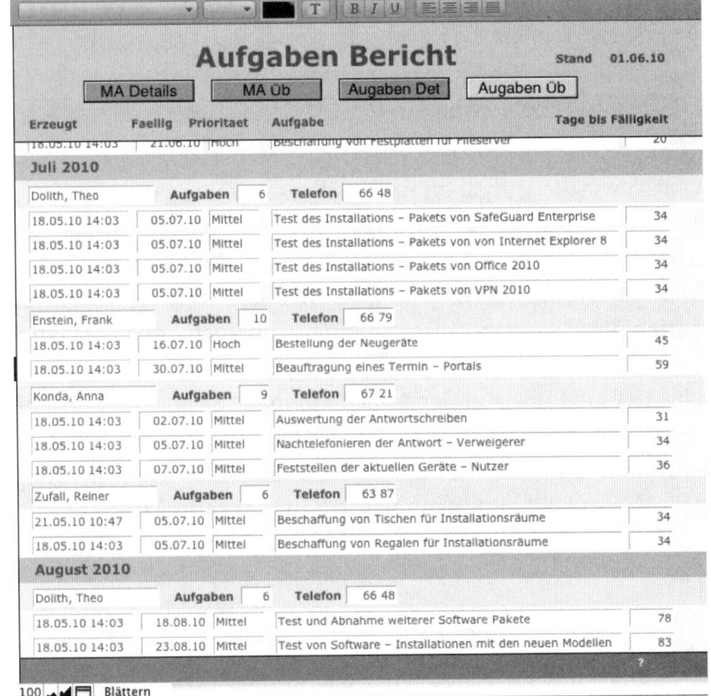

Jetzt sehen wir eine Gruppierung nach *Monat* und nach *Mitarbeiter*. Dies liegt daran, dass die Ergebnismenge bereits nach Mitarbeiter sortiert war. Wenn Sie in der Anzeige lediglich eine Sortierung ausschließlich nach Fälligkeitsmonat benötigen, müssen Sie die alte Sortierung erst aufheben.

Am einfachsten machen wir uns die Arbeit, wenn wir die ganzen Sortierungen und das Aufheben von Sortierungen mit Hilfe eines Skripts erledigen. Erstrebenswert ist dabei ein einziges Skript, das, von einem Parameter gesteuert, alle Sortiermaßnahmenen abdeckt.

Wir duplizieren dazu einfach das bereits vorhandene Skript *Sort_Aufgaben* und nennen es in *Bericht_Aufgaben* um. Sie werden feststellen, es sind nur wenige Modifikationen erforderlich.

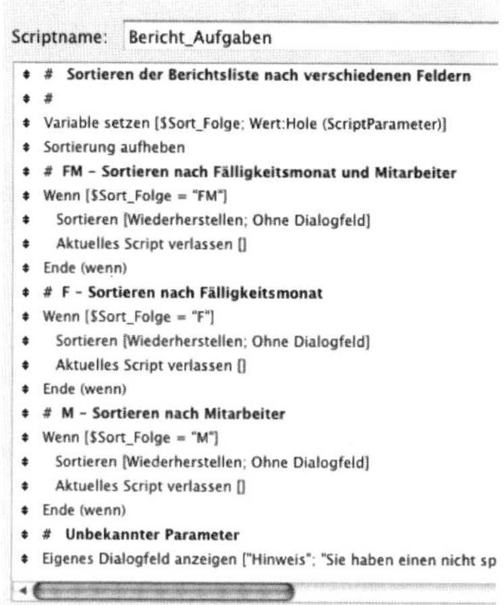

Das Skript zur Sortierung des Berichts mit der Aufgabenliste.

Die relativ meiste Arbeit haben Sie mit der Neu-Festlegung der Sortierfolgen. Sie können sich Aufwand sparen, wenn Sie den *Sortieren*-Befehl für den ersten Fall (Fälligkeitsmonat und Mitarbeiter) anpassen und ihn für die anderen beiden Fälle duplizieren. Damit beschränken sich die Modifikationen auf einige wenige Löschvorgänge.

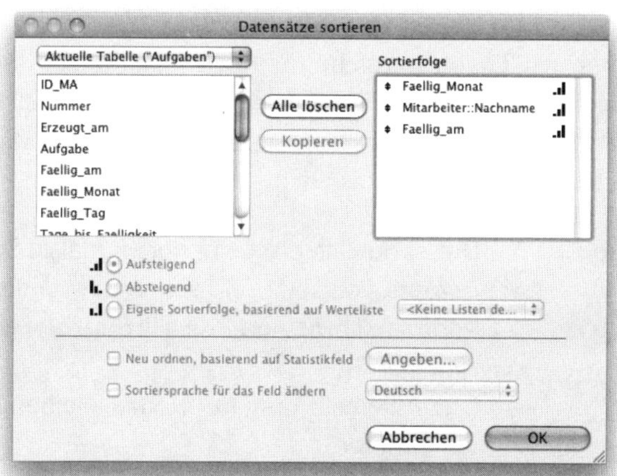

Die Sortierfolge für Fälligkeitsmonat und Mitarbeiter.

Duplizieren Sie anschließend eine der bereits im Layout vorhandenen Tasten für einen Layoutwechsel. Geben Sie ihr einen passenden Namen, weisen Sie ihm das neue Skript und einen Parameter zu. Legen Sie von dieser Taste wiederum zwei Duplikate an und führen Sie die erforderlichen Modifikationen durch (andere Namen und Parameter).

Im *Blättern*-Modus sind Sie jetzt in der Lage, einfach per Mausklick zwischen verschiedenen Sortierungen und Anzeigen zu wechseln.

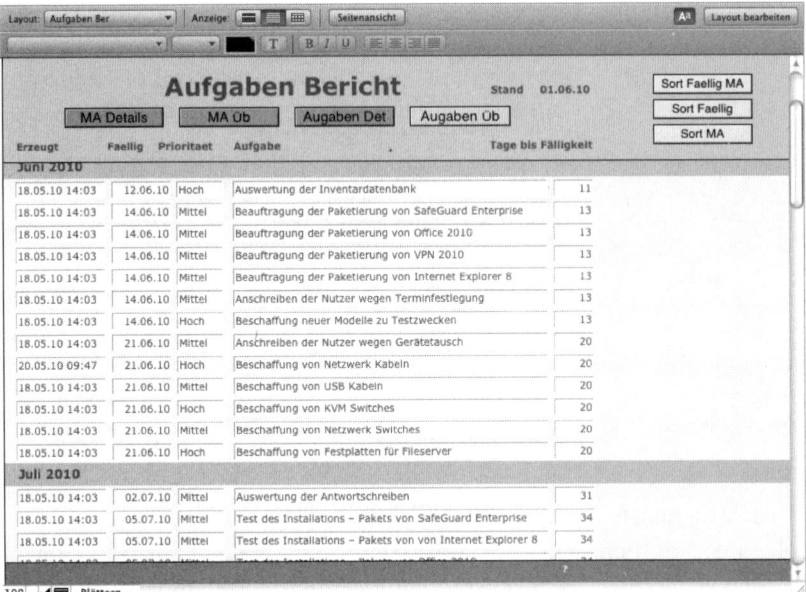

Das Layout mit Anzeige des Fälligkeitsmonats im »Blättern«-Modus.

Layoutbereiche

Bis jetzt haben wir Layoutbereiche für Kopf-, Daten-, Fußbereich und Zwischenergebnisse benutzt. *FileMaker* hat aber noch mehr zu bieten. Im Folgenden finden Sie eine Zusammenstellung der in *FileMaker* verfügbaren Bereiche:

Kopf 1. Seite	Dieser Bereich erscheint nur einmal zu Beginn eines Layouts. Er ersetzt, falls vorhanden, den normalen Kopfbereich. Er eignet sich in Berichten zur Gestaltung von Titelseiten. Dieser Bereich kann nur einmal in einem Layout vorkommen.

Kopfbereich	Dieser Bereich erscheint, sofern kein *Kopf 1. Seite* festgelegt ist, zu Beginn jeder Seite eines Layouts. Dieser Bereich kann nur einmal in einem Layout vorkommen.
Datenbereich	Dieser Bereich enthält einzelne Datensätze einer Datenbank. Jedes Objekt im Datenbereich – auch statischer Text und Grafiken – erscheint einmal für jeden aufgerufenen Datensatz. Dieser Bereich kann nur einmal in einem Layout vorkommen.
Fußbereich	Dieser Bereich erscheint, sofern kein *Fuß 1. Seite* festgelegt ist, am Ende jeder Seite eines Layouts. Dieser Bereich kann nur einmal in einem Layout vorkommen.
Fuß 1. Seite	Dieser Bereich erscheint nur einmal am unteren Rand der ersten Seite eines Layouts. Er ersetzt, falls vorhanden, den normalen Fußbereich. Dieser Bereich kann nur einmal in einem Layout vorkommen.
Vorangestelltes Gesamtergebnis	Dieser Bereich enthält üblicherweise eines oder mehrere Statistikfelder zur Anzeige von Gesamtergebnissen, die sich aus sämtlichen Datensätzen der aktuellen Ergebnismenge zusammensetzen. Dieser Bereich befindet sich zwischen dem Kopfbereich und einem beliebigen Zwischenergebnis- oder dem Datenbereich eines Layouts und kann nur einmal darin vorkommen.
Zwischenergebnis, wenn sortiert nach	Dieser Bereich enthält üblicherweise eines oder mehrere Statistikfelder zur Anzeige von Zwischenergebnissen, die sich aus einer Untergruppe der aufgerufenen Datensätze zusammensetzen. Die Anzeige der Zwischenergebnisse erfolgt nur, wenn die Ergebnismenge nach dem Feld sortiert ist, für das die Zwischenergebnisse spezifiziert sind. Diese Bereiche können oberhalb oder unterhalb des Datenbereichs angeordnet sein.
Nachgestelltes Gesamtergebnis	Dieser Bereich enthält üblicherweise eines oder mehrere Statistikfelder zur Anzeige von Gesamtergebnissen, die sich aus sämtlichen Datensätzen der aktuellen Ergebnismenge zusammensetzen. Dieser Bereich befindet sich am Ende eines Layouts nach dem Datenbereich und den Zwischenergebnis-Bereichen und kann nur einmal darin vorkommen.

Das Layout mit Kopf- und Fuß 1. Seite (links), Folgeseite rechts.

Wir hatten neue Bereiche bis jetzt stets mit dem *Bereichswerkzeug* erstellt. Als Alternative steht der Dialog *Bereichseinstellung* an, den Sie über *Layouts* | *Bereichseinstellung* aufrufen können. Alternativ ist ein Aufruf per Kontextmenü möglich, wobei Sie den Mauszeiger zum Aufruf an einer Objekt-freien Stelle im Layout platzieren müssen.

Der Dialog »Bereichseinstellung«.

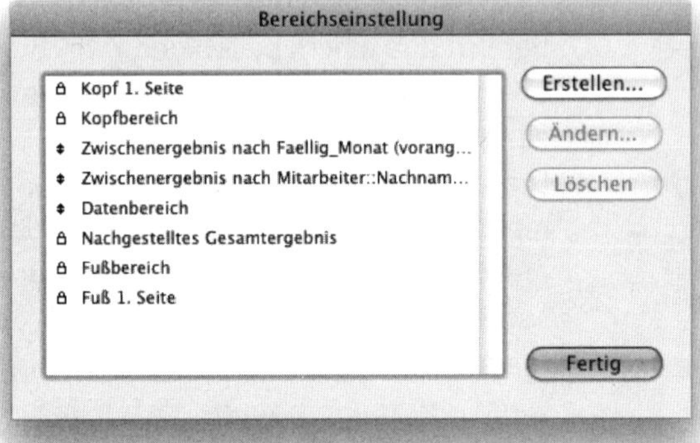

Dieser Weg bietet zwei Vorteile. Zum einen besitzen die neu erzeugten Bereiche eine vernünftige Breite, zum anderen verbleiben die Layout-Objekte in ihren angestammten Bereichen und wandern nicht in einen neu erzeugten Bereich. Darüber hinaus gestattet dieser Dialog Änderungen an den Reihenfolgen von Zwischenergebnissen und Datenbereich sowie das Modifizieren oder Löschen von Bereichen.

Steuern der Druckausgabe

Bis jetzt haben wir Layouts gestaltet, ohne uns Gedanken darüber zu machen, dass wir darin enthaltene Informationen irgendwann einmal auch auf einem Drucker ausgeben möchten. Ein Layout mag auf dem Bildschirm ein ganz passables Outfit aufweisen. In einem Ausdruck werden Sie vielleicht Tasten als störend empfinden. Oder Sie stellen fest, dass Texte zu nah am Rand platziert sind. Was tun, ohne das gesamte Layout zu ändern?

Was Ränder betrifft, können Sie diese für jedes Ihrer Layouts unterschiedlich festlegen. Überprüfen Sie zunächst, ob Sie auch den gewünschten Drucker eingestellt haben (*Ablage | Papierformat* bzw. *Datei | Drucker einrichten*). Öffnen Sie den Dialog *Layouteinstellung*, Register *Drucken*. Hier können Sie Werte ihrer freien Wahl für die Seitenränder eingeben.

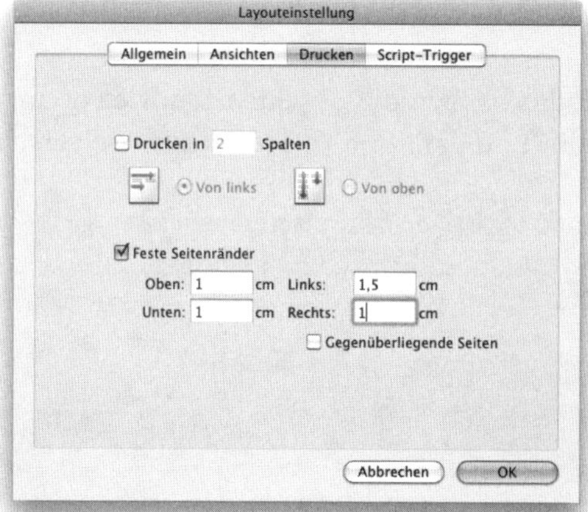

Der Dialog »Layouteinstellung« – Register »Drucken«.

FileMaker verwendet die Standardränder eines Druckers, wenn keine Ränder vorgegeben sind. Diese können in Abhängigkeit von Drucker und Druckertreiber variieren. *FileMaker* zeigt einen Hinweis, wenn ein angegebener Rand schmaler ist als vom aktuellen Drucker unterstützt. Über *Ansicht | Seitenränder* können Sie die Anzeige von Seitenrändern im *Layout*-Modus ein- und ausblenden. Seitenumbrüche sind als breite, gestrichelte horizontale und vertikale Linien dargestellt.

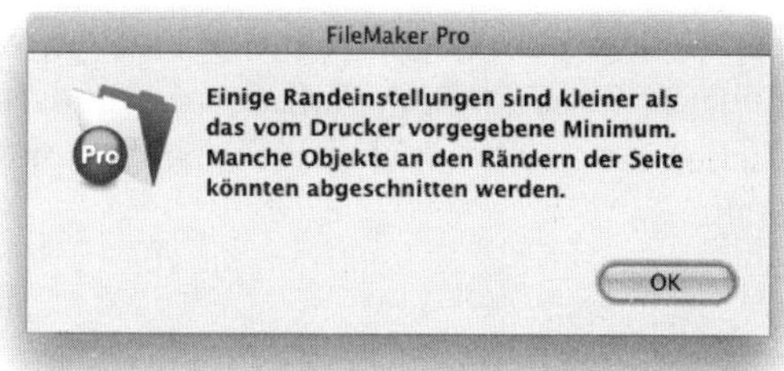

Der Hinweis »Seitenränder«.

Was *FileMaker* leider nicht kann, ist die dedizierte Zuordnung von Hochformat oder Querformat zu einem Layout.

Tasten haben wir als überaus hilfreiche Layout-Elemente kennengelernt, über die sich umfangreiche Aktionen mit einem einzigen Mausklick auslösen lassen. Auf einem Ausdruck allerdings wirken sie in der Regel eher störend. Als erster Lösungsansatz bietet es sich an, das betreffende Layout einfach zu duplizieren, es umzubenennen und die störenden Tasten zu entfernen. *FileMaker* bietet jedoch einen deutlich eleganteren Weg. Markieren Sie im Layout *Aufgaben Ber* sämtliche sich darin befindlichen Tasten. Setzen Sie im *Inspektor*, Register *Position*, Bereich *Objektsichtbarkeit*, den Haken bei *Beim Drucken ausblenden.*

Die Objekte vom Druck ausschließen.

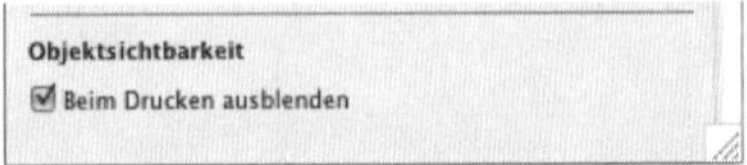

Im *Blättern*-Modus bleiben die Objekte nach wie vor angezeigt, im *Seitenansicht*-Modus und damit im Ausdruck sind sie verschwunden.

Die Objekte im »Blättern«- und »Seitenansicht«-Modus

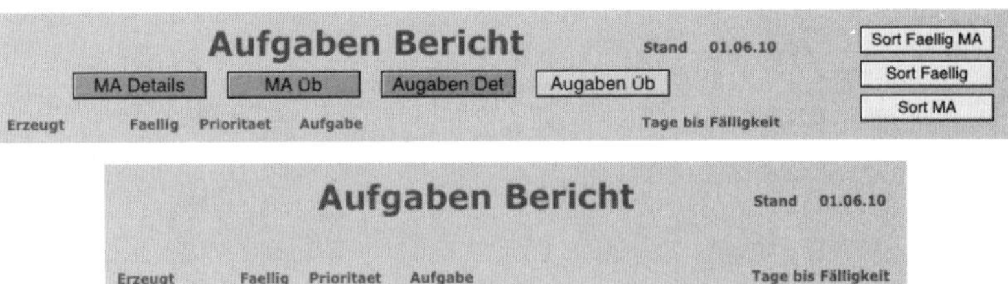

Es kommt weiterhin sehr häufig vor, dass die Informationsmenge in Feldern sehr stark variiert. Dadurch entstehen Leerräume beim Drucken, die *FileMaker* durch eine Angleichfunktion schließen kann. Dadurch verlagern sich Objekte entsprechend den darüber oder daneben platzierten Feldobjekten. Neben Feldobjekten kann die Angleichung für Ausschnitte, grafische Objekte und Layoutbereiche erfolgen. Eine Angleichung von Objekten innerhalb eines Ausschnitts ist allerdings nicht möglich.

Betrachten wir das Layout *Aufgaben Det.* Wir hatten es erzeugt, aber in gestalterischer Hinsicht noch nicht viel an ihm unternommen. Inzwischen wissen Sie, wie man Layout-Objekte erzeugt, verschiebt und ausrichtet. Insofern sollte es ausreichen, Ihnen das Endergebnis zu präsentieren. Versuchen Sie also, dieses Layout entsprechend der gezeigten Vorgabe zu gestalten.

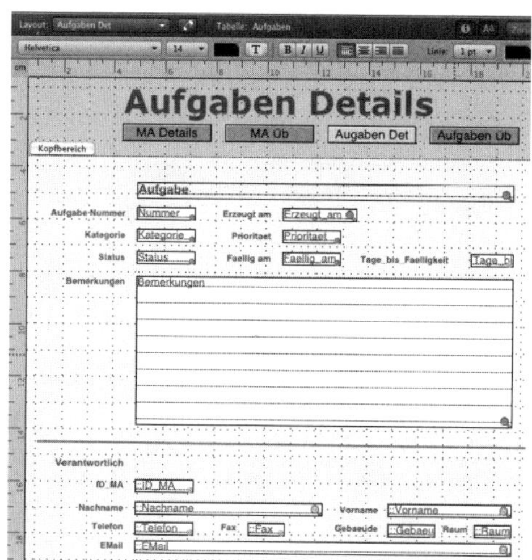

Das Layout »Aufgaben Details«.

Für einen beliebigen Datensatz hat dieses Layout im *Blättern*-Modus folgendes Erscheinungsbild.

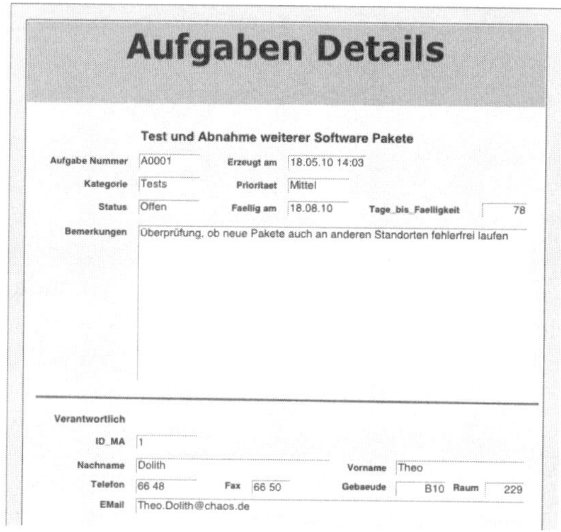

Das Layout »Aufgaben Details« im »Blättern«-Modus.

Für das Feld *Bemerkungen* ist ausreichend Platz vorgesehen, der nur in einigen wenigen Datensätzen voll beansprucht wird. Markieren Sie im *Layout*-Modus das Feldobjekt *Bemerkungen* und sämtliche Layout-Elemente (einschließlich der waagerechten Linie), die sich im Datenbereich darunter befinden. Setzen Sie im *Inspektor*, Register *Position*, Abschnitt *Angleichung und Sichtbarkeit*, den Haken in *Freiraum entfernen durch* bei *Nach oben*. Die Einstellung *Alle Objekte oberhalb* lassen Sie bestehen.

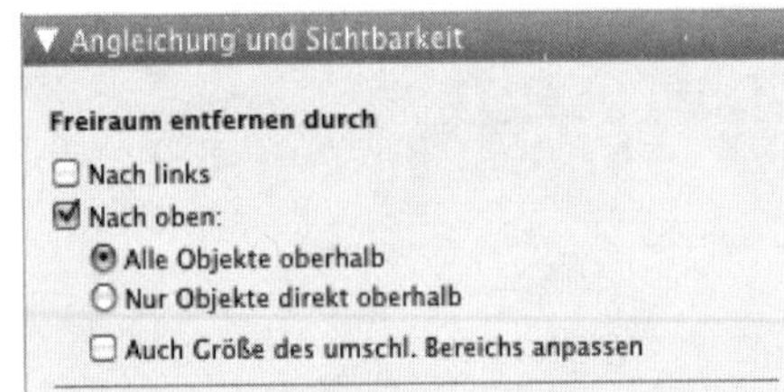

Der Abschnitt »Angleichung und Sichtbarkeit« im Inspektor.

Wenn Sie jetzt wieder in den Modus *Seitenansicht* wechseln, sollte der Leerraum vom Feld *Bemerkungen* auf das erforderliche Maß reduziert sein.

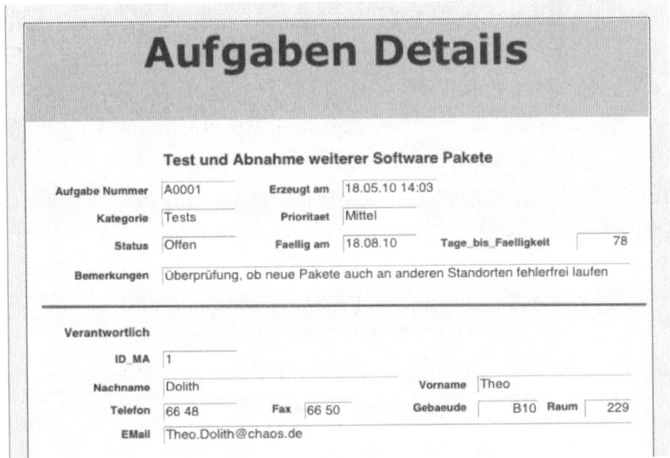

Das Layout »Aufgaben Details« im »Blättern«-Modus mit eingestellten Angleich-Optionen.

Analog können Sie Angleichungen von Layout-Elementen nach links vornehmen. Als Alternative bietet sich dafür die Verwendung von Platzhaltern an. Diese passen sich der jeweiligen Textmenge in einem Feld an, wie das folgende Beispiel zeigt.

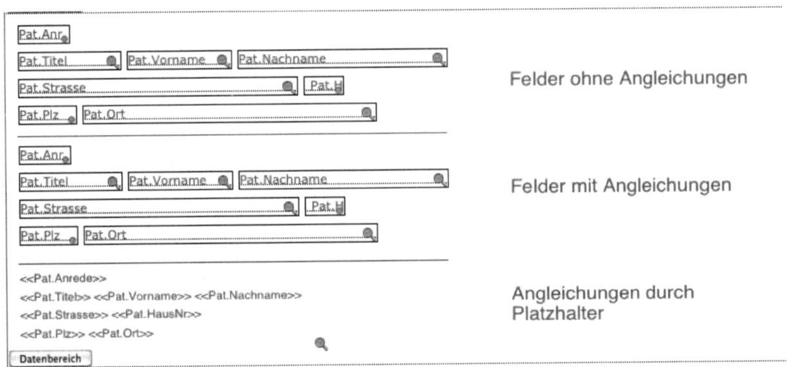

Layoutelemente mit und ohne Angleich-Optionen sowie Platzhaltern.

Das Layout im »Blättern«-Modus inklusive der Elemente mit und ohne Angleich-Optionen sowie mit Platzhaltern.

Dies sieht nicht schlecht aus, zumindest solange alle Felder gefüllt sind. Befindet sich ein Platzhalter in einer eigenen Zeile, so entfernt *FileMaker* diese Zeile, wenn das Feld leer ist. Leider beseitigt *FileMaker* keinen Leerraum in einer Zeile. Ist im obigen Beispiel das Feld *Pat.Titel* leer, zeigt sich dies deutlich durch eine Einrückung.

Frau
 Margitta Branntwein
Stuttgarter Straße 405
86555 Kamerun

Platzhalter bei leerem Feldinhalt.

Bei diesen Effekten macht es Sinn, die Anschrift durch eine Formel zu bestimmen.

Pat.Anschrift =

```
Pat.Anrede & "¶" &
Wenn (IstLeer (Pat.Titel); ""; Pat.Titel & " ") & Pat.Vorname & " " & Pat.Nachname & "¶" &
Pat.Strasse & " " & Pat.HausNr  & "¶" &
Pat.Plz & " " & Pat.Ort
```

Die Formel für die Anschrift.

Das Ergebnis dürfte unser ästhetisches Empfinden befriedigen.

Herrn	Frau
Dr. med Franz Branntwein	Margitta Branntwein
Stuttgarter Straße 405	Stuttgarter Straße 405
86555 Kamerun	86555 Kamerun

Darstellung der durch eine Formel erzeugten Anschrift im »Blättern«-Modus.

Als Letztes sei noch auf Probleme beim Drucken mehrseitiger Layouts hingewiesen. Dieses Thema scheint eine »Never ending Story« zu sein, die sich über die Jahre und über unzählige *FileMaker*-Versionen hinzieht. Die Probleme betreffen Mac OS X und Windows gleichermaßen.

Probleme beim Drucken mehrseitiger Layouts (Seitenansicht).

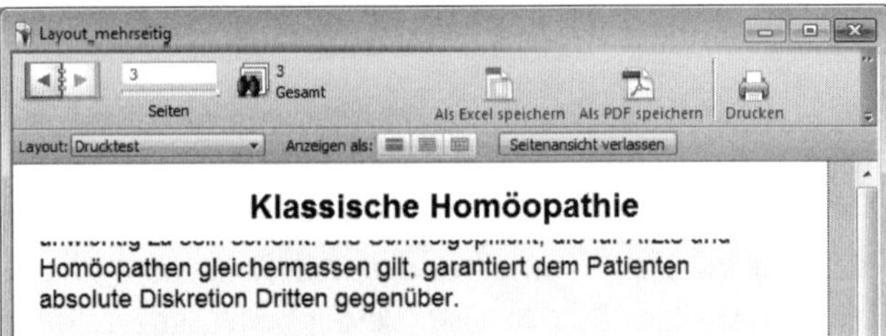

Beziehungen

10

Mit Tabellen und Beziehungen hatten wir uns in einem der vorangegangenen Abschnitte bereits befasst. Wegen deren zentraler Bedeutung für relationale Datenbanken und wegen einiger Besonderheiten bei *FileMaker* wollen wir uns im Folgenden nochmals damit auseinandersetzen.

Schlüssel

Wie Sie inzwischen wissen, bestehen relationale Datenbanken aus einer oder mehreren Tabellen. In jeder Tabelle sind zusammengehörige Informationen gleicher Struktur und Beschreibung untergebracht. Abhängigkeiten zwischen einzelnen Tabellen lassen sich über Beziehungen herstellen. Die Realisierung solcher Verknüpfungen erfolgt über Schlüsselfelder. Dabei kann eine Tabelle mehrere dieser Schlüssel enthalten.

Als *Primärschlüssel* bezeichnet man ein Datenfeld oder eine Kombination von Datenfeldern, die jeden Datensatz in einer Tabelle eindeutig kennzeichnet. Da dieser Schlüssel in einer Tabelle nicht mehrmals vorkommen darf, reicht ein Feld wie *Nachname* für eine eindeutige Klassifizierung in der Regel nicht aus. Durch Hinzunehmen weiterer Felder wie *Vorname* und *Geburtsdatum* lässt sich Eindeutigkeit erzielen. Man bezeichnet diese Form als *kombinierter Primärschlüssel* oder *Verbundschlüssel.* Diese sollten sich aus gerade so vielen Feldern zusammensetzen, wie dies zur eindeutigen Kennzeichnung des Datensatzes erforderlich ist.

Ein Primärschlüssel sollte also möglichst klein und auch zeitlich stabil sein, sein Wert sich möglichst nicht ändern. Häufig wird deshalb als Primärschlüssel eine fortlaufende Nummer benutzt, gegebenenfalls kombiniert mit einer Zeichenfolge. Dies bezeichnet man als *Surrogatschlüssel* oder *künstlicher Schlüssel.* Die Besonderheit dieser Art von Schlüssel ist, dass sie nicht aus den Daten einer Tabelle abgeleitet sind.

Sekundärschlüssel sind alternative Suchschlüssel, die zum Auffinden von Datensätzen verwendet werden können. Im Gegensatz zum Primärschlüssel sind sie nicht notwendigerweise eindeutig, sie können mehrere Datensätze als Ergebnis einer Suche liefern.

Fremdschlüssel sind Sekundärschlüssel einer Tabelle, die einer anderen Tabelle als Primärschlüssel fungieren. Sie enthalten die gleichen Werte wie der Primärschlüssel, können aber – je nach Beziehungsart – mehrmals auftreten.

Beziehungstypen

Beziehungen können in der realen Welt sehr komplexe Formen annehmen. Bei relationalen Datenbanksystemen wie *FileMaker* beschränken sich solche Verknüpfungen immer auf jeweils zwei Tabellen. Die Anzahl der Beziehungen in einer *FileMaker* Datenbank ist lediglich durch den verfügbaren Speicherplatz begrenzt.

Dabei unterscheidet man zwischen drei Grundformen:

Eins zu Eins Beziehung (1 : 1)
Eine *Eins zu Eins-Beziehung* liegt vor, wenn ein Datensatz einer Tabelle mit genau einem Datensatz aus einer anderen Tabelle verknüpft ist. So ist in unserer Aufgabenliste jede Aufgabe mit einem Verantwortlichen verknüpft.

Eins zu Vielen Beziehung (1 : n)
Eine *Eins zu Vielen-Beziehung* ist der am häufigsten vorkommende Verknüpfungstyp. Sie verbindet ein Objekt einer Tabelle mit beliebig vielen aus einer anderen Tabelle. So können, um bei der Aufgabenliste zu bleiben, mehrere Aufgaben dem gleichen Verantwortlichen zugeordnet sein.

Viele zu Vielen Beziehung (m : n)
Bei *Viele zu Vielen-Beziehungen* können mehrere Objekte in zwei verschiedenen Tabellen beliebig oft miteinander in Beziehung stehen. So muss eine Aufgabe nicht notwendigerweise alleine vom Verantwortlichen selbst gelöst werden. So können verschiedenen Aufgaben mehrere Mitarbeiter zugeordnet werden. Zur Realisierung einer solchen Struktur ist eine weitere Tabelle erforderlich.

Selbstbezüge
Ein Selbstbezug liegt vor, wenn Objekte derselben Tabelle zueinander in Beziehung stehen. So kennzeichnet beispielsweise eine bestimmte Postleitzahl immer den gleichen Ort. Über eine Selbstbeziehung lässt sich so die Eingabe von Orten beschleunigen.

Abgleichfelder

Von Schlüsseln ist in *FileMaker* nicht viel die Rede. Im Glossar der Bildschirmhilfe steht lediglich *Eine oder mehrere Spalten, durch die eine bestimmte Zeile eindeutig wird (entspricht einem Abgleichsfeld)*. Mit anderen Worten, *FileMaker* verwendet den Begriff »Abgleichsfeld« sowohl für den *Primärschlüssel* als auch für den *Fremdschlüssel*. Als Feldtyp lassen sich für Abgleichsfelder *Datum*, *Text*, *Zahl*, *Zeit*, *Zeitstempel* oder *Formeln* mit entsprechendem Ergebnistyp verwenden. Der verwendete Typ sollte für beide Abgleichsfelder identisch sein. Auch Variablenfelder sind zulässig, ebenso Wiederholfelder. Letztere verhalten sich wie Felder, in denen mehrere, durch Absatzende getrennte Werte enthalten sind. Solche Abgleichsfelder bezeichnet *FileMaker* als *Mehrfachschlüssel* oder *komplexe Schlüsselfelder*.

Betrachten wir als Beispiel ein Abrechnungssystem für einen Heilpraktiker. Dieser hat Patienten, denen er von Zeit zu Zeit Rechnungen stellt. Deren Höhe basiert auf Art und Anzahl der durchgeführten Konsultationen.

Wir legen eine neue Datenbank namens *Abrechnungen* an und erstellen darin die drei Tabellen *Patienten*, *Rechnungen* und *Konsultationen*. In *Patienten* legen wir neben den Adressdaten ein Feld *ID_Patient* als Primärschlüssel an. Sein Inhalt setzt sich aus dem Buchstaben »P« und einer fortlaufenden Nummer zusammen. Analog legen wir gleichartige Primärschlüssel für *Rechnungen* und *Konsultationen* an. Als Fremdschlüssel benötigen wir *ID_Patient* in Rechnungen sowie *ID_Rechnung* in Konsultationen.

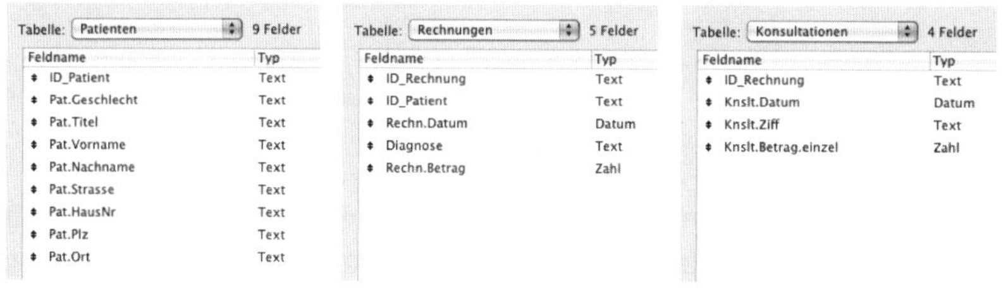

Felddefinitionen für die Tabellen »Patienten«, »Rechnungen« und »Konsultationen«.

Im Beziehungsdiagramm (Dialog *Datenbank verwalten*, Register *Beziehungen*) ist jede Tabelle als grau umrahmtes Rechteck symbolisiert, im breiten oberen Rahmen erkennen Sie den Namen der Tabelle. Die Namen sämtlicher definierten Felder sind darunter aufgelistet.

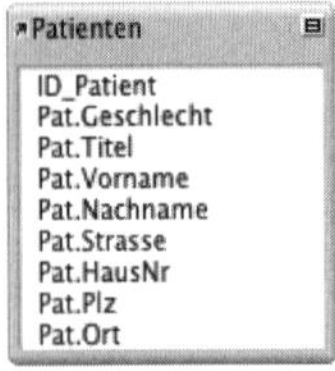

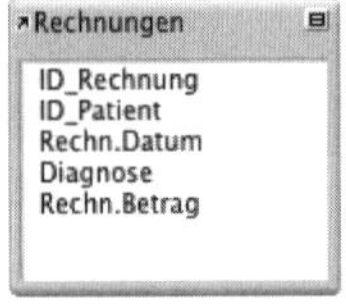

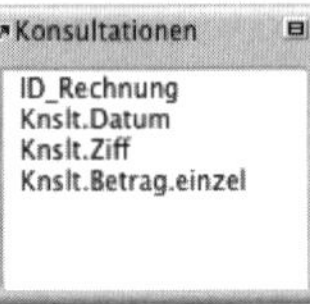

Beziehungsdiagramm nach Abschluss der Felddefinitionen.

FileMaker hat für die einzelnen Tabellen Layouts angelegt. Ob Sie diese modifizieren und verschönern oder mit dem Layout-Assistenten neue anlegen und die bestehenden löschen, das bleibt Ihnen überlassen. Wir benötigen zunächst jeweils ein Standard-Layout für Patienten und Rechnungen, wir nennen sie *Patienten Det* und *Rechnungen Det*.

Sollten Sie sich für den Einsatz des Layout-Assistenten entscheiden, so genügt die Erstellung eines Layouts. Das Zweite erzeugen Sie durch Duplizieren und Modifizieren. Dies haben wir inzwischen mehrfach praktiziert, Einzelheiten kann ich mir deshalb ersparen.

Nun stellen wir als erste Verknüpfung eine Beziehung zwischen den Tabellen *Patienten* und *Rechnungen* her. Als Abgleichsfelder dienen die Felder *Patienten::ID_Patient* und *Rechnungen::ID_Patient*. In der Tabelle *Patienten* fungiert *ID_Patient* als Primärschlüssel, in Tabelle *Rechnungen* als Fremdschlüssel. Klicken Sie in *Patienten* auf *ID_Patient* und ziehen Sie die Maus auf das gleichnamige Feld in der Tabelle *Rechnungen*.

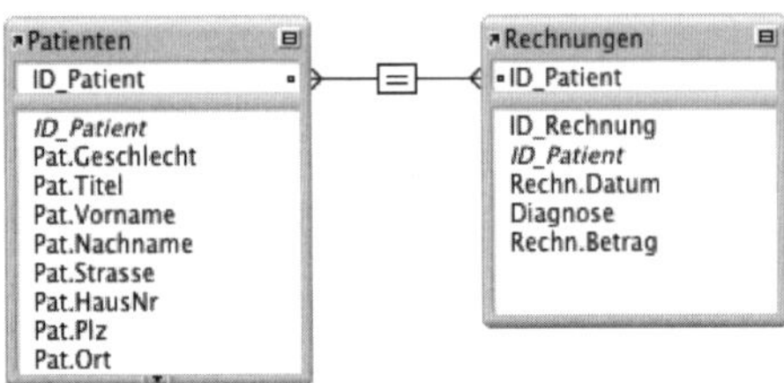

Die Beziehung zwischen den Tabellen »Patienten« und »Rechnungen«.

FileMaker erzeugt automatisch eine Beziehung, die auf identischem Inhalt der Abgleichsfelder basiert. Wenn Sie auf das Rechteck mit dem Gleichheitszeichen zwischen den beiden Tabellensymbolen doppelklicken, erscheint der Dialog *Beziehung bearbeiten*. In ihm erkennen Sie die beiden Abgleichsfelder sowie die dafür definierten Bedingungen der Beziehung.

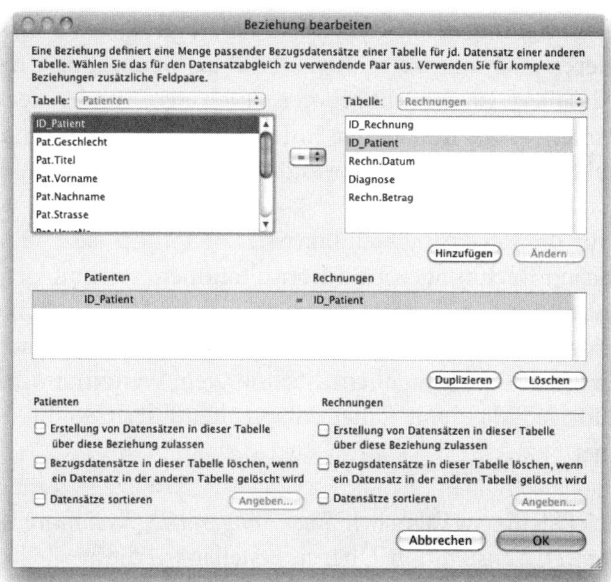

Der Dialog »Beziehung bearbeiten«.

Aus Sicht von *Rechnungen* besteht eine 1 : 1-Beziehung. Jede Rechnung ist genau einem Patienten zugewiesen. Im Layout *Rechnungen Det* benötigen wir Feldobjekte für *Namen*, *Vornamen* etc. aus der Tabelle *Patienten*. Die zugehörigen Felder werden automatisch mit Inhalt versehen, sobald in Feld *Rechnungen::ID_Patient* ein Wert eingegeben ist, der bereits in Tabelle *Patienten* existiert.

Beziehungen wirken in *FileMaker* in beide Richtungen. Aus Sicht von *Patienten* handelt es sich um eine 1 : n-Beziehung. Jedem Patienten können mehrere Rechnungen zugewiesen sein. Ohne Erfordernis einer zusätzlichen Maßnahme lassen sich, mit Hilfe eines Portals, für diese Beziehung im Layout *Patienten Det* Informationen zu allen Rechnungen des Patienten anzeigen.

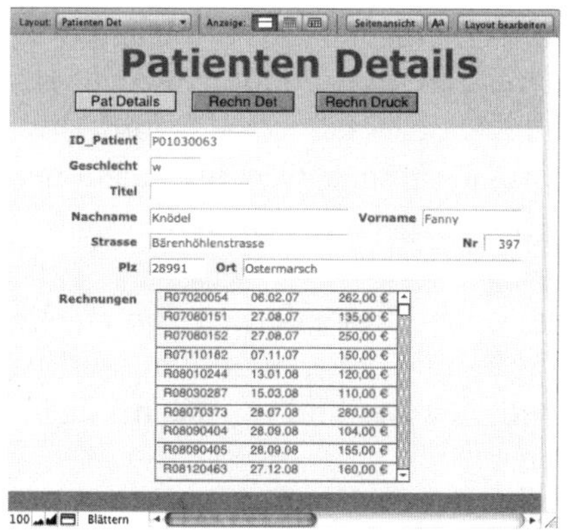

Das Layout mit Rechnungsdaten im Layout »Patienten Det«.

Solange Beziehungen auf Gleichheit der Abgleichsfelder basieren, spielt deren Richtung keine Rolle. Sind als Bedingung Ungleichheiten definiert, ist Vorsicht geboten. Auch aus Gründen der Übersichtlichkeit ist es in solchen Fällen angeraten, statt einer besser zwei Beziehungen zu verwenden.

Was wir für die Rechnungsstellung noch benötigen ist eine Verknüpfung zwischen Rechnungen und Konsultationen. Rechnungen werden für einen bestimmten Abrechnungszeitraum gestellt, in dem mehrere Konsultationen stattfinden können. Aus Gründen der Einfachheit beschränken wir uns auf monatliche Rechnungen. Weiterhin wird für eine Konsultation lediglich eine Ziffer entsprechend der Gebührenordnung abgerechnet.

Als Abgleichsfelder wählen wir *Rechnungen::ID_Rechnung* und *Konsultationen::ID_Konsultation*. Über sie erstellen wir die zweite Beziehung.

Beziehung »Rechnungen« und »Konsultationen«.

ID_Patient P01030063
Geschlecht w
Titel
Nachname Knödel **Vorname** Fanny
Strasse Bärenhöhlenstrasse **Nr** 397
Plz 28991 **Ort** Ostermarsch

Rechnungen

R07020054	06.02.07	262,00 €
R07080151	27.08.07	135,00 €
R07080152	27.08.07	250,00 €
R07110182	07.11.07	150,00 €
R08010244	13.01.08	120,00 €
R08030287	15.03.08	110,00 €
R08070373	28.07.08	280,00 €
R08090404	28.09.08	104,00 €
R08090405	28.09.08	155,00 €
R08120463	27.12.08	160,00 €

Aus Sicht von *Konsultationen* besteht eine 1 : 1-Beziehung zu *Rechnungen*. Jeder Konsultation ist genau eine Rechnung zugewiesen. Aus Sicht von *Rechnungen* handelt es sich dagegen um eine 1 : n-Beziehung. Jeder Rechnung können mehrere Konsultationen zugewiesen sein. Auch hier lassen sich, mit Hilfe eines Portals, ohne Erfordernis einer zusätzlichen Maßnahme im Layout *Rechnungen Det* Informationen zu den Konsultationen eines Patienten anzeigen.

Hinzu kommt eine weitere Besonderheit von *FileMaker*. Bei ihm sind Beziehungen durchgängig. Dies erlaubt den Zugriff auf Patientendaten im Layout *Konsultationen Det* und umgekehrt auf Konsultationsdaten im Layout *Patienten*.

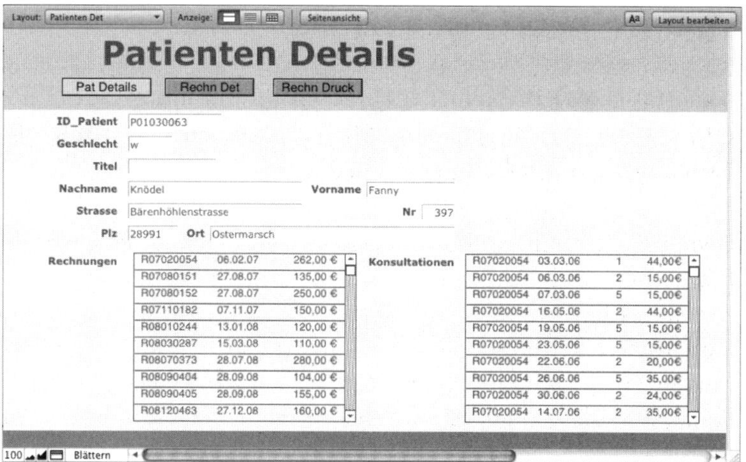

Durchgängige Beziehungen zwischen Patienten und Konsultationen.

Für Rechnungen fassen wir die Beträge der Konsultationen zusammen, die im Abrechnungszeitraum stattgefunden haben. Ein eigenes Layout für *Konsultationen* benötigen wir dafür nicht. Wir legen im Layout *Rechnungen Det* ein Portal für *Konsultationen* an und bringen darin alle erforderlichen Feldobjekte unter, die uns die Eingabe sämtlicher benötigten Informationen gestatten. Zusätzlich müssen wir im Dialog *Beziehung bearbeiten* noch festlegen, dass wir über die Beziehung *Rechnungen-Konsultationen* Datensätze in der Tabelle *Konsultationen* erzeugen dürfen. Setzen Sie im Dialog folgerichtig den Haken bei *Erstellung von Datensätzen in dieser Tabelle über diese Beziehung zulassen.*

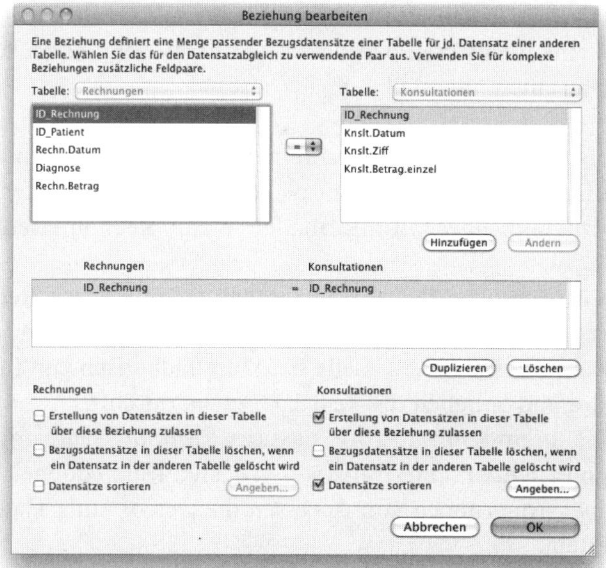

Das Setzen der Erlaubnis für »Datensätze erzeugen«.

Im *Blättern*-Modus äußert sich die Aktivierung dieser Option durch die Anzeige eines leeren Datensatzes als letzte Zeile des Portals. Damit dies auch klar ersichtlich ist, sollte der Hintergrund zumindest eines Feldobjektes nicht transparent sein, sondern sich deutlich vom Hintergrund des Datenbereichs abheben.

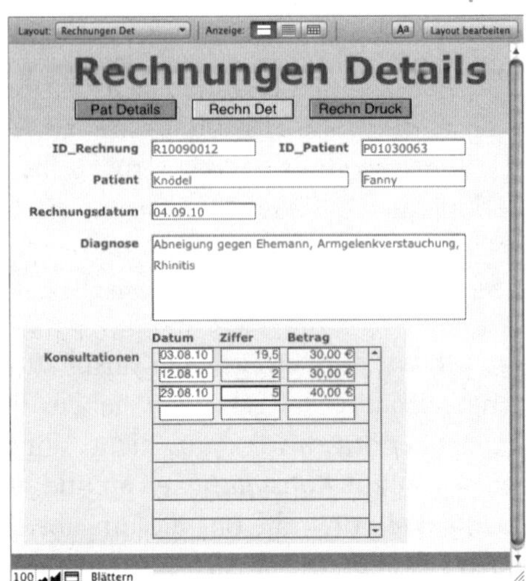

Das Portal mit der Möglichkeit zum Erzeugen von Datensätzen.

Selbstbeziehungen

Es kommt nicht selten vor, dass Rechnungen nicht an den Patienten selbst, sondern an einen Rechnungsempfänger zu adressieren sind. Wenn es sich bei einem Patienten beispielsweise um ein Kind handelt, geht die Rechnung an einen Elternteil.

Was also tun, wenn Patient und Rechnungsempfänger nicht identisch sind? Die schlechteste Lösung für einen solchen Fall bestünde in der Einrichtung zusätzlicher Felder mit Informationen zum Rechnungsempfänger.

Ein besserer Ansatz wäre die Auslagerung der Daten von Rechnungsempfängern in eine eigene Tabelle. Aber auch diese Lösung ist nicht optimal, da die zusätzliche Tabelle strukturell identisch zur Tabelle *Patienten* wäre und lediglich das Feld *ID_Patient* durch *ID_REmpf* ersetzt würde. Obendrein kommt es vor, dass der Rechnungsempfänger ebenfalls zu den Patienten zählt. Dann wären dessen Daten doppelt abgelegt, wodurch bei Änderungen von Adressen die Gefahr einer Dateninkonsistenz besteht.

In der Patienten-Tabelle sind alle Felder zur Aufnahme sämtlicher Informationen zu Rechnungsempfängern bereits enthalten. Also legen wir diese Informationen doch ebenfalls hier ab. Wir benötigen lediglich ein zusätzliches Schlüsselfeld zur Identifizierung eben dieser Rechnungsempfänger. Legen Sie also in der Tabelle *Patienten* ein weiteres Feld namens *ID_REmpf* an. Wir benötigen es zusammen mit *ID_Patient* als Abgleichsfeld.

Bei einer solchen Selbstbeziehung befinden sich die Abgleichsfelder in derselben Tabelle. *ID_Patient* und *ID_REmpf* sind als Abgleichfelder in der gleichen Tabelle beheimatet. Es handelt sich aus Sicht von *Patienten* um eine 1 : 1-Beziehung. Jedem Patienten ist genau ein Rechnungsempfänger zugeordnet, wobei Patient und Rechnungsempfänger identisch sein können. Aus Sicht von *Rechnungsempfänger* besteht eine 1 : n-Beziehung, da einem Rechnungsempfänger mehrere Patienten zugeordnet sein können. Dies klingt, als gäbe es zwei Tabellen, nämlich *Patienten* und *Rechnungsempfänger*.

Um die Beziehung einzurichten, klicken Sie mit der Maus auf *ID_REmpf* in der Tabelle *Patienten*. Halten Sie die Maustaste gedrückt und bewegen Sie den Mauszeiger aus dem Tabellensymbol heraus, bis die Linie mit dem Gleichheitszeichen-Symbol erscheint. Ziehen Sie dann den Mauszeiger zurück auf das Feld *ID_Patient*. Es erscheint der Dialog *Beziehung hinzufügen*.

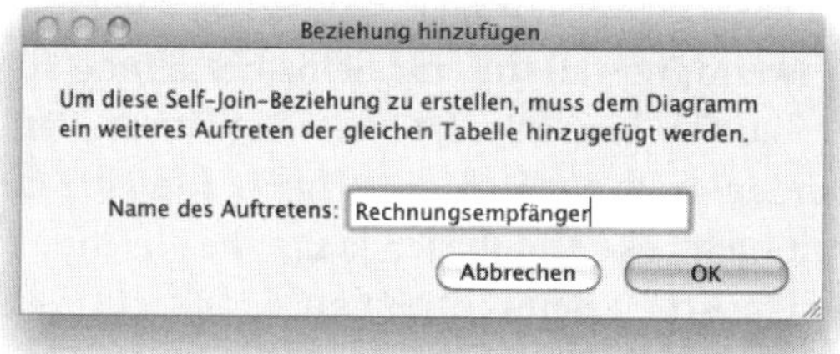

Der Dialog »Beziehung hinzufügen«.

Geben Sie *Rechnungsempfänger* als Name ein und klicken Sie auf *OK*. Das Beziehungsdiagramm ist danach um ein weiteres Tabellensymbol mit diesem Namen ergänzt.

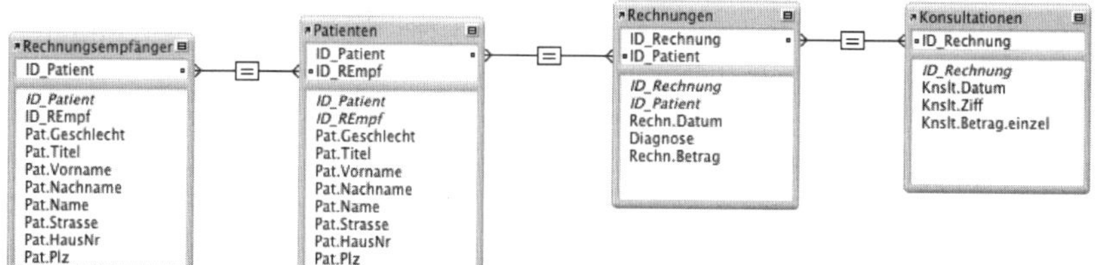

Das Beziehungsdiagramm nach dem Hinzufügen der Selbstbeziehung.

Wenn Sie daraufhin im Dialog *Datenbank verwalten*, Register *Tabellen*, nachsehen, so sind nach wie vor lediglich 3 Tabellen vorhanden. Unter Patienten sind allerdings in Spalte *Auftreten im Diagramm* zwei Positionen angegeben: *Patienten* und *Rechnungsempfänger*.

Das Beziehungsdiagramm nach Hinzufügen der Selbstbeziehung »Rechnungsempfänger«.

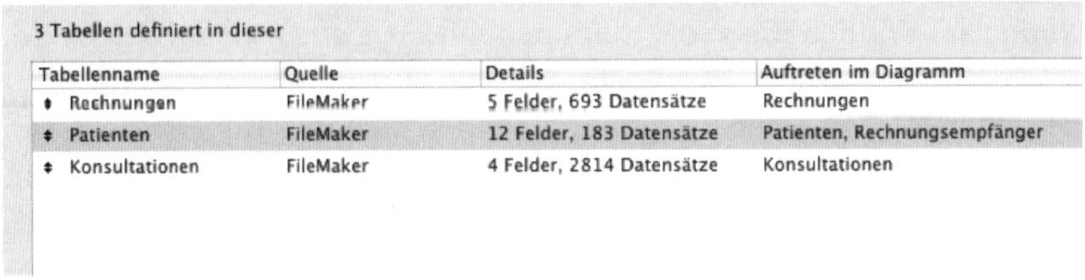

3 Tabellen definiert in dieser

Tabellenname	Quelle	Details	Auftreten im Diagramm
Rechnungen	FileMaker	5 Felder, 693 Datensätze	Rechnungen
Patienten	FileMaker	12 Felder, 183 Datensätze	Patienten, Rechnungsempfänger
Konsultationen	FileMaker	4 Felder, 2814 Datensätze	Konsultationen

Das Zauberwort für diesen Fall heisst »Tabellenauftreten«. Eine Tabelle vermag dabei mehrfach im Beziehungsdiagramm vorkommen, aber zwischen zwei Tabellen kann lediglich eine einzige Beziehung angelegt werden. Erfordert die Realisierung einer Datenstruktur die Einrichtung mehrerer Beziehungen zwischen zwei Tabellen, so ist pro zusätzlicher Beziehung mindestens ein zusätzliches Auftreten einer Tabelle einzurichten. Die Namen von *Tabellenauftreten* müssen eindeutig sein, und bei der Einrichtung von Beziehungen dürfen keine Schleifen entstehen.

Für die Rechnungsstellung sind bei den Adressdaten die Felder aus dem Tabellenauftreten (*Table Occurrence, TO*) *Rechnungsempfänger* anzuwenden.

Ein weiterer Anwendungsfall für eine Selbstbeziehung sind Postleitzahl und Ort in der Tabelle *Patienten*. Ist eine Postleitzahl bereits in der Datenbank vorhanden, erübrigt sich die erneute Eingabe des Ortes. Platz sparen Sie damit nicht, es handelt sich ja um die gleiche Tabelle. Was Sie sparen ist lediglich Arbeit beim Eintippen.

Um diese Selbstbeziehung einzurichten, klicken Sie mit der Maus auf *Plz* in der Tabelle *Patienten*. Bewegen Sie den Zeiger an eine Stelle außerhalb des Tabellensymbols, bis die Verbindungslinie angezeigt wird. Bewegen Sie den Zeiger zurück auf *Plz* und lassen ihn dort los. Geben Sie im Dialog *Beziehung hinzufügen* als *Name des Auftretens* den Begriff *Plz* ein. Das Beziehungsdiagramm ist daraufhin um ein weiteres Tabellenauftreten ergänzt.

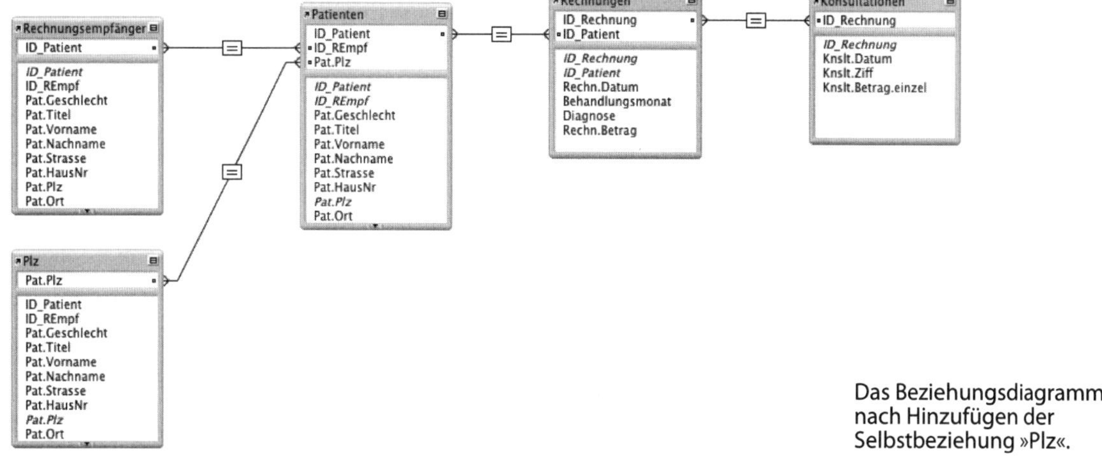

Das Beziehungsdiagramm nach Hinzufügen der Selbstbeziehung »Plz«.

Das Layout *Patienten Det* ergänzen wir um das Feldobjekt *Plz::Ort* genau unterhalb von *Patient::Ort*. Nach Eingabe einer existierenden Postleitzahl erscheint der Ort im Feld *Plz::Ort*, nicht aber in *Patient::Ort*. Ist kein Ort angezeigt, müssen Sie ihn in *Patient::Ort* eingeben. Möchten Sie die Rechnungsanschrift über eine Formel bestimmen, müssen Sie das Feld aus dem TO *Plz*, also *Plz::Ort* verwenden.

Die Anzeige eines Ortes über die Selbstbeziehung mit »Plz«.

Zugriff auf externe Dateien

Bis jetzt haben wir mit Datenbanken gearbeitet, bei denen sämtliche benötigten Tabellen in einer einzigen Datei untergebracht sind. Es gibt aber für diverse Anwendungsfälle Gründe, Informationen auf mehrere *FileMaker*-Dateien zu verteilen. Nebenbei bemerkt, bis *FileMaker 6* konnte eine Datei lediglich eine einzige Tabelle aufnehmen. Beziehungen waren somit nur zwischen einzelnen Dateien möglich.

Puristen können die Forderung, Daten und Strukturinformationen in einer Datenbank zu trennen, auf diese Weise realisieren. Erforderlich ist dazu lediglich eine *FileMaker*-Datenbank ohne Tabellen, die als Strukturdatei fungiert. Die Unterbringung von Informationen erfolgt in anderen *FileMaker*-Dateien, die im Beziehungsdiagramm der Strukturdatei als externe Dateien einzufügen sind. Im Beziehungsdiagramm der Strukturdatei sind nur die benötigten Beziehungen herzustellen. Was eine solche Vorgehensweise betrifft, so sei an dieser Stelle lediglich bemerkt, dass sie Vor- und Nachteile birgt.

Sinn macht die Auslagerung von Informationen in externe Dateien immer dort, wo diese mehrfach genutzt werden können. Nehmen wir an, Sie sind in Ihrer Firma mit mehreren Projekten betraut, wobei Sie für jedes Projekt eine eigene Aufgabenliste benötigen. Wenn verschiedene Mitarbeiter ebenfalls an mehreren Projekten beteiligt sind, ist es zweckmäßig, die Mitarbeiter-Tabelle als eigenständige Datei zu führen und als solche in die verschiedenen Aufgaben-Datenbanken einzufügen. Oder Sie haben einen umfangreichen Schriftverkehr mit Adressaten, die über ganz Deutschland oder zumindest großen Teilen davon verteilt sind. Auch hier ist der Einsatz einer Postleitzahlen-Datenbank als externe Datei angebracht.

Wir modifizieren unser Abrechnungssystem dahingehend, dass wir auf Ortsnamen über die Postleitzahl zugreifen, wobei Postleitzahl und Ort in einer getrennten Datei ausgelagert sind. Falls Sie noch über keine Datenbank mit Postleitzahlen und Ort verfügen, legen Sie eine neue Datenbank mit dem Namen *Plz.fp7* und einer Tabelle sowie den Textfeldern *Plz* und *Ort* an. Geben Sie einige Daten ein. Diese externe Datei fügen wir als Erstes in das Beziehungsdiagramm ein. Dazu klicken Sie auf die Schaltfläche ganz links am unteren Fensterrand.

Die Schaltfläche zum Einfügen von »Tabellenauftreten« in das Beziehungsdiagramm (ganz links).

Wählen Sie im Dialog *Tabelle angeben* im Einblendmenü *FileMaker Datenquelle hinzufügen.*

Der Dialog »Tabelle angeben«.

Daraufhin erscheint der Dialog *Datei öffnen*, in dem Sie die Datei *Plz.fp7* auswählen.

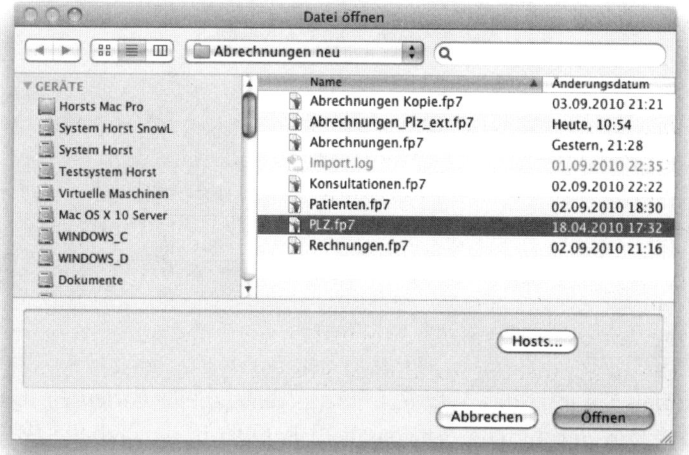

Der Dialog »Datei öffnen«.

Da *Plz* bereits als Name eines Tabellenauftretens im Beziehungsdiagramm vergeben ist, schlägt *FileMaker* den Begriff *Plz 2* für das neue Auftreten vor. Klicken Sie auf *OK*. Löschen Sie anschließend das Tabellenauftreten *Plz*. Dies können Sie tun, indem Sie das Tabellensymbol für *Plz* per Mausklick markieren und dann auf die Schaltfläche mit dem Papierkorb unter *Tabellen/Beziehungen* klicken. *FileMaker* fragt nach, ob Sie sich Ihrer Sache auch wirklich sicher sind. Klicken Sie auf *Entfernen*.

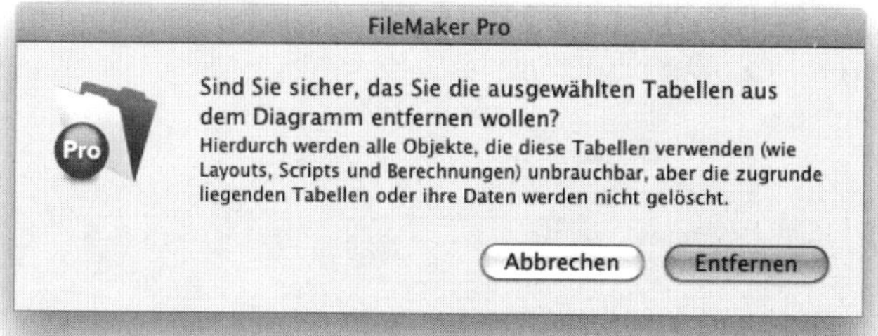

Der Dialog »Tabellenauftreten entfernen«.

Alternativ können Sie *Plz* markieren und die Lösch- oder Rückschritt-Taste betätigen. Ein Doppelklick auf *Plz 2* öffnet wieder den Dialog *Tabelle angeben*. Löschen Sie im Eingabefeld für Name die »2« und das Leerzeichen.

Die Umbenennung eines Tabellenauftretens.

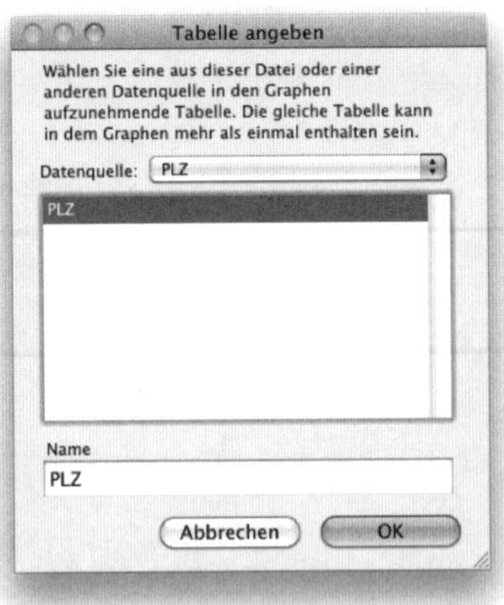

Verbinden Sie jetzt das *Feld Pat.Plz* aus der Tabelle *Patienten* mit dem Feld *Plz* von der Tabelle *Plz*. Das Feld *Pat.Ort* in der Tabelle *Patienten* können Sie jetzt löschen.

Das Beziehungsdiagramm mit externer Datei/Tabelle »Plz«.

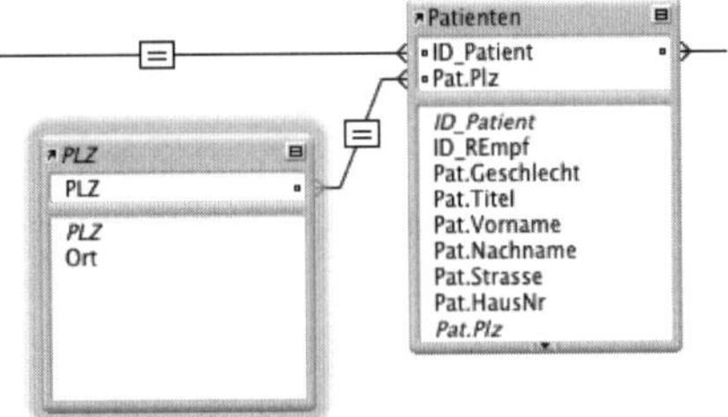

Das Feldobjekt *Pat.Ort* ist jetzt aus den Layouts verschwunden, Sie müssen es durch *PLZ::Ort* ersetzen.

Das modifizierte Layout »Patienten Det«.

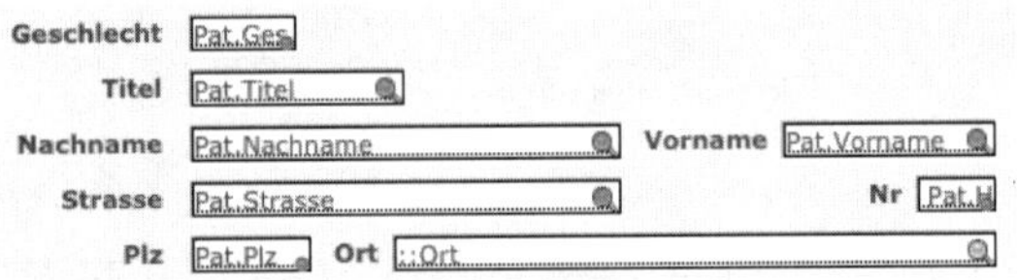

Im *Blättern*-Modus ist nun kein Unterschied zur Lösung mit einer Selbstbeziehung ersichtlich.

Das modifizierte Layout »Patienten Det« im »Blättern«-Modus.

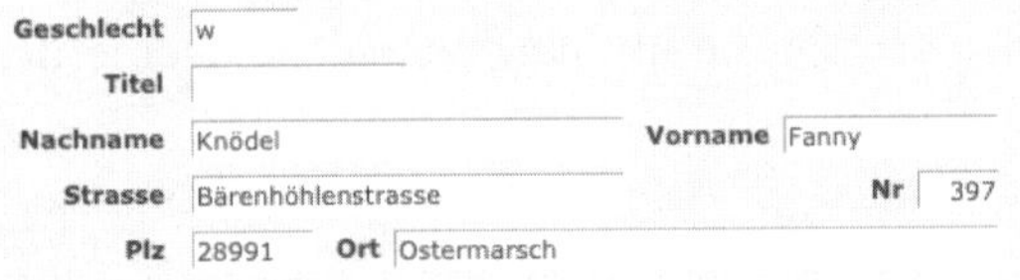

Zugriff auf SQL-Datenbanken

Mitunter befinden sich in einer Firma die von Ihnen benötigten Informationen in einer *SQL*-Datenbank. So legen beispielsweise Programme zur automatischen Inventarisierung von Rechner-Daten über das Firmennetz die ermittelten Informationen in einer solchen Datenbank ab. Um darauf mit *FileMaker* von Ihrem Rechner aus zugreifen zu können, sind einige Maßnahmen zu treffen. Bevor wir darauf eingehen, wollen wir einige Begriffe klären.

SQL-Datenbanken und ODBC

Die Entwicklung relationaler Datenbanken fand, in IT-Epochen ausgedrückt, zur Saurierzeit statt. Gemeint ist damit die Blütezeit der Großrechner, für die zur Darstellung von Nutzeroberflächen bestenfalls alphanumerische Terminals zu Verfügung standen. Lochkarten waren gerade im Aussterben begriffen. Die Steuerung von Rechner und Applikationen erfolgte über Befehlssprachen.

Wesentlicher Bestandteil eines Datenbank-Managementsystems ist eine Befehlssprache zur Definition und Manipulation von Daten sowie zur Regelung von Anwender- Zugriffen. Hier hatte sich Ende der siebziger Jahre die von Oracle entwickelte *Structured Query Language* (*SQL*) durchgesetzt, eine an die englische Umgangssprache angelehnte Befehlssprache. Datenbanksysteme, die diese Sprache unterstützen, werden als *SQL*-Datenbanken bezeichnet. Theoretisch bewirkt die Nutzung von *SQL* eine Unabhängigkeit vom aktuell benutzten Datenbanksystem. Praktisch unterscheiden sich die Systeme durch den Grad der Unterstützung des *SQL*-Standards, darüber hinaus bieten viele Systeme eigene Spracherweiterungen.

Die *Open Database Connectivity* (*ODBC*) ist eine Schnittstelle, die den Zugriff auf relationale Datenbanken ermöglicht. Ursprünglich von Microsoft für Windows entwickelt, hat es sich zum (Quasi-) Standard entwickelt. Die Kommunikation mit einer externen Datenbank regeln auf dem eigenen Rechner spezielle Programme. Solche Treiber sind inzwischen auch für Mac OS X und Unix-Systeme verfügbar. *Independent ODBC* (*iODBC*) ist die Open Source-Variante für plattformunabhängige Implementierungen der *ODBC* und *X/Open*-Spezifikationen.

Als Beispiel betrachten wir eine Musik-Sammlung, die als *MySQL*-Datenbank realisiert ist. *MySQL* ist eine unter der *GPL* (*General Public License*) stehende freie *SQL*-Datenbanksoftware. Um auf die Informationen der Musik-Datenbank zugreifen zu können, benötigen Sie ...

- den Namen der Datenbank.
- Kenntnis darüber, wo die Datenbank beheimatet ist. Mit anderen Worten, Sie benötigen den Rechnernamen und/oder die *IP-Adresse*.
- ein Konto für die Datenbank, das Ihnen den Zugriff zumindest mit Leserechten gewährt.
- die erforderlichen *MySQL*-Treiber (auf der Webseite von *MySQL* erhältlich).
- Administrator-Rechte, um die *MySQL*-Treiber installieren zu können.
- Administrator-Rechte, um eine Datenquelle einrichten zu können.

Im Folgenden betrachten wir die durchzuführenden Maßnahmen getrennt für Mac OS X und Windows.

Zugriff unter Mac OS X

Haben Sie auf Ihrem Rechner keine Administrator-Rechte, müssen Sie sich zur Installation der *MySQL*-Treiber wieder an einen Administrator Ihres Vertrauens wenden. Dieser kann die Einrichtung einer *ODBC*-Datenquelle gleich mit erledigen. Dies erfordert den Einsatz des *ODBC-Administrators*, der allerdings nicht mehr Bestandteil von Snow Leopard ist. Er muss separat von der Apple-Webseite heruntergeladen werden. Seine Tage sind aber gezählt, denn mit dem *ODBC Manager* steht ein funktional gleichwertiges Werkzeug zu Verfügung. Eine parallele Nutzung beider Programme ist ebenso möglich.

Starten Sie (oder Ihr Administrator) den *ODBC Manager* und wählen Sie im Register *System* den Eintrag *DSN*. *DSN* steht übrigens für *Data Source Name*. Klicken Sie auf die Taste *Hinzufügen* und wählen Sie *My SQL ODBC Driver* als Treiber aus.

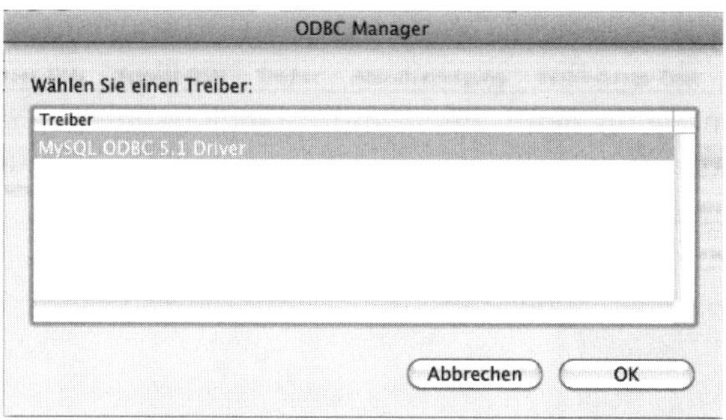

Der »ODBC Manager« von MacOS X.

Geben Sie im neuen Dialog der Datenquelle einen Namen und tragen Sie einen Kommentar in *Beschreibung* ein. Klicken dann auf *Hinzufügen*.

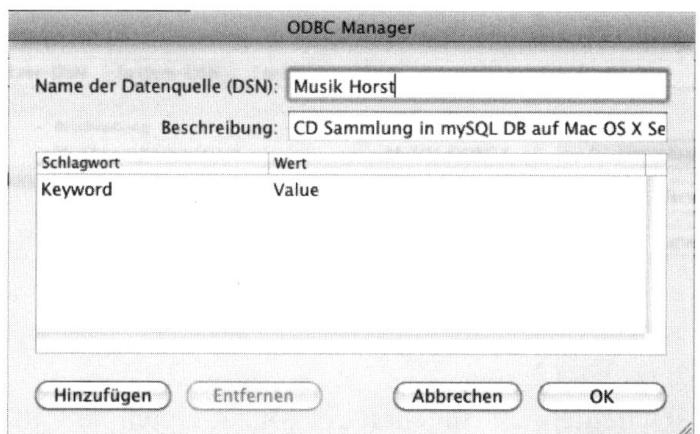

Die »ODBC Manager«-Eingabe von Schlagworten.

Doppelklicken Sie auf *Keyword* und tragen Sie statt dessen *DATABASE* ein. Ersetzen Sie analog *Value* durch *Musik*. Auf die gleiche Art und Weise müssen Sie noch die Schlagworte *Server* und *UID* eingeben. *UID* ist Ihr Kontenname für die Datenbank.

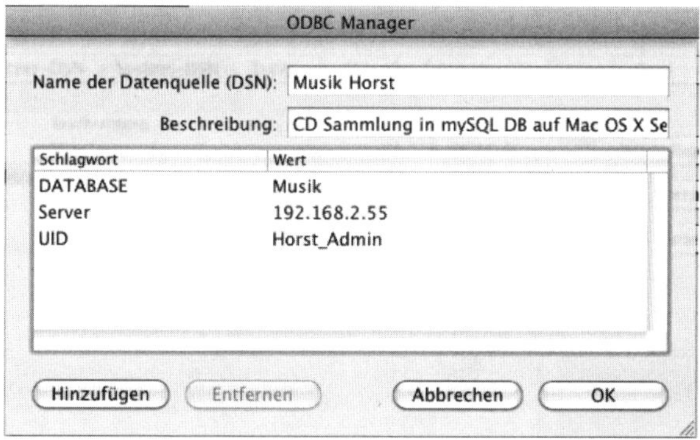

»ODBC Manager«-Konfiguration für die Musik-Datenbank.

Damit sind die Vorarbeiten abgeschlossen, wir können uns wieder ganz *FileMaker* widmen. Erzeugen Sie eine neue, vollkommen leere Datenbank. Geben Sie ihr den Namen *Musik_ODBC*. Die von *FileMaker* automatisch erzeugte Tabelle können Sie löschen. Öffnen Sie jetzt das Beziehungsdiagramm und klicken Sie auf die Schaltfläche *Tabelle einfügen* (zur Erinnerung, sie befindet sich ganz links unten). Wählen Sie die gerade definierte Datenquelle aus, in diesem Falle also *Musik Horst*.

Das Einfügen einer ODBC-Datenquelle als Tabellenauftreten.

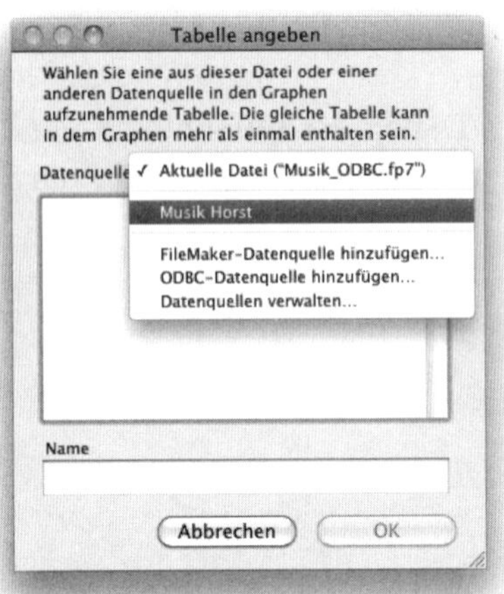

Daraufhin erscheinen alle Tabellen der Musik-Datenbank in der Liste.

Die Auswahl einer Tabelle der externen Datenbank.

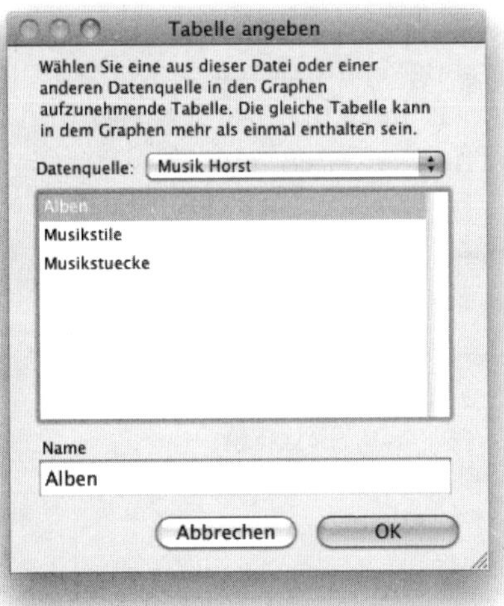

Wir entscheiden uns als Erstes für Alben. Markieren Sie diese Tabelle und klicken Sie auf *OK*. Es erscheint der folgende Hinweis.

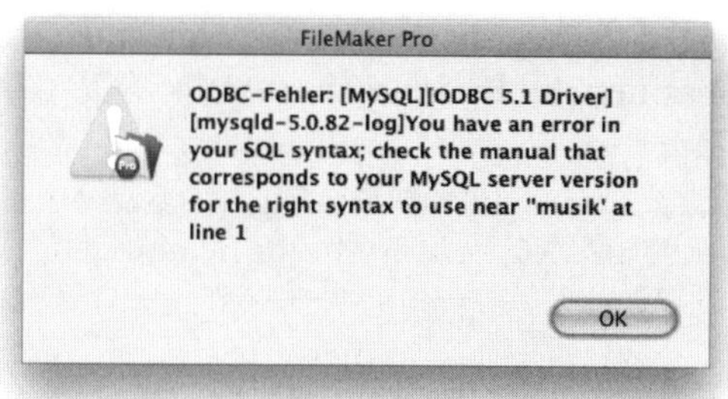

Fehlermeldung beim Einbinden einer Tabelle aus einer externen Datenbank.

Da Sie keine *SQL*-Anweisung eingegeben haben, können Sie auch nichts falsch gemacht haben. Das Gleiche gilt für mich. Dieser Fehler ist seit längerem bekannt, es handelt sich somit um einen *Known Error.*

Dieser Prozess funktioniert mit den allerdings kostenpflichtigen Open Source Databases ODBC Treibern von actual technologies (`www.actualtech.com`).

Zugriff unter Windows

Wir versuchen unser Glück jetzt aber zur Abwechslung mal mit Windows – und zwar in der Version 7. Auch hier müssen Sie oder ein Administrator Ihres Vertrauens erst die *MySQL*-Treiber installieren und dann eine externe Datenquelle einrichten. Unter Windows benötigen Sie dazu den *ODBC-Datenquellen-Administrator.* Ihn öffnen Sie mittels Doppelklicken auf *Datenquellen (ODBC)* in der *Systemsteuerung | System und Sicherheit | Verwaltung.*

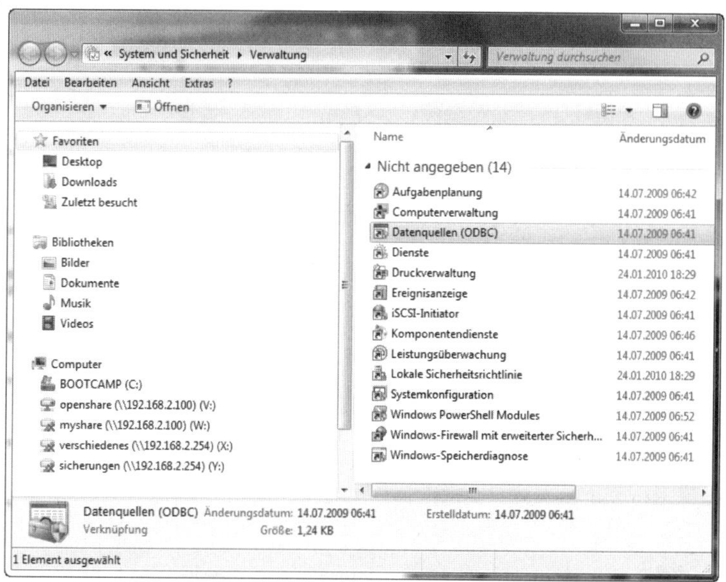

Die Heimat des »ODBC-Datenquellen-Administrators« von Windows.

Auch hier finden Sie ein Register *System-DSN* mit einer Taste *Hinzufügen*, die Sie betätigen sollten. Im Dialog wählen Sie *MySQL ODBC Driver* aus.

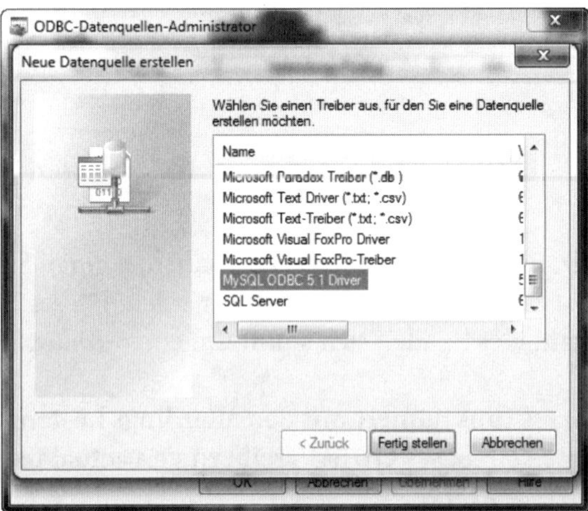

Die Auswahl des »MySQL Treibers« unter Windows.

Tragen Sie die erforderlichen Informationen in die entsprechenden Felder des Dialogs *MySQL Connector/ODBC Data Source Configuration* ein.

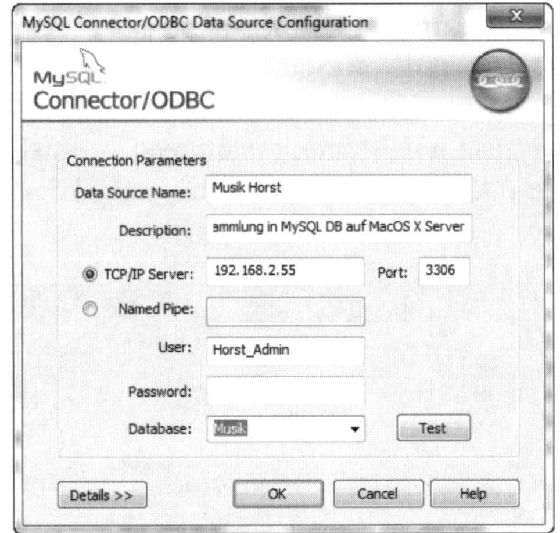

Die Konfiguration der ODBC-Datenquelle »Musik«.

Klicken sie auf die Taste *Test*, um die Verbindung zu überprüfen. Im Erfolgsfall können Sie den *ODBC-Datenquellen-Administrator* schließen und sich wieder *FileMaker* zuwenden. Hier geht es analog zu Mac OS X weiter. Fügen Sie im Beziehungsdiagramm eine Tabelle ein und wählen Sie eine Datenquelle aus, hier also *Musik Horst*.

Die Anzeige der Tabellen der Datenquelle »Musik«.

Doppelklicken Sie auf *Alben*, es erscheint der Dialog *Eindeutigen Schlüssel wählen.*

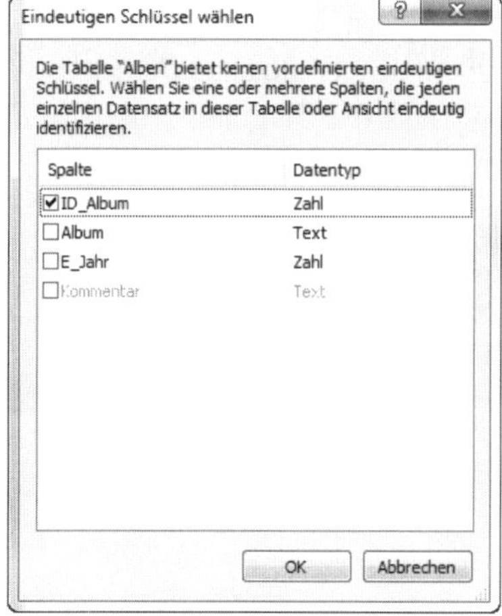

Der Dialog »Eindeutigen Schlüssel wählen«.

Damit sind wir schon einen Schritt weiter als unter Mac OS X. *FileMaker* verlangt im Gegensatz zu *MySQL* keine explizit definierten Schlüssel für eine Tabelle. Wenn Sie nicht wissen, welches Feld Sie angeben sollen, wenden Sie sich diesbezüglich an den Administrator der Datenbank. In unserem Fall können wir *ID_Album* wählen. Fügen Sie auf die gleiche Art die beiden restlichen Tabellen, Musikstücke und Musikstile, ein. Auch bezüglich der Beziehungen benötigen Sie eventuell Unterstützung des Datenbank-Administrators. Richten Sie, basierend auf dessen Informationen, die entsprechenden Beziehungen ein.

Beziehungen zwischen den Tabellen der Musik-Datenbank.

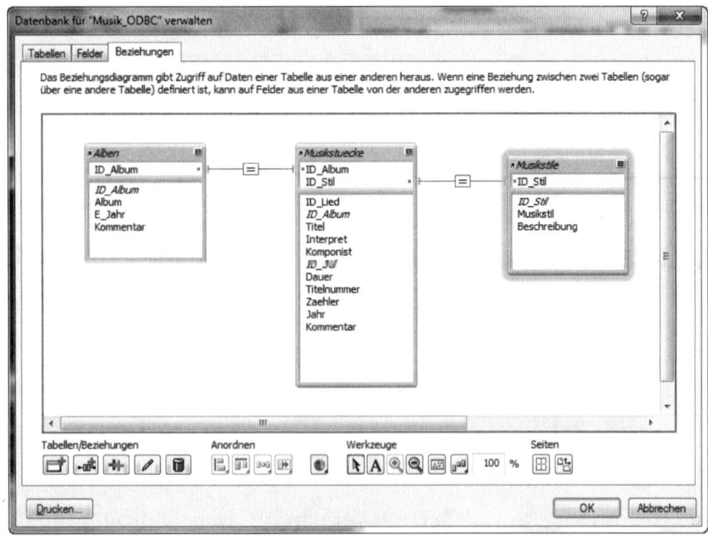

Sie erkennen kaum einen Unterschied zu einem »normalen« Beziehungsdiagramm. Lediglich die Namen der Tabellen sind kursiv gesetzt. Wenn Sie im Register *Tabellen* des Dialogs *Datenbank verwalten* nachsehen, werden Sie feststellen, dass die Tabellennamen und alle Angaben dazu ebenfalls in kursivem Stil erscheinen.

Die Tabellen der Datenbank »Musik«.

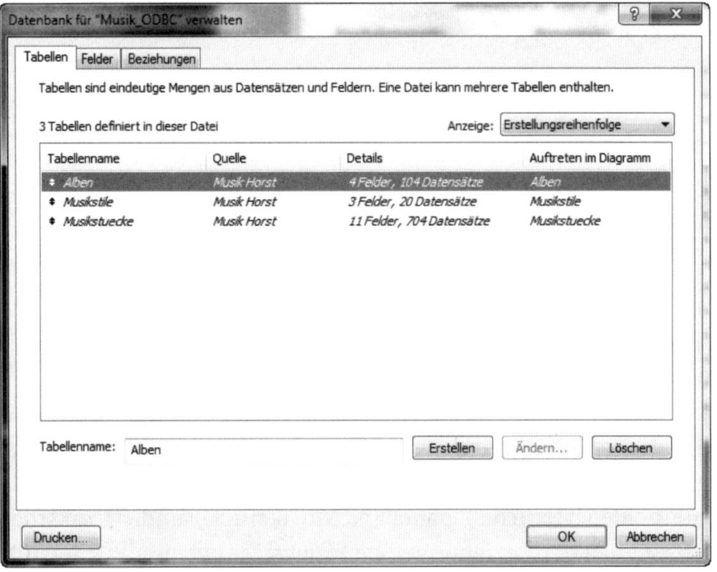

Wenn Sie nun ein an die Tabelle *Alben* geknüpftes Layout erzeugen, können Sie darin ein Portal für die Tabelle *Musikstücke* unterbringen, in dem neben Titelinformationen auch der Musikstil aus der Tabelle *Musikstile* angezeigt wird.

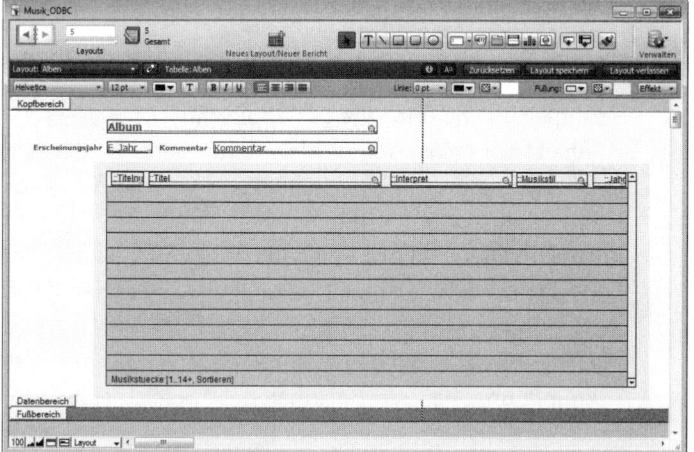

Das Layout für die Tabelle »Alben«.

Im Modus *Blättern* finden Sie dann alle Informationen aus der externen Datenquelle angezeigt.

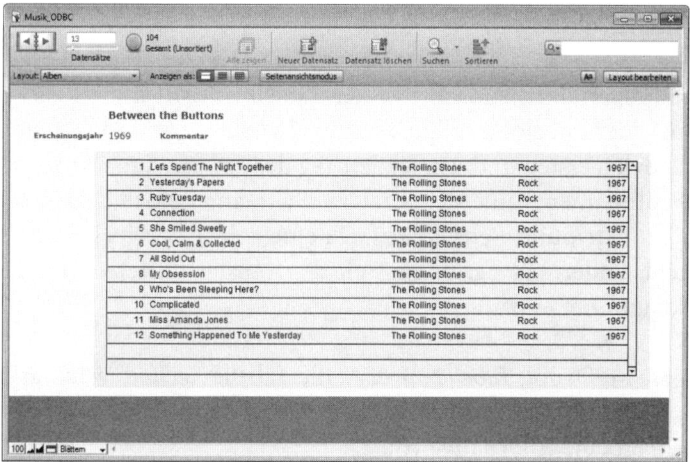

Das Layout für die Tabelle »Alben« im Blättern-Modus.

Aus *FileMaker*-Sicht besteht also kaum ein Unterschied zwischen der Behandlung von »normalem« Tabellenauftreten und dem von *ODBC*-Datenquellen. Der höhere Aufwand liegt in der Einrichtung von Datenquellen und in der Installation von Treibern.

Beziehungen mit mehreren Kriterien

Bis jetzt haben wir bei der Einrichtung von Beziehungen ausschließlich ein einziges Kriterium benutzt, das auf identischen Werten der Abgleichsfelder basiert. In *FileMaker* können Sie für den Vergleich der Werte von Abgleichsfeldern mehrere Kriterien mit verschiedenen Operatoren angeben.

Operator	Vergleichoperation
–	Gleichheit der Inhalte der Abgleichfelder.
≠	Ungleichheit der Inhalte der Abgleichfelder.
<	Inhalte des linken Abgleichfelds sind kleiner als die im rechten.
≤	Inhalte des linken Abgleichfelds sind kleiner oder gleich denen im rechten.
>	Inhalte des linken Abgleichfelds sind größer als die im rechten.
≥	Inhalte des linken Abgleichfelds sind größer oder gleich denen im rechten.
x	Alle Datensätze der beteiligten Tabellen sind miteinander verknüpft, unabhängig vom Inhalt der Abgleichfelder.

Betrachten wir unser kleines Abrechnungssystem für Heilpraktiker. Im Layout *Patienten Det* haben wir ein Portal eingefügt, das uns Informationen zu sämtlichen über die Jahre angefallenen Rechnungen eines Patienten anzeigt. Wir möchten nun die Anzeige auf einen bestimmten Zeitraum beschränken.

Wir benötigen dazu zunächst in der Tabelle *Patienten* zwei zusätzliche Datumsfelder mit globaler Speicherung: *Datum_Start* und *Datum_Ende*. Sie sollen den ersten und den letzten Tag des gewünschten Anzeige-Zeitraums aufnehmen. Außerdem brauchen wir eine weitere Beziehung zwischen *Patienten* und *Rechnungen*. Da eine solche bereits besteht, bleibt uns nichts anderes übrig, als ein weiteres Tabellenauftreten in das Beziehungsdiagramm einzufügen.

Wenn Sie im Dialog *Tabelle angeben* die Tabelle *Rechnungen* markieren, erkennt *FileMaker* selbstständig, dass dieser Name bereits vorhanden ist und schlägt eine Alternative vor.

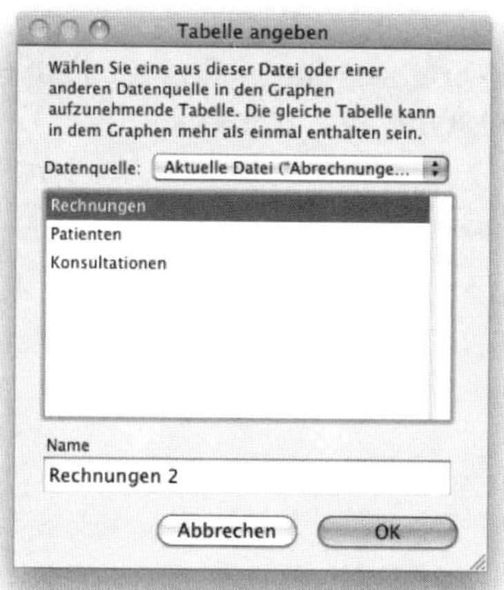

Der Dialog »Tabelle angeben« mit Namensvorschlag.

Wir bevorzugen wie üblich eine aussagekräftigere Bezeichnung.

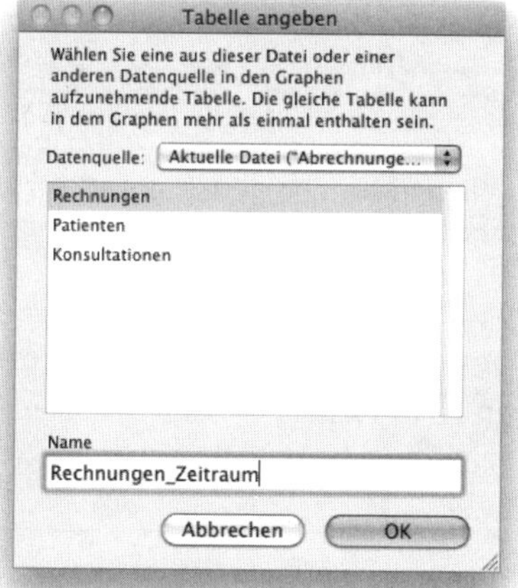

Der Dialog »Tabelle angeben« mit aussagekräftigem Namen.

Jetzt müssen wir die Bedingungen definieren. Als Abgleichsfelder benötigen wir als Erstes wieder *ID_Patient*. Ziehen Sie also im Beziehungsdiagramm eine Linie von *ID_Patient* im Tabellenauftreten *Patienten* zum gleichnamigen Feld in *Rechnungen_Zeitraum*. Damit haben wir bis jetzt im Prinzip nicht anderes gemacht als eine bereits bestehende Beziehung mit anderem Tabellenauftreten nochmals angelegt.

Doppelklicken Sie jetzt auf das umrahmte Gleichheitszeichen, um die neuen Beziehungen zu ergänzen. Markieren Sie Feld *Datum_Start* in *Patienten* und *Rechn.Datum* in *Rechnungen_Zeitraum*. Wählen Sie im Einblendmenü zwischen den beiden Feldlisten »≤« als Operator und klicken Sie auf *Hinzufügen*. Verfahren Sie analog für *Datum_Ende* und *Rechn. Datum*, wählen Sie als Operator jetzt »≥«.

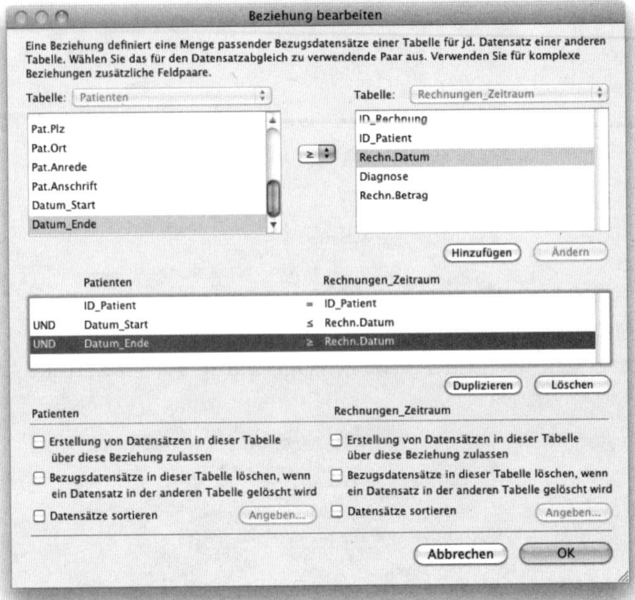

Die Beziehung mit drei Kriterien.

Im Beziehungsdiagramm kennzeichnet jetzt ein umrahmtes »X« die Beziehung mit mehreren Kriterien.

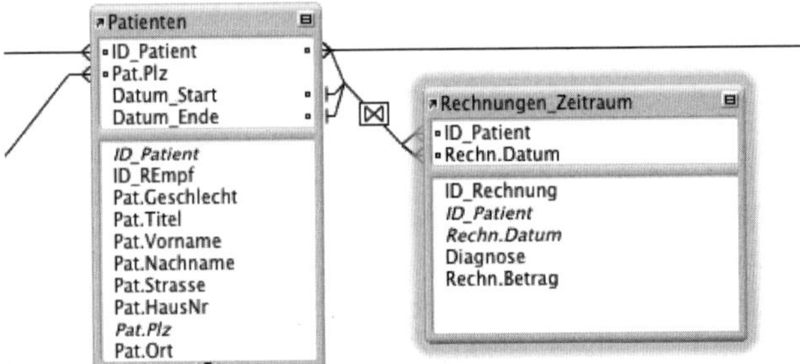

Die Kennzeichnung einer Beziehung mit mehreren Kriterien.

Jetzt ist noch das Layout *Patienten Det* zu ergänzen. Wir machen es uns einfach und duplizieren das Rechnungs-Portal einschließlich sämtlicher darin enthaltenen Feldobjekte. Im Dialog *Ausschnittseinstellung* ändern wir die Anzeige der Bezugsdatensätze auf *Rechnungen_Zeitraum*.

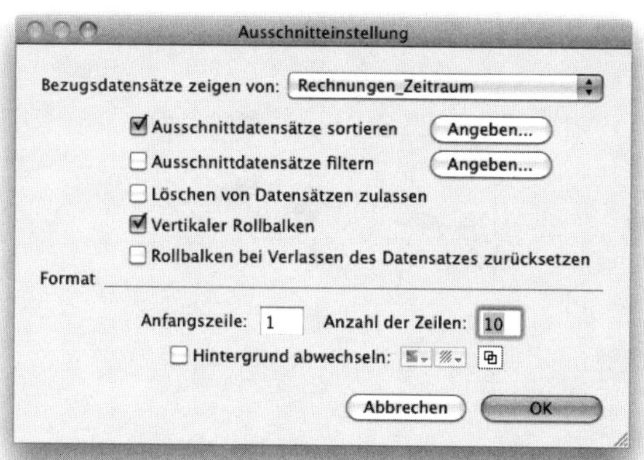

Anzeigen von Bezugsdatensätzen aus Rechnungen_Zeitraum.

Auch die Bezüge der darin befindlichen Feldobjekte müssen wir auf Tabellenauftreten *Rechnungen_Zeitraum* ändern.

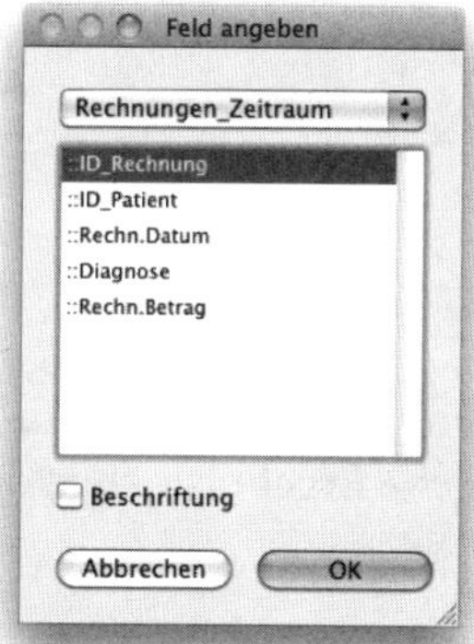

Anzeigen von Feldobjekten aus Rechnungen_Zeitraum.

Zum guten Schluss platzieren wir, zusammen mit einem Kommentar, noch zwei Feldobjekte für *Datum_Start* und *Datum_Ende* im Bereich oberhalb des neuen Portals.

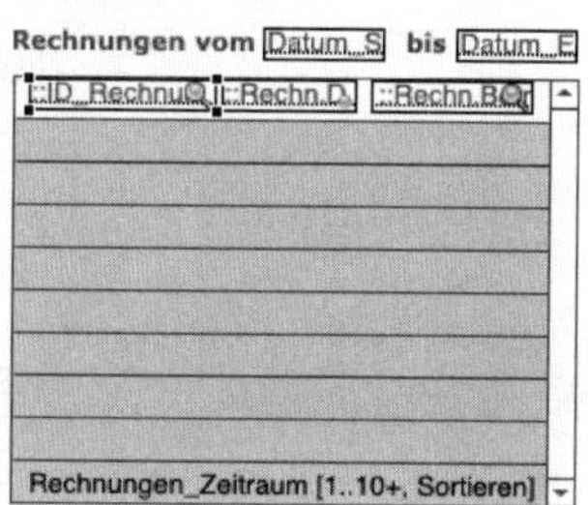

Das Portal für Tabellenauftreten »Rechnungen_Zeitraum« im »Layout«-Modus.

Die Anzeige im *Blättern*-Modus zeigt das erwünschte Ergebnis.

Rechnungen vom 01.01.08 **bis** 31.12.08

R08010244	13.01.08	120,00 €
R08030287	15.03.08	110,00 €
R08070373	28.07.08	280,00 €
R08090404	28.09.08	104,00 €
R08090405	28.09.08	155,00 €
R08120463	27.12.08	160,00 €

Das Portal für Tabellenauftreten »Rechnungen_Zeitraum« im »Blättern«-Modus.

Das gleiche Resultat erreichen wir mit Hilfe der ab Version 11 verfügbaren Portalfilterung, und dies mit deutlich weniger Aufwand. Doppelklicken Sie auf das Portal *Rechnungen*. Setzen Sie im Dialog *Ausschnittseinstellung* den Haken bei *Ausschnittsdatensätze filtern*. Geben Sie im Formeleditor die Bedingungen für Beginn und Ende des Zeitraums ein.

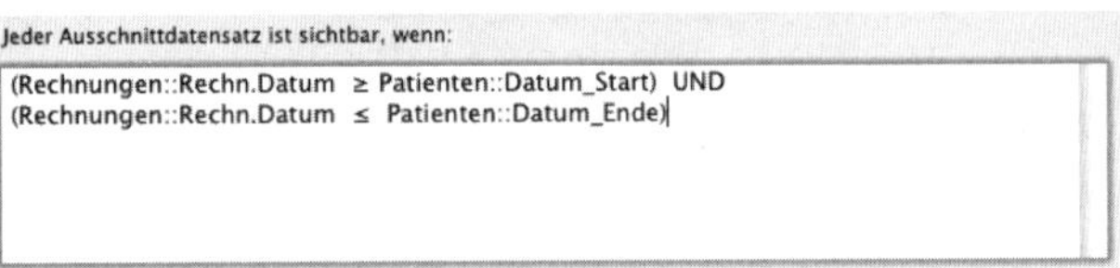

Jeder Ausschnittdatensatz ist sichtbar, wenn:
(Rechnungen::Rechn.Datum ≥ Patienten::Datum_Start) UND
(Rechnungen::Rechn.Datum ≤ Patienten::Datum_Ende)

Die Bedingungen für »Ausschnittsdatensätze filtern«.

Im *Blättern*-Modus sollten jetzt die Portale für *Rechnungen* und *Rechnungen_Zeitraum* die gleiche Ergebnismenge darstellen.

Austausch von Informationen

FileMaker beinhaltet diverse Funktionen, die den Austausch von Informationen zwischen verschiedenen Anwendern mit unterschiedlichen Programmen ermöglichen. *FileMaker*-Anwender sind nicht selten von Kollegen umzingelt, die lieber mit großen, kaum mehr zu überblickenden *Excel*-, *OpenOffice*- oder sonstigen Tabellen arbeiten als mit einem Datenbanksystem. Einfachere Handhabung und bessere Übersicht als Argument fallen dabei in die Rubrik *nicht relevant*.

In solchen Fällen bleibt keine andere Möglichkeit als zu versuchen, die betreffenden Informationen mittels Import und Export auszutauschen. Glücklicherweise unterstützt *FileMaker* eine ganze Reihe gängiger Dateiformate. Den Versand als EMail unterstützt *FileMaker* ebenfalls. Auch lassen sich die zu übermittelnden Informationen in einen EMail-Text einbetten oder als Anhang versenden. Die Einbettung von Tabellen externer *SQL*-Datenbanken über *ODBC* in das Beziehungsdiagramm wurde im letzten Kapitel vorgestellt.

Sollten Sie in der glücklichen Lage sein, dass Kollegen ebenfalls mit *FileMaker* ausgerüstet sind oder das Programm sogar anwenden, so können Sie Datenbanken gemeinsam nutzen und dabei gleichzeitig auf dieselbe Datenbank zugreifen. Verfügen die Kollegen über keine Installation, sind einer Nutzung aber nicht abgeneigt, bietet sich als Alternative die Veröffentlichung von Datenbanken an. Dies gestattet anderen Nutzern den Zugriff auf die Datenbanken mit einem Webbrowser.

Import und Export

Die meisten aktuellen Programme gestatten die Speicherung von Informationen in einem verbreiteten Format. So unterstützt auch *FileMaker* für den Import und Export die meisten gängigen Dateiformate.

Format	Dateierweiterung	Import	Export	Bemerkungen
Komma-getrennt	.csv, .txt	X	X	Im europäischen Sprachbereich wird das Semikolon anstelle des Kommas zur Trennung von Feldwerten benutzt.

FileMaker	.fp7	X	X	Feldnamen werden beibehalten.
HTML Tabellenformat	.htm		X	Verwendung der HTML-Tabelle als statische Webseite.
Serienbriefformat	.mer	X	X	Zur Erstellung von Serienbriefen in einer Textverarbeitung. Feldnamen werden beibehalten.
Excel	.xls, .xlsx	X	X	Die Dateiformate von Excel 2008 (Mac OS X) und Excel 2007 (Windows) sind identisch.
Tabulatorgetrennt	.tab, .txt	X	X	Gebräuchlichstes Austausch-Format.
XML	.xml	X	X	

Import von Fremdformaten

Die gängigsten Dateiformate sind *Excel*, tabulatorgetrennter und kommagetrennter Text. *FileMaker* unterstützt alle drei Formate für den Import und Export. In unserem Heilpraktiker-Abrechnungssystem hatten wir Postleitzahl und Ort in eine getrennte Datei ausgelagert. Nehmen wir an, Sie haben im Internet recherchiert und einige Dateien mit Postleitzahl und Ort als Inhalt auf Ihren Rechner geladen. Es sind Dateien in unterschiedlichem Format und ihr gemeinsames Merkmal ist Unvollständigkeit.

Dateien mit Postleitzahl und Ort als Excel-(links), csv-(Mitte) und tabulatorgetrennte Datei (rechts).

◇	A	B
1	**Ort**	**PLZ**
2	Ottendorf-(	01455
3	Hermsdorf	01458
4	Lomnitz	01458
5	Medingen	01458
6	Ottendorf-(	01458
7	Cossebaud	01459
8	Altfranken	01462
9	Alt-Leuterit	01462
10	Brabschütz	01462
11	Cossebaud	01462
12	Gohlis	01462

```
"Ort","Plz"
"Dresden","01194"
"Dresden","01213"
"Cossebaude","01459"
"Altfranken","01462"
"Alt-Leuteritz","01462"
"Brabschütz","01462"
"Cossebaude","01462"
"Gohlis","01462"
"Gompitz","01462"
"Lochmühle","01462"
"Merbitz","01462"
```

```
Ort → Plz¶
Brehme → 37339¶
Breitenworbis → 37339¶
Buchmühle → 37339¶
Buhla→37339¶
Ecklingerode → 37339¶
Ferna→37339¶
Gernrode → 37339¶
Haynrode → 37339¶
Hundeshagen→37339¶
Kaltohmfeld→37339¶
Kirchohmfeld → 37339¶
```

Sie möchten diese Dateien nun in die *FileMaker*-Datenbank *Plz* importieren, und das am besten automatisiert auf Tastendruck. Dazu benötigen wir in der Tabelle *Plz* zwei globale Textfelder *K_Dateipfad* und *K_Dateiname* und weiterhin ein Listenlayout mit einer Taste *Import*.

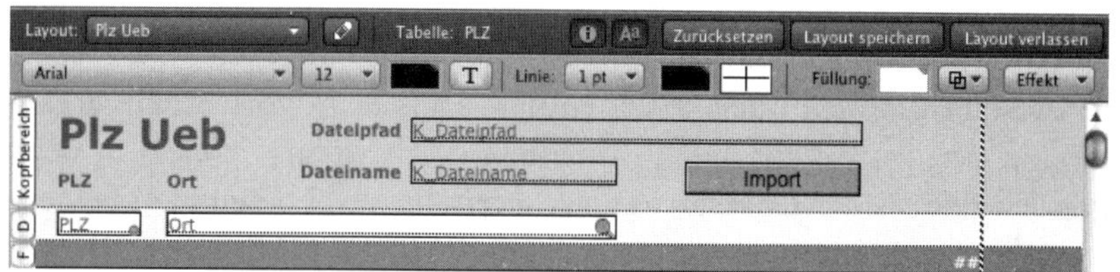

Das Listenlayout der Tabelle »Plz«.

Wir benötigen zudem noch ein Skript, das uns verschiedene Dateien importiert. Öffnen Sie den Dialog *Scripts verwalten* und erzeugen Sie ein neues Skript namens *Import_Plz*. Es reicht für den Anfang völlig aus, wenn Sie einen Kommentar und den Skriptschritt *Datensätze importieren* in den Skriptbereich einfügen. Weisen Sie dieses Skript der Taste *Import* zu.

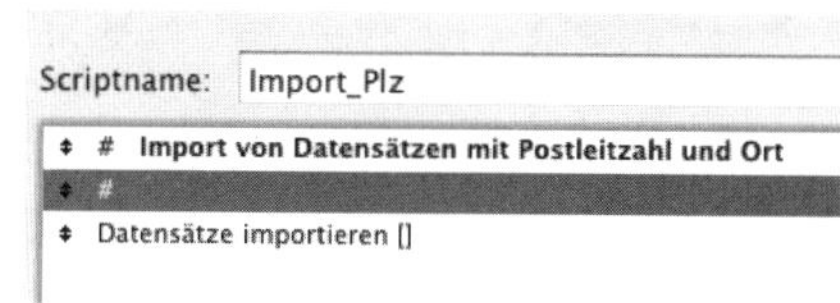

Das Skript »Import_Plz« (erster Ansatz).

Nun ist für den Skriptschritt *Datensätze importieren* die Datenquelle anzugeben. Auch wenn wir diese Angabe variabel gestalten möchten, ist es für die ersten Versuche sinnvoll, den Dateinamen fest vorzugeben. Setzen Sie den Haken bei *Datenquelle angeben* und klicken Sie im Dialog *Datei angeben* auf die Taste *Datei hinzufügen*. Wählen Sie als Erstes die *Excel*-Datei aus.

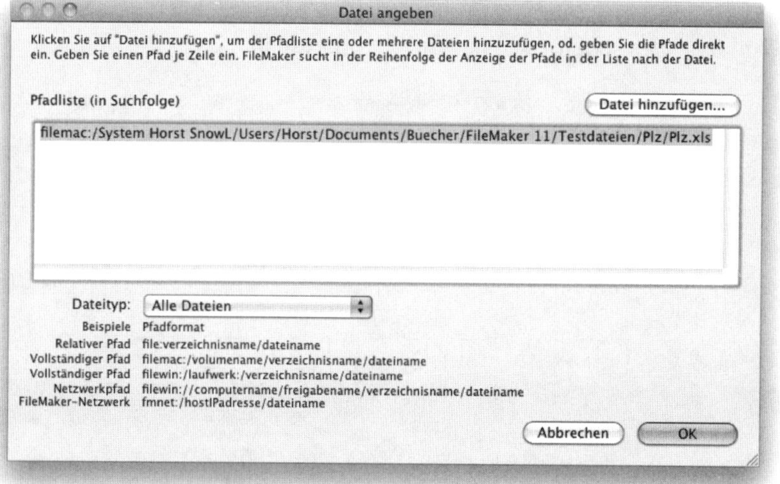

Der Dialog »Datei angeben«.

Bevor Sie auf *OK* klicken, kopieren Sie den vollständigen Dateinamen. Im darauf folgenden Dialog *Option für erste Zeile* müssen Sie angeben, ob diese Feldnamen oder Daten enthält. Falls nicht vorhanden, ergänzen Sie eine erste Zeile mit Feldnamen. Auch wenn die Gefahr, beim Import-Prozess die Übersicht zu verlieren, bei zwei beteiligten Feldern eher als gering einzuschätzen ist – es vereinfacht die Arbeit.

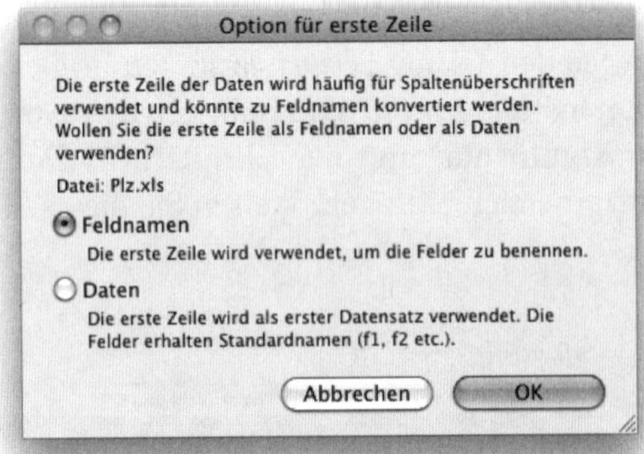

Der Dialog »Option für erste Zeile«.

Sichern Sie das Skript und wechseln Sie in den *Blättern*-Modus von Layout *Plz Ueb*. Fügen Sie die Zwischenablage in das Feld *Dateipfad* ein. Wir benötigen diese Angaben im nächsten Schritt. Jetzt starten wir einen ersten Test, indem wir auf die Taste *Import* klicken. Mit großem Schaden ist eher nicht zu rechnen, denn der Import-Dialog ist ja nicht deaktiviert.

Der Dialog *Zuordnung der Importfelder* ist ganz nach unserem Geschmack, alles scheint wie gewünscht eingestellt.

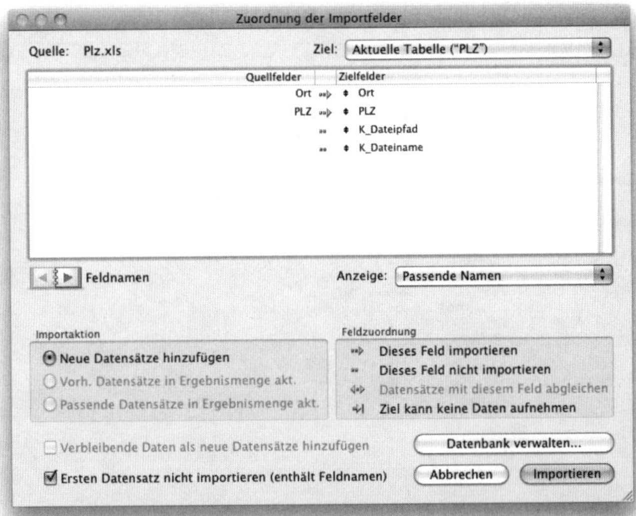

Der Dialog »Zuordnung der Importfelder« mit Anzeige der ersten Zeile.

Und auch die Import-Daten haben offenbar die korrekte Zuordnung.

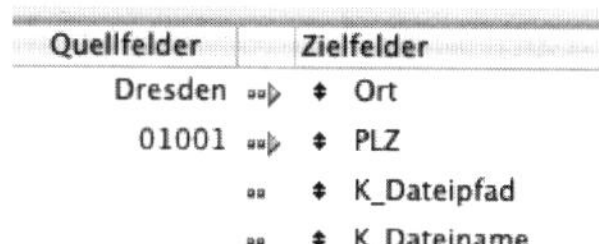

Die zweite Zeile im Dialog »Zuordnung der Importfelder«.

Trotz richtiger Einstellungen brechen wir den Importvorgang an dieser Stelle durch Betätigen der Taste *Abbrechen* ab. *FileMaker* fragt daraufhin nach, ob denn auch das ganze Skript abzubrechen sei. Klicken Sie nochmals auf *Abbrechen*.

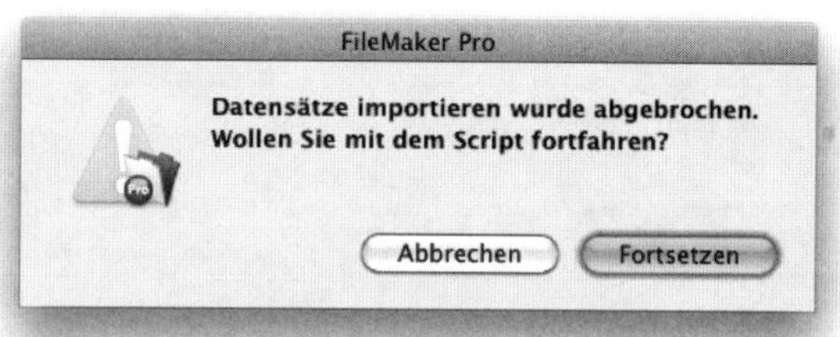

Der Dialog für das Abbrechen eines Skripts.

Unser Bestreben ist es, die Importdatei bzw. deren Namen variabel zu gestalten. Den vollständigen Dateinamen (also inklusive Pfadangabe) haben wir in das Feld *Dateipfad* kopiert. Den Kurznamen *Plz.xls* schneiden wir aus und setzen ihn in das Feld *Dateiname* ein. Den Vorspann *filemac./* sowie den letzten Schrägstrich löschen wir.

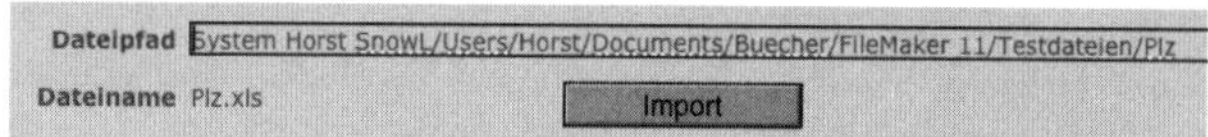

Die Inhalte von »Dateipfad« und »Dateiname«.

Wir wechseln in den Skripteditor und fügen in unser Import-Skript den Schritt *Variable setzen* vor *Datensätze importieren* ein. Wir geben ihr den Namen *$Import_Datei* und lassen ihren Wert durch einen Ausdruck ermitteln. Dessen Ergebnis sollte identisch sein mit dem von *FileMaker* per *Öffnen*-Dialog automatisch eingesetzten Wert.

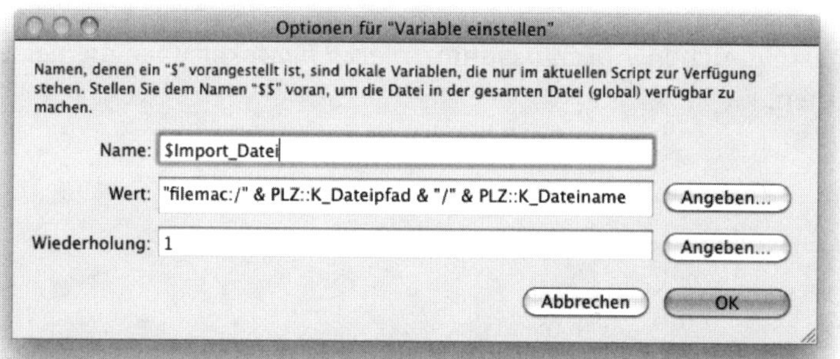

Die Optionen für »Variable einstellen«.

Diese Variable verwenden wir im Dialog *Datei angeben*. Die Verwendung von Feldern oder Formeln ist in diesem Dialog nicht möglich. Deshalb müssen wir den vollständigen Namen der Importdatei in einer Variablen ablegen, deren Anwendung hier zulässig ist.

Formel zur Bestimmung des vollständigen Dateinamens.

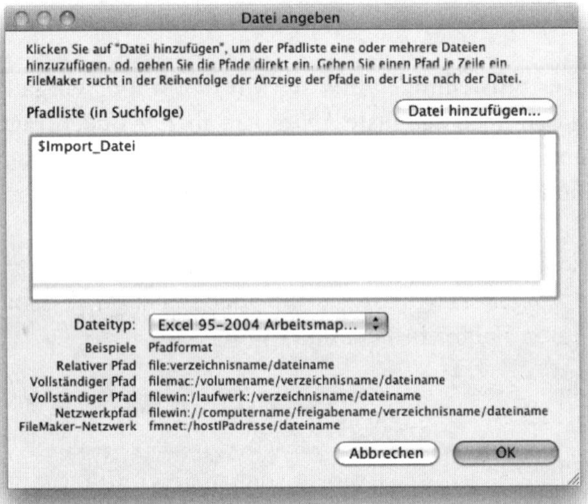

Wir sichern wieder das Skript und starten den zweiten Versuch. Wenn Sie die Formel für die Variable richtig eingegeben haben, sollten Sie im Dialog *Zuordnung der Importfelder* keinen Unterschied zum ersten Versuch feststellen. Klicken Sie jetzt auf *Importieren*. *FileMaker* zeigt den Fortschritt beim Import der Datensätze in einem Status-Fenster an.

Das Status-Fenster beim Import.

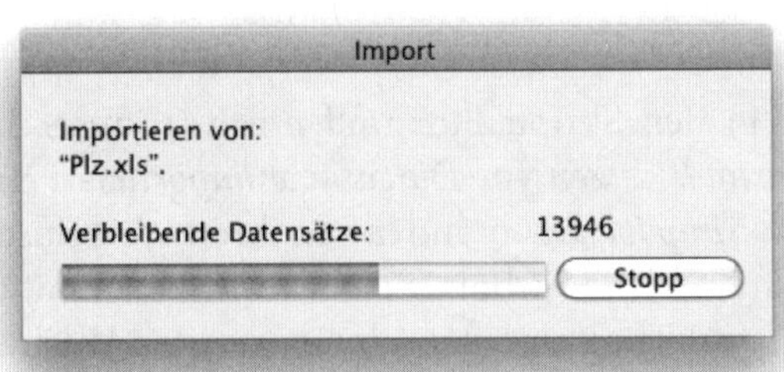

Zum erfolgreichen Abschluss informiert *FileMaker* über die getätigten Aktionen.

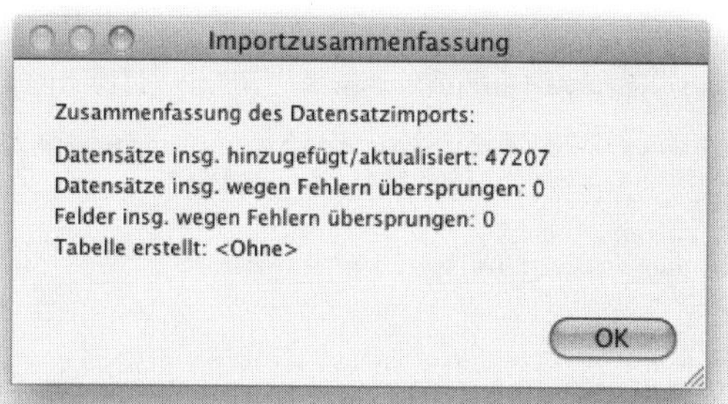

Die Zusammenfassung eines Import-Vorgangs.

Unter Windows müssen Sie lediglich *filemac* durch *filewin* ersetzen.

Unter Windows fungiert ebenfalls der normale Schrägstrich und nicht der umgekehrte Schrägstrich (Backslash) als Trennzeichen zwischen den Verzeichnisnamen.

Importoptionen

Sie haben jetzt eine ganze Menge Postleitzahlen und Orte in Ihrer Datenbank. Da die Angaben aber unvollständig sind, möchten Sie weitere Dateien importieren. Wenn wir bei weiteren Importen so vorgehen wie gerade gezeigt, ist die Datenbank zwar um einige zusätzliche Postleitzahlen und Orte ergänzt, allerdings auch um eine weitaus höhere Anzahl von Dubletten. Es ist nicht weiter schwer, solche Doppel mit Hilfe eines Skripts wieder zu entfernen, doch gestattet *FileMaker* eine weitaus elegantere Vorgehensweise.

Zunächst ergänzen wir unser Import-Skript. Wir möchten nicht nur *Excel*-Dateien, sondern auch tabulator-und kommagetrennte Textdateien einfügen können. Den Dateityp ermitteln wir im Skript über die Dateierweiterung, im Falle von *Excel* beispielsweise ».xls«. Wir umgeben den bereits vorhandenen Skriptschritt *Datensätze importieren* mit einer Wenn-Abfrage, indem wir die Dateierweiterung auf ».xls« überprüfen. Nach dem jeweiligen Import-Schritt verlassen wir das Skript.

Die Wenn-Abfrage duplizieren wir zwei Mal und ersetzen in den Duplikaten ».xls« durch ».csv« und ».tab«. An den Schluss des Skripts platzieren wir einen Hinweis hinsichtlich nicht unterstütztem Dateiformat. Damit ist das Skript, zumindest was die Skript-Schritte betrifft, vollständig.

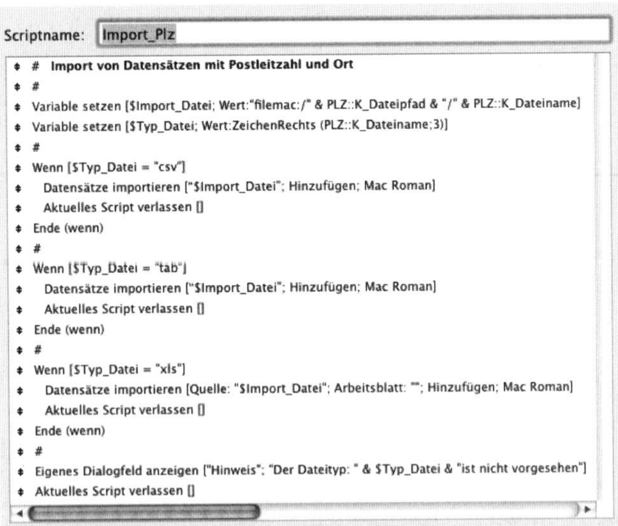

```
Scriptname: Import_Plz
# Import von Datensätzen mit Postleitzahl und Ort
#
Variable setzen [$Import_Datei; Wert:"filemac:/" & PLZ::K_Dateipfad & "/" & PLZ::K_Dateiname]
Variable setzen [$Typ_Datei; Wert:ZeichenRechts (PLZ::K_Dateiname;3)]
#
Wenn [$Typ_Datei = "csv"]
   Datensätze importieren ["$Import_Datei"; Hinzufügen; Mac Roman]
   Aktuelles Script verlassen []
Ende (wenn)
#
Wenn [$Typ_Datei = "tab"]
   Datensätze importieren ["$Import_Datei"; Hinzufügen; Mac Roman]
   Aktuelles Script verlassen []
Ende (wenn)
#
Wenn [$Typ_Datei = "xls"]
   Datensätze importieren [Quelle: "$Import_Datei"; Arbeitsblatt: ""; Hinzufügen; Mac Roman]
   Aktuelles Script verlassen []
Ende (wenn)
#
Eigenes Dialogfeld anzeigen ["Hinweis"; "Der Dateityp: " & $Typ_Datei & "ist nicht vorgesehen"]
Aktuelles Script verlassen []
```

Das Import-Skript für unterschiedliche Dateiformate.

Was noch fehlt sind diverse Einstellungen bei den einzelnen Import-Schritten. Beginnen wir mit dem *csv*-Format. Den Dateinamen brauchen wir im Skriptbefehl nicht zu ändern, wohl aber den Dateityp im Dialog *Datei angeben*. Stellen Sie das Einblendmenü auf *Kommagetrennte Textdateien*. Die erste Zeile enthält natürlich Feldnamen.

Da wir mit dem Import keine doppelten Postleitzahlen erzeugen wollen, müssen wir eine andere Methode wählen. Bei *Aktualisieren bestehender Datensätze* ersetzt *FileMaker* vorhandene Feldinhalte durch Informationen aus der Import-Datei. Maßgebend ist dabei lediglich die Reihenfolge der Datensätze. Daten aus dem ersten Datensatz der Import-Datei ersetzen Feldinhalte des ersten Datensatzes der *FileMaker*-Tabelle, Daten aus dem zweiten Datensatz der Import-Datei Feldinhalte des zweiten Datensatzes der Tabelle usw. Eine Überprüfung oder ein Vergleich der Informationen findet nicht statt.

Bei der Methode *Aktualisieren von passenden Datensätzen* lassen sich Feldinhalte einer *FileMaker*-Tabelle mit Daten aus einer anderen Datei aktualisieren. Dazu sind für den Import ein oder mehrere Abgleichsfelder festzulegen. Stimmen die Inhalte in den Abgleichsfeldern von der Tabelle und der Import-Datei überein, aktualisiert *FileMaker* die Feldinhalte der Tabelle mit Daten aus der Import-Datei. Dies ist zwar nicht ganz das, was wir uns wünschen, denn Postleitzahlen ändern sich ja äußerst selten, doch gibt es keine Einstellung, die das Überspringen von Datensätzen bei gleichen Inhalten von Abgleichsfeldern gestattet. Andererseits richtet eine solche Aktualisierung keinen Schaden an, also nehmen wir sie in Kauf. Interessant ist für uns die Importaktion *Verbleibende Daten als neue Datensätze hinzufügen*. Ist sie aktiviert, kann mit dem Import eine Ergänzung der Postleitzahlen erfolgen, ohne unzählige Doppel zu erzeugen.

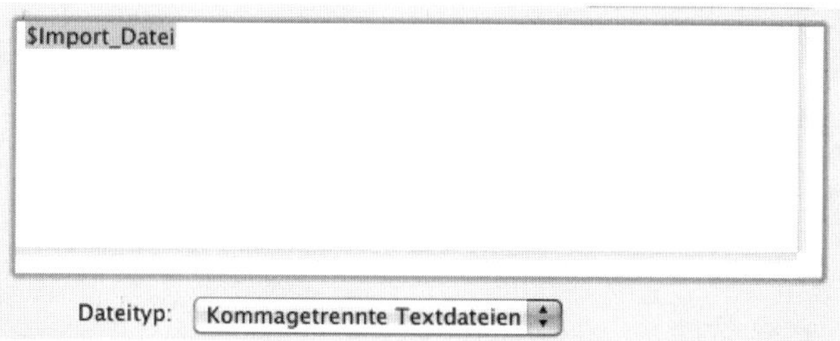

Die Importoptionen.

Wie bei Beziehungen müssen Abgleichsfelder jeden Datensatz einer Tabelle eindeutig identifizieren. Felder wie Nachnamen sind dazu weniger geeignet, ideal wäre in einem solchen Fall eine eindeutige Mitarbeiter-ID. Bei Postleitzahlen müssen wir uns diesbezüglich aber keine Gedanken machen.

Bei der Methode *Aktualisieren von passenden Datensätzen* erfolgt lediglich eine Aktualisierung von Datensätzen einer Ergebnismenge.

Bei unserer Postleitzahlen-Tabelle wählen wir für den Import als Abgleichsfeld *Plz* aus. Dazu klicken wir mit der Maus in der Zuordnungsspalte von Zeile *Plz* auf den Operator *Feldzuordnung*. Dieser ändert bei jedem Mausklick seine Form. Klicken Sie so oft, bis der Doppelpfeil in Zeile *Plz* angezeigt ist. Die Anzeige springt daraufhin auf *eigene Importfolge*. Prüfen Sie deshalb beim Importvorgang stets nach, ob die richtige Feld-Zuordnung Bestand hat und greifen Sie gegebenenfalls korrigierend ein.

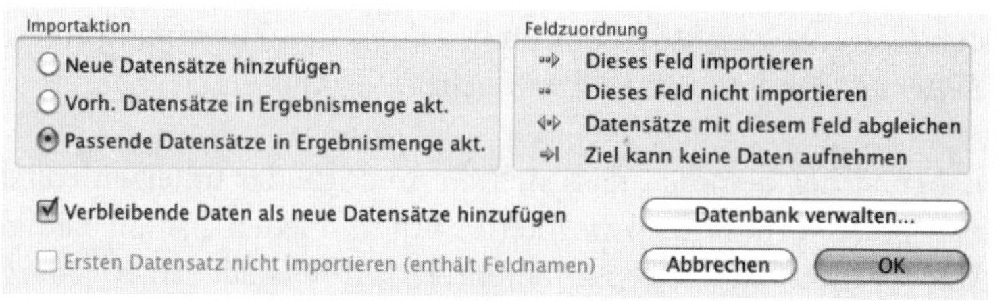

Die Einstellungen zur Aktualisierung passender Datensätze.

Denken Sie daran, das Skript nach Abschluss der Modifikationen zu sichern.

Der Importvorgang zieht sich bei dieser Importmethode wegen der durchzuführenden Vergleichsoperationen in die Länge. Der Fortschrittstatus zeigt bei diesem Dateiformat nicht mehr die Anzahl der verbleibenden Datensätze, sondern die verbleibenden Bytes an.

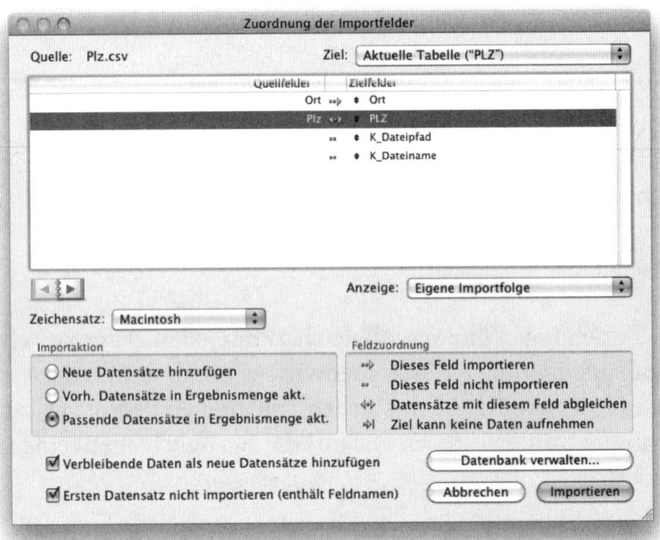

Die Anzeige »Importstatus« bei einer kommagetrennten Textdatei.

Die Anzeige der Importzusammenfassung ist identisch. Die neu eingefügten Datensätze fungieren als aktuelle Ergebnismenge.

Mit dem Skriptschritt zum Import tabulatorgetrennter Textdateien verfahren wir analog. Wir stellen diesen Dateityp im Dialog *Datei angeben* ein und wählen in *Zuordnung der Importfelder* wieder Feld *Plz* als Abgleichsfeld.

Als Letztes modifizieren wir noch den Import von *Excel*-Dokumenten. Wir stellen ebenfalls auf *Passende Datensätze in Ergebnismenge akt.*, wählen *Plz* als Abgleichsfeld und stellen dafür den Zuordnungsoperator auf *Datensätze mit diesem Feld abgleichen.*

Sie haben sicher bemerkt, dass sich die Importe der unterschiedlichen Dateiformate vom Prinzip her kaum unterschieden haben. Lediglich der Import einer *Excel*-Datei mit mehreren Arbeitsblättern erfordert die zusätzliche Festlegung des Arbeitsblatts, dessen Daten zu importieren sind. Was mitunter verwirrt sind die aktuell angezeigten Optionen beim Import, die sich von denen für den jeweiligen Skriptschritt getroffenen Einstellungen unterscheiden. Aus diesem Grund empfiehlt es sich, den Import-Dialog bei unterschiedlichen Formaten nicht zu deaktivieren.

Der Import von Verzeichnisinhalten

Bis jetzt hatten wir bei jedem Importvorgang eine einzelne Datei importiert. *FileMaker* kann aber auch den Import des Inhalts eines Verzeichnisses in einem einzigen Vorgang bewerkstelligen. Bilddateien lassen sich in Medienfeldern ablegen, wobei *FileMaker* viele gängige Formate wie EPS, GIF, JPEG, QuickTime oder TIFF unterstützt.

Neben dem eigentlichen Import des Dateiinhalts gestattet *FileMaker* auch den Import von Informationen wie Name, Dateipfad oder – bei Bild- und Filmdateien – ein Vorschaubild der beteiligten Dateien an. Der Import von *EXIF*-Informationen (*Exchangeable Image File*) ist nicht möglich.

Unter Mac OS X können Sie Fotos inklusive EXIF-Anmerkungsdaten direkt von einer Digitalkamera importieren.

Wir erzeugen uns eine neue Datenbank mit den zwei Medienfeldern *Photo* und *Vorschau* und zwei Textfeldern *Name* und *Pfad*. Wir modifizieren das bestehende oder ein neu erzeugtes Layout entsprechend unseren ästhetischen Vorstellungen.

Nach dessen Fertigstellung rufen wir mittels *Ablage | Datensätze importieren | Ordner...* den Dialog *Importoptionen für Ordner mit Dateien* auf.

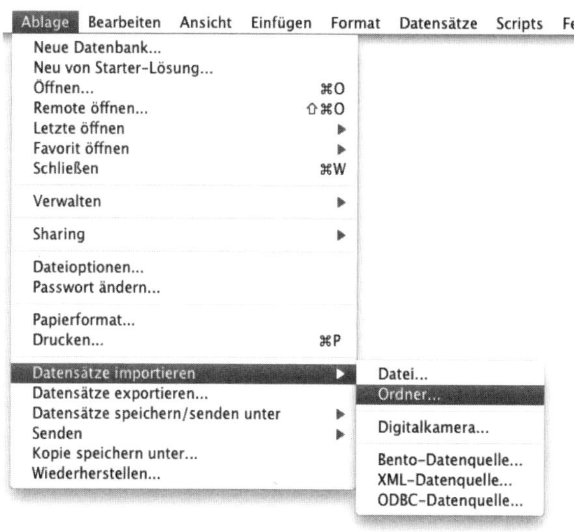

Das Menü für den Import von Ordnerinhalten.

In diesem Dialog müssen wir über *Angeben…* das Verzeichnis wählen, in dem sich die Fotos befinden. Der Dateityp *Bild- und Filmdateien* ist bereits voreingestellt.

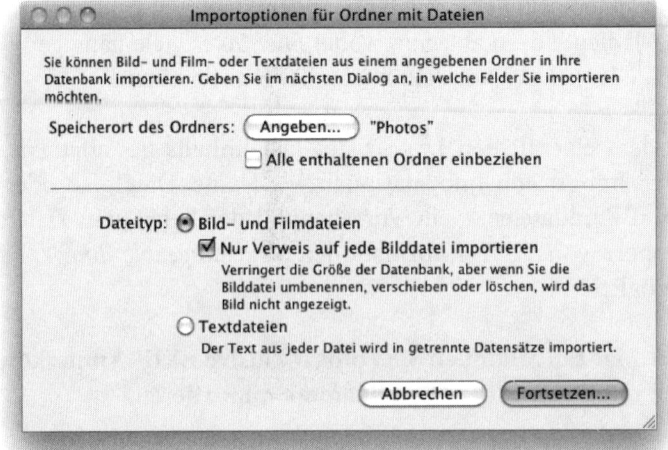

Der Dialog »Importoptionen für Ordner mit Dateien«.

Nach Betätigen der Taste *Fortsetzen…* erscheint der bestens bekannte Dialog *Zuordnung der Importfelder*.

Der Dialog für die »Zuordnung der Importfelder«.

Klicken Sie auf *Importieren* und sämtliche Fotos im ausgewählten Verzeichnis befinden sich in Ihrer Datenbank.

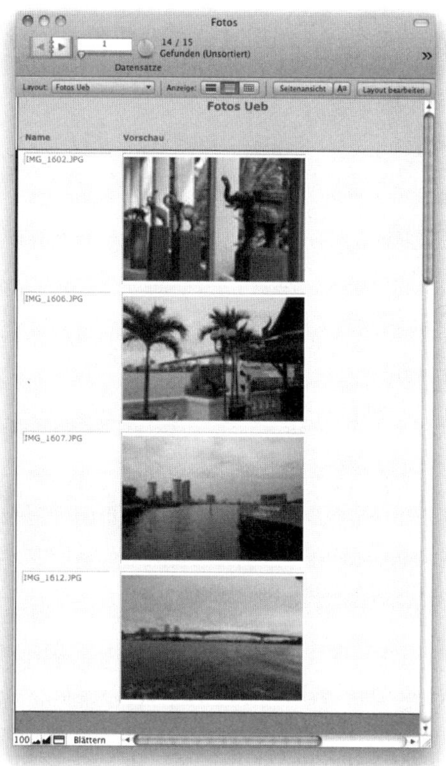

Das Layout mit Fotos nach dem Import.

Der Import aus ODBC-Datenquellen

Sie haben bereits erfahren, dass *FileMaker* den Zugriff auf externe Datenquellen mit Hilfe von *ODBC*-Treibern gestattet. Interaktiv ist dies durch Einfügen von Tabellen einer *SQL*-Datenbank in das Beziehungsdiagramm möglich. Statisch kann dies durch den Import von Datensätzen mittels *ODBC* erfolgen.

Die meiste Arbeit kostet die Einrichtung von Datenquellen – dies habe ich in einem vorigen Abschnitt erläutert. Betrachten wir als Beispiel wieder die Musik-Datenbank. Im Unterschied zur interaktiven Verwendung im Beziehungsdiagramm müssen Tabellen und Felder zur Aufnahme der Importdaten in *FileMaker* bereits definiert sein.

Die Datenbank *Musik* ist ja bereits eingerichtet. Falls nicht, können Sie dies nachvollziehen. Sämtliche Informationen zu Tabellen und Feldern sind aus dem letzten Abschnitt ersichtlich. Wechseln Sie in das Layout *Alben* und wählen Sie *Ablage | Datensätze importieren | ODBC-Datenquelle.*

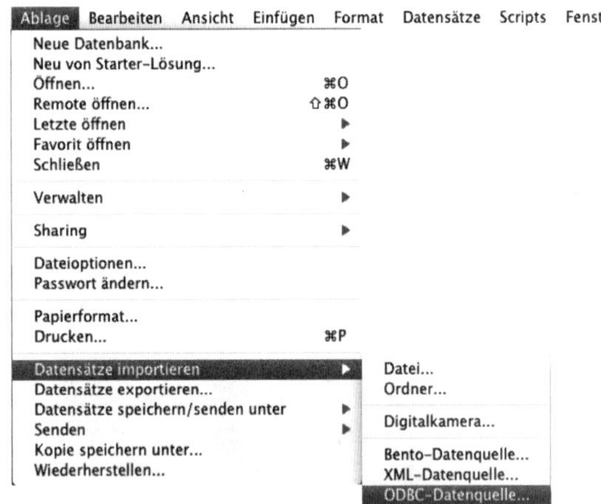

Das Menü für den »ODBC-Import«.

Es erscheint der Dialog *ODBC-Datenquelle auswählen*. Wir haben sie bereits erzeugt, deshalb taucht sie in der Liste der eingerichteten Quellen auf. Wählen Sie die Quelle per Doppelklick aus.

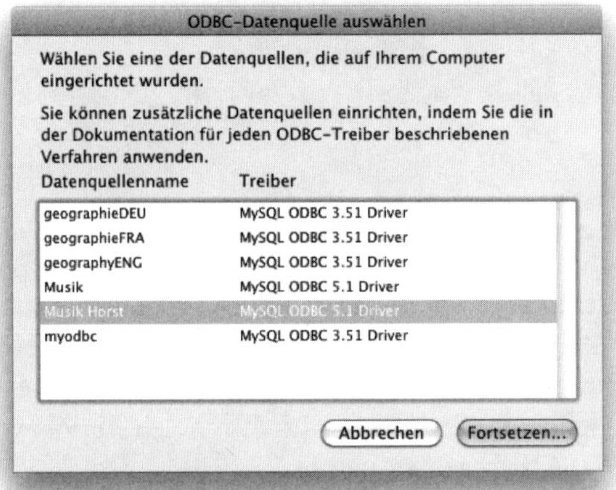

Der Dialog »ODBC-Datenquelle auswählen«.

Daraufhin müssen Sie Ihr Datenbank-Konto und, falls definiert, Ihr Passwort eingeben.

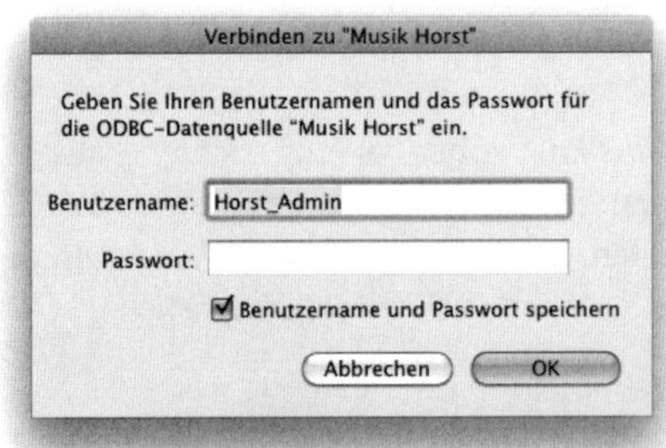

Die Angabe von Konto und Passwort für die Datenbank.

Der Dialog *SQL Query-Erstellung* dient zur Konstruktion einer *SQL*-Anweisung für eine Datenbank. Eigentlich sollten die Felder der ausgewählten Tabelle im Bereich *Spalten* aufgelistet sein. Auch hier tun sich Mac OS X oder der *MySQL*-Treiber schwer. Wir tragen einfach den *SQL*-Befehl *SELECT * FROM Alben* in das Eingabefeld unter *SQL-Query* ein. Dieser *SQL*-Befehl bewirkt die Ausgabe aller Feldinhalte von sämtlichen Feldern der Tabelle *Alben*. Diese Ausgabe dient als Eingabe für die *FileMaker*-Tabelle *Alben*.

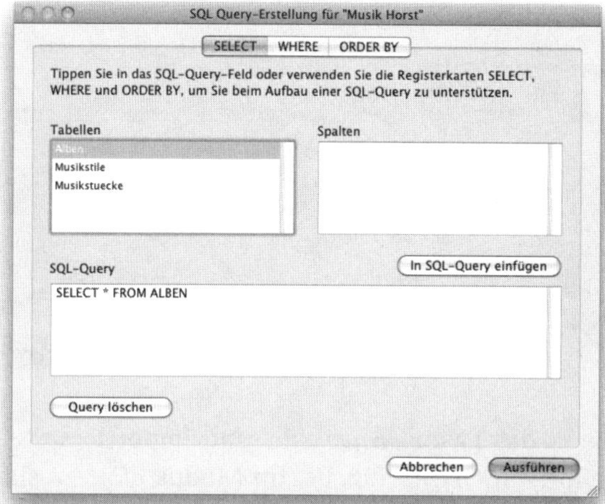

Die Festlegung der Import-Eingabe.

Wenn Sie auf *Ausführen* klicken, erscheint der jetzt hinlänglich bekannte Dialog *Zuordnung der Importfelder*. Sie erkennen keinerlei Unterschied zum Import aus einer Datei.

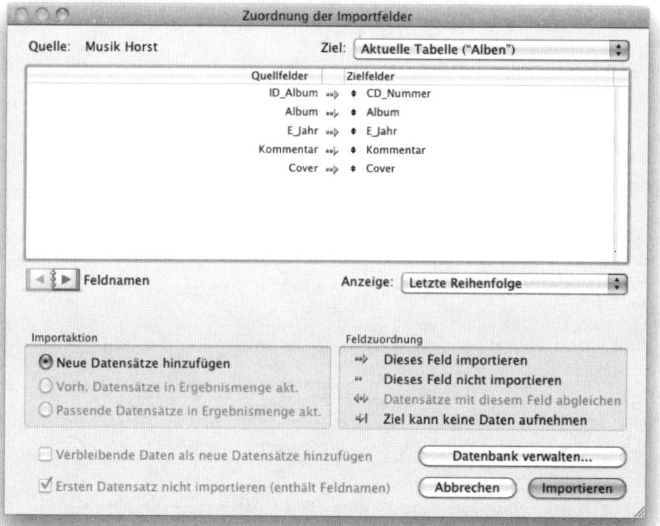

Der Dialog »Zuordnung der Importfelder« für die Tabelle »Alben«.

Klicken Sie auf *Importieren*, die Importzusammenfassung schließt den Vorgang ab. Wechseln Sie in das Layout *Musikstuecke* und importieren Sie die entsprechenden Feldinhalte.

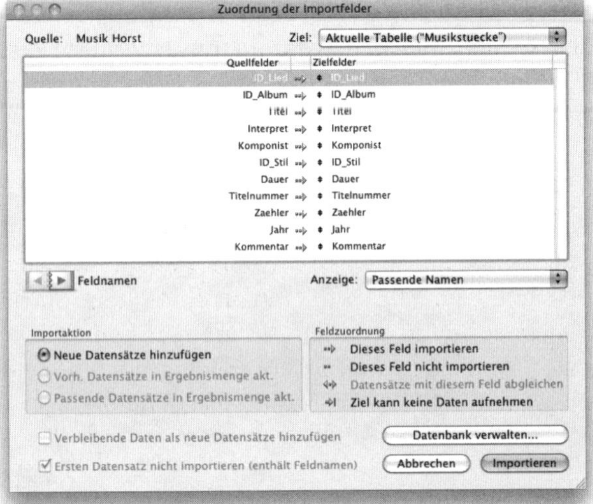

Der Dialog »Zuordnung der Importfelder« für die Tabelle »Musikstücke«.

Wechseln Sie in das Layout *Musikstile* und importieren Sie die Daten aus der zugehörigen *ODBC*-Tabelle. Im Modus *Blättern* sind dann alle Informationen angezeigt. Eine Ausnahme bilden die CD-Cover. *File-Maker* kann mit *BLOBs* (*Binary Large Objects*) nicht umgehen. So bleibt Ihnen nichts anderes übrig, als die CD-Cover – falls vorhanden – selbst in die Datenbank einzufügen.

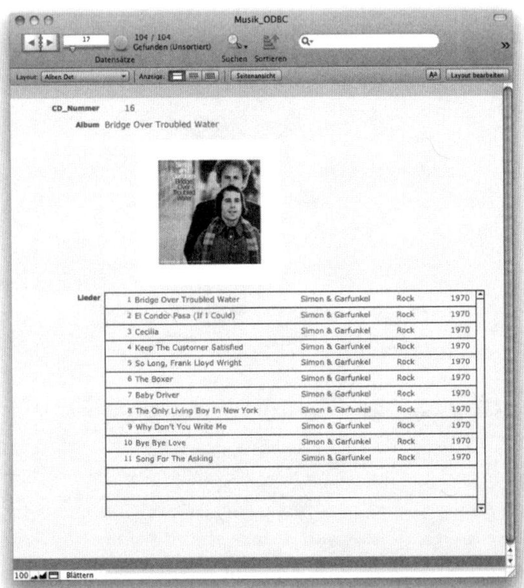

Das Layout »Alben Det« mit importierten Daten aus einer ODBC-Datenquelle und »nach-importierten« CD-Cover.

Der Export

Wir haben gesehen, dass *FileMaker* in der Lage ist, die gängigsten Dateiformate zu importieren. Das Gleiche gilt für die Gegenrichtung. So, wie Sie Informationen aus Fremdformaten mit *FileMaker* weiterverarbeiten können, so ist es auch möglich, in *FileMaker* erzeugte Ergebnisse, Zwischenergebnisse oder auch einfach nur gespeicherte Informationen in Fremdformate zu exportieren. Dazu sind lediglich der Dateiname, das Dateiformat, der Speicherort und die zu exportierenden Felder anzugeben.

Betrachten wir dies wieder am Beispiel unserer Aufgabenliste. Wenn Sie eine Übersicht der im aktuellen Monat zu erledigenden Aufgaben als *Excel*-Dokument benötigen, so können Sie dies automatisiert mit Hilfe eines Skripts erledigen. Wir definieren als Erstes eine Suche nach den Aufgaben. Diese sortieren wir nach Mitarbeiter und Fälligkeitsdatum. Die so erzeugte Ergebnismenge exportieren wir dann in eine *Excel*-Datei, die wir zur Kontrolle des Ergebnisses gleich öffnen.

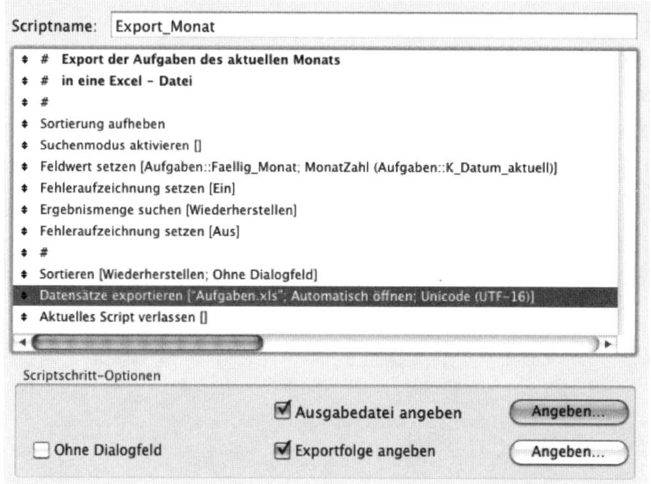

Das Skript für den Export monatlicher Aufgaben in eine Excel-Datei.

Für den Schritt *Datensätze exportieren* legen wir zuerst die Ausgabedatei fest. Wir können dies mit Hilfe einer Variablen wieder flexibel gestalten, für den Anfang wählen wir eine bereits erzeugte leere *Excel*-Datei namens *Aufgaben.xls*.

Die Festlegung der Ausgabe-Datei und des Dateiformats.

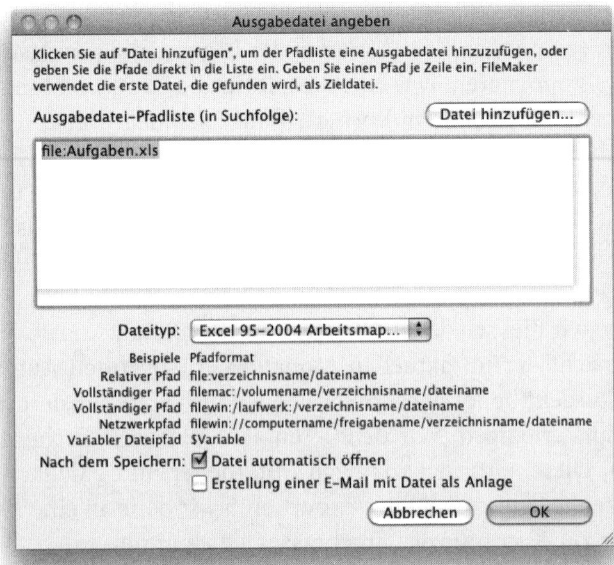

Der Dialog *Ausgabedatei angeben* unterscheidet sich nicht sonderlich vom Dialog *Datei angeben* beim Import. Bei *Excel*-Dokumenten als Ausgabeformat erscheint noch ein weiterer Dialog zur Eingabe von *Excel*-Optionen.

Der Dialog zu den »Excel-Optionen«.

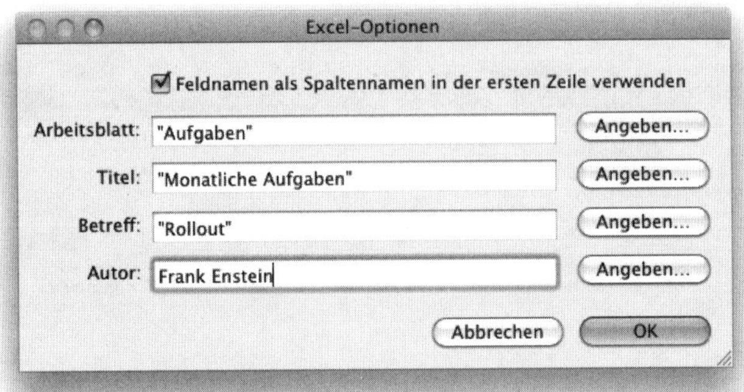

Jetzt ist noch die Exportfolge anzugeben, also das Bestiummen der Felder und deren Reihenfolge für den Export.

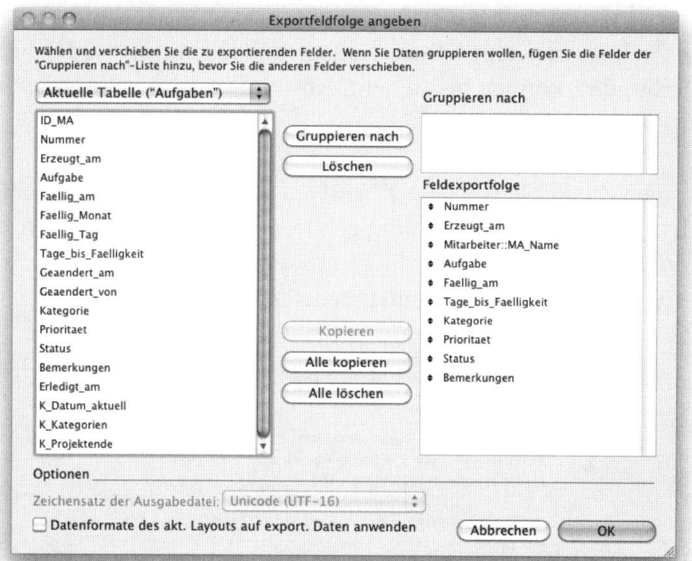

Die Festlegung der Ausgabe-Felder und deren Reihenfolge.

Erzeugen Sie als Letztes im Layout *Aufgaben Ueb* eine neue Taste und weisen Sie ihr das Skript zu. Sie sind jetzt in der Lage, eine monatliche Aufgabenliste als *Excel*-Dokument mit einem Mausklick zu erzeugen.

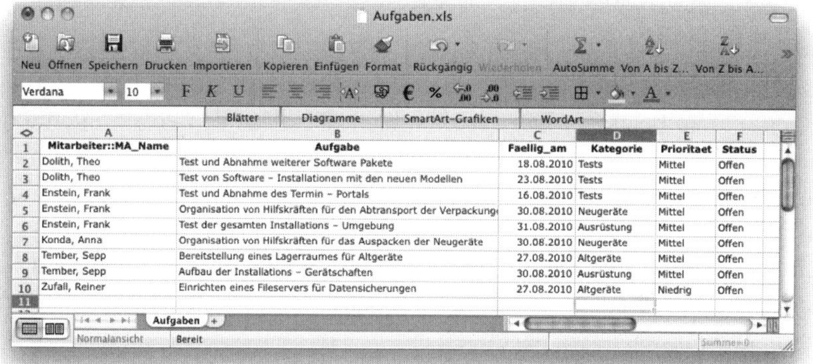

	A	B	C	D	E	F
1	Mitarbeiter::MA_Name	Aufgabe	Faellig_am	Kategorie	Prioritaet	Status
2	Dolith, Theo	Test und Abnahme weiterer Software Pakete	18.08.2010	Tests	Mittel	Offen
3	Dolith, Theo	Test von Software - Installationen mit den neuen Modellen	23.08.2010	Tests	Mittel	Offen
4	Enstein, Frank	Test und Abnahme des Termin - Portals	16.08.2010	Tests	Mittel	Offen
5	Enstein, Frank	Organisation von Hilfskräften für den Abtransport der Verpackung	30.08.2010	Neugeräte	Mittel	Offen
6	Enstein, Frank	Test der gesamten Installations - Umgebung	31.08.2010	Ausrüstung	Mittel	Offen
7	Konda, Anna	Organisation von Hilfskräften für das Auspacken der Neugeräte	30.08.2010	Neugeräte	Mittel	Offen
8	Tember, Sepp	Bereitstellung eines Lagerraumes für Altgeräte	27.08.2010	Altgeräte	Mittel	Offen
9	Tember, Sepp	Aufbau der Installations - Gerätschaften	30.08.2010	Ausrüstung	Mittel	Offen
10	Zufall, Reiner	Einrichten eines Fileservers für Datensicherungen	27.08.2010	Altgeräte	Niedrig	Offen

Monatliche Aufgabenliste als Excel-Dokument.

Gemeinsame Nutzung von FileMaker-Datenbanken

Ist Ihr Rechner mit denen Ihrer Kollegen über ein Büro- oder Firmennetz verbunden, können bis zu neun Anwender gleichzeitig auf eine Datenbank zugreifen.

Sie können die *FileMaker*-Datenbank auf einem Netzlaufwerk ablegen, was den Zugriff von mehreren Rechnern aus ermöglicht. Von dieser Methode rät *FileMaker* allerdings aus Performance-Gründen ab, da beim Öffnen einer Datei ein entsprechender Hinweis erscheint:

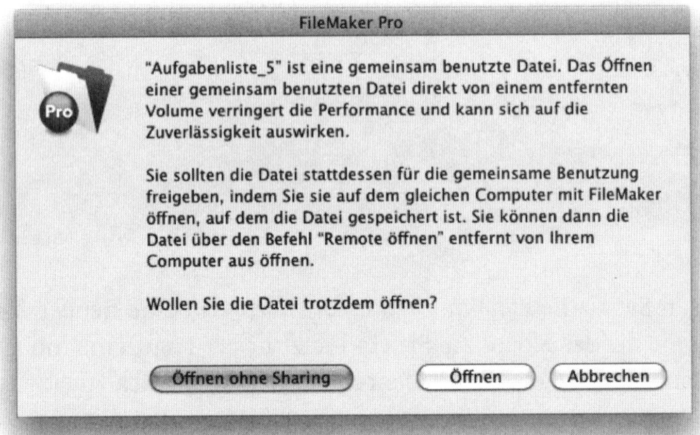

Hinweis beim Öffnen einer auf einem Netzlaufwerk befindlichen Datei.

Der »offizielle« Weg besteht darin, die Datei auf der Festplatte eines Rechners zu belassen. Der erste Nutzer, der diese gemeinsam genutzte Datei öffnet, ist der so genannte *Host*. Alle weiteren Nutzer, die danach auf diese Datei zugreifen, sind *Clients*. Host und Clients greifen auf die gleichen Informationen zu. Die Speicherung von Änderungen erfolgt in einer gemeinsamen Datei. Alle vorgenommenen Änderungen sind für jeden Benutzer sichtbar. Nutzerspezifisch bleiben Druckereinrichtungen, Suchabfragen, Sortierfolgen etc.

Vor der gemeinsamen Nutzung steht deren Aktivierung. Wählen Sie *Ablage/Datei | Sharing | FileMaker-Netzwerk*. Setzen Sie im Dialog *FileMaker-Netzwerkeinstellungen* das *Netzwerk-Sharing* auf *Ein*.

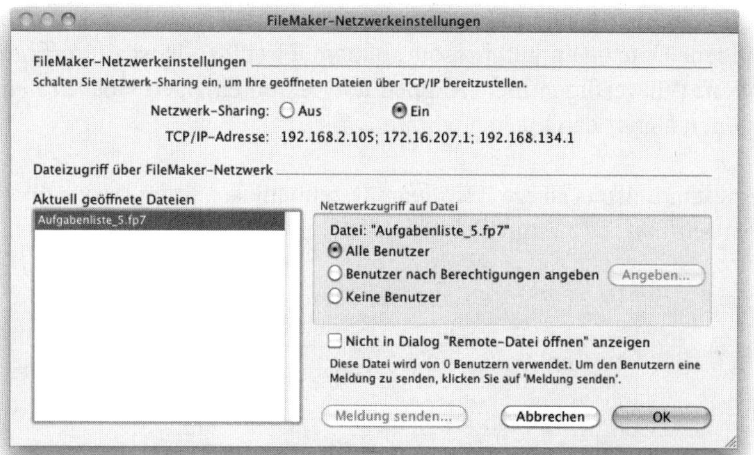

Der Dialog »FileMaker-Netzwerkeinstellungen«.

Sie können jede Datenbank aus der Liste der aktuell geöffneten Dateien zur gemeinsamen Benutzung freigeben. Weiterhin lässt sich festlegen, welche Nutzer auf die Datenbank(en) zugreifen dürfen. Da in unserem Fall nur eine einzige Datei, unsere Aufgabenliste, angezeigt ist, klicken Sie auf *OK*.

Um eine freigegebene Datei von einem anderen Rechner aus zu nutzen, muss diese grundsätzlich auf dem Host geöffnet sein. Um sie von einem Client aus zu öffnen, wählen Sie *Ablage/Datei | Remote öffnen*.

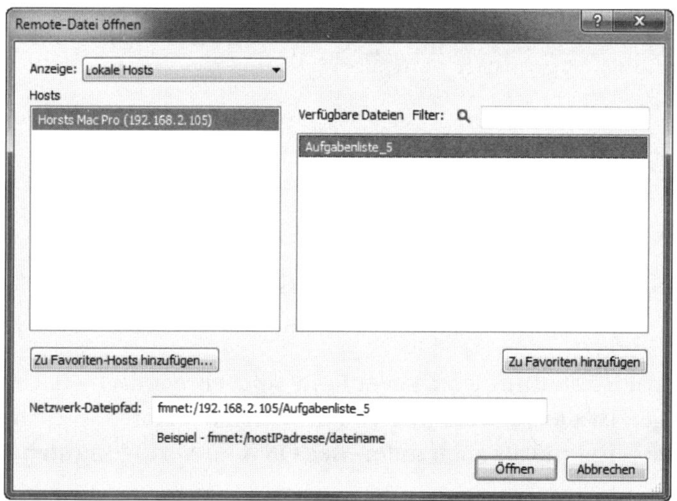

Der Dialog »Remote-Datei öffnen«.

Im linken Teil des Fensters sind die Hosts aufgelistet. Rechts daneben sind jene Dateien aufgeführt, die auf dem jeweiligen Host zu Verfügung stehen. Wir verfügen hier lediglich über einen einzigen Host mit einer einzigen Datei, also klicken wir auf *Öffnen*.

In diesem Beispiel ist die *FileMaker*-Datenbank auf einem Macintosh als Host geöffnet. Der Zugriff als Client erfolgt von Windows aus.

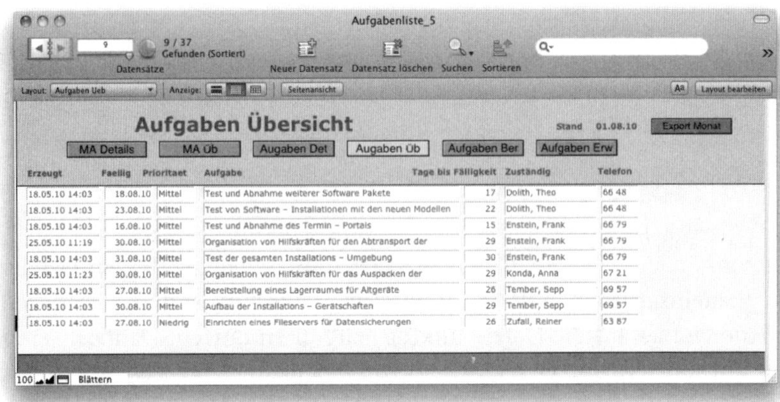

Aufgabenliste, unter Mac OS X als Host geöffnet.

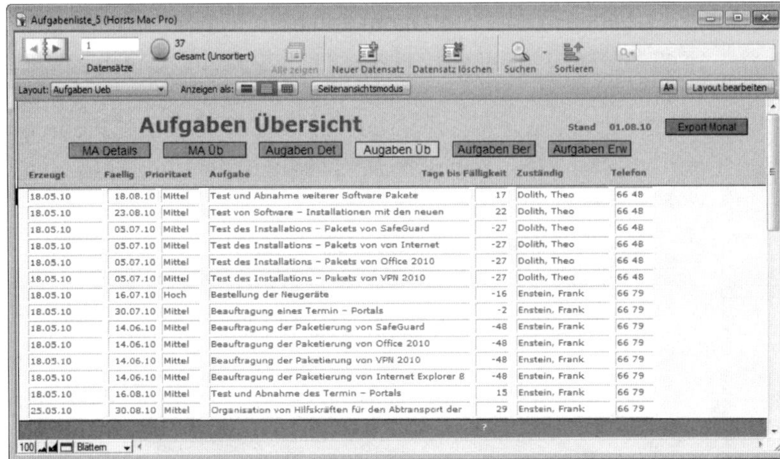

Aufgabenliste, unter Windows als Client geöffnet.

Bei der Gestaltung von Layouts in solchen gemischten Umgebungen ist die Verwendung von Schriften angeraten, die sowohl unter Windows als auch unter Mac OS X zu Verfügung stehen.

Veröffentlichung von FileMaker-Datenbanken im Web

Wenn Sie und Ihre Kollegen über weniger *FileMaker*-Lizenzen verfügen als Sie benötigen, so bleibt noch die Veröffentlichung von Datenbanken mithilfe von *Instant Web Publishing* (*IWP*). Eine solche Veröffentlichung kann auch innerhalb eines Büro- oder Firmennetzes erfolgen, es muss nicht gleich das gesamte World Wide Web sein. Bis zu fünf Nutzer können mit einem Web-Browser gleichzeitig mit einer Datenbank arbeiten.

Auch für das *Instant Web Publishing* müssen Sie Ihre Datenbank erst freigeben. Wählen Sie *Ablage/Datei | Sharing | Instant Web Publishing* und stellen Sie *Instant Web Publishing* auf *Ein*. Wahrscheinlich erhalten Sie dann eine Fehlermeldung.

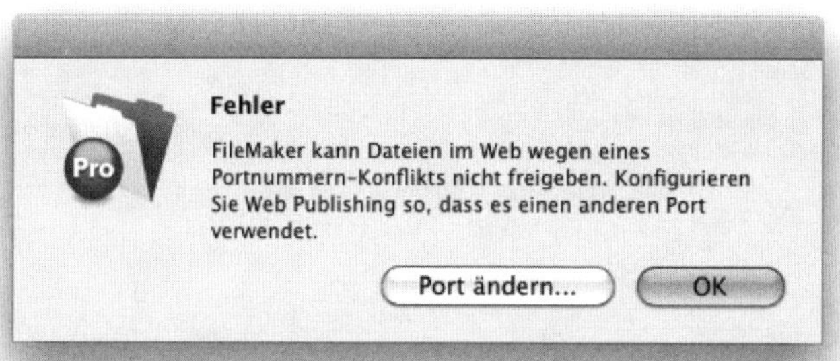

Die Fehlermeldung beim Einschalten von Instant Web Publishing.

Für diesen Fall empfiehlt *FileMaker* die Nutzung des Ports 591. Klicken Sie also auf *Port ändern...*, geben Sie im Dialog diese Nummer ein und klicken Sie auf *OK*.

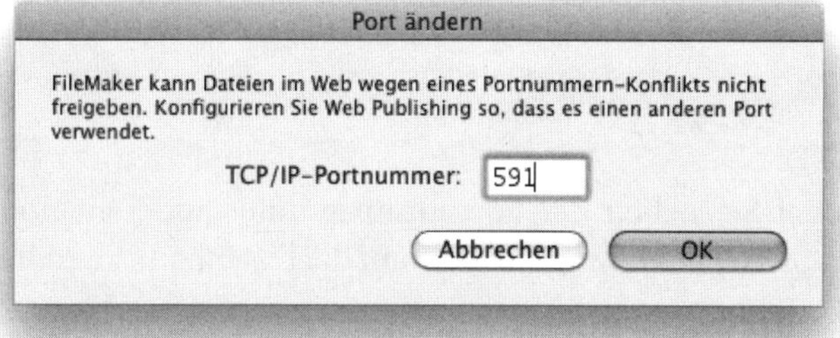

Die Eingabe einer alternativen Portnummer.

Sollten jetzt wieder eine Fehlermeldung erscheinen, sind Sie wahrscheinlich als »normaler« Nutzer unter Mac OS X angemeldet. Um beim allerersten Mal die Portnummer zu ändern, benötigen Sie aber Administratorrechte.

Fehler bei Eingabe der alternativen Portnummer.

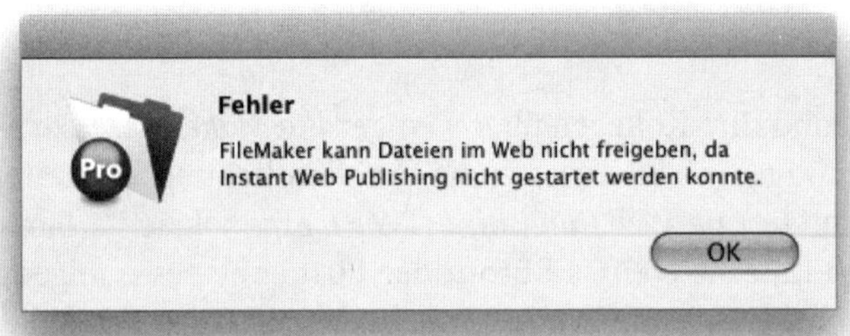

Bitten Sie also wieder einen Administrator Ihres Vertrauens, die Portnummer einmal zu ändern. Sollte eine solche Änderung später nochmals erforderlich sein, können Sie es dann selbst als »normaler« Nutzer durchführen. Dazu müssen Sie im Dialog *Instant Web Publishing* die Taste *Angeben…* bei *Erweiterte Optionen* betätigen.

Der Dialog »Instant Web Publishing«.

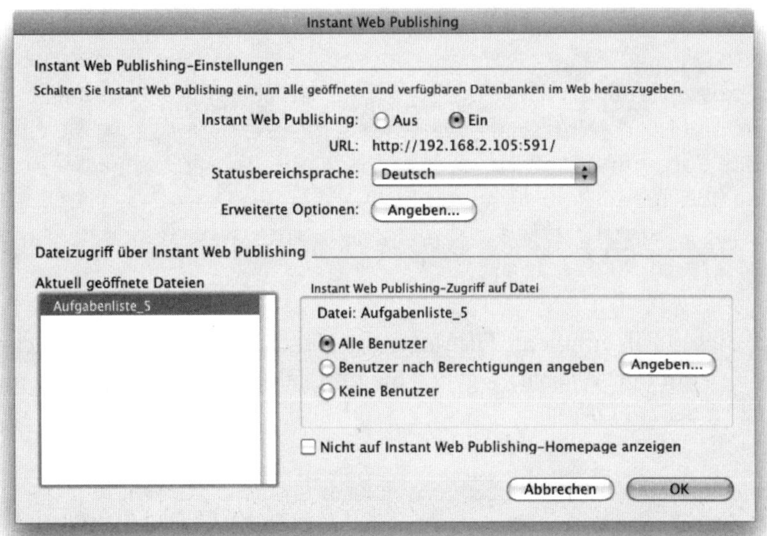

Hier können Sie neben der Portnummer unter anderem noch die IP-Adressen von Rechnern angeben, die auf die Datenbank zugreifen dürfen.

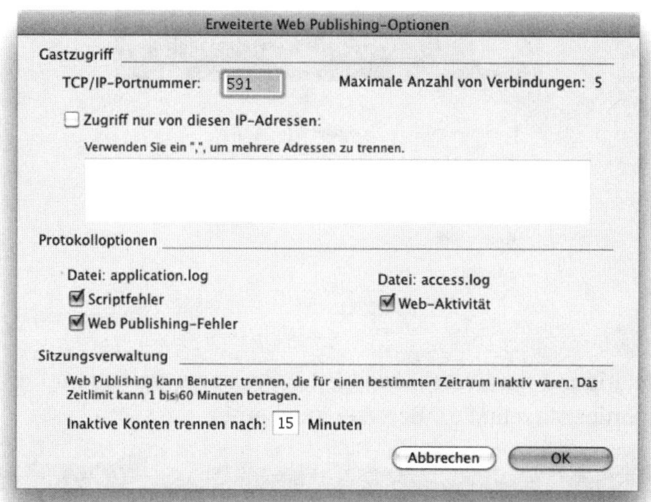

Der Dialog »Erweiterte Web Publishing-Optionen«.

Nach Abschluss dieser Konfigurationsmaßnahmen können andere Nutzer mit Hilfe eines Web-Browsers auf die Aufgabenliste zugreifen. Dazu müssen Sie den Nutzern die IP-Adresse Ihres Rechners und die eingestellte Portnummer mitteilen. Der Eintrag in die Adresszeile des Browsers muss beispielsweise lauten:

```
http://192.168.2.105:591
```

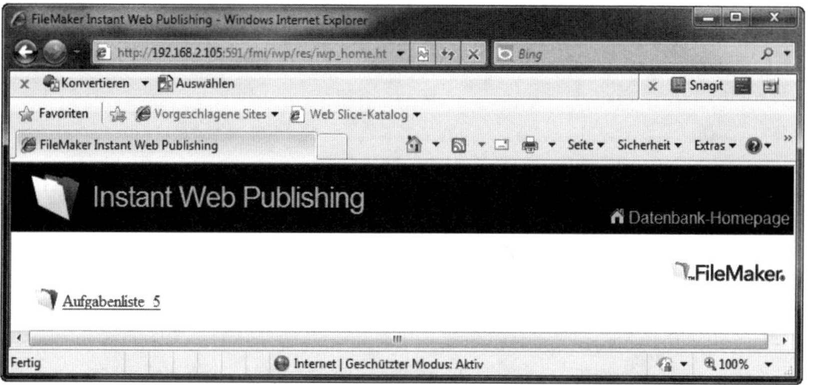

Die Startseite für das »Instant Web Publishing«.

Auf der *IWP*-Startseite sind alle dafür freigegebenen Datenbanken aufgelistet. Klicken Sie auf *Aufgabenliste_5*. *FileMaker* fragt Sie über den Web-Browser nach Kontenname und Passwort. Sollten Sie keinerlei Konten definiert und im *IWP*-Dialog *Alle Benutzer* eingestellt haben, müssen Sie das *FileMaker*-Standard-Konto *Admin* eingeben. Ein Passwort wird dafür nicht benötigt, es sei denn, Sie haben es bereits explizit für dieses Konto definiert.

Die Abfrage von Konto und Passwort.

Nach Betätigung der Taste *Anmelden* sollte dann ein Layout der Aufgabenliste im benutzen Web-Browser erscheinen.

Die Anzeige eines FileMaker-Layouts in einem Browser-Fenster.

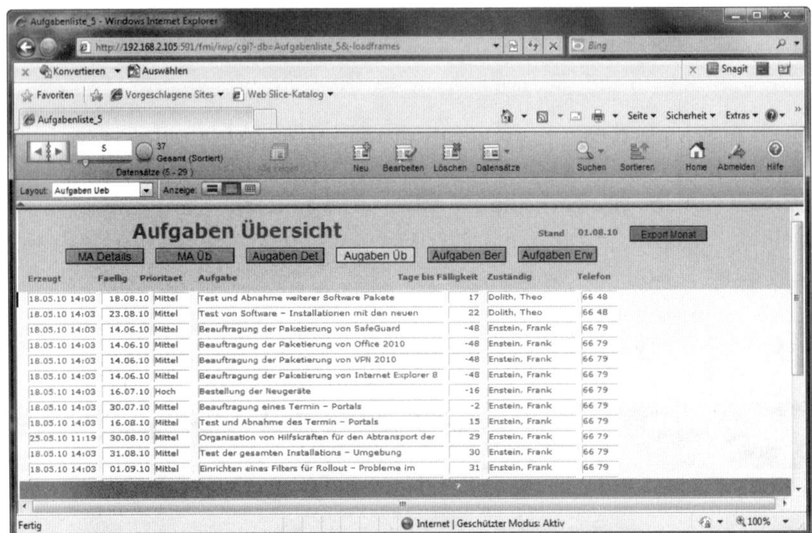

Unter Windows 7 verläuft die Freigabe einer Datenbank für das *IWP* analog, je nach Einstellungen kann dabei aber die Firewall zuschlagen.

Die Firewall-Einstellungen für IWP unter Windows.

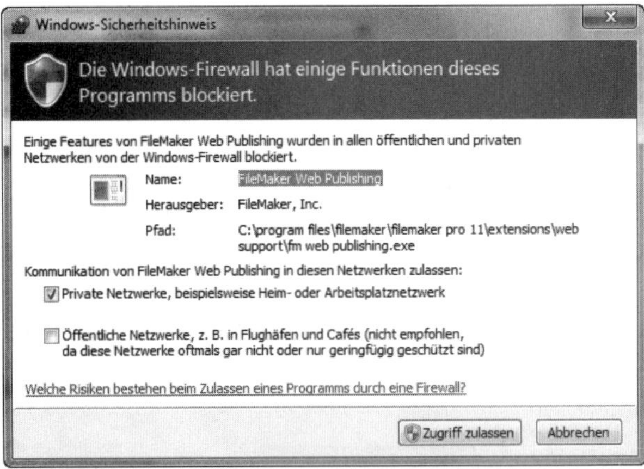

Prüfen Sie nach, ob der Haken unter *Kommunikation von FileMaker Web Publishing in diesen Netzwerken zulassen* bei *Private Netzwerke* gesetzt ist. Klicken Sie dann auf *Zugriff zulassen*. Sie müssen dann im Dialog *Benutzerkontensteuerung* ein Passwort für ein Windows-Administrator-Konto eingeben. Danach sollte wieder der *IWP*-Dialog mit der Anzeige der geänderten Einstellungen erscheinen.

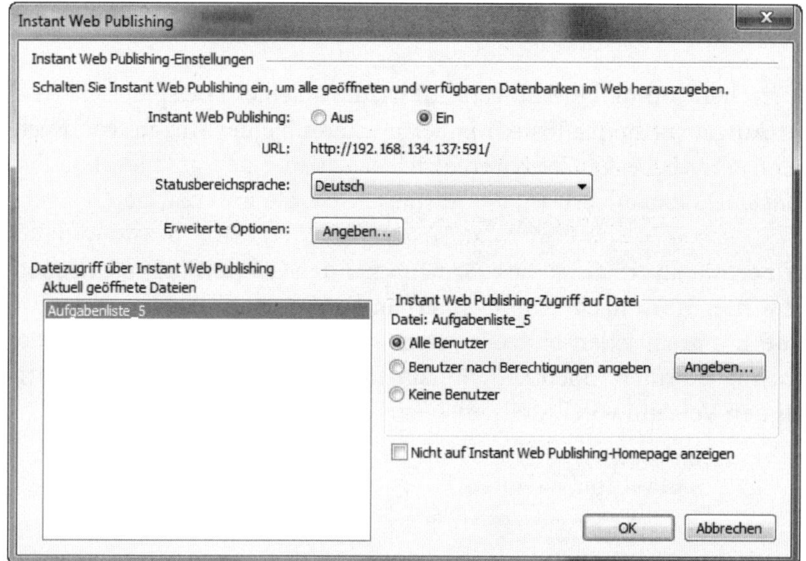

Der Dialog »Instant Web Publishing« unter Windows 7.

Nach Betätigen von *OK* kann Sie nichts mehr hindern, sich die Aufgabenliste unter Mac OS X mit *Safari* zu betrachten.

Erzeugt	Faellig	Prioritaet	Aufgabe	Tage bis Fälligkeit	Zuständig	Telefon
18.05.10 14:03	18.08.10	Mittel	Test und Abnahme weiterer Software Pakete	17	Dolith, Theo	66 48
18.05.10 14:03	23.08.10	Mittel	Test von Software - Installationen mit den neuen Modellen	22	Dolith, Theo	66 48
18.05.10 14:03	05.07.10	Mittel	Test des Installations - Pakets von SafeGuard Enterprise	-27	Dolith, Theo	66 48
18.05.10 14:03	05.07.10	Mittel	Test des Installations - Pakets von von Internet Explorer 8	-27	Dolith, Theo	66 48
18.05.10 14:03	05.07.10	Mittel	Test des Installations - Pakets von Office 2010	-27	Dolith, Theo	66 48
18.05.10 14:03	05.07.10	Mittel	Test des Installations - Pakets von VPN 2010	-27	Dolith, Theo	66 48
18.05.10 14:03	16.07.10	Hoch	Bestellung der Neugeräte	-16	Enstein, Frank	66 79
18.05.10 14:03	30.07.10	Mittel	Beauftragung eines Termin - Portals	-2	Enstein, Frank	66 79
18.05.10 14:03	14.06.10	Mittel	Beauftragung der Paketierung von SafeGuard Enterprise	-48	Enstein, Frank	66 79
18.05.10 14:03	14.06.10	Mittel	Beauftragung der Paketierung von Office 2010	-48	Enstein, Frank	66 79
18.05.10 14:03	14.06.10	Mittel	Beauftragung der Paketierung von VPN 2010	-48	Enstein, Frank	66 79

Die Anzeige eines FileMaker-Layouts in »Safari«.

Der Informationsaustausch über EMail

Zu Anfang hatte ich Ihnen gezeigt, wie Sie Informationen aus *FileMaker* in Fremdformat-Dokumente wie *PDF* oder *Excel* exportieren und diese als Mailanhang versenden können. Sie können aber auch EMail-Nachrichten an einen oder mehrere Empfänger versenden und dabei Adressen, Betreffzeile oder Mitteilungstext aus Feldern des aktuellen Datensatzes über Formeln ermitteln. Das Ganze soll wie üblich automatisiert ablaufen.

Betrachten wir den EMail-Versand wieder an einem Beispiel. Mit unserer Aufgabenliste planen wir ja den Austausch einer Anzahl von Rechnern. Sämtliche Geräte Ihrer Firma seien in einer gesonderten *FileMaker*-Datenbank erfasst, die Austausch-Geräte sind markiert.

Wir ermitteln zunächst die auszutauschenden Geräte, die Ergebnismenge sortieren wir nach dem Rechnernamen. Anschließend versenden wir eine EMail an jeden Nutzer, wobei wir jede Mail vor dem Absenden nochmals prüfen möchten. Deshalb setzen wir nach dem Skriptschritt für den Versand von EMails eine Pause.

Das Skript für den automatisierten EMail-Versand.

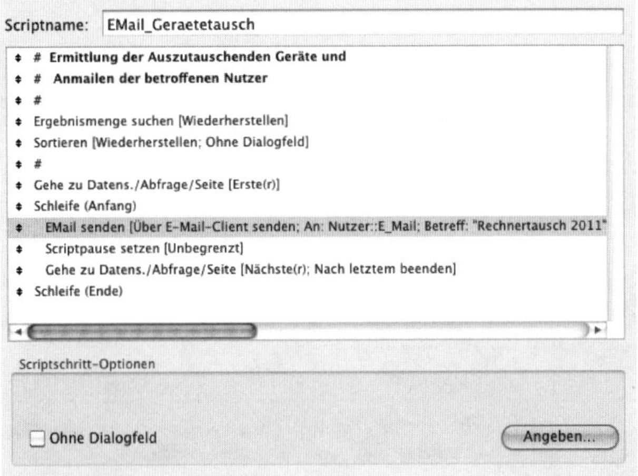

Die Kennzeichnung eines auszutauschenden Rechners erfolgt mit Hilfe des Zahlenfelds *Austausch*. Ist sein Inhalt »1«, ist ein Austausch vorgesehen.

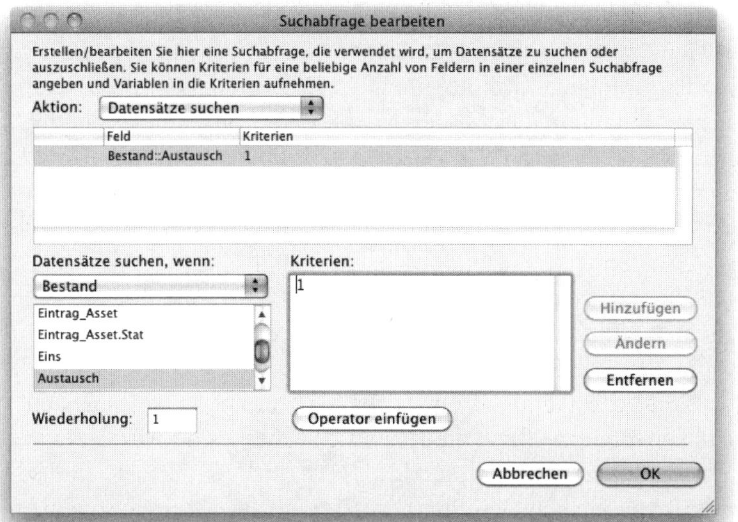

Das Suchkriterium für auszutauschende Rechner.

Nun sind noch die Optionen für den Skriptschritt *EMail senden* festzulegen.

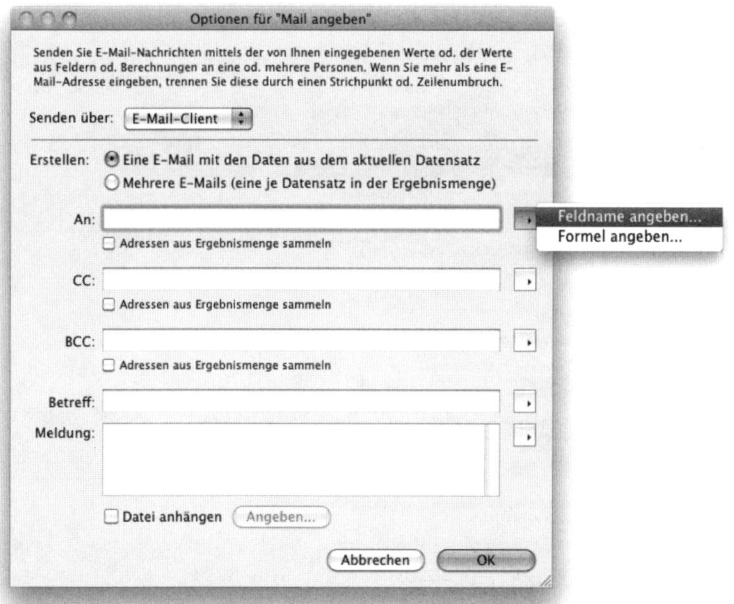

Die Optionen für den Skriptschritt »EMail senden«.

Für jede EMail-Option ist neben statischem Text die Angabe eines Feldnamens oder einer Formel zur Ermittlung des Feldinhalts möglich. Für unser Beispiel benötigen wir lediglich einen Feldnamen für *An*: und eine Formel für *Meldung*:.

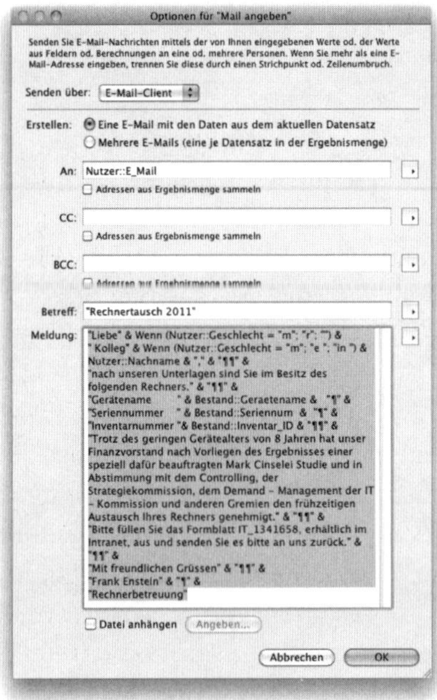

Festgelegte Optionen für den Skriptschritt »EMail senden«.

Wir können das Skript einer Taste zuweisen oder, da es wohl nicht so häufig benötigt wird, es über das Menü starten.

Die versandfertige EMail.

Sie haben gesehen, *FileMaker* ist sehr kommunikativ. Er beinhaltet eine Vielzahl von Funktionen, die einen Austausch von Informationen auf unterschiedlichen Wegen ermöglichen.

Diagramme

12

Die sicherlich augenfälligste Neuerung in *FileMaker 11* ist das *Diagrammwerkzeug*. Es ermöglicht die Umsetzung von Zahlenfriedhöfen in übersichtlichere Grafiken. Das Erstellen von Diagrammen erfolgt durch Einbringen eines Diagramm-Objekts in ein Layout. Ein solches Objekt lässt sich wie andere Layoutelemente verschieben oder in seinen Abmessungen ändern.

Diagramme basieren auf Datenreihen – das sind geordnete Mengen von Elementen. Als Länge einer Datenreihe bezeichnet man die Anzahl der darin enthaltenen Elemente. Die Elemente können Text, Zahlen oder auch Datumswerte sein. Die Erstellung eines Diagramms erfordert zum einen die Festlegung einer Datenreihe zur Angabe von Beschriftungsdaten. Weiterhin sind eine oder mehrere Zahlenreihen zur Darstellung von Funktionswerten erforderlich. Eine Datenreihe, auch die Beschriftung, lässt sich aus den folgenden Elementen zusammenstellen:

- aus Feldern oder Variablen eines Datensatzes, die Listen mit voneinander getrennten Elementen enthalten,
- aus Inhalten eines Felds einer Ergebnismenge oder
- aus Inhalten eines Bezugsfelds.

Die verschiedenen Diagrammtypen

Für die Darstellung von Datenreihen stellt *FileMaker* fünf unterschiedliche Diagramm-Typen zu Verfügung.

- Balkendiagramm
- Flächendiagramm
- Kreisdiagramm
- Liniendiagramm
- Säulendiagramm (vertikales Balkendiagramm)

Fangen wir mit einem einfachen Beispiel an. Erzeugen Sie eine neue Datenbank mit den zwei Textfeldern *Bundesland* und *Umsatz*. Stellen Sie die Abmessungen der zugehörigen Feldobjekte in einem Standard-Layout so ein, dass sie mehrere Zeilen aufnehmen können.

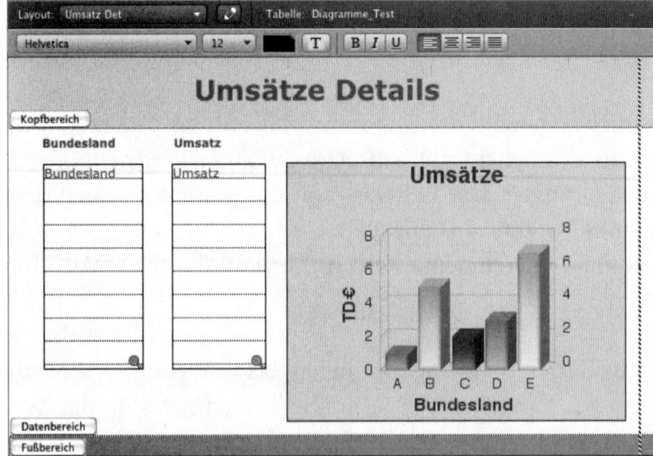

Das Layout mit einem Diagramm-Objekt.

Wenn Sie mit dem *Diagrammwerkzeug* im Layout eine Fläche aufgezogen haben, erscheint unmittelbar danach der Dialog *Diagrammeinstellung*. Für die horizontale Achse geben wir Feld *Bundesland*, für die vertikale Achse *Umsatz* an. In *Diagrammtitel* tragen wir *Umsätze* als statischen Text ein. Daten verwenden wir aus dem aktuellen Datensatz.

Damit das Diagramm wieder etwas hermacht, klicken wir auf *Diagramm formatieren*. Der gleichnamige Dialog bietet uns diverse Einstellungsmöglichkeiten. Wir wählen als Hintergrund einen radialen Verlauf mit zwei Farben sowie *Wüste* als Farbschema.

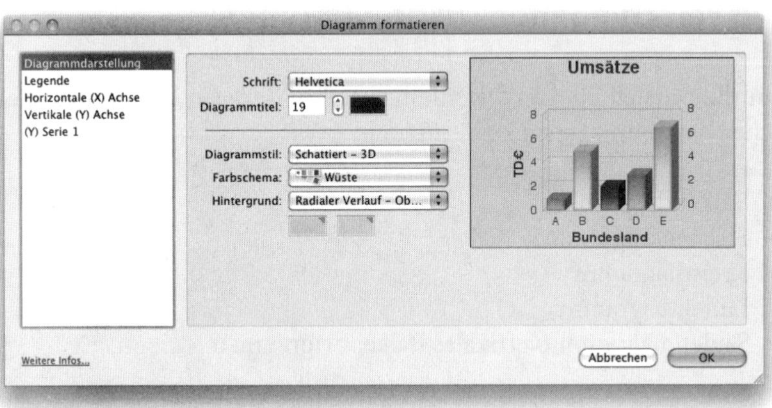

Die Formatierung eines Diagramms.

Nach Betätigung der Taste *OK* sehen wir im Dialog *Diagrammeinstellung* nochmals unsere Einstellungen einschließlich Formatierungen.

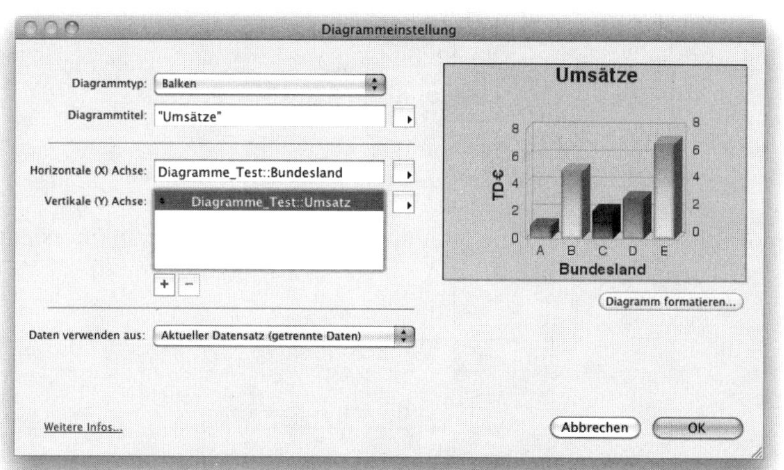

Der Dialog »Diagramm formatieren«.

Klicken Sie auf *OK*, wechseln Sie in den *Blättern*-Modus und füllen Sie die beiden Felder mit einigen sinnvollen Werten. Nach Abschluss der Eingabe erfolgt unmittelbar die Darstellung der Umsatzzahlen. *FileMaker* wandelt die Textelemente in *Umsatz* für die Darstellung intern automatisch in Zahlenwerte um.

Bundesland_Liste	Umsatz_Liste
Bayern	50
Hessen	70
Saarland	30
Sachsen	40

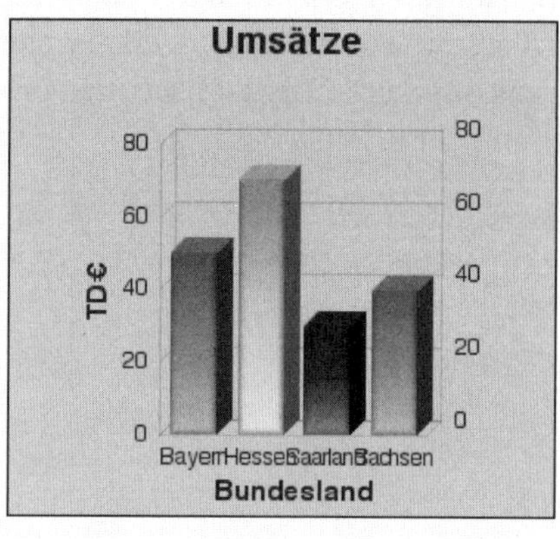

Das Säulendiagramm zur Darstellung von Umsatzzahlen.

Was in der Darstellung noch ziemlich stört, ist die Überlappung von Texten der Achsenbeschriftung. Wir wechseln deshalb wieder in den *Layout*-Modus und doppelklicken auf das Diagramm-Objekt. Dadurch öffnet sich der Dialog *Diagrammeinstellung*, in dem wir wieder auf *Diagramm formatieren* klicken. Für die horizontale Achse stellen wir den Beschriftungswinkel auf 45°.

Die Einstellung des Beschriftungswinkels für die horizontale Achse.

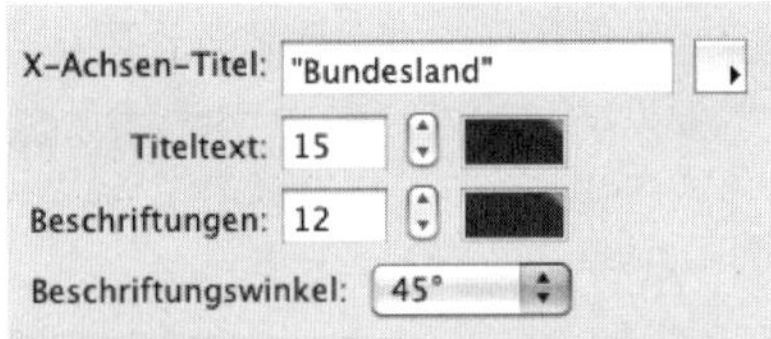

Im Modus *Blättern* ist nun auch die Achsenbeschriftung in übersichtlicher Form dargestellt.

Das Säulendiagramm zur Darstellung von Umsatzzahlen mit 45°-Beschriftungswinkel.

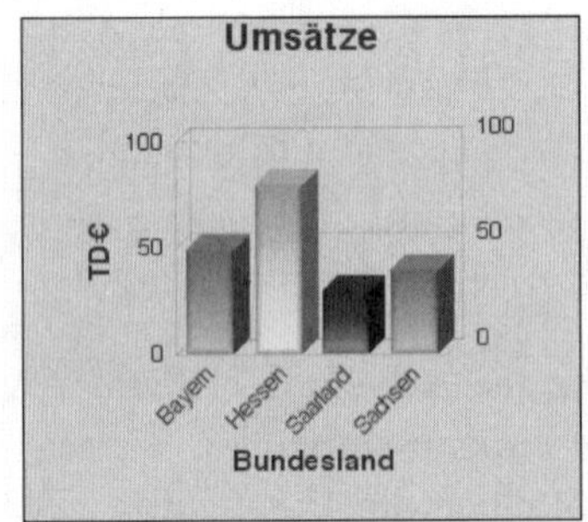

Sehen wir uns jetzt noch die anderen Diagrammtypen an. Dazu vervielfältigen wir einfach das Diagramm-Objekt und stellen für jedes Objekt einen anderen Typ ein. Über den Sinn oder Unsinn der Darstellung von Umsatzzahlen als Linien- oder Flächendiagramm wollen wir dabei nicht philosophieren. Es kommt uns an dieser Stelle lediglich auf die Vorstellung der unterschiedlichen Diagrammformen an.

Von links nach rechts: Balkendiagramm, Flächendiagramm, Kreisdiagramm sowie Liniendiagramm.

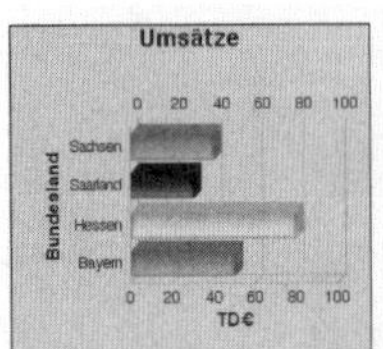

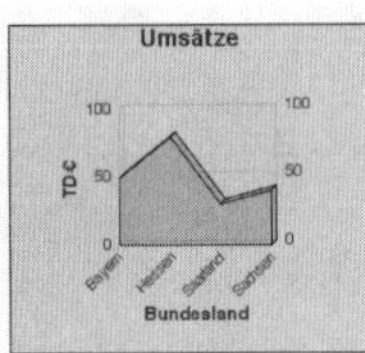

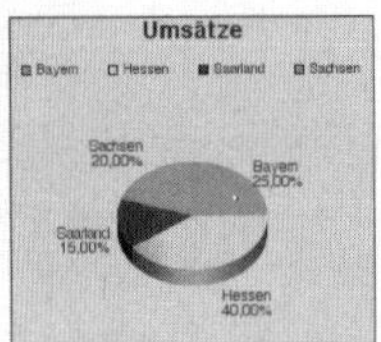

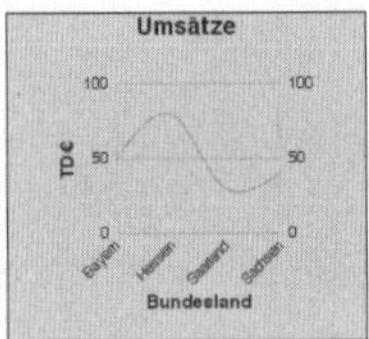

Die Angabe von Werten für Datenreihen

Wie im letzten Abschnitt erwähnt, erfordert die Erstellung eines Diagramms mindestens zwei Datenreihen. Eine dient zur Angabe von Beschriftungsdaten, eine oder mehrere weitere Zahlenreihen werden zur Darstellung von Funktionswerten benötigt.

Mit der Verwendung von Feldern oder Variablen, die Listen mit voneinander getrennten Elementen enthalten, haben wir uns im letzten Abschnitt beschäftigt. Eine weitere Möglichkeit ist die Nutzung von Feldinhalten einer Ergebnismenge.

Legen Sie ein neues Textfeld *Bundesland_einzeln* und ein Zahlenfeld an. Wenn Sie möchten, duplizieren Sie das aktuelle Layout. Ansonsten öffnen Sie den Dialog *Diagrammeinstellung* für eines der vorhandenen Diagramm-Objekte. Ändern Sie *Daten verwenden aus* um in *Aktuelle Ergebnismenge*. Geben Sie für die horizontale Achse *Bundesland_einzeln* und *Umsatz_einzeln* für die vertikale an. Damit es nicht langweilig wird, ändern Sie zusätzlich einige Farbeinstellungen.

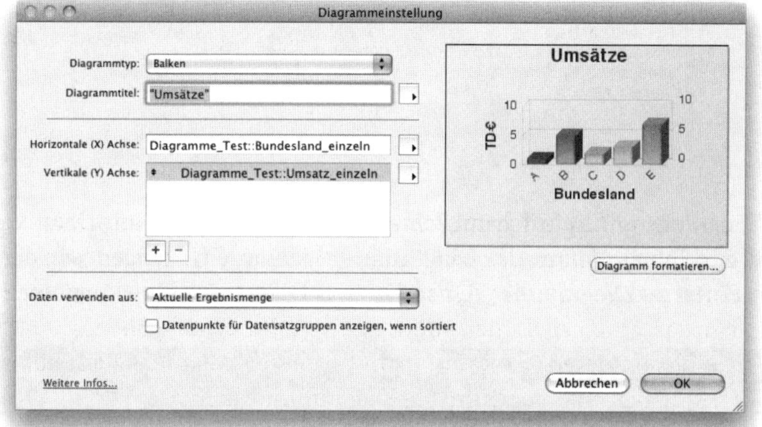

Der Dialog »Diagrammeinstellung-Nutzung von Ergebnismengen«.

Erzeugen Sie drei zusätzliche Datensätze und geben Sie die bisher als Liste vorhandenen Werte einzeln in die Felder *Bundesland_einzeln* und *Umsatz_einzeln* ein. Im *Blättern*-Modus sollten Sie, von einer unterschiedlichen Farbgebung abgesehen, keinerlei Unterschied zur Listenmethode erkennen.

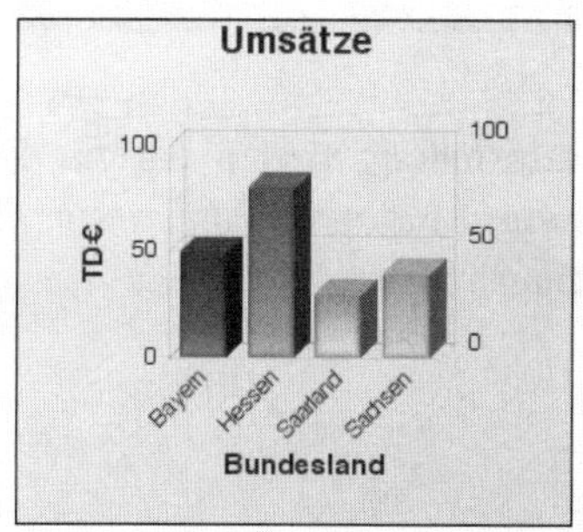

Das Säulendiagramm, basierend auf einer Ergebnismenge.

Bleibt als Letztes noch die Verwendung von Bezugsdatensätzen. Diese Möglichkeit haben wir bereits in Verbindung mit unserer Aufgabenliste benutzt. Wir haben die Gesamtzahl der Aufgaben pro Mitarbeiter in einem Säulendiagramm dargestellt.

Jetzt ergänzen wir die Umsatzdatenbank, indem wir zusätzlich zu *Bundesland* und *Umsatz* noch das Jahr abspeichern. Erzeugen Sie also noch ein Zahlenfeld namens *Umsatzjahr*. Legen Sie eine weitere Tabelle *Jahresuebersicht* an und definieren Sie dafür ein einzelnes Zahlenfeld *K_Umsatzjahr* mit globaler Speicherung. Erstellen Sie eine Beziehung zwischen *Umsatzjahr* und *K_Umsatzjahr*.

Das Beziehungsdiagramm der Umsatz-Datenbank.

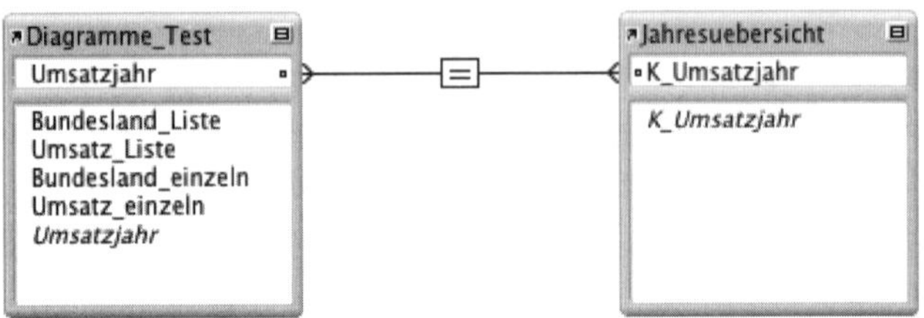

Wir erzeugen uns ein Layout *Jahresumsatz Det*, das uns Informationen aus der Tabelle *Jahresuebersicht* anzeigt. Außerdem bringen wir darin ein Portal zu *Diagramme_Test* sowie zwei Diagramm-Objekte unter.

Das Layout für die Tabelle »Jahresuebersicht«.

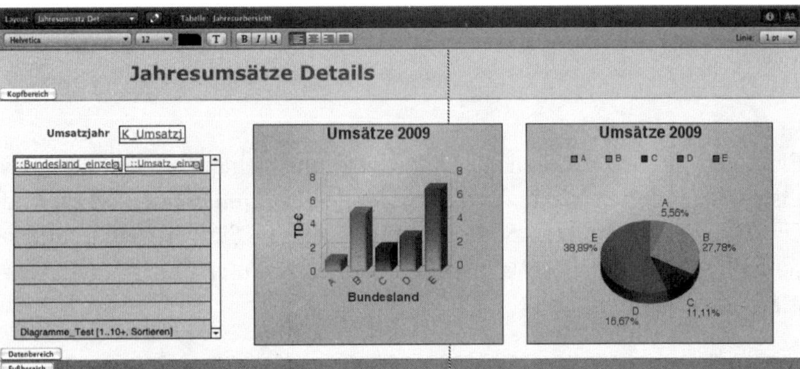

Im Dialog *Diagrammeinstellung* stellen wir für *Daten verwenden aus* jetzt *Bezugsdatensätze* ein. Analog verfahren wir mit dem Objekt für die Darstellung als Kreisdiagramm.

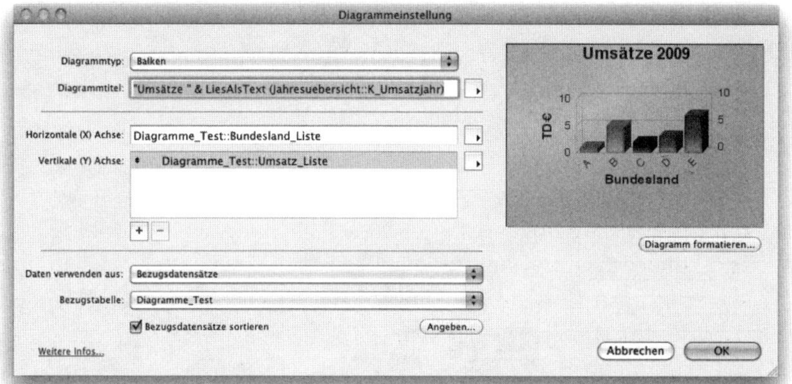

Der Dialog »Diagrammeinstellung« zur Anzeige von Jahresübersichten.

Wir benötigen noch ein Listenlayout, in das wir Umsatzjahr, Bundesland und Umsatzhöhe eingeben können.

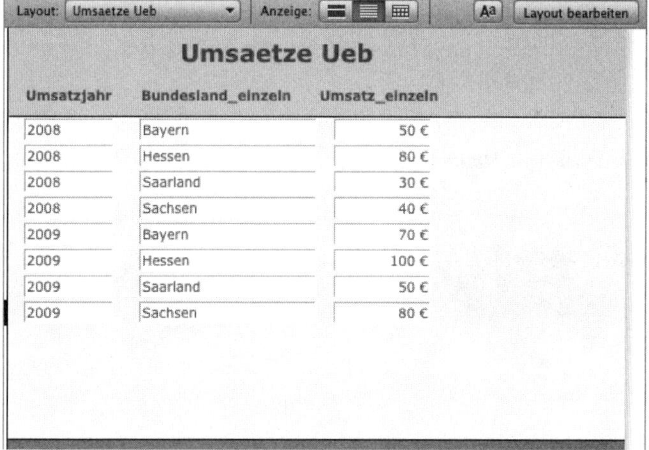

Umsatzjahr	Bundesland_einzeln	Umsatz_einzeln
2008	Bayern	50 €
2008	Hessen	80 €
2008	Saarland	30 €
2008	Sachsen	40 €
2009	Bayern	70 €
2009	Hessen	100 €
2009	Saarland	50 €
2009	Sachsen	80 €

Das Listenlayout zur Eingabe von Umsatzinformationen.

Damit haben wir alles, was wir benötigen, eingerichtet.

Die Diagramme auf Basis von Bezugsdatensätzen.

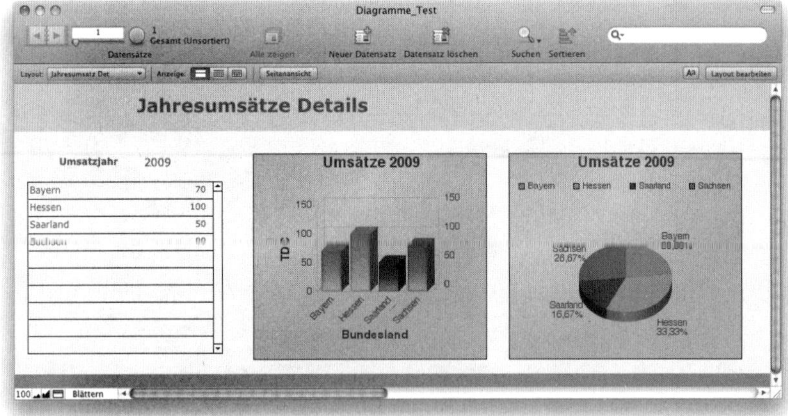

Als Letztes noch ein Hinweis für Diagramme auf Ergebnismengen-Basis: Ändert sich die Ergebnismenge, so ändert sich auch die Diagrammdarstellung. Betrachten wir dazu unsere Aufgabenliste. Wenn die Ergebnismenge einen einzigen Mitarbeiter umfasst, wird auch nur diese im Diagramm berücksichtigt.

Gesamter Datenbestand (rechts), nach Mitarbeitersuche (links)

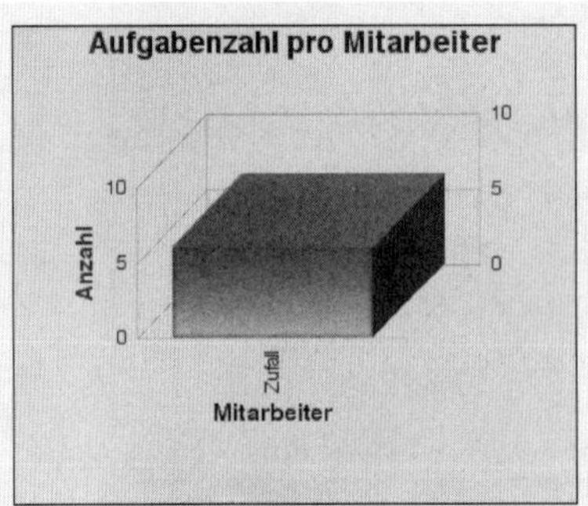

Mit Version 11 verfügt *FileMaker* über grafische Fähigkeiten. Auch wenn die Ausstattung noch etwas spärlich ist – in vielen Fällen erübrigt sich der Export von Zahlenreihen und deren Import in *Excel*, um dessen Diagramm-Funktionen zu nutzen.

Sicherheit

13

Das Thema »Sicherheit« behandelt im Wesentlichen Festlegungen, wer eine Datenbank nutzen und welche Aktionen er durchführen darf. Es ist ein wichtiger Gesichtspunkt bei der Entwicklung von Datenbanken, insbesondere dann, wenn sensible Daten wie Gehälter abgespeichert werden sollen. Wir wollen dieses Thema aber nur streifen, da die in diesem Buch vorgestellten Beispiele nicht unbedingt wesentliche sicherheitsrelevante Aspekte beinhalten.

Konten

Konten dienen zur Authentifizierung von Nutzern. Dies bedeutet, ein Administrator weist einem Nutzer einen Kontonamen und meistens auch ein Passwort zu. Mit der Kenntnis dieser beiden Informationen kann ein Nutzer versuchen, eine geschützte Datenbank zu öffnen. Bei Eingabe ungültiger Kontoinformationen lässt sich eine geschützte Datei nicht öffnen.

FileMaker empfiehlt die Einrichtung von individuellen Konten für jeden einzelnen Nutzer, was auch die gängige Praxis bei der Behandlung von Zugriffsbeschränkungen darstellt. Bei der Erstellung einer neuen Datenbank ist diese ein offenes System. Jeder Nutzer kann eine solche Datei ohne Angabe von Konto und Passwort benutzen. Allerdings sind durch die zwei vordefinierten Konten *Admin* und *Gast* Sicherheitsaspekte ansatzweise enthalten.

Jede Datenbank öffnet anfangs mit dem Konto *Admin*. Dieses besitzt volle Zugriffsberechtigung, ein Passwort ist zu diesem Zeitpunkt allerdings nicht zugewiesen. Das Gastkonto benötigt ebenfalls kein Passwort, verfügt jedoch nur über Leseberechtigungen. Das Anmeldekonto legen Sie über *Ablage/Datei* | *Dateioptionen…*, Dialog *Dateioptionen*, Register *Öffnen/Schließen* fest.

Der Dialog »Dateioptionen«.

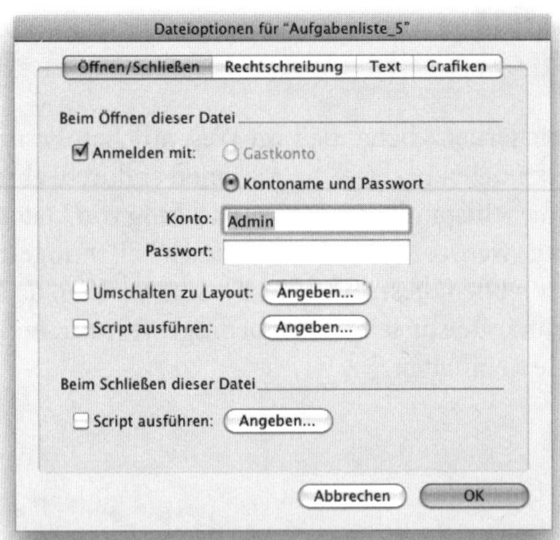

Bevor Sie Konten einrichten oder Passwörter festlegen, insbesondere für das Admin-Konto, legen Sie eine Kopie der Datenbank an.

Das Passwort für das Konto *Admin* legen Sie fest oder ändern Sie über *Ablage/Datei | Passwort ändern.*

Der Dialog »Passwort ändern«.

Wir haben unsere Aufgabenliste für das *IWP* freigegeben. Insofern macht es Sinn, den Zugriff auf diese Datenbank auf ausgewählte Nutzer zu beschränken. Wir richten also für die Aufgaben-Verantwortlichen Konten ein, wobei wir als Anfangs-Passwort »1234« verwenden. Dazu rufen wir über *Ablage/Datei | Verwalten | Sicherheit...* den Dialog *Sicherheit verwalten* auf.

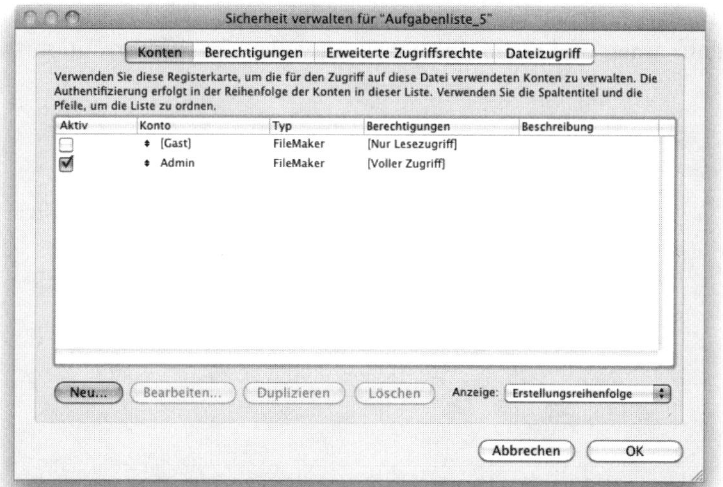

Der Dialog »Sicherheit verwalten«.

Im Register *Konten* klicken wir auf die Schaltfläche *Neu*, was den Dialog *Konto bearbeiten* öffnet. Wir geben den Namen des ersten Mitarbeiters als Kontoname an und stellen als Berechtigungen *[Nur Dateneingabe]* ein.

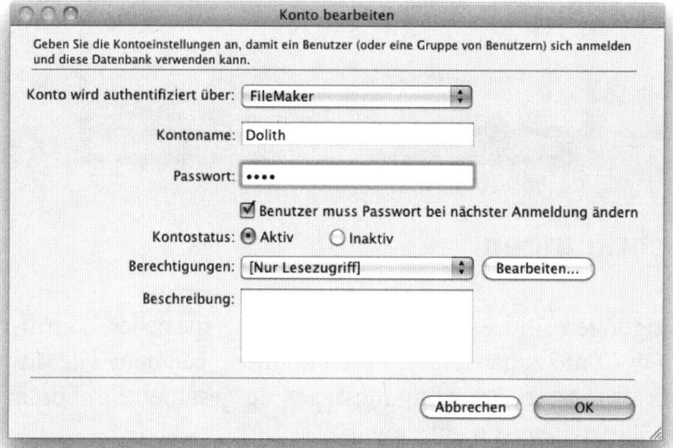

Der Dialog »Konto bearbeiten«.

Analog verfahren wir mit den restlichen Mitarbeitern.

Seien Sie achtsam beim Eintippen der Passwörter. Im Gegensatz zur gängigen Praxis verlangt *FileMaker* das Passwort nur ein einziges Mal.

Zum Abschluss der Kontenerzeugung fragt *FileMaker* Sie nach einem Kontennamen und einem Passwort mit voller Zugriffsberechtigung.

Die Festlegung eines Kontos und Passworts mit vollen Zugriffsrechten.

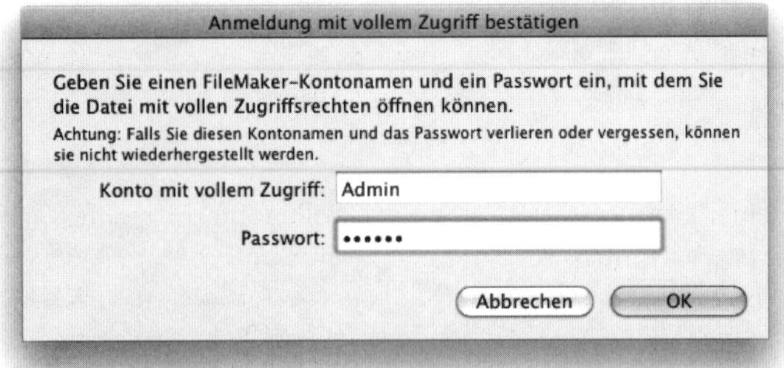

Ab diesem Zeitpunkt müssen sich die Nutzer dieser Datenbank beim Öffnen authentifizieren.

Die Authentifizierung beim Öffnen der Datenbank.

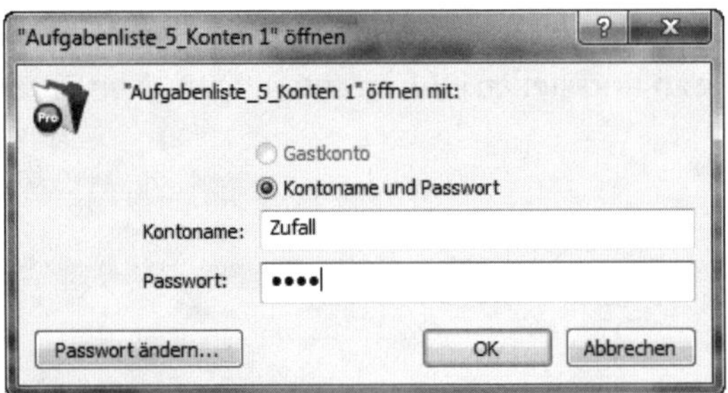

Berechtigungen

Berechtigungen sind eine Zusammenfassung spezieller Zugriffsregeln, die einem Konto zugewiesen werden können. Jede neue *FileMaker*-Datenbank ist mit drei Berechtigungstypen ausgestattet. Ein Löschen dieser drei Basistypen ist nicht möglich.

- **Voller Zugriff**
  Ermöglicht unbeschränkten Zugriff auf sämtliche Funktionen einer Datenbank.

- **Nur Dateneingabe**
  Gestattet das Erzeugen und Löschen von Datensätzen, das Verändern von Daten sowie den Import und Export von Datensätzen. Der

Zugriff auf den *Layout*-Modus ist Nutzern mit diesem Berechtigungstyp verwehrt.

- **Nur Lesezugriff**
  Erlaubt lediglich das Lesen und Betrachten von Layouts sowie den Export von Daten. Die Eingabe von Informationen oder Änderungen am Design sind nicht möglich.

Neben einem Administrator-Konto mit vollen Zugriffsrechten und Konten mit Leseberechtigung benötigen wir für unsere Aufgabenliste einen Berechtigungstyp, der das Erzeugen neuer Aufgaben (entspricht dem Erzeugen neuer Datensätze) und das Setzen von Aufgaben gestattet.

Wir öffnen also wieder den Dialog *Sicherheit verwalten*, Register *Berechtigungen* und klicken hier auf *Neu*. Es erscheint ein weiterer Dialog mit dem Namen *Berechtigungen bearbeiten*. Geben Sie als Name *Aufgaben_mod* ein und stellen Sie die Datensätze auf *Eigene Berechtigungen*. Im weiteren Dialog *Eigene Berechtigungen für Datensätze* können Sie Berechtigungen für die Behandlung von Datensätzen einstellen.

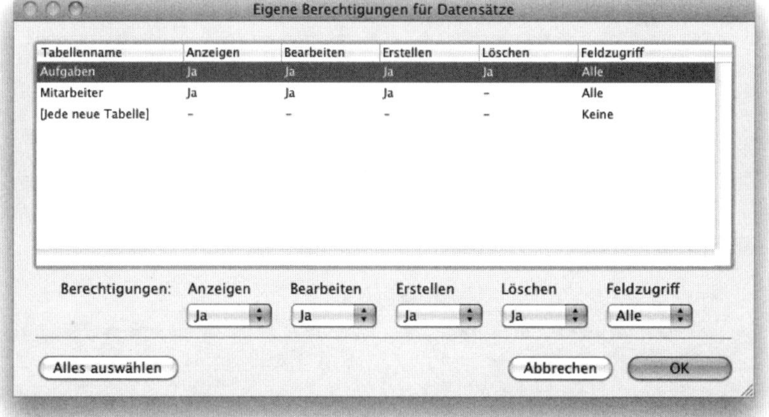

Der Dialog »Eigene Berechtigungen« für Datensätze.

Auch den Zugriff auf Felder können Sie beschränken.

Der Dialog »Eigene Berechtigungen« für Felder.

Die getroffenen Einstellungen werden im Dialog *Berechtigungen bearbeiten* angezeigt.

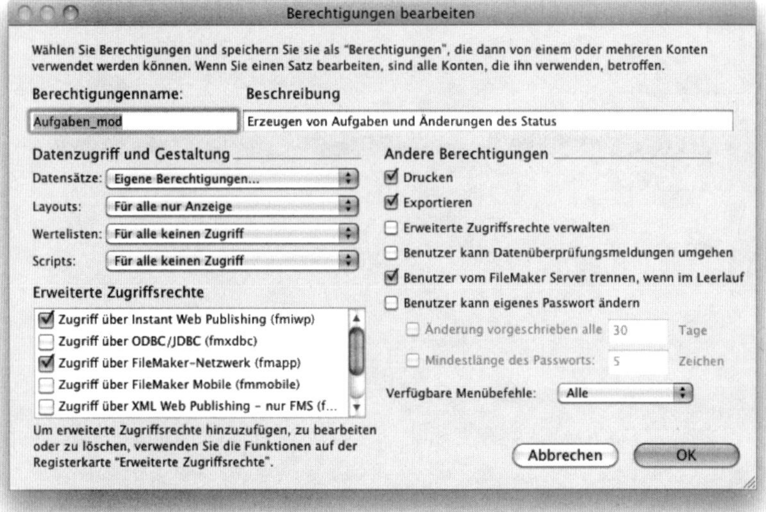

Der Dialog »Berechtigungen bearbeiten«.

Eine Übersicht über Konten und Berechtigungen bietet der Dialog *Sicherheit verwalten*, Register *Konten* und *Berechtigungen*.

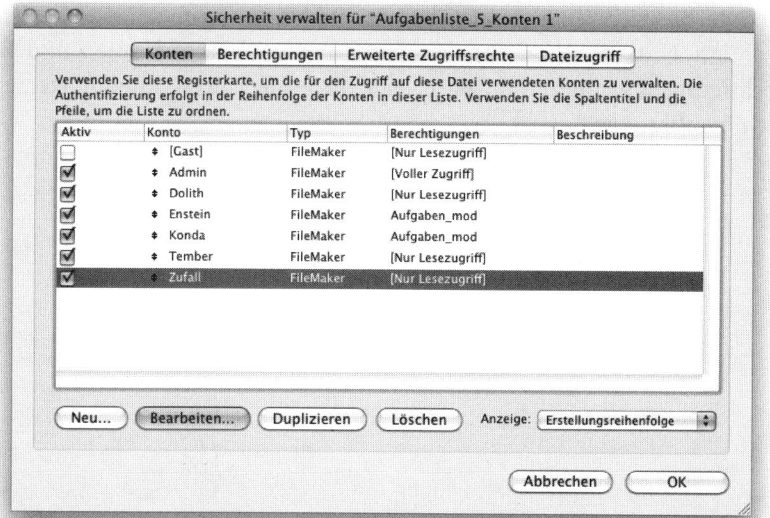

Der Dialog »Sicherheit verwalten«, Register »Konten«.

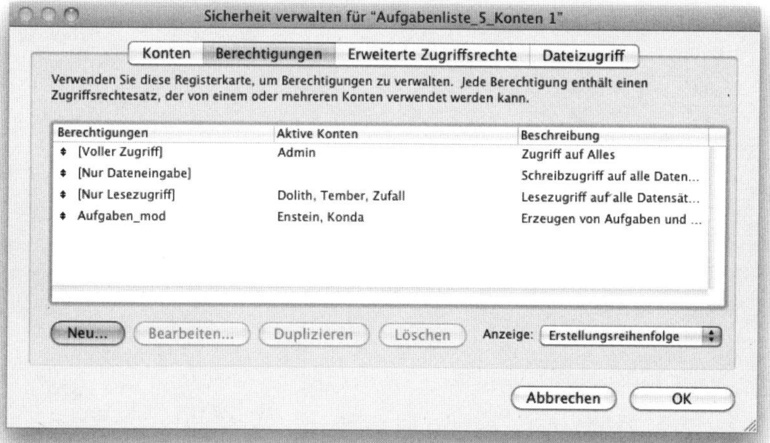

Der Dialog »Sicherheit verwalten«, Register »Berechtigungen«.

Möchte ein Nutzer mit Leserechten einen Feldinhalt ändern, so erscheint die folgende Meldung:

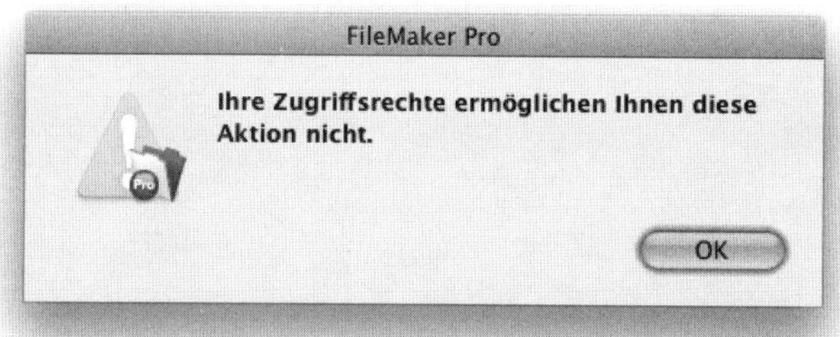

Hinweis bei einer Nutzer-Aktion mit unzureichenden Berechtigungen.

Ab jetzt müssen Sie sich keine Sorgen mehr um ungebetene oder unberechtigte Nutzung Ihrer Informationen machen. Über Konten und Berechtigungen können Sie Zugriffe auf Ihre *FileMaker*-Datenbanken gezielt beschränken.

Ein Abrechnungssystem

Die ersten Kapitel dieses Buches dienten dazu, Sie möglichst schnell mit der Arbeitsweise von *FileMaker* vertraut zu machen. Wir haben dazu die Starterlösung *Aufgabenliste* herangezogen, um die in einem Projekt anfallenden Aufgaben besser organisieren und erledigen zu können. In den weiteren Kapiteln habe ich grundlegende Konzepte an Hand von Beispielen erläutert. Damit sind Sie jetzt in der Lage ...

- Tabellen und Felder zu definieren,
- Beziehungen zwischen Tabellen einzurichten,
- Layouts für die Eingabe von Informationen und zur Ausgabe von Berichten zu gestalten,
- mit Formeln Berechungen durchführen zu lassen,
- häufig wiederkehrende Abläufe mit Skripten zu automatisieren sowie
- den Zugriff auf Datenbanken oder Teile davon mit Konten, Passwörtern und Berechtigungen zu beschränken.

In den nun folgenden Kapiteln wollen wir abschließend einige der zuvor erstellten und benutzten Beispiele so vervollständigen, dass sie als anpassbare und erweiterbare Starterlösungen dienen können.

Wir hatten zur Erläuterung von Beziehungen und Selbstbeziehungen ein kleines Abrechnungssystem erstellt. Es umfasst die drei Tabellen *Patienten*, *Rechnungen* und *Konsultationen*. Hinzu kommen zwei weitere Tabellenauftreten von *Patienten*. Das eine, *Pat.Plz*, soll die Schreibarbeit bei der Eingabe von Orten über eine Selbstbeziehung verringern. Das andere Auftreten *Rechnungsempfänger* berücksichtigt – ebenfalls über eine Selbstbeziehung – den Fall, dass Rechnungsempfänger und Patient nicht identisch sein müssen.

Wir hatten dazu zwei Standard-Layouts eingerichtet: *Patienten Det* und *Rechnungen Det* zur Eingabe von Informationen zu Patienten und Rechnungen. Die Eingabe von Konsultationsdaten hatten wir über ein Portal in *Rechnungen Det* realisiert. Was noch fehlt sind ein Layout für eine Rechnungs-Übersicht und ein Layout zum Ausdrucken von Rechnungen. Darüber hinaus mangelt es noch ein wenig an Komfort, da wir natürlich auch hier per Mausklick zwischen Layouts und Datensätzen navigieren möchten.

Der Import von Skripten

Bevor wir beginnen, sehen wir uns die bereits bestehenden Layouts an. Aus irgendeinem Grund sind bereits Tasten zur Layout-Navigation vorhanden. Ein Doppelklick auf die Taste *Pat Details* öffnet den Dialog *Tasteneinstellung*, ein Klick auf die Taste *Angeben* den Dialog *Script angeben*.

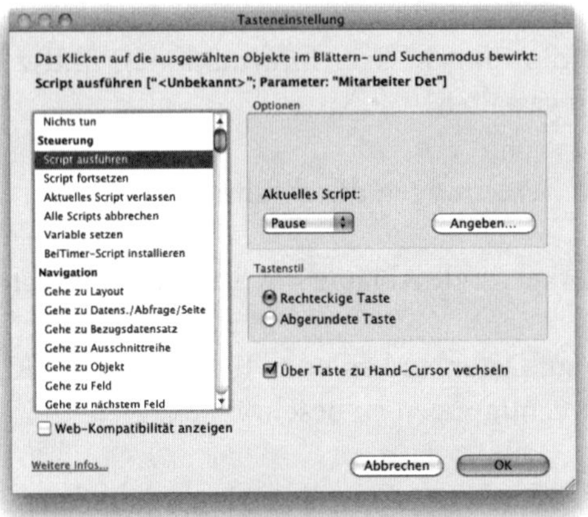

Die Dialoge »Tasteneinstellung« und »Script angeben«.

Die Taste soll dem Dialog zufolge ein unbekanntes Skript mit dem Parameter *Mitarbeiter Det* ausführen. Anscheinend haben wir die Tasten einem Layout unserer Aufgabenliste entnommen. Ersetzen wir im Parameterfeld einfach *Mitarbeiter* durch *Patienten* und beenden beide Dialoge mit *OK*.

Wir benötigen also das Skript zur Layout-Navigation. Wir können es neu erstellen, es ist ja nicht besonders lang. Skript *Layout_Nav* existiert aber bereits in unserer Aufgabenliste, und von dort können wir es importieren. Öffnen Sie den Dialog *Scripts verwalten* und klicken Sie unten auf die zweite Schaltfläche von rechts.

Die Import-Taste im Dialog »Scripts verwalten« (zweite von rechts).

Es erscheint der Dialog *Datei öffnen*, aus dem Sie die *Aufgabenliste_5.fp7* wählen. Setzen Sie im Dialog *Scripts importieren* den Haken bei *Layout_Nav* und klicken Sie auf *OK*.

Der Dialog »Scripts importieren«.

Wie bei anderen Importvorgängen präsentiert Ihnen *FileMaker* auch hier eine Importzusammenfassung.

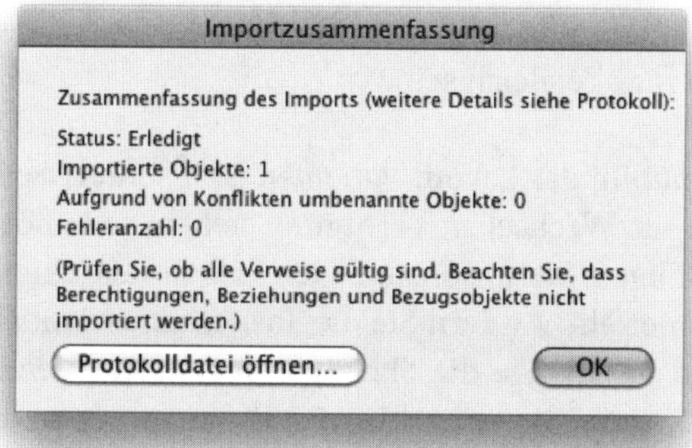

Die Importzusammenfassung.

Damit steht das Skript *Layout_Nav* auch in der Datenbank *Abrechnungen* zu Verfügung. Auf die gleiche Weise importieren wir *Datensaetze_Nav*, die ich in einer Testdatei untergebracht hatte. Zur Erinnerung ist dieses Skript nachfolgend nochmals dargestellt.

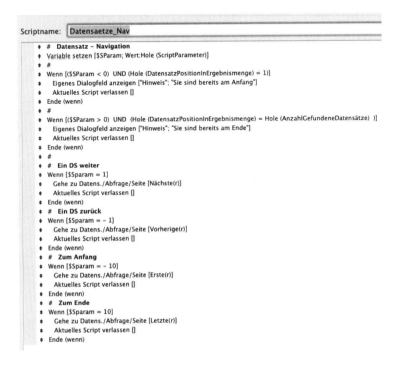

Das Skript zur Navigation zwischen Datensätzen.

```
Scriptname: Datensaetze_Nav

# Datensatz - Navigation
Variable setzen [$SParam; Wert:Hole (ScriptParameter)]
#
Wenn [($SParam < 0) UND (Hole (DatensatzPositionInErgebnismenge) = 1)]
  Eigenes Dialogfeld anzeigen ["Hinweis"; "Sie sind bereits am Anfang"]
  Aktuelles Script verlassen []
Ende (wenn)
#
Wenn [($SParam > 0) UND (Hole (DatensatzPositionInErgebnismenge) = Hole (AnzahlGefundeneDatensätze) )]
  Eigenes Dialogfeld anzeigen ["Hinweis"; "Sie sind bereits am Ende"]
  Aktuelles Script verlassen []
Ende (wenn)
#
# Ein DS weiter
Wenn [$Sparam = 1]
  Gehe zu Datens./Abfrage/Seite [Nächste(r)]
  Aktuelles Script verlassen []
Ende (wenn)
# Ein DS zurück
Wenn [$Sparam = - 1]
  Gehe zu Datens./Abfrage/Seite [Vorherige(r)]
  Aktuelles Script verlassen []
Ende (wenn)
# Zum Anfang
Wenn [$Sparam = - 10]
  Gehe zu Datens./Abfrage/Seite [Erste(r)]
  Aktuelles Script verlassen []
Ende (wenn)
# Zum Ende
Wenn [$Sparam = 10]
  Gehe zu Datens./Abfrage/Seite [Letzte(r)]
  Aktuelles Script verlassen []
Ende (wenn)
```

Die Gestaltung der Layouts

Das Layout für die Rechnungs-Übersicht nennen wir *Rechnungen Ueb* und realisieren es als Listenlayout mit Hilfe des Assistenten. Wählen Sie dabei das gleiche Farbschema wie bei den bereits existierenden Layouts. Überprüfen Sie anschließend die Höhe des Kopfbereichs in den Layouts. Sie sollte für alle gleich sein.

Wechseln Sie nun in das Layout *Patienten Det*. Sollten darin bereits drei Tasten für Layout-Wechsel zu Verfügung stehen, so benötigen Sie noch eine weitere. Fügen Sie ansonsten vier Tasten aus einem Layout der *Aufgabenliste* hier ein. Ändern Sie die Tastennamen mit Hilfe des *Textwerkzeugs* und passen Sie die Skriptparameter entsprechend der Layoutnamen an. Setzen Sie weiterhin vier Pfeilsymbole in das Layout ein und weisen Sie ihnen das Datensatz-Navigationsskript mit dem jeweils entsprechenden Parameter zu. Sollten Sie nicht im Besitz solcher Symbole sein, finden Sie diese im Internet. Oder Sie fertigen Screenshots von Programmen wie beispielsweise *Safari* an, deren Nutzeroberfläche Pfeile enthält. Bearbeiten Sie sie entsprechend und fügen Sie diese dann hier ein.

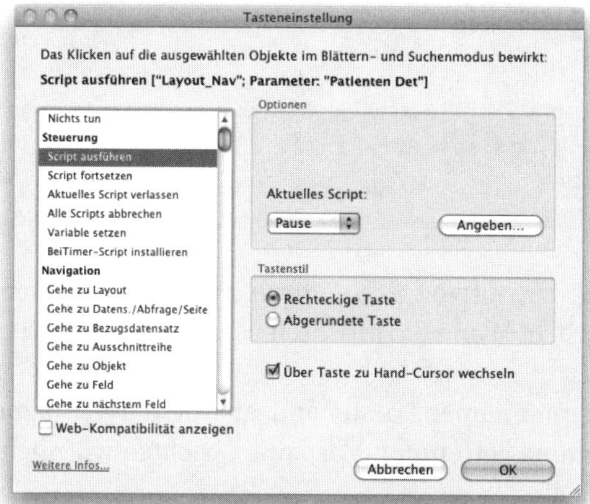

Die Dialoge »Tasteneinstellung« und »Script angeben« mit angepassten Parametern.

Achten Sie auf ungefähr die gleichen Abstände zwischen den Tasten. Richten Sie die Tasten aus, wechseln Sie in den *Blättern*-Modus und überprüfen Sie die Funktionsfähigkeit derselben. Fallen die Tests positiv aus, kopieren Sie alle Tasten in die anderen Layouts. Sie sollten sich in jedem Layout an der gleichen Position befinden. Dies können Sie ganz einfach mit Hilfe des *Inspektors* bewerkstelligen. Nach dem Einsetzen sind alle Tasten aktiviert, der *Inspektor* zeigt unter anderem die Position des linken oberen Objektes an. Diese muss für die Tasten in allen Layouts gleich sein, die Feinabstimmung können Sie dabei mit den Pfeiltasten vornehmen.

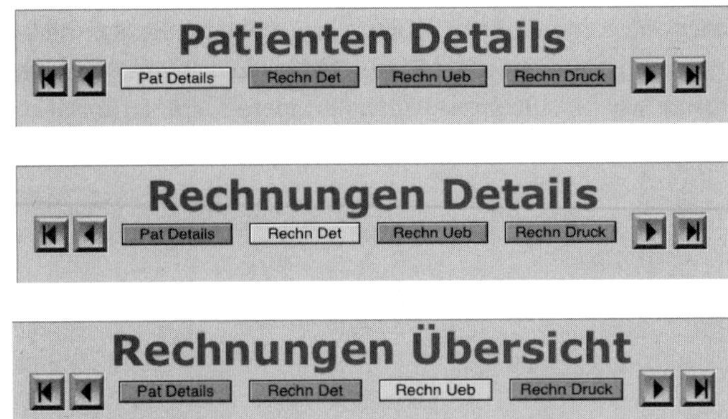

Der Kopf des Layouts »Patienten Det«.

Der Kopf des Layouts »Rechnungen Det«.

Der Kopf des Layouts »Rechnungen Ueb«.

Im Übersichts-Layout von *Rechnungen* sind die Pfeiltasten nicht unbedingt erforderlich. Wenn Sie möchten, können Sie diese Tasten löschen.

Für den Patientennamen, bestehend aus dem Nachnamen und dem durch ein Komma getrennten Vornamen, richten wir noch das Formelfeld *Pat.Name* ein.

```
Pat.Name        Formel        von Patienten, = Pat.Nachname & ", " & Pat.Vorname
```

Die Formel zur Bildung des Patientennamens.

Das Ausgabe-Layout

Das *Ausgabe-Layout* dient zum Drucken der Rechnungen für den Versand an den Rechnungsempfänger. Dafür benötigen wir zunächst noch einige zusätzliche Felder. Zum Rechnungsempfänger haben wir dessen Geschlecht abgespeichert. Daraus ermitteln wir mit einer Formel die Anrede. Ebenso lassen wir die Anschrift des Rechnungsempfängers durch eine Formel ermitteln.

```
RE.Anrede =
Wenn (Rechnungsempfänger::Pat.Geschlecht= "m"; "Herr"; "Frau")
```

```
RE.Anschrift =
Rechnungsempfänger::RE.Anrede & "¶" & Wenn (Rechnungsempfänger::Pat.Geschlecht = "m"; "n"; "") &
Wenn (IstLeer (Pat.Titel); ""; Rechnungsempfänger::Pat.Titel & " ") &
Rechnungsempfänger::Pat.Vorname & " " & Rechnungsempfänger::Pat.Nachname & "¶" &
Rechnungsempfänger::Pat.Strasse & " " & Rechnungsempfänger::Pat.HausNr & "¶" &
Rechnungsempfänger::Pat.Plz & " " & Rechnungsempfänger::Pat.Ort
```

Die Formeln zur Bestimmung von Anrede und Anschrift des Rechnungsempfängers.

Nun benötigen wir in der Rechnung noch einen Hinweis, ob die Rechnung für den Empfänger selbst oder eine andere Person bestimmt ist. Wir nehmen dafür ein Textfeld mit dem Namen *RE_Zusatz* her. Ist die

Rechnung beispielsweise für die Tochter des Rechnungsempfängers bestimmt, tragen wir als Zusatz in den Datensatz des Patienten *Ihrer Tochter Antonia* ein, ansonsten lassen wir ihn leer. Das Patienten-Layout ergänzen wir um entsprechende Feldobjekte mit Informationen zum bzw. für den Rechnungsempfänger.

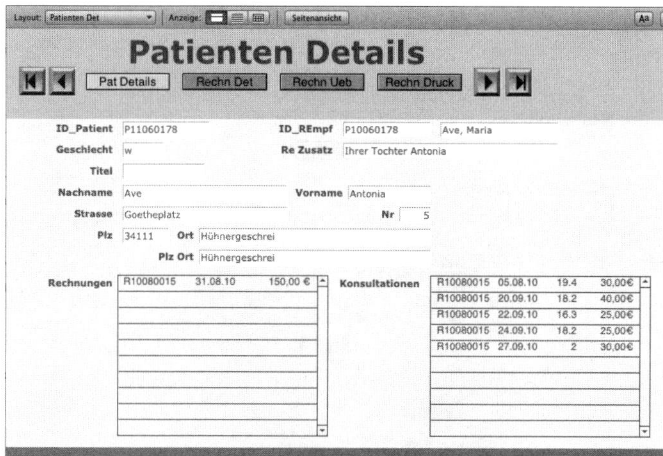

Das Patienten-Layout mit zusätzlichen Informationen zum und für den Rechnungsempfänger.

Nun müssen wir noch den ersten Satz der Rechnung konstruieren. Sind Patient und Rechnungsempfänger identisch, lautet die Formulierung …

für Ihre Behandlung im Monat Juli 2010 erlaube ich mir zu berechnen

Bei unterschiedlichen Personen soll es dagegen heißen:

für die Behandlung Ihrer Tochter Antonia im Monat Juli 2010 erlaube ich mir zu berechnen

Um nicht mehrmals ermitteln zu müssen, ob Patient und Rechnungsempfänger identisch sind, spendieren wir ein eigenes Formelfeld *Pat. Identisch_RE.* Die Formel liefert den Wert *WAHR (1)* bei Identität, andernfalls den Wert *FALSCH (0).*

Das zweite Wort des ersten Satzes hat den Wert *Ihre* bei Identität, ansonsten den Wert *die.* Der Zusatz nach dem Wort *Behandlung* ist nur bei unterschiedlichem Rechnungsempfänger erforderlich.

Pat.Identisch_RE	Formel	von Patienten, = ID_Patient = ID_REmpf
Satz_Wort_2	Formel	von Patienten, = Wenn (Pat.Identisch_RE; "Ihre"; "die")
Satz_Zusatz	Formel	von Patienten, = Wenn (Pat.Identisch_RE; ""; " " & Pat.Zusatz & " ")

Die Formeln für Formulierungen in einer Rechnung.

In der Tabelle *Rechnungen* bestimmen wir noch den Behandlungsmonat als Text aus dem Rechnungsdatum. Damit haben wir alle Formeln zusammen, so dass wir jetzt die Gestaltung des Layouts angehen können. Bei Ausdrucken sollte nicht zu viel Farbe im Spiel sein, wir beschränken uns auf Graustufen.

Der wesentliche Teil des Layouts ist wie folgt gestaltet:

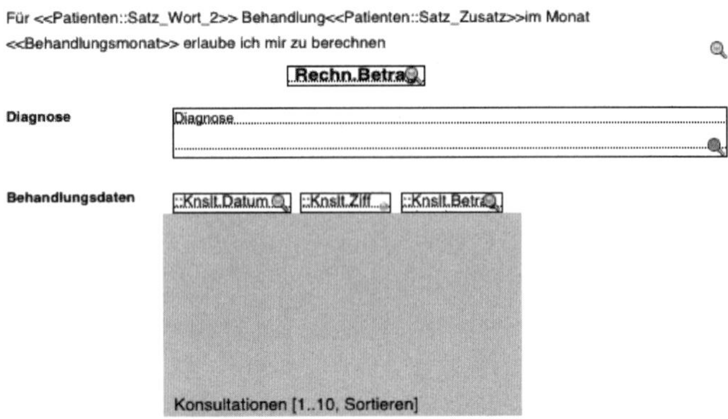

Der essentielle Teil des Drucklayouts.

Die Tasten zur Layout- und Datensatz-Navigation bringen wir ebenfalls im Kopf des Layouts unter, stellen aber die Option *Beim Drucken ausblenden* ein.

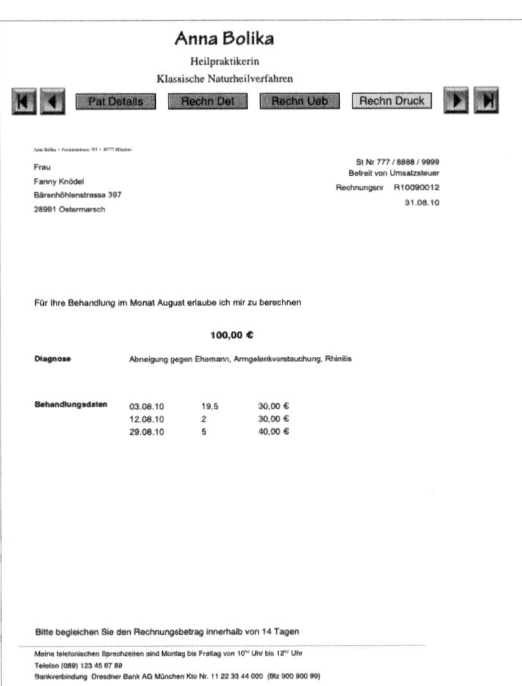

Anna Bolika

Heilpraktikerin

Klassische Naturheilverfahren

Pat Details | Rechn Det | Rechn Ueb | Rechn Druck

Frau
Fanny Knödel
Bärenhöhlenstrasse 397
28991 Ostermarsch

St Nr 777 / 8888 / 9999
Befreit von Umsatzsteuer
Rechnungsnr R10090012
31.08.10

Für Ihre Behandlung im Monat August erlaube ich mir zu berechnen

100,00 €

Diagnose Abneigung gegen Ehemann, Armgelenkverstauchung, Rhinitis

Behandlungsdaten	03.08.10	19.5	30,00 €
	12.08.10	2	30,00 €
	29.08.10	5	40,00 €

Bitte begleichen Sie den Rechnungsbetrag innerhalb von 14 Tagen

Meine telefonischen Sprechzeiten sind Montag bis Freitag von 10^{00} Uhr bis 12^{00} Uhr
Telefon (089) 123 45 67 89
Bankverbindung Dresdner Bank AG München Kto Nr. 11 22 33 44 000 (Blz 900 900 99)

Das Drucklayout im »Blättern«-Modus.

Anna Bolika

Heilpraktikerin

Klassische Naturheilverfahren

Frau
Fanny Knödel
Bärenhöhlenstrasse 397
28991 Ostermarsch

St Nr 777 / 8888 / 9999
Befreit von Umsatzsteuer
Rechnungsnr R10090012
31.08.10

Für Ihre Behandlung im Monat August erlaube ich mir zu berechnen

100,00 €

Diagnose Abneigung gegen Ehemann, Armgelenkverstauchung, Rhinitis

Behandlungsdaten			
	03.08.10	19.5	30,00 €
	12.08.10	2	30,00 €
	29.08.10	5	40,00 €

Bitte begleichen Sie den Rechnungsbetrag innerhalb von 14 Tagen

Meine telefonischen Sprechzeiten sind Montag bis Freitag von 10[00] Uhr bis 12[00] Uhr
Telefon (089) 123 45 67 89
Bankverbindung Dresdner Bank AG München Kto Nr. 11 22 33 44 000 (Blz 900 900 99)

Anna Bolika

Heilpraktikerin

Klassische Naturheilverfahren

Frau
Maria Ave
Goetheplatz 5
34111 Hühnergeschrei

St Nr 777 / 8888 / 9999
Befreit von Umsatzsteuer
Rechnungsnr R10080015
31.08.10

Für die Behandlung Ihrer Tochter Antonia im Monat August erlaube ich mir zu berechnen

150,00 €

Diagnose Schnupfen, Halsentzündung

Behandlungsdaten			
	05.08.10	19.4	30,00 €
	20.09.10	18.2	40,00 €
	22.09.10	16.3	25,00 €
	24.09.10	18.2	25,00 €
	27.09.10	2	30,00 €

Bitte begleichen Sie den Rechnungsbetrag innerhalb von 14 Tagen

Meine telefonischen Sprechzeiten sind Montag bis Freitag von 10[00] Uhr bis 12[00] Uhr
Telefon (089) 123 45 67 89
Bankverbindung Dresdner Bank AG München Kto Nr. 11 22 33 44 000 (Blz 900 900 99)

Das Drucklayout im »Seitenansicht«-Modus, wenn der Patient **mit** (links) bzw. **nicht** (rechts) mit dem Rechnungsempfänger identisch ist.

Die Beschränkung der Rechnungsübersicht auf einen Zeitraum

Im Layout *Rechnungen Ueb* sind sämtliche Rechnungen enthalten, die mit dieser Datenbank an Patienten gestellt wurden. Bei einer großen Zahl von Rechnungen geht leicht die Übersicht verloren. Es macht deshalb Sinn, den Zeitraum des Rechnungsdatums einschränken zu können, beispielsweise auf einen Monat, ein Quartal oder auf ein Jahr. Wir gestalten dies wieder flexibel und legen in der Tabelle *Rechnungen* zwei neue globale Datumsfelder an.

K_Datum_Beginn	Datum	Global
K_Datum_Ende	Datum	Global

Globale Datumsfelder mit Informationen zur Konstruktion einer Suchabfrage.

Aus den Inhalten dieser Felder konstruieren wir im Skript *Rechn_Zeitraum* eine Suchabfrage.

```
LiesAlsText (Rechnungen::K_Datum_Beginn) & "..." & Rechnungen::K_Datum_Ende
```

Die Konstruktion der Suchabfrage.

Ist diese durchgeführt, sortieren wir die Ergebnismenge nach Rechnungsdatum, Nachname und Vorname der Patienten.

Das Skript zur Beschränkung der Darstellung des Rechnungsdatums auf einen vorgegebenen Zeitraum.

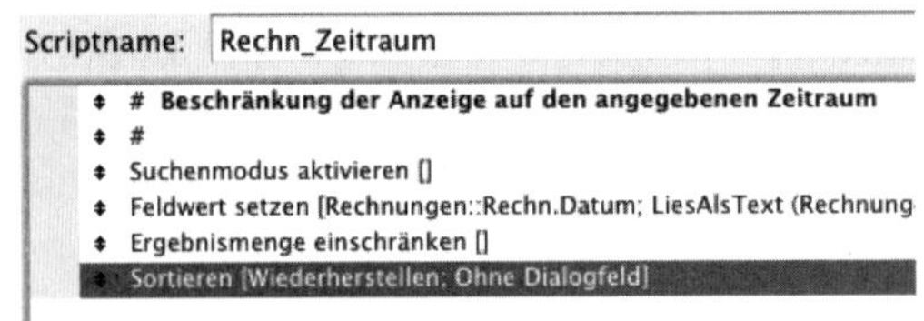

Die beiden Feldobjekte für die globalen Felder inklusive der Feldbeschriftungen bringen wir im Kopf des Layouts unter. Das Skript selbst weisen wir der Feldbeschriftung *Von* (links neben Feldobjekt *K_Datum_Beginn*) zu.

Das Layout »Rechnungsübersicht«.

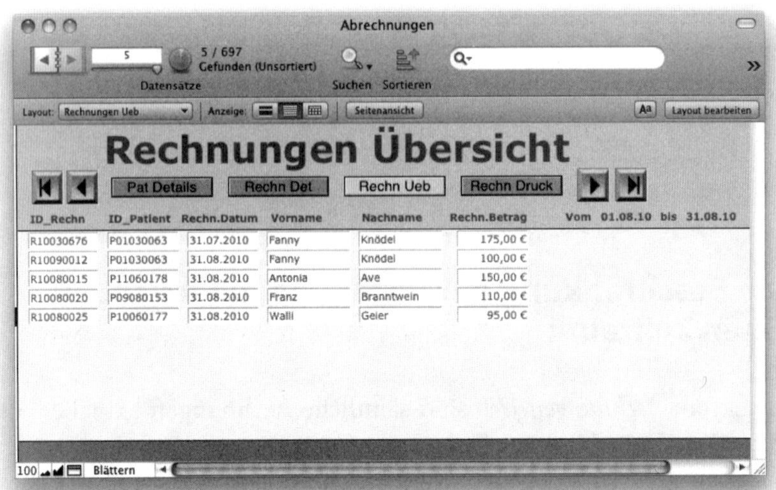

Es gibt sicher noch eine ganze Reihe weiterer Verbesserungen und Ergänzungen. Allem voran wäre die Begrenzung auf einen Abrechnungsposten pro Konsultation zu beseitigen. Und auch ein Skript zum Starten von Ausdrucken ist sicher hilfreich. Wir wollen jedoch an dieser Stelle das Thema Abrechnungssystem abschließen.

Eine Web Viewer-Anwendung

Bei der Vorstellung des *Web Viewers* hatte ich verschiedene Alternativen für die Zusammenstellung von Webadressen über Formeln aufgezeigt. Wir hatten dabei folgendes durchgespielt:

- Parameter von Google-Landkarten,
- die manuelle Eingabe von Internet-Adressen sowie
- als Lesezeichen abgespeicherte Internet-Adressen.

Wir wollen nun alle diese Varianten in einem einzigen Layout zu Verfügung haben. Dazu benötigen wir als Erstes ein neues globales Textfeld *WV_Eingabe*. Sein Inhalt bestimmt die Eingabe-Quelle des *Web Viewers*. Die Anzahl der Quellen ist begrenzt, also legen wir deren Namen in einer Werteliste ab.

An den Feldern zur Aufnahme der Karten-Parameter müssen wir nichts ändern. Für Lesezeichen und Web-Adresse können wir die globale Speicherung anwenden. Wir ändern noch den Tabellennamen *Test_WV* in *Web_Viewer* um, getestet haben wir genug.

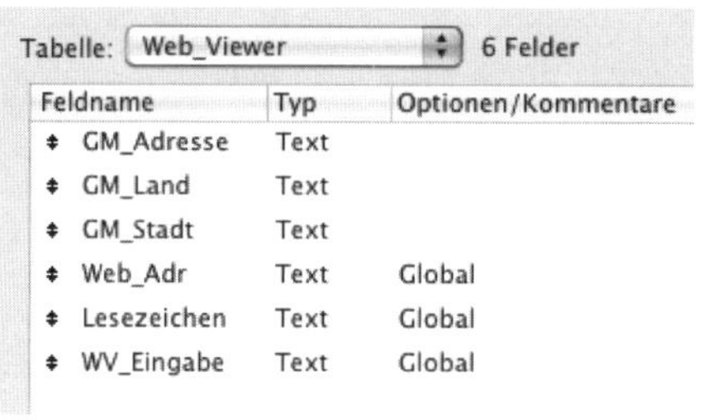
Tabelle: Web_Viewer 6 Felder

Feldname	Typ	Optionen/Kommentare
GM_Adresse	Text	
GM_Land	Text	
GM_Stadt	Text	
Web_Adr	Text	Global
Lesezeichen	Text	Global
WV_Eingabe	Text	Global

Die Felddefinitionen der »Web Viewer«-Anwendung.

Jetzt legen wir ein Layout an, in dessen Kopf wir alle diese Felder geordnet unterbringen.

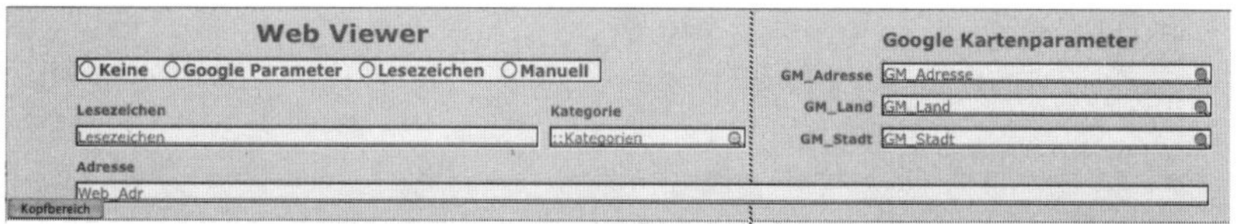

Der Kopf des neuen »Web Viewer«-Layouts.

Die Formel für die Zusammenstellung von Webadressen ist nun etwas länglich. Wir nutzen eine Falls-Konstrukte zur Unterscheidung der einzelnen Varianten.

Die Formel zur Bestimmung von Web-Adressen.

```
Falls (Test_WV::WV_Eingabe = "Keine"; "";
Test_WV::WV_Eingabe = "Google Parameter";
 "http://local.google.com/maps?" & "q=" &
                Test_WV::GM_Adresse & "," &
                Test_WV::GM_Stadt    & "," & "," &
                Test_WV::GM_Land;
Test_WV::WV_Eingabe = "Lesezeichen";
 Internetadressen::Adressen;
Test_WV::WV_Eingabe = "Manuell";
 Test_WV::Web_Adr;
"")
```

Zur Erinnerung: Die Lesezeichen hatten wir als Werteliste eingerichtet. Deren Inhalt stellt *FileMaker* aus Inhalten des Felds *Lesezeichen* der Tabelle *Internetadressen* zusammen.

Damit haben wir alles in einem Layout vereinigt, was im ersten Ansatz auf mehrere Layouts verteilt war. Die bestehenden alten Layouts können Sie deshalb löschen.

Betrachten wir nun die Ergebnisse unseres Schaffens.

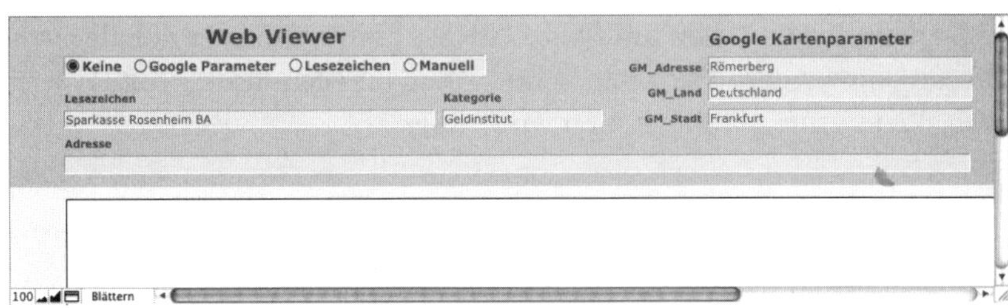

Der »Web Viewer« in Ruhe-Position.

Der »Web Viewer« mit Google-Kartenparametern.

Der »Web Viewer« mit Lesezeichen.

Der »Web Viewer« mit manueller Eingabe der Web-Adresse.

Wenn wir eine manuell eingegebene Web-Adresse interessant finden, möchten wir sie aufwandsarm als Lesezeichen speichern können. Dazu erstellen wir das Skript *Gen_Lesezeichen*. Wir weisen den aktuellen Inhalt von *Web_Adr* einer Variablen zu, wechseln in das Layout *Internetadressen*, erzeugen einen neuen Datensatz und weisen dem Feld *Adressen* den Inhalt der Variablen zu. Sie müssen sich dann nur noch einen Namen und eine Kategorie für das neue Lesezeichen ausdenken und eingeben.

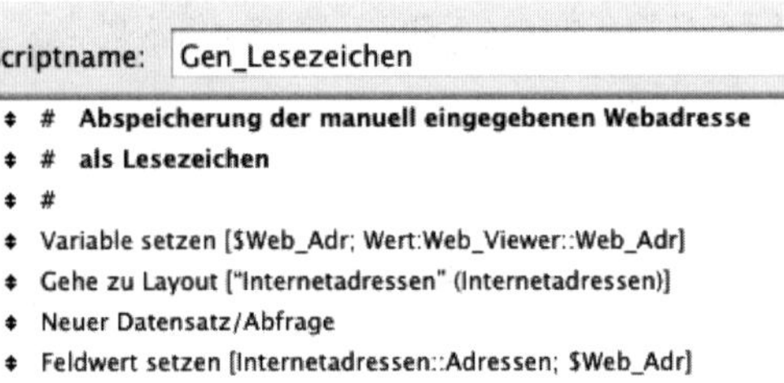
Scriptname: Gen_Lesezeichen

```
# Abspeicherung der manuell eingegebenen Webadresse
# als Lesezeichen
#
Variable setzen [$Web_Adr; Wert:Web_Viewer::Web_Adr]
Gehe zu Layout ["Internetadressen" (Internetadressen)]
Neuer Datensatz/Abfrage
Feldwert setzen [Internetadressen::Adressen; $Web_Adr]
```

Das Skript zum Erzeugen eines Lesezeichens.

Dieses Skript weisen wir einfach der Feldbeschriftung von *Web_Adr*, also *Adresse*, zu.

16 Abschlussarbeiten an der Aufgabenliste

Mit der Aufgabenliste hatten wir das Buch begonnen, wir wollen es mit ihr auch abschließen. Wir duplizieren die bis jetzt aktuelle Version *Aufgabenliste_5.fp7* und nennen sie um in *Aufgabenliste_f.fp7* (»f« für final).

Das Skript für die Layout-Navigation ist bereits vorhanden, nicht aber das für die Datensatz-Navigation. Also importieren wir es aus unserem Abrechnungssystem. Als Erstes prüfen wir wieder nach, ob der Kopfbereich in allen Layouts gleich groß ist.

Wir wählen dann ein Layout aus, das sämtliche Tasten für einen Layout-Wechsel enthält, beispielsweise *Aufgaben Det*. Die Pfeilsymbole für die Datensatz-Navigation kopieren wir ebenfalls aus unserem Abrechnungssystem und setzen Sie hier ein. Richten Sie alle Tasten aus, wechseln Sie in den *Blättern*-Modus und testen Sie deren Funktionsfähigkeit.

Zeigen alle Tasten die gewünschte Reaktion, können wir alle Layouts damit bestücken. Die bereits vorhandenen löschen wir vor dem Einsetzen. Achten Sie dabei wieder auf gleiche Positionen. Am Ende sollten alle Kopfbereiche in etwa das folgende Aussehen aufweisen:

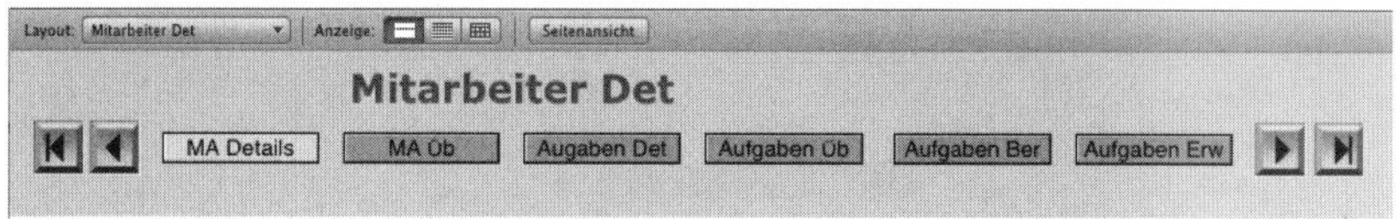

Der Kopfbereich eines Layouts der Aufgabenliste.

Insgesamt stehen für Aufgaben und Mitarbeiter jeweils zwei Layouts zu Verfügung. Die *Standard-Layouts* dienen zur Anzeige und Eingabe von Detail-Informationen, die *Listen-Layouts* bieten eine Übersicht über alle Mitarbeiter bzw. Aufgaben. Hinzu kommt bei den Aufgaben ein *Berichts-Layout* mit nach Mitarbeitern oder Fälligkeitsdatum gruppierten Informationen.

Beim näheren Hinsehen fällt auf, dass dieses Layout doch nicht ganz leistet, was es eigentlich soll. Bei einer Gruppierung nach Zeiträumen sollte für jeden Mitarbeiter die im jeweiligen Zeitraum anfallende Anzahl an fertig zu stellenden Aufgaben dargestellt sein.

Aufgabenzahlen pro Mitarbeiter in einem Zeitraum – oder etwa nicht?

Wie man leicht sieht, stimmt die im Auswerte-Bereich angegebene Zahl nicht mit der Anzahl der Datensätze überein. Der Grund dafür liegt in der Verwendung der Funktion *Anzahl* bei der Ermittlung der Aufgabenzahl. Diese bezieht sich immer auf die Gesamtmenge der Datensätze und nicht auf eine Ergebnismenge. Um dieses Problem zu beheben, definieren wir ein Statistikfeld *Anz_Aufgaben_MA*.

Das Statistikfeld zur Bestimmung der Aufgabenzahlen pro Mitarbeiter in einem Zeitraum.

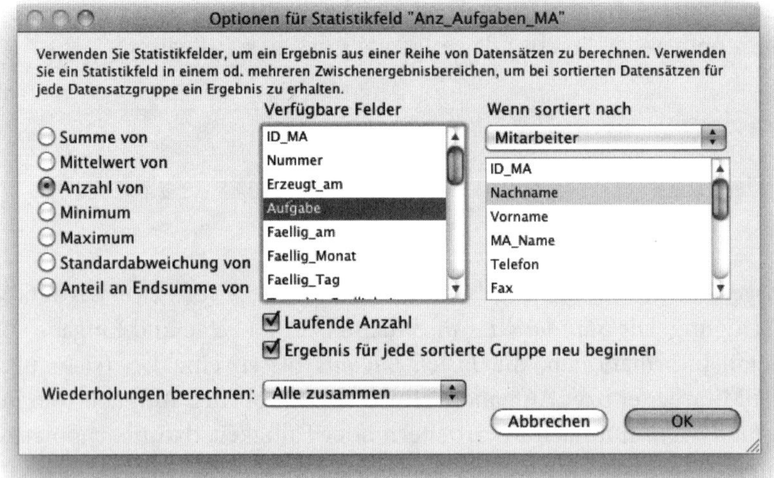

Dem bisher benutzten Feldobjekt weisen wir dieses Statistikfeld zu, und schon erhalten wir die korrekte Anzeige.

Das Layout mit einem Statistikfeld zur Bestimmung der Aufgabenzahlen pro Mitarbeiter in einem Zeitraum.

Es fehlt noch ein Layout, das einerseits viele Details einer Aufgabe darstellt, andererseits aber auch einen guten Überblick bietet. Dies leistet das Listen-Layout *Aufgaben Erw*. Im relativ großen Datenbereich sind alle wichtigen Informationen untergebracht.

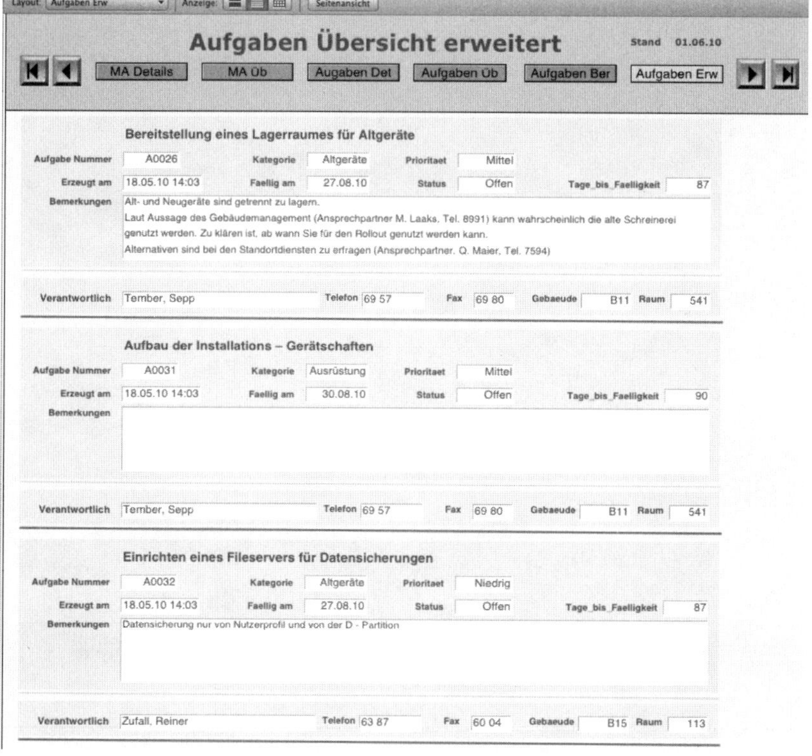

Erweitertes Übersichts-Layout für Aufgaben.

Nun sind noch einige Kleinarbeiten durchzuführen. So sind einige Wertelisten anzulegen, beispielsweise für *Kategorien* und *Status*. Für das Feldobjekt *Fällig am* ist als Steuerelement der *Einblendkalender* einzustellen. Vergleichen Sie einfach die ursprüngliche Aufgabenliste mit der hier vorliegenden Version und führen Sie entsprechende Ergänzungen und Verbesserungen durch.

17

Andere FileMaker-Produkte

In diesem Buch ist hauptsächlich von dem Programm *FileMaker* die Rede. Tatsächlich steht der Name *FileMaker* für eine ganze Familie, deren Basis *FileMaker Pro* bildet. Als Abschluss dieses Buches sind die charakteristischen Merkmale der übrigen Mitglieder kurz skizziert.

FileMaker Pro Advanced

Sämtliche hier vorgestellten Funktionen sind auch in der *Advanced*-Variante enthalten. Sie bietet darüber hinaus zusätzliche Werkzeuge speziell für die Entwicklung von Datenbanken. Als Erstes sind dabei die »Eigenen Funktionen« zu nennen, wobei die Bezeichnung »Funktion« allerdings eine Vorspiegelung falscher Tatsachen darstellt. Zutreffender wäre ein Begriff wie »parametrisierte Formeln«. Was ihnen fehlt ist eine Möglichkeit zur Definition zeilenorientierter Befehlsfolgen.

Ein *Debugger* ermöglicht das schrittweise Abarbeiten von Skripten und die Definition von Haltepunkten. Diesen lassen sich Skript-Schritte zuordnen, bei denen die Ausführung unterbrochen wird. Der *Data Viewer* ermöglicht die Anzeige aktueller Inhalte von Feldern und Variablen in einem eigenen Fenster.

Vor allem aber gestattet die *Advanced*-Version das Kopieren von Tabellen, Feldern und Skripten, was in der *Pro*-Variante nicht möglich ist. Schließlich erlaubt *Advanced* die Erzeugung so genannter *Runtime*-Versionen, was letztlich mit *FileMaker* erstellte Anwendungen sind, die auch ohne das eigentliche Programm lauffähig sind.

FileMaker Server

Der Zugriff mehrerer Nutzer auf eine *FileMaker*-Datenbank erfordert nicht notwendigerweise den Einsatz eines dedizierten Servers. Vielmehr erlaubt auch der im Buch vorgestellte »Peer-to-Peer«-Modus eine gemeinsame Nutzung. Die Zahl der Nutzer ist dabei begrenzt, was auch für das *Instant Web Publishing* gilt.

Eine größere Zahl von Nutzern macht den Einsatz einer Server-Variante zwingend erforderlich. Diese ermöglicht eine gemeinsame Datenbanknutzung in Netzwerken oder im Internet. Neben Verbesserungen der Performance bietet sie auch diverse Verwaltungsfunktionen. Dazu zählen das Starten oder Anhalten bereitgestellter Datenbanken, die Definition zeitgesteuerter Datensicherungen, die Durchführung von Konsistenz-Prüfungen beim Öffnen von Dateien und anderes mehr. Bis zu 250 Verbindungen werden unterstützt.

Die Entwicklung von Datenbanken ist mit einer Server-Variante nicht möglich.

FileMaker Server Advanced

Zusätzlich zur »Normalausgabe« bietet die *Server Advanced*-Variante *Instant Web Publishing*-Funktionen sowie *ODBC* und *JDBC*-Unterstützung. Ab Version 11 ist die Anzahl der verbundenen Clients nur noch von der Server-Hardware und dem Server-Betriebssystem begrenzt.

Ausführliches Stichwortverzeichnis

A

B

C

D

E

F

G

H

M

N

O

P

Q

R

S

T

U

V

W

Z

Hans Dorsch
iWork '09
Pages, Numbers, Keynote
Das Office-Paket von Apple
Ihr Praxisbuch: Das ist Arbeiten à la Mac!
Edition Digital Lifestyle
MANDL & SCHWARZ

Hans Dorsch
iPhone 4 und Apps in der Praxis
Der persönlichste Computer für Telefon, Internet und Medien

vierfarbig
272 Seiten
ISBN 978-3-939685-19-7
EUR 19,90 (D)

weitere Details unter
www.mandl-schwarz.com/10/iphone

Daniel Mandl
iTunes 10
iPod, iPhone, iPad & Apple TV
Musik, Filme und mehr für Windows und Mac
Edition Digital Lifestyle
MANDL & SCHWARZ